Kleiner Sprachatlas der deutschen Schweiz

Kleiner Sprachatlas der deutschen Schweiz

Herausgegeben von Helen Christen, Elvira Glaser und Matthias Friedli

Mit Karten und Grafiken von Manfred Renn

Verlag Huber
Frauenfeld Stuttgart Wien

Der vorliegende Atlas wäre ohne die fnanzielle Unterstützung folgender Institutionen nicht zustande gekommen:

Ernst Göhner Stiftung, Zug
Landis & Gyr Stiftung, Zug
Otto Gamma-Stiftung, Zürich
Paul Herzog-Stiftung, Luzern
Sophie und Karl Binding Stiftung, Basel

SWISSLOS

Mit Unterstützung der
Loterie Romande

Lotteriefonds der Kantone Aargau, Appenzell Innerrhoden, Basel-Landschaft, Basel-Stadt, Graubünden, Luzern, Nidwalden, Obwalden, Schaffhausen, Schwyz, Solothurn, St. Gallen, Thurgau, Uri, Wallis, Zug und Zürich

Die 121 Sprachkarten in diesem Buch sowie Unterrichtsmaterialien für die Sekundarstufe I und II finden Sie unter www.ofv.ch/kleinersprachatlas
Weiterführende Hinweise finden Sie unter www.ksds.vzh.ch

2010 1. Auflage
2010 2. verbesserte Auflage
2011 3. verbesserte Auflage
2011 4. verbesserte Auflage
2013 5. verbesserte Auflage
2015 6. verbesserte Auflage

Umschlaggestaltung: Barbara Ziltener, Frauenfeld
Druck: fgb – Proost Industries

ISBN 978-3-7193-1589-4

Bibliografische Information der Deutschen Nationalbibliothek:
Die Deutsche Nationalbibliothek verzeichnet diese Publikation in der Deutschen Nationalbibliografie; detaillierte bibliografische Daten sind im Internet über www.dnb.d-nb.de abrufbar.

Vorwort

Mit dem vorliegenden *Kleinen Sprachatlas der deutschen Schweiz* bieten wir einen Einblick in den Variantenreichtum der Deutschschweizer Dialekte. Über 120 Karten zeigen im Hauptteil des Buches die Vielfalt des schweizerdeutschen Wortschatzes und die lautliche Verschiedenheit der Dialekträume. Jeder dieser Karten geben wir einen Kommentar bei, der Geschichte und Herkunft der vorkommenden Wörter bzw. die lautlichen Unterschiede allgemeinverständlich erläutert und weitere Informationen zur Wortbildung sowie zur Sach- und Volkskunde enthält.

Grundlage für die Karten des Hauptteils bildet der *Sprachatlas der deutschen Schweiz* (SDS), der zwischen 1962 und 1997 in acht Bänden erschienen ist und auf insgesamt 1548 Karten die dialektale Vielfalt des Schweizerdeutschen dokumentiert. Die Karten basieren auf Daten, die von 1939 bis 1958 an 565 Orten der Deutschschweiz, in Bosco Gurin (TI) sowie in acht Walsersiedlungen im italienischen Piemont und im Aostatal erhoben wurden. Sollten die dialektkundigen Leserinnen und Leser des vorliegenden Atlas also nicht in jedem Falle die erwarteten sprachlichen Einträge – und diese auch am ‚richtigen' Ort – vorfinden, so ist dies wohl dem zeitlichen Abstand zu den Befragungen und damit einem mittlerweile eingetretenen Sprachwandel geschuldet.

Die Kommentare stützen sich hauptsächlich auf das massgebliche Wörterbuch für die Deutschschweizer Dialekte, das *Schweizerische Idiotikon* (1881ff.), das bereits vor seiner Vollendung das grösste regionale Wörterbuch des Deutschen ist. Es bietet nicht nur Informationen über die Bedeutung, Lautung und Verbreitung der Wörter, sondern macht auch ausführliche Angaben zum Vorkommen der Wörter in älterer Zeit, zu ihrer Herkunft und ihren Zusammenhängen.

Mit der Auswahl dieser Karten versuchen wir, die interessantesten und wichtigsten Karten des SDS zu präsentieren und auf diese Weise einen Einblick in verschiedene Sach- und Lebensbereiche sowie auch in verschiedene Laut- und Formenbereiche zu geben. Berücksichtigt werden sowohl Karten, die dem aktuellen Sprachgebrauch entsprechen, als auch solche, die durch Veränderungen vor allem der bäuerlichen Kultur einen alten Stand des Wortschatzes wiedergeben.

Der Hauptteil des Atlas wurde für die 5. Auflage um zwei zusätzliche, kleinere Kapitel ergänzt. Ein Kapitel ist dabei der Namenkunde gewidmet und informiert über Besonderheiten der schweizerischen Orts- und Flurnamen, deren Zusammenhang mit der Besiedlungsgeschichte und deren räumliche Verbreitung. Ausführungen über Deutschschweizer Familiennamen erhellen unter anderem die Entstehung von Familiennamen, ihre unterschiedlichen Benennungsmotive sowie ihr traditionelles räumliches Vorkommen. Dazu fügt sich ein weiteres Kapitel, das Ergebnisse aus neueren dialektologischen Befragungen präsentiert. So finden sich Karten und Kommentare zum mundartlichen Satzbau, der erst in jüngster Zeit im Rahmen des *Syntaktischen Atlas der Deutschen Schweiz* (SADS) erforscht wurde. Der SADS beruht auf Daten, die an der Universität Zürich unter der Leitung von Elvira Glaser ab dem Jahr 2000 erhoben wurden. Ebenfalls auf aktuelle Daten stützen sich die Karten aus einer Online-Befragung, die einen Vergleich mit dem Material des SDS erlaubt und so an einigen Beispielen zu illustrieren vermag, wie sich der Wortschatz im Laufe der letzten Jahrzehnte verändert hat.
Der vorliegende Atlas vermittelt ausserdem in einer allgemeinen Einleitung, in kürzeren Kapiteleinleitungen, in grau unterlegten Kästchen, in einem Glossar sowie einem Personenverzeichnis allerlei Wissenswertes zur Sprachwissenschaft und zur Sprache in der (Deutsch-) Schweiz.

Die Karten und Grafiken des *Kleinen Sprachatlas der deutschen Schweiz* wurden von Manfred Renn gezeichnet. Dem Historischen Lexikon der Schweiz ver-

danken wir die Familiendatenbank, welche Dieter Studer für die kartografische Umsetzung vorbereitet hat. Ihm sei für seine Unterstützung ebenso herzlich gedankt wie Martin Baumgartner vom Geographischen Institut der Universität Zürich, der die Online-Befragung mit Mitteln der Geographic Information Science aufbereitet hat.
Die Kommentare haben die folgenden Dialektologinnen und Dialektologen verfasst:
Gabriela Bart (GB), Simone Maria Berchtold (SMB), Niklaus Bigler (NB), Andreas Burri (AB), Helen Christen (HC), Matthias Friedli (MF), Thomas Gadmer (TG), Elvira Glaser (EG), Martin Hannes Graf (MHG), Walter Haas (WH), Christoph Landolt (CL), Heinrich Löffler (HL), Andreas Lötscher (AL), Hans-Peter Schifferle (HPS).
Für das Lektorat waren Gabriela Bart und Andreas Nievergelt verantwortlich. Korrektur gelesen haben Andreas Gredig, Rebecca Minder, Katja Dominguez-Müller und Judith Wellig. Eine kritische Durchsicht der Karten besorgte Severin Marty.

Allen, die unser Vorhaben in irgendeiner Weise unterstützt haben, danken wir herzlich, insbesondere Werner König und Manfred Renn, von deren reicher Erfahrung bei der Konzeption und Ausgestaltung von kommentierten Sprachatlanten wir in hohem Masse profitieren durften. Schliesslich möchten wir uns bei der grossen Lesergemeinde bedanken, welche unseren Atlas so wertschätzend aufgenommen hat. Vornehmlich sind wir dabei jenen zu Dank verpflichtet, die uns auf Unstimmigkeiten in früheren Auflagen dieses Buches aufmerksam gemacht und mit ihrer kritischen Lektüre dazu beigetragen haben, den Atlas noch ansprechender zu machen.

Helen Christen, Elvira Glaser, Matthias Friedli (Herausgeberteam)

Inhalt

Laute und Formen

Vokale

Konsonanten

Formen

Namen

Neuere Umfragen

Anhang

Weiterführende Informationen zu folgenden Themen

Die Kommentare enthalten z. T. sprachwissenschaftliche Fachbegriffe. Diese sind mit ▶ markiert und werden im Glossar (s. Seite 348) erklärt.
Die Markierungen ▶ verweisen auf das Personenverzeichnis (s. Seite 357) mit wichtigen Persönlichkeiten zum Deutschen in der Schweiz. Im Literaturverzeichnis (s. Seite 365) finden sich Angaben zu wissenschaftlichen Grundlagenwerken und weiterführender Lektüre sowie eine umfangreiche Zusammenstellung von wissenschaftlichen und volkstümlichen Wörterbüchern zu schweizerdeutschen Dialekten.

Verzeichnis der Abkürzungen und besonderen Zeichen

Abkürzungen

ahd.	althochdeutsch	idg.	indogermanisch	oberital.	oberitalienisch
alpenrom.	alpenromanisch	ind.	indisch	pers.	persisch
altfranz.	altfranzösisch	isländ.	isländisch	piemont.	piemontesisch
altind.	altindisch	ital.	italienisch	rätorom.	rätoromanisch
altir.	altirisch	Jh(s).	Jahrhundert(s)	russ.	russisch
arab.	arabisch	keltorom.	keltoromanisch	s.	siehe
bair.	bairisch	lat.	lateinisch	schwed.	schwedisch
bündnerrom.	bündnerromanisch	lombard.	lombardisch	span.	spanisch
dän.	dänisch	mhd.	mittelhochdeutsch	spätlat.	spätlateinisch
dt.	deutsch	mittellat.	mittellateinisch	tschech.	tschechisch
engl.	englisch	mittelniederl.	mittelniederländisch	türk.	türkisch
finn.	finnisch	n. Chr.	nach Christus	u. Ä.	und Ähnliche(s)
franz.	französisch	nhd.	neuhochdeutsch	v. Chr.	vor Christus
germ.	germanisch	niederl.	niederländisch	vgl.	vergleiche
griech.	griechisch	norweg.	norwegisch	vs.	versus (gegenüber)
heb.	hebräisch	o. Ä.	oder Ähnliche(s)	z. T.	zum Teil

Die Kantonsnamen sind nach den gängigen Abkürzungen verzeichnet. Ausgenommen davon sind Wallis WS sowie die Halbkantone, die der Tradition des *Sprachatlas der deutschen Schweiz* folgend nicht getrennt bezeichnet werden: Appenzell-Ausserrhoden und Appenzell-Innerrhoden AP, Basel-Stadt und Basel-Landschaft BA, Obwalden und Nidwalden UW.

Zeichen

*	rekonstruierte Form
^	über einem Buchstaben (z. B. *ô, î*) in mhd. Wörtern ist Zeichen für Länge des Lauts
¯	über einem Buchstaben (z. B. *ō, ū*) in germ. und ahd. Wörtern ist Zeichen für Länge des Lauts
˜	über einem Buchstaben (z. B. ẽ) in Dialektwörtern ist Zeichen für nasalierte Aussprache
´	auf Vokal zeigt die betonte Stelle an
≈	entspricht
$h_1\ h_2\ h_3$	Laryngale; konsonantische Kehlkopflaute, die für das Urindogermanische rekonstruiert werden

Sprachgeschichtliche Hintergründe

Nachdem sich die Menschen vor einigen Millionen Jahren von den Vorfahren der heutigen Affen entwicklungsgeschichtlich getrennt hatten, dauerte es noch lange, bis sich die menschliche Sprache entwickelte. Näheres wissen wir darüber nicht, obwohl es einerseits immer wieder Spekulationen und andererseits auch ernsthafte wissenschaftliche Bemühungen um die Aufhellung des Ursprungs der Sprache gegeben hat. Gerade in jüngster Zeit ist die Forschung in diesem Bereich wieder intensiver auf der Suche nach den Bedingungen, die zur Entwicklung menschlicher Sprache geführt haben. Eine anatomische Voraussetzung dafür ist in der Senkung des Kehlkopfes zu sehen, die eine differenziertere Artikulation ermöglicht. Der grösste Teil der Sprachentwicklung des Menschen liegt jedoch im Dunkeln. Nur in relativ wenigen Fällen, in denen sich frühe Schriftsprachen herausgebildet haben, wie im Vorderen Orient und in Südostasien, können wir auf eine längere Geschichte von Sprachen zurückblicken und Aussagen über die Herausbildung und die Verwandtschaft heutiger Sprachen machen.

Erst seit knapp viertausend Jahren verfügen wir über Sprachzeugnisse, aus denen sich einigermassen gesicherte Rückschlüsse auf die sprachliche Vorgeschichte der Sprachen Europas ziehen lassen, die fast alle zu einer einzigen Sprachfamilie gehören.

Heute lassen sich etwa 6500 verschiedene Sprachen auf der ganzen Welt feststellen, darunter zahlreiche kleine, von denen angenommen wird, dass sie in den nächsten hundert Jahren einigen wenigen grossen Sprachen weichen werden. Bereits jetzt spricht etwa die Hälfte der Weltbevölkerung eine der 19 grössten Sprachen, die andere Hälfte verteilt sich dagegen auf über 6000 Sprachen. Dabei sind die eigentlichen Dialekte nicht mitgezählt, wenn es auch manchmal schwierig ist zu entscheiden, wann ein Dialekt und wann eine eigene Sprache vorliegt. Man kann in jedem Fall davon ausgehen, dass die Vielfalt von Sprachen und Dialekten zum menschlichen Wesen gehört und als Ausdruck der menschlichen Kreativität zu betrachten ist. Sprachliche Vielfalt kann in diesem Sinne als wertvolles Kulturgut gelten.

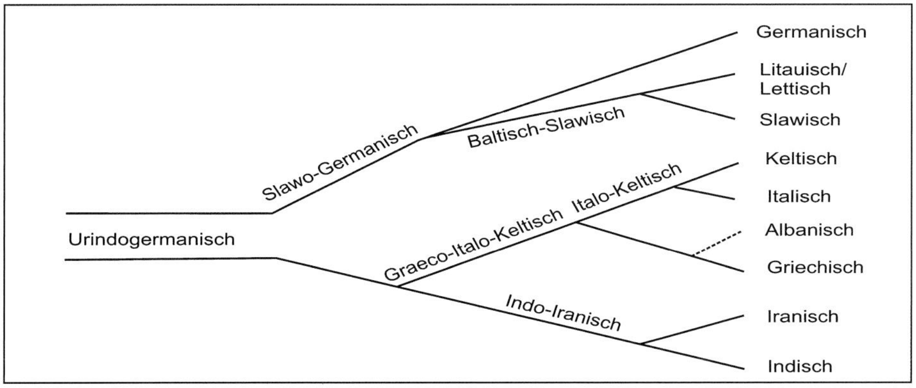

Ursprüngliches Stammbaummodell der indogermanischen Sprachen (vereinfacht)

Die grössten Sprachen
(nach Sprecherzahlen geordnet)

1: Chinesisch (Mandarin)
2: Englisch
3: Spanisch
4: Hindi/Urdu
5: Arabisch (alle Varietäten)
6: Portugiesisch
7: Bengali
8: Russisch
9: Japanisch
10: Deutsch
11: Punjabi
12: Javanesisch
13: Telugu
14: Marathi
15: Koreanisch
16: Vietnamesisch
17: Tamil
18: Französisch
19: Türkisch

Quelle: Sprachen verschwinden. Gesellschaft für bedrohte Sprachen. www.uni-koeln.de/gbs

Sprachverwandtschaft

Die schweizerdeutschen Dialekte, die im Folgenden im Mittelpunkt stehen, sind zusammen mit den übrigen Dialekten des Deutschen der germanischen Sprachfamilie zuzurechnen, die ihrerseits einen Zweig der indogermanischen Sprachfamilie bildet. Die im 19. Jh. entstandene historisch-vergleichende Sprachforschung hatte als wichtigstes Ergebnis den Nachweis erbracht, dass die meisten Sprachen in Europa mit Sprachen des indischen Subkontinents verwandt und aus einer gemeinsamen Ursprache entstanden sind. Die aus dieser Ursprache hervorgegangenen Sprachen werden zur indogermanischen Sprachfamilie zusammengefasst. Dazu gehören so unterschiedliche moderne Sprachen wie das Irische und das Kurdische, aber auch ausgestorbene Sprachen, wie das Hethitische in Anatolien, das als die am frühesten bezeugte indogermanische Sprache gilt. Das Hethitische ist seit etwa 1600 v. Chr. in Keilschrift und Hieroglyphen-Schrift überliefert. Es gehört zum anatolischen Sprachzweig, der im ursprünglichen Stammbaummodell der indogermanischen Sprachen noch nicht berücksichtigt war, da das Hethitische erst im 20. Jh. auf Tontafeln entdeckt wurde.

Weitere altindogermanische Sprachen reichen ebenfalls bis in das 2. Jahrtausend v. Chr. zurück, wie das Vedische mit den Götterliedern des Rigveda und das klassische Sanskrit, die den indischen Sprachzweig dokumentieren. Wie auch im Falle des damit am nächsten verwandten Avestischen, der Sprache Zarathustras, die dem iranischen Sprachzweig angehört, sind die mündlich überlieferten Texte teils erst wesentlich später schriftlich aufgezeichnet worden. Das Altpersische ist dagegen inschriftlich seit dem 6. Jh. v. Chr. belegt, ebenso wie das Lateinische, das als Vorläufersprache der romanischen Sprachen und auch als Bildungssprache von der Antike bis in die Neuzeit von grösster Bedeutung für die europäische Sprachgeschichte geworden ist. Das Altgriechische ist ebenfalls schon im 2. Jahrtausend v. Chr. schriftlich dokumentiert, allerdings erst seit etwa dem 8. Jh. v. Chr. in alphabetischer Schrift.

Die übrigen Mitglieder der indogermanischen Sprachfamilie sind erst später schriftlich überliefert. Teilweise erfolgte die Verschriftung in Zusammenhang mit der Ausbreitung des Christentums im frühen Mittelalter, wie im Falle des Altirischen, das zum keltischen Sprachzweig gehört, des Altenglischen und Althochdeutschen, die dem Germanischen zuzurechnen sind, des eigenständigen Armenischen und schliesslich auch des Altkirchenslawischen, das die früheste belegte Sprachstufe des slawischen Sprachzweigs bildet. Weitere Sprachzweige, wie die baltischen Sprachen und das Albanische, sind dann erst in noch jüngerer Zeit in schriftlichen Zeugnissen dokumentiert.

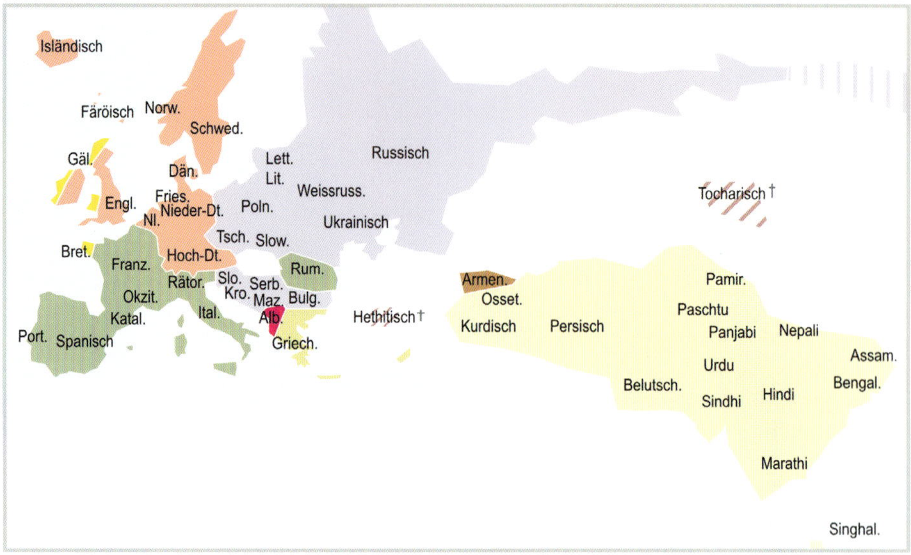

Die Verteilung der indogermanischen Sprachen (in Asien und Europa)

Die sprachliche Vorgeschichte Europas

Obwohl die indogermanischen Sprachen heute in Europa – und durch Auswanderung und Kolonisierung sogar in der ganzen Welt – dominieren, muss man davon ausgehen, dass nach dem Ende der letzten Eiszeit, also vor etwa 10'000 Jahren, die Wiederbesiedlung Europas durch Völkerschaften geschah, die noch keine indogermanischen Sprachen mitbrachten. Über diese vorindogermanischen Sprachen wissen wir im Einzelnen kaum etwas. Viele gehen davon aus, dass das heute isolierte Baskische – das wie das Finnische, Estnische und Ungarische nicht zur indogermanischen Sprachfamilie gehört – ein Überbleibsel der damals in Europa gesprochenen Sprachen darstellen könnte. Auch jüngste genetische Untersuchungen haben keine Klarheit darüber bringen können, inwieweit die heutige europäische Bevölkerung solche alteuropäischen Wurzeln hat und welchen Einfluss die späteren Einwanderungswellen hatten, die Ackerbau und Viehzucht nach Europa brachten. Im Gebiet des Alpenbogens ist die so genannte Neolithische Revolution unter anderem in den zahlreichen Ufersiedlungen der im 19. Jh. (wieder)entdeckten Pfahlbauer fassbar, die in der Schweiz bis in jüngste Zeit hinein als populäre vorhistorische Identifikationsfiguren eine grosse Bekanntheit geniessen. Die später erfolgte Indogermanisierung Europas hat zwar schliesslich zu einer Ausbreitung dieser neuen Sprachen geführt, war aber wohl nicht mit einer völligen Verdrängung der alteingesessenen Bevölkerung verbunden.

Im Einzelnen bestehen viele Unklarheiten darüber, wie und wann genau sich die Indogermanen in den europäischen Raum hinein ausgebreitet haben und auf welche Völkerschaften und Sprachen sie dabei gestossen sind. Bekannt sind neben den schon genannten Basken die Pikten in Schottland, die Etrusker in Italien und die Pelasger im alten Griechenland, die wohl alle solche später ausgestorbenen nichtindogermanischen Sprachen gesprochen haben. Zu ihnen werden wohl auch die Ligurer im Gebiet der südlichen Voralpen sowie die im Alpenraum siedelnden Räter zu rechnen sein. Bei all diesen Versuchen, die Verhältnisse des alten Europa zu rekonstruieren, ist stets zu bedenken, dass Völkerschaften, Kulturgemeinschaften und Sprachen nicht einfach gleichgesetzt werden können und dass die antike Überlieferung mal dieses und mal jenes meint. Seit etwa dem 4. Jahrtausend haben sich vermehrt Völkerschaften aus dem östlichen Europa in mehreren Wellen nach Westen ausgebreitet. Zumindest ein Teil von ihnen hat vermutlich Vorstufen der heutigen indogermanischen Sprachen mitgebracht. Das wird üblicherweise von den so genannten Schnurkeramikern angenommen, die nach der Art ihrer typischen Töpferwarenverzierung bezeichnet werden.

Ebenso wie keine Einigkeit darüber besteht, wie sich die Indogermanen in Europa ausgebreitet haben, gibt es auch unterschiedliche Hypothesen über deren so genannte ‚Urheimat'. Einiges spricht dafür, dass die Indogermanen vor gut 5000 Jahren als viehzüchtende Nomaden in den Steppen zwischen Schwarzem Meer und Kaspischem Meer siedelten und sich dann bald in verschiedene Richtungen ausbreiteten. Die so genannte Kurgan-Hypothese stützt sich vor allem auf archäologische Fakten, wonach die Indogermanen mit der Kulturgemeinschaft zu identifizieren wären, die in der genannten Region ihre Toten in Grabhügeln (Kurganen) bestattete. Sprachwissenschaftliche Argumente spielen aber ebenfalls eine Rolle, insofern als man davon ausgeht, dass für das Indogermanische nachweisbare Wörter etwas über das Vorhandensein der Dinge in der umgebenden Lebenswelt aussagen. So wären die Indogermanen in einer Gegend anzusiedeln, in der Schnee vorkam, da sie über ein entsprechendes Wort verfügten. Ein rekonstruierbares Wort für das Pferd (*h_1éḱuos) deutet darauf hin, dass dieses eine wichtige Rolle spielte. Die südrussische Steppenregion wird als Heimat des Wildpferds angenommen, das dort auch gezähmt worden sein könnte. Ebenfalls gibt es Hinweise auf die Existenz von Wagenrädern, was mit dem Vorhandensein eines entsprechenden Wortes (*k^{w}ék^{w}los) zusammenstimmt. Die Ausbreitung der Indogermanen mag gerade auch mit diesen Errungenschaften zusammenhängen, jedenfalls müssten sie sich nach dieser Theorie im Verlauf des 3. Jahrtausends v. Chr. relativ schnell ausgebreitet haben, da wir aus der Zeit um 2000 v. Chr. schon einigermassen gesichert indogermanische Einzelvölker, wie die Hethiter und die Griechen, voraussetzen können. Umgekehrt deutet das Fehlen einer gemeinsamen Bezeichnung für das Eisen darauf hin, dass die Indogermanen dieses noch nicht kannten. Wie man sich den Zusammenhang mit den in Zentral- und Nordeuropa früh auftretenden Schnurkeramikern vorzustellen hat, ist allerdings noch unklar. Sie könnten die Vorläufer der später in Mittel- und Westeuropa greif-

Indogermanisch und sprachliche Rekonstruktion

Indogermanisch ist die im Deutschen übliche Bezeichnung für die in Europa und Vorderasien verbreiteten Sprachen, die sich auf die gemeinsame Grundsprache Urindogermanisch zurückführen lassen. Die Erkenntnis der sprachhistorischen Zusammengehörigkeit europäischer Sprachen wie Latein und Griechisch mit dem Sanskrit, der klassischen Sprache des Hinduismus, stand am Beginn der historisch-vergleichenden Sprachwissenschaft, die sich seit dem späten 18. Jh. entwickelte. Die Bezeichnung Indogermanisch wurde nach der Verbreitung dieser Sprachfamilie vom indischen Subkontinent im Osten bis zu den germanischen Sprachen im Westen gebildet. Die Bezeichnung Indoeuropäisch bezieht sich auf die Verbreitung von Indien bis Europa und ist mit Indogermanisch gleichbedeutend. Im Englischen und Französischen ist *indoeuropean* und *indoeuropéen* üblich. Das Urindogermanische selbst ist nicht belegt, sondern wird aus den verschiedenen späteren indogermanischen Einzelsprachen rekonstruiert.

Die rekonstruierten Formen werden mit einem so genannten Asterisk * markiert, z. B. idg. *h_1éḱuos 'Pferd'. Die Methode der Rekonstruktion beruht im Wesentlichen auf dem Nachweis regelmässiger lautlicher Entsprechungen in Wörtern, deren Bedeutungszusammenhang ebenfalls plausibel ist. Lautliche Ähnlichkeit als solche ist nicht ausschlaggebend, sie kann sogar irreführend sein. So lässt sich das lateinische Wort *habere* gerade nicht mit dem deutschen *haben* zusammenstellen, da normalerweise ein deutsches *h* einem lateinischen *c* [gesprochen *k*] entspricht, wie es an den Wortpaaren *Hund* – lat. *canis, hundert* – lat. *centum* zu sehen ist. Das Wort *haben* ist dagegen mit lat. *capere* 'nehmen' urverwandt. Aus solchen Entsprechungen werden so genannte Lautgesetze abgeleitet, die ausnahmslos die Veränderung bestimmter Laute einer Sprache bewirken.

baren Völkerschaften der Germanen, Kelten, Italiker, Balten und Slawen gewesen sein. Aus einem Verschmelzungsprozess mit der älteren, nicht indogermanischen Trichterbecherkultur dürften sich dann Ende des 2. Jahrtausends v. Chr. im Ostseeraum die Vorläufer der späteren Germanen herausgebildet haben. Im nordalpinen süddeutschen Raum sind schliesslich die eisenzeitlichen Kelten der Hallstattzeit (ab ca. 800 v. Chr., nach einer Fundstelle in Oberösterreich) und der La-Tène-Kultur (ab ca. 450 v. Chr., nach einer Fundstelle bei Neuenburg) von grosser Bedeutung. In dieser Zeit breiten sich die Kelten massiv nach Süden, Osten und auf die Britischen Inseln aus. Südlich der Alpen – aber auch in den Alpen selbst – scheint die Ablösung der altmediterranen Sprachen mit Verzögerung vor sich gegangen zu sein.

Sprachgeschichte der Schweiz seit römischer Zeit

Ab der römischen Zeit treten allmählich schriftliche Nachrichten über Völker und Sprachen in Europa neben die archäologischen Befunde. Julius Cäsar nennt in seiner Darstellung des Gallischen Krieges die von ihm besiegten Helvetier als Bewohner des heutigen Schweizer Mittellandes bis zum Bodensee. Sequaner und Rauracer werden als weitere Keltenstämme im Gebiet der Nordwestschweiz erwähnt. Ab dem 15 v. Chr. ist mit der Eroberung Rätiens schliesslich das ganze Gebiet der heutigen Schweiz in das Römische Reich integriert und damit nun für gut vierhundert Jahre dem massiven Einfluss des Lateinischen ausgesetzt. Nach der Ablösung der vorindogermanischen Sprachen durch das Keltische, die wahrscheinlich in den Alpentälern mit einer gewissen zeitlichen Verzögerung vor sich gegangen war, kam es nun zu einer flächendeckenden Romanisierung. Von dem verschwundenen Keltischen gibt es kaum direkte Zeugnisse. Man glaubt es vor allem in manchen Ortsnamen (*Vindonissa* Windisch, *Salodurum* Solothurn) erkennen zu können. Im Westen bis etwa Solothurn war die Romanisierung, durch die wichtigen Verkehrsverbindungen zur Provence und die Provinzialverwaltung in *Aventicum* Avenches begünstigt, früher und durchgreifender erfolgt. Es wird davon ausgegangen, dass sich bis zum Ende des Weströmischen Reiches (476 n. Chr.) auch die Bevölkerung der nördlichen Voralpen, und wohl ebenfalls der Alpentäler, ein gesprochenes Latein angeeignet hatte, das aufgrund der starken ▸ Substrateinflüsse des aufgegebenen Keltischen als galloromanisch bezeichnet wird.

Diese relative sprachliche Einheitlichkeit wird in der Folgezeit durch die von Norden über den Rhein eindringenden Alemannen nachhaltig gestört. Während einiger Jahrhunderte waren die Römer damit beschäftigt, unter anderem mit Hilfe eines Grenzwalls, des Limes, ihre Grenzen nördlich der Alpen gegen germanische Eindringlinge zu verteidigen, die sich im Zuge der Völkerwanderung von der Ostsee aus auch nach Süden und Westen hin über die einstmals keltischen Gebiete ausgebreitet hatten. Seit dem 3. Jh. n. Chr. gab es vermehrt Einfälle über den Rhein weit in die römischen Grenzgebiete hinein. Zu Beginn des 5. Jhs. zogen die Römer wegen der Auseinandersetzungen mit den ebenfalls germanischen Goten südlich der Alpen die Truppen aus Helvetien nach Italien zurück. Kurz darauf übergab der römische Feldherr Aëtius ein Gebiet *(Sapaudia)*, das je nach Ansicht mehr oder weniger weit in die heutige Westschweiz hineinragte, an die besiegten germanischen Burgunder. Diese gingen allerdings trotz ihrer sozial hervorgehobenen Stellung sehr schnell in der romanischsprachigen Bevölkerung auf, wobei bis heute umstritten ist, ob und wenn ja welche sprachlichen Spuren sie hinterliessen.
Entgegen der früheren Annahme einer schnellen Landnahme der Alemannen im östlichen Helvetien als unmittelbare Folge des römischen Rückzugs geht man

Alemannen
289 n. Chr. wird erstmals der germanische Stamm der *Alamanni* erwähnt, 297 ihr Gebiet *Alamannia*. Frühere Nennungen sind ungesichert. Die germanische Wortbildung ist wohl als 'Menschen/Männer insgesamt, allgemein' oder aber als 'zusammengelaufene und gemischte Leute' zu deuten. Der Name scheint auf eine zeitgenössische Gemeinschaftsbildung zu verweisen, ohne ältere Stammestraditionen aufzunehmen. Bis um 500 wurden Alemannen und Sueben als Gruppen unterschieden, vom 6. Jh. an wurden sie weitgehend als identisch betrachtet, wobei der Name *Alamanni* an Bedeutung verlor. Im Mittelalter scheinen sich die zugehörigen Gruppen selber meist als 'Schwaben' (ahd. *swāba, swāpa*) bezeichnet zu haben, ihre Nachbarn bezeichneten sie dagegen eher als 'Alemannen' (vgl. franz. *Allemands*). Die modernen Dialektbezeichnungen *Alemannen* und *alemannisch* sind erst im Zuge der Wiederentdeckung antiker Namen im Zeitalter des Humanismus wieder neu gebildet worden. Sie beziehen sich heute meist in einem engeren Sinn auf die Dialektgebiete des Nieder- und Hochalemannischen. In sprachwissenschaftlicher Literatur sind aber oft auch, wie in der Tradition des Namens begründet, die Schwaben und das Schwäbische mit inbegriffen.

heute davon aus, dass es erst unter der Oberherrschaft der Franken zu einer verstärkten Ansiedlung von Alemannen im Gebiet der heutigen Schweiz gekommen ist. Die berühmte Schlacht von Zülpich (496 n. Chr.) (heute Nordrhein-Westfalen), in der sich der Merowingerkönig Chlodwig und die Alemannen gegenüberstanden, war Teil einer längeren Auseinandersetzung, die zur Unterwerfung der Alemannen führte.
Ein Teil von ihnen mag noch Ende des 5. Jhs. in helvetisches Gebiet und nach Rätien geflüchtet sein. Erst im 6. Jh., nachdem das Burgunderreich und die alemannischen Gebiete beide fränkisch geworden waren, kommt es aber, nach einer kurzen Anfangsphase vereinzelter, fränkisch geprägter Siedlungen, zu einer eigentlichen alemannischen Besiedlung, die vornehmlich über das Gebiet zwischen Klettgau und Bodensee erfolgte. Das Burgundergebiet blieb aber kulturell ein gegenüber dem östlichen, alemannisch geprägten Herrschaftsgebiet eigenständiges Gebilde, dessen Einflusssphäre östlich bis etwa an die Aare reichte. Umgekehrt sind die alemannischen Siedler nicht wesentlich in den burgundischen Kulturraum eingedrungen. Diese Zweiteilung, die sich ganz grundsätzlich, wenn auch nicht in der genauen Grenzziehung, in der Herausbildung der deutsch-französischen Sprachgrenze widerspiegelt, zeigt sich auch in der fränkischen Reichsteilung (561 n. Chr.), bei der der *Ducatus Ultraiuranus* an das westliche und der *Ducatus Alamannorum* an das östliche Teilreich fiel.

Möglicherweise sind im Gefolge der alemannischen Besiedlung romanische Bevölkerungsteile des eher dünn besiedelten Osthelvetien nach Rätien abgewandert. Dort kann von einer weiterfunktionierenden spätrömischen Organisation und früh erfolgten Christianisierung ausgegangen werden. Christliche, romanischsprachige Bevölkerung wird aber auch noch längere Zeit für Städte und Kastelle wie Arbon oder Windisch angenommen, während das flache Land allmählich von heidnischen Alemannen bevölkert wurde. Romanisch wurde wohl auch noch, in einer Form, wie sie dem späteren Rätoromanischen zugrunde liegt, rechtsrheinisch vom Süden her bis Bregenz und linksrheinisch bis zum so genannten ▶ Hirschensprung gesprochen. Im 7. Jh. wurde der Raum, wie auch die Gebiete der Franken und Baiern, Ziel der von den britischen Inseln ausgehenden christlichen Missionierung. Vom fränkischen König geschickt, kam der irische Wandermönch Columban, der zuvor 20 Jahre in Gallien gewirkt hatte, mit einer Reihe von Gefährten, darunter Gallus, wahrscheinlich im Herbst 611 in den Bodenseeraum. Als Columban kurz darauf nach Oberitalien weiterzog, blieb Gallus zurück und errichtete in der Einöde an der Steinach seine Klause, die zur Keimzelle des 719 gegründeten Klosters St. Gallen wurde. Gallus wird als grosser Prediger beschrieben, der sich nicht nur auf Lateinisch, sondern auch auf Alemannisch an seine Zuhörer wandte. Im Kloster St. Gallen, das eines der ältesten Klöster des deutschsprachigen Raumes darstellt, waren zu Anfang noch viele Romanen unter den Mönchen, und Otmar, der erste Abt, war am rätischen Bischofssitz in Chur ausgebildet worden. Der Anstoss zur Gründung, der von einem alemannischen Adligen kam, lag vielleicht auch im alemannischen Selbstbehauptungswillen gegen die fränkische Herrschaft begründet. Letztere wurde allerdings durch die Entmachtung des alemannischen Adels 746 weiter gestärkt, und in der Folge wurden vermehrt fränkische Adlige eingesetzt. Das Kloster St. Gallen entwickelte sich unter fränkischem Einfluss zu einer der wichtigsten Stätten früher deutscher Sprachkultur.

Welche Sprache sprach der heilige Gallus?
Die spätere St. Galler Überlieferung sah in Gallus, dem Gefährten des Wandermönchs Columban, einen Iren wie Columban selbst. Es spricht aber, wie jüngste Forschungen gezeigt haben, einiges dafür, dass er aus den Vogesen stammte, von woher ihn Columban mitgebracht hatte. Seine verbürgten Alemannischkenntnisse wären jedenfalls gut erklärbar, wenn er aus dieser sprachlichen Grenzregion stammen würde, während die Annahme, er habe keltisch gepredigt und sei von noch vorhandenen Keltischsprechern verstanden worden, wenig wahrscheinlich ist. Das Festlandkeltische und das Inselkeltische hatten sich zu dieser Zeit schon weit auseinander entwickelt, und es liegt auch keine Evidenz dafür vor, dass tatsächlich zu dieser Zeit im Bodenseegebiet noch Keltisch gesprochen wurde. Gallus wäre also von Hause aus Romane gewesen und hätte das in den Vogesen benachbarte Alemannische früh erlernt. Auch sein lateinisch-romanischer Name passt zu dieser Hypothese, die allerdings umstritten ist.

Das Althochdeutsche und die germanischen Sprachen

In sprachlicher Hinsicht ist das mittelalterliche St. Gallen – zusammen mit wenigen anderen alten Schreibstätten wie der Reichenau und Murbach – dem Alemannischen zuzurechnen, welches zusammen mit dem damaligen Bairischen und Fränkischen das Althochdeutsche repräsentiert, das sich mittlerweile von den umgebenden germanischen Nachbardialekten durch die ▶ Althochdeutsche

Lautverschiebung sprachlich abgesondert hatte. Die hierbei entstandenen Lautungen kennzeichnen von nun an die hochdeutschen Dialekte, die die lautliche Grundlage des heutigen Deutschen bilden, wie das in Wörtern wie *Apfel, zwei, schlafen, essen, machen* usw. – gegenüber etwa engl. *apple, two, sleep, eat, make* – noch gut zu sehen und zu hören ist. Hochdeutsch ist hier zunächst im geographischen Sinne zu verstehen und bezeichnet diejenigen Sprachformen, die in den höhergelegenen Regionen gesprochen wurden, in Abgrenzung zu Niederdeutsch in den flacheren, nördlichen Gegenden. Es ist aber davon auszugehen, dass der entstandene Unterschied den Zeitgenossen als Ausdruck eines sprachlichen Kontinuums von der Nordsee bis zu den Alpen, also vom heutigen Niederländischen über das Niederdeutsche bis hin zu den oberdeutschen Dialekten des Alemannischen und Bairischen, erschien, zumal die Lautverschiebung auch in den hochdeutschen Dialekten nicht überall gleich vollständig durchgeführt wurde. So zeichnen sich die eben-

Kloster St. Gallen und die deutsche Sprache

Das St. Galler Kloster blühte nach seiner Gründung rasch auf, und es muss schon früh eine eigene Schreibstube (Skriptorium) besessen haben, in der die für die Liturgie und Seelsorge wichtigsten Bücher hergestellt wurden. Zusammen mit von anderswo hergebrachten Büchern bildete sich so der Grundstock der Bibliothek, die heute einen der grössten noch erhaltenen mittelalterlichen Buchbestände aufweist. Die ältesten Codices (Handschriften) sind in jüngster Zeit digitalisiert worden und auf dem Internet zugänglich (www.e-codices.unifr.ch). Die Schriftkultur der damaligen Zeit war auch im alemannischen St. Gallen selbstverständlich lateinisch. Bereits in den frühesten in St. Gallen geschriebenen lateinischen Handschriften des 8. Jhs. finden sich aber auch vereinzelte deutsche Wörter (Glossen) als Übersetzungshilfen nachträglich eingetragen. Ebenfalls noch aus dem 8. Jh. stammt eine Abschrift eines lateinisch-althochdeutschen Wörterbuchs (Abrogans). Ein für die deutsche Sprachgeschichte äusserst wichtiges Denkmal ist auch der so genannte althochdeutsche Tatian, eine wohl in Fulda in der ersten Hälfte des 9. Jhs. für St. Gallen hergestellte Evangelienharmonie, die zweispaltig den lateinischen dem althochdeutschen Text gegenüberstellt. Die Sprache dieser Handschrift gilt als Vorbild für die althochdeutsche Grammatik. Ein echtes St. Galler Produkt ist die Benediktinerregel mit ihrer interlinear eingefügten Wort-für-Wort-Übersetzung.

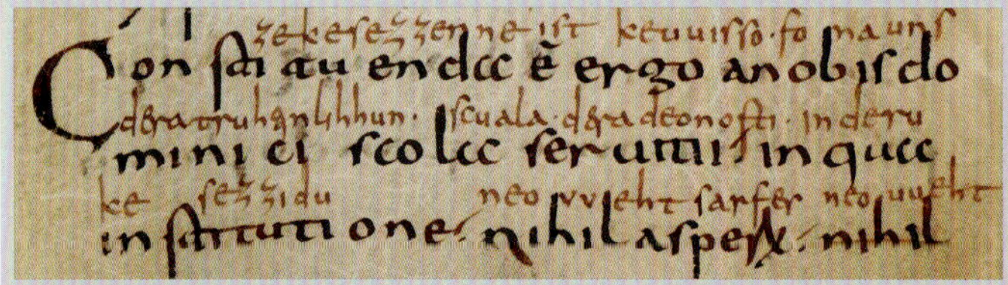

Ausschnitt aus der Benediktinerregel
(St. Gallen, Stiftsbibliothek, Cod. Sang. 916)

Besonders beeindruckend sind die umfangreichen, um das Jahr 1000 entstandenen Übersetzungsarbeiten ▶ Notkers von St. Gallen, die ein eindrucksvolles Bild des zeitgenössischen Alemannischen vor Augen führen.

Abrogans

Als *Abrogans* wird ein lateinisch-althochdeutsches Wörterbuch bezeichnet, das in der Stiftsbibliothek St. Gallen in einer noch im 8. Jh. entstandenen, in fortlaufenden Zeilen geschriebenen Abschrift erhalten ist (Cod. 911). Diese ist zwar nicht in St. Gallen geschrieben worden, aber doch wohl im südwestdeutschen Raum. Wo das zugrunde liegende einsprachig lateinische Glossar, das möglicherweise zur Bibellektüre diente, mit zusätzlichen althochdeutschen Übersetzungswörtern versehen wurde, ist nicht geklärt. Generell wird die Zusammenstellung dieses Glossars von der neueren Forschung nicht mehr in ein bairisch-norditalienisches Umfeld, sondern eher in den Zusammenhang der irisch-angelsächsischen Mission eingeordnet, in der es bereits eine gewisse volkssprachliche Glossartradition gab. Das oft als ältestes erhaltenes Buch in deutscher Sprache bezeichnete Werk enthält auf nicht ganz 150 Pergamentblättern knapp 7000 Wörter (ca. 3200 verschiedene) und ist damit eine überaus wertvolle Quelle für die Kenntnis des ältesten Deutschen. Die Benennung des Glossars erfolgte, nach dem Muster mittelalterlicher lateinischer Glossare, nach dem ersten Worteintrag: *abrogans = dheomodi* 'bescheiden, demütig'. Es enthält zwar eine ganze Reihe fehlerhafter Übersetzungen, überliefert aber auch zahlreiche sonst nicht belegte althochdeutsche Wörter. Insbesondere der erste, ältere Teil des Glossars weist sprachlich in den alemannischen Raum. Die Handschrift enthält neben dem Wörterbuch am Schluss auch noch ein Vaterunser und ein Glaubensbekenntnis, die zur gleichen Zeit eingetragen worden sein dürften und damit zu den ältesten Texten in deutscher Sprache gehören. Sie weisen ebenfalls alemannische Züge in ihrer Sprache auf.

In älteren Darstellungen findet sich auch die Bezeichnung Keronisches Glossar, weil man irrtümlich glaubte, das Glossar sei von dem St. Galler Mönch Kero verfasst worden.

falls dem Hochdeutschen zugehörigen mitteldeutschen Dialekte dadurch aus, dass sie zwar *p* zu *f* verschoben haben, wie in *schlafen*, aber nicht *pp* zu *pf*, so dass es mitteldeutsch *Appel* heisst. Die Verschiebung von *k* zu *kch* findet sich gar nur im äussersten Süden (*Kchind* mit Weiterverschiebung zu *Chind* im Hochalemannischen). Noch weit bis in die Neuzeit hinein konnten alle diese Sprachformen als *deutsch* bezeichnet werden (*diutesch, duytsch, dutch* usw.), wobei ursprünglich damit einfach die Volkssprachen in Abgrenzung vom Lateinischen gemeint waren (ahd. *diut-isk* zu *diot* 'Volk, Leute').

Als im Zuge der Christianisierung die eigentliche schriftliche Überlieferung der germanischen Sprachen einsetzt, treten uns diese mehrheitlich bereits als Einzelsprachen entgegen. Die germanischen Sprachen lassen sich aber durch das Kriterium der Germanischen Lautverschiebung, die den Bestand der indogermanischen ▶ Verschlusslaute *(p, t, k, b, d, g, bh, dh, gh)* einer umfassenden Veränderung unterwarf, klar als eigene Gruppe innerhalb der indogermanischen Sprachen bestimmen. Der Zeitpunkt dieser Lautverschiebung ist nicht genau bestimmbar, sie muss aber in der Zeit vor dem Kontakt mit der römisch-lateinischen Welt bereits abgeschlossen gewesen sein. Die ältesten sprachlichen Zeugnisse germanischer Sprachen sind uns durch römische Autoren überliefert, die Bezeichnungen für in der römischen Welt nicht bekannte Tiere und Gegenstände in ihr Latein übernahmen, so etwa *alces* 'Hirschart, Elch?' und *sapo* 'Schminke' (vgl. *Seife*). Damals hatten sich die germanischen Sprachen noch kaum auseinander entwickelt. In dieser Epoche übernahmen umgekehrt die Germanen, die mit den Römern in Kontakt kamen, bereits lateinischen Wortschatz, z. B. den höher entwickelten Haus- und Gartenbau betreffend, wie Bezeichnungen verschiedener Obstsorten oder Wörter wie *Keller, Mauer, Fenster.* Auch die Wochentagsbezeichnungen wurden übernommen, vorwiegend als Lehnübersetzungen, so erscheint etwa lat. *dies solis* 'Sonntag' im Althochdeutschen wörtlich als *sunnuntag* 'Sonnentag, Tag der Sonne'. Eine Übersetzung des lateinischen *dies Martis* 'Dienstag' unter Gleichsetzung einer einheimischen Gottheit mit dem Kriegsgott Mars reflektiert sich in den skandinavischen Sprachen und im Englischen, aber auch in der alemannischen Bezeichnung *Zischtig*.

Die am frühesten fassbare germanische Einzelsprache stellt das Gotische dar. Im 4. Jh. übersetzte der wahrscheinlich zweisprachige gotische Bischof Wulfila die Bibel aus dem Griechischen in die Sprache der damals an der unteren Donau ansässigen Westgoten, wobei er dafür auch noch eine eigene, an die griechische Unzialschrift angelehnte Schrift entwickelte. Die ursprüngliche Niederschrift ist nicht erhalten. Die bekannte Prachthandschrift dieser Bibelübersetzung, der so genannte Codex Argenteus ('Silbercodex' wegen des mit Silbertinte auf purpurfarbenen Blättern geschriebenen Textes, heute in der Universitätsbibliothek Uppsala) wurde erst im oberitalienischen Ostgotenreich um das Jahr

Die Dialektgliederung nach der Althochdeutschen Lautverschiebung (bis 1945)

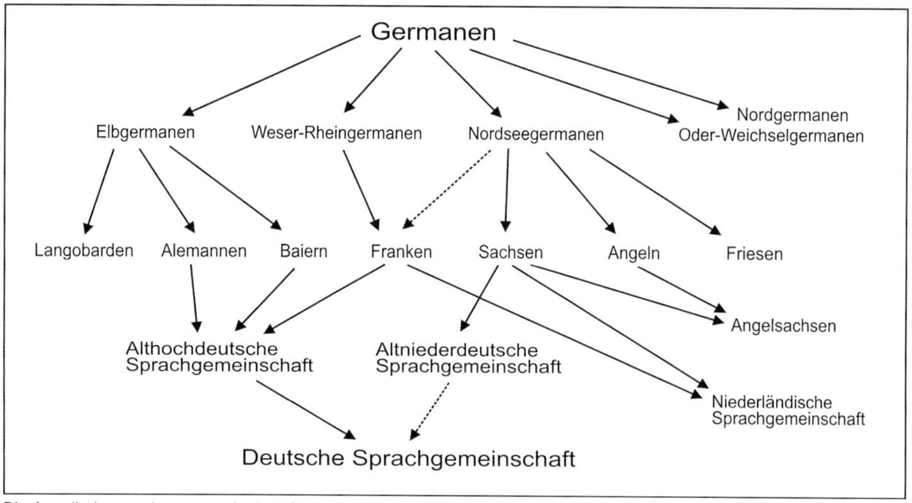

Die Ausgliederung der germanischen Sprachen

500 hergestellt. Das Gotische vertritt mit einigen spezifischen sprachlichen Kennzeichen die Gruppe des Ostgermanischen. Man nimmt an, dass die Ostgermanen (auch Oder-Weichselgermanen) früh nach Süden zogen und im griechischen Einflussbereich schnell christianisiert wurden. Sie waren allerdings Anhänger der Glaubensrichtung des Arianismus, was sie von der Umgebungsbevölkerung abgrenzte. Schliesslich haben sich Ost- wie Westgoten aber doch überall an ihre Umgebung assimiliert, so dass ihre Sprache spätestens im 9. Jh. ausgestorben ist. Das Gotische kann also nicht als Vorläufer einer der modernen germanischen Sprachen angesehen werden.

Einen eigenen Sprachzweig stellt auch das Nordgermanische dar, das bereits in Runeninschriften des 3. Jhs. bezeugt ist. Das Altnordische im engeren Sinn ist vor allem aus mittelalterlichen isländischen Handschriften bekannt, die das Westnorwegische repräsentieren. Die heutigen nordgermanischen Sprachen lassen sich in die Einzelsprachen Dänisch, Schwedisch (Ostnordisch) und Norwegisch, Isländisch und Färöisch (Westnordisch) aufteilen.

Die übrigen germanischen Sprachen werden zur Gruppe des West- oder Südgermanischen zusammengefasst, ohne dass eine ehemalige gemeinsame sprachliche Vorstufe genauer fassbar wäre. In Anlehnung an archäologisch erkennbare Gruppierungen unterscheidet man für die Zeit vor der einzelsprachlichen Bezeugung die Nordseegermanen, die Weser-Rheingermanen und die Elbgermanen. Archäologische, stammesgeschichtliche und sprachliche Gruppierungen sind dabei nicht einfach aufeinander zu beziehen. Die Weser-Rheingermanen identifiziert man mit den weit verbreiteten fränkischen Stämmen, von denen eine östliche Teilgruppe mit den ursprünglich elbgermanischen Alemannen und Baiern durch die Lautverschiebung zur hochdeutschen Sprachgemeinschaft zusammengruppiert wurde. Wie sich das im romanischen Umfeld der italienischen Halbinsel bald ausgestorbene, ebenfalls elbgermanische Langobardische dazu verhielt, ist aufgrund der bruchstückhaften Überlieferung schwer zu bestimmen und dementsprechend umstritten. Westlichere Frankenstämme, deren Fränkisch keinen Anteil an der Lautverschiebung genommen hatte, legten mit nordseegermanischen Sachsen die Basis des späteren Niederländischen. Auch das Niederdeutsche ist auf die Sachsen zurückzuführen, wie es in der Bezeichnung Altsächsisch für das seit dem 9. Jh. bezeugte Altniederdeutsche zum Ausdruck kommt. Eigentliche Nordseegermanen sind auch die auf die Britischen Inseln übersiedelten Angelsachsen und die Friesen. Während das Angelsächsische (oder Altenglische) noch im 7. Jh. verschriftet wurde, ist das Friesische, das sich später in die gegenseitig nicht verständlichen Sprachformen Westfriesisch (in den heutigen Niederlanden), Nordfriesisch (in Schleswig-Holstein) und Ostfriesisch (jetzt noch in der Gemeinde Saterland/Niedersachsen) teilte, erst spätmittelalterlich bezeugt.

Ortsnamen und Siedlungsgeschichte

Lautliche Veränderungen wie die Althochdeutsche Lautverschiebung lassen sich nutzen, um Aufschluss über ältere Sprachverhältnisse in einem bestimmten Raum und insbesondere über die Beeinflussung von Sprachen und den Zeitpunkt eines eventuellen Sprachwechsels zu erhalten. Im Allgemeinen lässt sich an der Lautform eines Wortes erkennen, ob es vor oder nach dem Wirken eines Lautgesetzes in eine Sprache übernommen wurde: Die Wörter *Pfütze* oder *Ziegel*, die aus lat. *puteus* 'Brunnen' und *tegula* 'Dachziegel' stammen, zeigen mit ihrem *pf-* und *ts-* (geschrieben *z*) für lat. *p* und *t* im Wortanlaut, dass sie so früh entlehnt wurden, dass sie noch von der Althochdeutschen Lautverschiebung erfasst wurden. Wären sie erst im Hoch- oder Spätmittelalter entlehnt worden, wie christlich-klösterlicher Wortschatz, z. B. *pîn* 'Pein' aus spätlat. *pena* 'Höllenstrafe', so wären die Verschlusslaute unverschoben geblieben. Das gleiche Bild zeigt sich, wenn schon vorhandene Ortsnamen von einer einwandernden Sprachgemeinschaft übernommen werden. Das haben auch die Alemannen gemacht, wenn sie sich in romanisch besiedelten Gebieten im östlichen Helvetien niederliessen. Weisen die Orts- oder Flurnamen die Althochdeutsche Lautverschiebung auf, so müssen die Alemannen diese Namen gleich zu Beginn der Besiedlung kennengelernt haben, so etwa *Zürich* (aus *Turicum*), *Chulm* (aus lat. *culmen*), *Alpnach* (aus **Albiniacum*). Weisen sie keine Lautverschiebung auf, so deutet das auf eine späte Übernahme dieser Namen, so etwa im Falle des verbreiteten *Gulm(en)*, *Gaster* (aus lat. *castra*) SG und *Gurmels* FR, in denen das *G* das lateinische *C* (bzw. den ursprünglichen *k*-Laut) wiedergibt. Treten nun in einer Region vermehrt Ortsnamen mit Lautverschiebung auf, dann wird das in der Regel so gedeutet, dass dieses Gebiet schon früh, in vorkarolingischer Zeit, besiedelt wurde. Weist ein Gebiet vermehrt Namen ohne Lautverschiebung auf, dann war das Gebiet noch länger von Romanen besiedelt. Die Alemannen sind dann erst später in diese z. T. abgelegenen oder höher gelegenen Gebiete gelangt, oder die dort ansässigen Romanen haben selbst später einen Sprachwechsel zum Alemannischen durchgeführt und dabei ihre alten Ortsnamen in der ihnen vertrauten Lautung behalten, so im Urserental erst im 12. Jh. Erst im Verlauf des 19. Jhs. hat Samnaun das Romanische aufgegeben. Der Sprachwechsel führte hier allerdings zur Übernahme des umgebenden Tirolischen.

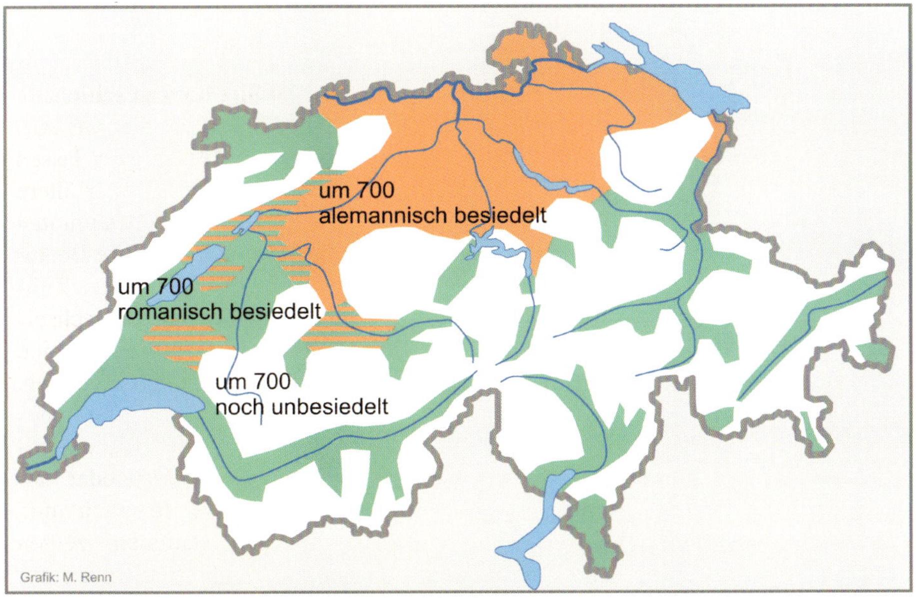

Besiedlungsverhältnisse um 700 im Raum der heutigen Schweiz

Nach dem Zeugnis der Ortsnamen haben die Alemannen bis spätestens zum Ende des 8. Jhs. die Gebiete des Schweizer Mittellandes vom Bodensee bis zum Bielersee, die Haupttäler der Aare, der Reuss, der Thur und der Sitter besiedelt. Dagegen sind die höher gelegenen Gebiete des Luzerner Mittellandes, des Säntis-Vorlandes, das Sensegebiet und das Glarnerland erst später alemannisch geworden, was z. B. an den unverschobenen Namen *Gormund* LU, *Gurmels* FR und *Glarus* zu erkennen ist. Gerade auch durch Flurnamen, wie *Alpiglen* (aus lat. *alpicula* 'kleine Alp'), kann eine solche späte Alemannisierung bezeugt werden. Allerdings ist bei dieser gesamten Argumentation Vorsicht geboten, da teilweise die Vorformen der Ortsnamen gar nicht belegt, sondern nur erschlossen sind und zudem berücksichtigt werden muss, dass Ortsnamen grösserer und zentraler Orte bereits übernommen werden können, wenn man diese nur vom Hörensagen kennt. Lautverschobene Formen von Hauptorten, wie etwa *Chur*, sind daher kein Beweis für eine frühe Anwesenheit der alemannischen Siedler. Der Name wurde früh übernommen und angepasst, wohingegen man in der Aussprache der ortsansässigen Bevölkerung *Khuur* (mit einfachem Verschlusslaut) noch heute die Aussprachegewohnheit der Romanen vermuten kann, zumal Chur erst im 15. Jh. mehrheitlich deutschsprachig wurde.

Auch die deutschen Ortsnamenbildungen selbst können Hinweise auf Siedlungsbewegungen geben. In der frühesten Zeit sind von Personen und Siedlergruppen abgeleitete Namen auf *-ingen* üblich, die man folglich in grosser Zahl im Mittelland findet (*Zofingen*, *Wettingen*, *Amsoldingen* usw.), ähnlich wie die erweiterte Form auf *-hofen*, die heute meist verschliffen als *-ikofen*, *-ikon*, *-iken* erscheint (z. B. *Zollikon*, aus *Zolling-hofen*). Etwas jünger sind die Ortsnamen auf *-wil*, die, mit Personennamen zusammengesetzt, darauf hindeuten, dass neue Gebiete im Umkreis der frühesten Siedlungen zugewiesen wurden *(Rapperswil, Sigriswil, Uzwil)*. Auf umfangreichere Waldrodungen, die erst in einem weiteren Schritt unternommen wurden, deuten dann die *Schwendi*-Namen (zu *schwenden* '[Bäume] zum Schwinden bringen'). Auch bei der nächsten Phase der alemannischen Ausbreitung, der spätmittelalterlichen Weiterwanderung und Verbreitung der Walliser im eigentlichen Alpenraum, über den Alpenhauptkamm nach Süden und Osten, wo sie als Walser bezeichnet werden, spielten die Rodungsvorgänge und -benennungen eine wichtige Rolle. Die Siedlungsbewegung über die Berge führte zum grossen Teil in romanisches Gebiet hinein, eine Situation, die sich wiederum in den lokalen Örtlichkeitsnamen noch heute widerspiegelt.

Auch für die früheste, vorhistorische Zeit wird mit Ortsnamen argumentiert. Neuere – allerdings sehr umstrittene – Theorien erklären viele weit verbreitete alte Orts- und Gewässernamen, von denen man bislang geglaubt hat, sie stammten aus einer frühen indogermanischen Schicht, als Relikte aus dem Vasconischen, der Vorläufersprache des Baskischen, die früher also wesentlich weiter verbreitet gewesen sein müsste als das heutige Baskische. Die einwandernden Völker hätten dann also diese Namen von der einheimischen, nicht-indogermanischen Bevölkerung übernommen, bzw. die einheimische Bevölkerung hätte bei der Übernahme einer neuen Sprache die alten Ortsnamen beibehalten. Einen entsprechenden Vorgang nimmt man nämlich ebenso für die römische Zeit an, in der keltische Ortsnamen in latinisierter Form weiter gebraucht wurden.
Weitere Ausführungen zur Ortsnamengeschichte sowie ein Überblick über die Vielfalt der Orts- und Flurnamenlandschaft der Deutschschweiz finden sich im Kapitel *Namen*.

Periodisierung des Deutschen

Althochdeutsch:	750 – 1050
Mittelhochdeutsch:	1050 – 1350
Frühneuhochdeutsch:	1350 – 1650/1750 (je nach Region)
Neuhochdeutsch:	spätestens ab 1750

Walsersiedlungen

Im Hochmittelalter waren die Alemannen von Norden her bis in die Alpen hinein vorgedrungen und hatten sich bereits auch im Oberwallis niedergelassen. Schon bald ist aber ein Teil von ihnen – als Walser bezeichnet – weitergezogen. Die Wanderungen über die Alpenpässe wurden wohl durch das damalige relativ milde Klima begünstigt, die eigentliche Ursache der Wanderungen ist aber umstritten. Mehrfach ist, wie etwa für Davos, die Ansiedlung durch Feudalherren im 13. Jh. urkundlich belegt. Die Walser, die sich häufig in den von der romanischen Bevölkerung kaum genutzten, unwirtlichen hinteren Bergtälern der Vieh- und Milchwirtschaft widmeten, wurden mit bestimmten, auch finanziellen Freiheiten und Rechten ausgestattet. Die ersten Weiterwanderungen der Walser führten vor allem nach Süden, bis in die alpinen Südtäler jenseits des Monte Rosa. Von den hier gegründeten Südwalserkolonien bewahrten die heute zu Italien gehörenden Siedlungen Gressoney, Issime (Aostatal), Alagna, Macugnaga, Rima, Rimella, Saley und Pomatt (Piemont) bis in die Mitte des 20. Jhs., als die Spracherhebungen für den ▶ Sprachatlas der deutschen Schweiz durchgeführt wurden, ihre Walserdialekte. Das gilt auch für das von Pomatt aus begründete Bosco Gurin, den einzigen deutschsprachigen Walserort im Tessin. Der Sprachstand dieser Südwalser Sprachinseln, der auf unseren Sprachkarten verzeichnet ist, ist durch Abwanderung und Sprachwechsel nur noch eingeschränkt aktuell. Die Dialekte, die durch die Isolation einerseits und die Weiterentwicklung in romanischsprachiger Umgebung andererseits ein ganz eigenes Gepräge erhalten hatten, werden mittlerweile nur noch in Einzelfällen an die Kinder weitergegeben.
Die Walser waren auch ostwärts weitergezogen, bis ins Tirol hinein. Die auf diese Wanderungsbewegung zurückgehenden Walsersiedlungen in Graubünden befinden sich teilweise noch heute in rätoromanischer Umgebung, wie etwa Obersaxen im Bündner Oberland (Surselva). Sie heben sich sprachlich durch verschiedene Merkmale, die aus dem Wallis mitgebracht wurden, auch vom Schweizerdeutschen der Umgebung ab, wie unsere Sprachkarten das mehrfach zeigen (s. z. B. Karten *Verbplural*, *Küchenzwiebel*, *zu wenig gesalzen*, *Mäuse*). Hier hat es jedoch in den letzten fünfzig Jahren sprachliche Anpassungen gegeben, die noch nicht im Einzelnen dokumentiert sind. Man unterscheidet sprachlich eine nordöstliche Davoser Gruppe von Walserorten, die vor allem mit dem unteren Teil des Deutschwallis übereinstimmen, und eine südwestliche Rheinwald-Gruppe, die engere Beziehungen mit dem obersten Teil des Wallis, dem Goms, aufweist.
Sowohl die Bündner Walserdialekte als auch die Südwalser Dialekte sind in Tonaufnahmen aus der 1. Hälfte des 20. Jhs. dokumentiert (▶ Phonogrammarchiv).

***Landsprachen* und Hochdeutsch**

Nach dem Ende der frühmittelalterlichen Wanderbewegungen konnten sich die Sprachformen der verschiedenen Regionen etablieren und weiterentwickeln. In mittelhochdeutscher Zeit wurde vermehrt auch Volkssprachliches, in Form von Gebrauchstexten, wie Urkunden, insbesondere aber auch literarische Werke, schriftlich festgehalten. Im Gebiet der Deutschschweiz sind in dieser Zeit bedeutende literarische Denkmäler entstanden, von Epik über Dramen bis zur Minnelyrik, wie sie in der berühmten ▶ Manessischen Handschrift dokumentiert ist.

Aus den mittelalterlichen Schreibsprachen haben sich schliesslich im festlandgermanischen Bereich die modernen Schriftsprachen Niederländisch und Deutsch entwickelt. Das Westfriesische hat erst in allerjüngster Zeit eine Standardisierung erfahren, nachdem die mittelalterliche friesische Schriftlichkeit abgebrochen war. Als jüngste Nationalsprache ist erst im 20. Jh. das Luxemburgische dazugekommen. Das Niederdeutsche war bis in die frühe Neuzeit hinein insbesondere als Sprache der Hanse von grosser Bedeutung. Befördert durch deren Niedergang wurde ab dem 16. Jh. immer öfter die südlichere, hochdeutsche Schreibnorm benutzt, wie man sie etwa aus den Schriften ▶ Luthers kannte. Dabei gab es auch auf dem hochdeutschen Gebiet damals noch keine Einheitsschriftsprache, wie wir sie heute kennen. Es war aber in den gedruckten Texten eine deutliche Tendenz zur sprachlichen Vereinheitlichung erkennbar. In einem lange andauernden Ausgleichsprozess, der über die allmähliche Auswahl überregionaler Varianten und die zunehmende Vermeidung lokaler Besonderheiten verlief, entstand aus den verschiedenen frühneuzeitlichen Schreibsprachen das Hochdeutsche, das nun im Sinne einer über den Dialekten stehenden gemeinsamen und höherbewerteten Sprachform verstanden wurde. Infolge der Verschiebung der kulturellen und wirtschaftlichen Zentren im deutschen Sprachraum war es mehrfach auch zu einer Verlagerung der sprachlich einflussreichen und prestigeträchtigen Regionen gekommen, die ausgehend von Zentren wie Augsburg und Nürnberg allmählich immer weiter nördlich rückten. Im 17. Jh. lag der Schwerpunkt der schriftsprachlichen Bewegung im ostmitteldeutsch-schlesischen und norddeutschen Raum, bei den Barockdichtern und den Sprachgesellschaften, die sich um die ‚Verfeinerung' des geschriebenen Deutschen und die Hebung seines Prestiges gegenüber dem Französischen und Lateinischen bemühten. Da die Ausgestaltung der neuen Einheitssprache auch eine konfessionelle Komponente aufwies – die massgeblichen Dichter, Wörterbuchverfasser und Grammatiker stammten aus protestantischen Gegenden – kam der Prozess der Durchsetzung der Hochsprache vor allem im katholischen Südosten erst mit Verzögerung, nach der Mitte des 18. Jhs., zum Abschluss.

Auch die deutschsprachige Schweiz nahm an dieser allgemeinen Entwicklung teil, so dass auch hier um 1800 das von Gebildeten geschriebene Deutsch im Wesentlichen dem allgemeinen Schreibgebrauch entsprach. Wie in anderen Regionen hatten sich die Schreibgewohnheiten auch am Südrand des deutschen Sprachgebiets seit der Einführung des Buchdrucks und der Reformation immer mehr verändert. Die Auseinandersetzung etwa mit Luthers Bibeltext in den reformierten Gebieten führte dazu, dass nicht nur die Basler den Luthertext übernahmen – wenn auch zunächst mit einem Glossar zur Verständnishilfe (▶ Adam Petri) –, sondern dass schon früh z. B. auch in der zwinglianischen Zürcher Bibel von 1527 ▶ Diphthongschreibungen gedruckt wurden, wie sie für die *ußlendische gemeine spraach* charakteristisch waren: *Haus*, *mein* usw. Der Zürcher Bibeldrucker ▶ Christoph Froschauer druckte daneben allerdings für den heimischen Markt auch eine Fassung, die sprachlich der bis dahin gebräuchlichen allgemeinen *Lantsprach* nahestand. Das war eine lautlich konservative, dem Mittelhochdeutschen noch recht nahestehende, aber deutlich alemannisch geprägte Sprachform, in die dazu je nach Schreibort und Schreiberpersönlichkeit auch mundartliche Besonderheiten eingingen. Der Zürcher Humanist ▶ Konrad Gessner (1516–1565) führte beispielsweise die Wortpaare *Öpfel – Apfel*, *gsyn – gwäsen*, *Kilch – Kirch*, *Anken – Schmalz/Butter* als charakteristische Unterschiede zwischen der heimischen helvetischen Schreibweise und derjenigen der schwäbischen Nachbarn an. Solche Unterschiede galten aber in jener Zeit auch für andere Schreiblandschaften und hätten beispielsweise auch für Augsburg und Frankfurt formuliert werden können. Trotz der vorhandenen

Hochdeutsch

Ursprünglich geographisch motivierte Bezeichnung der Sprache der höhergelegenen Gebiete im südlichen deutschen Sprachraum. Dadurch, dass die hochdeutschen Dialekte zur Basis der heutigen Schriftsprache geworden sind, hat sich diese Bezeichnung auf die werdende Schriftsprache übertragen.

sprachlichen Differenzen, deren man sich offensichtlich sehr bewusst war, kam es auch nach der formellen Loslösung vom Reich im Westfälischen Frieden (1648) zu keinerlei Tendenz, die vorhandenen Unterschiede zum Zweck einer sprachlichen Absonderung auszubauen. Im Gegenteil: Die Schweizer Druckschriften dieser Zeit orientierten sich zunehmend am mitteldeutsch geprägten Schrifttum. Dieses Bild sieht allerdings anders aus, wenn man handschriftliche Aufzeichnungen und das Kanzleischrifttum betrachtet, für die sehr viel länger die regionale Schreibsprache mit den verschiedensten mundartlichen Prägungen benutzt wurde. Zunächst wurden die erwähnten Diphthonge übernommen, die letzten Kanzleien schwenkten Ende des 17. Jhs. auf diesen Schreibgebrauch ein. Gerade beim Ausbau der neuen Schriftsprache zu einer vollgültigen Literatursprache im 18. Jh. haben sich dann Schweizer Schriftsteller aber erfolgreich in die Diskussion eingeschaltet. Die Folge war die künftig selbstverständliche Teilhabe an der deutschen literarischen Kultur. Dem widerspricht es nicht, wenn 1824 das handschriftliche Kochbuch der Catharina Fehr, Tochter des letzten Schultheissen aus Frauenfeld, besonders in Orthographie und Wortschatz zahlreiche Regionalismen aufweist *(Beselin, Taigli, Zuker, Niedel)*. Die tatsächliche Durchsetzung der Schriftsprache in allen Bevölkerungsgruppen erforderte noch etwas Zeit. Und bis heute zeichnet sich ja der deutsche Wortschatz durch eine gewisse Offenheit für Regionalismen aus.

Noch weniger orientierte sich allerdings die gesprochene Sprache in der Schweiz an der hochdeutschen Schriftnorm. Das galt für die deutsche Sprachlandschaft allgemein, abgesehen von den niederdeutschen Gebieten, in denen die städtischen, gebildeten Schichten nach dem Sprachwechsel in der Schriftlichkeit schon früh begannen, das geschriebene Deutsch auch mündlich zu verwenden. Dieser Prozess der Entstehung einer gesprochenen Variante des Hochdeutschen, die dann auch im Alltag gebraucht wurde, erfasste in den folgenden Jahrhunderten immer mehr Gebiete und erreichte im 20. Jh. schliesslich auch Süddeutschland. Die deutschsprachige Schweiz wurde davon jedoch nicht erfasst. Hier bilden weiterhin die Dialekte die gesprochene Alltagssprache, in allen Schichten, Regionen und (fast) unabhängig von der Situation, während in geschriebener Form unangefochten das Hochdeutsche herrscht, daher gern auch Schriftdeutsch genannt. Jüngste Entwicklungen haben diese Situation nur leicht – zugunsten des schriftlichen Gebrauchs der Mundart – verändert.

Confoederatio Helvetica

Die Bezeichnung *Confoederatio Helvetica* ist der offizielle lateinische Name der Schweizerischen Eidgenossenschaft (franz. *conféderation suisse*, ital. *confederazione svizzera*, rätorom. *confederaziun svizra*), der sich auch auf verschiedenen Münzen, beispielsweise dem *Fünfliber* (5 Franken), findet. Die Bezeichnung wurde 1848, nach der Schaffung des Bundesstaates, eingeführt. Die lateinische Bezeichnung ermöglicht eine Benennung der Schweiz ohne Heranziehung und Bevorzugung einer der Landessprachen. Insbesondere die Abkürzung *CH*, die als Landescode für Autokennzeichen, Internet- und Postadressen, Herkunftsdeklaration von Produkten u. Ä. offizielle Verwendung findet, ist zu einer beliebten Kurzbezeichnung für alles Schweizerische geworden. *Confoederatio Helvetica* leitet sich vom Namen der Helvetier ab, die als einer der keltischen Stämme, neben den Raurikern, Allobrogern, Sequanern usw., in römischer Zeit im Raum der späteren Schweiz siedelten und hauptsächlich durch die Nennung bei Caesar und Tacitus bekannt geworden sind. Die Helvetier waren im Zuge der Antikenrezeption in der Renaissance wiederentdeckt worden, im 19. Jh. wurden sie Teil der nationalen Mythenbildung. In diesen Zusammenhang gehört auch die Popularisierung der Figur der Helvetia, die bereits im 17. und 18. Jh. als Personifikation des Landes galt und im 19. Jh. immer mehr zu einer nationalen Repräsentationsfigur wurde. Das Wort *Helvetia* steht heute auf jeder Schweizer Briefmarke. Allerdings galt die Helvetia vor allem den Innerschweizer Kantonen bis gegen Ende des 19. Jhs. auch als Symbol des ungeliebten Bundesstaates und wurde entsprechend wenig geschätzt.

Die ältere Bezeichnung *Schweiz* stammt von *Schwyz*, einem Wort unklarer, wohl vorgermanischer Herkunft und Namen eines der ‚Urkantone'. Mit der Zeit wurde der Name auch als Gesamtbezeichnung für den sich allmählich erweiternden Bund souveräner Orte mit ihren Untertanengebieten gebraucht, allerdings insbesondere ausserhalb der Schweiz. Innerhalb der Schweiz war in der Regel einfach von der Eidgenossenschaft die Rede. Diese war bis zu ihrem Ende 1789 auf höchster Ebene ein grundsätzlich deutschsprachig regiertes Gebilde, wenn auch das komplexe Bündnissystem von Untertanengebieten und nicht gleichberechtigten Zugewandten Orten schon früh auch französische, italienische und rätoromanische Bevölkerung einschloss. Deren Landesbezeichnungen *Suisse, Svizzera, Svizra* sind dementsprechend von der deutschen Form abgeleitete Bildungen.

Die viersprachige Schweiz

Sprachenkarte der Schweiz

Die Schweiz setzt sich aus vier Sprachregionen mit den historisch gewachsenen Sprachen Deutsch, Französisch, Italienisch und Rätoromanisch zusammen. Das offizielle Sprachleben der Schweiz regelt der Artikel 70 der schweizerischen Bundesverfassung:

1 Die Amtssprachen des Bundes sind Deutsch, Französisch und Italienisch. Im Verkehr mit Personen rätoromanischer Sprache ist auch das Rätoromanische Amtssprache des Bundes.
2 Die Kantone bestimmen ihre Amtssprachen. Um das Einvernehmen zwischen den Sprachgemeinschaften zu wahren, achten sie auf die herkömmliche sprachliche Zusammensetzung der Gebiete und nehmen Rücksicht auf die angestammten sprachlichen Minderheiten.
3 Bund und Kantone fördern die Verständigung und den Austausch zwischen den Sprachgemeinschaften.
4 Der Bund unterstützt die mehrsprachigen Kantone bei der Erfüllung ihrer besonderen Aufgaben.
5 Der Bund unterstützt Massnahmen der Kantone Graubünden und Tessin zur Erhaltung und Förderung der rätoromanischen und italienischen Sprache.

Bei den Amtssprachen, die von den Bundesbehörden im offiziellen Verkehr mit den Bürgerinnen und Bürgern verwendet werden, handelt es sich um die jeweiligen Hochsprachen. Im Falle von Deutsch, Französisch und Italienisch sichern diese gleichzeitig die sprachliche Zugehörigkeit der Schweiz zu den jeweils übernationalen Sprachgebieten, und die Hochsprachen verleihen den vorkommenden Dialekten den Rang von Sprachformen, die zu einer der vier Sprachen gehören. Eine einzelne nationale Sprachform, welche die Schweizer Identität als Ganzes symbolisieren würde, existiert nicht. Migration und Globalisierung haben überdies dazu beigetragen, dass weitere Sprachen in der Schweiz präsent sind. Beispielsweise leben heute in der Schweiz weit mehr Menschen mit einer südslawischen Erstsprache als mit Rätoromanisch. Vor diesem Hintergrund erstaunt es nicht, dass in einer Kehrichtverordnung, die eine mittelgrosse Deutschschweizer Stadt allen Haushaltungen zukommen lässt, zwar die Sprachen Deutsch, Französisch, Italienisch, Englisch, Kroatisch, Albanisch, Tamil, Portugiesisch, Spanisch und Türkisch gebraucht werden – nicht jedoch Rätoromanisch.

In allen vier Sprachgemeinschaften gibt es ein Nebeneinander verschiedener Sprachformen, zu denen Dialekte, Hochsprachen oder andere Sprechweisen mit regionaler Prägung gehören. Freilich unterliegen diese Sprachformen in den jeweiligen Landesteilen völlig unterschiedlichen Gebrauchsbedingungen, die gleichzeitig Ursache und Wirkung des unterschiedlichen gesellschaftlichen Stellenwertes sind, der beispielsweise Dialekt und Hochsprache in den vier Landesteilen zukommt.

Schweizerische Wohnbevölkerung nach Hauptsprache
(Eidgenössische Volkszählung 2000)

	In %	Absolut
Deutsch	63.7	4 640 359
Französisch	20.4	1 485 056
Italienisch	6.5	470 961
Rätoromanisch	0.5	35 095
Nichtlandessprachen	9.0	656 539

Quelle: Bundesamt für Statistik

Entgegen einer verbreiteten Aussensicht wächst die überwiegende Zahl der Schweizerinnen und Schweizer nicht mehrsprachig auf. In den vier Sprachgebieten werden die jeweils anderen Landessprachen – mit Ausnahme des Rätoromanischen – in der Schule als Fremdsprachen vermittelt. An der Frage, welche und wie viele Landessprachen in welcher Reihenfolge – neben dem zunehmend unverzichtbaren Englisch – gelernt werden sollen, entzünden sich heikle sprachpolitische Debatten.

Die Sprachsituation in der deutschsprachigen Schweiz

In der Deutschschweiz verfügen die einheimischen Sprecherinnen und Sprecher über zwei Sprachformen des Deutschen, über einen schweizerdeutschen Dialekt und das Hochdeutsche, die strikte auseinander gehalten werden: Die Deutschschweizerinnen und Deutschschweizer weisen eine gehörte Äusserung meist zweifelsfrei einer der beiden Sprachformen zu, genauso wie sie von sich selbst immer wissen, ob sie gerade Dialekt oder Hochdeutsch sprechen. Überdies ist man sich in der Deutschschweiz einig, in welchen Situationen welche Sprachform angebracht ist. In der Schriftlichkeit wird in der Regel das Hochdeutsche verwendet, die Mündlichkeit ist dagegen geprägt durch den Dialekt, der – unbesehen vom sozialen Stand oder von der persönlichen Vertrautheit mit dem Gegenüber – im Alltag gebraucht wird. Die Soziolinguistik hat für dieses besondere Nebeneinander von zwei verwandten Sprachformen den Begriff ▸ *Diglossie* geprägt. Kinder, die in dieser Diglossie deutschschweizerischer Prägung aufwachsen, erwerben als erste deutsche Sprachform den ortsüblichen Dialekt, meistens im Elternhaus oder dann bei Gleichaltrigen. Das Hochdeutsche lernen sie vor allem in der Schule, zu deren wichtigsten Aufgaben es gehört, die Kinder mit dem Hochdeutschen als gesprochene und geschriebene Sprachform vertraut zu machen. Allerdings ist das Hochdeutsche als Vorlesesprache oder als Sprache in den deutschsprachigen Medien derart stark im Alltag verankert, dass Kinder schon früh zu kompetenten Hörern des Hochdeutschen werden.

Täufer

Nach der Reformation kam es zu einer Spannung zwischen dem Staatskirchentum, wie es Luther und Zwingli vertraten, und radikaleren Strömungen, die die evangelischen Grundsätze auch im politischen Leben verwirklichen wollten. Zu ihnen gehörten die ‚Täufer', deren Bewegung in Zürich entstand. Da nach ihrer Überzeugung die Mitgliedschaft in der Kirche auf persönlichem Glauben beruhen sollte, ersetzten sie die Kindertaufe durch die Erwachsenentaufe (daher abschätzig ‚Wiedertäufer'); Eid und Kriegsdienst wurden abgelehnt. Die Staatsgewalt reagierte unerbittlich, Zwinglis früherer Weggefährte Felix Manz wurde 1525 in der Limmat ertränkt. Viele Anhänger flohen, v.a. ins Elsass, in die Pfalz und später nach Nordamerika. Dies trug zur Verbreitung der Lehre bei. Nach der Katastrophe des Täuferreichs in Münster bemühte sich der niederländische Täufer Menno Simons (1496–1561) (daher die Bezeichnung Mennoniten) um die Wiederaufrichtung der Lehre.

In der Eidgenossenschaft gewährte seit dem 18. Jh. der Fürstbischof von Basel verbliebenen Täufern aus dem Emmental Zuflucht. Sie durften sich in Einzelhöfen niederlassen, jedoch nur auf den wirtschaftlich unattraktiven Jurahöhen über 1000 m, wo sie eigene, deutsch geführte Schulen unterhielten. Von der französischen Bevölkerung des Fürstbistums setzten sie sich durch Konfession und Sprache, von der deutschen durch die Konfession ab. Zudem brachten sie den mittelbernischen Dialekt des Emmentals mit in die Juraregion.

1815 kam das Territorium an den Kanton Bern, die Täuferschulen wurden Staatsschulen. Während des Kampfs um die Gründung des Kantons Jura führten diese ‚Sprachinseln' zu separatistischen Angriffen. Heute hat sich die Situation entspannt. Da die Schülerzahlen sukzessive schwanden, wurden die Täuferschulen mit französischsprachigen Gemeindeschulen zusammengelegt, einzig diejenige auf dem Mont Tramelan wird als zweisprachige Schule weitergeführt. Der starken Abwanderung aus der wirtschaftlich wenig attraktiven Region in die französischsprachigen Talgemeinden ging bereits im 19. Jh. eine wirtschaftlich bedingte Auswanderung nach Amerika voraus. Mitglieder der Täufergemeinde Sonnebärg (Mont Tramelan) gründeten 1819 in Ohio zwei neue Gemeinden, Sonnebärg und Putnam, und eine in Adams County (Indiana). Die Ausgewanderten suchten Kontakt zu bestehenden Täufergemeinden, eine beträchtliche Zahl schloss sich den streng konservativen Amischen an, die im 17. Jh. vom Emmentaler Täufer Jakob Ammann gegründet worden waren. In Berne Indiana wurde das Berndeutsche bis ins 20. Jh. tradiert, bis heute erhalten hat es sich bei den Amischen, denen es als Symbol der Abgrenzung von der ‚Welt' gilt. In den Telefonbüchern von Tramelan wie von Berne Indiana nehmen die Familiennamen Gerber, Liechti, Neuenschwander und Wenger einen prominenten Platz ein.

Im Gegensatz zu den Südwalserkolonien wurden die Sprachinseln auf den Jurahöhen nicht in die Untersuchungen des ▸ Sprachatlas der deutschen Schweiz einbezogen. Neuere Untersuchungen zeigen, dass die Täufer nach wie vor einen mittelbernischen Dialekt sprechen, aber das Französische nun eine selbstverständliche und wichtige Rolle spielt.

Die Sprachsituation in der französischsprachigen Schweiz

In der Romandie sind die ursprünglichen Dialekte, die als *patois* bezeichnet werden, bis auf einige wenige Dörfer im Wallis und im Kanton Freiburg weitgehend verschwunden. Allerdings lässt auch das gesprochene Alltagsfranzösische erkennen, woher ein Sprecher/eine Sprecherin kommt, und diese gesprochene Sprache unterscheidet sich im ganzen französischen Sprachraum vom geschriebenen Französischen. Ein Französisch schweizerischer Prägung, das sich durch exklusive Besonderheiten auszeichnen würde, gibt es nicht. Vereinzelte Ausspracheeigenheiten, die Sprechgeschwindigkeit und eine Reihe von regionalen Wörtern (z.B. *septante* neben *soixante-dix* 'siebzig' oder *youtzer* 'jodeln') können jedoch auf eine französischsprachige Grossregion verweisen, die über die Landesgrenzen hinausreicht, oder dann aber auf kleinere Räume wie die Waadt oder den Jura beschränkt sein. In der französischsprachigen Schweiz ist man sich der regionalen sprachlichen Eigentümlichkeiten bewusst; diese werden aber von den *Romands* nicht für ausreichend befunden, um als Dialekte zu gelten, sondern man spricht von einem *français régional*. Mit *accent* wird der Tonfall vor allem ländlicher Gegenden bezeichnet; gerne werden dabei die *accents* – wie das auch in anderen Sprachen üblich ist – mit *chantant* 'singend' beschrieben.

Ein Wörterbuch zu den lexikalischen Eigenheiten der Romandie und ihren Regionen liegt seit einiger Zeit vor und darf wohl als Ausdruck eines zunehmenden sprachlichen Selbstbewusstseins verstanden werden (Dictionnaire suisse romand. Particularités lexicales du français contemporain. Carouge/Genève 1997).

Die Sprachsituation in der italienischsprachigen Schweiz

In den italienischsprachigen Landesteilen umfasst das sprachliche Repertoire zum einen die angestammten lombardischen Dialekte. Diese werden durch Koineisierungsprozesse z.T. einander angepasst und weisen noch immer eine hohe Vitalität auf, auch wenn sie in den letzten Jahrzehnten von vielen Jungen nicht mehr erworben wurden. Zum anderen hat die italienische Hochsprache eine zunehmend wichtigere Bedeutung. Sie hat sich von einer fast ausschliesslich schriftlich (oder bei formellen Anlässen) verwendeten Form zu einem alltäglichen Kommunikationsinstrument entwickelt. In ihren Formen weist sie mehr oder weniger deutliche regionale Züge auf, die sie von den anderen *italiani regionali* in Italien unterscheiden. Das anhaltend grosse Interesse der Bevölkerung für ihre Dialekte zeigt sich unter anderem in der Popularität von Radiosendungen, die sich Dialektthemen widmen.

Die Sprachsituation in der rätoromanischsprachigen Schweiz

In den romanischsprachigen Gebieten des Kantons Graubünden kann man heute davon ausgehen, dass die gesamte Bevölkerung mehrsprachig ist. Sie beherrscht einen romanischen Dialekt, der zu einem der fünf Idiome *Sursilvan* (im Bündner Oberland), *Sutsilvan* (im Gebiet des Hinterrheins), *Surmiran* (im Albulatal und im Oberhalbstein), *Putér* (im Oberengadin) oder *Vallader* (im Unterengadin und im Münstertal) gehört, zu denen es jeweils eigene Schriftsprachen gibt. Die sprachpolitische Massnahme, eine zwischen den Idiomen vermittelnde Schriftsprache – das *Rumantsch Grischun* – zu etablieren, trifft nicht überall auf Zustimmung, und es bleibt abzuwarten, ob sich die neue Hochsprache gegenüber den herkömmlichen Schriftsprachen behaupten und die Minoritätensprache vor dem drohenden Aussterben bewahren kann. Die Rätoromaninnen und Rätoromanen sind heute in der Regel immer auch deutschsprachig und beherrschen neben einem schweizerdeutschen Dialekt mit Bündner Prägung das Hochdeutsche.

Nationale Wörterbücher

Der dialektale Wortschatz aller vier Sprachregionen wird in vier Wörterbuchredaktionen wissenschaftlich erhoben, lexikographisch aufgearbeitet und in fortlaufenden Lieferungen publiziert. Diese vier nationalen Wörterbücher mit ihren je eigenen Entstehungsgeschichten und Darstellungsverfahren werden unter der Obhut der Schweizerischen Akademie für Geistes- und Sozialwissenschaften von öffentlichen Geldern finanziert. Sie dienen einerseits als wissenschaftliche Grundlagenwerke und sichern andererseits das Spracherbe der Schweiz und tragen zur sprachlichen Identitätsstiftung bei. Die Arbeiten an den vier Nationalen Wörterbüchern sind noch nicht abgeschlossen und unterschiedlich weit fortgeschritten.

Schweizerisches Idiotikon. Wörterbuch der schweizerdeutschen Sprache. Huber, Frauenfeld 1881–

Glossaire des patois de la Suisse romande. Librairie Droz, Genève 1924–

Vocabolario dei dialetti della Svizzera italiana. Centro di dialettologia e di etnografia, Bellinzona 1952–

Dicziunari Rumantsch Grischun. Institut dal Dicziunari Rumantsch Grischun, Cuoira 1939–

Das unterschiedliche Nebeneinander von Hochdeutsch und Dialekt, die unterschiedliche Bedeutung und Wertschätzung, welche die Sprachformen für ihre Sprecherinnen und Sprecher in den vier Landesteilen haben, ist über die jeweiligen Sprachgrenzen hinweg nicht ganz leicht zu vermitteln und birgt ein gewisses binnenschweizerisches Konfliktpotential. Die herausragende Stellung und das Ansehen, welche den Dialekten beispielsweise in der Deutschschweiz zukommen, kann jemand, für den Dialekte minderwertige Sprachformen ungebildeter Menschen darstellen, nur schwer nachvollziehen. Dass der Dialektgebrauch in der Deutschschweiz vollständig unabhängig ist von sozialen Zugehörigkeiten, ja, dass es im Gegenteil sogar äusserst befremdlich wäre, im Alltag Hochdeutsch statt Dialekt zu sprechen, muss jedoch auch in der deutschsprachigen Nachbarschaft ennet der Landesgrenze immer wieder erklärt werden.

Das Sprachleben in der Deutschschweizer Diglossie

Hochdeutsch schreiben und lesen

In der Deutschschweiz wird fraglos Hochdeutsch gelesen und geschrieben. Die Frage, ob statt Hochdeutsch nicht doch ein schweizerdeutscher Dialekt oder ein zu konstruierendes Gemein-Schweizerdeutsch geschrieben werden sollte, diskutierte man im Umfeld der ‚Geistigen Landesverteidigung' vor und während des Zweiten Weltkrieges. Vereinzelt wurde damals der Ruf nach einer alemannischen Schriftsprache laut, welche eine deutliche (sprachliche) Abgrenzung von Deutschland herbeiführen sollte. Derartige Forderungen werden heutzutage von niemandem mehr ernsthaft gestellt. Zu gross sind die ökonomischen und kommunikativen Vorteile, zu einer weiträumigen Sprachgemeinschaft zu gehören, und zu gross ist die historisch gewachsene Verbundenheit mit dem Hochdeutschen, das von alters her fest mit zu den sprachlichen Ausdrucksmöglichkeiten in der Deutschschweiz gehört.

Im deutschsprachigen Raum gibt es nicht ein einzelnes kulturelles oder politisches Zentrum, sondern seit je teilen die Deutschsprachigen zwar ihre gemeinsame Sprache, nicht aber ihre politischen Zugehörigkeiten. Neben der Schweiz gilt Deutsch heute als offizielle Sprache in Deutschland, Österreich, im Fürstentum Liechtenstein, im Südtirol, in Luxemburg und in Ostbelgien. Derartige politische Umstände führen zwangsläufig dazu, dass es keine einheitliche Hochsprache gibt, sondern verschiedene regionale Spielarten. So sind im Falle des Deutschen vor allem im Bereich des Wortschatzes zahlreiche Unterschiede innerhalb der Hochsprache festzustellen. Für die Benutzerinnen und Benutzer selbst stellen die fraglichen Wörter meist die einzigen zur Verfügung stehenden Ausdrucksmöglichkeiten dar, die ihnen erst gar nicht auffallen – so heisst *Vortritt* nur im Schweizer Strassenverkehr so, andernorts spricht man von *Vorrang* oder *Vorfahrt*. Das Wort *Verweser* muss man ausserhalb der Schweiz gar umschreiben mit Stellvertreter des Lehrers oder des Pfarrers. Erwartungsgemäss ist besonders der Wortschatz von Verwaltung *(Steuerverwaltung ≈ Finanzbehörde)* und Politik *(Vernehmlassung ≈ Begutachtung)* durch die unterschiedlichen Staaten geprägt. Kochbücher machen jedoch offenkundig, dass der Bereich von Essen und Trinken ebenso stark regional differenziert ist

Helvetismen, Austriazismen, Teutonismen

Als Helvetismen, Austriazismen und Teutonismen bezeichnet man hochsprachliche Eigenheiten, die nicht im ganzen deutschsprachigen Gebiet gleichermassen vorkommen, sondern eine Regionsspezifik aufweisen. Diese Regionsspezifik, die sich vor allem im Wortschatz zeigt, steht häufig, aber nicht in jedem Falle, in Zusammenhang mit den politischen Staaten, in denen Deutsch (eine) offizielle Sprache ist. So ist *Reinemachefrau* 'Putzfrau' nur im deutschen Norden, *festen* 'ausgelassen feiern' nur in der Schweiz und in Vorarlberg verbreitet.

Ein spezielles Wörterbuch, das Variantenwörterbuch des Deutschen, weist auf knapp tausend Seiten diese regionalen Wörter des Hochdeutschen aus. Im Unterschied zu früher erschienenen Wörterbüchern, welche die hochsprachlichen Varianten als eine Art von Abweichungen von einem letztlich massgebenden Binnendeutschen darstellten, werden die durch raffinierte empirische Verfahren ermittelten Hochdeutschvarianten als prinzipiell gleichwertig betrachtet (z. B. *Gnagi ≈ Stelze ≈ Eisbein ≈ Schweinshaxe ≈ Spitzbein* oder *Aufrichte ≈ Firstfeier ≈ Dachgleiche ≈ Gleichenfeier ≈ Richtfest* oder *Klassenzusammenkunft ≈ Klassentreffen*).

Ulrich Ammon et al. (2004): Variantenwörterbuch des Deutschen. Die Standardsprache in Österreich, der Schweiz und Deutschland sowie in Liechtenstein, Luxemburg, Ostbelgien und Südtirol. Berlin etc.

(Blumenkohl ≈ Karfiol, Peperoni ≈ Paprika, Nüsslisalat ≈ Feldsalat ≈ Rapunzel ≈ Ackersalat ≈ Vogerlsalat). Während in der Schweiz – und also auch in diesem Buch – *gross* geschrieben wird, gilt anderenorts *groß*. Ebenso kennt die Grammatik regionale Besonderheiten: Zum Beispiel kann das Verb *rufen* im Südwesten des deutschen Sprachgebietes mit Dativ verwendet werden *(sie ruft ihm)*, während in den übrigen Regionen der Akkusativ gilt *(sie ruft ihn)*. In der Schweiz heisst es etwa im Hochdeutschen *das Tearoom, das Mail, der Achtel* andernorts *der Tearoom, die Mail, das Achtel*. Auch bei den Wortbildungen zeigen sich regionale Unterschiede: Südlichem *Rindsbraten* steht nördliches *Rinderbraten* gegenüber; in der Schweiz und in Österreich spricht und schreibt man eher von *Wissenschaftern* als von *Wissenschaftlern*. Alle diese lexikalischen, orthographischen und grammatischen Eigenheiten des Schweizer Hochdeutschen werden als Helvetismen bezeichnet. Helvetismen – und entsprechend auch die hochsprachlichen Besonderheiten der übrigen deutschsprachigen Regionen – gelten in der Sprachwissenschaft als vollwertige hochsprachliche Ausdrucksweisen. Im Alltag ist dagegen die Unsicherheit gross, ob Helvetismen – wenn man denn auf sie aufmerksam (gemacht) wird – auch wirklich richtiges Hochdeutsch seien.

Hochdeutsch sprechen und hören

Das gesprochene Hochdeutsche hat in der Deutschschweiz einen etwas anderen Stellenwert als im übrigen deutschsprachigen Raum. Das Hochdeutsche hat seinen Platz in der Schule, in der Kirche oder in bestimmten massenmedialen Sendeformaten, und es wird für Vorträge und Reden gewählt. Es handelt sich dabei in aller Regel um eher formelle Situationen mit Sprechenden, die Monologe halten. Ausserdem kommt Hochdeutsch immer dann ins Spiel, wenn nicht garantiert ist, dass der Dialekt verstanden würde, also beispielsweise in der Kommunikation in gesamtschweizerischen Gremien und im nationalen Parlament, dem National- und Ständerat, sowie in den Parlamenten mehrsprachiger Kantone mit Beteiligten unterschiedlicher Muttersprachen. Auch in alltäglichen Begegnungen wechseln Deutschschweizerinnen und Deutschschweizer oft dann ins Hochdeutsche, wenn das Gegenüber nicht muttersprachliches Schweizerdeutsch spricht. Die Entscheidung, welche Sprachform in solchen Konstellationen zu wählen sei, ist gar nicht so einfach. Die Forderung, mit Menschen, die erkennbar keinen schweizerdeutschen Dialekt als erste Sprachform gelernt haben, sei aus Gründen der Höflichkeit das verständigungssichernde Hochdeutsch zu wählen, greift zu kurz. Wer in der Deutschschweiz lebt, versteht oftmals Dialekt, ohne ihn selbst zu sprechen, und kennt auch die Deutschschweizer Sprachgewohnheiten. Die Wahl des Hochdeutschen kann dann als Signal verstanden werden, dass man als Fremde und Nicht-Zugehörige betrachtet wird.

Da gesprochenes Hochdeutsch im Alltag insgesamt doch selten ist, und vor allem bei besonderen Gelegenheiten – und dann häufig abgelesen – ins Spiel kommt, ist die Sprechroutine bei manchen eher gering, und viele fühlen sich anderen Deutschsprachigen gegenüber unsicher. Über die Helvetismen hinaus zeichnet sich das gesprochene Hochdeutsche in der Regel durch Aussprachebesonderheiten aus, welche die Schweizer Herkunft erkennen lassen. Einerseits ist es die Satzmelodie, die eine Zuordnung erlaubt, andererseits haben Deutschschweizerinnen und Deutschschweizer Aussprachegewohnheiten, die ihre Herkunft verraten: Ein *R* in Wörtern wie *Vater* oder *Erde* wird als Konsonant ausgesprochen und nicht wie ein *a*-haltiger Vokal *(Vata, Eade)*; viele machen auch im Hochdeutschen keinen Unterschied in der Aussprache des *ich*-und des *ach*-Lautes oder sprechen den Konsonanten *k* als *kch* aus.

Der Kontakt mit nicht-schweizerischen Deutschsprachigen – sei es persönlich oder über die Medien – scheint die Vorstellungen darüber, wie sich gesprochenes Schweizerhochdeutsch anzuhören habe, allmählich zu verändern. Am Schweizer Radio und Fernsehen werden Sprecherinnen und Sprecher mit einem deutschländisch klingenden Hochdeutschen zunehmend akzeptiert. Zwar ist es nach wie vor eher verpönt, als Schweizerin oder Schweizer allzu deutschländisch zu sprechen, andererseits sind früher übliche dialektgeprägte Aussprachen – etwa *ist* als *ischt* – auch bei nicht ausgebildeten Sprecherinnen und Sprechern kaum mehr zu hören, sondern diese dienen nur noch der Parodie eines ‚schlechten' Schweizerhochdeutsch.

Dialekt schreiben und lesen

Der Dialekt ist vor allem eine gesprochene Sprachform. Allerdings kann der Dialekt als Sprache literarischer Werke auf eine lange Tradition zurückblicken. Mag der Dialekt früher verwendet worden sein, um den ländlich-volkstümlichen Charakter eines literarischen Werkes mit der Sprachformenwahl noch zu unterstreichen, so hat er seit den 1960er-Jahren an Bedeutung gewonnen für eine

sich gerade nicht am idyllischen Alltag orientierende sozialkritische Literatur. Der Dialekt behauptet sich heute in literarischen Gattungen wie dem neuen Genre des *spoken word*. Solche künstlerisch gestalteten Texte, zu denen Rap und Slam-Poesie gehören, sind in der Regel schriftlich vorbereitet, jedoch auf den effektvollen mündlichen Vortrag hin ausgerichtet. Unbekümmert gegenüber jeglichen dialektalen Reinheitsvorstellungen schöpfen sie das Potential der gesprochenen Alltagssprache aus.
Abgesehen davon, dass der Adressatenkreis von Dialektliteratur zwangsläufig lokal eingeschränkt ist, darf nicht unterschätzt werden, dass der geschriebene Dialekt hohe Anforderungen an die Leserschaft stellt. Die ungewohnten Schriftbilder können irritieren und den Lesefluss verlangsamen, was viele davon abhält, Dialektliteratur zu lesen. Dass abweichende Schriftbilder gleichzeitig auffällig sein können, macht sich jedoch die Werbung gerade zunutze, die insbesondere für kürzere Textteile wie Slogans (*Häsch Dini Ovo hüt scho ghaa?* 'Hast du deine Ovo heute schon gehabt?') von der Aufmerksamkeit profitiert, die solche Schreibungen wecken.
Einen immer wichtigeren Stellenwert erhält der geschriebene Dialekt in der informellen Schriftlichkeit von meist kurzen Texten, bei denen die Nähe zu den Adressaten eine herausragende Rolle spielt. So werden Kartengrüsse, persönliche Briefe, Schreibzüge in der Chat- oder SMS-Kommunikation, Einträge auf Internetplattformen, aber auch Kontaktanzeigen in den Printmedien gerne im Dialekt geschrieben. Entscheidend bei diesen Verschriftlichungen scheint dabei nicht zu sein, dass man einen ganz bestimmten Dialekt möglichst lautgetreu wiedergibt. Beim Lesen muss bloss erkennbar sein, dass das Geschriebene wie etwas Gesprochenes aufgefasst werden soll oder dass man sich auf einem sprachlichen Spielfeld bewegt, auf dem die sonst üblichen Schreibregeln ausser Kraft sind.

Dialekt sprechen und hören

Der beinahe uneingeschränkte Gebrauch der Dialekte als gesprochene Sprachformen hat Konsequenzen für die Dialekte selbst. Da man im Dialekt ‚über alles' spricht, und weder Nanotechnologie noch Psychoanalyse Anlass sind, die Sprachform zu wechseln, müssen sich der dialektale Wortschatz und der dialektale Satzbau den verschiedenen Bedürfnissen anpassen. In der Regel werden dazu aus dem Hochdeutschen die nötigen sprachlichen Mittel entlehnt und an die lautlichen und formalen Eigenheiten des Dialekts angepasst. Wörter, denen man ihre Herkunft aus dem Hochdeutschen (*Färnseeüberträägig* 'Fernsehübertragung', *obwool* 'obwohl', *Schauer* '(Regen)Schauer') oder dem Englischen (*Tschopp*, *Tschöppli* zu engl. *job* 'Arbeit') anmerkt, stehen bei vielen Sprecherinnen und Sprechern zwar in keinem besonders guten Ruf, weil sie dem gängigen Dialektideal einer Sprachform mit möglichst ‚alten', ‚besonderen' und vom Hochdeutschen abweichenden Wörtern nicht genügen, sie sind jedoch die zwangsläufige Folge eines alltagstauglichen Dialekts.
Weil nicht nur ‚über alles' im Dialekt gesprochen wird, sondern weil auch ‚alle mit allen' Dialekt sprechen, stehen sich in einer zunehmend mobileren Welt immer öfter Sprecherinnen und Sprecher unterschiedlicher Dialekte gegenüber. Mag früher der Militärdienst wenigstens den Männern Gelegenheit gegeben haben, verschiedene Dialekte kennen zu lernen, so sind die Ausbildungs- und Arbeitsplätze heutiger Männer und Frauen immer seltener vor der eigenen Haustüre. Der binnenschweizerische Kontakt zwischen Sprecherinnen und Sprechern unterschiedlicher Dialekte, der durch die verschiedenen dialektalen Stimmen in Radio und Fernsehen noch unterstützt wird, führt dazu, dass dialektale Unterschiede bekannt sind und auch erkannt werden. Man darf wohl mit Recht behaupten, dass noch zu keiner Zeit so viele Deutschschweizer so viele verschiedene Dialekte gekannt haben wie heute. Die Dialekte aus Gegenden mit vielen Einwohnern haben dabei naturgemäss höhere Chancen, bekannt zu sein. Von Zürichdeutsch, Berndeutsch oder Baseldeutsch können sich wahrscheinlich die meisten eine Vorstellung machen, und die Sprecherinnen und Sprecher aus diesen Regionen werden intuitiv auch den richtigen Gegenden zugeordnet.
Es gehört zur landläufigen Vorstellung über Dialekte und ihre Veränderung, dass sich die Sprecherinnen und Sprecher verschiedener Dialekte zwangsläufig einander anpassten und die Dialektvielfalt durch solche Kontakte langfristig bedroht sei. Tatsächlich ist die dialektale Anpassung an andere eine Kraft, die zu Nivellierungen zwischen den Dialekten führt. Die gegenseitige Anpassung müsste aber unter den kommunikativen Bedingungen zumindest der letzten beiden Jahrhunderte längst zum Ende der dialektalen Verschiedenheiten geführt haben. Selbst Bewohner abgelegener Talschaften waren ja niemals völlig von der Welt abgeschnitten; zwischen den Menschen, die heute in den ehemaligen Herrschaftsgebieten des alten Bern und Zürich wohnen, besteht schon seit Gene-

rationen keine Kontaktsperre mehr; Angehörige verschiedener Konfessionen gehen sich schon längst nicht mehr aus dem Weg. Es sind deshalb wohl weitere Kräfte zu veranschlagen, die einen Einfluss auf den Wandel oder die Stabilität von Dialekten haben. In der Sprachwissenschaft geht man davon aus, dass die Sprecherinnen und Sprecher mit der sprachlichen Vielfalt ein probates Mittel in der Hand haben, um nicht bloss zu kommunizieren, sondern um gleichzeitig Zugehörigkeiten erkennbar zu machen – es scheint den Deutschschweizerinnen und Deutschschweizern bis zum heutigen Tag daran gelegen zu sein, ihre lokale Herkunft sprachlich auszudrücken und durch einen bestimmten Dialektgebrauch die Gemeinschaft der Gleichsprachigen mit zu begründen und aufrecht zu erhalten.

Chochichästli-Orakel

Wer wissen will, ob sein persönlicher schweizerdeutscher Dialekt eine lokale Herkunft erkennen lässt, kann das Chochichästli-Orakel befragen. Dieses verlangt für zehn Grössen die Eingabe der jeweils zutreffenden Form, die man aus einer Liste mit Vorschlägen auswählen kann. Das Orakel erstellt dann in Sekundenschnelle anhand der Aussprachewerte für *Hand*, *nicht*, *heute*, *Fenster*, *gestern*, *Abend*, *gehorchen* (= *folgen*), *Mond* sowie der Wörter für *jeweils* und *Holzsplitter* eine Karte und nennt die Orte mit der grössten Übereinstimmung.
Der durchschlagende Erfolg des Orakels beruht einerseits darauf, dass sein Schöpfer die Abfragegrössen äussert geschickt ausgewählt hat. Das Orakel arbeitet nämlich nur ausnahmsweise mit ‚alten' oder ‚besonderen' Dialektwörtern, die bei den Benutzerinnen und Benutzern nicht mehr vorausgesetzt werden können, sondern es zieht lautliche Besonderheiten heran, welche die Gewähr bieten, dauerhafter zu sein. Ausserdem zeichnen sich die zehn erfragten Eigenheiten dadurch aus, dass die Vorkommensareale ihrer möglichen Varianten sehr kleine gemeinsame Teilmengen ausbilden. Auf diese Weise – und unterstützt durch Wahrscheinlichkeitsrechnungen – werden relativ kleinräumige Lokalisierungen möglich. Der Erfolg des Orakels beruht aber andererseits auch darauf, dass es eben richtig orakelt. Dies kann nur gelingen, wenn Dialekte beliebiger Deutschschweizerinnen und Deutschschweizer – zumindest im Bereich der Lautungen – stabiler und ortsfester sind, als man dies gemeinhin annimmt.
www.dialects.from.ch

Der Umgang mit Andersdialektalen, mit sprachlicher Variation gehört in der Deutschschweiz zur kommunikativen Alltagskompetenz, die man bereits im Kindesalter erwirbt. Da es kein gemeinsames Schweizerdeutsch gibt, das zwischen den einzelnen Dialekten vermittelt, gilt in Kommunikationssituationen mit Sprechenden verschiedener Dialekte das ‚Jede/r-spricht-ihren/seinen-Dialekt'-Prinzip. Geringfügige Unterschiede in der Lautung vermögen niemanden zu verwirren, sondern man hat gelernt, zuverlässige Entsprechungsregeln zu bilden (z. B. lässt sich aus *Böim* ≈ *Boum* ≈ *Baum* 'Baum' *öi* ≈ *ou* ≈ *au* erschliessen und auf *auch*, *glauben* usw. übertragen). Unterschiede in der Formenbildung entgehen häufig der bewussten Wahrnehmung – so spielt es kaum eine Rolle, ob das Verb im Plural nur eine Form oder aber deren zwei oder drei kennt. Verstehensprobleme oder Missverständnisse scheinen erst dann zu entstehen, wenn sich die Unterschiede in den Lautungen so sehr häufen, dass gleichzeitig (zu) viele Entsprechungsregeln zu berücksichtigen sind. Verstehensprobleme entstehen immer dann, wenn in verschiedenen Regionen gänzlich andere Wörter verwendet werden (für 'Gänseblümchen' z. B. *Geissegiseli*, *Wasebürschteli* o. Ä. s. Karte 48 *Gänseblümchen*) oder wenn ein Wort zwar überall verwendet wird, aber mit einer jeweils anderen Bedeutung oder anderen Assoziationen. So ist *brüele* in gewissen Regionen das gängige Wort für 'weinen', während andere darunter nur 'laut schreien' verstehen. Ein *Goof* ist in der Ostschweiz eine neutrale Bezeichnung für 'Kind' – anderswo dagegen hat das Wort eine abschätzige Bedeutungskomponente. Solche Unterschiede verlangen nach gegenseitigen Absprachen, genauso wie man sich das auch bei Fremdsprachen gewohnt ist, wo ein Wort wie *daisy* 'Gänseblümchen' bei Englischkundigen erfragt oder in einem Wörterbuch nachgeschlagen werden muss. Dass Sprecherinnen und Sprecher mit Minoritätendialekten ein Sensorium dafür entwickeln, welche ihrer Wörter Anlass zu Nachfragen geben, ist gut nachvollziehbar, ebenso, dass sie – der flüssigeren Kommunikation zuliebe – dann auf ihre sprachlichen Auffälligkeiten verzichten und Wörter wählen, die ‚alle' kennen oder die durch das Hochdeutsche gestützt werden. Die Folge dieses nur allzu verständlichen Verhaltens ist letztlich der Verlust an eigentümlichen Wörtern. So geben die Wortkarten, die der vorliegende Atlas präsentiert, häufig einen Variantenreichtum wieder, wie er im heutigen Sprachalltag nicht mehr vorhanden sein dürfte. Wie schon oft beobachtet und beschrieben, ist der Wortschatz der beweglichste Teil einer Sprache. Hier können Varianten spontan aufgegeben *(Müllervogel)* und ersetzt werden durch Wörter, die gleichzeitig durch das Hochdeutsche

gestützt werden *(Schmätterling)* (s. Karte 58 *Schmetterling*) oder die zumindest in der Deutschschweiz grossräumig verbreitet sind (s. Karte 31 *Rösti*).
Nicht zu unterschätzen ist jedoch die Bedeutung von kleinräumigen Wörtern als Kennformen in den beliebten Alltagsdiskussionen über dialektale Unterschiede. Selbst wenn man ‚eigentlich' *Räägeschirm* sagt, wenn über Dialekte diskutiert wird, kann der *Pärisol* zu neuem Leben erweckt werden und als jederzeit herzeigbarer Beweis für die Vielfalt der Deutschschweizer Dialekte fungieren. Beliebte solche Kennformen sind die Wörter für das *Anfangsstück des Brotes* (s. Auflistung Seite 146), den *Flachkuchen mit Belag* (s. Karte 29), den *Löwenzahn* (s. Karte 47) und den *Überrest eines Apfels* (s. Karte 50).

Die Einteilung der oberdeutschen Dialekte

Das Erscheinungsbild schweizerdeutscher Dialekte

Schweizerdeutsche Dialekte sollen sich – so ein gängiges Stereotyp – durch besondere Altertümlichkeit auszeichnen und auf einem Sprachstand verharren, der etwa jenem des Mittelhochdeutschen entspräche. Tatsächlich fallen in Teilbereichen Erscheinungen auf, die an das Mittelhochdeutsche erinnern. So haben die schweizerdeutschen Dialekte beispielsweise die mittelhochdeutschen Langvokale *î* (*zît* 'Zeit'), *û* (*hûs* 'Haus') und *iu* (*liut* 'Leute', ausgesprochen als *üü*) – im Unterschied zum Hochdeutschen und anderen deutschen Dialekten – zumeist beibehalten, ebenso wie die mittelhochdeutschen ▶ Diphthonge *ie (lieb)*, *uo* (*gruoz* 'Gruss') und *üe* (*grüeze* 'grüssen'). Das Zahlwort *zwei* (s. Karte 109) – um ein Beispiel aus dem Formenbereich herauszugreifen – unterscheidet sich in einigen Deutschschweizer Regionen nach dem grammatischen Geschlecht des Substantivs (z.B. *zwee Manne*, *zwoo Fraue*, *zwai Chind*), so wie dies in älteren Sprachstufen des Deutschen die Regel war, im Hochdeutschen aber nicht mehr üblich ist.
Den Altertümlichkeiten stehen aber auch Neuerungen gegenüber, welche den schweizerdeutschen Dialekten – wiederum in Teilbereichen – ein ‚modernes' Gepräge geben. Eine solche Neuerung sind die im Wortauslaut geschwundenen Laute *e* oder *n* (*Chreis-Chreis* 'Kreis-Kreise'; *mache* 'machen') (▶ Apokope). Eine weitere Neuerung besteht in der Reduktion der grammatischen Zeiten auf die zwei Ausprägungen Präsens *(ich mache)* und Perfekt *(ich ha gmacht)*, die heute um ein aus dem Hochdeutschen entlehntes Futur *(ich wiirde mache)* und das Doppelperfekt *(ich ha gmacht ghaa)* ergänzt werden. Der Nominativ und der Akkusativ sind – anders als im Hochdeutschen – bei Artikeln maskuliner Substantive in einer einzigen Form zusammengefallen (*de* oder *dr Maa*).
Im Bereich der Wortbildung gibt es zahlreiche Eigenheiten, die als typisch schweizerisch gelten können und von denen einige hier kurz erläutert seien. Das bekannteste Beispiel sind wohl Verklei-

nerungsformen wie *Hüüsli* oder *Büebli*. Diese gibt es zwar – mit Endungen wie *-le*, *-la*, *-el*, *-l*, *-chen*, *-ken* – auch in anderen Dialekten. Es mag aber sein, dass die Schweizerinnen und Schweizer besonders häufig davon Gebrauch machen. Auffällig ist jedenfalls, dass mit geringfügig unterschiedlichen Endungen und mit der Umlautung verschiedene Bedeutungsschattierungen ausgedrückt werden können, die dem Hochdeutschen abgehen (z.B. *Hündli*, *Hündeli*, *Hundli*, *Hundeli* mit jeweils unterschiedlichem Gefühlswert). Ausserdem gibt es Wörter, bei denen die Endung *-li* obligatorisch geworden ist und die nicht mehr als Verkleinerung gelten können (*Rüebli* wird nicht als Verkleinerung von *Rüebe*, *Müesli* nicht als Verkleinerung von *Mues* verstanden). Auch Verben kennen eine besondere Art von Verkleinerungsformen, deren Bedeutungen sich allerdings in verschiedene Richtungen entwickelt haben. Ein etwa vom Verb *schlaafe/schloofe* 'schlafen' abgeleitetes Verb *schlääfele/schlööfele* meint eine niedliche, kindliche Art der ausgedrückten Tätigkeit. Allerdings kann auch eine Abwertung ins Spiel kommen. So meint *schäffele* (zu *schaffe* 'arbeiten') eine unernsthaft und ziellos betriebene Tätigkeit. Mit *-ele*-Bildungen lässt sich aber auch eine immer wiederkehrende oder länger andauernde Tätigkeit ausdrücken (*käfele* 'beim Kaffeetrinken längere Zeit zusammensitzen', *zmörgele* 'ausgiebig frühstücken'). Schliesslich kann man mit *-ele*- Geruchsverben wie *fischele* 'nach Fisch riechen', *schweissele* 'nach Schweiss riechen', *süürele* 'säuerlich riechen' usw. bilden (s. Karte 34 *brenzlig riechen*).

Eine Deutschschweizer Besonderheit sind ausserdem Personenbezeichnungen wie *Laferi*, *Phaupti*, *Pääggi*, *Früüri/Frieri*, die Täterbezeichnungen zu den entsprechenden Verben sind (*lafere* 'angeberisch reden', *phaupte* 'behaupten', *päägge* 'lauthals schreien oder weinen', *früüre/friere* 'frieren'). Die *i*-Endung dieser Personenbezeichnungen fällt äusserlich mit den beliebten, auch im Hochdeutschen gebräuchlichen Kurzwörtern wie *Alki* 'Alkoholiker' oder *Studi* 'Student' zusammen.

Für den Ausdruck eines Vorgangs kennen die Deutschschweizer Dialekte Substantive auf *-ete* (*Trückete* 'Gedränge', *Züglete* 'Umzug'). Solche Substantive haben sich aber auch zu Bezeichnungen des Geschaffenen konkretisiert: *Metzgete* 'Schlachtplatte' oder *Lismete* 'Strickzeug'. In Ableitungen von Substantiven wie in *Schuuflete* (zu *Schuufle* 'Schaufel') oder *Ziilete* (zu *Ziile* 'Zeile') kann *-ete* für Massangaben gebraucht werden: *drei Schuuflete* 'drei Schaufeln voll', *e Schoossete/Schurzete/Schäubete* 'eine Schürze voll' (s. Karte 38 *Schürze*).

Die Einteilung schweizerdeutscher Dialekte

Es lässt sich kein einziges Dialektmerkmal nennen, das sich zur Grenzziehung zwischen schweizerischen und nichtschweizerischen Dialekten eignen würde. Was die Deutschschweiz wirklich von ihren sprachlichen Nachbarn unterscheidet, ist der unterschiedliche Umgang mit Dialekt und Hochdeutsch. Dagegen haben die Dialekte im Elsass, in Südbaden, in Liechtenstein und in Vorarlberg mit den schweizerdeutschen Dialekten so viel an sprachhistorisch relevanten Eigenheiten gemeinsam, dass sie von der Sprachwissenschaft zur – länderübergreifenden – Gruppe der alemannischen Dialekte zusammengefasst werden. Als zum Oberdeutschen gehörend, zeichnet sich das Alemannische durch die Durchführung der Althochdeutschen Lautverschiebung aus (s. oben); von den anderen oberdeutschen Dialekten Schwäbisch (das in gewissen Dialekteinteilungen auch als Unterkategorie dem Alemannischen zugerechnet wird), Bairisch und Fränkisch grenzt es sich dadurch ab, dass es sowohl die mittelhochdeutschen Diphthonge *ie*, *ue* und *üe* als auch die mittelhochdeutschen Langvokale *î*, *û* und *iu* (gesprochen *üü*) erhalten hat (s. oben).

Das Alemannische selbst wird aufgegliedert in Nieder-, Hoch- und Höchstalemannisch. Das Niederalemannische, zu dem der Dialekt der Stadt Basel gehört, hat den alten *k*-Laut im Anlaut bewahrt: Es heisst dort ***K**ind* und nicht wie im Hoch- und Höchstalemannischen ***Ch**ind* (s. Karte 96 *Kind*). Das Höchstalemannische zeichnet sich gegenüber dem Hochalemannischen zum einen durch zahlreiche Relikte aus früheren Sprachstufen aus (s. Karten 79 *Abend*, 115 *Verbplural*). Andererseits haben im alpinen Höchstalemannischen Neuerun-

Gliederung des Alemannischen

	K oder *Ch* im Anlaut (in Wörtern wie *Kind*)	Monophthong oder Diphthong im Hiat (in Wörtern wie *schneien, bauen, neu*)
Niederalemannisch	*Kind*	*schneie, boue, nöi*
Hochalemannisch	*Chind*	*schneie, boue, nöi*
Höchstalemannisch	*Chind*	*schniie, buue, nüü(w)/nii(w)*

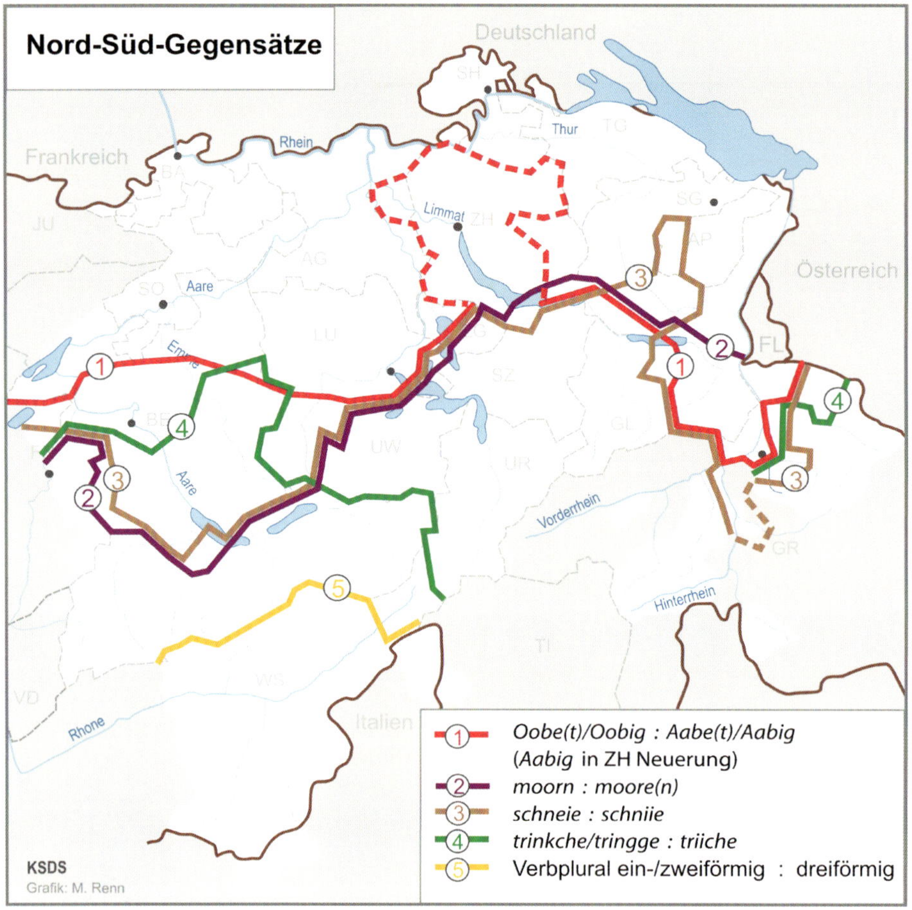

gen Einzug gehalten, die sich aber nie auf einem grossen Terrain haben behaupten können, sondern als kleinräumige Sonderentwicklungen sogar eher wieder im Rückzug begriffen sind (s. Karten 97 *trinken*, 103 *morgen*). In der Regel macht man den Unterschied an den Vokalen in Wörtern wie *schneien*, *bauen* oder *neu* fest: Die höchstalemannischen Dialekte haben hier im so genannten ▶ Hiat die alte Lautung bewahrt und sprechen *schniie*, *buue* und *nüü(w)/nii(w)* aus, während die Aussprache im hochalemannischen Gebiet *schneie*, *boue*, *nöi* lautet (s. Karte 87 *schneien*).

Die sprachgeographischen Grundlagenwerke wie der ▶ Sprachatlas der deutschen Schweiz haben nun eine ganze Reihe weiterer dialektaler Merkmale ermitteln können, durch die sich die höchstalemannischen von hochalemannischen Dialekten des Mittellandes unterscheiden. Räumlich nehmen sich diese Unterschiede als eine markante Staffelung von Nord-Süd-Gegensätzen aus. Dabei lässt sich die Regel aufstellen: Je südlicher ein Ort, desto mehr dialektale Eigentümlichkeiten können erwartet werden, die einem älteren Sprachstand entsprechen oder die als kleinräumige Sondererscheinungen gelten können. Diese Nord-Süd-Gegensätze bringt die Sprachwissenschaft mit der alemannischen Besiedelung in Zusammenhang: Die unwegsamen alpinen Gegenden wurden spät alemannisiert und deren Isolation führte dazu, dass die späteren Neuerungen des Mittellandes diese Regionen nicht mehr erreichen konnten. Neuerungen des alpinen Raumes konnten umgekehrt nicht bis ins Mittelland vordringen.

Allerdings zeigen sich nicht nur Nord-Süd-, sondern auch West-Ost-Gegensätze (s. Karten 25 *Christkind*, 51 *Zwiebel*, 72 *Rückentraggefäss*, 73 *mit Aschenlauge waschen*, 80 *Bett*, 115 *Verbplural*). Die West-Ost-Gegensätze zeichnen eine alte Kulturgrenze, auch als Brünig-Napf-Reuss-Linie bekannt, nach, die sich in vielerlei Lebensbereichen zeigt: Westlich und östlich dieser Linie wird mit unterschiedlichen Jasskarten gespielt, östlich gibt es eine Fasnacht, westlich traditionellerweise nicht, im Westen hält man Fleckvieh, im Osten Braunvieh.

Mag die Sprachwissenschaft die Dialekte auch nach sprachhistorischen Gesichtspunkten einteilen, im Deutschschweizer Alltag werden die Dialekte meist nach Kantonen eingeteilt. Gemeinhin wird von Zürichdeutsch, Thurgauerdeutsch oder Baseldeutsch gesprochen. Will man es etwas genauer haben, kommen kleinräumigere Bezeichnungen ins Spiel wie Senslerdeutsch oder Entlebucherdeutsch. Obwohl nur in den seltensten Fällen genau an den Kantonsgrenzen ein markanter Wechsel in einen völlig anderen Dialekt festgestellt werden kann, ist diese Einteilung sehr erfolgreich. Offenbar orientiert man sich bei der Zuordnung an Merkmalen oder Merkmalskombinationen, die man als typisch für eine Region hält. Die in Wirklichkeit kontinuierlichen dialektalen Übergänge lassen sich durchaus mit Kantonsmundarten vereinbaren, wenn man von einem Kantonsmodell mit einem Kern und einer Peripherie ausgeht, wie es etwa in gängigen Aussagen von der Art „Im Zürcher Weinland spricht man schon fast wie im Kanton Schaffhausen" zum Ausdruck kommt. Dass man die Kantone, die als politische Staatsgebilde unterschiedlich alt sind, bei der Dialekteinteilung zu Hilfe nimmt, ist wenig erstaunlich. In der Schweiz sind die Kantone identitätsstiftend und im Alltag höchst relevant, wenn es um so verschiedene Dinge wie Ladenöffnungszeiten, das Schulsystem oder die Höhe der Steuern geht. Es ist nicht ausgeschlossen, dass die politischen Kantone in den Köpfen der Schweizerinnen und Schweizer heutzutage eine derart starke Orientierungskraft haben, dass sie sich auf die Bewahrung oder sogar auf die Verdeutlichung von sprachlichen Gegensätzen auswirken könnten.

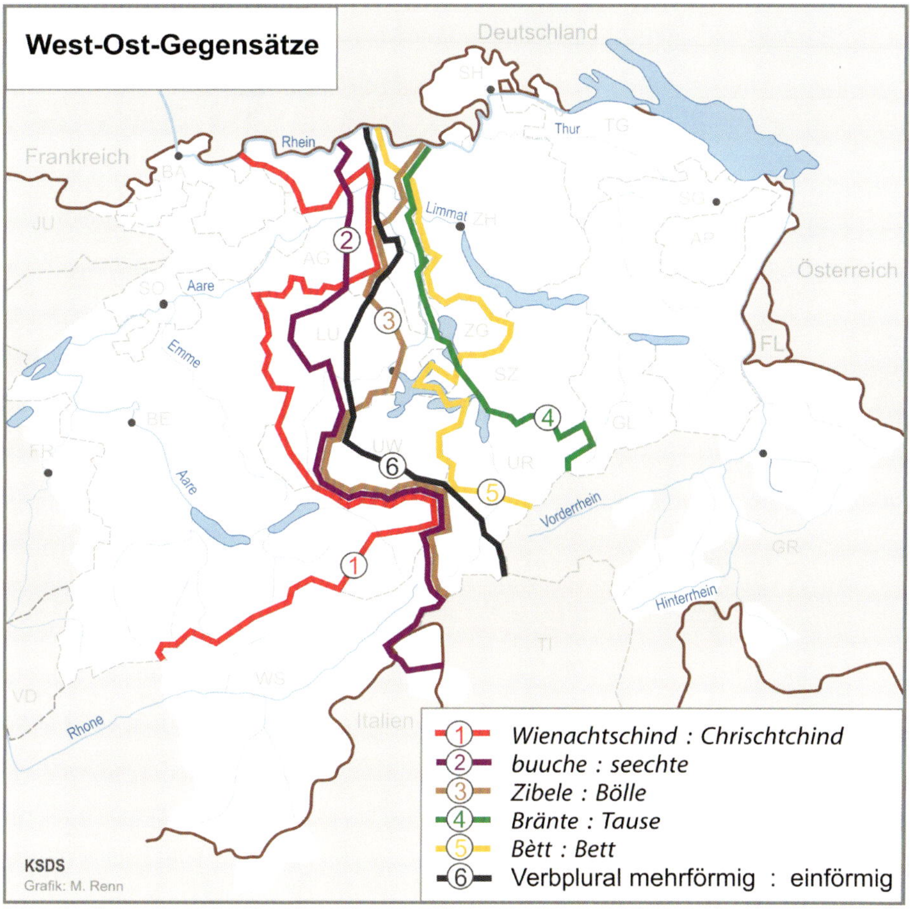

Einstellungen gegenüber Dialekten

Sprachliche Verschiedenheiten werden in der Schweiz unweigerlich mit unterschiedlicher räumlicher Herkunft der Sprecherinnen und Sprecher in Verbindung gebracht. Aber nicht nur das: Da die Gegenden, auf welche die Dialekte zwangsläufig verweisen, mit ganz bestimmten sozialen Wertungen verbunden sind, färben diese Bewertungen auch auf die Dialekte ab. Bei den existierenden Kantonsstereotypen – der langsame Berner, die arrogante Zürcherin – ist nur schwer zu trennen zwischen Einstellungen gegenüber einer bestimmten Bevölkerungsgruppe und Einstellungen gegenüber einem Dialekt. Nicht nur die Sprachwissenschaft sondern auch Meinungsforschungsinstitute interessieren sich für die Einstellung gegenüber Dialekten, letztere oft im Dienste der Wirtschaft, die wissen will, welcher Dialekt einem Produkt das gewünschte Werbeprofil zu verleihen vermag.

Aber nicht nur Dialekte als Ganzes werden bewertet – gerade in benachbarten und sehr ähnlichen Dialekten fallen oft schon die geringsten Unterschiede auf. Sie werden gerne zu wichtigen Differenzen stilisiert („in A spricht man schon ganz anders", „die Leute aus B versteht man kaum"), die manchmal zu Merkversen verdichtet werden. So werden im Wallis die *ä*-Laute der Leuker illustriert mit *Zwischu älfi und zwälfi ischt där Äschil värräckt* 'zwischen elf und zwölf Uhr ist der Esel verreckt'. Dialektale Unterschiede sind nicht selten Gegenstand von Sprachspott und unterliegen positiven oder negativen Einschätzungen. Auch hier ist wiederum davon auszugehen, dass es nicht zwingend das

Wie viele Dialekte gibt es?
Diese Frage wird oft gestellt, eine richtige Antwort gibt es nicht. Die Einteilungen, die von der Sprachwissenschaft vorgeschlagen werden, beruhen auf einigen wenigen sprachhistorisch relevanten Grössen. Bei Oberdeutsch oder Alemannisch handelt es sich um wohldefinierte wissenschaftliche Kategorien, die im Alltag kaum eine Bedeutung haben – wer wäre denn zufrieden mit drei Deutschschweizer Dialekten, nämlich Nieder-, Hoch-und Höchstalemannisch? Diese Kategorisierungen blenden aus, dass es keine abrupten Grenzen gibt zwischen Dialekten, sondern dass mit zunehmender räumlicher Distanz auch die sprachlichen Unterschiede kontinuierlich zunehmen. Man wird sich selbst mit Sachverständigen kaum einigen können, welche Unterschiede besonders wichtig sind und wie viele Unterschiede es im Minimum braucht, um zwei verschiedene Dialekte zu begründen. Selbst die Kantonsmundarten, die man ja allenfalls aufzählen könnte, sind nur Behelfsgrössen zur allgemeinen Orientierung – einige wollen bestimmte Kantonsmundarten zu Ostschweizerisch zusammenfassen, andere finden, dass im St. Galler Rheintal ein eigener Dialekt anzusetzen sei. Vom Zählen kann also nur abgeraten werden.

sprachliche Merkmal an sich ist, das bestimmte Wertungen auf sich zieht, sondern dass die Sprache einmal mehr nur stellvertretend für die Sprechergruppe steht.

Grundkarte
Deutschland
Frankreich
Österreich
Italien
Italien
SH
BA
TG
SG
AP
JU
AG
ZH
SO
LU
ZG
SZ
FL
BE
UW
GL
FR
UR
GR
TI
WS
VD
Rhein
Thur
Limmat
Aare
Emme
Reuss
Aare
Vorderrhein
Hinterrhein
Rhone
KSDS
Massstab: ca. 1 : 1,152 Mio.
Quelle: SDS
Grafik: M. Renn

10 km 0 10 20 30 40 50 60 70 80 90 100 km

Wortschatz

Der Wortschatz gilt allgemein als der am wenigsten stabile Teil der Sprache. Wörter können jederzeit leicht aus der Umgebung übernommen werden, so dass sich der Wortschatz eines Menschen im Laufe des Lebens stark wandeln kann. Alle kennen die Beobachtung, dass in der Kindheit oft gebrauchte Wörter mehr oder weniger in Vergessenheit geraten sind, und man ertappt sich gelegentlich selbst dabei, dass man ein ‚neues' Wort verwendet, das die anderen ringsherum auch verwenden, z. B. *lecker*, *ups*, *mega* oder *tschegge* 'checken'. So ergibt sich ein ständiger Austausch zwischen den Sprechern und Sprecherinnen, wobei oft die Wörter der städtischen Zentren in der Umgebung letztlich die siegreichen sind und kleinräumiges Wortgut sich weiter zurückzieht, wie etwa die nordostschweizerische *Tünne*, die im Alltag zunehmend der *Wähe* weicht (s. Karte 29 *Flachkuchen mit Belag*).

Auf den folgenden Karten findet sich der schweizerdeutsche Wortschatz einiger ausgewählter Bereiche aus dem Umfeld des Menschen in Familie, Haushalt und Natur, wie er nach Ausweis des ▶ Sprachatlas der deutschen Schweiz in der Mitte des 20. Jhs. verwendet wurde. In einer Online-Umfrage von 2008 zu ausgewählten Begriffen hat sich gezeigt, dass mit einigen Veränderungen im Wortbestand gegenüber damals zu rechnen ist, ohne dass ein solcher Vergleich mit völlig unterschiedlich gewonnenen Daten wirklich als zuverlässig gelten kann. Tendenzen lassen sich aber erkennen. So scheint sich etwa das schriftsprachliche *fad* für zu wenig gesalzene Speisen (s. Karte 33 *zu wenig gesalzen*) an vielen Orten mittlerweile festgesetzt zu haben, und die ehemals vornehmlich bernische *Rööschti* (s. Karte 31 *Rösti*) hat sich allgemein verbreitet. Vieles ist aber doch bis heute fest im Gebrauch, wie *lees* und *lääi* 'fad' sowie *Brägel* und *Bräusi* 'Rösti', so dass die folgenden Karten zwar nicht in jedem Detail dem heutigen Sprachstand entsprechen werden, aber doch im Wesentlichen die grundsätzliche Verbreitung der Bezeichnungen zeigen können. Wo teilweise auch in den fünfziger Jahren Wörter schon veraltet waren, können diese in der Folgezeit natürlich ganz geschwunden sein. Das scheint z. B. für *Trüütli* (s. Karte 8 *Kuss*) und *Hage* (s. Karte 63 *Zuchtstier*) zu gelten. Die Durchführung der Online-Umfrage und ihre Ergebnisse werden anhand einiger ausgewählter Beispiele im Kapitel *Neuere Umfragen* ausführlicher dargestellt.

In Teil IV sind im Sinne eines kleinen Sprachmuseums mehrere Karten mit Bezeichnungen zusammengestellt, die heute kaum mehr bekannt sind, weil sie sich auf endgültig vergangene oder nur noch in Resten greifbare Lebenswelten beziehen. So wird nicht mehr mit Aschenlauge gewaschen, und die alten dafür gebrauchten Wörter sind mehr oder weniger verschwunden (s. Karte 73). Es wird kaum mehr Butter eingekocht, so dass auch die dabei entstehenden Eiweissrückstände keine Bedeutung mehr haben (s. Karte 70). Alte Bräuche, wie der Kiltgang, sind verschwunden und brauchen nicht mehr bezeichnet zu werden (s. Karte 78), was ähnlich auch für einige früher unabdingbare Bestandteile eines gemachten Bettes gilt (s. Karten 76 *Wolldecke*, 75 *kleines Kopfkissen*).

Trotz der Entwicklungen hin zum sprachlichen Ausgleich und Verlust von Wörtern sind bis heute Wörter für bestimmte Regionen kennzeichnend geblieben. So verweist die Verwendung von *Schine* 'Holzsplitter' weiterhin in das Wallis und das Berner Oberland, von *Zuckerbolle* 'Bonbon' in die Nordostschweiz, von *Zibele* 'Zwiebel' in die Westhälfte der Deutschschweiz, von *Schgarnutz* 'Papiersack' ins Bündnerland. Viele weitere solche Verteilungen sind den folgenden Karten zu entnehmen. Darunter sind auch klassische Beispiele für den ▶ West-Ost-Gegensatz im Bereich des Wortschatzes, neben der *Zwiebel* (s. Karte 51) die Bezeichnungen für das *Waschen mit Aschenlauge* (s. Karte 73) und das *Rückentraggefäss für den Milchtransport* (s. Karte 72), wobei die beiden letzten Fälle dokumentieren, wie der sprachliche Gegensatz zusammen mit den Sachen selbst verschwindet.

Der Wortschatz ist derjenige Bereich, der sogar in der Schriftsprache erhebliche Variation zwischen den Sprecherinnen und Sprechern sowie zwischen den Regionen aufweist. Er ist nicht in gleicher Weise festgelegt wie etwa die Schreibung oder die Grammatik. So wird unweigerlich die sprachliche Heimat erkennbar, wenn es gilt, den winzigen Holzsplitter zu bezeichnen, der etwa beim Barfusslaufen auf einem rauhen Holzbrett in der Fusssohle stecken bleibt. Ob *Splitter*, *Schiefer* oder *Spiess*, kein Ausdruck ist frei von regionaler Färbung. Besonders bei Wörtern für solche alltäglichen, oft auch familiär gebundenen Vorkommnisse, bei denen es eher selten die Notwendigkeit überregionaler Kommunikation gibt und wo meist eine starke emotionale Komponente mit im Spiel ist, lässt sich im Dialekt häufig eine grosse Vielfalt an Wortvarianten beobachten, wie etwa *Hixi*, *Hixer*, *Hitzgi*, *Hitzger* usw. (s. Karte 20 *Schluckauf*). Auch einheimische Pflanzen, wie *Löwenzahn* (s. Karte 47) und *Gänseblümchen*

(s. Karte 48), oder mehr oder weniger lästiges Kleingetier, wie die *Ameise* (s. Karte 56), der *Weberknecht* (s. Karte 60) und der *Ohrwurm* (s. Karte 55), zeigen in den schweizerdeutschen Dialekten eine grosse Bezeichnungsvielfalt. Die verschiedenen Bezeichnungen erklären sich durch verschiedene Benennungsmotive, nach Form, Farbe, Nutzen oder sachlichen Ähnlichkeiten, die zu Wortübertragungen führen, wie etwa bei der Bezeichnung *Güegi*, die vom Käfer *(Gueg)* über die Blütennarbe zum Apfelbutzen wird (s. Karte 50 *Überrest eines Apfels*). Manchmal versteckt sich hinter den vielfältigen Wortformen aber auch eine einzige alte Sprachform, die nicht mehr verstanden wurde und in spielerischer Weise lautlich abgeändert oder neu (volksetymologisch) motiviert wurde, wie etwa im Falle der Ameise. Im Folgenden wird eine Auswahl interessanter Beispiele präsentiert und erläutert. Zahlreiche weitere entziehen sich der Darstellung auf einer Karte, zum einen wegen der grossen Menge an verschiedenen Wörtern und Wortformen, zum anderen auch, weil ihre räumliche Verteilung weniger deutlich ist. Für einige solche Fälle, wie etwa für die Spinnwebe, sind die vorhandenen Bezeichnungen in Listenform zusammengestellt.

Zu den Wörtern, die sich auf den Karten finden, sind die sprachlichen und sachlichen Hintergründe ihrer Bildung und eventuelle Zusammenhänge in den beigegebenen Wortkommentaren jeweils kurz erläutert. Die Wörter werden, soweit möglich, auf ihren etymologischen Ursprung zurückgeführt, und es wird die Herausbildung ihrer heutigen Bedeutung beschrieben. Dabei stösst man immer wieder auf dieselben Mechanismen der Verallgemeinerung oder Einengung von Bedeutungen sowie auf Übertragungen verschiedenster Art. So haben etwa mehrere Wörter für *Pfütze* die Bedeutung 'Jauche, Gülle' erhalten (s. Karten 64 und 67), und auf den *Papiersack* sind Bezeichnungen anderer Gegenstände aufgrund der ähnlichen Form oder des enthaltenen Gewichts übertragen worden (s. Karte 36). Auf die weitere Verbreitung der auftretenden Wortvarianten in verwandten Dialekten und Sprachen wird ebenso aufmerksam gemacht wie auf Wörter des Schweizerdeutschen, die etymologisch noch ungeklärt sind.

Vielfalt und Wandel im Wortschatz hängen auch damit zusammen, dass die sich verändernde Umwelt stets neue Bezeichnungen erfordert, die im Verlauf der Sprachgeschichte immer wieder auch aus den umgebenden Sprachen und Dialekten entlehnt wurden. Der Atlas zeigt das beispielsweise anhand der Bezeichnungen für das *Sofa* oder den *Rock des Mannes*, die wechselnde Moden und Vorbilder illustrieren (s. Karten 42 und 74). Die Randgebiete der Deutschschweiz, die an französisch, frankoprovenzalisch, norditalienisch und bündnerromanisch sprechende Gebiete anschliessen, weisen oft charakteristische eigene Entlehnungen auf, die manchmal in sehr alte Zeit zu-

Volksetymologie

Beim spontanen Sprechen sind wir in der Regel vollauf damit beschäftigt, unsere Gedanken und unsere Intentionen möglichst so auszudrücken, dass wir verstanden werden. Die Wahl der sprachlichen Mittel ist dabei weitgehend automatisiert. Allerdings kommt auch im Alltag der genaue Blick auf die Sprache selbst vor. Wörter wie *Bräutigam* oder *Nachtigall* oder *Himbeere* können uns gelegentlich irritieren, weil wir im heutigen Deutschen zwar *Braut*, *Nacht* und *Beere* verstehen, nicht jedoch *igam*, *igall* oder *Him* (vgl. ahd. *gomo* 'Mensch, Mann', germ. **gal-a-*'singen', ahd. *hintberi* mit unklarer Etymologie). Während sich die Sprecherinnen und Sprecher des Deutschen mit den drei genannten ,seltsamen' Bildungen zu arrangieren scheinen, wird in vielen anderen Fällen versucht, nicht mehr richtig verstandene Wörter durch inhaltliche oder formale Umformung an ein ähnlich klingendes, vertrautes Wort anzugleichen. Dieses verdeutlichende Verfahren wird als Volksetymologie bezeichnet. Volksetymologien gibt es sowohl bei archaischem als auch bei fremdsprachlichem Wortgut. So wird z. B. mhd. *vrithof* 'eingefriedeter, umzäunter Hof' umgedeutet zu *Friedhof* 'Hof des Friedens', das lateinische Lehnwort *cepulla* wird umgedeutet zu *zwi-bolla* 'Zwiebel (wörtlich: zweifache Knospe)'. Auch beim Verb *irritieren*, wie es oben verwendet wird, lassen sich volksetymologische Vorgänge nachzeichnen. Das lateinische Lehnwort *irritare* '(auf)reizen, erregen' wurde nämlich zunehmend an das deutsche Verb *irren* angelehnt, und es konnte unter dessen Einfluss die heute aktuellen Bedeutungen 'in seinem Verhalten unsicher machen, verwirren' und 'stören' entwickeln.

Als Volksetymologien im weiteren Sinne können die so genannten *Lindwurm*-Komposita gelten, bei denen bestimmte Wörter, die ausser Gebrauch sind, gewissermassen mit einer Eselsbrücke versehen werden, indem man sie mit einem inhaltlich sehr nahe stehenden Wort kombiniert. So ergänzte man das althochdeutsche Wort *lint* 'Schlange, Drache', das wahrscheinlich selten gebraucht und zunehmend unvertraut wurde, verdeutlichend mit *wurm* 'Wurm, Schlange u. Ä.'. Auch bei Fremdwörtern können solche Verdeutlichungen vorkommen (z. B. *klammheimlich* als Kombination von lateinischem *clam* 'heimlich, verstohlen' mit deutschem *heimlich*).

rückgehen. In einzelnen Fällen scheint sich sogar Wortschatz der vorgermanischen Bevölkerung als ▸ Substrat in den schweizerdeutschen Dialekten erhalten zu haben. Das betrifft vornehmlich den bäuerlich-landwirtschaftlichen Bereich, was auf einen engen Kulturkontakt schliessen lässt (s. z. B. Karte 67 *Pfütze* und Karte 70 *Butterrückstand*). In den letzten Jahrzehnten haben auch einige schriftdeutsche Wörter, wie *Butter*, verstärkt Eingang in die Dialekte gefunden. In Befragungen wurde vielfach schon früher angegeben, man verwende den Ausdruck *Butter* häufig in Geschäften. Neben anderen Gründen kann also die hochdeutsche Produktbezeichnung dazu führen, dass ein hochdeutsches Wort in den Mundartwortschatz übernommen wird.

Die folgenden Karten zum Wortschatz der schweizerdeutschen Mundarten geben einen Überblick über verschiedene Typen der räumlichen Verteilung der Wortvarianten. In den beigegebenen Texten wird Auskunft über die unterschiedliche Herkunft und Motivation der Dialektwörter gegeben. Bei der Besprechung der Wörter werden neben den aus der deutschen Sprachgeschichte bekannten Bildungsmustern immer wieder charakteristische Wortbildungsverfahren des Schweizerdeutschen angesprochen. Dazu gehören die Substantivierungen auf *-ete* (z. B. *Schurzete*, s. Karte 38 *Schürze*), auf *-i* (z. B. *Bräusi*, s. Karte 31 *Rösti*) und Verkleinerungsbildungen auf *-li* (z. B. *Chlämmerli*, s. Karte 44 *Wäscheklammer*) ebenso wie die Verben auf *-ele* (z. B. *brändele*, s. Karte 34 *brenzlig riechen*) und auf *-ere* (z. B. *stülpere*, s. Karte 12 *stolpern*). Die zumeist ebenso erwähnte wechselnde Lautung der Wörter je nach Region, die hier jedoch nicht im Vordergrund steht, ergänzt das Bild der Bezeichnungsvielfalt. Dieser Aspekt wird dann im Kapitel *Laute und Formen* gezielt und ausführlich behandelt. Dort werden die wichtigsten Entwicklungen und Unterschiede innerhalb des Schweizerdeutschen im Zusammenhang besprochen.

Wortschatz I:
Mensch und Gesellschaft

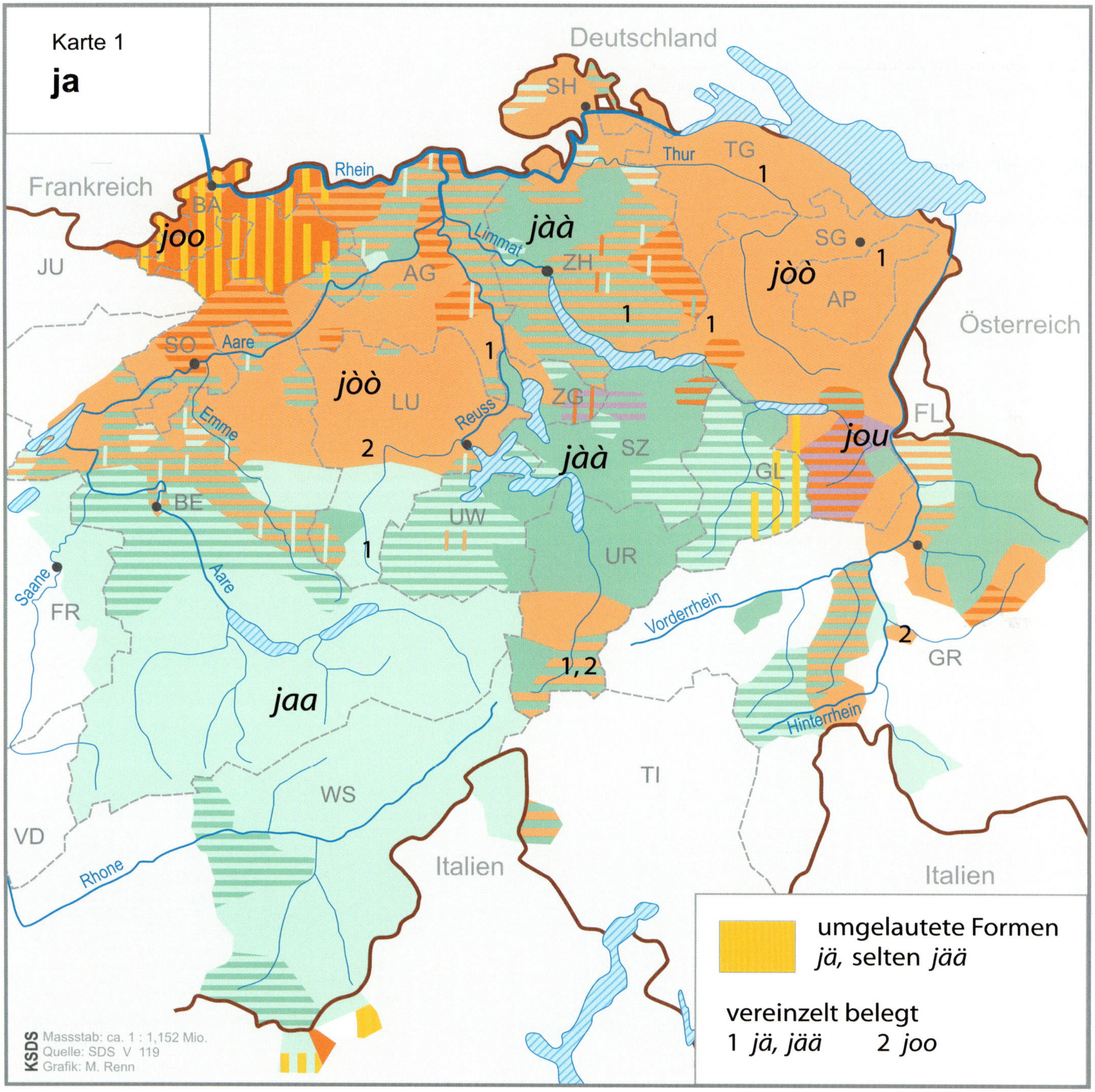
Karte 1
ja
Deutschland
Frankreich
Österreich
Italien
Italien
SH
TG
BA
JU
AG
ZH
SG
AP
SO
LU
ZG
SZ
FL
GL
BE
UW
UR
FR
GR
TI
WS
VD
Rhein
Thur
Limmat
Aare
Emme
Reuss
Saane
Vorderrhein
Hinterrhein
Rhone
joo
jàà
jòò
jòò
jàà
jou
jaa
1
1
1
1
1
1
2
1
1, 2
2
umgelautete Formen
jä, selten jää
vereinzelt belegt
1 jä, jää 2 joo
KSDS
Massstab: ca. 1 : 1,152 Mio.
Quelle: SDS V 119
Grafik: M. Renn

Die Partikel *ja* hat zahlreiche Bedeutungen oder Funktionen im Gespräch, die nicht immer leicht zu beschreiben sind. Auf der Karte sind die Formen mit Langvokal eingezeichnet, die eine neutrale Antwort auf eine Entscheidungsfrage ausdrücken: *Chunsch mit? – Jaa.* Andere Bedeutungen können ausgedrückt werden, indem man den Vokal kurz oder überdehnt, betont oder unbetont, mit steigendem, fallendem oder ebenem Ton ausspricht. So verleiht z. B. *ja* mit Kurzvokal der Antwort auf eine Entscheidungsfrage Bestimmtheit, *jaaa* mit überdehntem Langvokal und ebenem Ton drückt Zögern aus. Die Partikel kann auch verdoppelt oder mit einer weiteren Partikel verdeutlicht werden: *ja jaa*, *ja wòòl*, und sie kann an verschiedenen Stellen im Satz auftreten. Mit diesen Mitteln können beträchtliche Funktionsunterschiede ausgedrückt werden, z. B.: *Jaa, das isch klaar* gegen *Das isch ja klaar*. An jedem Ort stehen somit lange und kurze *ja* nebeneinander, die in der Vokalfarbe übereinstimmen, sich in der Funktion aber unterscheiden. Die Vokalfarbe ihrerseits unterliegt der üblichen sprachgeographischen Variation. Deshalb zeigt der Vokal in *jaa* in den Grundzügen die gleichen Werte wie *aa* in *Abend* (s. Karte 79 *Abend*). Während aber auf der *Abend*-Karte die Gebiete der verschiedenen Lautungen klar voneinander abgegrenzt sind, ergeben sich auf der *ja*-Karte grosse Mischzonen, in denen vor allem **jaa-**, **jàà-**, **jòò**- und **joo**-Lautungen nebeneinander vorkommen. In den Kantonen Zürich und Bern sowie in der Innerschweiz scheinen die dumpferen *jàà*- und *jòò*-Varianten vorzudringen. Man kann sich fragen, ob hier der Lautwandel weitergeht, der in den roten Gebieten mhd. *â* zu *òò* verändert hat, oder ob dieses sehr variable Wort nicht immer ausreichend genau notiert werden konnte. Wesentlich kleiner als auf der *Abend*-Karte ist das ▶ Diphthonggebiet mit **jou** im Kanton Schwyz. Die Lautung *ou* für mhd. *â* ist an sich auffällig und gefährdet, in der Partikel *ja* wird sie zusätzlich konkurrenziert durch Kurzformen mit einfachem Vokal.

In der Grossregion Basel herrschen besonders komplizierte Verhältnisse. Zum einen ist hier das mhd. *â* regulär zu einem geschlossenen *oo* geworden: *joo*. Von vielen Sprechern wird dieser Vokal mit einem auffälligen, aber schwer nachzuahmenden hohlen Klang ausgesprochen. Als typisch für die Region gilt endlich die umgelautete Variante **jä**, die von den meisten Sprechern neben *joo* gebraucht wird. Dazu gibt es einen traditionellen Spott: *Saage Si au joo? – Jä. – Ah, Si saage jä! – Joo.* Bei *jä* zeigt sich, wie wichtig es ist, nur Dialektformen zu vergleichen, die in der Funktion übereinstimmen. *Jä, jää* kommen nämlich in der ganzen Deutschschweiz vor, z. B. um Zweifel in eine Frage zu legen: *Jä, gaat de daas?* Aber nur in der gelb gestreiften Region um Basel, im Kanton Glarus und in den Südorten kann auf eine Entscheidungsfrage mit *jä* geantwortet werden. Dabei gilt, wiederum vom Rest des Gebiets abweichend, die Variante mit kurzem Vokal als die neutrale Form. Die verstreut vorkommenden *jä* und *jää* beruhen dementsprechend wohl auf einem Missverständnis über die Funktion.

Nicht auf der Karte verzeichnet ist das familiäre oder jugendsprachliche berndeutsche *iiu*, das ebenfalls eine neutrale Antwort auf eine Entscheidungsfrage gibt: *Chunsch mit? – Iiu*. Es stammt über das Mattenberndeutsche aus schweizerisch-jenisch *jell* (mit ▶ Vokalisierung von *-el*). Die weitere Herkunft ist unklar.
WH

Jenisch
Die Herkunft des Wortes *Jenisch* ist ungeklärt. Es bezeichnet heute Fahrende, die nicht zu den Roma gehören, und Sesshafte, die sich von ihrer Herkunft her zur Gruppe zählen. Traditionelle jenische Gewerbe waren Scheren-schleifen, Hausieren und Altwarenhandel. Die fahrende Lebensweise liess die Jenischen als Aussenseiter der Gesellschaft erscheinen, Verbindungen zu andern nicht Sesshaften wie den Roma und früher zu jüdischen Randgruppen ergaben sich durch die gemeinsamen Lebensumstände, kaum durch Verwandtschaft. Die Jenischen kamen leichter als Sesshafte mit kriminellen Elementen in Kontakt, aber der pauschale Vorwurf der Kriminalität traf nie zu. Die Grenzen zu den Sesshaften sind durchlässig; die Jenischen bilden kein besonderes Volk, sondern vertreten eine Kultur mit eigenen Wertvorstellungen und Sozialstrukturen, geprägt durch die Lebensweise und die bevorzugten Gewerbe. Teil dieser Kultur ist ein Sonderwortschatz, der Zugehörigkeit ausdrückt und als Geheimsprache dienen konnte. Seine Elemente sind verschiedener Herkunft und haben oft Tradition unter den sozialen Randgruppen. Einige sind in das allgemeine Schweizerdeutsche übergegangen, meist über einfache Schichten, wie die Kleinhandwerker des Berner Mattenquartiers. Im 20. Jh. wurden viele Kinder der Schweizer Jenischen ihrer Familie und Kultur brutal entfremdet. Auch der gesellschaftliche Wandel ist der fahrenden Lebensweise nicht förderlich. Damit wird der jenische Wortschatz immer mehr zu einer historischen und folkloristischen Erscheinung.

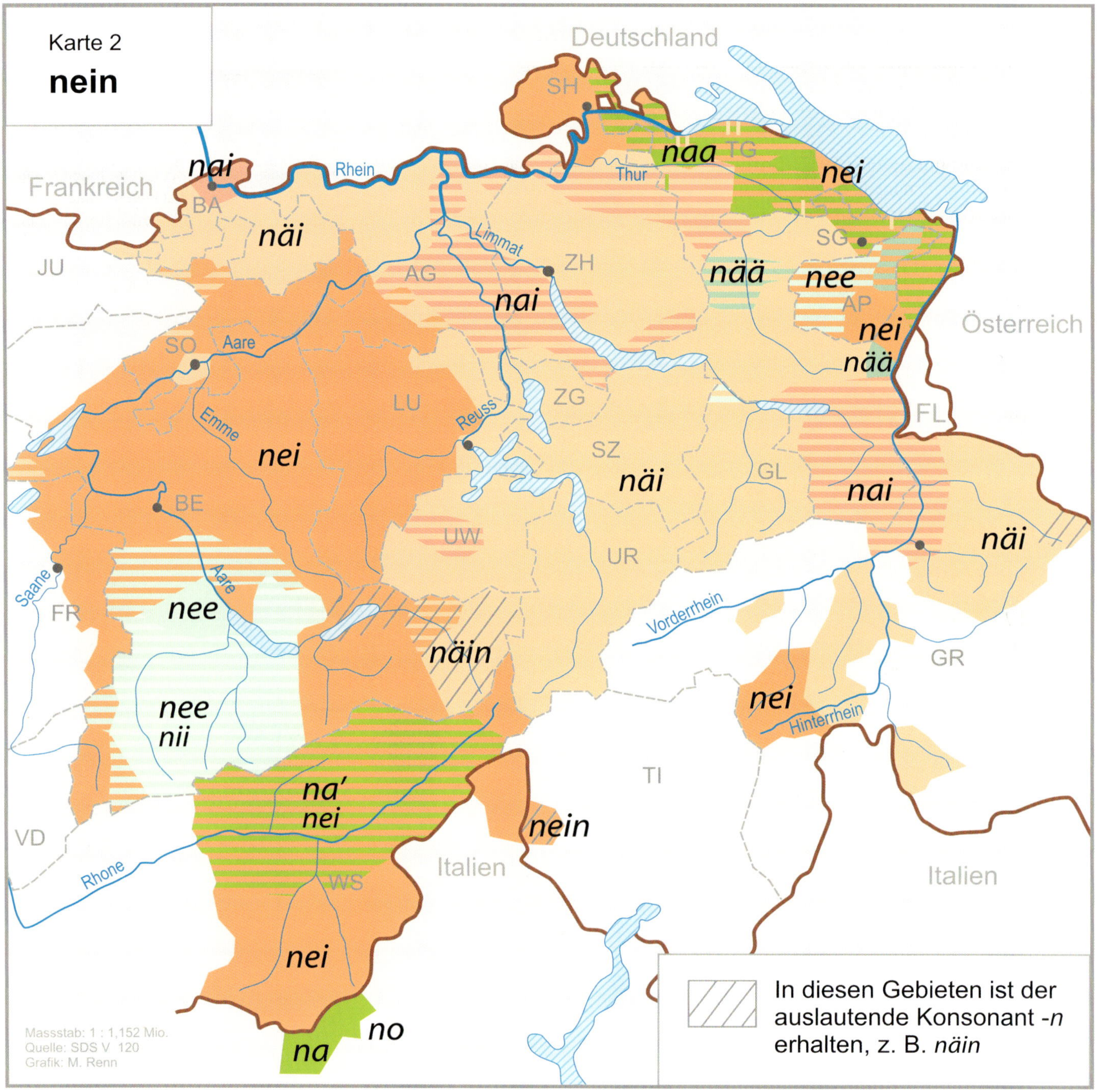
Karte 2
nein
Deutschland
Frankreich
Österreich
Italien
Italien
SH
BA
JU
SO
AG
ZH
TG
SG
AP
FL
LU
ZG
SZ
GL
BE
FR
UW
UR
GR
TI
VD
WS
Rhein
Thur
Limmat
Aare
Emme
Reuss
Saane
Aare
Vorderrhein
Hinterrhein
Rhone
nai
näi
naa
nei
nää
nee
nai
nei
nää
nei
näi
nai
näi
nee
näin
nee
nii
na'
nei
nein
nei
nei
no
na
In diesen Gebieten ist der auslautende Konsonant -n erhalten, z. B. näin
Massstab: 1 : 1,152 Mio.
Quelle: SDS V 120
Grafik: M. Renn

Die Partikel *nein* kann wie *ja* im Gespräch verschiedene Funktionen übernehmen. Im Unterschied zur Bejahung führt dies aber bei der Verneinung zu weniger lautlichen Varianten am gleichen Ort. Das liegt vor allem daran, dass die Verneinung mit ihrem ursprünglichen ▶ Diphthong mehr lautliche Substanz aufweist und damit besser gegen Verschleifungen geschützt ist. Der Wegfall des auslautenden *-n* ist allgemein alemannisch, er ist auf dem ganzen Gebiet eingetreten, ausser in einer kleinen Region im östlichen Berner Oberland, in Bosco Gurin und in Davos. Auch die Vertretungen des mittelhochdeutschen Diphthongs *ei* entsprechen im grossen Ganzen der Normalentwicklung, wie sie auf Karte 89 anhand des Wortes *Geiss* dargestellt ist. Im Wesentlichen teilen sich also westliche Formen mit dem ursprünglichen geschlossenen Diphthong **nei** und östliche Formen mit der neueren, offenen Aussprache **näi** das Gebiet, während kleinere Regionen am West- und Ostrand die Partikel mit einfachem Langvokal (▶ Monophthong) aussprechen: **nee**, **nää** usw. Diese Regionen sind auf der *nein*-Karte wesentlich kleiner als auf der Karte *Geiss*, und in der Ostschweiz stehen die Langvokalformen praktisch ausnahmslos neben wieder eingeführten Diphthongformen, ohne dass damit ein Bedeutungsunterschied verbunden wäre. Langvokale in *Geess*, *nää* sind auffälliger als die Diphthonge in *Geiss*, *nei*, vor allem weil auch die Schriftsprache in den entsprechenden Wörtern Diphthonge hat. Im häufig allein und damit exponiert auftretenden Wort *nein* scheint die Wiedereinführung der diphthongierten Variante weiter fortgeschritten zu sein als bei Normalwörtern wie *Geiss*, *Stein*.

Eine wirkliche Besonderheit stellt das südliche **na** dar, das im Wallis mit einem Knacklaut ausgesprochen wird: *naˈ* und durchwegs neben der Vollform *nei* steht; die beiden Varianten unterscheiden sich stilistisch, wobei *naˈ* einer ungezwungeneren Ebene angehört, die in den Wörterbüchern kaum aufgeführt wird. *naˈ* dürfte sich aus den verstärkten *nein*-Varianten *naˈa*, *näˈä* entwickelt haben, die ebenfalls einen Knacklaut enthalten und in der ganzen Deutschschweiz vorkommen, aber manchenorts als unanständig gelten. Die Monte-Rosa-Walser haben den Knacklaut aufgegeben und *na* zur herrschenden Verneinung gemacht, die denn auch von den Wörterbüchern bestätigt wird und die leicht gegen ital. *no* ausgetauscht werden kann, so etwa in Rimella. WH

Knacklaut

Als *Knacklaut* bezeichnet man das leise Explosionsgeräusch, das entsteht, wenn die geschlossenen Stimmbänder durch den Luftstrom aus der Lunge aufgesprengt werden. Im Hochdeutschen wird jeder betonte wortanlautende Vokal mit vorangehendem Knacklaut gesprochen: *ˈam ˈAbend*; auch im Inlaut kommt der Knacklaut silbenanlautend häufig vor: *beˈachten.* In den romanischen Sprachen und auch in den Dialekten des südlichen deutschen Sprachraumes (damit im Schweizerdeutschen) fehlt dieser so genannte harte Einsatz des Vokals fast immer. Deutschschweizer neigen dazu, den Knacklaut auch dann wegzulassen, wenn sie Hochdeutsch sprechen. Dies behindert die Verständlichkeit nicht, da es keine Wörter gibt, die sich nur durch den Knacklaut voneinander unterscheiden würden. Obwohl der Knacklaut isoliert kaum zu hören ist, gibt sein Vorhandensein oder sein Fehlen der Sprache einen recht unterschiedlichen Klangverlauf: Wo er gesprochen wird, unterbricht er den Lautfluss, wo er fehlt, werden die aufeinanderfolgenden Wörter verbunden (franz. *liaison*). Der fehlende Knacklaut lässt die Wortgrenzen weniger deutlich hervortreten: *amAbend.*

Obwohl der Knacklaut im Schweizerdeutschen nicht regelmässig auftritt, wird er doch in nachdrücklicher Rede oft gehört: A: *Hesch duu das gseid?* – B: *ˈIich??* Die *nein*-Varianten *naˈ*, *näˈä* mit obligatorischem Knacklaut könnten in solchen Zusammenhängen entstanden sein.

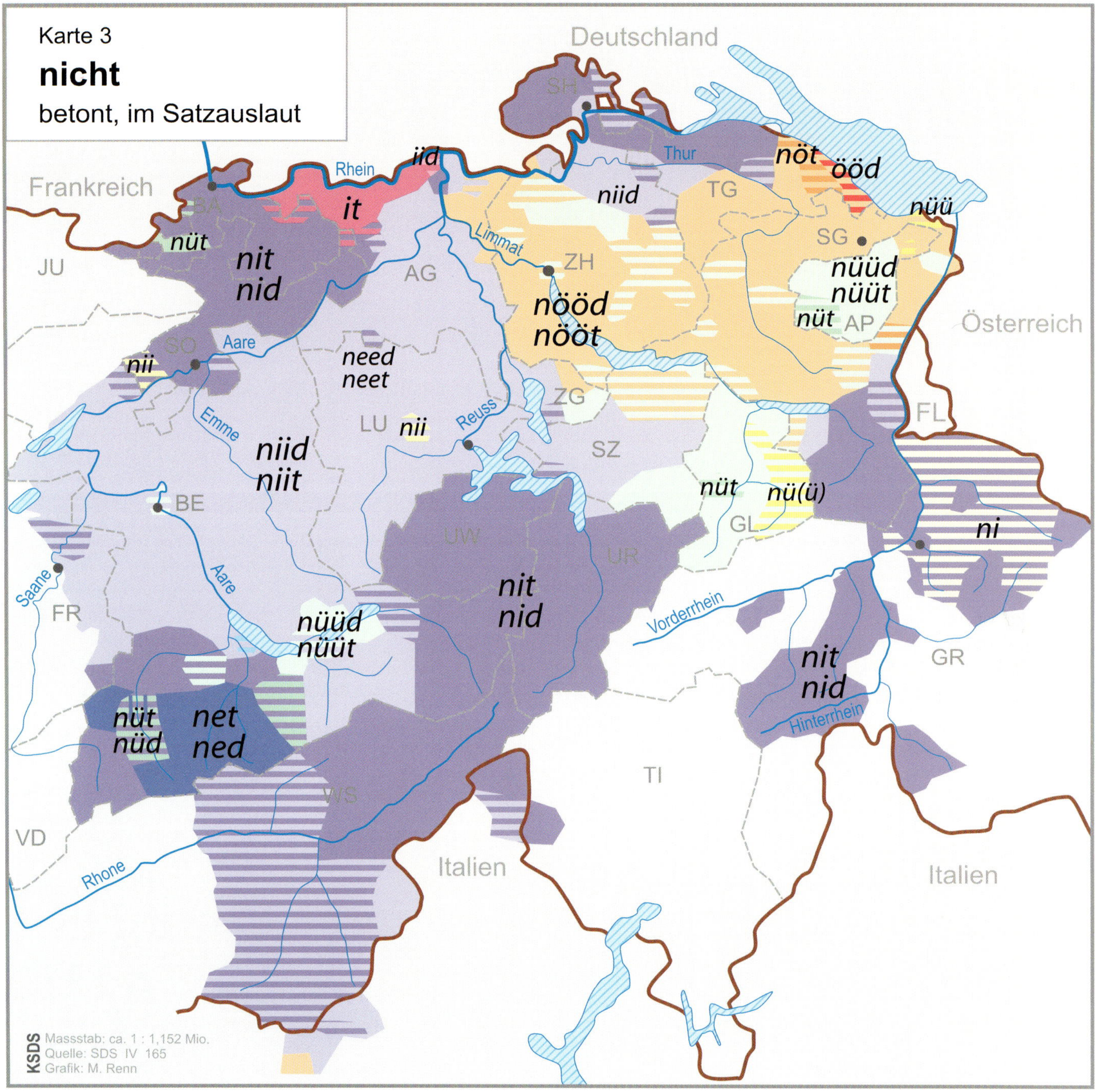
Karte 3
nicht
betont, im Satzauslaut
Deutschland
Frankreich
Österreich
Italien
Italien
Rhein
Thur
Limmat
Aare
Emme
Reuss
Saane
Vorderrhein
Hinterrhein
Rhone
SH
BA
JU
AG
ZH
TG
SG
AP
SO
LU
ZG
SZ
FL
BE
UW
UR
GL
FR
GR
TI
VD
WS
iid
it
nüt
nit
nid
niid
nöt
ööd
nüü
nüüd
nüüt
nüt
nöd
nööt
nii
need
neet
nii
niid
niit
nüt
nü(ü)
ni
nit
nid
nüüd
nüüt
nit
nid
nüt
nüd
net
ned
Massstab: ca. 1 : 1,152 Mio.
Quelle: SDS IV 165
Grafik: M. Renn
KSDS

Die nebenstehende Karte verzeichnet das Wort *nicht*, wie es in Sätzen von der Art *nein, das wollen wir nicht* gebraucht wird. Das Wort *nicht* geht wie *nichts* (s. Karte 4 *nichts*) auf ahd. *niowiht*, *niwiht* zurück. Es ist aus einer Zusammenrückung der Negationspartikel *ni* mit *je* und *wiht* 'Wesen, Ding' ('nie eines Wesens, nicht irgend etwas') entstanden, welche die einfache Negation mit blossem *ni* anfänglich verdeutlichte und schliesslich verdrängte (eine verdeutlichende Negation kennt auch das Französische mit *ne + pas* 'keinen Schritt'). Im Mittelhochdeutschen lautete die Form *niht*, *niuweht*, *niuwet* oder *niut* (*iu* als *üü* ausgesprochen).

Die Karte zeigt ein östliches Gebiet, bei dem die Negationspartikel *nicht* – wie im Mittelhochdeutschen – einen *ü*-oder *ö*-haltigen Vokal enthält, der in den meisten Fällen gelängt ist: **nüüd/nüd** oder **nööd/nöd**. Die Negationspartikel kann auf *-d* oder *-t* auslauten – nach langem Vokal ist eher *-d* zu erwarten –, oder sie kann den Konsonanten vereinzelt sogar verloren haben (wie *nich* in umgangssprachlichem Hochdeutsch).

Die Negationspartikeln mit einem langen oder kurzen *i*-Vokal, der auch gegen *e* tendieren kann *(need/neet)*, sind in der Innerschweiz, im östlichen Berner Oberland, im Wallis und in den Walserorten wohl durch reguläre ▶ Entrundung entstanden und lauten **ni(i)t/ni(i)d** und **net/ned**. Ursprüngliches *nüt* wurde dabei zu *nit* verändert (wie *schöön* zu *scheen* 'schön' oder *Müüs* zu *Miis* 'Mäuse', s. Karte 88 *Mäuse*). In den mittelländischen Gebieten, in denen die Entrundung nicht heimisch ist, muss dieser Vokal jedoch auf anderem Wege zustande gekommen sein. Erwogen wird, dass der *i*-artige Laut des Negationswortes sich unter der besonderen Bedingung der Stellung nach dem Verb (z. B. *sie haben nicht…*) herausgebildet haben könnte. Eine derartige lautliche Veränderung ist in einigen Regionen vom Pronomen *uns* her bekannt, wo sich die betonte Form *üüs* und die unbetonte Form *-is* (z. B. *mer hendis…* 'wir haben uns') gegenüberstehen. Im Falle von *nicht* hätte sich die ursprünglich unbetonte *i*-Lautung in der Folge allerdings – anders als beim Pronomen *uns* – für sämtliche Gebrauchsweisen durchgesetzt. Auch die Negationspartikel mit *i*-haltigem Vokal kann auf *-d* oder *-t* auslauten oder wie im Bündnerland wahlweise auch ohne auslautenden Konsonanten vorkommen und **ni** lauten. Durch diese Reduktion wird interessanterweise fast wieder der einstige historische Ausgangszustand der einfachen Negationspartikel *ni* erreicht.

Formen ohne anlautenden Konsonanten *n* **(it, iid, ööd)** sind wohl durch falsche Wortabtrennung entstanden (*sie machen +nit* zu *sie machen+it*). In der Deutschschweiz nur in der Gegend des – bis Anfang des 19. Jhs. habsburgischen – Fricktals und des Bodensees belegt, sind sie in den angrenzenden süddeutschen Dialektgebieten üblich.

Die lautlichen Varianten des Negationswortes sind auch im sprachlichen Alltag relevant: Sie dienen beispielsweise als neckende Merkgrösse, um zwischen den *nööd*-Stadtzürchern und den *niid*-Winterthurern unterscheiden zu können. HC

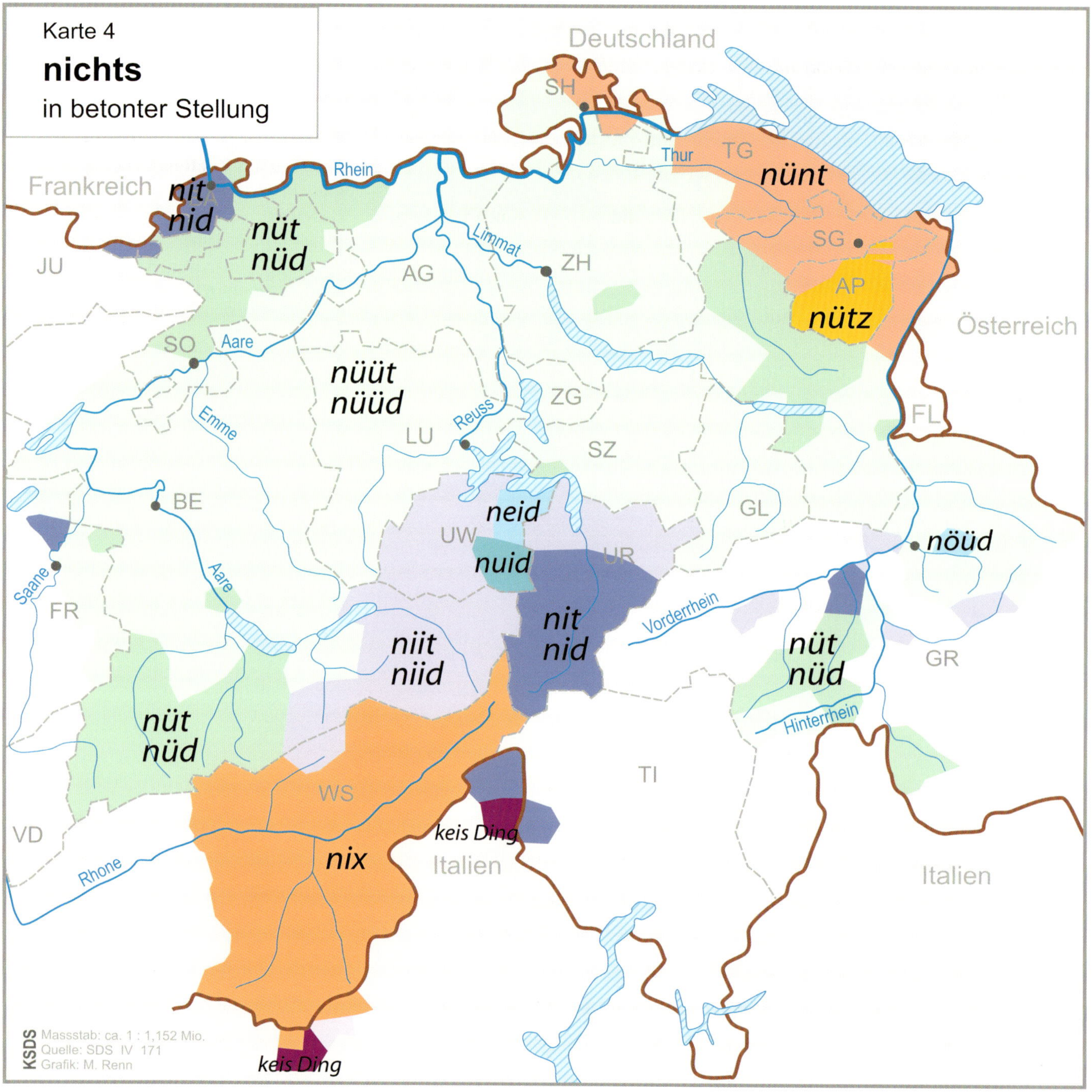

Karte 4
nichts
in betonter Stellung

Die Karte verzeichnet das Wort *nichts*, wie es in Sätzen von der Art *ich sehe nichts* gebraucht wird. Das Wort *nichts* geht wie *nicht* (s. Karte 3 *nicht*) auf ahd. *niowiht*, *niwiht* zurück: Es ist aus einer Zusammenrückung der Negationspartikel *ni* mit *je* und *wiht* 'Wesen, Ding' ('nie eines Wesens, nicht irgend etwas') entstanden. Beim auslautenden *-s* des Hochdeutschen, aber auch bei der appenzellischen Variante **nütz** und dem walliserdeutschen **nix** dürfte es sich um eine ursprünglich genitivische Form handeln. Diese hat sich aus der verstärkenden Formel *nihtes niht* resp. *niutes niut* ('nichts von nichts') herausgebildet. Eine heute noch durchsichtige Verstärkungsformel ist die Umschreibung von 'nichts' durch **keis Ding**, die vereinzelt in Südwalserorten gebraucht wird.

Die für die Ostschweiz charakteristische Form **nünt** beruht vermutlich auf *niuwet* mit eingeschobenem *n*-Laut (**niuwent*).

Der Vokal der dialektalen Formen für *nichts* folgt im Allgemeinen den lautlichen Regelmässigkeiten: In den Regionen, die keine ▶ Entrundung kennen, sind *ü*-haltige Formen von *nichts* belegt **(nüüd/nüüt)**. In Regionen mit Entrundung (s. Karte 88 *Mäuse*) entwickelte sich aus dem ursprünglichen *ü*-Laut ein *i*-Laut **(niid/niit)**. Besonderheiten gibt es im Nidwaldnerischen, wo *ü* erst zu *i* entrundet und in der Folge zu *ei* **(neid)** ▶ diphthongiert wird, oder im Schanfigg, wo eine Diphthongierung zu **nöüd** beobachtet werden kann. Im obwaldnerischen Engelberg tritt mit **nuid** einmal mehr eine Sonderlautung auf, die jenen Recht gibt, die Engelberg für eine eigene kleinste Sprachlandschaft halten (s. auch die Sonderlautung Karte 88 *Mäuse*).

Der Vokal der dialektalen Formen kann kurz oder lang sein; der auslautende Konsonant ist meistens *-t*, doch verwenden viele Sprecherinnen und Sprecher auch eine Variante mit auslautendem *-d*.

Ein Vergleich mit dem Kartenbild für 'nicht' (s. Karte 3 *nicht*) zeigt, dass zwischen 'nicht' und 'nichts' nicht überall ein formaler Unterschied gemacht wird: In Teilen des Kantons Uri oder des Kantons Graubünden etwa wird *nit* für beide Bedeutungen gebraucht. In anderen Regionen wird der Unterschied mit teils sehr geringen formalen Mitteln bewerkstelligt: z.B. durch unterschiedliche Vokallänge (*nüt/nüd* 'nicht' gegenüber *nüüt/nüüd* 'nichts' wie vereinzelt im Kanton Glarus) oder durch einen unterschiedlichen Vokal (*niit/niid* 'nicht' gegenüber *nüüt/nüüd* 'nichts' wie im westlichen Mittelland). HC

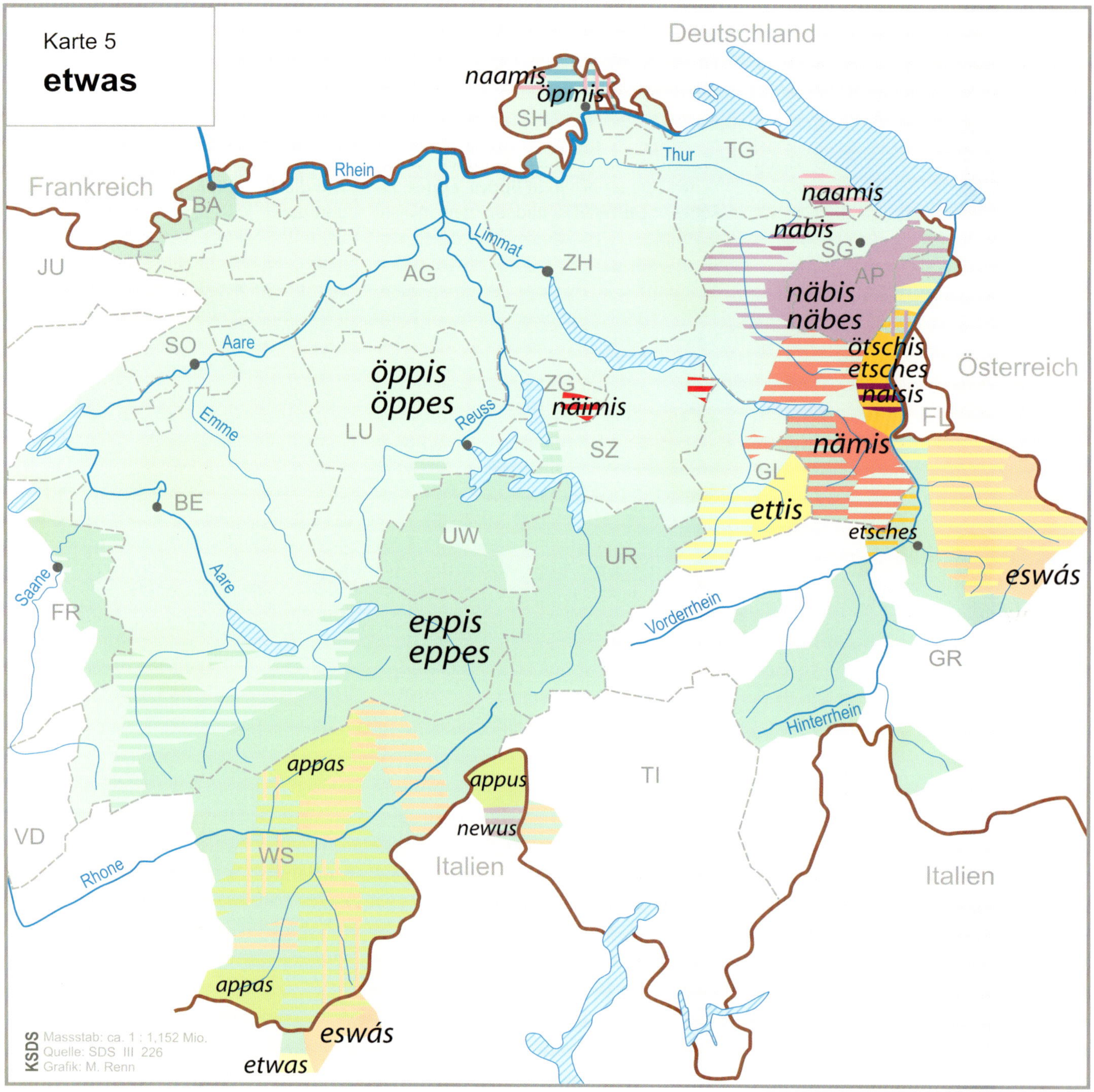

Karte 5

etwas

Das Indefinitpronomen 'etwas' tritt uns in einer Vielfalt von Formen entgegen, die sich sprachgeschichtlich auf bloss zwei Typen zurückführen lassen. Diese kann man bei den heutigen Erscheinungsformen leicht daran erkennen, dass der eine Typ mit einem Vokal (z.B. **eppis**), der andere mit dem Konsonanten *n* (z.B. **näbis**) anlautet.

Die Formen des ersten Typs, die mit einem Vokal beginnen, gehen auf ahd. *eddes(h)waz*, mhd. *et(e)waz*, *eteswaz* zurück. Bei *eddes-* handelt es sich um ein Bildungselement, das Unbestimmtheit ('irgend') ausdrückte und mit Fragepronomen wie *(h)wer* 'wer' oder *(h)waz* 'was' verbunden werden konnte. Die Verbindung mit *was* hat im Laufe der Zeit unterschiedliche lautliche Umbildungen erfahren, wobei allen modernen Formen gemeinsam ist, dass sie zwei- und nicht mehr dreisilbig sind. Das im italienischen Issime und im Hochdeutschen ausgewiesene **etwas**, aber auch das im Wallis und an den Bündner Walserorten vorkommende **eswás** haben sich nur geringfügig vom mittelhochdeutschen Lautstand entfernt, anders jedoch die Bildungen mit inlautendem *-pp-* (wie z.B. bei **öppis**) oder seltenerem *-pm-* (**öpmis**), bei denen sich die Konsonanten *(e)****t*** und ***w****(az)* einander angeglichen haben (▶ Assimilation). Bei inlautendem *-tt-* wie im glarner- und bündnerdeutschen **ettis** ist der Konsonant *w* ausgestossen worden, bei Bildungen mit *-tsch-* wie bei **etsches** und **ötschis** hat sich der *s*-Laut von *eteswaz* in Form eines *sch*-Lautes behaupten können. Der anlautende Vokal der Bildungen ist meist zu einem *ö* ▶ gerundet worden, in Gebieten mit Entrundung (s. Karte 88 *Mäuse*) begegnen uns – sprachhistorisch jüngere? – *e-* oder *a-*Laute (*eppis*, **appas**). Der auslautende, unbetonte Vokal hat meistens die Qualität eines *i*, seltener kommen abgeschwächte *e* vor (so in **öppes**, **eppes**, **etsches**). Im Wallis und an den Walser Südorten, wo *a* und *u* auch in unbetonten Silben vorkommen können, lautet 'etwas' teilweise *appas*, **eppas** oder **appus**.

Die Formen des zweiten Typs, die mit dem Konsonanten *n* beginnen, gehen auf mhd. *neweiz+waz* zurück, wobei *neweiz* aus *(ich) neweiz* '(ich) weiss nicht' entstanden ist. Genauso wie das oben erwähnte *eddes-* vermochte *neweiz* Unbestimmtheit auszudrücken und konnte verallgemeinernd vor Pronomen (*neweiz+wer* 'irgendwer, jemand') und Adverbien (*neweiz+wā* 'irgendwo') gesetzt werden. Auch die Bildung *neweiz+waz* hat sich im Laufe der Zeit zu verschiedenen Zweisilbern verändert. Der *s*-Laut im Wortinnern ist einzig im St. Galler Rheintal um Sevelen in der Form **näisis** erhalten geblieben, bei allen anderen Formen ist dieser Laut geschwunden. Im piemontesischen Saley konnte sich in der Form **newus** der alte *w*-Konsonant erhalten, während sich dieser in den anderen Gebieten zu einem *b-* oder *m*-Laut (z.B. *näbis*, **näimis**) veränderte. Der Vokal der ersten, betonten Silbe richtet sich zumindest teilweise nach der Lautung von mhd. *ei*, was sich am deutlichsten bei **naamis**, **nabis** und *näbis*, **näbes** zeigt, die in den Ostschweizer *Gaass-*/*Gääss*-Gebieten vorkommen (s. Karte 89 *Geiss*). Der unbetonte Vokal der zweiten Silbe erscheint – abgesehen von der Form *newus* – in *e-* oder *i*-Qualität (z.B. *näbes*, **nämis**).

Die *n*-Bildungen des zweiten Typs gelten als typische Appenzeller Formen; wie die Karte für 'etwas' zeigt, sind sie dort die einzig möglichen Wörter für 'etwas'. Ihr Vorkommen geht jedoch über dieses Gebiet hinaus, beschränkt sich aber weitgehend auf die Ostschweiz und *näbis* und ähnliche Formen stehen dort meistens in Konkurrenz mit einer Form des ersten, sehr durchsetzungskräftigen Typs. Ein grösseres Geltungsareal beanspruchen die anderen Bildungen, die mit *neweiz* zusammengesetzt sind. So kommen z.B. *nöimer*, *näbert* mit der Bedeutung 'jemand' nicht bloss in der Ostschweiz, sondern darüber hinaus im alpinen Raum – nicht jedoch im Wallis und in den Walserorten – vor. Diesen Wörtern stehen Formen vom ersten Typ wie z.B. *öpper*, *eswer* 'jemand' gegenüber. Die *neweiz+wie-* und *neweiz+wā*-Bildungen, die heute z.B. als *nöie*, *nöime* 'irgendwie', 'irgendwo' erscheinen, haben sogar eine noch weitere Verbreitung; ihnen erwächst nur im Wallis und an einigen Walserorten Konkurrenz durch Formen des ersten Typs wie *eswie* und *eswa*.

Die lautlich ähnlichen Formen für den Bezug auf unbestimmte Personen, Umstände, Sachverhalte usw. laden zum Sprachspiel ein: *Het er öppen öpperem öppis taa?* 'Hat er etwa jemandem etwas angetan?'. HC

Karte 6

schau!

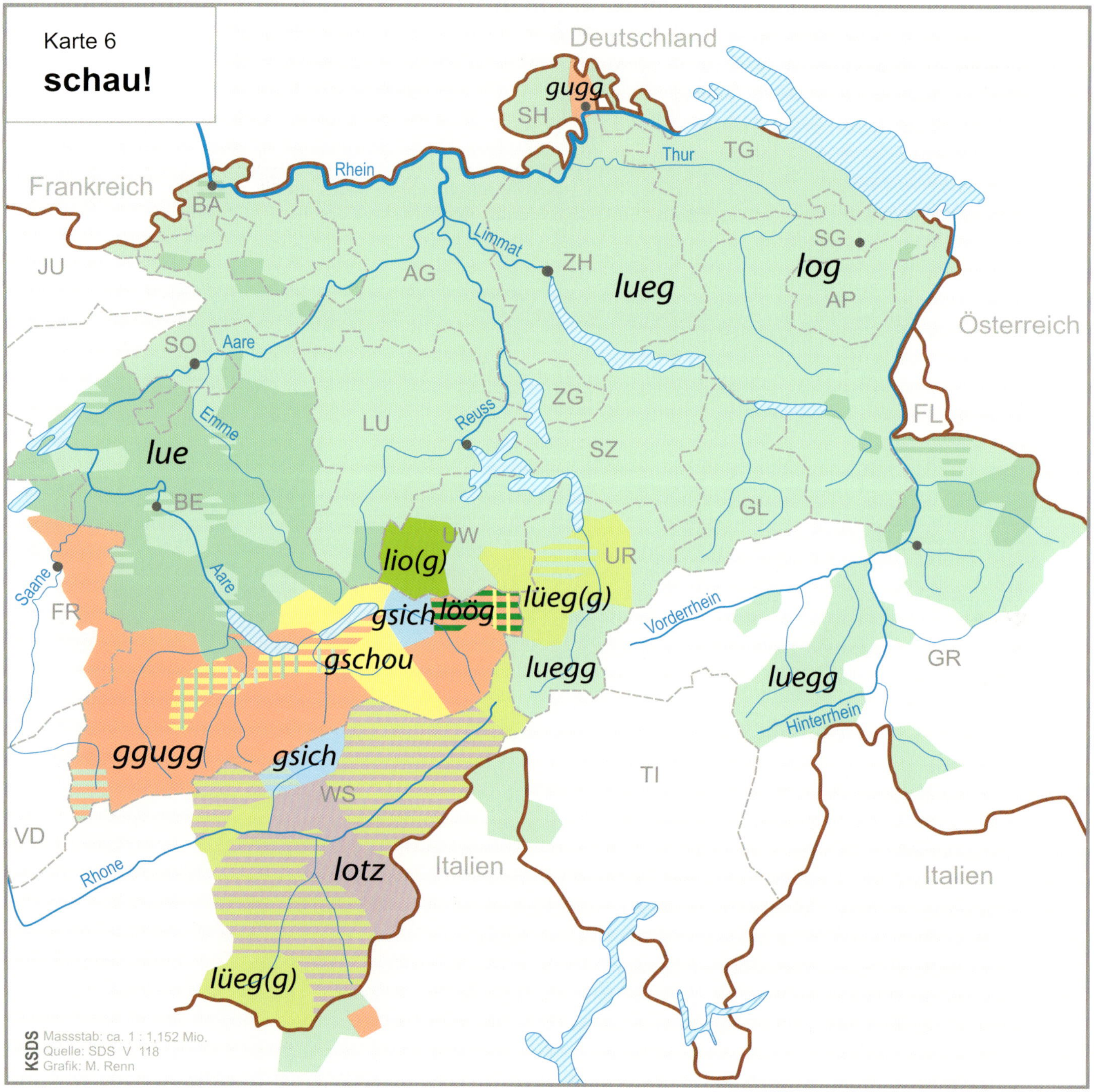

Die meisten schweizerdeutschen Dialekte kennen mit der Unterscheidung von ▸ intransitivem *luege* und ▸ transitivem *gsee* eine Differenzierung, wie sie auch das Englische mit *look* und *see* oder das Französische mit *regarder* und *voir* aufweist. Dieser Unterschied zeigt sich etwa im folgenden Satz: *Wer nöd lueget, gseet nüüt* 'Wer nicht hinschaut (oder hinsieht), sieht nichts'. Im Hochdeutschen ist dieser Unterschied verwischt. Man kann zwar ebenfalls zwischen *schauen* und *sehen* unterscheiden, darf aber für beide Bedeutungen auch einfach *sehen* brauchen. Die nebenstehende Karte zeigt die verschiedenen schweizerdeutschen Wörter, die dem deutschen *schauen* entsprechen. Unsere Mundart kennt hierfür fünf Wörter, nämlich *luege*, *g(g)ugge*, *gschoue*, *lotze* und *gsee*.

Das Wort *luege* und damit die Aufforderung **lueg!** ist fast gesamtschweizerdeutsch, wenn wir seine verschiedenen, auf der Karte ebenfalls in Grüntönen eingezeichneten regionalen Varianten mitzählen. *Lüege* bzw. **lüeg!** zeigt ▸ Palatalisierung von *-ue-* zu *-üe-*, und auf dieser Basis sind durch ▸ Entrundung *lioge* bzw. **liog!**, durch ▸ Monophthongierung *lööge* bzw. **löög!** entstanden. In der Befehlsform kann mancherorts das auslautende *-g* fehlen oder aber im Gegenteil zu *-gg* verschärft werden, was jeweils durch die besondere Stellung des Wortes im Satz bzw. durch die Position im Auslaut bedingt ist. So lassen sich die Befehlsformen **lue**, *lio*, *lüegg* und *luegg* erklären. Dem Wort liegt ahd. *luogēn* 'schauen, hervorschauen, hervortreten' zugrunde.

Berneroberländisch-freiburgisch *ggugge* und damit die Aufforderung **ggugg!** und schaffhausisch *gugge* bzw. **gugg!** kommen in der Schweiz nur in geographischen Randgebieten vor. *Ggugge* gilt als typisches Wort, anhand dessen ein Sprecher seiner Heimatregion zugeordnet werden kann. In der bundesdeutschen Umgangssprache aber ist das Wort als süddeutsches *gucken* und norddeutsches *kucken* weit verbreitet. Schaffhausisches *gugge* ist deshalb nicht so isoliert, wie es auf der Karte scheinen will, sondern schliesst an die Mundarten der deutschen Nachbarschaft an. Über seine Herkunft weiss man nichts Sicheres.

Das ebenfalls berneroberländische *gschoue* und damit die Aufforderung **gschou!** entspricht hochdt. *schauen* und stammt von ahd. *scouwōn* 'schauen'. Es findet erst wieder weiter östlich Anschluss an andere deutsche Dialekte, nämlich in Bayern und Österreich. Vorangestelltes *g-* (aus *ge-* gekürzt) ist im Schweizerdeutschen bei Verben der sinnlichen Wahrnehmung nicht selten, vgl. etwa *gsee* 'sehen', *ghööre* 'hören', *gspüüre* 'spüren'.

Das Wort *lotze* oder *lotzu* in der Bedeutung 'schauen' und damit die Aufforderung **lotz!** ist ganz auf das Wallis beschränkt. Wie die im Gefolge der mittelalterlichen Walserwanderung in den norditalienischen und Bündner Alpentälern entstandenen Tochtermundarten (Walserdeutsch) zeigen, hatten die damaligen Siedler aber dennoch nicht das Wort *lotze*, sondern *luege* (und im Fall von Rimella *ggugge*) aus ihrer Heimat mitgebracht. Hieraus kann man schliessen, dass bei *lotze* die Bedeutung 'schauen' erst eine jüngere Entwicklung darstellt. Die ursprüngliche Bedeutung des Wortes ist denn auch 'lauern, auflauern', und in dieser ist es noch heute in vielen Alpenmundarten bekannt. Sprachgeschichtlich handelt es sich um eine ▸ Intensivbildung zu *luusse*, das ebenfalls '(auf)lauern' heisst und ausserhalb der Alpen auch im Mittelland bekannt ist. *Luusse* geht auf ahd. *lūzēn* 'sich verborgen halten' zurück und ist vielleicht mit *lauschen* verwandt.

Der Ausdruck *gsee* und damit die Aufforderung **gsich!** wird nur in wenigen Mundarten auch in der intransitiven Bedeutung 'schauen' gebraucht. Er geht auf ahd. *sehan* 'sehen' zurück. Zum vorangestellten *g-* s. oben unter *gschou*. CL

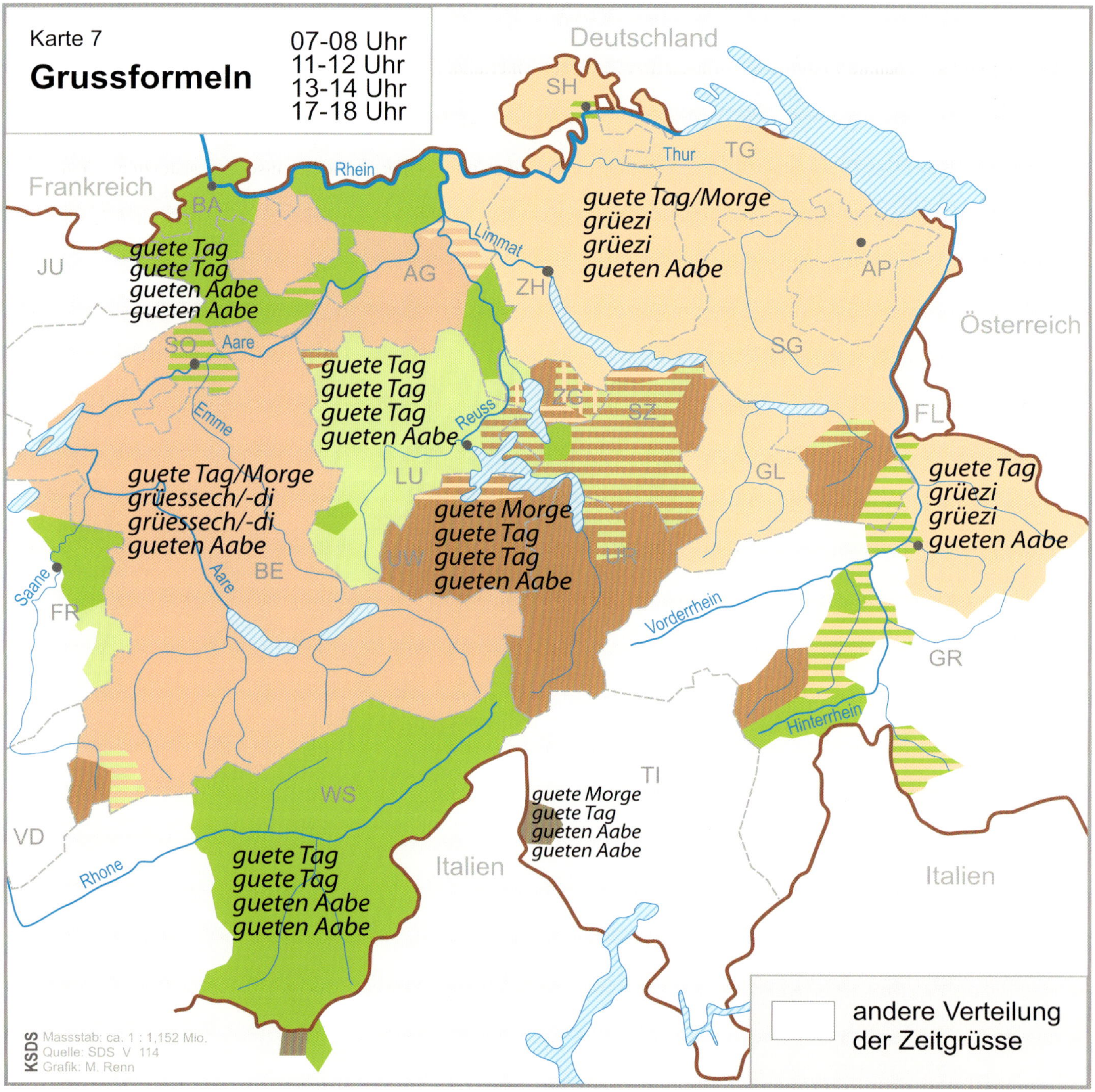
Karte 7
Grussformeln
07-08 Uhr
11-12 Uhr
13-14 Uhr
17-18 Uhr
Deutschland
Frankreich
Österreich
Italien
Italien
SH
TG
AP
ZH
AG
BA
JU
SO
LU
ZG
SZ
SG
GL
FL
GR
UW
UR
BE
FR
VD
WS
TI
Rhein
Thur
Limmat
Aare
Emme
Reuss
Saane
Vorderrhein
Hinterrhein
Rhone
guete Tag/Morge
grüezi
grüezi
gueten Aabe
guete Tag
guete Tag
gueten Aabe
gueten Aabe
guete Tag
guete Tag
guete Tag
gueten Aabe
guete Tag/Morge
grüessech/-di
grüessech/-di
gueten Aabe
guete Morge
guete Tag
guete Tag
gueten Aabe
guete Tag
grüezi
grüezi
gueten Aabe
guete Morge
guete Tag
gueten Aabe
gueten Aabe
guete Tag
guete Tag
gueten Aabe
gueten Aabe
andere Verteilung der Zeitgrüsse
KSDS
Massstab: ca. 1 : 1,152 Mio.
Quelle: SDS V 114
Grafik: M. Renn

Die Karte verzeichnet die wichtigsten traditionellen Formeln zur Begrüssung. Es handelt sich um so genannte Zeitgrüsse, die je nach dem Zeitabschnitt im Tageslauf wechseln. Es gibt fünf Grundformeln: *guete Morge*, *guete Tag*, *grüessech/-di*, *grüezi*, *gueten Aabe*. Die Unterschiede zwischen den verschiedenen Mundarträumen beruhen weniger auf den Formeln als auf dem Abschnitt im Tageslauf, für den ein Gruss angemessen ist, und auf dem Zeitpunkt, zu dem man ihn wechselt.

Auf dem grössten Teil des Gebiets werden drei Tagesabschnitte unterschieden, in kleineren Regionen bloss zwei. Fest ist überall der Abendgruss **gueten Aabe** (zur regionalen Aussprache von *Abend* s. Karte 79).

Für den frühen Morgen gilt mehrheitlich **guete Tag**. **Guete Morge** wird nur in Gebieten mit drei Tagesabschnitten gesagt (so in UW und UR) und häufig neben dem verbreiteteren *guete Tag*.

Für die Zeit zwischen dem Morgen und dem Abend gilt in den Gebieten mit drei Tagesabschnitten *guete Tag*, so in der Innerschweiz, **grüezi**, mehrheitlich in der Ostschweiz, oder **grüessech/grüessdi** im Westen.

Die Gebiete mit zwei Tagesabschnitten unterscheiden sich im Zeitpunkt, wann man von *guete Tag* zu *gueten Aabe* wechselt. In der Nordwestschweiz um Basel, im Freiburger Unterland, im Wallis, im Freiamt und in den meisten Walserregionen fängt der Abendgruss gleich nach dem Mittagessen an, in Luzern, im Freiburger Oberland und in Teilen Graubündens erst beim Eindämmern, wie in den umgebenden Regionen mit drei Tagesabschnitten.

Das Kartenbild stützt die Vermutung, dass ein älteres Zweiersystem mit dem Grusswechsel um die Mittagszeit einst im Gesamtgebiet gegolten haben dürfte. In dieses System scheint dann der dritte Zeitgruss eingefügt worden zu sein. In der Tat gelten *grüessech* und *grüezi* als reformierte Formeln, die deshalb in katholischen Gebieten abgelehnt wurden – was die Karte immer noch in Grundzügen erkennen lässt. Die Innerschweiz hat zwar die protestantische Formel verweigert, aber das Dreiersystem mit eigenen Mitteln nachgebaut. Bei der Befragung für den Sprachatlas wurde vielerorts behauptet, *grüezi* werde nur gegenüber Fremden gebraucht, die von den Wallisern sogar *Grüezeni* 'Schweizer aus der Ausserschweiz' genannt wurden.

Entstanden sind *grüezi* wie *grüessech/-di* aus **Gott grüsse euch/dich*. Das *-i* in *grüezi* ist das unbetonte Pronomen *euch*, das als Sprecherleichterung auch auf den Singular **grüez-di* übertragen wurde. Das Verb *grüssen* lautete östlich der Reuss ursprünglich *grüeze*, im Westen *grüesse*. Dieser sehr alte konsonantische Unterschied ist heute zugunsten der vom Hochdeutschen gestützten *s*-Form am Verschwinden. Im nicht mehr wirklich verstandenen Gruss breitet sich dagegen die alte Lautung der Herkunftsregion weiterhin aus: *Grüezi* gilt heute als die typische Schweizer Begrüssungsformel, und zwar praktischerweise ohne zeitliche, situationale oder soziale Einschränkung.

Die auf der Karte dargestellten Formeln waren und sind die üblichen, neutralen Begrüssungen. Es fehlen ältere wie neuere Grussformeln. Früher hat man Arbeitende mit einem Zuruf grüssen können, der sich auf ihre Situation bezog, z. B. Heuer auf dem Feld mit dem Zuruf *haut's?*. Heute sind eine Vielzahl neuerer Grüsse in Gebrauch, die statt vom Tageslauf oder der Situation vom Grad der Vertrautheit zwischen den Grüssenden abhängen: *hallo*, *hey*, *hoi*, *hop*, *salü/sali*, *tschau* usw. WH

Karte 8
Kuss
Deutschland
Frankreich
Österreich
Italien
Italien
SH
TG
BA
JU
AG
ZH
SG
AP
SO
LU
ZG
FL
SZ
GL
BE
FR
UW
UR
GR
TI
WS
VD
Rhein
Thur
Limmat
Aare
Emme
Reuss
Saane
Vorderrhein
Hinterrhein
Rhone
Kuss
Schmatz
Chuss
Chüssli
Kuss
Kuss
Trüütli
Kuss
Kuss
Chuss
Schmutz
Schmütz(e)li
Müntsi
Müntschi
Muntschi
Muntsi
Schmuck(ji)
KSDS
Massstab: ca. 1 : 1,152 Mio.
Quelle: SDS V 21
Grafik: M. Renn
kein Wort bekannt

Obwohl Küssen eine Tätigkeit ist, wird es im Schweizerdeutschen primär mit Substantiven bezeichnet; allfällig vorkommende Verben werden von den entsprechenden Substantiven abgeleitet. Man sagt also nicht *küssen*, sondern *einen Kuss geben*. Das gemeindeutsche *Kuss* ist in der schweizerdeutschen Lautung **Chuss** oder dessen Verkleinerungsform **Chüssli** in der Nordostschweiz auch die übliche Ausdrucksweise. Hinter der auf der Karte ebenfalls vorkommenden Schreibung **Kuss** verbergen sich unterschiedliche Lautungen. Im St. Galler Rheintal und der Bündner Herrschaft entspricht sie der Aussprache *Khuss* (behauchtes K), die für jene Gegend die übliche Aussprache von anlautend *K-*, etwa auch in *Khind* und *Khue,* ist. In den übrigen Gegenden bezeichnet die Schreibung *Kuss* dagegen eher die Aussprache *Kchuss* (► Affrikate), was aber eine ► assimilierte Übernahme der Lautung aus dem Hochdeutschen ist (s. zur Aussprache von *K-* in Wörtern aus dem Hochdeutschen auch Karte 96 *Kind*).

In weiten Teilen des Schweizerdeutschen ist aber nicht diese allgemeine deutsche Bezeichnung verbreitet. In einem mittleren Bereich ist das Wort **Schmutz** mit der Verkleinerungsform **Schmütz(e)li** gebräuchlich, das lautmalerisch das schmatzende Geräusch beim Küssen wiedergibt. Das Verb *schmatzen* benutzt ja die gleichen Laute zur Wiedergabe dieses Geräusches, und **Schmatz** ist auch im nordöstlichen Kanton Zürich eine Variante. Erwogen worden ist auch, dass *Schmutz* von einem Verb *schmutzen*, älter *schmuckezen*, abgeleitet sein könnte, eine ► Intensivbildung zu mhd. *schmucken*, das unter anderem 'sich anschmiegen' bedeutet. Darauf deutet auch **Schmuck(ji)** im Walserdialekt von Gressoney (Italien) hin. Vergleichbare Intensivbildungen finden sich auch etwa in *hixen* zu *higgezen* ('Schluckauf haben', s. Karte 20 *Schluckauf*) oder zu *schletzen* von mhd. *slegezen* 'intensiv schlagen'. Die Lautentwicklung wäre danach gleich verlaufen wie bei *schmatzen*, das aus mhd. *schmackezen* 'geräuschvoll Speise kauen' entstanden ist. Die lautmalerische Wirkung muss der Herkunft dieser Wörter nicht widersprechen; sie könnte ihre Verwendung zusätzlich gestützt haben.

Die Ausdrücke **Müntschi**, **Müntsi**, **Muntschi**, **Muntsi** sind ursprünglich Verkleinerungsformen zum Wort *Mund*. Als Benennungsmotiv wird also das Organ genommen, mit dem die Tätigkeit ausgeführt wird. Die Verkleinerungsform bezieht sich einerseits darauf, dass der Mund beim Küssen zugespitzt und klein gemacht wird, andererseits fügt sie auch eine Bedeutungskomponente der Zärtlichkeit hinzu. Die Verkleinerungsformen mit *-(t)schi/-tsi*, mit oder ohne Umlaut, kommen auch sonst im Wallis und im Berner Oberland vor, vor allem bei Bezeichnungen von Tieren und bei einsilbigen Substantiven: *Hündschi*, *Hundschi* 'Hündlein', *Cheerbschi* 'Körblein'. Dass der Ausdruck *Müntschi* usw. vom Substantiv *Mund* abgeleitet ist, stellt nicht eine nachträgliche Übernahme des hochdeutschen *Mund* dar, vielmehr ist *Mund* auch im Schweizerdeutschen die ursprüngliche alte Bezeichnung. Das heute übliche schweizerdeutsche *Muul* wurde ursprünglich nur für das Maul der Tiere verwendet und ist erst später als zuerst abschätzige Bezeichnung auch für Menschen üblich geworden (so wie heute im gleichen abschätzigen Sinne *Schnorre* für den Mund eines Menschen gebraucht wird). Im Berner Oberland, im Freiburgischen und im Wallis sind die Ausdrücke *Müntschi*, *Müntsi*, *Muntschi*, *Muntsi* also an sich reguläre Wortbildungen. Bemerkenswert ist jedoch die Ausbreitung des Wortes *Müntschi* in das Berner Mittelland, wo eine Verkleinerungsform *-(t)schi* nicht bekannt ist und das Wort somit als isolierte Bildung eine eigenständige Existenz gefunden hat.

Der Ausdruck **Trüütli** endlich schliesst an ein altes Wort *trût* an, das im Mittelhochdeutschen 'lieb' oder 'lieber Mensch, Geliebter' bedeutete. Das Wort lebt mit veränderter Bedeutung im neuhochdeutschen Adjektiv *traut* weiter. Der Kuss ist also sozusagen gleichwertig mit der Anrede 'Lieber Mensch!'. Als Bezeichnung für den Kuss scheint das Wort allerdings im aktuellen Sprachgebrauch nicht mehr vorhanden zu sein (s. Online-Befragung, S. 338). AL

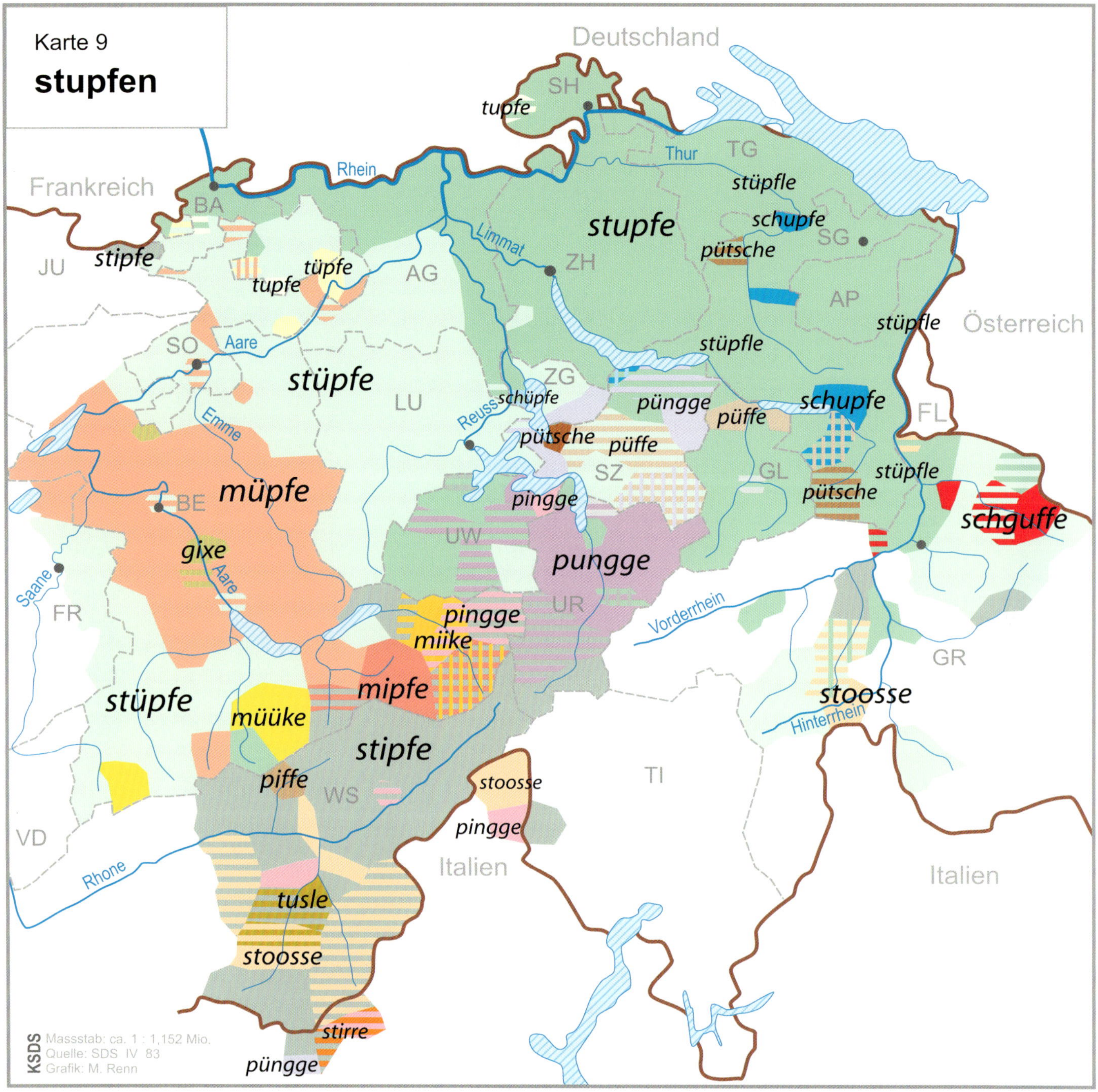

Karte 9
stupfen

Schläft der Sitznachbar in der Kirche oder im Konzert ein, ist es angebracht, ihn mit dem Finger, der Hand oder dem Ellbogen zu stupfen, um ihn aufzuwecken. Für diese Tätigkeit gibt es in den schweizerdeutschen Dialekten verschiedene Bezeichnungen. Die Ausdrücke lassen sich vielfach auf Verben zurückführen, die eine Grundbewegung wie stossen, schieben oder schlagen bezeichnen.

Der am weitesten verbreitete Ausdruck ist **stupfe**. Das Wort tritt im Westen in der umgelauteten Form **stüpfe** auf. Vorwiegend im Süden wurde der umgelautete Vokal zusätzlich ▶ entrundet, die Form heisst dort **stipfe**. Diese Verteilung der drei lautlichen Varianten lässt sich mit derjenigen von *Rücken* vergleichen (s. Karte 84 *Rücken*). Das Verb *stupfen* ist bereits in althochdeutscher Zeit mit der primären Bedeutung 'stechen' belegt. Es lässt sich ev. an einen noch älteren Wortstamm mit der Bedeutung 'stossen' anschliessen. Die im Osten genannte Variante **stüpfle** ist eine Art von Verkleinerungsform, die das sachte Anstossen betont. Beim Ausdruck **tüpfe** – resp. ohne Umlaut **tupfe** – hat wahrscheinlich eine Vermischung von obigem *stupfe* und einem lautlich ähnlich klingenden Verb mit der Bedeutung 'eintauchen' stattgefunden, das auch dem engl. *dip* zugrunde liegt. Die Stossbewegung kommt schliesslich auch im Wort **stoosse** 'stossen' zum Ausdruck.

Die Bezeichnung **schupfe** (oder umgelautet **schüpfe**) ist ▶ etymologisch an das Verb *schieben* anzubinden. Der verstärkte Konsonant *-pf-* und der Vokalwechsel bringen dabei zum Ausdruck, dass die Tätigkeit des Schiebens intensiver ausgeführt wird (vgl. *schnupfen* als 'intensiv schnaufen'). Bei der Bündner Form **schguffe** handelt es sich um eine ▶ Rückentlehnung: Das gerade besprochene Wort *schupfen* – oder ev. *stupfen* – ist in einer älteren Form ins Rätoromanische gelangt, wurde lautlich angepasst und später wieder ins Deutsche übernommen.

Die Bezeichnung **tusle** ist zum schweizerdeutschen Wort *Tuuss* 'leichter Schlag' zu stellen. Lautmalerische Bezeichnungen, die das Geräusch eines Schlags nachahmen, liegen bei **pungge** (umgelautet **püngge**, mit zusätzlicher Entrundung **pingge**), **pütsche** und **püffe** (resp. **piffe**) vor.

Die Herkunft der Bezeichnung **müpfe** (entrundet **mipfe**) ist ebenso unklar wie diejenige von **müüke** (entrundet **miike**). Im Gegensatz dazu lässt sich die südliche Variante **stirre** zu mhd. *stüren* 'bewegen, stören' stellen, das seinerseits eine ▶ Ablautvariante zu ahd. *stōren* 'zerstreuen, vernichten' ist.

Viele der genannten Ausdrücke werden nicht nur dazu verwendet, das vorsichtige Stupfen zu bezeichnen, sondern auch ein heftigeres Wegstossen. Zum Teil werden in derselben Region beide Tätigkeiten (das Stupfen und das Stossen) mit dem gleichen Wort bezeichnet. Der häufigere Fall ist hingegen, dass für die unterschiedlichen Tätigkeiten auch unterschiedliche Wörter vorhanden sind. Die Freiburger *stüpfe* ('stupfen') und *müpfe* ('wegstossen'), während viele Berner *müpfe* ('stupfen') und *schüpfe* ('wegstossen'). Dass dieselben Berner, wenn sie *stüpfe*, jemandem aber einen Fusstritt verpassen, zeigt, wie ähnliche Bedeutungen unterschiedlich auf wenige Wörter verteilt werden können. MF

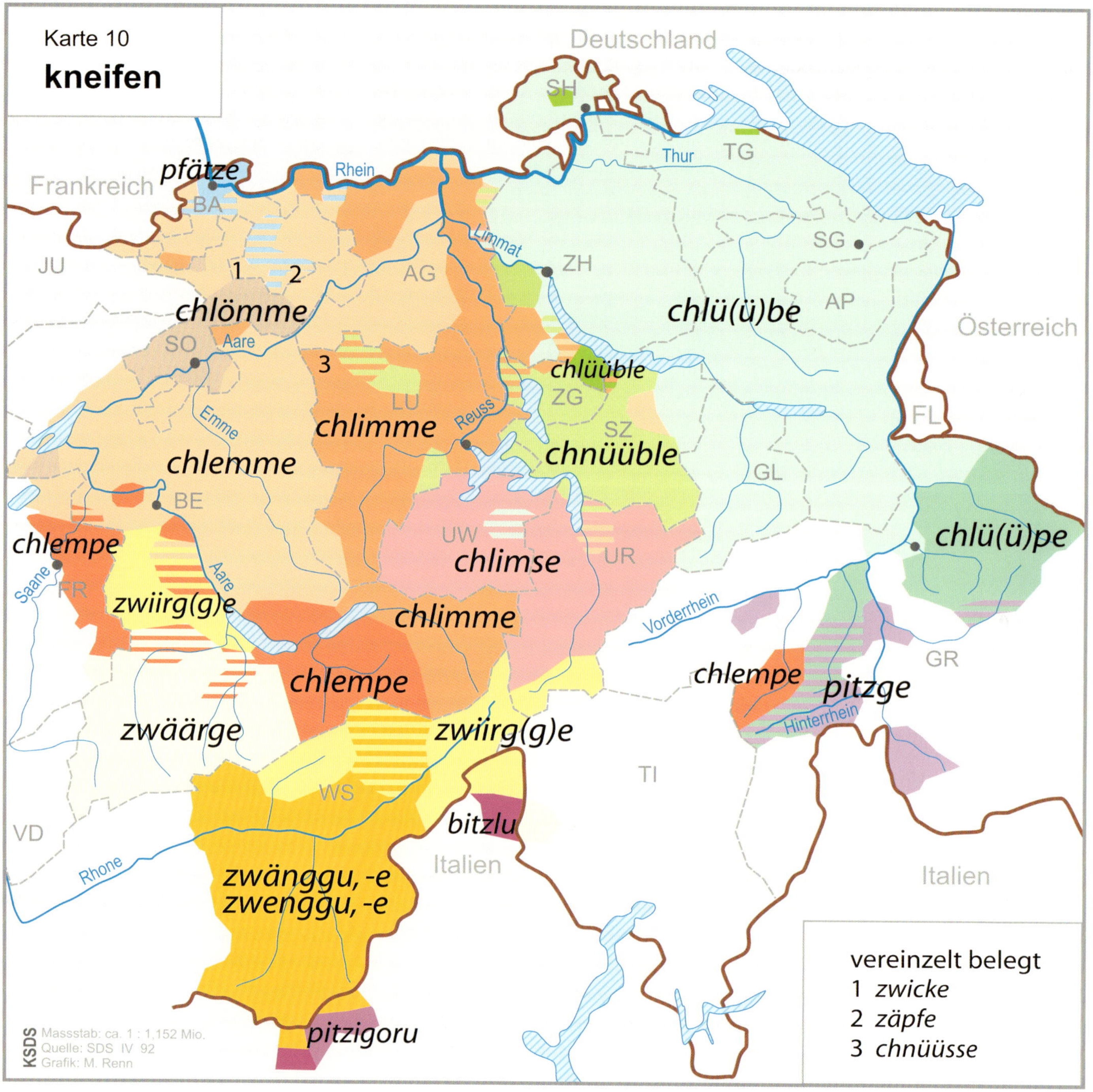
Karte 10
kneifen
Deutschland
Frankreich
Österreich
Italien
Italien
SH
TG
BA
JU
SG
ZH
AG
AP
SO
LU
ZG
SZ
FL
GL
BE
UW
UR
FR
GR
TI
WS
VD
Rhein
Thur
Limmat
Aare
Emme
Reuss
Saane
Aare
Vorderrhein
Hinterrhein
Rhone
pfätze
1
2
3
chlömme
chlü(ü)be
chlüüble
chlimme
chnüüble
chlemme
chlempe
chlimse
chlü(ü)pe
zwiirg(g)e
chlimme
chlempe
pitzge
chlempe
zwäärge
zwiirg(g)e
bitzlu
zwänggu, -e
zwenggu, -e
pitzigoru
vereinzelt belegt
1 zwicke
2 zäpfe
3 chnüüsse
KSDS
Massstab: ca. 1 : 1,152 Mio.
Quelle: SDS IV 92
Grafik: M. Renn

In der nebenstehenden Karte geht es um die unterschiedlichen Bezeichnungen für ein vor allem unter Kindern oder gegenüber Kindern vorkommendes Verhalten, bei dem man etwas Haut zwischen den Fingern oder den Fingernägeln einklemmt. Es wird als Verteidigungsmittel eingesetzt, mit der Absicht, Schmerzen zuzufügen, aber auch als freundschaftliche Geste, z. B. indem man in die Wange kneift. Eine solche Verteidigung wird aber nicht geschätzt, wie aus folgendem Spruch hervorgeht: *Chlübe gilt nüd. Wer chretzt und chlübt, de cha sust nüt* 'Kneifen gilt nicht. Wer kratzt und kneift, kann sonst nichts'.

In der Deutschschweiz ist ein grosses zusammenhängendes Gebiet im Nordosten zu erkennen, in dem ein hochdeutsch praktisch ausgestorbenes Verb **klieben** 'spalten' erhalten ist. Dieses steckt auch im Wort *Knoblauch*, ursprünglich *klobelouh* 'der Lauch mit der gespaltenen Knolle'. Die mundartlichen Formen *chlüübe* (teilweise auch gekürzt *chlübe*) und *chlü(ü)pe* (bei den Bündner Walsern) gehen mit ihrem *ü*-Laut auf eine altoberdeutsche Nebenform *kliuban* zurück (s. Karte 91 *tief*). Vereinzelt wird auch die von *chlüübe* abgeleitete Verkleinerungsform *chlüüble* dafür gebraucht. Ob das angrenzende lautlich ähnliche *chnüüble* eine vielleicht durch ▶ Dissimilation der beiden *l*-Laute (zu *n – l*) entstandene Nebenform darstellt, muss offen bleiben. Es könnte sich hier auch um ein eigenes Wort, mit einer Reihe mehr oder weniger ähnlicher Bedeutungen, wie 'mit den Fingern zu packen versuchen, verknoten', handeln.

Westlich anschliessend werden die untereinander verwandten Wörter **klimmen** und **klemmen**, die wie in der Schriftsprache auch noch weitere Bedeutungen haben, gebraucht. Das Vorkommen von *chlimme* im vorliegenden Sinn wird durch die vermutliche Ausgangsbedeutung 'sich zusammenziehen' verständlich, wovon dann *chlemme* (teilweise auch in der Lautung *chlämme*) 'machen, dass sich etwas zusammenzieht, zusammendrücken' abgeleitet wurde. Die genaue Zuordnung der heutigen Lautformen zu den beiden Ausgangsformen ist durch regionale ▶ Hebungen und Senkungen, von *i* zu *e* und umgekehrt, erschwert. Im Umkreis dieser Wörter kommen weitere ähnliche und von diesen abgeleitete Bildungen vor. Die im Berner Oberland, in Vals und Freiburg gebrauchte Form *chlempe* stellt eine Lautvariante zu *chlemme* dar, in der sich das *mb* der althochdeutschen Ausgangsform *klimban*, das sonst zu *mm* vereinfacht wurde, erhalten haben könnte. Auf Solothurn konzentriert findet sich eine durch Angleichung des Vokals an den folgenden Lippenlaut *m* (▶ Assimilation) hervorgerufene ▶ gerundete Lautung *chlömme*. Das in der Innerschweiz anzutreffende *chlimse* wird als ursprüngliche ▶ Intensivbildung zu *chlimme* erklärt.

An das *chlemme/chlimme*-Gebiet südlich anschliessend und teilweise damit vermischt findet sich ein anderer Worttyp **zwirgen/zwergen**, der in verschiedenen Varianten erscheint *(zwiirg(g)e, zwäärge)* und zum Wort *quer* zu stellen ist. Dieses erscheint im älteren Oberdeutschen noch als *zwerch* (vgl. *Zwerchfell*), von dem *zwiirge* in ungeklärter Weise abgeleitet worden sein müsste. In der Schriftsprache hat sich später die mitteldeutsche Lautform *quer* durchgesetzt. Damit wäre mit *zwiirge* also ursprünglich etwa 'die Haut quer ziehen' gemeint gewesen. Allerdings ist im Mittelhochdeutschen auch ein starkes Verb *zwergen* mit der gleichen Bedeutung belegt, dessen historische Zugehörigkeit jedoch unklar ist.

Im Wallis tritt dann noch vorherrschend als weiterer Bezeichnungstyp das Verb **zwängen** auf, eine Ableitung mit verstärktem *g (zwenggu, zwengge)* zum Verb *zwingen* in der älteren Bedeutung 'pressen'.

Ein charakteristischer Worttyp ist auf Basel konzentriert in dem Verb **pfetzen** zu finden, das unklarer Herkunft ist. Es setzt sich den Rhein hinunter in verschiedenen Lautformen weiter fort und ist seit spätmittelhochdeutscher Zeit in gleicher Bedeutung belegt.

Romanische Entlehnungen werden in einigen Bündner Walserorten **(pitzge)** sowie bei den Südwalsern **(pitzigoru, bitzlu)** gebraucht. Sie sind auf das gleichbedeutende bündnerrom. *pizcher* oder ital. *pizzicare* zurückzuführen bzw. von diesen abgeleitet.

Es ist auffällig, dass es auch in der hochdeutschen Schriftsprache kein regional neutrales Wort für das beschriebene Verhalten gibt. Das Titelwort *kneifen* wird im Süden als ausgesprochen nördliches Wort wahrgenommen. EG

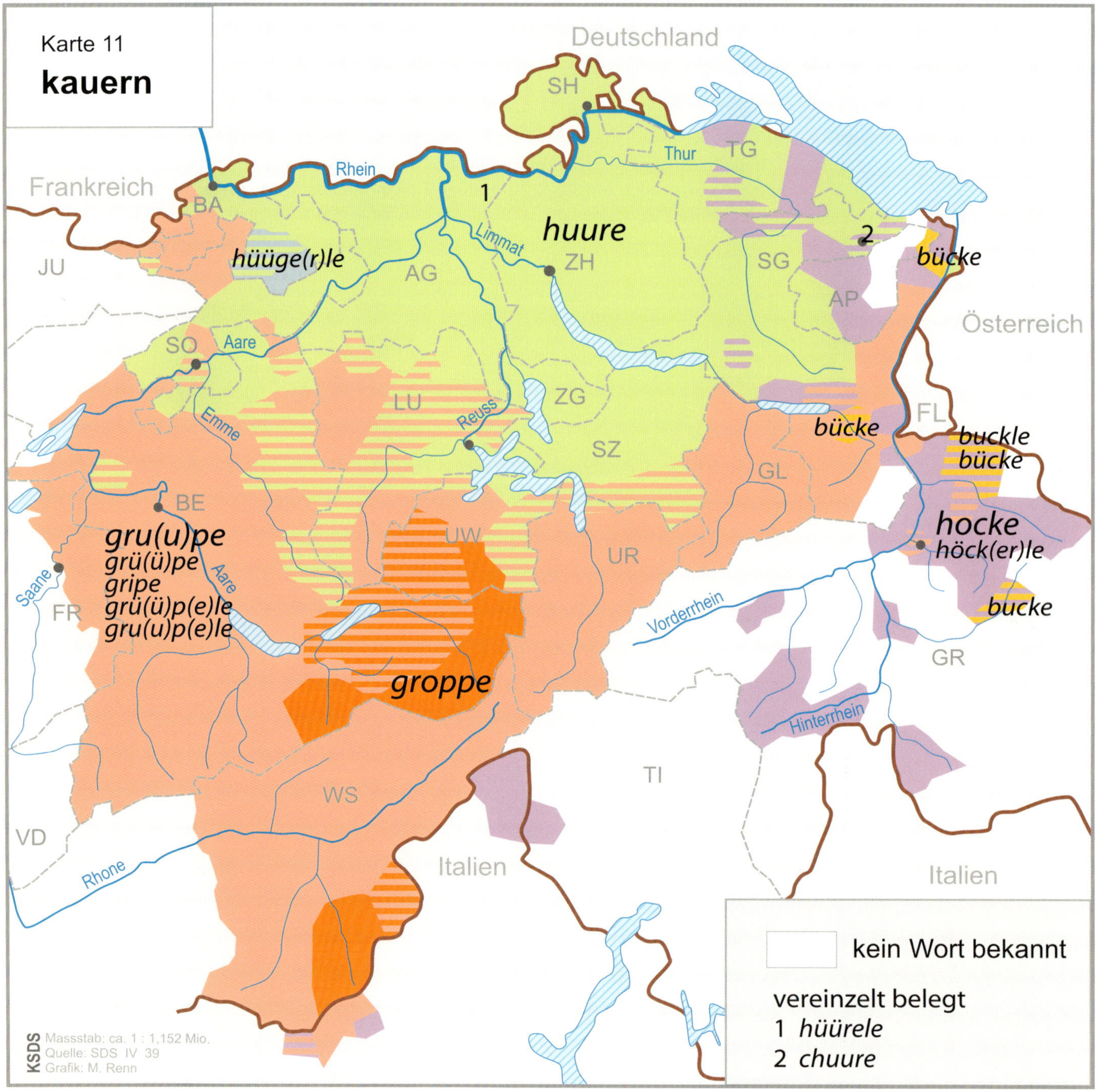

Karte 11

kauern

Das Wort *kauern* steht für 'in der Hocke sitzen' und bezeichnet damit eine der elementaren Körperhaltungen des Menschen überhaupt: Wo es keine Sitzgelegenheiten gab – oder bis heute nicht gibt –, kauert man am Boden oder an der Wand oder in einer Ecke. Das tun vor allem Kinder. Kein Wunder, dass das Wort für 'kauern' schon in frühester Kindheit erlernt wird – und überdies in vielen verschiedenen Varianten vorkommt. Aber auch für Erwachsene gehörte das Kauern bis in eine noch nicht so lange zurückliegende Zeit zu den elementaren Körperhaltungen. Vor der Zeit einer Latrine oder in Ermangelung einer solchen wurde nämlich die Notdurft in eben dieser Haltung im Stall, hinter dem Haus oder hinter einem Gebüsch verrichtet – und wird noch bis heute, wenn man an die Umgebung mancher Autobahnrastplätze denkt.

Die in der Schweiz üblichen Bezeichnungen stammen denn auch aus der Gruppe der ältesten Wörter, die zudem noch Verwandte in den meisten germanischen, ja indogermanischen Nachbarsprachen haben.

Der Ausdruck **huure** ist verwandt mit dem hochdeutschen Wort *kauern* und gehört zu einer Familie, die auch in anderen Sprachen vorkommt (z.B. schwed./norweg./isländ. *kura*, engl. *to cower*), und immer 'sich biegen, sich bücken' bedeutet. Die Bezeichnungen **chuure** und **hüürele** sind Varianten zu einer gemeingermanischen Grundlage. Bei *hüürele* handelt es sich um eine Verkleinerungsform, wie man sie auch von anderen Verben kennt (*blüderle* zu *bludere*, *bölschterle* zu *bolschtere*). Die Verteilung in der Mitte der Karte deutet darauf hin, dass dieses Wort einmal eine grössere Verbreitung gehabt hat – oder von Norden her eingedrungen ist und andere an die Ränder verdrängt hat.

Auch **bucke** mit den Varianten **buckle**, **bücke** sind alte Wörter und verwandt mit den Substantiven *Buckel* und *Bucht*. Allen liegt die Bedeutung 'biegen' zugrunde. Ihr Vorkommen beschränkt sich jedoch auf wenige Orte an der Ostgrenze der Schweiz.

Dort, im Bündnerland, sagt man auch **hocke**, **höck(er)le** für 'kauern'. *Hocken* gehört wie *Hocke* und *Hügel* zu einer Wortgruppe mit der Grundbedeutung 'sich krümmen'. Die Bezeichnung **hüüge(r)le** ist eine Verkleinerungsform dazu 'ein wenig in die Hocke gehen'. Warum dieses Wort nur im oberen Baselbiet und dann wieder im Osten vorkommt, bleibt ungeklärt. In der Ostschweiz, vor allem in Graubünden, wurde an manchen Orten für das 'Kauern' kein spezielles Wort angegeben (s. weisse Flecken). Dass auch das angegebene Wort *hocke* nur eine Verlegenheitsantwort sei, wie der Kommentar des Sprachatlas der deutschen Schweiz vermutet, muss jedoch angesichts des grossen Verbreitungsgebietes bezweifelt werden.

Das Wort **groppe** und die Varianten **gru(u)pe**, **grü(ü)pe**, **gripe**, **grü(ü)p(e)le**, **gru(u)p(e)le** gehören zusammen. Interessant ist, dass diese Wörter dort vorkommen, wo das Schweizerdeutsche eine welsche bzw. lateinische Nachbarschaft hat: im Nordwesten, Westen und Süden bis hinüber ins Bündnerland. Das Wort gehört zum gleichen Stamm wie franz. *croupir*, *s'accroupir*, ital. *gruppo*, engl. *to creep*, niederl. *kruipen*. Die Vermutung liegt nahe, dass es sich um eine Anpassung, wenn nicht gar eine Entlehnung aus der welschen Nachbarschaft handelt. Auch im südlichen Elsass sagt man *grüpe*. Da die Wortfamilie auch schon sehr alt ist und indogermanische Wurzeln hat, könnte es sein, dass es eine alte Bezeichnung ist, die von *huure* später an die Ränder der Schweiz verdrängt wurde und sich dort gehalten hat, weil die Nachbarn auch so sprachen, während *huure*, *hugele* und *bücke* ihre geographische Fortsetzung und ihre Verwandten in der deutschen Nachbarschaft haben. **HL**

Karte 12

stolpern

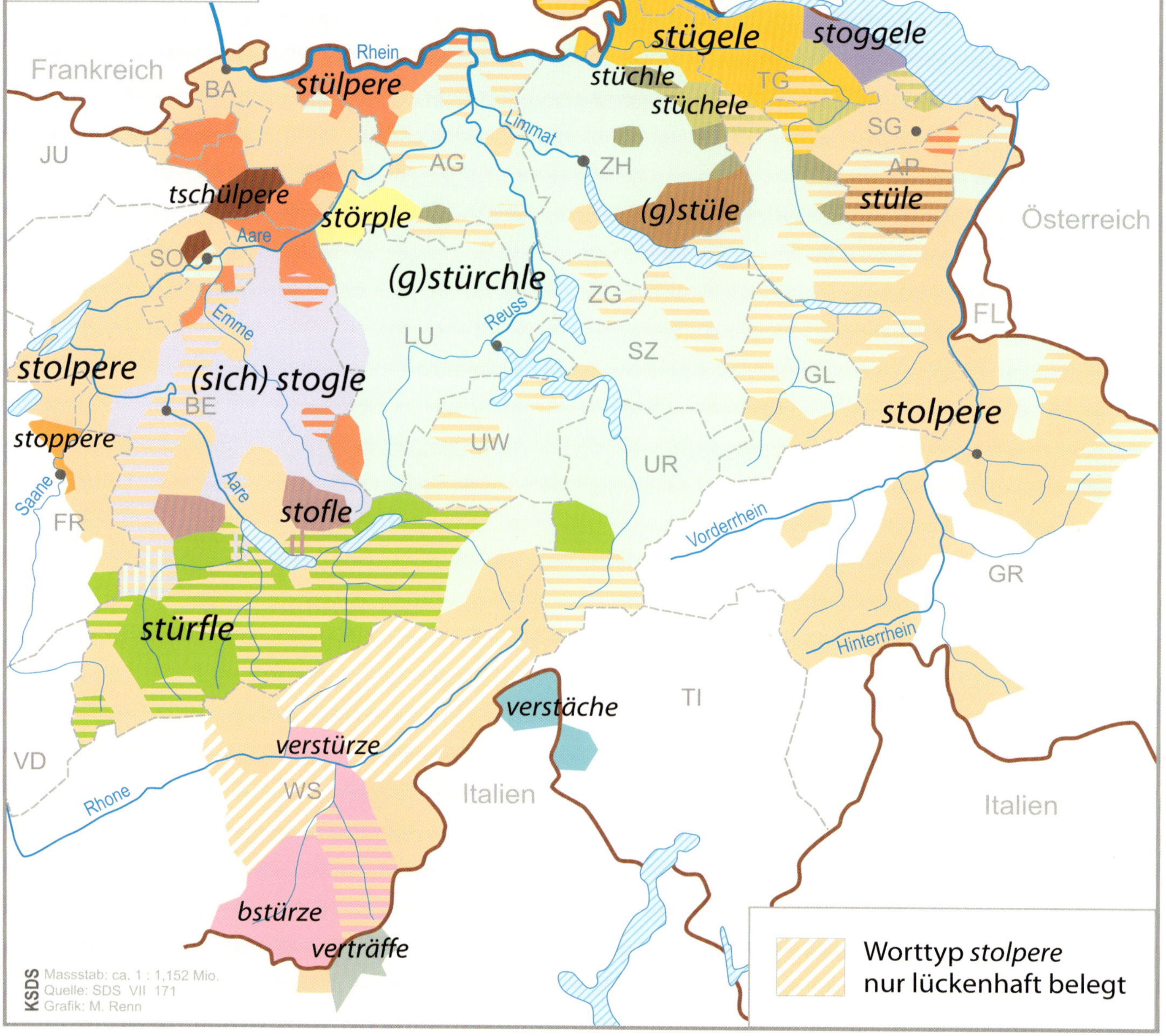

Beim Gehen an einem Widerstand oder einer Bodenunebenheit mit dem Fuss hängen bleiben und aus dem Gleichgewicht kommen bzw. hinfallen, das ist jedem schon passiert. Das Hochdeutsche hat für diesen Vorgang ausser *stolpern* noch das Verb *straucheln*. Allen auf der Karte verzeichneten Mundartausdrücken liegt eine gemeinsame Bedeutung zugrunde: 'etwas Steifes' bzw. das Verb dazu 'steif sein', 'steif daherkommen'. Es lassen sich vier Wortgruppen mit dieser Grundbedeutung unterscheiden.

Die erste Wortgruppe bildet das Verb **stürchle** und die Varianten *gstürchle*, *stürfle*, *stüch(e)le*, *(g)stüle*. Das Wort gehört zu mhd. *stürchel* 'Stumpf, Strunk' und ist verwandt mit hochdt. *straucheln*, das schon in althochdeutscher Zeit als *strūchōn*'straucheln' (verwandt mit *strūh* 'Strauch') belegt ist. Der Ausdruck kommt auch in anderen Sprachen vor, so niederl. *struikelen* 'stolpern'. Gegenüber ahd. ***strū**chōn* hat im Alemannischen eine Vertauschung des *-r-* mit dem Vokal stattgefunden, es heisst ***stür**chle* (▶ Metathese). Das *-l* deutet wie in vielen anderen Verben (*läch**l**e*, *läde**l**e* usw.) auf einen wiederholten (▶ iterativen) Vorgang. Die Formen mit *-f- (stürfle, gstürfle)* sind lautliche Abwandlungen zu *stürchle*. Die Wörter ohne *-r- (stüch(e)le*, *(g)stüle)* könnten zu einem eigenen Wortstamm gehören, nämlich zu ahd. *stullen* 'hängen bleiben'. Wahrscheinlicher ist jedoch, dass es Kompromissformen sind zwischen formal ähnlichen Wörtern: dem hier behandelten *stürchle* und dem zur dritten Wortgruppe gehörenden *stügele*. Das *g-* in *(g)stürchle* und *(g)stüle* hatte wie bei *(g)see* und *(g)hööre* ursprünglich einmal eine besondere Bedeutung wie das *ge-* im Partizip *(ich habe ge-sehen*, *ge-hört)*, ist aber heute eine blosse Formvariante.

Die zweite Wortgruppe ist **stolpere**, *stülpere*, *tschülpere*, *stoppere*, *störple*. *Stolpern* ist auch das hochdeutsche Wort und wohl verwandt mit norweg. *stolpen* 'mit steifem Schritt gehen'. Mit dem *-r-* in der Endung wird der aus wiederholten Einzelvorgängen bestehende Gesamtvorgang ausgedrückt, ähnlich wie bei *bibere* 'mehrfach beben'. Der Ausdruck *tschülpere* dürfte eine Mischform zwischen *tschalpe* 'schlurfen' und *stülpere* sein. Bei der Form *stoppere* liegt wohl ein *l*-Ausfall vor. Das Wort *störple* zeigt eine Vertauschung von *-r-* und *-l-* (Metathese), wie sie ähnlich auch bei *stürchle* gegenüber *struchle* vorkommt.

Die dritte Wortgruppe um **stoggele**, *(sich) stogle*, *stofle*, *stügele* gehört zu ahd. *stoc*, schweizerdt. *Stogel* 'Stock, Strunk'. Das Verb *stoggele* meint also 'wie ein Stock daherkommen'. Der Ausdruck *stofle* ist eine lautliche Abwandlung zu *stogle*, nach demselben Muster gebildet wie *stürfle* zu *stürchle*. Die Bezeichnung *stügele* kann eine Mischform aus *stoggele* und oben erwähntem *stüle* sein. Das *sich* bei *sich stogle* ist wohl in Anlehnung an andere Verben, die den Rückbezug auf den Betroffenen durch das Reflexivpronomen *sich* ausdrücken (wie z. B. das reflexive Verb *sich verfangen*) zu erklären.

Die kleinere vierte Gruppe **verstürze**, *bstürze* bezeichnet nicht die Art des Gehens, sondern das Hinfallen. Das Wort ist in dieser Bedeutung schon im Althochdeutschen als *sturzen*, mhd. auch *(ver-) stürzen* bezeugt. Das *ver-* deutet eine ▶ Intensivierung an wie bei mundartlich *verriibe* 'intensiv reiben'. Ein Verfehlen deutet das *ver-* in dem vereinzelten **verträffe** zu *träffe* 'mit dem Fuss anstossen' an. Der Ausdruck **verstäche** gehört zu *stechen* in der seltenen Bedeutung 'mit der Fussspitze auf etwas stossen'.

Die Vielzahl der verschiedenen Ausdrücke deutet auf einen Alltagsbereich hin, der kaum überregional von Bedeutung ist und für das ärgerliche Geschehen immer wieder neue Ausdrucksvarianten hervorbringt. HL

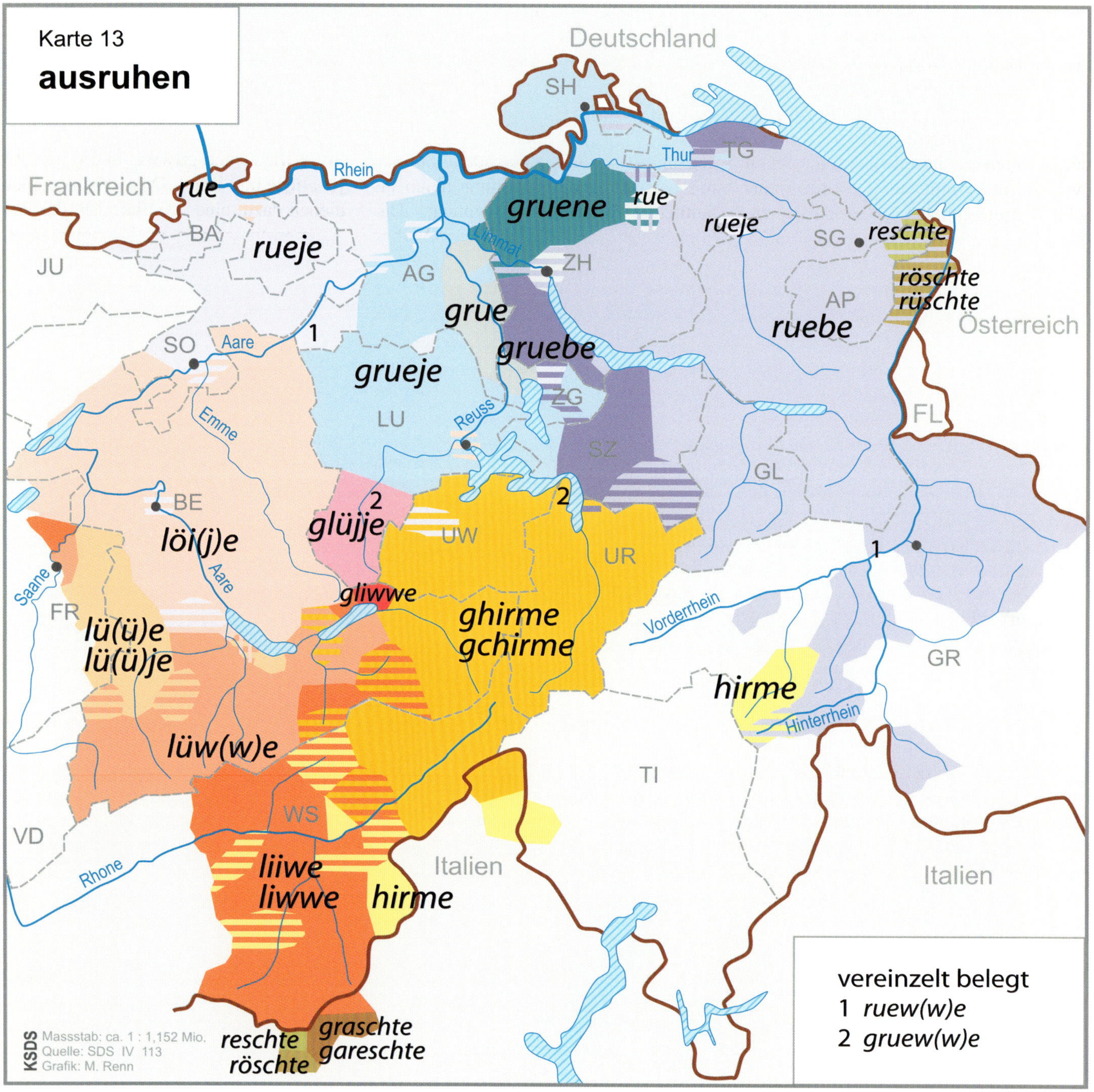
Karte 13
ausruhen
Deutschland
Frankreich
Österreich
Italien
Italien
SH
TG
ZH
BA
JU
AG
SO
SG
AP
LU
ZG
SZ
GL
FL
BE
UW
UR
FR
GR
TI
VD
WS
Rhein
Thur
Limmat
Aare
Emme
Reuss
Aare
Saane
Vorderrhein
Hinterrhein
Rhone
rue
gruene
rue
rueje
rueje
reschte
röschte
rüschte
grue
gruebe
ruebe
grueje
glüjje
löi(j)e
gliwwe
ghirme
gchirme
lü(ü)e
lü(ü)je
lüw(w)e
hirme
liiwe
liwwe
hirme
reschte
röschte
graschte
gareschte
1
2
2
1
vereinzelt belegt
1 *ruew(w)e*
2 *gruew(w)e*
KSDS
Massstab: ca. 1 : 1,152 Mio.
Quelle: SDS IV 113
Grafik: M. Renn

Lü de au! rief man früher als Gruss einem Feldarbeiter im Vorübergehen zu. Die Grussfrage *Gruejeder echli?* richtete sich andernorts an Arbeiter, die sich bereits eine Pause verdient hatten und im Schatten etwas verschnaufen und ausruhen konnten. In diesen Grüssen stecken zwei der insgesamt vier schweizerdeutschen Bezeichnungen für das Ausruhen. Diese Ausdrücke tauchen in verschiedenen lautlichen Varianten auf, wie die nebenstehende Karte illustriert.

Die grösste Verbreitung weisen Varianten des bereits in althochdeutscher Zeit belegten Verbs *ruowēn* 'ruhen' auf, das von einem Substantiv *ruowa* 'Ruhe' gebildet ist. Die dialektalen Varianten unterscheiden sich einerseits durch unterschiedliches Auftreten des ursprünglichen *-w-*, andererseits dadurch, ob der Wortanlaut ein zusätzliches *g-* aufweist oder nicht. Nur vereinzelt belegt sind die Formen **ruew(w)e** und **gruew(w)e**, die wie in althochdeutscher Zeit ein *-w-* aufweisen. Im Osten der Schweiz finden sich die Varianten **ruebe** und **gruebe**. Hier wurde das *-w-* zu einem ▶ Verschlusslaut *-b-*. Im Westen spricht man das Wort mit einem *-j-* als **rueje** und **grueje** aus. Hauptsächlich im Kanton Zürich findet sich die Form **gruene**. Bei den Varianten **rue** und **grue** schliesslich ist das *-w-* ausgefallen. Das *g-* am Wortanfang stammt von einer Vorsilbe *ge-*, deren unbetontes *e* geschwunden ist. Diese Vorsilbe *ge-* konnte in mittelhochdeutscher Zeit an Verben treten und hatte die Funktion, den Abschluss oder den Beginn einer Tätigkeit anzuzeigen. Mhd. *geruowen* bedeutet also 'zur Ruhe kommen'. Allerdings ist dieser Bedeutungsunterschied verloren gegangen, so dass heutzutage Formen mit oder ohne *g-* bedeutungsgleich als lautliche Varianten vorkommen. Das Gleiche gilt auch für die anderen Verben des Rastens, bei denen sich ebenfalls Formen mit und ohne anlautendes *g-* finden (*hirme/ghirme*, *lüüje/glüüje* und *reschte/ gareschte*). Die Karte zeigt, dass die Varianten mit dem Anlaut *g-* einen von Norden nach Süden reichenden geschlossenen Korridor bilden.

Mit dem erwähnten *ruowa* 'Ruhe' ist wohl das althochdeutsche Substantiv *rasta* 'Rast' verwandt. Dieses liegt dem Verb **reschte** und seinen lautlichen Varianten – **röschte**, **rüschte** und mit Vorsilbe **graschte** und **gareschte** – zugrunde. Die Formen verteilen sich auf zwei kleine Randgebiete im Süden und im Nordosten. Ein Blick nach Vorarlberg zeigt, dass dieser Ausdruck im Nordosten Anschluss im dortigen Alemannischen findet.

Der dritte Ausdruck **hirme** mit seinen Varianten **ghirme** und **gchirme** ist bereits in althochdeutscher Zeit belegt als *hirmen* 'ruhen, rasten'. Das etwas isolierte Auftauchen der Variante im Kanton Graubünden lässt sich durch die mittelalterliche Walserwanderung erklären. Als letzte Variante kommen im (Süd-)Westen Formen vor, die zu einem ursprünglichen *lüüwe* zu stellen sind. Wie bei *ruewe*, *rueje* usw. trifft man hier auf Formen mit inlautendem *-w-* (**lüw(w)e**, **liiwe**, **liwwe** und **gliwwe**) und *-j-* (**lü(ü)je**, **glüjje** und **löije**). Diese Konsonanten dienen dazu, einen ▶ Hiat, d.h. das Zusammenstossen von zwei Vokalen an einer Silbengrenze (*lü-en*), zu verhindern. Es gibt aber auch Varianten, bei denen ein solcher Konsonant fehlt (**lü(ü)e** und **löie**). Die verschiedenen lautlichen Varianten zeigen regelmässige Entwicklungen im Bereich der Vokale: Bei den Varianten mit *-i-* ist der ursprüngliche *ü*-Laut ▶ entrundet worden (s. Karte 88 *Mäuse*), bei den Formen mit *-öi-* wurde der Stammvokal ▶ diphthongiert, wodurch das Verb an mundartliches *Löi* 'Löwe' erinnert. Auch wenn das Bild eines sich in der Sonne fläzenden Löwen, der alle Viere von sich streckt und genüsslich gähnt, zur Vorstellung des Ausruhens passt, besteht aus sprachhistorischer Sicht dazu keinerlei Anlass. Die Herkunft des Verbs ist ungeklärt. Eventuell lässt es sich an eine idg. Wurzel **lekw-* 'erlöschen' anschliessen, mit der auch das heutige Adjektiv *lasch* verwandt ist.

MF

Karte 14

Steine werfen

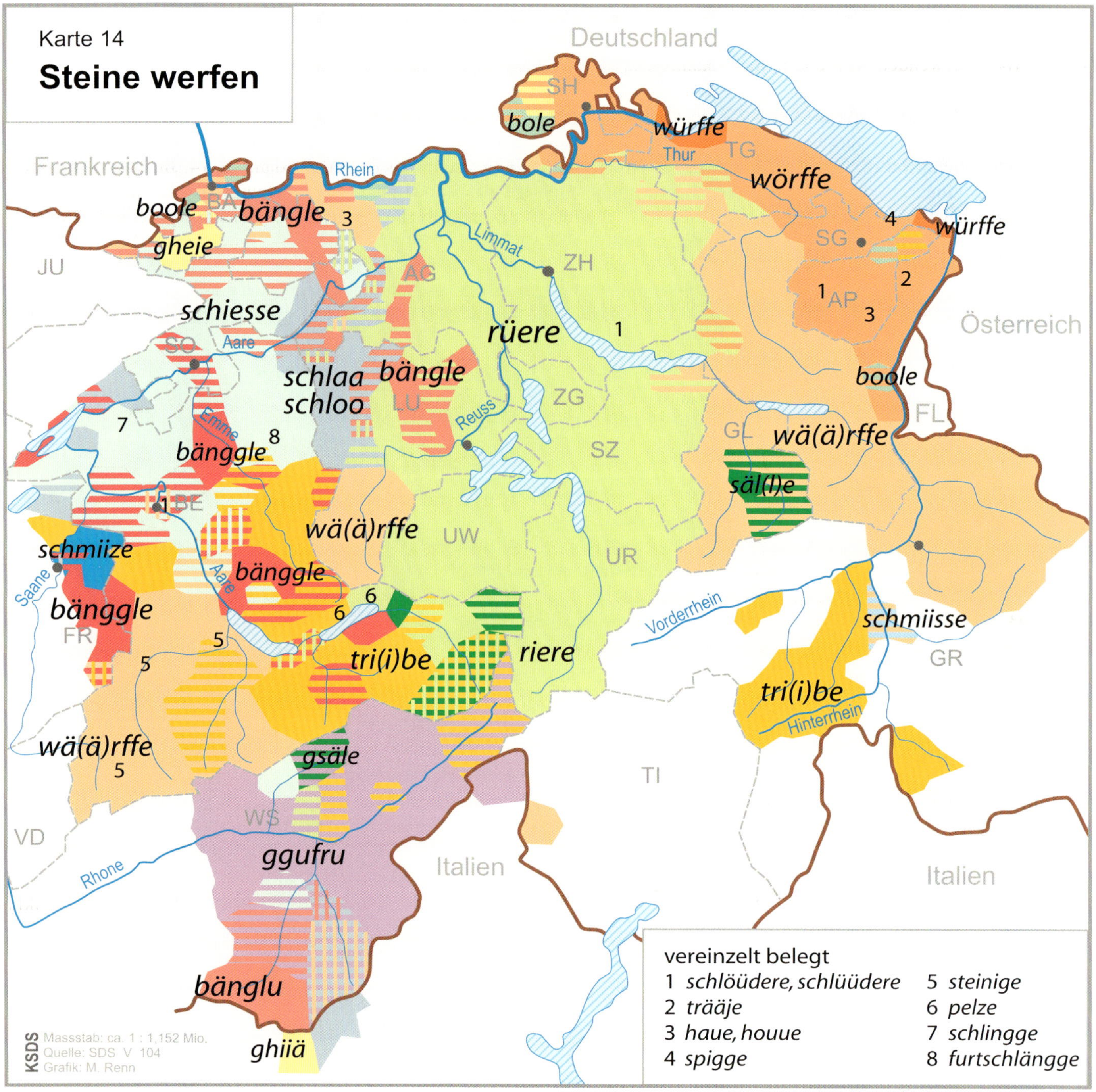

vereinzelt belegt

1 *schlöüdere, schlüüdere*
2 *trääje*
3 *haue, houue*
4 *spigge*
5 *steinige*
6 *pelze*
7 *schlingge*
8 *furtschlängge*

Für das Steinewerfen werden in der Deutschschweiz verschiedene spezifische Verben verwendet. Vor allem im Westen steht dafür häufig mehr als nur ein Verb zur Verfügung. Die alternativen Verben sind allerdings für ihre Benutzer nicht immer gleichwertig. Sie können als älter oder jünger, vergröbernd oder neutral eingeschätzt werden, oder sie dienen der Bedeutungsdifferenzierung. So kann in der Stadt Basel mit den Verben *wärfe* und *bängle* gezieltes von ziellosem Werfen unterschieden werden.

Grössere Areale, in denen sich ein einzelnes Verb behaupten kann, werden von den Verben *wärfe* (vor allem in der Ostschweiz vorkommend), *rüere* in zentralen Landesteilen, *schiesse* am Jurasüdfuss und *ggufru* im Wallis begründet. Das Verb **wärfe**, das auch im Hochdeutschen und in den Dialekten jenseits der Landesgrenze vorkommt, geht auf ein gemeingermanisches Verb *werpan* 'drehend schleudern' zurück und zeigt sich in den lautlichen Varianten **wäärffe**, **würffe** und **wörffe**. Das Verb **rüere** – in Gebieten mit ▶ Entrundung **riere** ausgesprochen (s. Karte 88 *Mäuse*) – gab es schon im Althochdeutschen als *(h)ruoren* mit der Bedeutung 'etwas in Bewegung setzen'. In dieser Bedeutung wird das Verb im Hochdeutschen noch heute in der Wendung *seine Glieder rühren* verwendet. Das Verb **schiesse** geht wohl auf ein germanisches Verb mit der Bedeutung 'sich schnell fortbewegen' zurück, das aber in der althochdeutschen Form *skiozan* bereits 'in schnelle Bewegung versetzen, Geschosse schleudern' bedeutete. Das Verb **ggufru** ist eine Ableitung zum Substantiv *Gufer*, das neben Geröll auch einen einzelnen Kieselstein meinen kann. Dass der geworfene Gegenstand zum inhaltlichen Anknüpfungspunkt für das Verb werden kann, zeigt sich neben *ggufru* auch bei **steinige**, das jedoch nur vereinzelt im westlichen Berner Oberland vorkommt. Auch **bängle/bänglu/ bänggle** gehen auf die Bezeichnung des Geworfenen zurück, bedeutet das zugrunde liegende Substantiv mhd. *bengel* 'Prügel' doch ein Stück (Wurf-)Holz. Das Wort *bengel* selbst ist eine Ableitung zu einem älteren Verb *bangen* 'stossen, schlagen'. Auf Ableitungen aus Substantiven gehen die Verben **(furt)schlängge** und **schlingge** zurück. Hier ist jedoch die Bezeichnung des Wurfgerätes und nicht des Wurfgegenstandes inhaltlicher Anknüpfungspunkt für das Verb (*schlängge* zu ahd. *slengga* 'Schleuder' und *schlingge* zu ahd. *slinga* 'Schlinge, Schleuder').

Das Verb **tri(i)be** lässt sich an ahd. *trīban* mit der Bedeutung 'in rasche Bewegung versetzen' anschliessen. Das Verb *schlagen*, dessen Vorläufer ahd. *slahan* lautete, ist in allen germanischen Sprachen belegt. Als spezifisches Verb für das Steinewerfen ist **schlaa/schloo** allerdings nur vereinzelt in Gebrauch. Dasselbe lässt sich von **haue/houe** sagen. Noch seltener kommt das Verb **trääje** (zu ahd. *drāen* 'drehen') zum Zuge, das wohl an die wirbelnde Bewegung des Wurfgegenstandes anknüpft.

Das Verb **gheie/ghiiä**, das in vielen Dialekten nicht für das Steinewerfen, sondern für das (Um)Fallen verwendet wird, hat eine aufregende Geschichte hinter sich. Auf das althochdeutsche Verb *hīen/gihīen* zurückgehend, bedeutete das Wort zunächst 'heiraten, begatten' und erfuhr dann im 14. Jh. eine Bedeutungsverschiebung: erst zu 'schänden, vergewaltigen' und dann zu 'aufs Kreuz legen' und '(auf den Boden) werfen' bis weiter zu 'fallen'. Die Geschichte des Wortes wirkt bis heute nach, hält sich doch die volkstümliche Einschätzung hartnäckig, *gheie* sei ein anrüchiges Wort und durch *falle* zu ersetzen.

Die beiden Verben **schmiisse** im Bünderland und **schmiize** im Freiburgischen gehen auf ein althochdeutsches Verb *smīzan* zurück, das 'schmieren, verstreichen' bedeutete. Die Bedeutungsentwicklung zu 'werfen' erklärt sich aus der Lehmbauweise der Häuser, bei der das Flechtwerk von Fachwerkbauten zuerst mit Lehm beworfen und dieser dann glattgestrichen wurde. Unsicher ist die Herkunft des Verbs **säl(l)e/gsäle**. Denkbar ist eine inhaltliche Anknüpfung zum mittelhochdeutschen Verb *sellen* 'im Kleinen verkaufen, verschleudern'. Eine Entlehnung aus dem ▶ Jenischen soll laut ▶ Franz Josef Stalder beim Verb **bo(o)le** 'wegwerfen' vorliegen.

Des Weiteren werden für das Steinewerfen die Verben **schlöidere/schlüüdere**, **spigge** und **pelze** verwendet, deren sprachhistorische Herkunft z. T. unklar ist. HC

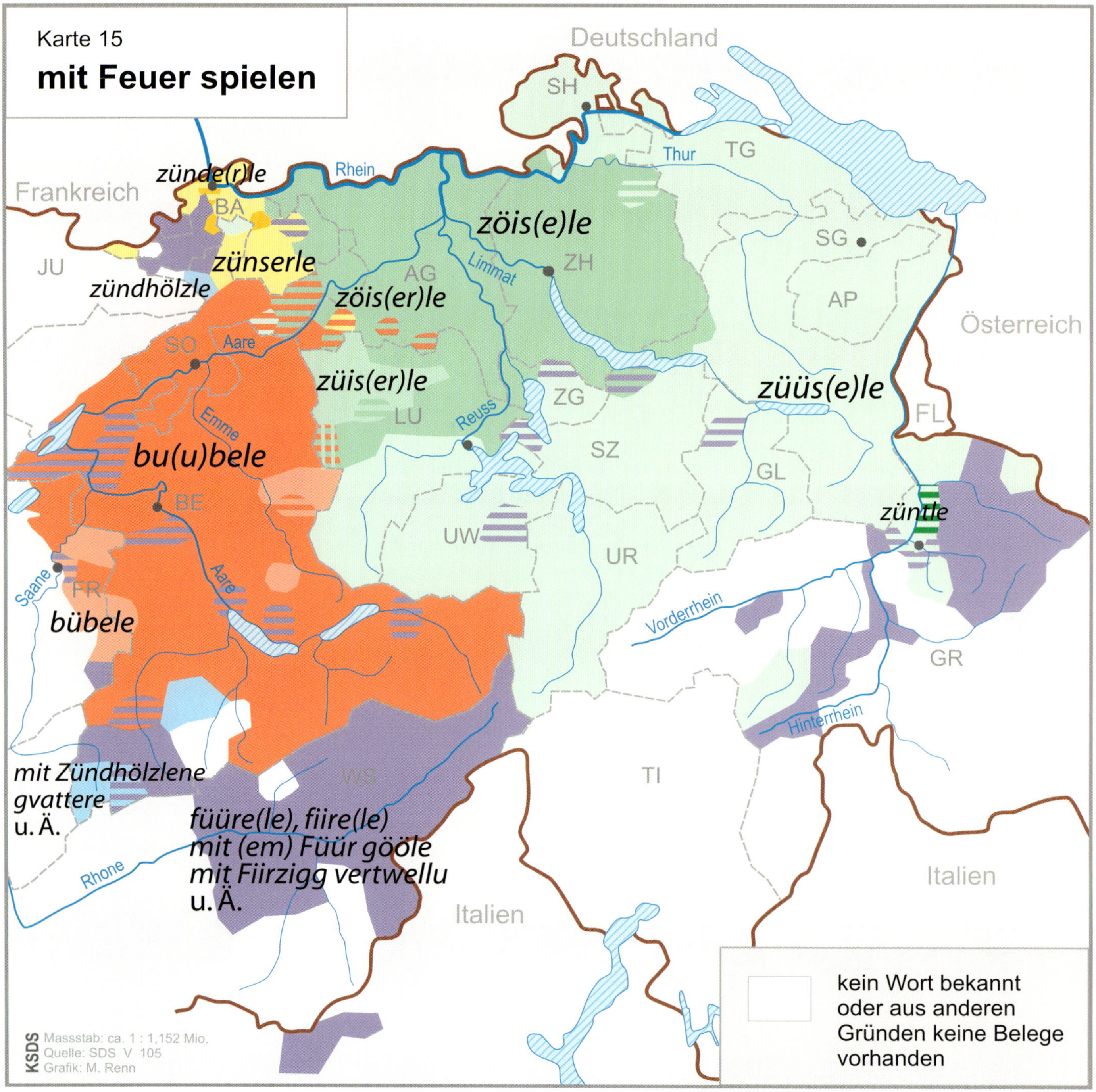
Karte 15
mit Feuer spielen
Deutschland
Frankreich
Österreich
Italien
Italien
SH
BA
JU
SO
AG
ZH
TG
SG
AP
LU
ZG
SZ
GL
FL
BE
FR
UW
UR
GR
WS
TI
Rhein
Thur
Limmat
Aare
Emme
Reuss
Saane
Aare
Vorderrhein
Hinterrhein
Rhone
zünde(r)le
zünserle
zündhölzle
zöis(e)le
zöis(er)le
züis(er)le
züüs(e)le
bu(u)bele
bübele
züntle
mit Zündhölzlene
gvattere
u. Ä.
füüre(le), fiire(le)
mit (em) Füür gööle
mit Fiirzigg vertwellu
u. Ä.
kein Wort bekannt
oder aus anderen
Gründen keine Belege
vorhanden
KSDS
Massstab: ca. 1 : 1,152 Mio.
Quelle: SDS V 105
Grafik: M. Renn

Der spielerisch-fahrlässige Umgang mit Streichhölzern oder dem Feuerzeug, besonders von Kindern, wird im Schweizerdeutschen mit eindeutigen, spezifischen Verben ausgedrückt, die das Hochdeutsche nicht kennt. Die areale Verteilung dieser Verben ergibt ein Kartenbild, das gerne als Klassiker für eine grundsätzliche ▶ West-Ost-Teilung des Sprachgebiets herangezogen wird. Die Grenze liegt dabei allerdings etwas weiter westlich als auf ähnlich aussagekräftigen Karten wie derjenigen zur *Küchenzwiebel* (s. Karte 51) oder zum *Rückentraggefäss für den Milchtransport* (s. Karte 72). Unterschieden wird grundsätzlich zwischen *züüs(e)le* u.Ä. im Osten und *bu(u)bele* u.Ä. im Westen. Daneben kennen das Walliser- und das Walserdeutsche noch einen dritten Typus, *füüre(le)* u.Ä., das als Einsprengsel aber gelegentlich auch im *züüs(e)le-* und im *bu(u)bele-*Gebiet vorkommt.

Beim Verb **züüs(e)le**, das als *zünseln* auch im weiteren oberdeutschen Raum gebräuchlich ist, handelt es sich um eine Ableitung zum alten schweizerdeutschen Wort *Zunsel* 'Zunder' (ahd. *zinsilo*). Der Ausdruck *Zunsel* ist seinerseits eine ▶ Instrumentalbildung zu *zünden*, also das 'womit man zündelt'. Das *-n-* in *zünseln* ist in den meisten Gebieten geschwunden bei gleichzeitiger Dehnung des Stammvokals (▶ Staubsches Gesetz), der stellenweise zu *-öi-*, *-üi-* ▶ diphthongiert erscheint. Die unterschiedlichen Lautungen des Stammvokals ergeben ein Kartenbild, das weitgehend jenem für *uns* entspricht (s. Karte 108). Um Basel und südostwärts bis in die Kantone Aargau und Luzern (teilweise auch im Emmental) erscheint mit Formen wie **zünserle**, **züiserle**, **zöiserle** usw. gelegentlich ein zusätzliches Wortbildungselement *-er-*, das Dauer oder Wiederholung ausdrückt.

Zwischen Jurasüdfuss und Berner Oberland erstreckt sich die Zone mit dem zweiten weit verbreiteten Typus **bu(u)bele** (resp. **bübele** im Senslerdeutschen). Das Verb bringt mit dem ▶ iterativen (= Wiederholung ausdrückenden) *-ele*-Suffix einen wiederholend-spielerischen Aspekt zum Ausdruck. Vermutlich handelt es sich um eine Ableitung zum Wort *Buubi* oder *Buubeli* 'Feuer, Licht' (im Senslerdeutschen *Bübi*), dessen Herkunft nicht geklärt ist, aber nichts mit *Bueb* zu tun hat.

Die Varianten **füüre**, **fiire** bedeuten eigentlich 'ein Feuer entfachen'. Die Ableitungen **füürele** und **fiirele** sind, was die *-ele*-Endung und seine Funktion angeht, gleich gebaut wie oben erwähntes *buubele.* Auch die seltener belegten Ausdrücke **mit Zündhölzlene gvattere**, **mit Fiirzigg vertwellu**, **mit (em) Füür gööle** usw. sind weniger spezifisch – die Verben *gvattere*, *vertwellu*, *gööle* bedeuten 'spielen' (s. Karte 17 *mit Spielzeug spielen).* Allgemein war im alpinen Raum die diesbezügliche Begrifflichkeit schwer zu erheben, weil der Umgang mit Feuerzeug den Kindern streng verboten ist (Holzhäuser!), wie ein Gewährsmann bei der Befragung zu berichten wusste.

Vereinzeltes **züntle** im Südosten des Sprachgebiets und **zünde(r)le** im Nordwesten sind jüngere Ableitungen von *zünden.* MHG

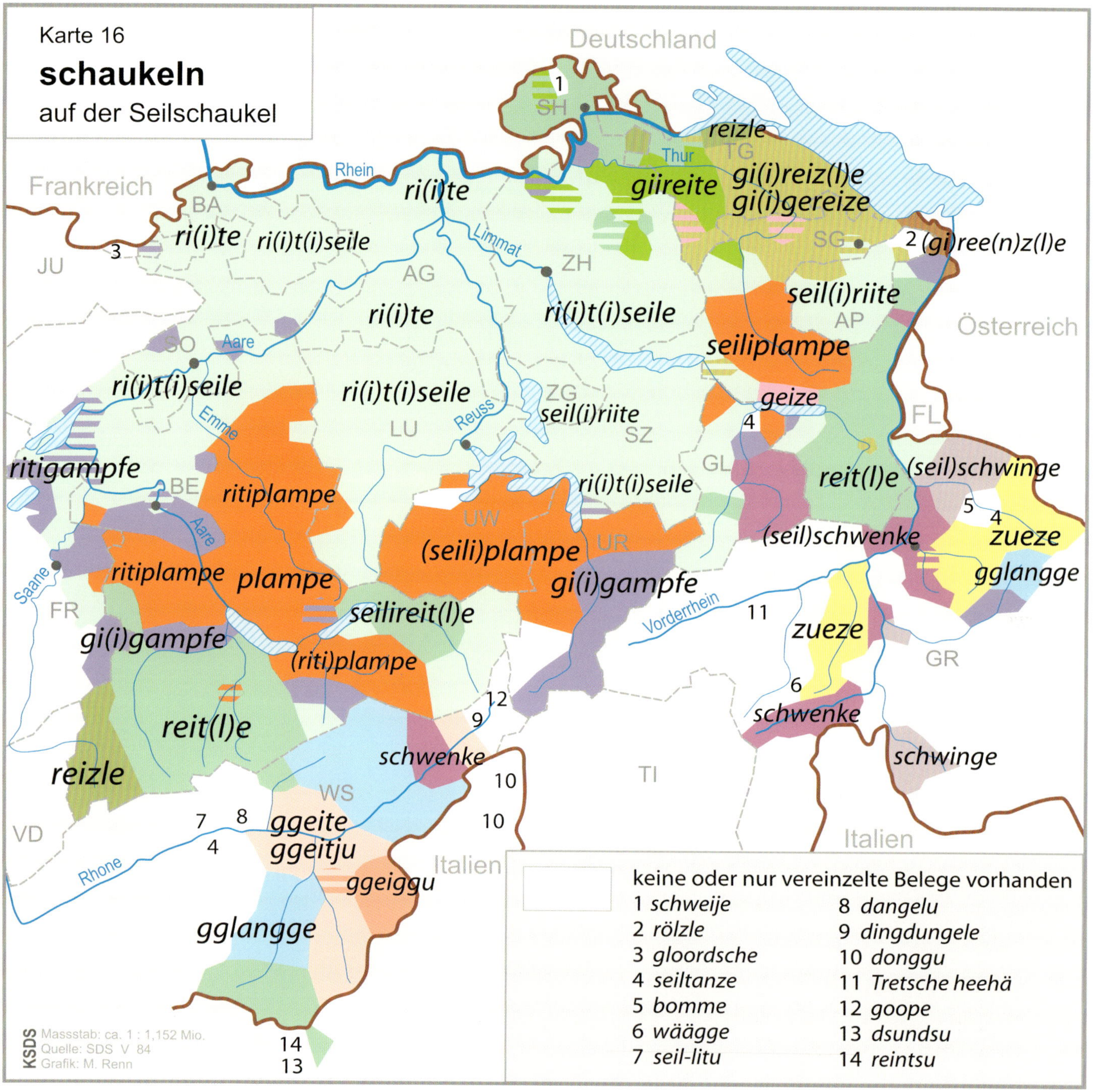

Karte 16
schaukeln
auf der Seilschaukel
Deutschland
Frankreich
Österreich
Italien
Italien
Rhein
Thur
Limmat
Aare
Aare
Emme
Reuss
Saane
Vorderrhein
Rhone
SH
TG
BA
JU
SO
AG
ZH
SG
AP
ZG
SZ
LU
GL
FL
BE
UW
UR
FR
GR
TI
VD
WS
reizle
giireite
gi(i)reiz(l)e
gi(i)gereize
ri(i)te
ri(i)te
ri(i)t(i)seile
ri(i)te
ri(i)t(i)seile
2 (gi)ree(n)z(l)e
seil(i)riite
seiliplampe
ri(i)t(i)seile
ri(i)t(i)seile
seil(i)riite
geize
ritigampfe
ritiplampe
ri(i)t(i)seile
reit(l)e
(seil)schwinge
(seili)plampe
ritiplampe
plampe
gi(i)gampfe
(seil)schwenke
zueze
gglangge
seilireit(l)e
gi(i)gampfe
(riti)plampe
zueze
reit(l)e
schwenke
schwenke
schwinge
reizle
ggeite
ggeitju
ggeiggu
gglangge
1
3
4
4
5
4
11
6
12
9
10
10
7
8
4
14
13
KSDS
Massstab: ca. 1 : 1,152 Mio.
Quelle: SDS V 84
Grafik: M. Renn
keine oder nur vereinzelte Belege vorhanden
1 schweije
2 rölzle
3 gloordsche
4 seiltanze
5 bomme
6 wäägge
7 seil-litu
8 dangelu
9 dingdungele
10 donggu
11 Tretsche heehä
12 goope
13 dsundsu
14 reintsu

Schaukeln kann man auf der Balken- oder auf der Seilschaukel. Die beiden Arten werden in der Regel durch unterschiedliche Verben ausgedrückt, z. B. *riitiseile* (Seilschaukel) gegen *gigampfe* (Balkenschaukel). Nur an wenigen Orten werden beide Bewegungen mit dem gleichen Verb bezeichnet. Die Karte stellt die sehr vielfältigen Ausdrücke für das Schaukeln auf der Seilschaukel dar. Immerhin fällt als grundlegender Gegensatz der Unterschied zwischen der recht einheitlichen, ausgedehnten grünen Fläche im Mittelland und der Kleinkammerung in den Alpen und im Nordosten auf. Im grünen Gebiet herrschen zusammengesetzte Wörter vor, von denen *riitiseile* das häufigste ist, in den alpinen und nordöstlichen Mundarten dagegen sind verschiedene, oft einfache Verben gebräuchlich, z. B. *plampe*, *reizle*.

Der Typ **riitiseile** ist eine Ableitung von *Riitiseili*, dem Wort für das Spielgerät. Das Grundverb *riite* 'reiten' kann alle Fortbewegungen meinen, die nicht auf den eigenen Füssen erfolgen, z. B. auch das Mitfahren im Auto. Auch das Schaukeln kann durch **riite** allein bezeichnet werden. Aber erst die Zusammensetzung mit *Seil(i)* macht deutlich, welche Bewegung gemeint ist. Auch das gegen Osten häufigere zusammengesetzte Verb **seiliriite** ist durchsichtig in Bildung und Bedeutung. In **riti-**, **seiliplampe** steckt **plampe** 'herabhängen, baumeln', das ebenfalls allein schon das Schaukeln auf der Seilschaukel bezeichnen kann. Bei *riti-*, *seiliplampe* kann es sich um zusammengesetzte Verben mit *plampe* als Grundwort handeln oder aber um formgleiche Ableitungen von einem zusammengesetzten Substantiv zur Bezeichnung des Geräts: *riitiplampe* zu *Riitiplampe*, *seiliplampe* zu *Seiliplampe*.

Die in den alpinen und nordöstlichen Mundarten vorherrschenden Grundverben schliessen sich öfter zu Familien ähnlich lautender Wörter zusammen: **reit(l)e**, **reizle**, **reintsu**, **reeze**, **rölzle**; **ggeiggu**, **ggeite**, **ggeitju**; **gampe**, **gampfe**. Hinter der ersten Gruppe steht das Verb *riite* 'reiten'; hinter der zweiten wohl *giige* 'hin- und herbewegen, geigen'; hinter der dritten *gampe* 'auf und ab bewegen'. Die Unterschiede in der Lautung kamen teils durch alte Wortbildungsunterschiede zustande, teils werden sie als expressive Varianten gedeutet und lassen Muster des Lautspiels erkennen, so der Wechsel *gg – t* in *ggeiggu – ggeite*, *p – gg plampe* – **gglangge**. Andere erinnern an unterschiedliche Lautverschiebungsstufen, so *reit(l)e – reizle*; *gampe – gampfe*, die letztlich ebenfalls expressiv begründet sein können. Bei den Weiterbildungen mit Vorsilben ist häufig Lautsymbolik zur Darstellung der rhythmischen Bewegung mit im Spiel: **gigampfe**, **giireite**, **gigereize** (vgl. *zickzack*, *bimbam*, *gigage* usw.). Die Vorsilbe *gii-* mit langem *ii* lässt zusätzlich einen Zusammenhang mit dem seinerseits lautmalenden Verb *giige* vermuten.

Von den einfachen Verben und ihren Zusammensetzungen erklären sich einige selbst, so *riite*, **schwinge**, **schwenke**, **seilschwinge**, **seilschwenke** und **seiltanze**. Der Ausdruck **wäägge** ist eine Ableitung von *Wäägge* 'Schaukel', das zu *Waag* 'Waage' gehört, etwas unerwartet ist hier die Anwendung auf die Seilschaukel. Weniger sicher ist der Zusammenhang von **schweije** mit *schwenke* und von **bomme** mit *baume* 'aufbäumen'. Auf einem Vergleich mit den Bewegungen der läutenden Glocken beruht **seil-litu**, wobei *litu* 'läuten' allein das Baumeln bezeichnen kann, während auch hier wieder *Seil* das Gerät verdeutlicht. Die lautsymbolischen Verben **dangelu**, **donggu**, **dingdungele** gehören vermutlich zu *donge*, auch dies ein Verb des Läutens. Die Bezeichnung **goope** bedeutet 'spielen' und ist hier auf 'schaukeln' spezialisiert. Aufgrund des vorliegenden Materials nicht zu erklären sind **gloordsche** in Bern, **zueze** in Graubünden und **dsundsu** in Issime.

Von der Bedeutung wie von der Sprachgeographie her ist *reizle/reitle* besonders auffällig. Die Grundbedeutung ist 'reiten, bewegen machen', was sich auf alle Schaukelgeräte anwenden lässt und die häufige Verwendung des gleichen Verbs für beide Schaukelarten erklärt. Das Vorkommen des Typs im äussersten Nordosten und im äussersten Südwesten dürfte auf sein hohes Alter hindeuten. Es könnte angenommen werden, dass *reizle/reitle* die ursprünglichste Bezeichnung für alle Schaukelspiele darstellt. Die andern Bildungen wären dann aus dem Bedürfnis entstanden, die Arten durch Zusätze oder neue Wortbildungen präzisierend zu unterscheiden (*reite* gegen *ritireite*; *gampfe* gegen *ritigampfe*; *gigampfe* gegen *ritiseile* usw.). Auf Walser Zusammenhänge deuten die Ausdrücke *gglangge* und *schwenke*, die sowohl im Wallis wie in Graubünden vorkommen.

Der Ausdruck **Tretsche heehä** 'Lederseile aufhängen' könnte darauf verweisen, dass Schaukeln nur für eine gewisse Zeit oder bei besonderen Gelegenheiten (Erntefest, Kirchweih) zum Vergnügen der Kinder und der Jugend eingerichtet wurden. WH

Karte 17
mit Spielzeug spielen
von kleinen Kindern
Deutschland
Frankreich
Österreich
Italien
Italien
FL
SH
TG
BA
JU
AG
ZH
SG
AP
SO
LU
ZG
SZ
GL
BE
UW
UR
FR
GR
VD
WS
TI
Rhein
Thur
Limmat
Aare
Emme
Reuss
Saane
Aare
Vorderrhein
Hinterrhein
Rhone
geeggele
gvätterle
töck(e)le
ganggle
göiggele
gäggele
hü(ü)sle
gööle
ginggele
hüüsche
hu(u)sele(n)
hüüschle
huuse
gvatterle
gvattere
gvättere
(sich) vertwelle
bupju
1
2
3
4
5
5
6
6
7
8
vereinzelt belegt
1 (sich) verwiile
2 bäschele
3 gömmele
4 täntele, bäsele
5 bä(r)le
6 bääsle
7 naare
8 tschimpfe
KSDS
Massstab: ca. 1 : 1,152 Mio.
Quelle: SDS V 74
Grafik: M. Renn

Die Karte stellt die Ausdrücke für das Spielen von kleinen Kindern mit Spielzeug dar. Für diese Bedeutung sind oder waren eine ganze Reihe spezieller Ausdrücke üblich. Nur selten genannt und oft als jüngere Variante wurde das allgemeine Verb *spile*, immerhin mit deutlichen Schwerpunkten in den beiden Basel und im bernischen Nordwesten. Es gibt viele andere Arten zu spielen, etwa Bewegungs- und Mannschaftsspiele, auf welche die Frage nicht abzielte. Allerdings nennen manche Gewährspersonen Verben, die von solchen Spielen auf das Spielen von Kindern mit Spielzeug übertragen wurden, so z. B. *ginggele* und Verwandte.

Am weitesten verbreitet ist **gvätterle** mit den lautlichen und morphologischen Varianten **gvattere**, **gvättere** und **gvatterle**. Diese Verben sind Ableitungen von *Vatter*, ev. von *Vetter* 'Onkel'. In die gleiche Benennungsfamilie gehören die vereinzelt genannten **täntele**, **bäsele**, **bääsle**. Ausgangspunkt sind wohl Elternspiele wie das heutige *Müeterlis mache*, obwohl bei diesen Spielen das Spielzeug nicht im Vordergrund steht. Trotzdem wurden die Benennungen auf jedes Spielen der Kinder übertragen, auch auf das Spiel mit Spielzeug, mit dem man sich auch allein beschäftigen kann. Unklar ist, ob auch **bärle** und **bäschele** hierher gehören. Die Wörterbücher führen *bärle* zurück auf 'zu Paaren zusammenfügen' und *bäschele* auf '(notdürftig) zusammenbinden'. Aus beiden Grundbedeutungen könnten sich sowohl die Bedeutungen 'Eltern spielen' (Mitspielende zu einer Familie zusammenfügen) wie 'basteln' (Dinge zusammenfügen) entwickelt haben.

Vom Benennungsmotiv her nahe stehen die Verben **huuse**, **hu(u)sele** und ihre Varianten **hü(ü)sle**, **hüüsche**, **hüüschle**. Auch hier handelte es sich ursprünglich wohl um Bezeichnungen für Elternspiele. Weniger überzeugend ist die Rückführung auf das Spielen mit Spielzeughäuschen, obwohl *hüüsche* in Davos schon im 19. Jh. ausdrücklich nur für das Spielen mit Spielzeug bezeugt ist.

Klare Ableitungen vom Spielzeug sind dagegen die Verben **töckele (töggele)** und **bupju** zu *Tocke* und *Poppe* '(Holz-) Puppe' (s. Karte 18 *Spielpuppe*). Für das Spielen von Kindern ist *töckele* nur noch in den sehr kleinen, gelb eingezeichneten Gebieten gebräuchlich. Dafür ist es zum allgemeinen Wort für 'Tischfussball spielen' geworden.

Die Verben **ginggele**, **gäggele**, **ganggle**, **göiggele**, **geeggele**, **gööle** und **naare** bilden eine weitere Benennungsgruppe. Sie scheinen alle auf Ausdrücke für den Narren zurückzugehen, am deutlichsten *naare* und *gööle* (zu schweizerdt. *Gool* 'Narr'). Auch bei *göiggele* (zu schweizerdt. *Göiggel* 'Narr') ist der Zusammenhang klar, weniger bei den Varianten *ginggele*, *gäggele/geeggele*, *ganggle*, wo die Beziehungen zwischen den einzelnen Verben und ihren eventuellen Grundwörtern lautspielerisch verdunkelt sind. Das ursprüngliche Benennungsmotiv könnte das ausgelassene Bewegungsspiel wohl eher etwas älterer Kinder gewesen sein, doch sind alle Ausdrücke auf alle Arten von Kinderspielen übertragen worden, auch auf jene mit Spielzeug. In den Bündner Walsermundarten ist *gööle* vielfach neben das ältere *hüüsche* getreten, laut den Wörterbüchern ohne Bedeutungsunterschied.

Entfernter gehört zu dieser Gruppe das Walser Verb **tschimpfe**, das gleiche Wort wie hochdt. *schimpfen*, das in der älteren Sprache 'spielen, scherzen' bedeutet hat.

Eine letzte Bedeutungsgruppe bilden **vertwelle**, **verwiile**. Sie bezeichnen die in der traditionellen Gesellschaft hoch gewertete Fähigkeit kleiner Kinder, sich selber zu beschäftigen. Dazu gehört vielleicht auch das seltene **göömmele** in Altstätten SG, eine Ableitung von *gaume* 'hüten'.

Von der Wortbildung her sind fast alle auf der Karte verzeichneten Verben Verkleinerungsformen auf *-ele*. Die Verkleinerung bezieht sich nicht in erster Linie auf die Bedeutung des Grundworts, von dem das Verb abgeleitet ist: *hüüsle* betont nicht die Kleinheit der Spielzeughäuschen, *gvätterle* nicht die Kleinheit des Kindes, das den Vater spielt. Hervorgehoben wird vielmehr die Geringfügigkeit der Tätigkeit selber und ihr spielerischer, scheinbar nutzloser Charakter.

Bei den Verben, die zur Bedeutungsgruppe um den Narren gehören, ist eine leicht abwertende Färbung vorgegeben.

Fast alle Verben des Spielens nehmen eine ausgesprochen negative Bedeutung an, wenn sie auf Erwachsene angewandt werden: *Är hèd nid gschaffet*, *nume so gvätterlet*. Weniger betroffen sind davon *vertwelle* und *verwiile*, die geschätzte Verhaltensweisen bezeichnen und keine Verkleinerungsformen sind.

Nicht wenige der Verben des Spielens werden endlich auf mehr oder weniger handgreifliche sexuell bestimmte Tätigkeiten übertragen; das gilt etwa für *gvätterle*, *hüüsle*, *bäschele*, *naare*. **WH**

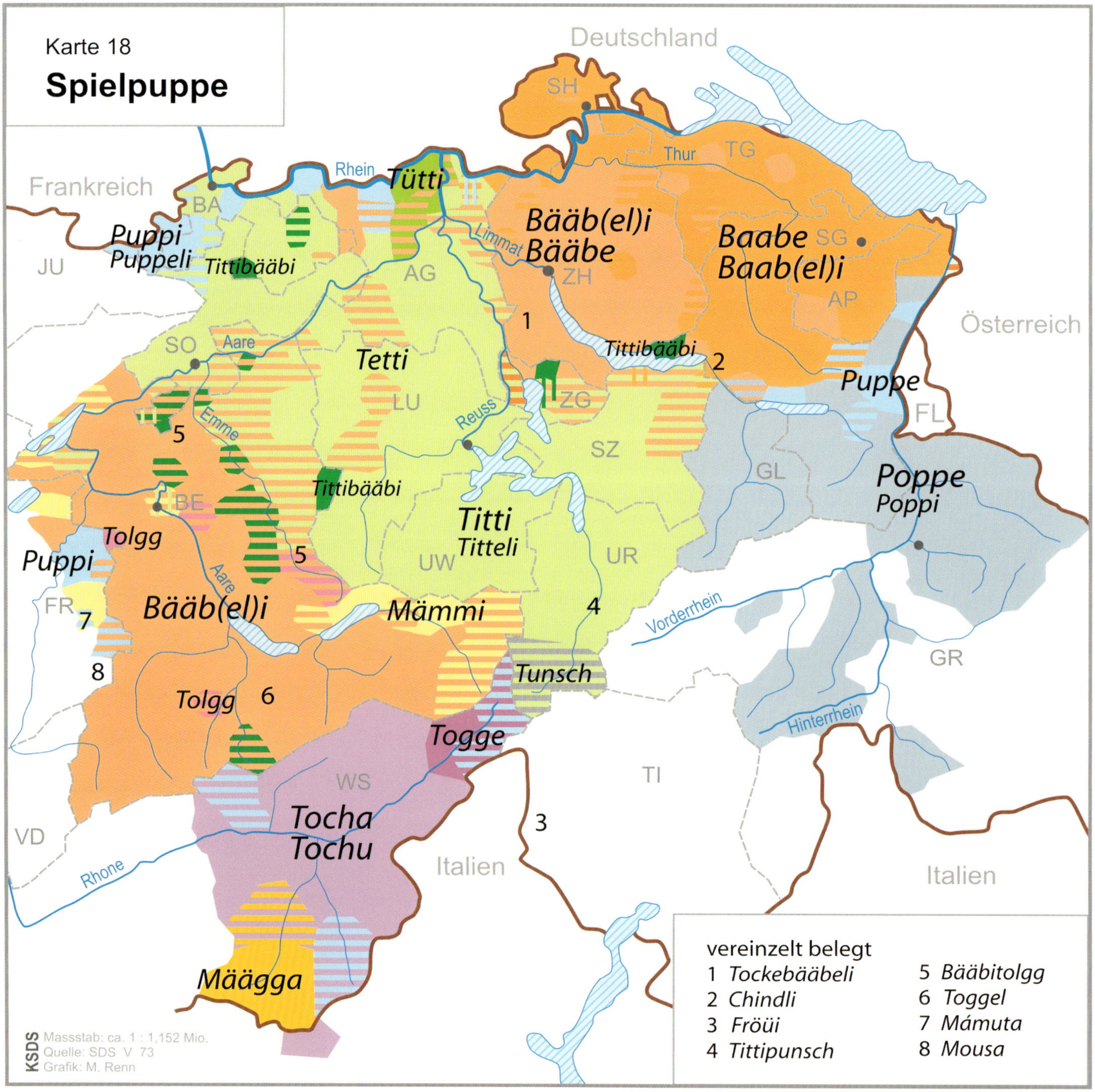
Karte 18
Spielpuppe
Deutschland
Frankreich
Österreich
Italien
Italien
SH
TG
BA
JU
AG
ZH
SG
AP
SO
LU
ZG
SZ
FL
GL
BE
UW
UR
FR
GR
TI
WS
VD
Rhein
Thur
Limmat
Aare
Reuss
Emme
Aare
Vorderrhein
Hinterrhein
Rhone
Tütti
Bääb(el)i
Bääbe
Baabe
Baab(el)i
Puppi
Puppeli
Tittibääbi
Tetti
Tittibääbi
Puppe
Poppe
Poppi
Tittibääbi
Titti
Titteli
Tolgg
Puppi
Bääb(el)i
Mämmi
Tunsch
Tolgg
Togge
Tocha
Tochu
Määgga
1
2
3
4
5
5
6
7
8
vereinzelt belegt
1 Tockebääbeli
2 Chindli
3 Fröüi
4 Tittipunsch
5 Bääbitolgg
6 Toggel
7 Mámuta
8 Mousa
KSDS
Massstab: ca. 1 : 1,152 Mio.
Quelle: SDS V 73
Grafik: M. Renn

Die Puppe galt und gilt als ein beliebtes Spielzeug für Kinder. Von den Spielpuppen zu unterscheiden sind Figuren, die kultischen Zwecken dienten und magische und religiöse Funktionen hatten. Da Puppen früher meist aus vergänglichen Materialien wie Pflanzenfasern und Stoffen hergestellt wurden, sind kaum welche erhalten geblieben. Die gewerbsmässige Herstellung von Spielwaren ist erstmals um 1400 für die Reichsstadt Nürnberg bezeugt. Die von den so genannten Dockenmachern gefertigten Puppen wurden vorwiegend aus Holz, Leder oder textilen Materialien hergestellt. Später wurde auch Alabaster (eine Gipsart) und Papiermaché verwendet. Im 19. Jh. kamen Köpfe aus Porzellan auf. Bis ins 20. Jh. hinein gab es ein Nebeneinander von einfachen Holzpflockpuppen (oft gedrechselt), textilen Weichpuppen und aufwendig hergestellten plastischen Puppen mit beweglichen Gliedern.

Die nebenstehende Karte zeigt die verschiedenen Ausdrücke für die Spielpuppe. Die Einzelnennungen der Südorte sind nicht auf der Karte verzeichnet, im Kommentar wird aus Platzgründen nur ein Teil der Ausdrücke erklärt.

Die verbreitetsten Bezeichnungen im Schweizerdeutschen für die Spielpuppe gehören zum Typ **Bääbe** resp. ohne Umlaut **Baabe**. Das Wort erscheint im Westen fast ausschliesslich, im Osten häufig in den Verkleinerungsformen *Bääbi*, *Beebi*, *Bääbeli* resp. *Baabi*, *Baabeli* und ist jenseits der Schweizer Landesgrenze auch im Schwäbischen bekannt. Wahrscheinlich geht der Ausdruck auf *Barbe(li)*, *Bärbe(li)*, eine Verkleinerungsform zu *Barbara*, zurück. Sowohl bei *Bääbe* mit seinen Lautvarianten als auch beim Namen *Barbara* spielt das weit verbreitete Lallwort *bab* mit hinein. Dieses steckt verdoppelt im Wort *Barbara*. Die Griechen bezeichneten ursprünglich eine Fremde als *barbara*, da diese nicht griechisch sprach, sondern – für ihren Begriff – nur unverständlich lallte. Durch Bedeutungsveränderungen kommt das Wort *Barbar* zu seinem heutigen Sinn 'ungesitteter, wilder Mensch'.

Auf ein kindliches Lallwort kann wohl das Wort **Titti/Tetti**, auch *Titteli*, *Ditt(el)i*, *Tütti*, zurückgeführt werden. Ein *Titti* bezeichnet ursprünglich einen Säugling und wird erst später auf die Puppe übertragen. Der Ausdruck *Titti* für Puppe ist auch ausserhalb der Schweiz bekannt.

Ebenfalls von einem kindlichen Lallwort stammt die Bezeichnung **Mämmi** resp. *Memmi* ab. Säuglinge, die trinken wollen, geben ihr Begehren durch wiederholtes *mamm* resp. *mämm* kund. In der Kindersprache wird als *Mämmi* das Getränk bezeichnet, regional auch der Schoppen, ein Neugeborenes oder eben die Puppe.

Die südöstliche **Poppe**, in der Verkleinerungsform *Poppi*, ist aus rätorom. *poppa* entlehnt. Mit diesem Wort werden ebenfalls ein Säugling und eine Puppe bezeichnet. Teilweise wird unterschieden zwischen *Poppe* für das männliche Kind und *Poppi* für das weibliche Kind. Die Bezeichnung **Puppe** resp. die Verkleinerungsform *Pupp(el)i*, *Bupp(el)i* ist ein neueres Dialektwort, das direkt aus dem Hochdeutschen in die Mundart gelangt ist. Dem rätoromanischen Wort *poppa* und dem hochdeutschen *Puppe* liegt lat. *puppa*, eine Variante von *pupa* 'kleines Mädchen, Puppe, Larve', zugrunde.

Die südlichen Bezeichnungen **Tocha**, **Tochu** und **Togge** gehen auf ahd. *tocka* 'Puppe' zurück. Das Wort bezeichnet auch im süd- und mitteldeutschen Raum sowie in Teilen Österreichs die Puppe (vgl. die eingangs erwähnten Dockenmacher in Nürnberg). Die Einzelnennung **Toggel** ist als Ableitung ebenfalls zu ahd. *tocka* zu stellen und wird vor allem für Spielfiguren verwendet (bei Brettspielen, vgl. aber auch den *Töggelikasten* 'Tischfussball').

Eventuell zur gleichen Wortfamilie gehört der Ausdruck **Tolgg**, der mit ▶ vokalisiertem *l* als *Tougg* sowie in den Verkleinerungsformen *Touggli* und *Tolggi* auftritt. Als *Tolgg* wird vorwiegend eine unansehnliche, bloss aus Lappen zusammengewundene Kinderpuppe bezeichnet. Der Ausdruck wird ebenfalls verwendet, um einen unförmigen Klumpen zu bezeichnen, dann auch eine unordentliche, teilweise gar dumme (Frauen)Person. Allenfalls gehört der *Tolgg* aber zum Wort *Talgg* 'nasse, klebrige Erde, teigige Speise', mhd. *talke* 'klebrige Masse', aus der menschenförmige Gestalten geformt werden.

Eine ähnliche Herkunft hat das im Kanton Uri belegte Wort **Tunsch**, welches zu schweizerdt. *Tantsch* 'feuchte, teigige Masse' zu stellen ist. Der *Tantsch* seinerseits geht auf ein Schallwort *tatsch* zurück, welches ein klatschendes Geräusch nachahmt.

Auf der Lautnachahmung der Ziegen beruht die Bezeichnung **Mägga**. Das Verb *mäggen* wird auch verwendet, um das weinerliche Klagen von Kleinkindern zu bezeichnen. Hinter der *Mägga* als Puppe steckt also die Vorstellung eines weinenden Wickelkinds.

Vereinzelt verzeichnet sind die Wörter **Chindli**, **Fröüi**, **Mámuta** und **Mousa**.

Einige der bereits zuvor genannten Bezeichnungen kommen auch in Kombination vor: **Tittibääb(el)i**, **Bääbitolg**, **Tockebääbeli** oder **Tittipunsch**. MF

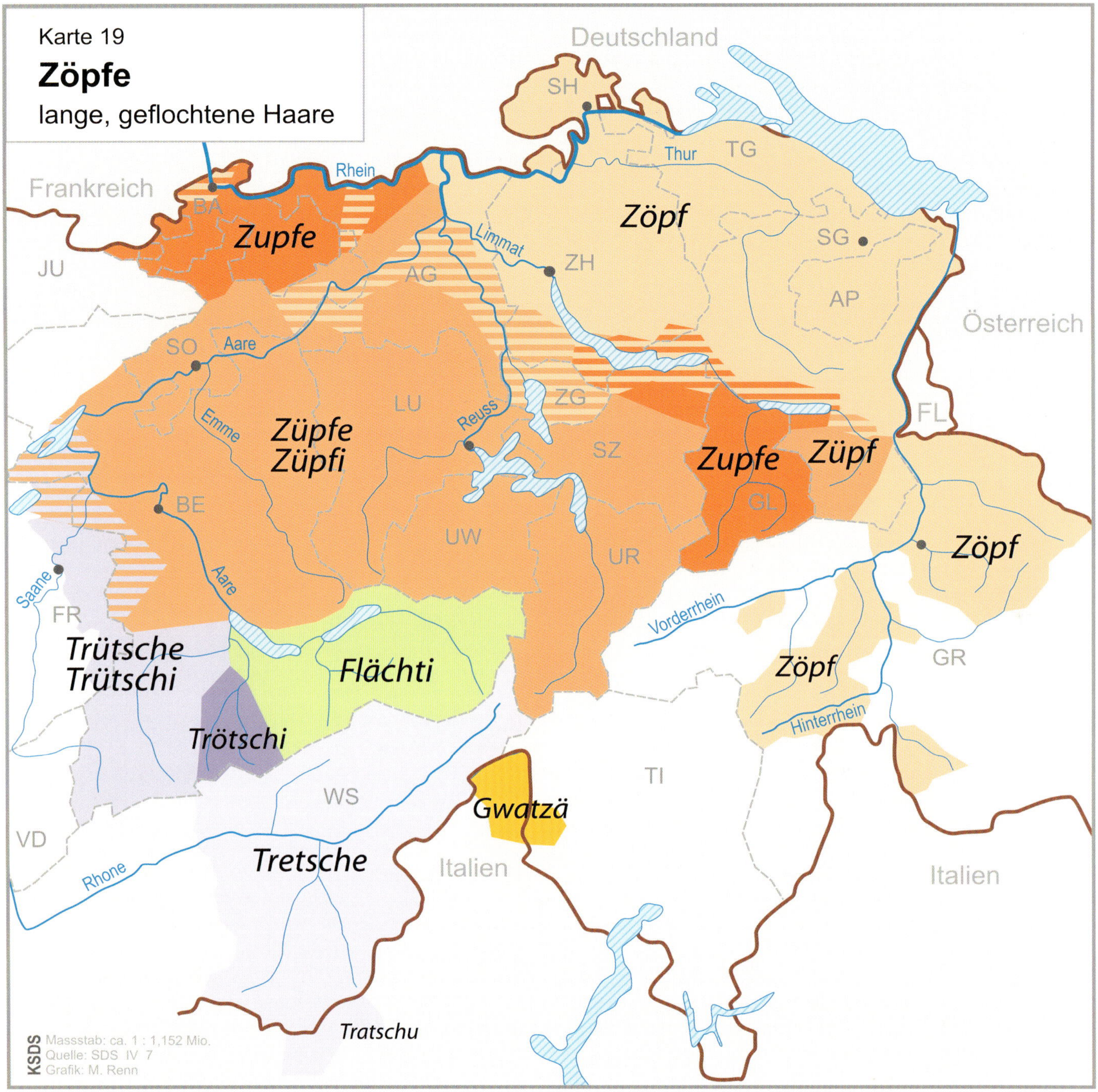

Karte 19

Zöpfe

lange, geflochtene Haare

Lange Haare im Nacken zu einem Zopf zusammenzubinden oder zu flechten, ist als Haartracht in vielen Kulturen seit jeher gebräuchlich. Es gibt dabei mehrere Arten von Zopffrisuren: Das Haar kann einfach am Ende mit einer Schleife zusammengebunden werden, wie das etwa im 18. Jh. bei Männern Mode war (‚Mozartzopf'), oder es kann geflochten werden. In der Schweiz war die Frisur mit zwei frei herunterhängenden Zöpfen bis zur Mitte des 20. Jhs. eine weit verbreitete oder sogar die übliche Haartracht für Mädchen, vor allem in ländlichen Gegenden.

Auf der nebenstehenden Karte sind die Deutschschweizer Bezeichnungen für diese Art Frisur angegeben. Da Mädchen immer zwei Zöpfe hatten, wird eine Pluralform angegeben, was auch die spontane Antwort der Gewährsleute auf die entsprechende Frage war. Oft hatten diese sogar Mühe, eine Singularform zu nennen.

Am weitesten verbreitet ist der Typ **Zöpf/Zupfe/Züpfe**. Der Ursprung des Wortes ist in einer germanischen Wurzel **tupp-* zu suchen, die in den germanischen Dialekten normalerweise von einem maskulinen Substantiv **toppa-* stammen. Das Wort lebt weiter im engl. *top* 'Spitze, oberes Ende' (modern auch für 'kurzes Oberteil') und im niederl. *top* 'Gipfel, oberes Ende'. Im deutschen Sprachraum wurde dieses Wort durch die ▶ Althochdeutsche Lautverschiebung zu *Zopf* mit dem Plural *Zöpfe*, schweizerdt. *Zöpf*. Die unterschiedlichen Bedeutungen lassen sich auf eine ursprüngliche Bedeutung 'hervorstehender spitzer Gegenstand' zurückführen, was dann im heutigen Englischen und im Niederländischen als Bezeichnung des obersten Teils eines Gegenstands eingeengt wurde, im Deutschen auf die langen gebündelten oder geflochtenen Haare.

Die Varianten *Züpfe* mit Umlaut bzw. *Zupfe* ohne Umlaut müssen auf eine andere Form zurückgeführt werden. Die Wörter lauten im Singular wie im Plural *Züpfe* und *Zupfe* und haben feminines Geschlecht. Sie sind auf eine besondere feminine Ableitung germ. **tuppjō(n-)* zurückzuführen, die nur für das Schweizerdeutsche nachweisbar ist. Das *-j-* in der Endsilbe bewirkte regional unterschiedlich weit verbreitet Umlaut; Umlaut kommt vor allem im Westen vor, weniger im Nordosten. Dieser regionale Gegensatz zwischen umlauthaltiger Form *(Züpfe)* und umlautloser Form *(Zupfe)* findet sich in ähnlicher regionaler Verteilung auch in anderen Wörtern, so etwa bei westlich *Rügge*, *stüpfe* – nordöstlich *Rugge*, *stupfe* (s. Karte 84 *Rücken*). Die Form *Züpf* ist als Mischform zwischen den angrenzenden Formen *Zupfe* und *Zöpf* zu interpretieren. Die regionale Verteilung der Formen mit der schraffierten Misch- und Unsicherheitszone lässt vermuten, dass im Schweizerdeutschen die ursprüngliche Form die feminine Ableitung *Zupfe/Züpfe* war und dass die Form *Zöpf* unter dem Einfluss des Hochdeutschen langsam von Nordosten vordringt.

Der zweite, weniger häufige Typ ist ebenfalls in verschiedenen Formen repräsentiert: **Tretsche/Trötschi/Trütsche**. Diese Formen sind letztlich aus einem romanischen Wort entlehnt. Der Ausgangspunkt liegt in einem spätlat. **trichia*, das ursprünglich 'geflochtenes Seil' bedeutete, aber ins Französische und Italienische bereits mit der Bedeutung 'Zopf' übernommen worden ist. In welcher Form das Wort in die schweizerdeutschen Dialekte gelangt ist, ist im Einzelnen schwer zu sagen. Eine direkte Übernahme aus den benachbarten Dialekten ist unwahrscheinlich, da das Wort dort andere Lautformen zeigt: In der Romandie *tresse*, im Tessin und in den südlich angrenzenden piemontesischen Alpentälern *tressa*, *trescha*, *tretsa* u.Ä. Ausserdem wird der Zopf sowohl im Piemontesischen wie im Savoyischen ebenso häufig oder sogar noch häufiger mit anderen Ausdrücken bezeichnet. Am nächsten liegt den schweizerdeutschen Formen das ital. *treccia*, vor allem *Tretsche* im Wallis und **Tratschu** in den italienischen Walserinseln südlich des Monte Rosa. *Treccia* ist allerdings die toskanische und spätere literatursprachliche Form, so dass man auch erwägen könnte, dass das Wort von Personen, die Kontakt mit der Toskana und Rom hatten, direkt aus diesen Gegenden ins Wallis gebracht wurde. Die Lautung *Trötschi* kann als ▶ Rundungsform verstanden werden. Schwer zu erklären bleibt dabei das *-ü-* von *Trütsche*. Die Endung *-i* bei all diesen Wörtern ist, wie bei *Züpfi*, die normale Pluralendung für feminine Substantive in diesen Dialekten.

Das Wort **Gwatzä**, das in Bosco Gurin und im benachbarten Val Formazza anzutreffen ist, ist aus dem lombardischen Dialektwort *coazza* übernommen worden, das dem nordital. *covazza* 'Zopf' entspricht.

▶ Etymologisch und bedeutungsmässig unproblematisch ist der Ausdruck **Flächti** zum Verb *flechten* im östlichen Berner Oberland.

Die Ausdrücke *Zopf*, *Züpfe* und *Trütsche* usw. werden auch zur Bezeichnung für ein besonderes, geflochtenes Gebäck in Zopfform aus einem Butterhefeteig mit feinem Weissmehl verwendet. AL

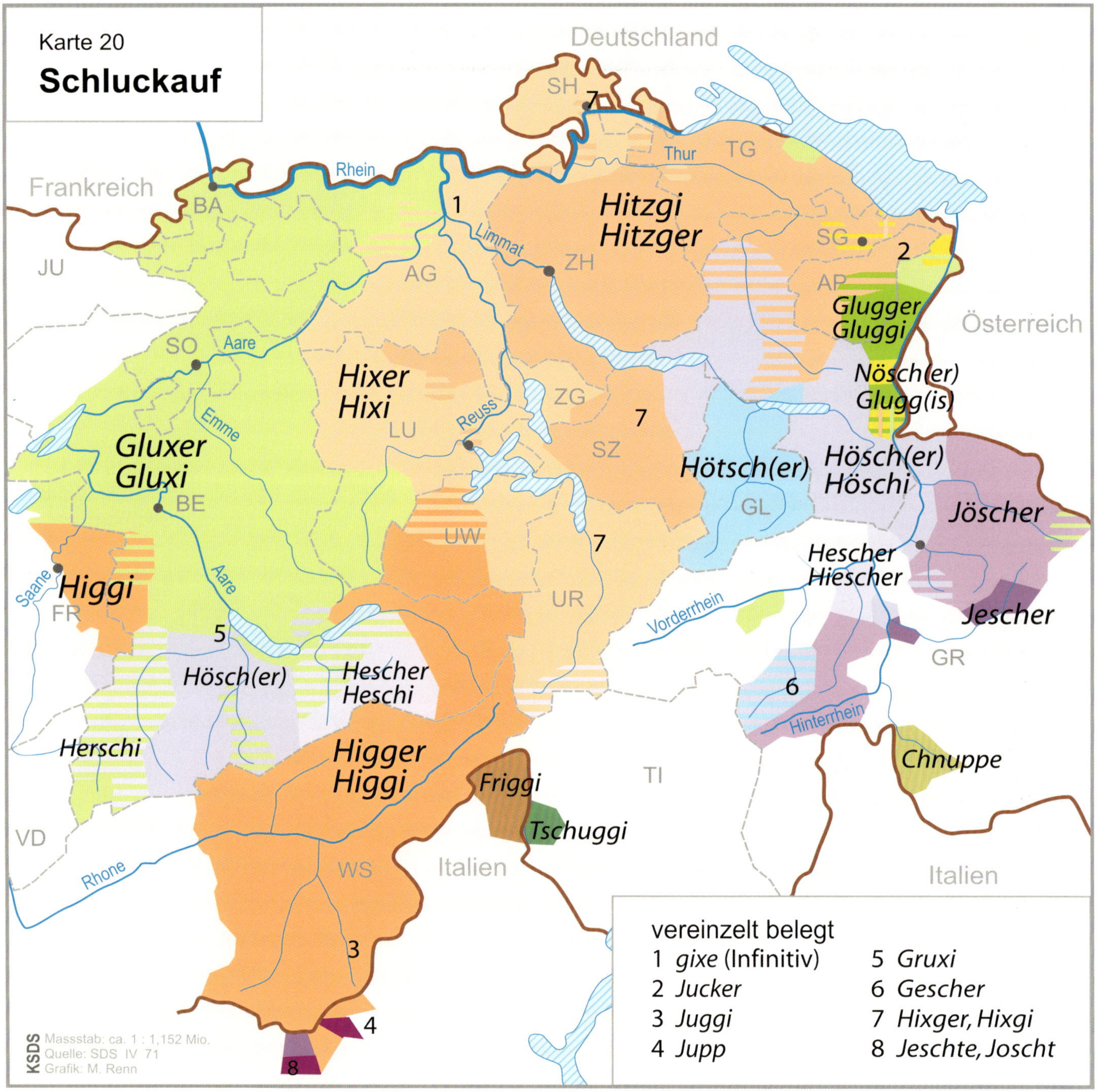
Karte 20
Schluckauf
Deutschland
Frankreich
Österreich
Italien
Italien
SH
TG
BA
JU
AG
ZH
SG
AP
SO
LU
ZG
SZ
GL
BE
UW
UR
FR
GR
TI
VD
WS
Rhein
Thur
Limmat
Aare
Emme
Reuss
Aare
Saane
Vorderrhein
Hinterrhein
Rhone
Hitzgi
Hitzger
Hixer
Hixi
Gluxer
Gluxi
Glugger
Gluggi
Nösch(er)
Glugg(is)
Hötsch(er)
Hösch(er)
Höschi
Jöscher
Hescher
Hiescher
Jescher
Higgi
Hösch(er)
Hescher
Heschi
Herschi
Higger
Higgi
Friggi
Tschuggi
Chnuppe
vereinzelt belegt
1 gixe (Infinitiv)
2 Jucker
3 Juggi
4 Jupp
5 Gruxi
6 Gescher
7 Hixger, Hixgi
8 Jeschte, Joscht
KSDS
Massstab: ca. 1 : 1,152 Mio.
Quelle: SDS IV 71
Grafik: M. Renn

Zuweilen – etwa nach hastigem Essen, zu schnellem Trinken, zuviel Alkoholgenuss – passiert es, dass man unwillkürlich und krampfartig stossweise Luft einzieht, was sofort ebenso krampfartig durch den stossweisen Verschluss der Stimmritze gestoppt wird. Ursache ist eine reflexbedingte Kontraktion des Zwerchfells, wodurch der Brustraum und die Lunge erweitert und Luft hineingezogen wird.

In sehr vielen Sprachen wird der Schluckauf mit lautmalerischen Wörtern benannt, die das Einatmen und den abrupten Verschluss der Stimmritze nachbilden. So kommen oft Wörter vor, die mit einem *h-* als umgekehrter Symbolisierung des Einatmens beginnen (sofern die Sprache einen solchen Laut besitzt) und mit einem harten ▶ Verschlusslaut enden, sehr oft *-k*; als Vokal dazwischen erscheint meist *-i-*. Beispiele sind niederl. *hik*, engl. *hiccup*, russ. *ik(ota)*, finn. *hikka*, span. *ipo* oder das Lautwort *hicks*, das etwa in Comics und Witzzeichnungen zur Darstellung des Schluckaufs von Alkoholisierten verwendet wird.

Die meisten Bezeichnungen für den Schluckauf im Schweizerdeutschen folgen ebenfalls diesem Worttyp. In der Karte dargestellt sind die Substantive, die normalerweise verwendet werden, auch wenn es dazu meist ein Verb gibt. Die übliche Ausdrucksweise ist *Er hat den X*. Die Substantive sind allerdings formal fast immer Ableitungen zu einem entsprechenden Verb mit den Endungen *-er* und *-i*. Solche Ableitungen bezeichnen meist den Handelnden der entsprechenden Tätigkeit (*Chrampfer/Chrampfi* zu *chrampfe*, *Brüeli* zu *brüele* usw.). Es ist aber auch im Hochdeutschen ein übliches Muster, dass kurze körperliche Regungen oder Bewegungen mit einer entsprechenden Ableitung bezeichnet werden, meist mit *-er*: *Seufzer*, *Rülpser*, *Schnaufer*, *Huster*.

Am weitesten verbreitet ist ein Lautmuster, dem ein Grundmuster *higg-* bzw. ein Verb *higge* zugrunde liegt, aus dem die Formen **Higger** und **Higgi** abgeleitet sind. Die verschiedenen Varianten dazu kann man als sprachspielerische Abwandlungen verstehen; sie lassen sich allerdings auch als mehr oder weniger reguläre lautgeschichtliche Fortsetzung einer mittelhochdeutschen Ableitung *higgezen* interpretieren. Das mittelhochdeutsche Suffix *-ezen* diente zur ▶ Intensivierung der Verbbedeutung, ersichtlich etwa bei *schletzen* von mhd. *slegezen* 'intensiv schlagen'. Die Form *higgezen* führt so zu einem Verb *higgzen*, vereinfacht zu *hixen* und daraus zu einem Substantiv **Hixi** bzw. **Hixer**. Die Konsonantenabfolge *-ggz-* kann auch umgedreht werden, woraus die Formen **Hitzgi** und **Hitzger** entstehen. **Hixgi** ist eine zusätzliche Kombination von *Hitzgi* und *Hixi*. **Gixe** ist eine weitere Umstellung der Konsonanten, vielleicht auch vermischt mit dem Schallverb *gixe* mit der Bedeutung 'einen kleinen hohen Schrei ausstossen'; ein solches Geräusch kann ja auch mit dem Schluckauf verbunden sein.

Ein verwandtes lautnachahmendes Muster findet sich in **Glugger/Gluggi** und **Gluxer/Gluxi** mit der Abwandlung **Gruxi** sowie **Gluggis** und der Kurzform **Glugg**. Das Verb *glugge* bezeichnet allerdings eher einen dumpfen, kurzen Klang, wie beim Gluckern von Flüssigkeit, die aus einem engen Gefäss fliesst. *Gluxen* kann als Ergebnis einer Intensivbildung *gluggezen* zu *gluggen* gedeutet werden. Lautmalerisch sind schliesslich wohl auch die Ausdrücke **Friggi** und **Tschuggi**, **Jupp** und **Chnuppe**, obwohl hier der Bezug zum Geräusch selbst weniger direkt gegeben ist. Der Ausdruck **Jucker** ist eine Angleichung von *Glugger* an das Verb *jucke* 'aufspringen'. Eine Vermischung von *Higgi* und *jucke* findet sich in **Juggi**.

Diese lautmalerischen Ausdrücke haben die ursprüngliche mittelhochdeutsche Bezeichnung *heschen* und seine Ableitungen weitgehend verdrängt. Offenbar war es attraktiver, expressive lautmalerische Ausdrücke zu verwenden, als beim relativ unauffälligen herkömmlichen Wort *hesche* zu bleiben. Als **Hescher**, **Heschi** und, mit ▶ Rundung, als **Hösch(er)** und **Höschi** ist es immerhin in alpinen und voralpinen Randgebieten als Archaismus noch erhalten. An verschiedenen Orten hat es Abwandlungen erfahren, die im Einzelnen schwer zu erklären sind, so **Herschi**, **Jöscher** oder **Jescher**, **Nösch(er)**, **Jeschte**, **Joscht**. Glarnerisch **Hötsch(er)** ist eine lautliche Verstärkung von *Höscher* in Anlehnung an ein altes Verb *hotze*, *hötze* 'aufspringen' (eine Variante zu *hopsen*), die wie *Jucker* das abrupte Zucken des Zwerchfells darstellt.

Der Schluckauf ist nicht nur für den betroffenen Menschen lästig, sondern weckt auch bei anderen Menschen Aufmerksamkeit. Es gibt deshalb dazu allerlei Verse und Sprüche, vor allem solche, die den Schluckauf beenden helfen sollen. In der Schweiz bekannt sind etwa Verse der Art: *Hitzgi, Hätzgi hinderm Hag / Nimm mer de Hitzgi Hätzgi ab.* Diesen Spruch soll man einige Male am Stück aufsagen, ohne dazwischen einzuatmen, dann geht der Schluckauf weg. Realer Hintergrund dieser Volkstherapie ist der Umstand, dass der Schluckauf durch Erhöhung des Kohlendioxids im Blut unter Umständen beseitigt werden kann, was durch Anhalten des Atems herbeigeführt werden kann. AL

Karte 21
Mumps
Deutschland
Frankreich
Österreich
Italien
Italien
SH
TG
ZH
SG
AP
BA
JU
SO
AG
LU
ZG
SZ
GL
FL
BE
UW
UR
FR
GR
TI
VD
WS
Rhein
Thur
Limmat
Aare
Emme
Reuss
Saane
Aare
Vorderrhein
Hinterrhein
Rhone
Pfuuser
O-Niggel(er)
W-Tubel
Mumps
W-Trümmel
W-Bündel
O-Mügg(e)ler
Mulli
Pfuusi
W-Tölpel
W-Tööpel
W-Tubel
Mumpf
Mumps
O-Nigel
Chropf(l)e
(O-)Muschel
O-Mugerli
O-Münggeli
Guttere
Schwulli
O-Niggeli
O-Müggeli
Chropflete
O-Chnüttel
Tölpel
Muff
Muus
W-Tüpel
Mumps
Mumpf
Schwarz-
Peeter
Mops
Muff
1
2
3
4
5
keine oder nur vereinzelte Belege
1 Oorechlemmere
2 Oorechnilli
3 Ooreggriggel
4 Gäisspeeter
5 Trüesechnüppel
W- = Wuche-
O- = Oore-
KSDS
Massstab: ca. 1 : 1,152 Mio.
Quelle: SDS IV 55
Grafik: M. Renn

Die im Hochdeutschen *Mumps* genannte Erkrankung (Parotitis epidemica) ist die Folge einer ansteckenden Virusinfektion der Speicheldrüsen. Als häufigstes Symptom tritt neben Fieber eine schmerzhafte Schwellung der Ohrspeicheldrüsen auf. Die immunisierende Krankheit gehört zu den klassischen Kinderkrankheiten. Seit dem Aufkommen der Routineimpfung um 1980 ist sie in der Schweiz fast verschwunden und mit ihr der Gebrauch der populären Krankheitsnamen. Die einzelnen Bezeichnungen werden fast immer mit dem bestimmten Artikel und zusammen mit dem Verb *haben* gebraucht (*de Mumpf*, *de Mulli*, *d Guttere*, *s Ooremüggeli haa*).

Der im Osten dominierende Ausdruck **Mumpf** ist eine Variante der Krankheitsbezeichnung *Mumps*, die um 1800 aus engl. *mumps* ins Deutsche entlehnt wurde. Im Gesamtkontext des hier Kartierten wird er klar als jüngere Bezeichnung fassbar, die wohl fachsprachlichen Ursprungs ist und durch die Ärzteschaft Verbreitung fand. **Mops** und **Muff** gehören als Varianten wohl auch hierher. Vereinzeltes **Mumps** wurde sicher direkt aus dem Hochdeutschen übernommen. Wie man sich die Entstehung der Varianten *Mumpf*, *Mops* und *Muff* aus *Mumps* genauer vorzustellen hat, ist nicht geklärt. Möglicherweise haben ▸ volksetymologische Prozesse dazu geführt, das Fremdwort nach dem Muster von vertraut klingenden einheimischen Wörtern einzugliedern. Als solche schweizerdeutschen Wörter kämen *Mumpf* 'Faustostoss', *Mumpfel* 'ein Mund voll', *Moff*, *Muff*, *Mops* 'einfältiger Mensch' u. Ä. durchaus in Frage. Die meisten von ihnen würden Benennungsmotive liefern, die schon der englischen Krankheitsbezeichnung zugrunde liegen: die sichtbare Schwellung im Ohren- und Mundbereich und der dadurch veränderte Gesichtsausdruck.

Ooremüggeli ist die Hauptbezeichnung in den westlichen Kantonen. Periphere Varianten davon sind **Ooremünggeli** und **Ooreniggeli**. In der Nordostschweiz präsentieren sich **Ooremügg(e)ler**, **Ooreniggel(er)** u. Ä. in ihrer Durchmischung mit *Mumpf* als ältere, schon mehr oder weniger überschichtete Varianten. Das Erstglied *Oore-* stellt den Bezug zum erkrankten Körperteil her. Die zweiten Glieder können nur ausnahmsweise eindeutig erklärt werden. Bei **Oorechlemmere**, **-chnilli**, **-ggriggel**, **-chnüttel** und **-mugerli** sind diese teilweise als Umdeutungen zu verstehen: Die ersten drei können motivisch auf den Ohrwurm (s. Karte 55 *Ohrwurm*) und seine vermeintlichen Aktivitäten im Ohr (*chlemme* 'zwicken', *chnelle* 'beissen', *riggele* 'wühlen' o. Ä.) bezogen werden. *Chnüttel* und *Mugerli* sind Bezeichnungen für Knoten- und Knollenartiges.

Das Benennungsmotiv des kropfartig Aufgeschwollenen findet sich noch vielfach, so bei **Trüesechnüppel**, bei **Chropflete** und **Chropf(l)e**, bei **Schwulli** und **Pfuusi** bzw. **Pfuuser** – letztere können als Bildungen zu den Verben *schwelle* 'geschwollen werden' und *pfuuse* 'aufblasen' verstanden werden – sowie bei **Guttere**, das in seinem Verbreitungsgebiet im Kanton Schwyz neben der Bedeutung 'bauchige Flasche' auch diejenige von 'Kropf, dicker Hals' hat. Auch **Mulli** kann hier angeschlossen werden: Das Wort ist im Baselbiet die ältere Bezeichnung für 'Molch' und hat dort auch die übertragene Bedeutung 'dickes Kind mit Pausbacken'. **(Oore-)Muschel** ist ganz vergleichbar motiviert: *Muschi* und *Muscheli* sind in der älteren Luzerner Mundart belegte Wörter mit der Bedeutung 'vollbackige Person' (mit dem Nebenbegriff des Mürrischen oder Einfältigen).

Nur unscharf von diesem Benennungsmotiv abzugrenzen sind Bezeichnungen, die – z. T. als Übertragungen – den Kranken mit seinen 'dicken Backen' und dem dadurch veränderten Ausdruck als einfältig charakterisieren. Hierher gehören **Tölpel** sowie **Schwarz-Peeter** und **Gäisspeeter**. Letztere stehen in nicht näher bekanntem Bezug zum norddeutsch verbreiteten, gleichbedeutenden *Ziegenpeter* sowie zur Verwendung des Vornamens Peter in der Bedeutung 'Dummkopf'.

Bei den Zusammensetzungen mit *Wuche-* im ersten Glied, die auch im benachbarten Badischen weit verbreitet sind, liegt ein Teil des Benennungsmotivs bei der Dauer der Krankheit. Als Zweitglieder finden sich **(Wuche-)Tubel**, **-Tööpel**, **-Tüpel**, **-Tölpel**, die sich motivisch bei *Tölpel* anschliessen lassen, und dann **-Trümmel**, ein Wort, das in einigen Mundarten soviel heisst wie 'aufgeschwollener Mund' oder 'verdrossenes Gesicht', und schliesslich **-Bündel**.

Bei **Muus** in Obersaxen handelt es sich um eine Lehnbedeutung zum benachbarten rätorom. *miur* 'Maus'.

Viele Benennungen zeichnen sich auf der Karte als kantonale Raumbildungen ab, besonders deutlich *Tölpel* (Graubünden), *Guttere* (Schwyz), *Schwulli* (Nidwalden), *Chropflete* (Obwalden), *Muschel* (Luzern) und die Zusammensetzungen mit *Wuche-* (Aargau). In diesen Verbreitungsbildern für die populären Bezeichnungen der Kinderkrankheit wird zweifellos die Wirkung von kantonal organisierten Institutionen, besonders diejenige der Volksschule, fassbar.

HPS

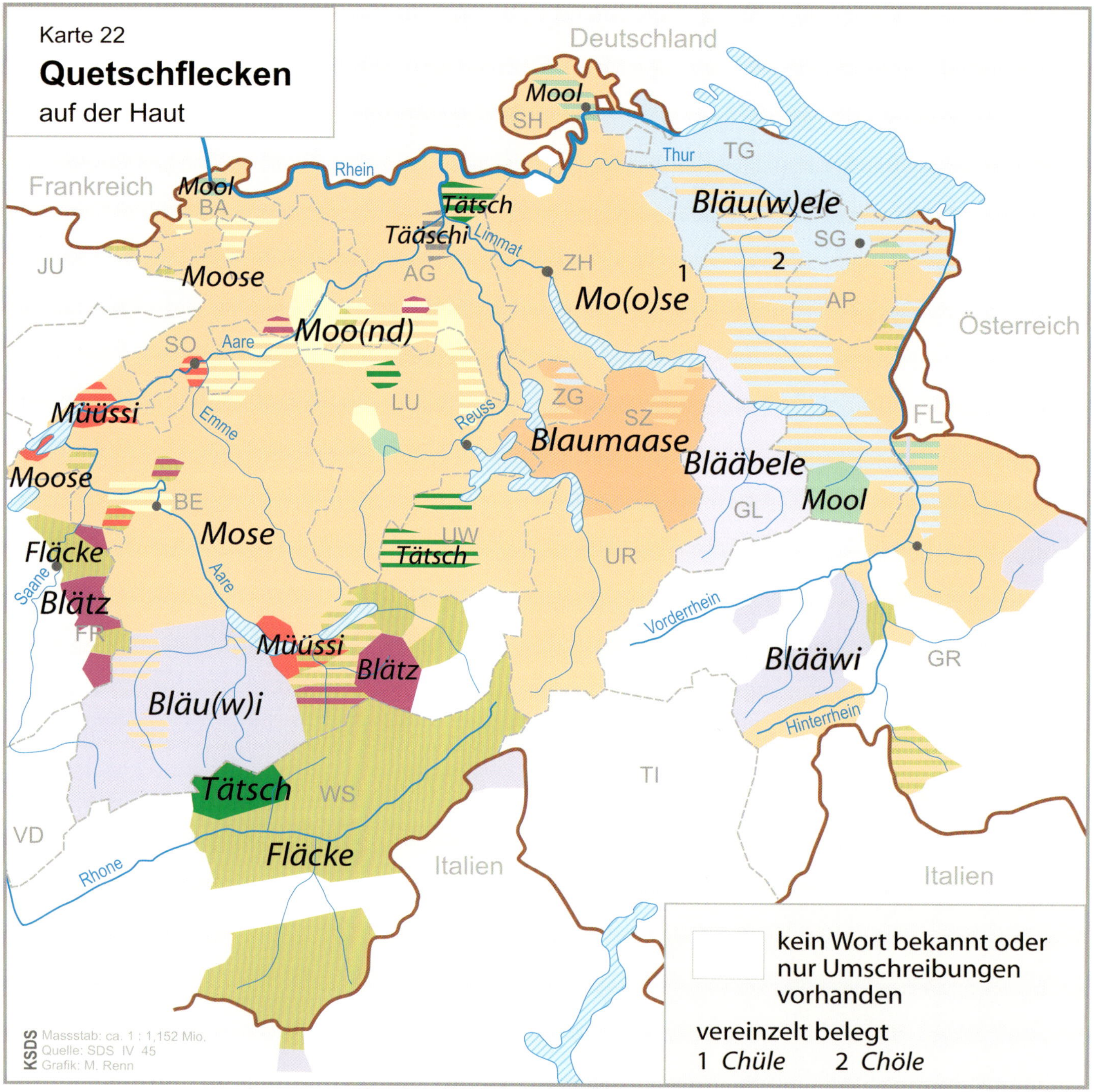

Karte 22
Quetschflecken
auf der Haut

Wenn man sich den Finger einklemmt oder einen Schlag bekommt, verfärbt sich an dieser Stelle die Haut, zuerst dunkelblau, später violett-bräunlich. Die schweizerdeutschen Ausdrücke benennen diese Stelle zumeist nach ihrem Aussehen. Häufig wird ein ganz allgemeines Wort für 'Fleck' verwendet, manchmal mit dem Zusatz *blau*, so etwa im Wallis, wo kurz von **(blaawe) Fläcke** gesprochen wird. Auch **(blaaui) Mo(o)se** mit den Varianten *Maase* oder *Mòòs* (mit offenem *o*!) von mhd. *mâse* 'Wundmal, Narbe' bedeutet heute 'Fleck' (z. B. Schmutzfleck auf einem Kleid). Auch **Mool** bedeutete ursprünglich allgemein 'Fleck, Zeichen'; ohne den Zusatz *blau* bezeichnet es heute allgemein auffällige Verfärbungen auf der Haut (wie hochdt. *Mal* und speziell *Muttermal*). **Blätz** schliesslich bezeichnet allgemein ein (kleines) Stück Stoff, das z. B. zum Aufnähen auf eine beschädigte Stelle eines Kleides verwendet wird. Von daher bekommt das Wort auch die Bedeutung 'kleine begrenzte Fläche' (z. B. *Pflanzblätz* 'kleines Landstück zum Gemüseanbau für den häuslichen Gebrauch' oder *Huusblätz*, s. Karte 65 *Hauswiese*) und wird so als Benennung einer abgeschürften Hautstelle und eben auch einer blauen Verfärbung infolge Quetschung gebraucht. Ein ▶ Lehnwort mit der gleichen ursprünglichen Bedeutung ist **Tääschi** im östlichen Aargau: Das Wort hat sich aus franz. *tache* 'Fleck' entwickelt. Mit **Moo(nd)** schliesslich wird der Quetschfleck aufgrund seiner runden Form mit dem Himmelskörper verglichen.

Speziell auf die blaue Farbe nehmen Ausdrücke wie **Bläu(w)i**, **Blääwi**, **Bläu(w)ele** und **Blääbele** Bezug, alles Ableitungen zum Farbwort *blau*. Die eigenartigen Formen *Blääbele* und *Blääwi* sind konservative, aber lautgerechte Fortsetzungen von mhd. *blæwe* 'Bläue'.

Auf die Ursache der Hautverfärbung bezieht sich demgegenüber das Wort **Tätsch** mit seiner eigentlichen Bedeutung '(klatschender) Schlag/Stoss'. In den gleichen Bereich gehört indirekt **Müüssi**: Es dürfte eine Vermischung des Wortes *(Ch-)Nüüssi* 'Beule, Wunde, verursacht durch leichten Schlag' mit *Mose* sein. Vielleicht sind auch **Chüle** und **Chöle** so zu erklären; man vermutet, dass es Ableitungen zu ahd. *quellan* 'aufschwellen' sind und die Wörter somit eigentlich die Beule bezeichnen. AL

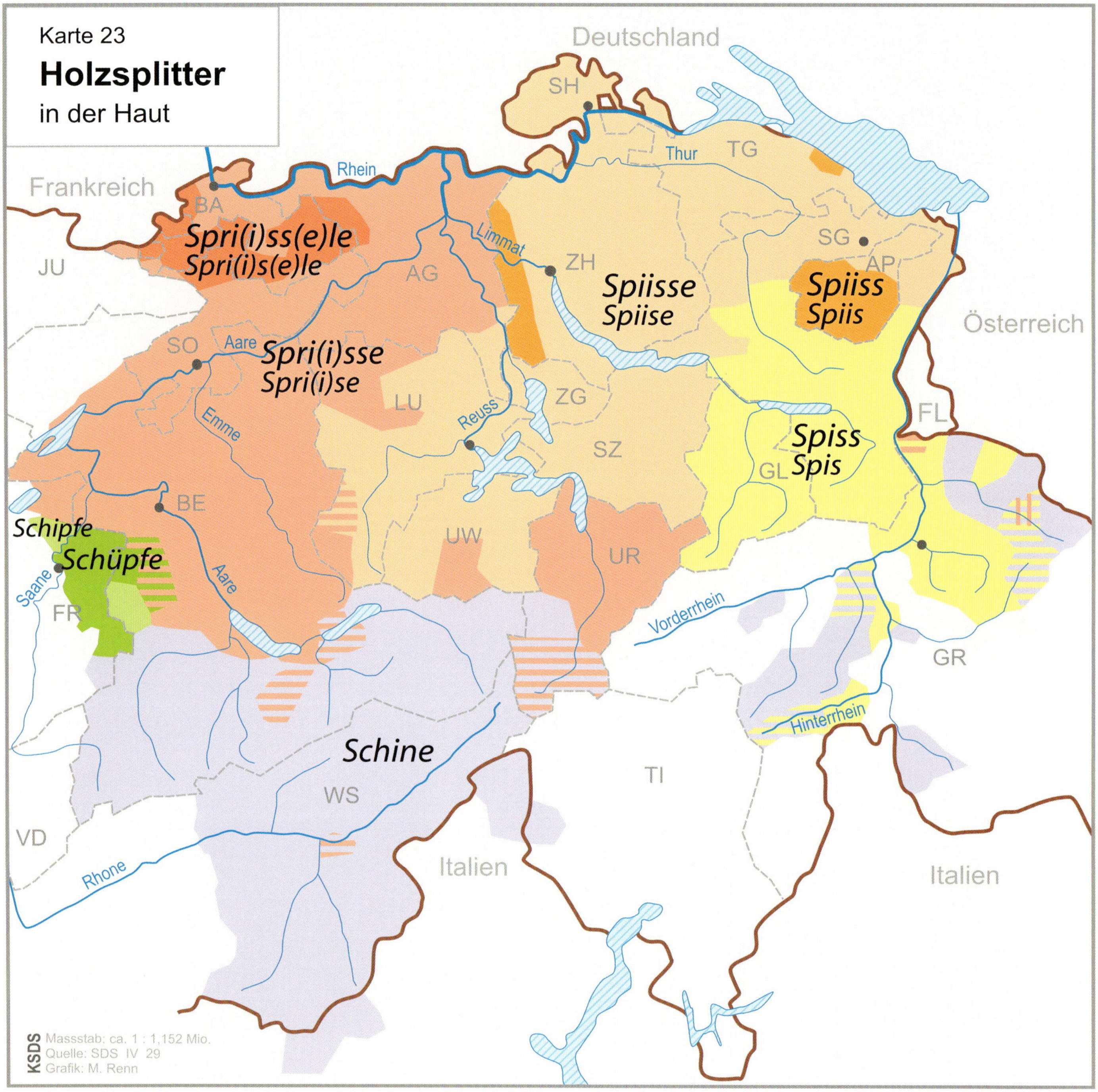
Karte 23
Holzsplitter
in der Haut
Deutschland
Frankreich
Österreich
Italien
Italien
SH
TG
BA
JU
AG
ZH
SG
AP
SO
LU
ZG
FL
SZ
GL
BE
UW
UR
FR
GR
TI
WS
VD
Rhein
Thur
Limmat
Aare
Emme
Reuss
Aare
Saane
Vorderrhein
Hinterrhein
Rhone
Spri(i)ss(e)le
Spri(i)s(e)le
Spri(i)sse
Spri(i)se
Spiisse
Spiise
Spiiss
Spiis
Spiss
Spis
Schipfe
Schüpfe
Schine
KSDS
Massstab: ca. 1 : 1,152 Mio.
Quelle: SDS IV 29
Grafik: M. Renn

Für den kleinen Holzsplitter, der unter die Haut dringt, hat sich im Hochdeutschen weitgehend das ursprünglich nur nord- und mitteldeutsche, wenig spezifische Wort *Splitter* durchgesetzt. Daneben kennt die süddeutsche Schriftsprache auch *Spreissel*, die bayerische und österreichische *Schiefer*.

Das westschweizerdeutsche **Spriisse** (oder *Sprisse*, *Spriise*, *Sprise*) und dessen Weiterbildung **Spriissele** (oder *Sprissele* u.Ä.) einerseits sowie das vorwiegend innerschweizerische **Spiisse**, dessen zürcherische und thurgauische Variante *Spiise* und die mehr lokale Variante **Spiis** (oder *Spiiss*) andererseits gehen sprachgeschichtlich alle auf den gleichen Wortstamm zurück. Bei letzteren ist, wie auch im Südschwäbischen, das ursprüngliche *r* geschwunden. Wortgeschichtlich liegt in der Bedeutung 'in die Haut, ins Fleisch eingedrungener Holzsplitter' eine Sonderbedeutung der einst in der ganzen Deutschschweiz bekannten allgemeineren Bedeutung 'losgelöster oder bei der Holzverarbeitung abgefallener Holzsplitter' vor. Zugrunde liegt das mittelhochdeutsche Verb *sprîzen* 'splittern'.

Der Ausdruck **Spiss** (mit kurzem *i*) ist hingegen ein mit *Spitz* verwandtes Wort, das ursprünglich 'Holzspiess, Bratspiess, Splitter' bedeutete. Im Wortsinn 'Bratspiess' ist es später sowohl im Hochdeutschen wie auch in den meisten Schweizer Mundarten lautlich mit *Spiess* 'Wurf- oder Stosswaffe' zusammengefallen. In der südostschweizerisch erhaltenen Bedeutung 'Splitter' aber, die vom hochdeutschen *Spiess* nicht abgedeckt wird, ist die ursprüngliche Lautung mit kurzem *i* bis heute bewahrt.

Das Wort **Schine** hat zahlreiche Bedeutungen, die sich alle auf die Basis 'schmales Stück Holz, Knochen, Metall' zurückführen lassen. Dasselbe Wort findet sich in hochdt. *Schiene* und *Schienbein*. Der Wortsinn 'Splitter in der Haut' ist eine südwestschweizerdeutsche Sonderentwicklung, die im Gefolge der mittelalterlichen Walserwanderung auch ins Piemont, nach Bosco Gurin und nach Graubünden gebracht worden ist. Bei den Bündner Walsern hat allerdings das südostschweizerische Wort *Spiss* das Walserwort *Schine* teilweise verdrängt.

Der Ausdruck **Schipfe** (bzw. *Schüpfe* mit ▶ Rundung des *i*) bezeichnet ursprünglich den 'grösseren Holzspan, wie er mit der Axt abgetrennt wird oder sich von selbst lösen kann'. In der Bedeutung 'Schindel', die zur Bedachung oder zur Verkleidung der Aussenwände eines Hauses dient, ist das Wort alpin und voralpin weitherum verbreitet. Die Bedeutung 'ins Fleisch gedrungener Holzsplitter' ist dagegen eine Sonderbedeutung, die sich nur im freiburgisch-bernischen Grenzgebiet entwickelt hat. Die Herkunft des Wortes ist unsicher. CL

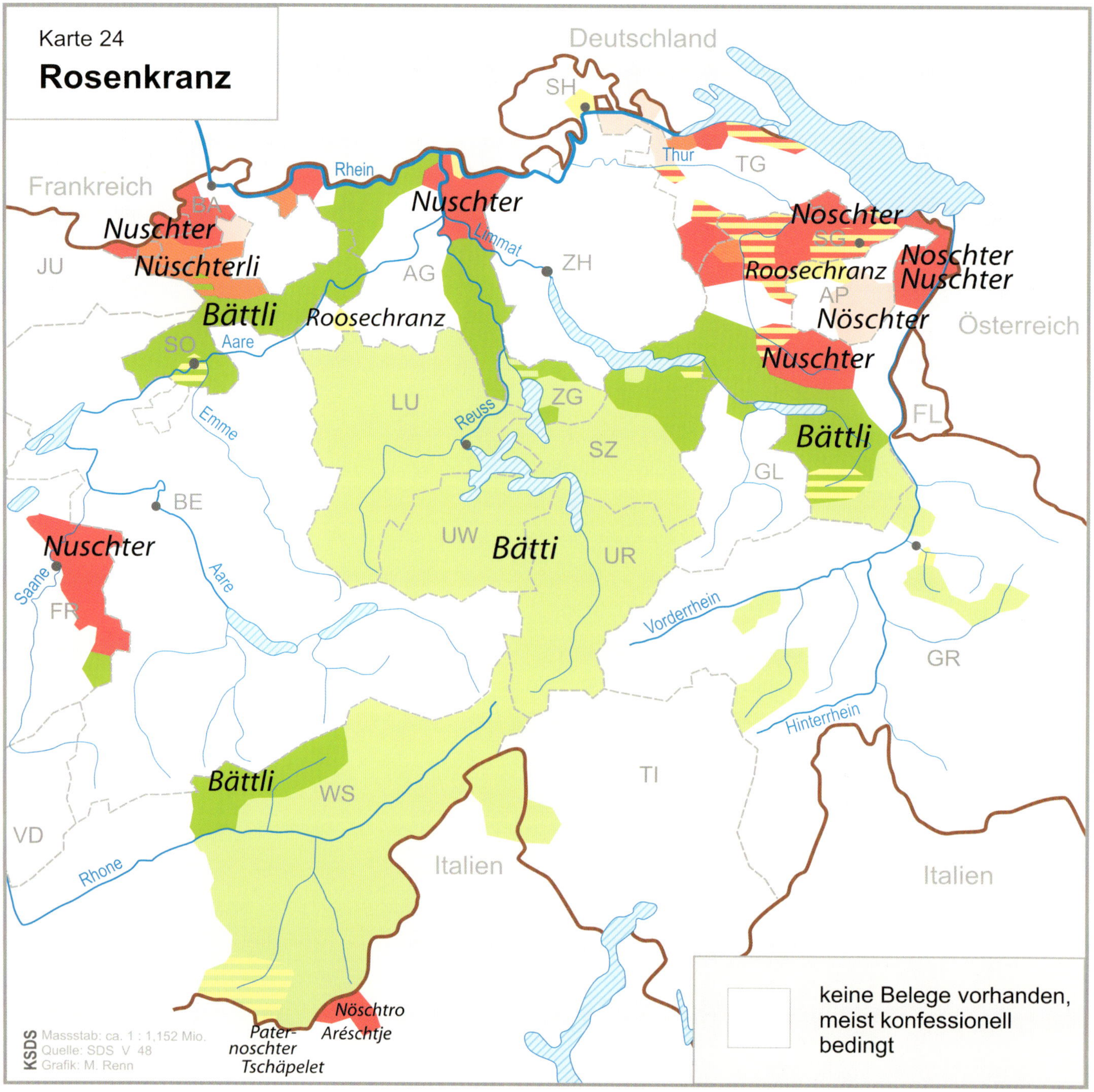

Karte 24
Rosenkranz
Deutschland
Frankreich
Österreich
Italien
Italien
SH
BA
JU
AG
ZH
TG
SG
AP
SO
LU
ZG
SZ
FL
GL
BE
UW
UR
FR
GR
TI
VD
WS
Rhein
Thur
Limmat
Aare
Emme
Reuss
Saane
Vorderrhein
Hinterrhein
Rhone
Nuschter
Nüschterli
Bättli
Roosechranz
Noschter
Roosechranz
Noschter
Nuschter
Nöschter
Nuschter
Bättli
Bätti
Nuschter
Bättli
Nöschtro
Aréschtje
Pater-
noschter
Tschäpelet
keine Belege vorhanden,
meist konfessionell
bedingt
KSDS
Massstab: ca. 1 : 1,152 Mio.
Quelle: SDS V 48
Grafik: M. Renn

Der in verschiedenen christlichen Konfessionen benutzte Rosenkranz ist inspiriert durch orientalische Gebetsketten, wie sie im Islam als *Tasbih* oder *Masbaha*, im Hinduismus und Buddhismus als *Mala* von alters her bekannt sind. Das Rosenkranzgebet entwickelte sich aus frühmittelalterlichen Mariengebeten, bei denen das *Ave Maria* – in Anlehnung an die Zahl der Psalmen – 150 Mal wiederholt und mit anderen Gebeten verbunden wurde. Die Bezeichnung *Rosenkranz* sowohl für das Gebet wie für die Gebetskette dürfte sich dem *Alten Passional*, einer mittelalterlichen Legendensammlung, verdanken. Dessen unbekannter Verfasser berichtet in einer der Legenden von einem Marienverehrer, der eine Marienstatue mit einem Kranz aus Rosen zu schmücken pflegte. In einer Erscheinung empfing er aber die Botschaft, Maria würde sich über einen gebeteten Rosenkranz mehr freuen als über einen tatsächlichen. Zahlreiche Legenden ranken sich um die Wirksamkeit des Gebets, das zu Beginn des 15. Jhs. seine heutige Form fand.

Der Rosenkranz als Zählkette, wie er bei Katholiken in Gebrauch ist, besteht aus einem Kranz von Perlen, die aus Materialien wie Holz, Glas oder Edelmetallen gefertigt sind. Am Perlenkranz ist eine Kette befestigt, die aus einem Kreuz sowie drei kleinen und zwei diese umrahmenden grossen Perlen besteht, welche die Gebete zu Beginn des Rosenkranzes festlegen. Der Kranz selbst enthält fünf Mal zehn kleine Kugeln, die jeweils durch eine grosse Kugel getrennt werden. Eine solche Einheit nennt man ein *Gesätz* (in der Deutschschweiz etwa als *Gsätzli*, *Zääner*, *Gheimnis*, *Öörtli*, *Ziile(te)*, *Fachji* bezeichnet). Die grosse Kugel im *Gesätz* steht für ein *Vaterunser*, die kleinen Kugeln stehen für ein *Ave Maria*. Das *Gesätz* wird mit einem *Ehre sei dem Vater* abgeschlossen. Für jedes der fünf Gesätze gibt es einen unterschiedlichen Glaubenssatz, ein so genanntes Geheimnis, das man im *Ave Maria* dem Wort *Jesus (… gebenedeit ist die Frucht deines Leibes, Jesus…)* folgen lässt (z. B. im ersten Gesätz *…der für uns Blut geschwitzt hat…*). Insgesamt gibt es drei Mal fünf solcher Glaubenssätze, die ihrerseits den *freudenreichen*, den *schmerzhaften* und den *glorreichen* Rosenkranz begründen. Beim vollständigen Rosenkranzgebet, auch als *Psalter* bezeichnet, werden nacheinander alle drei Rosenkränze gebetet.

In der Deutschschweiz wird das Rosenkranzgebet allgemein als *Roosechranz* bezeichnet (*e Roosechranz bätte* 'einen Rosenkranz beten'); die Gebetsschnur selbst heisst vereinzelt und tendenziell an den Konfessionsgrenzen – wie im Hochdeutschen – ebenfalls **Roosechranz**. In den katholischen Stammlanden stehen aber meist spezielle Bezeichnungen für die Gebetskette zur Verfügung. Über die grösste Verbreitung verfügen die Ausdrücke **Bätti** und **Bättli**, die vom Verb *beten* abgeleitet sind. Bei *Bätti* handelt es sich um eine Substantivbildung auf *-i* nach dem Muster *chläbe* 'kleben' – *Chläbi* 'Klebstreifen', *hebe* 'halten' – *Hebi* 'Halterung, Halt', während die Verkleinerungsform *-li* wohl als eine – angesichts des meist fein ausgearbeiteten Gegenstands durchaus nachvollziehbare – Umdeutung dieser *i*-Endung gesehen werden kann.

Die Bezeichnungen **Paternoschter**, **Noschter**, **Nuschter**, **Nöscherli**, **Nüscherli**, **Nöschter**, **Nöschtro** gehen allesamt auf verkürzte und verkleinerte Formen von *Paternosterschnur* zurück; nicht die häufigen Mariengebete sind also namengebend, sondern das gesätzeinleitende *Vaterunser*. Die lateinische Entlehnung wurde den jeweiligen lautlichen Verhältnissen der Dialekte angepasst, bei *Nöschter* und *Nöschtro* liegen wohl Pluralbildungen vor.

Die Bezeichnung *Noschter(li)* scheint auch für die einzelnen Perlen des Rosenkranzes benutzt und dann auf Schmuckperlen allgemein – z. B. jene der weiblichen Tracht – übertragen worden zu sein. Dafür, dass der endlos umlaufende, offene Personen- oder Warenlift ebenfalls als *Paternoster* bezeichnet wird, war offenbar die Vorstellung des als ebenfalls endlos empfundenen Rosenkranzbetens massgebend.

Die nur im Monte-Rosa-Gebiet vorkommenden Wörter **Tschäpelet** (zu franz. *chapelet* 'Rosenkranz') und **Areschtje** (mit unsicherer Herkunft) verdanken sich dem Kontakt mit den umgebenden romanischen Sprachen. Im italienischen Pomat wird zwischen *Bätti* 'Gebetskette' und *Rosääri* 'Rosenkranzgebet' (zu ital. *rosario* 'Rosenkranz') unterschieden.

Dass die Bezeichnungen für den Rosenkranz in den traditionell protestantischen Gegenden nicht erfragt wurden, ist im Nachhinein zu bedauern. Gewiss ist vielen Protestanten der Gegenstand nicht unbekannt, und man darf wohl auch mit Spottbezeichnungen rechnen. HC

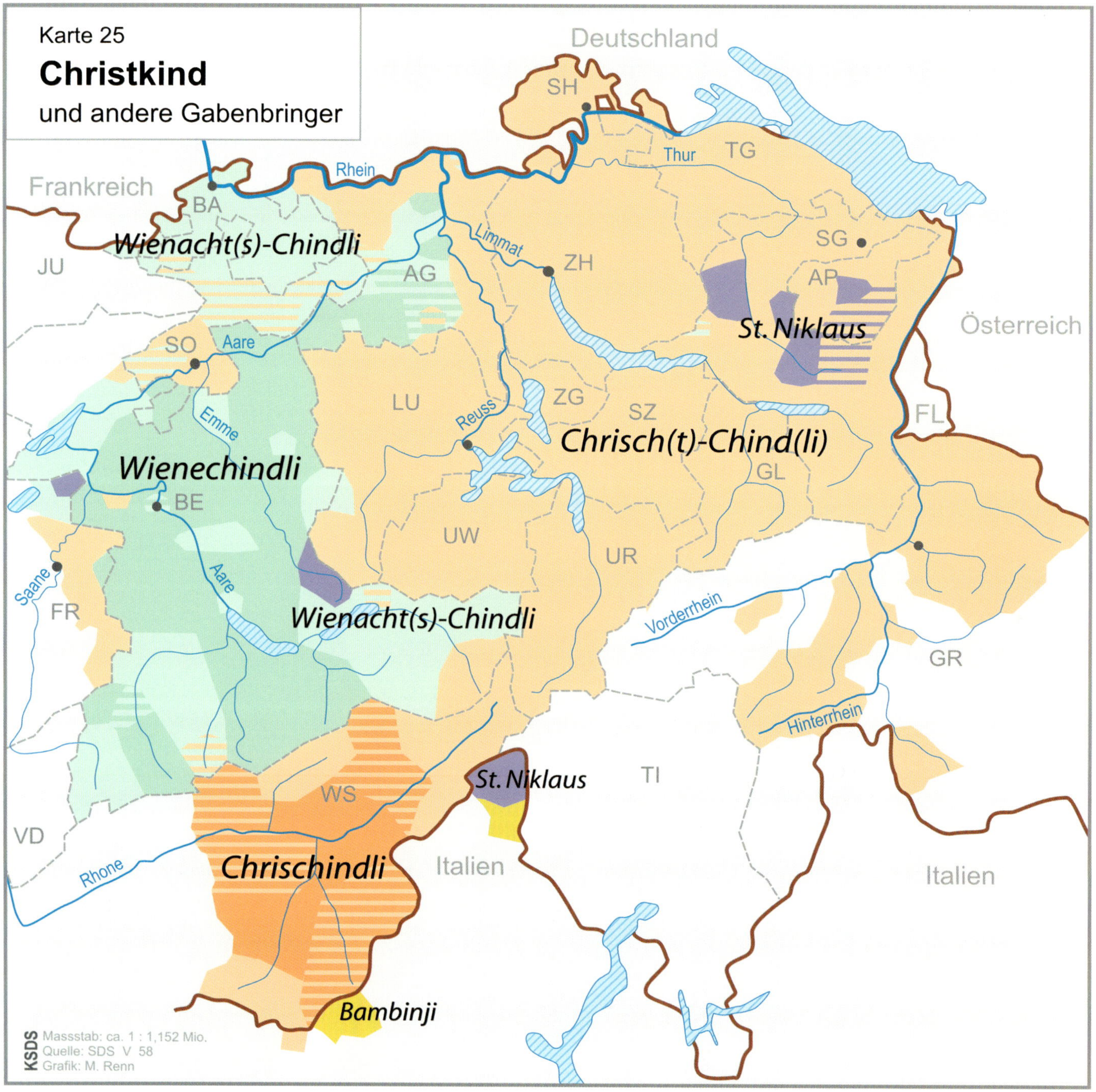
Karte 25
Christkind
und andere Gabenbringer
Deutschland
Frankreich
Österreich
Italien
Italien
SH
BA
TG
SG
AP
ZH
AG
JU
SO
LU
ZG
SZ
FL
GL
BE
UW
UR
FR
GR
WS
TI
VD
Rhein
Thur
Limmat
Aare
Emme
Reuss
Saane
Aare
Vorderrhein
Hinterrhein
Rhone
Wienacht(s)-Chindli
St. Niklaus
Chrisch(t)-Chind(li)
Wienechindli
Wienacht(s)-Chindli
St. Niklaus
Chrischindli
Bambinji
KSDS
Massstab: ca. 1 : 1,152 Mio.
Quelle: SDS V 58
Grafik: M. Renn

Die Karte 25 enthält die verschiedenen Bezeichnungen für das Christkind, bei dem es sich um jene Gestalt handelt, die nach volkstümlicher Vorstellung die Weihnachtsgeschenke bringt.
Das Schenken, das heute zu den wichtigsten Brauchelementen der Weihnachtsfeier gehört, kann auf zweifachen Ursprung zurückgeführt werden. Einerseits war es römische Sitte, zu Jahresanfang als Glück verheissendes Zeichen Geschenke zu geben. Andererseits scheint man in vorchristlicher Zeit geglaubt zu haben, dass zur Mittwinterzeit die Menschen von bescherenden (aber auch bestrafenden) Dämonen heimgesucht werden.
Die Termine des Bescherens haben sich vom 6. Dezember und von Silvester/Neujahr allmählich auf Weihnachten hin verschoben, und die schenkenden Gestalten sind in der Folge christlich umgedeutet worden. Drei Gestalten mit unterschiedlichem Aussehen bestimmen dabei die volkstümlichen Vorstellungen, wovon nur die letzten beiden bis heute überdauert haben: der Engel mit weisser Kleidung, Schleier und Flügeln, der alte Mann mit Mantel, Kapuze und Bart, und schliesslich das Kind, das man sich als Knäblein denkt.
Die Vorstellung des bescherenden Kindes scheint eher jünger zu sein, während jene des alten Mannes wohl auf ältere Schreckgestalten zurückgeht und zum St. Nikolaus umgedeutet wurde. In der Deutschschweiz wird die Gestalt, die – meist unsichtbar – die Geschenke bringt, **Christkind** oder **Weihnachtskind** genannt. Vor allem im Appenzell ist aber auch die Gestalt des **St. Niklaus** im Spiel, entweder als jener, der die Geschenke bringt, oder aber als Begleiter des Christkindes. Diese Vorstellungen machen an den Sprachgrenzen nicht halt, was die gängigen Bezeichnungen aus den anderssprachigen Landesteilen deutlich aufzeigen: franz. *Père Noël*, *Bon Enfant*, ital. *Bambino Gesù*, rätorom. *Infant Gesu*, *Bambin*.
Der Bezeichnungstyp *Weihnachtskind* beschränkt sich auf Teile der westlichen Schweiz. Auffällig ist dabei, dass die Grenze dieses Bezeichnungstyps mit der Kantonsgrenze zwischen Bern und Luzern zusammenfällt. Der Typ **Bambino** ist in südlichen Walserorten aus dem Italienischen entlehnt worden, was als Indiz für die insgesamt eher junge Erscheinung des Christkind-Brauches gewertet werden darf, der kaum weiter als ins 19. Jh. zurückreicht.
Sowohl *Weihnachtskind* als auch *Christkind* werden bevorzugt mit der Verkleinerungsform *-li*, *Bambino* ausschliesslich mit *-ji* gebraucht. Ausserdem haben die Glieder der Zusammensetzung unterschiedliche lautliche Veränderungen erfahren. Genannt seien der *t*-Ausfall bei *Chrischchindli* und der zusätzliche *ch*-Ausfall bei *Chrischindli* sowie die Abschwächung von *Wienacht-* zu *Wiene-*. Die Zusammensetzung *Weihnachtskind* ist mit und ohne verbindendes Fugen-*s* anzutreffen.
Die Kinder wurden früher so lange wie möglich im Glauben belassen, dass das geheimnisvolle Christkind die Geschenke bringe. Vor diesem Hintergrund ist *noch an das Christkind glauben* zu einer Redewendung geworden, um besondere Naivität oder Gutgläubigkeit auszudrücken. Das Weihnachtsgeschenk selbst wird traditionellerweise umschrieben mit *öppis zum Chrischchindli übercho*. Der heute durch die Massenmedien verbreitete Weihnachtsmann mit weissem Bart und Kapuze, der das Christ-/Weihnachtskind zu verdrängen scheint, macht paradoxerweise die zeitlich frühere Vorstellung des alten Mannes als Gabenbringer wieder aktuell. HC

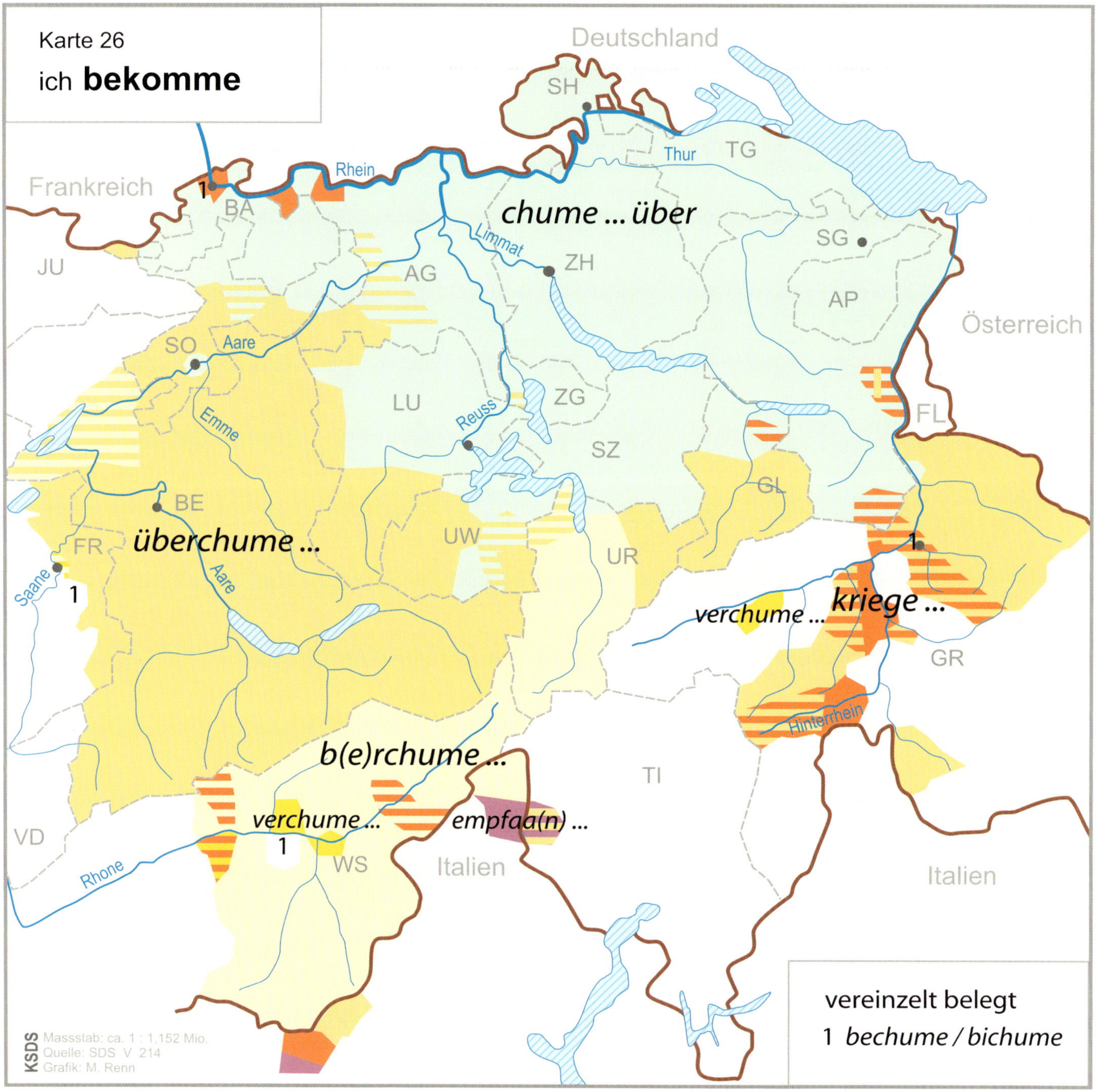

Karte 26
ich **bekomme**
Deutschland
Frankreich
Österreich
Italien
Italien
SH
TG
BA
JU
AG
ZH
SG
AP
SO
LU
ZG
FL
SZ
GL
BE
FR
UW
UR
GR
TI
VD
WS
Rhein
Thur
Limmat
Aare
Emme
Reuss
Saane
Aare
Rhone
Hinterrhein
chume ... über
überchume ...
b(e)rchume ...
verchume ...
verchume ...
empfaa(n) ...
kriege ...
1
1
1
1
vereinzelt belegt
1 bechume / bichume
KSDS
Massstab: ca. 1 : 1,152 Mio.
Quelle: SDS V 214
Grafik: M. Renn

Die Bedeutung 'bekommen, erhalten (auch ohne eigenes Zutun)' wird im Schweizerdeutschen nur durch wenige unterschiedliche Wörter ausgedrückt. Sprachgeschichtlich gesehen ist von diesen Möglichkeiten **empfaa** der älteste Worttyp; er ist schon im Althochdeutschen bezeugt. In den Mundarten ist er nur ganz im Süden belegt, wird aber durch die neueren Wörterbücher bestätigt.

Der Typ **überchoo** war mit der Bedeutung 'bekommen' seit dem 14. Jh. im Hochdeutschen allgemein verbreitet. Er wurde zurückgedrängt durch den Typ **bechoo**, **bichoo**, der zunächst vor allem 'gedeihen' bedeutet hat und erst später im Hochdeutschen zum gewöhnlichsten Ausdruck für 'bekommen' geworden ist. Im Schweizerdeutschen allerdings ist *bekommen* bis auf einige verstreute Ausnahmen kaum gebräuchlich; das deutet auf ältere sprachgeographische Unterschiede in der Verbreitung von *überkommen* und *bekommen*.

Der Typ **kriege** entwickelte die Bedeutung 'bekommen' am frühesten im Niederdeutschen. Von dort verbreitete sich *kriegen* 'bekommen' über das ganze Sprachgebiet, galt aber stilistisch immer als umgangssprachlich. Im Schweizerdeutschen zeigt es eine auffällige geographische Verbreitung, die auf den Einfluss der nicht-schweizerischen Nachbarmundarten zurückgeführt werden kann: *kriegen* ist sowohl im Badischen gebräuchlich (daher sein Vorkommen in Basel und im Fricktal) wie auch im Tirolisch-Bairischen (daher die starke Vertretung bei den Bündner Walsern).

Die Bedeutungsentwicklung mancher Verben mit der Bedeutung 'bekommen' zeigt Ähnlichkeiten. Die Verben *bekommen*, *überkommen* haben zunächst Bedeutungen wie 'begegnen, einholen, in Besitz bringen' entwickelt und von da aus 'bekommen (auch ohne Anstrengung)'. Das Verb *kriegen*, das mit dem Substantiv *Krieg* zusammenhängt, erwirbt die Bedeutung 'bekommen' über Wortbildungen wie *erkriegen* 'durch Kampf/Anstrengung in seinen Besitz bringen'.

Viel stärker als durch unterschiedliche Worttypen ist die schweizerdeutsche Sprachlandschaft aber durch einen grammatischen Gegensatz innerhalb des Typs *überkommen* geprägt. Im Westen und Süden ist *überchoo* im Satze untrennbar: *ich **überchome** 25 Rappe*, im Nordosten heisst es dagegen: *ich **chome** 25 Rappe **über***. Wo *überchoo* untrennbar ist, wird es von den Sprechenden als ein einziges, zusammengesetztes Wort aufgefasst. Wo es trennbar ist, wird es eher als Fügung verstanden, deren Bestandteile zwar gemeinsam eine einzige Bedeutung ausdrücken, die aber dennoch aus selbständigen Wörtern besteht (vergleichbar einem stehenden Ausdruck wie *das Zeitliche segnen*). Die unterschiedliche grammatische Auffassung hat auch Einfluss auf die Betonung. Die Fügung wird auf dem ersten Teil, der Präposition, betont *(**über**choo)*, das Einzelwort auf dem zweiten Teil, dem Verb *(über**choo**)*. Dies wiederum hat Folgen für die weitere Lautentwicklung des Wortes. Das unbetonte *über-* im Einzelwort *über**choo*** kann lautlich abgeschliffen werden, was zu den Varianten *brchoo*, *berchoo* führt; *verchoo* in Obersaxen und im Wallis ist eine Umdeutung von *brchoo*. Dies ist bei der Fügung nicht möglich, da hier die Präposition ja den Hauptton trägt; deshalb liegt allen abgeschliffenen Formen des gesamten Alpenraumes das Einzelwort mit seiner Betonung auf dem Verbbestandteil zugrunde, wie dies die Farbgebung der Karte andeutet.

Einige Sprachwissenschafter glauben, Bildungen wie *über**choo*** seien nur deshalb als Einzelwörter aufgefasst worden, weil manche Schreiber die beiden Bestandteile willkürlich ohne Zwischenraum geschrieben hätten. Dagegen spricht, dass *über**choo*** schon in der alten Sprache überwiegend als Einzelwort aufgefasst wurde und dass diese Auffassung auch im konservativen Alpenraum gilt, sie ist also eher als eine ursprüngliche Möglichkeit zu werten, die nicht erst durch eine Schreibermarotte zustande gekommen ist. Vor allem aber haben wir es hier ja mit gesprochenen Sprachen zu tun, die in solchen Feinheiten kaum unter so mächtigem Einfluss der Schriftsprache stehen.

Auffällig ist dagegen, dass das westliche und das östliche Schweizerdeutsche nicht nur bei *überchoo* unterschiedliche grammatische Lösungen für die Abfolge der Wörter und Wortteile im Satz gefunden haben. Vergleichbar ist die Reihenfolge von Pronomina etwa in Sätzen wie östlich *Hesch es du gärn?* gegen westlich *Hesch du's gärn?* oder die Abfolge von Verb und Hilfsverb östlich *won i no chlii gsii bi…* gegen westlich *won i no chlii bi gsii / won i no bi chlii gsii…* (s. Karte 119 *gewesen bin*). Der innere Zusammenhang solcher Erscheinungen ist aber schwierig zu fassen. WH

Wortschatz II:
Küche und Haushalt

Karte 27

Brotrinde

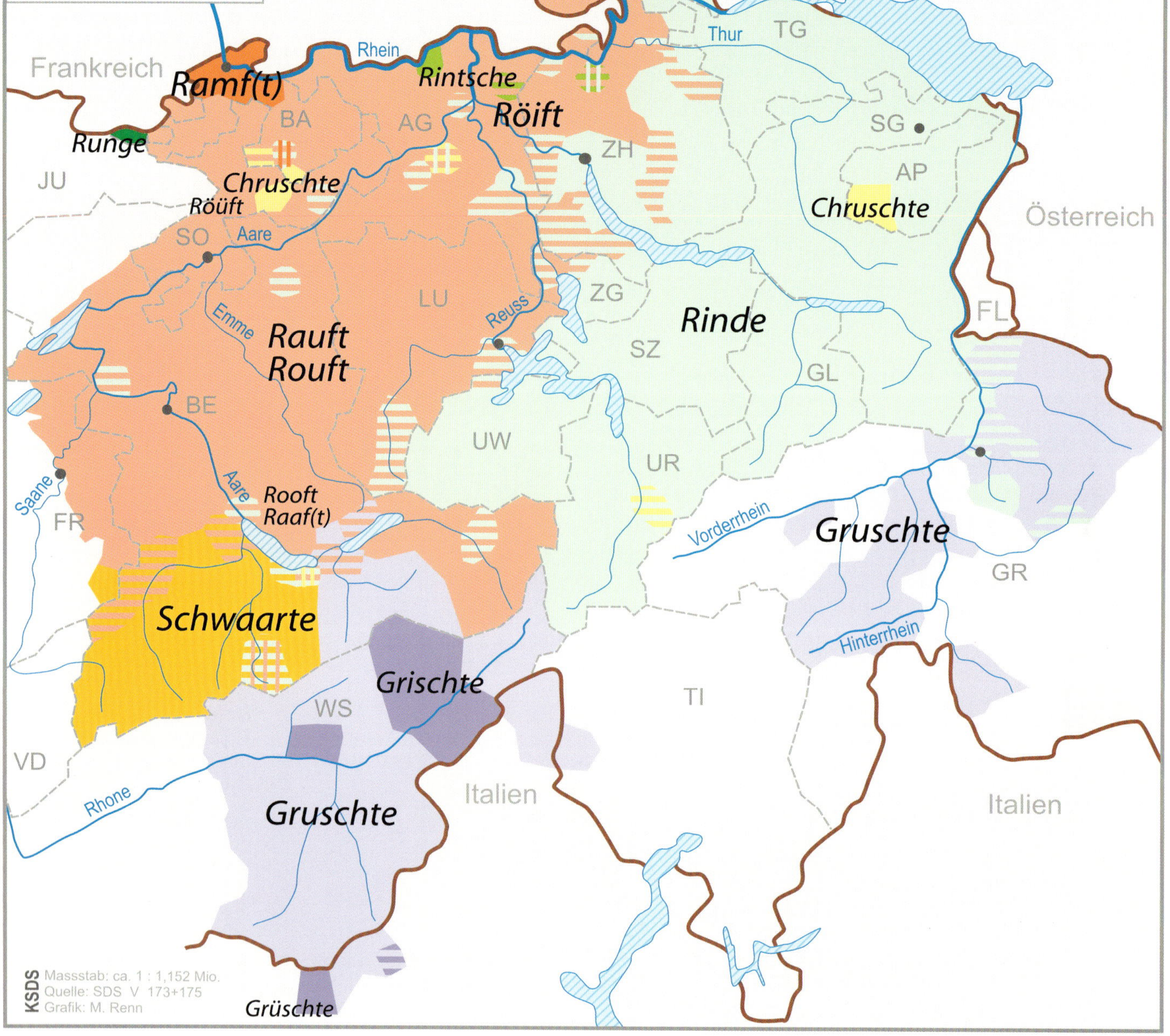

Zur Bezeichnung des äusseren, härteren Teils eines Brotes, der die weiche Brotkrume umschliesst, wird im östlichen Schweizerdeutschen bis hinein in die Innerschweiz das dem Hochdeutschen entsprechende Wort **Rinde** verwendet, das für die Baumrinde allgemein gebräuchlich ist. Das schon im Althochdeutschen als *rinta* belegte Wort hatte wohl ursprünglich die Bedeutung 'das Rissige'. Man nimmt an, dass es von einem Verb mit der Bedeutung 'zerreissen', das im benachbarten Altfriesischen als *renda* belegt ist, abgeleitet wurde.

Die zweifellos hier zugehörige, im äussersten solothurnischen Nordwesten erscheinende Form **Runge** ist hinsichtlich des Vokals wohl als ▶ Ablautvariante anzusehen, die auch im südlichen Elsass gebraucht wird. Eine vergleichbare Bildung ist aus dem Mittelniederländischen für die Gerberlohe, die zum Gerben vorbereitete zerkleinerte Rinde, bekannt. Die *-ng-*Aussprache erklärt sich durch eine ▶ Velarisierung, wie sie auch in anderen Wörtern in dieser Region verbreitet ist (s. Karte 101 *Hund*).

Die im nördlichen Kanton Aargau und Zürich vereinzelt vorkommende Form **Rintsche** ist wahrscheinlich durch eine alte *s*-Erweiterung *(*rintis(s)a)* aus derselben Grundlage entstanden. Dabei ergibt sich die heutige *-sch-*Lautung nach Ausfall des Mittelvokals *i* (▶ Synkope) lautgerecht, in einem ähnlichen Vorgang wie bei *Hültsche* aus ahd. *hulisa* 'Hülse'. Westlich schliesst sich an das *Rinde*-Gebiet mit zahlreichen Übergängen und Einsprengseln ein grosses Gebiet an, in dem die Bildung **Ranft** gilt, die verschiedene Lautvarianten aufweist. Lediglich im Raum Basel ist das Wort in der älteren Form *Ramft*, oder als *Ramf* mit einer Konsonantenerleichterung am Wortende, erhalten geblieben. Die weit verbreitete Lautung *Rauft/Rouft* weist jedoch die Wirkungen des so genannten ▶ Staubschen Gesetzes auf (s. Karte 97 *trinken*). Nach dem Ausfall des ▶ Nasalkonsonanten wurde der Vokal ▶ diphthongiert. Im nordöstlichen Teil des *Ranft*-Gebietes herrschen umgelautete Varianten vor, etwa *Räuft*, *Reeft*, die möglicherweise aus umgelauteten Verkleinerungsformen (*Räuftli* o.Ä.) erklärt werden können. Möglicherweise hat auch, ausgehend von der einzelnen Brotscheibe mit der umlaufenden Rinde, eine Vermischung mit *Reif* stattgefunden. Das Wort ist althochdeutsch schon mit der gleichen Bedeutung als *ranft*, *ramft* belegt und sprachhistorisch als eine *-t-*Ableitung zu einem Wort *rama* 'Stütze, Rahmen' erklärbar. Der ebenfalls zu vermutende Zusammenhang mit dem Wort *Rand* ist im Einzelnen noch nicht aufgehellt.

Vereinzelt ist die Bezeichnung **Kruste** anzutreffen, in der dem Hochdeutschen lautlich entsprechenden Mundartform *Chruschte*, wie es die vollständige Durchführung der ▶ Althochdeutschen Lautverschiebung im Hochalemannischen verlangt. Im Wallis, den Bündner Walsergebieten und im Berner Oberland (Lütschinentäler) erscheint es in der Lautform *Gruschte*. *Chruschte*, das letztlich auf lat. *crusta* (ursprünglich 'verkrustetes Blut') zurückgeht, wird im ▶ Schweizerischen Idiotikon jedoch nicht aufgeführt. Es ist daher anzunehmen, dass es sich eher um eine moderne Entlehnung aus dem Hochdeutschen handelt, die lautlich an die Mundart angeglichen wurde.

Bei der Form *Gruschte* handelt es sich dagegen um eine direkte mundartliche Entlehnung aus den bündnerromanischen oder italienischen Nachbarmundarten (*crusta*, *crosta* o.Ä.). Es ist üblich, dass der unbehauchte romanische ▶ Verschlusslaut *k-* dabei mehr oder weniger als solcher erhalten bleibt und nicht der Anpassung an die Lautverschiebungsprodukte, wie eben bei *Chruschte*, unterliegt. Im Wallis und in den norditalienischen Walserorten taucht stellenweise die Lautung *Grischte* auf. Diese ist als ▶ Entrundung von *Grüschte* anzusehen, einer Variante mit schwer erklärbarem Umlautvokal, die im walserischen Issime bei den Aufnahmen für den Sprachatlas noch angetroffen wurde.

Im westlichen Berner Oberland einschliesslich des freiburgischen Jaun wird zur Bezeichnung der Brotrinde das Wort **Schwarte** verwendet, durchweg in der Aussprache *Schwaarte* mit gelängtem Vokal vor der Konsonantenverbindung *-rt*. Das ursprünglich wohl die behaarte Kopfhaut bezeichnende, in mehreren germanischen Sprachen vorhandene Wort ist in seiner weiteren Herkunft ungeklärt. EG

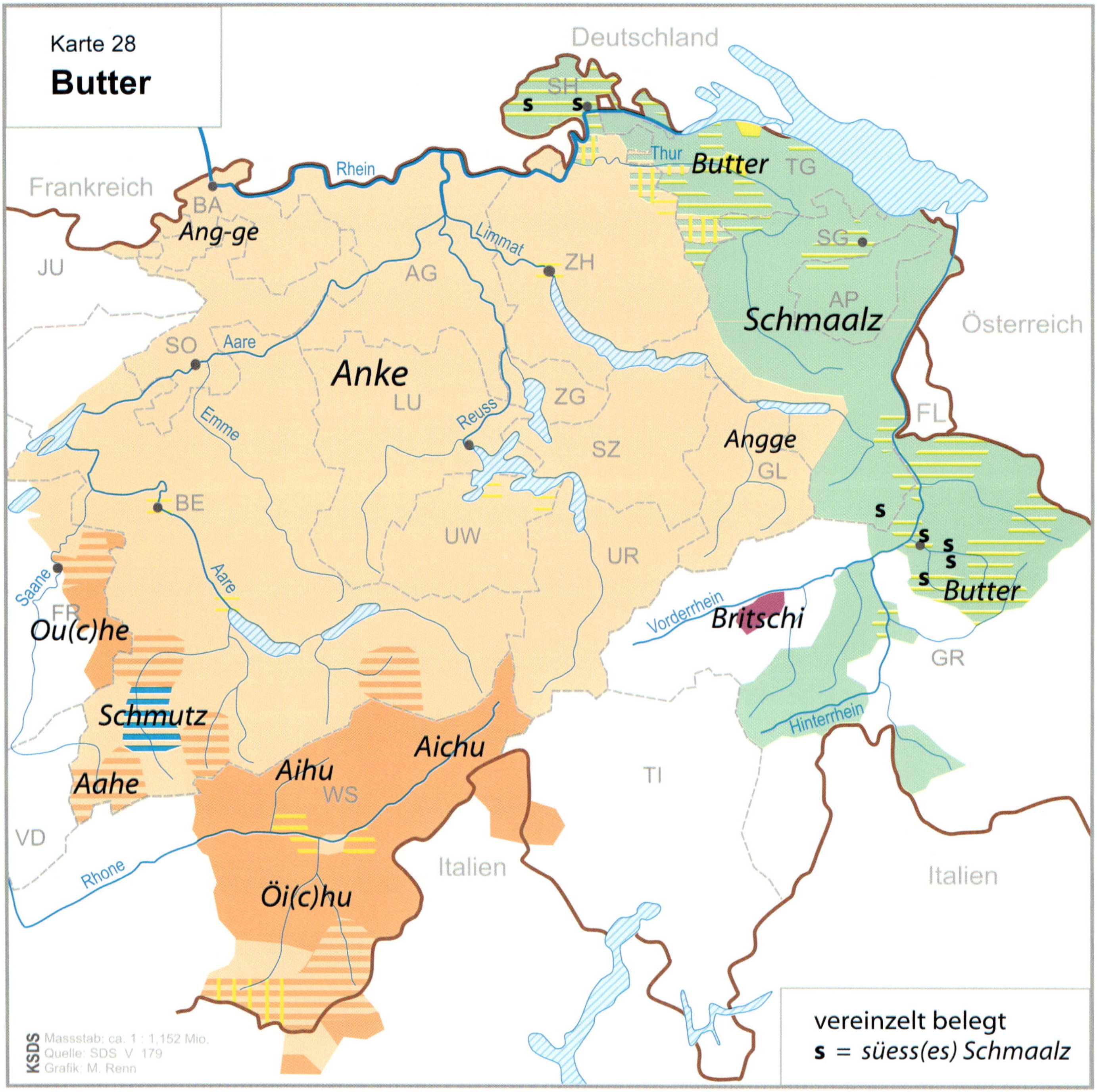
Karte 28
Butter
Deutschland
Frankreich
Österreich
Italien
Italien
Rhein
Limmat
Aare
Emme
Reuss
Saane
Thur
Vorderrhein
Hinterrhein
Rhone
SH
TG
SG
AP
BA
JU
AG
ZH
SO
LU
ZG
SZ
GL
FL
BE
UW
UR
GR
FR
VD
WS
TI
Butter
Schmaalz
Ang-ge
Anke
Angge
Butter
Britschi
Ou(c)he
Schmutz
Aahe
Aihu
Aichu
Öi(c)hu
s
KSDS Massstab: ca. 1 : 1,152 Mio.
Quelle: SDS V 179
Grafik: M. Renn
vereinzelt belegt
s = süess(es) Schmaalz

Traditionell liess man die Milch zur Herstellung von Butter in so genannten Aufrahmgefässen einige Zeit stehen. Der Rahm, der sich in dieser Zeit oben absetzte, wurde mit einer Abrahmkelle abgeschöpft. Er musste anschliessend eine Weile reifen, bevor er weiterverarbeitet werden konnte. In einem nächsten Schritt schlug man den Rahm in einem Stoss-, Dreh- oder Rührbutterfass (resp. bei kleineren Mengen für den eigenen Haushalt in einem Butterglas) so lange, bis die Fettkügelchen des Milchfettes zerstört waren und das ausgetretene Fett zusammenklebte. Die so entstandene Butter wurde anschliessend in kaltem Wasser ausgewaschen und zu einer geschmeidigen Masse geknetet, bevor man sie zu *Ankeballe* oder mit Hilfe eines Buttermodels zu *Ankemödeli* formte. Um zu verhindern, dass die Butter ranzig wurde, konnte sie gesalzen oder gesotten werden. Bei letzterem erhitzte man die Butter, so dass das restliche Wasser verdampfte und das Eiweiss als bräunlicher, flockiger Rückstand ausgeschieden wurde (s. Karte 70 *Butterrückstand*).

Die nebenstehende Karte illustriert die verschiedenen Bezeichnungen für die Butter. Die grösste Verbreitung weist traditionell der Ausdruck **Anke** auf. Diese Bezeichnung ist im Althochdeutschen als *anko* belegt und reicht über die Schweizer Grenze ins Elsass und den angrenzenden westlichen süddeutschen Raum. Es handelt sich ursprünglich um ein altes indogermanisches Wort, dessen Grundbedeutung 'Salbe, Schmiere' ist. Die lautlichen Varianten von *Anke* folgen den gleichen lautgesetzlichen Entwicklungen wie *trinke* (s. Karte 97 *trinken*). Die Bezeichnung tritt folglich im Nordwesten als *Ang-ge*, in Glarus als *Angge* auf. Durch die lautlichen Veränderungen, die mit dem ▶ Staubschen Gesetz erklärt werden können, sind in den südlichen Gebieten Formen wie *Aichu*, *Öichu*, *Ouche* entstanden. Durch die Weiterentwicklung des ▶ Reibelauts *ch* zu einfachem ▶ Hauchlaut *h* finden sich weitere Formen wie *Aahe*, *Öihn*, *Ouhe*. Ältere Quellen belegen, dass die Formen ohne *-nk-* früher verbreiteter waren, dann aber durch die verkehrsgängige Form *Anke* ersetzt wurden.

Im Osten und im Kanton Graubünden wird die Bezeichnung **Schmaalz** verwendet, zur Differenzierung von eingekochter Butter auch präzisierend *süess(es) Schmaalz*. Das Wort erscheint als *der* oder *das Schmaalz*, zudem selten mit kurzem *a* als *Schmalz*. Der Ausdruck ist ebenfalls im Althochdeutschen als *smalz* belegt. Es handelt sich dabei um eine Ableitung des Verbs *schmelzen*. Als Grundbedeutung von *Schmalz* ist deshalb 'ausgelassenes Fett' anzunehmen. Sofern das Wort in der übrigen Deutschschweiz in Verwendung ist, wird mit *Schmalz* wie im Hochdeutschen Fett von Schweinen, Kühen, Ziegen, Schafen, z. T. auch von Hunden, Katzen und Murmeltieren bezeichnet. Das Wort ist aber im Norden und Osten über die Schweizer Grenze hinaus in der Bedeutung 'Butter' bekannt.

Ebenfalls vorwiegend im Osten tritt der Ausdruck **Butter** auf, eine über das Lateinische kommende Entlehnung aus dem Griechischen, die übersetzt soviel wie 'Kuhquark' bedeutet. Das Wort ist erst im Mittelhochdeutschen belegt. Im Gegensatz zum Hochdeutschen heisst es im Schweizerdeutschen wie auch in anderen Dialekten meist ***der*** *Butter*. Vereinzelt wurde im westlichen Berner Oberland die Bezeichnung **Schmutz** angegeben. Das Wort ist im späten Mittelhochdeutschen als *smuz* 'Schmiere, Fett' belegt. Ähnlich wie *Schmalz* bezeichnet *Schmutz* an den meisten Deutschschweizer Orten tierisches Fett verschiedener Herkunft und Qualität, das teils zum Kochen, teils auch (oder nur) zu anderen Zwecken, beispielsweise als Salbe oder Schmiere, Verwendung findet. Im Hochdeutschen hat *Schmutz* die Bedeutung von 'Dreck'.

Der in Obersaxen GR verzeichnete Ausdruck **Britschi** ist eine Verkleinerungsform zu *Bruut* 'Braut'. Als *Bruut* wird auch ein Butterballen von 1–2 Pfund Gewicht bezeichnet sowie ein Butterbrot. Wie es zu dieser Bedeutungsentwicklung gekommen ist, bleibt allerdings unklar.

Im ▶ Sprachatlas der deutschen Schweiz und im ▶ Schweizerischen Idiotikon wird erwähnt, dass es sich beim Wort *Butter* meist um eine neuere Entlehnung aus dem Hochdeutschen handelt. Eine aktuelle Umfrage zur Bezeichnung der Butter in der Mundart hat gezeigt, dass sich das Wort *Butter* im Vergleich zur nebenstehenden Karte weit ausgebreitet hat und mittlerweile fast in der ganzen Deutschschweiz flächendeckend verwendet wird (s. Online-Befragung, S. 338). Ein Rückgang lässt sich dagegen bei den Bezeichnungen *Schmaalz* und *Aache* feststellen, wohingegen der Ausdruck *Anke* in seinem angezeigten Verbreitungsgebiet weiterhin stark verankert ist.

Das Nebeneinander von *Anke* und *Butter* kommt auch in folgendem Schnellsprechvers und Kinderlied zum Ausdruck: *Hinderem Münschter het es Ankeweggemeitli Butterwegge feil/Hinderem Münschter het es Ankeweggemeitli feil/Ankeweggemeitli Butterweggefeil/Butterweggemeitli Ankewegge feil/Hinderem Münschter het es Ankeweggemeitli feil.* MF

Karte 29

Flachkuchen mit Belag

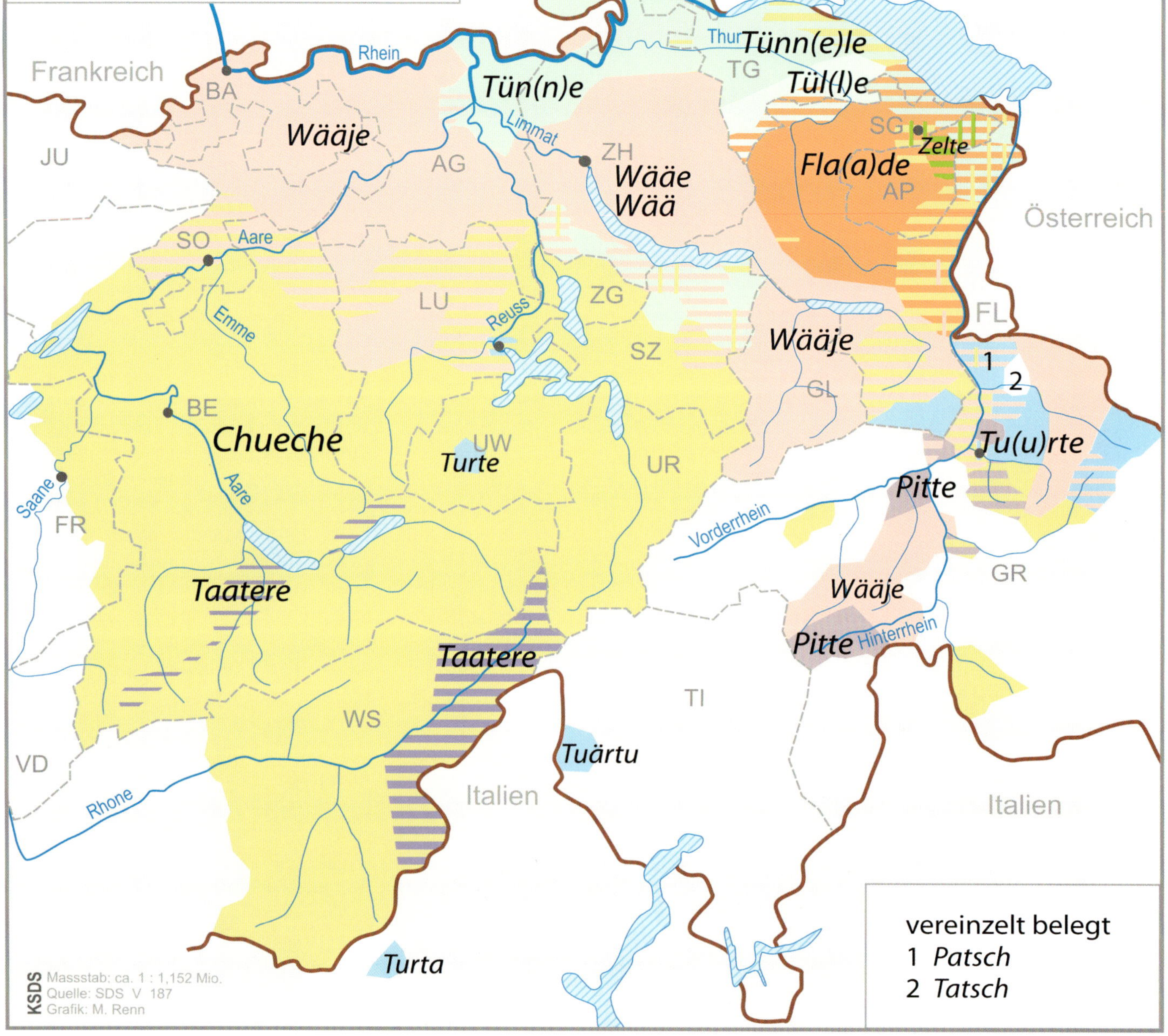

Flache, meist runde, Blechkuchen mit süssem oder salzigem Belag sind ein fester Bestandteil der heutigen Schweizer Esskultur und gehören zum regelmässigen Angebot der Bäckereien. Es handelt sich (vor allem im katholischen und gemischt-konfessionellen Osten) ursprünglich um eine Fastenspeise oder (vor allem im protestantischen Westen) um ein Festgebäck, welches aus teilweise mit zusätzlichen Zutaten verfeinertem Brotteig hergestellt wurde. Das Angebot ist noch heute mancherorts auf bestimmte Wochentage beschränkt und hängt insbesondere beim süssen Belag von den saisonal vorhandenen Früchten ab. Besonders beliebt ist der Belag mit Käse. In die alpinen Gebiete ist das Backwerk erst im Laufe des frühen 20. Jhs. eingedrungen.

Für den Flachkuchen sind mehrere ganz unterschiedliche, meist recht alte Bezeichnungen in Gebrauch, wobei **Chueche** und **Wähe** die flächenmässig bedeutendsten darstellen. Im Westen bis in die Innerschweiz bezeichnet *Chueche* den Flachkuchen (*Chäschueche*, *Chriesichueche*, *Böllechueche* usw.), während andernorts *Kuchen*, wie in der Schriftsprache, süsses Backwerk generell, vornehmlich ohne Belag, meint. Der schon im Althochdeutschen vorhandene *kuocho*, mit dem der engl. *cake* verwandt ist, ist in seiner weiteren Herkunft allerdings unklar. Es könnte sich um ein altes romanisches ▶ Lehnwort für ein schneckenförmiges Gebäck (letztlich aus lat. *cochlea* 'Schnecke') handeln.

Das nördlich und östlich anschliessende *Wähe (Wääje*, *Wääe*, *Wää)* ist ein auf das Schwäbisch-Alemannische begrenztes Wort, das auch in Baden und im südlichen Elsass den Flachkuchen bezeichnet. Es handelt sich mit grosser Wahrscheinlichkeit um eine alte Ableitung vom Verb *wehen*, was auf das Aufgehen des Teiges bezogen sein könnte. Die *Wähe*, teilweise auch ***der*** *Wää(e)*, hat sich im Laufe der Zeit insbesondere als Marktwort von Nordwesten nach Südosten ausgebreitet. Es dürfte heute von Zürich ausstrahlend einen noch grösseren Raum einnehmen als auf der Karte.

Die vor allem im Thurgau und in Schaffhausen beheimateten Bildungen **Tün(n)e**, *Tünn(e)le*, und daraus verkürzt *Tül(l)e*, stellen Ableitungen zum Adjektiv *dünn* dar und bezeichnen (wie schon das althochdeutsche Wort *dunni*) den Flachkuchen nach seiner äusseren Beschaffenheit. Diese und ähnliche Wortbildungen *(Dünne(le)*, *Dünnet)* werden auch jenseits des Rheins und Bodensees für Flachkuchen mit Belag gebraucht und waren früher wohl in einem grösseren Raum verbreitet, wie die Nennungen südlich des Zürichsees vermuten lassen.

In Appenzell und dem umgebenden St. Gallen hat sich das weit verbreitete Wort **Fladen** *(Flade*, *Flaade)*, das zu einer indogermanischen Wurzel für 'ausbreiten' gehört und schon in frühester Zeit ein flaches Gebäck bezeichnete, auf den belegten Flachkuchen spezialisiert. Neben *Flade* wird an wenigen (Appenzeller) Orten auch **Zelte** gebraucht, das ebenfalls ein altes, vor allem süddeutsch-bairisches Wort für flaches Gebäck darstellt. Die weitere Herkunft dieses Wortes, das daneben auch für kleines Zuckergebäck verwendet wurde (s. Karte 30 *Bonbon*), ist unklar.

Neben *Chueche* ist an einigen Orten im Wallis und Berner Oberland das Wort **Taatere** genannt worden, das ursprünglich einen vor allem mit Apfelmus belegten und mit Teigstreifen bedeckten Flachkuchen bezeichnete und dann wohl auf den ähnlichen, moderneren Flachkuchen mit Belag übertragen wurde. Die Form *Taatere* ist durch einen *r*-Verlust aus *Tartere*, das wiederum aus dem entlehnten *Tarte* abgeleitet ist, entstanden. Ebenfalls als Entlehnung ist **Turte** (auch *Tuurte*, *Turta*, *Tuärtu*) einzuordnen, das aus dem italienischen Wort *torta* (mit ▶ Hebung des Vokals zu *u*), aus franz. *tourte* oder aus bündnerrom. *tuorta* entstanden sein kann. Diese Wörter gehen wie das hochdeutsche *Torte* alle auf lat. *torquere* 'drehen' zurück, wozu das Substantiv *torta* 'gedrehtes Gebäck' gebildet wurde. Dieses verwendete man dann vor allem für verschiedenste feine Gebäcke, dabei eben auch für den Flachkuchen. Eine auf Graubünden beschränkte Entlehnung ist die **Pitte**. Sie geht auf das lokale bündnerrom. *pitta* zurück, das einen flachen Brotkuchen bezeichnet, und wurde behelfsmässig auf den (zunächst noch wenig bekannten) ähnlichen, belegten Flachkuchen übertragen.

Patsch und **Tatsch** sind lautmalerischen Ursprungs und für verschiedene flache Speisen (Pfannkuchen o.Ä.) gebraucht. Dieser Ursprung liegt auch dem bayrischen *Zwetschgendatschi* zugrunde. EG

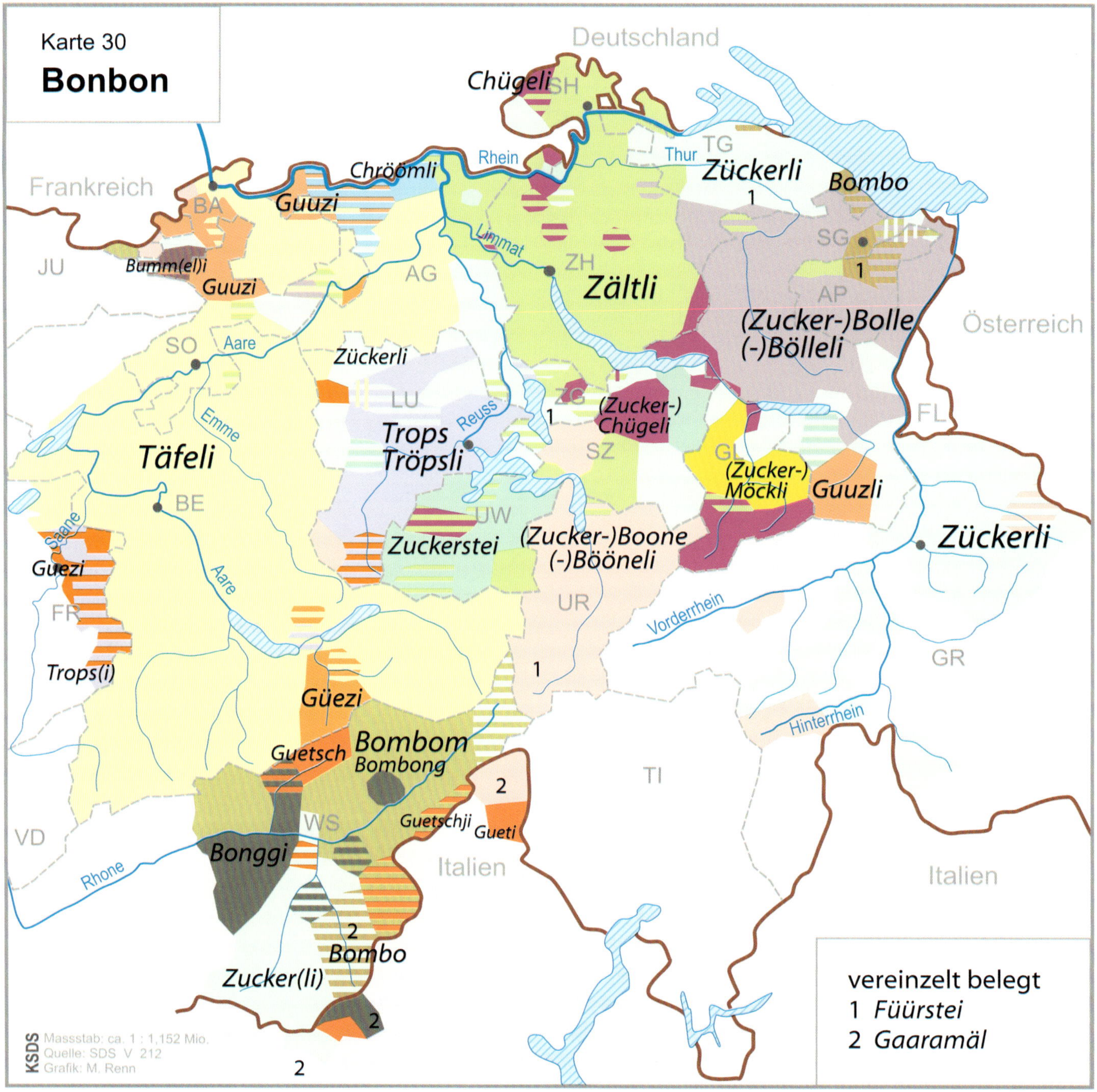

Karte 30
Bonbon
Deutschland
Frankreich
Österreich
Italien
Italien
Chügeli
SH
Chröömli
Rhein
Thur
TG
Zückerli
1
Bombo
BA
Guuzi
JU
Bumm(el)i
Guuzi
AG
Limmat
ZH
Zältli
SG
1
AP
(Zucker-)Bolle
(-)Bölleli
SO
Aare
Zückerli
LU
Reuss
Trops
Tröpsli
ZG
1
(Zucker-)
Chügeli
FL
Emme
Täfeli
SZ
GL
(Zucker-)
Möckli
Guuzli
BE
UW
Zuckerstei
(Zucker-)Boone
(-)Bööneli
Zückerli
Saane
Guezi
Aare
FR
UR
Vorderrhein
Trops(i)
1
GR
Güezi
Hinterrhein
Bombom
Bombong
Guetsch
TI
2
WS
Guetschji
Gueti
VD
Bonggi
Rhone
2
Bombo
Zucker(li)
2
2
vereinzelt belegt
1 Füürstei
2 Gaaramäl
KSDS
Massstab: ca. 1 : 1,152 Mio.
Quelle: SDS V 212
Grafik: M. Renn

Die Karte weist einen Teil der Vielfalt an Bezeichnungen aus, mit denen man das Bonbon benennt, eine Süssigkeit, die durch Einkochen von Zucker und Stärkesirup unter Zugabe von geschmacksgebenden Substanzen hergestellt wird.

Das älteste Süssungsmittel ist der Honig, der bis ins 18. Jh. der gewöhnliche Süssstoff blieb. Der Zucker, der als flüssiger Zuckersirup aus dem Zuckerrohr gewonnen wurde, gelangte mit den Kreuzfahrern als Luxusgut nach Europa, wo man ihn von Venedig aus vertrieb. Erst als um 1800 Zucker aus den einheimischen Zuckerrüben gewonnen werden konnte, wurde das Produkt erschwinglich und konnte den Honig ersetzen.

Die Bezeichnungen, die im Schweizerdeutschen vorkommen, sind meistens nicht auf eine Region beschränkt; zudem ist häufig ein Nebeneinander von konkurrenzierenden Bezeichnungen festzustellen, die verschiedene Bezeichnungsmotive erkennen lassen. Einige Wörter beziehen sich auf den Grundstoff des Bonbons: **Zucker** sowie dessen Verkleinerungsformen **Zückerli**, **Zuckerli**. Das Wort *Zucker* wurde aus ital. *zucchero* entlehnt; dieses geht auf lat. *saccharon* zurück, das aus griech. *sakcharon* stammt, welches über arab. *sukkar* und pers. *šäkär* aus altind. *śárkarā* 'Sandzucker' (eigentlich 'Kies, Geröll, Griess') kommt. Auf dasselbe Bezeichnungsmotiv weist das nur vereinzelt belegte **Gaaramäl**, das ursprünglich auf span. *caramelo* 'Bonbon', dieses seinerseits auf lat. *canna melis* 'Zuckerrohr' zurückgeht. Aufgrund des räumlichen Vorkommens dürfte es sich in der Schweiz jedoch um eine Kontakterscheinung mit ital. *caramella* 'Bonbon' handeln.

Andere Bezeichnungen nehmen Bezug auf die äussere Form der Süssigkeit, so **Täfeli** (nach der in Stücke geschnittenen tafelartigen Zuckermasse), **Chügeli**, **Bolle**, **Bölleli** (nach der runden Form), **Boone**, **Bööneli** (nach der Ähnlichkeit mit einer Bohne). Diese Bezeichnungen sowie **-möckli** (im Sinne von 'Brocken') kommen auch als Grundwörter vor, die durch *Zucker* näher bestimmt werden wie z. B. *Zuckerchügeli*. Bezeichnungen mit dem Grundwort *Stein* (**Zuckerstei**) mögen sich ebenfalls auf das Äussere der Süssigkeit beziehen, die durch Abschlagen vom Zuckerhut, einer frühen gebräuchlichen Handelsform des Zuckers, zustande kam. Beim nur vereinzelt belegten **Füürstei** dürfte die gelegentliche Mehrfarbigkeit von Bonbons zur Übertragung geführt haben. *Füürstei* wird jedoch in vielen Gegenden nicht für ein gewöhnliches Bonbon verwendet, sondern für ein in farbiges Papier gewickeltes und mit einem Sinnspruch versehenes Bonbon, das zu besonderen Gelegenheiten wie Hochzeiten verschenkt wird. Bei den Bezeichnungen **Trops**, **Tröpsli**, **Tropsi** ist ungeklärt, ob sie direkt aus dem Englischen (*drops* 'Tropfen') oder aus dem Hochdeutschen entlehnt wurden. Beim Bezeichnungsmotiv ist an den beim Früchteeinkochen anfallenden Schaum zu denken, der als tropfenartige Süssigkeit ausgesondert und geschleckt wurde. Bei der Bezeichnung **Zältli** (Verkleinerungsform zu ahd. *zelto* 'flacher Kuchen') kann es sich sowohl um eine Übertragung aufgrund der Form aber auch aufgrund des Geschmacks des Bonbons handeln.

Inhaltlich in einem Zusammenhang mit dem Wohlgeschmack der Süssigkeit stehen die Bezeichnungen **Guuzi**, **Guuzli**, **Guetsch** und ähnliche Ausdrücke, bei denen es sich um Substantivierungen des Adjektivs *gut* handelt, zu denen unterschiedliche Verkleinerungsformen getreten sind. Dasselbe Bezeichnungsmotiv steht hinter **Bombom** und wohl auch **Bonggi**, die aus dem franz. *bonbon* (zu *bon* 'gut') entlehnt sind.

Bei der Bezeichnung **Chröömli** (zu mhd. *krâm(e)* 'ausgespanntes Tuch, Kaufmannsbude, Mitbringsel') wurde im Laufe der Zeit eine früher allgemeine Bezeichnung ('Mitbringsel') zu einer spezifischen ('Bonbon') eingeschränkt.

Die Verbreitungsgebiete einzelner Bezeichnungen sind heute grösser geworden; insbesondere erhält *Bonbon* – wahrscheinlich gestützt durch das Hochdeutsche – vielerorts Zuspruch. Als interessante Neuerung erweist sich die gelegentlich vorkommende Bezeichnung **Sugus**: Hier ist der Markenname eines verbreiteten Industrieprodukts zur Gattungsbezeichnung geworden. HC

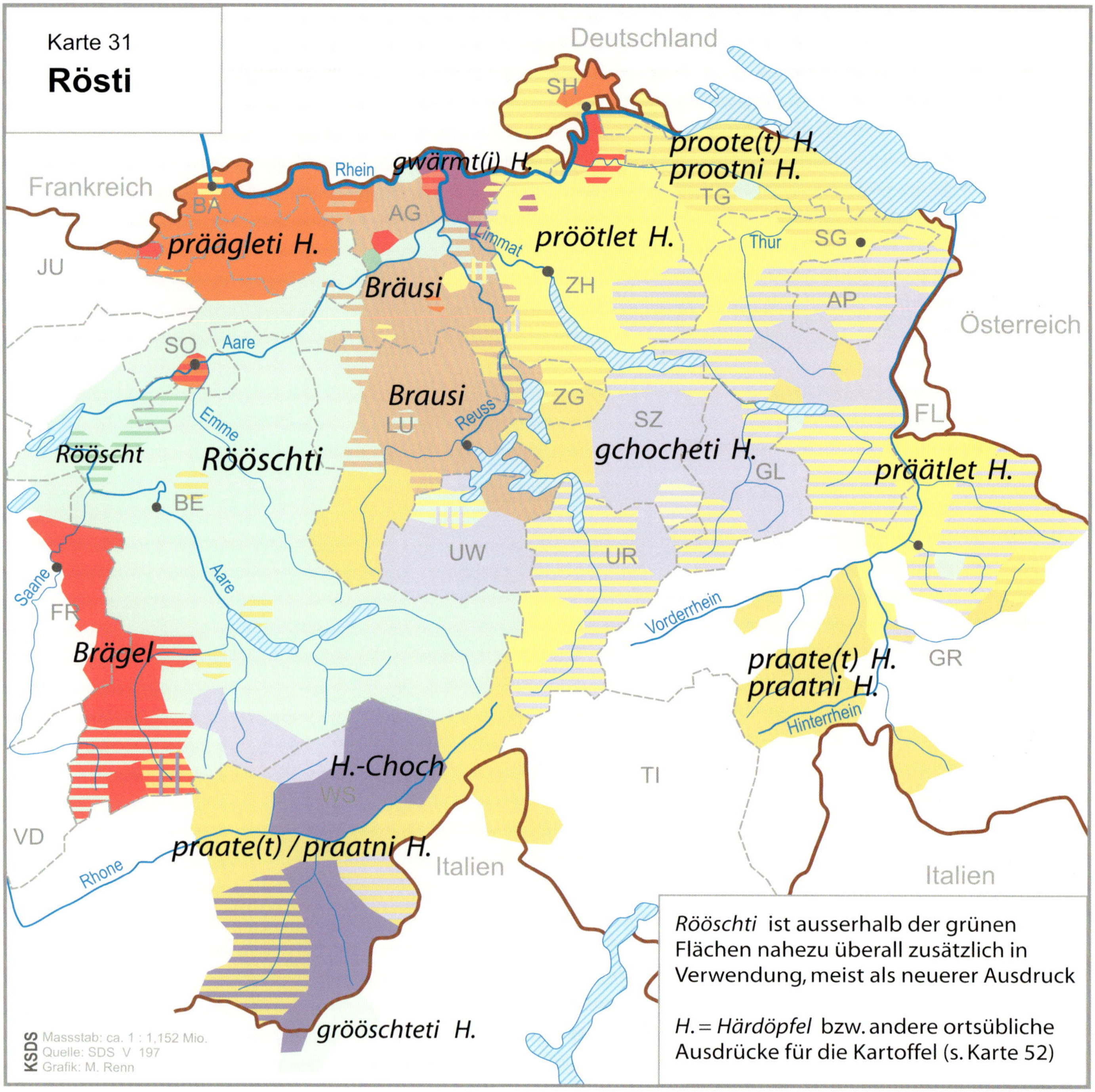

Rööschti ist ausserhalb der grünen Flächen nahezu überall zusätzlich in Verwendung, meist als neuerer Ausdruck

H. = *Härdöpfel* bzw. andere ortsübliche Ausdrücke für die Kartoffel (s. Karte 52)

Das in der Schweiz traditionell verbreitetste Kartoffelgericht besteht aus gesottenen (seltener aus rohen), in Fett gebratenen Kartoffeln. Früher wurden die Kartoffeln in Scheiben geschnitten, jetzt werden sie üblicherweise geraffelt. Für das Gericht, das heute auch im Schweizer Hochdeutschen Rösti heisst, waren früher zahlreiche Bezeichnungen üblich.

Die Benennungen wurden nach zwei sprachlichen Verfahren geprägt. In der Ostschweiz und im gesamten Alpengebiet wird das Gericht durch die ortsübliche Bezeichnung der *Kartoffel* (s. Karte 52) und ein Partizip des Zubereitungsverbs beschrieben (*prröötlet Härdöpfel*, *gchochet Gummel* usw.), in der westlichen Deutschschweiz erhielt es eine Einwortbezeichnung (*Brägel*, *Rööschti*, *Brausi* usw.). Dieser Unterschied deckt sich erstaunlich genau mit den regionalen Essgewohnheiten: Im Gebiet der beschreibenden Ausdrücke war die Rösti als Frühstücksgericht der bäuerlichen Bevölkerung unbekannt oder wurde von andern Gerichten (vor allem aus Mais) konkurrenziert; im Gebiet der Einwortausdrücke kam die Rösti dagegen jeden Morgen auf den Tisch. Die Häufigkeit des Gebrauchs bestimmt also die Sparsamkeit des Ausdrucks.

In den beschreibenden Ausdrücken kommt als Verb am häufigsten **braate/broote** vor, die grundlegende Zubereitungsweise in der Pfanne. Die Verkleinerungsform **bräätle/bröötle** meint noch exakter das Braten auf kleinem Feuer. Das lautmalende Verb **brägle** bezeichnete ursprünglich das Geräusch herunterkollernder Steine und wurde dann auf das brutzelnde Braten in Fett übertragen. Im Gegensatz zu *brägle* meinte **rööschte** zunächst das Braten auf dem Rost: *[Fleisch] röstet [der Koch] auf dem Rost oder breglet es in einem ährinen Kessin* (Schaffhausen 1667). In einem beschreibenden Ausdruck kommt das Partizip von *rööschte* nur in den Südwalser Mundarten vor, ev. beeinflusst von ital. *arrostire*. Das einfache Wort *Rööschti* zeigt jedoch, dass *röösten* auch weiter herum für das Braten in der Pfanne verwendet werden konnte. Beschreibende Ausdrücke mit **choche** waren im gesamten Alpengebiet üblich, sind dann aber durch präzisere Fügungen mit *braate/bräätle* verdrängt worden. Noch weniger genau ist die Beschreibung mit **wärme**, die auf die Grafschaft Baden beschränkt ist, wo die Rösti als Frühstücksspeise wenig bekannt war.

Die Einwortbezeichnungen im Westen galten schon vor der Einführung der Kartoffel für gebratene Speisen, besonders für geröstetes Mehl, und wurden dann auf das Kartoffelgericht übertragen. Es handelt sich um Ableitungen von verschiedenen Verben des Kochens, die ohne Endung *(der Choch*, *Rööscht*, *Brägel)* oder mit der schweizerdeutschen Ableitungssilbe *-i* gebildet sein können *(d Rööschti*, *s Brausi/Bräusi)*.

Walliserdeutsch **Choch** hat die allgemeinste Bedeutung, 'was auf ein Mal für eine Mahlzeit gekocht worden ist', und wird deshalb immer durch ein Bestimmungswort präzisiert: *Härdöpfel-Choch* usw.

Brägel ist geographisch auf Deutschfreiburg, Guggisberg und Saanen begrenzt. **Brausi/Bräusi** zeigt die noch heute häufige Ableitungssilbe *-i* zum älteren schweizerdeutschen Verb *branse/bränse* 'anbrennen, rösten'. *Brausi/Bräusi* ergab sich durch das ▸ Staubsche Gesetz, das z.B. auch für die Aussprache *Hausi* für *Hansi* verantwortlich ist. Der Umlaut in *Bräusi* erklärt sich durch das *i* in der althochdeutschen Verbform. Da im Schweizerdeutschen der Umlaut nicht immer eingetreten ist, blieb *Brausi* neben *Bräusi* bestehen.

Das ehemals auf den Kanton Bern beschränkte Wort **Rööschti** ist seit Jahrzehnten überall neben den älteren bodenständigen Wörtern gebräuchlich und hat sie heute weitgehend verdrängt. Dabei halten sich nach neusten Umfragen die Einwortausdrücke *Brägel* und *Brausi/Bräusi* zumindest in bäuerlichen Kreisen noch recht gut, während die beschreibenden Ausdrücke überall am Verschwinden sind (s. Online-Befragung, S. 338). In der Schweiz dürfte der Erfolg des Wortes *Rööschti* zunächst durch sein grosses ursprüngliches Verbreitungsgebiet begründet worden sein, aber auch die Einwortigkeit und der einleuchtende Zusammenhang mit *rösten* mögen dazu beigetragen haben. Ausserhalb Berns griffen zuerst die Gaststätten die Bezeichnung auf. Die regionale, aber einfache Lautform und die typische Endung *-i* machen sie gleichzeitig zu einer perfekten Benennung für ein *produit du territoire*, das international vermarktet werden will. Das Wort *Rösti* ist, vor allem seit der Herstellung als Konserve, zu einer eigentlichen Produktbezeichnung geworden und findet sich nicht nur im Duden, sondern auch in den Wörterbüchern vieler europäischer Sprachen. WH

Karte 32
gekochte Kartoffeln schälen
Deutschland
Frankreich
Österreich
Italien
Italien
SH
BA
TG
SG
AP
ZH
AG
JU
SO
LU
ZG
SZ
FL
GL
BE
UW
UR
FR
GR
TI
WS
VD
Rhein
Thur
Limmat
Aare
Emme
Reuss
Aare
Saane
Vorderrhein
Hinterrhein
Rhone
schel(l)e
schinde
schinde
schinte
bschniide
uusmache
schööne
scheen(n)e
abmachu
päälu
pealu
1
2
3
4
5
vereinzelt belegt
1 schelfere
2 putze
3 hute
4 rüschte
5 d Hilscha drabtüe
KSDS
Massstab: ca. 1 : 1,152 Mio.
Quelle: SDS V 202
Grafik: M. Renn

Die nebenstehende Karte zeigt die typische dialektgeographische Zweiteilung der Deutschschweiz, wobei das nördliche und östliche *schel(l)e* einer etwas grösseren Bezeichnungsvielfalt im Westen und Südwesten gegenübersteht. Die Reuss-Grenze scheint hier mit klassischen ▶ West-Ost-Gegensätzen übereinzustimmen, wie man sie etwa von der *Bränte-Tause*-Scheide kennt (s. Karte 72 *Rückentraggefäss für den Milchtransport*). Einzig im Norden ist die Grenze durchbrochen, indem das *schel(l)e*-Gebiet auch noch in die nördlichen Teile der Kantone Aargau und Solothurn sowie Basel ausgreift. Auf der Gegenseite erscheint *schinde* auch noch inselhaft in einem kleinen Gebiet der Ostschweiz. Diese Zweiteilung ist insofern von Interesse, als die Kartoffel erst seit dem 16./17. Jh. angebaut wird, während die bekannten Sprachgrenzen vermutlich schon älter sind. Die klare Grenze hat also möglicherweise mehr mit den Begriffen für das Schälen (möglicherweise auch von anderen Knollenfrüchten und Gemüsen) zu tun, weniger mit dessen Objekten. Die Kartoffel selbst birgt trotz ihres geringen Alters in der Schweiz eine bemerkenswerte Wortvielfalt (s. Karte 52 *Kartoffel*).

Die beiden Verben **schel(l)e** und **schinde** sind Ableitungen von 'Haut, Hülle' und bedeuten wörtlich und unspezifisch 'eine Haut, Hülle, Schale entfernen'. Dasselbe gilt auch für **schelfere**, **hute** und **päälu/pealu**. Letztere sind jedoch direkt aus dem lombard. *pela* 'schälen, Haare, Haut entfernen' entlehnt. Auch bei **abmachu** und **d Hilscha drabtüe** steht die Haut im Fokus der Motivik. Auf das Instrument verweist indessen **bschniide**.

Einen interessanten Blickwinkel verrät **uusmache** im Entlebuch: Gemeint ist 'die Hülle von ihrem Inneren freimachen'. So bedeutet das Wort (in anderen Regionen) etwa auch 'den Stall ausmisten, ein Gefäss leeren; ein Tier ausweiden' usw.

Die Ausdrücke **schööne**, **putze** und **rüschte** schliesslich verweisen auf das 'schön, sauber machen, herrichten'.

Interessanterweise ist die Begrifflichkeit für das Schälen von rohen Kartoffeln eine andere und entspricht in weiten Teilen derjenigen für das Schälen eines Apfels. Hier stehen sich insbesondere *bschniide* im Osten und *schääre* bzw. *rüschte* im Westen gegenüber. Wie auch für das Schälen gekochter Kartoffeln gelten im Südwesten dieselben Verben *schööne* bzw. *scheene*. Hier wird terminologisch also nicht differenziert.

Die Verteilung mancher Ausdrücke gilt übrigens nicht nur für die Kartoffel, sondern beim reflexiven Gebrauch auch für die Haut. Nach einem Sonnenbrand *schintet* sich also im Westen die Haut, im Osten *schelt* und im Südwesten *scheent* sie sich. Das Verb *scheenen* benennt den Vorgang – zumindest aus früherer medizinischer Sicht – also treffend, wenn man bedenkt, dass sich nach einem Sonnenbrand die Haut durch das Abschälen der oberen Schicht wieder in alter Frische und Schönheit präsentiert. MHG

Karte 33

zu wenig gesalzen

von der Suppe

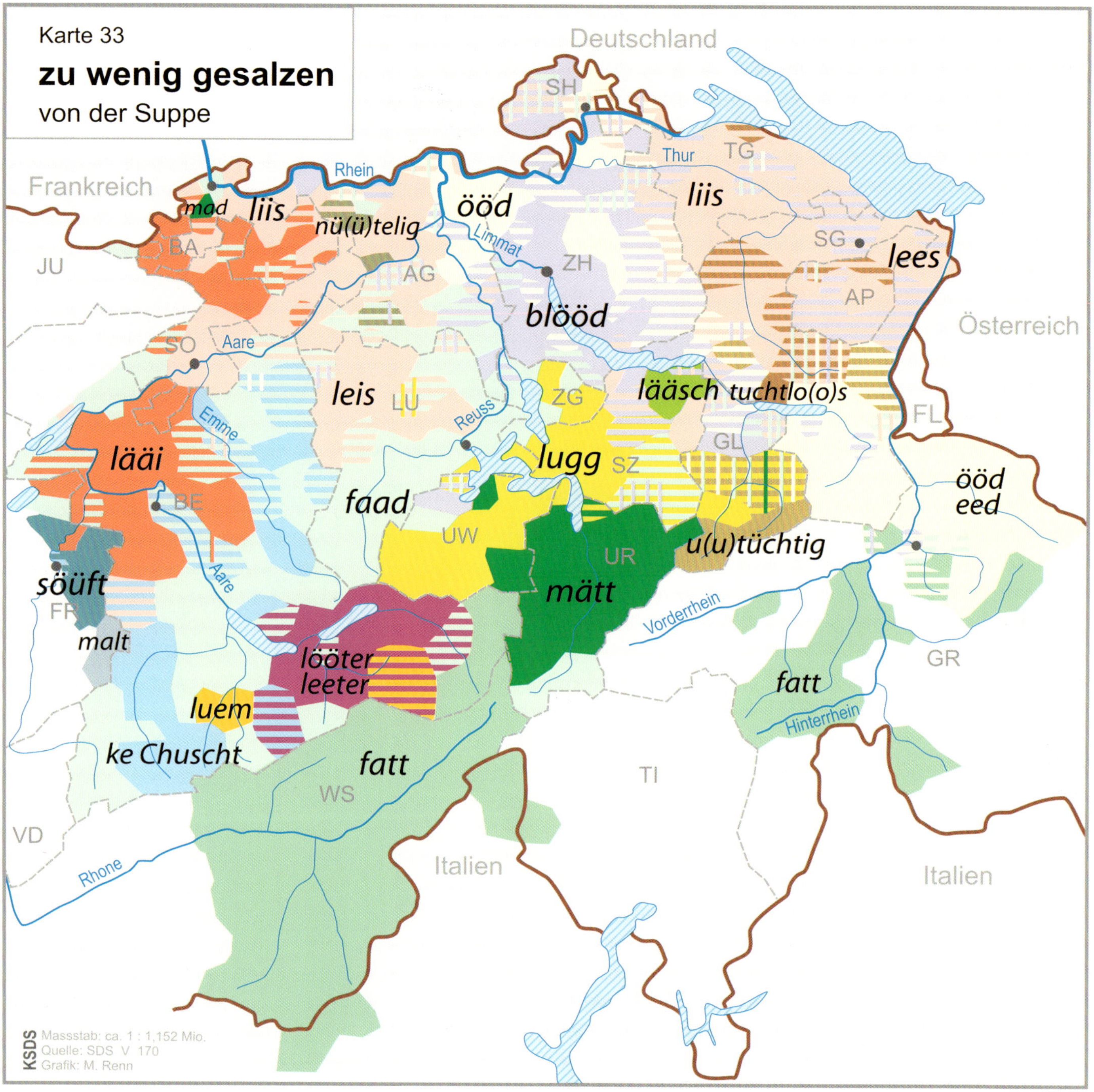

Das Speisesalz spielt in der Ernährung eine herausragende Rolle. Ausser zum individuellen Würzen ist Speisesalz bei der Herstellung von Fleisch- und Wurstwaren, Brot und Käse unentbehrlich. Im Mittelalter und in der frühen Neuzeit galt Salz als teure Kostbarkeit, die auf den damaligen Handelswegen (Salzstrassen) importiert werden musste. Der Verkauf des Salzes war durch individuelle und ab dem 17. Jh. zunehmend durch kantonale Monopole geregelt. Erst der Bau der Eisenbahn erleichterte die Einfuhr von Salz, welches für die alpine Viehwirtschaft vor allem aus den Salzbergwerken von Hall im Tirol bezogen wurde, und trug zu dessen Verbilligung bei. Im 16. Jh. begann der – wenig ergiebige – Salzbergbau im waadtländischen Bex. Anfang des 19. Jhs. wurden die ersten Salinen in der Nordwestschweiz eröffnet.

Mit Salz, dem in Zürich 1955 als erstem Kanton Fluorid zur Prophylaxe von Karies und Kröpfen zugesetzt wurde, werden fast alle Speisen gewürzt. Fehlt das – auch sprichwörtlich gewordene – *Salz in der Suppe*, so schmeckt sie fade. Zur Bezeichnung dieser Geschmacksempfindung fehlte lange Zeit ein eigenes Wort. Die dialektalen Varianten lassen erkennen, mit welchen sprachlichen Verfahren man diesem Fehlen begegnet ist. Zum einen wurde 'fade' als Leere oder als Mangel (eines Geschmacks) sprachlich gefasst, wie etwa durch die Umschreibung **ke Chuscht** (auch *uchüschtig*) zu *Chuscht* 'Geschmack'. Letzteres ist eine Substantivbildung zum mittelhochdeutschen Verb *kosten* 'schmeckend prüfen' und kommt im Bernischen und in der Stadt Freiburg vor. Im Aargau wird vereinzelt das Adjektiv **nü(ü)telig** 'nach nichts schmecken', eine Ableitung zu *nüüt* 'nichts', verwendet (s. Karte 4 *nichts*). Die Formen **tuchtlo(o)s** und **u(u)tüchtig** enthalten das Substantiv mhd. *tuht* 'Tüchtigkeit, Kraft', das mit *-los* resp. *un-* verneint wird. Das Adjektiv **ööd** oder **eed** (zur ▶ Entrundung s. Karte 88 *Mäuse*) hat sich in Teilen der östlichen Deutschschweiz aus mhd. *œde* 'eitel, leer' zu 'leer von Salz' entwickelt. Im Berner Oberland wird **lööter** und dessen entrundete Form **leeter** gebraucht, die mit dem Wort *löötig* 'völlig, bar, lauter' (*löötigs Wasser* 'Wasser ohne Zusatz') verwandt sind. Die Bedeutung des Wortes **lääsch** gibt das ▶ Schweizerische Idiotikon mit 'leer' an, während es im Grimmschen Wörterbuch als Variante zu *lasch* 'schlaff, matt, träge' angeführt wird, was zu einem zweiten inhaltlichen Typus überleitet.

Für 'fade' wurden teilweise Eigenschaftswörter aus anderen Sinnesbereichen auf den Bereich der Geschmacksempfindung übertragen oder ausgeweitet. So geht das eher in der östlichen Deutschschweiz gebräuchliche **blööd** auf mhd. *blœde* 'schwach, zart, zaghaft' zurück. Die Geschmacksbezeichnungen **liis**, **lees** und **leis** stehen in Zusammenhang mit mhd. *lîs*, das ursprünglich für eine langsame und sachte Gangart verwendet wurde und heute vor allem für Hörempfindungen (z.B. *liislig* 'leise') gebräuchlich ist. Die Formen *lees* und *leis* haben ihren Ursprung in der um *n* erweiterten Formvariante *lins*, bei der das ▶ Staubsche Gesetz wirksam wurde, welches das *n* tilgte und den Vokal veränderte (s. Karte 100 *Zins*). Das ausschliesslich im Kanton Freiburg vorkommende **söüft** geht auf das mittelhochdeutsche Adjektiv *senfte* 'sanft' zurück, das zuerst durch das Staubsche Gesetz, dann durch die Vokalrundung (*seift* wird zu *söüft*) zur heutigen Lautung fand. Ob das um Jaun belegte **malt** mit *mild* in einem Zusammenhang steht, muss offen bleiben. Zumindest die inhaltliche Anknüpfung ähnelt jener von *söüft*. Auf Kleinstlandschaften des Berner Oberlandes beschränkt ist **luem**, das sich aus einem ahd. *luomi* 'nachgiebig, müde' resp. mhd. *lüeme* 'matt, sanft' entwickelt hat. Das auf die Innerschweiz beschränkte **lugg** geht auf mhd. *lücke*, *lugg(e)* 'locker' zurück. Während mundartliche Formen wie *lääi*, *löi* oder *leeb* mit der Bedeutung 'lau' allgemein zur Bezeichnung eines bestimmten Wärmeempfindens verwendet werden, wird **lääi** im nördlichen Kanton Bern und in der Nordwestschweiz zusätzlich für das Geschmacksempfinden 'fade' gebraucht.

Zum dritten behalf man sich mit Entlehnungen aus anderen Sprachen. So wurde das Adjektiv **faad** oder **fatt** aus dem franz. *fade* 'fade' ins Deutsche entlehnt. Es ist mittlerweile zum gängigsten Wort in der Deutschschweiz geworden (s. Online-Befragung, S. 338). Das im Kanton Uri prominent vertretene **mätt**, dessen Umlaut sich wahrscheinlich einer Steigerungsform von *matt* verdankt, geht – wie auch das im baslerischen Therwil vorkommende **mad** – auf eine mittelhochdeutsche Entlehnung des altfranz. *mat* 'kraftlos' zurück.

Der Flickenteppich an verschiedenen Versprachlichungsmöglichkeiten, die häufig auch an einem einzigen Ort bestehen, mag seine Ursache im bloss häuslichen Gebrauch dieser Wörter haben. HC

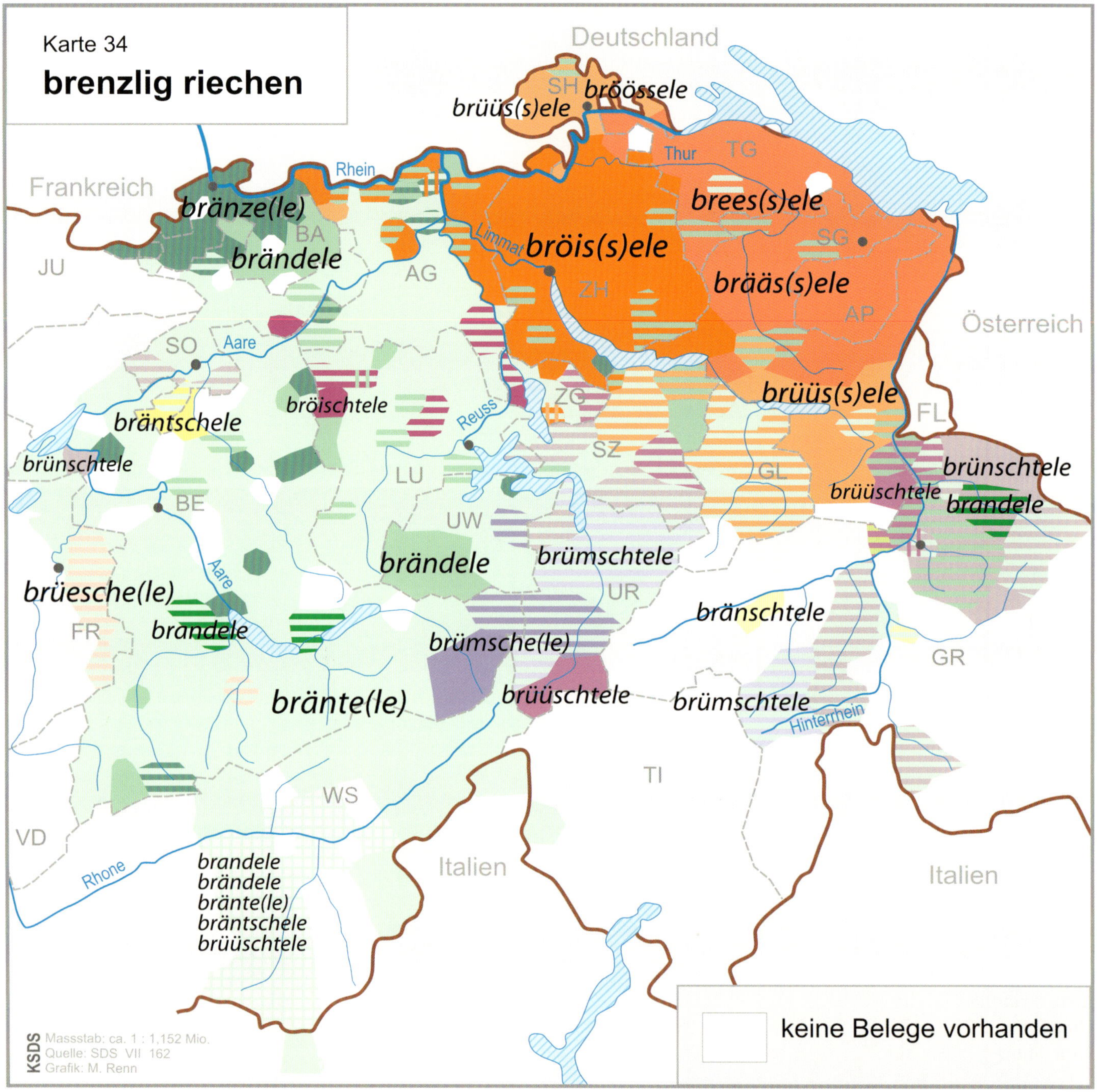
Karte 34
brenzlig riechen
Deutschland
Frankreich
Österreich
Italien
Italien
SH
TG
BA
JU
AG
ZH
SG
AP
SO
ZG
FL
SZ
GL
LU
BE
UW
UR
FR
GR
TI
WS
VD
Rhein
Thur
Limmat
Aare
Reuss
Aare
Rhone
Hinterrhein
brüüs(s)ele
bröössele
bränze(le)
brees(s)ele
brändele
bröis(s)ele
brääs(s)ele
brüüs(s)ele
bröischtele
bräntschele
brünschtele
brünschtele
brüüschtele
brandele
brändele
brümschtele
brüesche(le)
brandele
bränschtele
brümsche(le)
bränte(le)
brüüschtele
brümschtele
brandele
brändele
bränte(le)
bräntschele
brüüschtele
keine Belege vorhanden
KSDS
Massstab: ca. 1 : 1,152 Mio.
Quelle: SDS VII 162
Grafik: M. Renn

Die Karte stellt die Bezeichnungen des Geruchs dar, der von Angebranntem herrührt. Dabei kann es sich um angebrannte Speisen oder angesengtes Tuch oder Haar u. Ä. handeln. Auch der Geruch, der in der Luft liegt, wenn es irgendwo brennt, wird mit diesen Ausdrücken bezeichnet. Die vielen schraffierten Gebiete sind im Allgemeinen darauf zurückzuführen, dass die verschiedenen vorkommenden Wörter jeweils unterschiedliche Gerüche bezeichnen. Häufig beziehen sich Wörter wie *brändele*, *bräntele* auf den brenzligen Geruch von Speisen, während mit *bröis(s)ele*, *brüs(s)ele* eher der Brandgeruch von Feuer bezeichnet wird. Das Umgekehrte kommt allerdings auch vor. Solche Differenzierungen sind in der Karte aber nicht erfasst. Die meisten dieser Wörter entsprechen einem allgemeinen Muster im Schweizerdeutschen für Geruchsverben. Man kann beliebig Geruchsverben bilden, indem man an ein entsprechendes Substantiv, Adjektiv oder auch Verb die Verkleinerungsendung *-ele* hängt. So kann man etwa sagen *es chlöörelet*, wenn beispielsweise Leitungswasser nach Chlor riecht, *es böckelet*, wenn Fleisch nach Schafbock riecht, oder es *süürelet*, wenn etwas säuerlich riecht.

Die Bezeichnung **bränzele** ist von einem Verb *brenzen* 'brennen, verbrannt riechen' herzuleiten, das seinerseits eine ▶ Intensivierungsform zu *brennen* mit der Ableitungssilbe *-ezen* ist (wie etwa mundartlich *schletze* zu *schlagen*). Von *brenzen* ist auch das Adjektiv *brenzlig* abgeleitet. Die Bezeichnungen **brandele**, **brändele** und **bräntele** sind aus *Brand* abgeleitet; nach dem erwähnten Grundmuster bedeuten sie also einfach 'es riecht nach Brand'. Ebenfalls eine Abstraktabildung zu *brennen* ist *Brunst*; daraus sind **brünschtele** und als Variante **brümschtele** und deren Vereinfachung **brümschele** gebildet. Der Ersatz von *n* durch *m* ist eine ▶ Dissimilation, um die Aussprache der Abfolge *n* und *sch* zu erleichtern; die gleiche Dissimilation findet sich etwa in der Entwicklung von *Bänsel* zu *Bämsel* 'Pinsel'. Unter dem Einfluss des ▶ Staubschen Gesetzes entwickelten sich aus *brünschtele* weiter die Formen **brüüschtele** und **bröischtele**.

Die Formen **bräntschele** und **bränschtele** sind wohl aus einer Vermischung von *brändele* und *brünschtele* entstanden. Der genaue Entstehungsweg von **brüeschele** im Freiburgischen ist dagegen nicht präzis zu rekonstruieren; als Ausgangspunkt kann zwar auch hier *brünschtele* angesetzt werden, aber der Ausfall sowohl des *n* wie des *t* ist nicht begründbar, ebenso wenig der Ersatz eines einfachen *ü* durch den ▶ Diphthong *üe*.

Das Staubsche Gesetz ist ebenfalls verantwortlich für die Entstehung der Formen **brääs(s)ele**, **brees(s)ele**, **brüüs(s)ele**, **bröössele**, **bröis(s)ele**. Die Formen sind aus älteren Lautformen *bransele*, *bränsele* oder *brünsele* entstanden; davon ist *brünsele* neben *brunsele* auch schon im Mittelhochdeutschen belegt. Während *brääs(s)ele* und *brees(s)ele* sicherlich aus *bransele* oder *bränsele* entstanden sind, können *brüüs(s)ele*, *bröössele* und *bröis(s)ele* je nach Dialektregion sowohl aus *brünsele* wie aus *bränsele* mit ▶ Rundung des Vokals hergeleitet werden. Ursprünglich handelt es sich ebenfalls um Ableitungen mit *-ele*, in diesem Fall aus den einfacheren Verben *bransen* und *brunsen*. Diese Verben sind aus den Substantiven *brans* und *bruns* abgeleitet worden, die wohl 'Brand' bedeutet haben dürften. Jedoch sind solche Substantive nirgends belegt. Die Verben dagegen sind im älteren Schweizerdeutschen in lautlichen Varianten wie *bränse*, *bröise*, *brämse* und mit unterschiedlichen Bedeutungen durchaus noch belegt. Die ursprüngliche Bedeutung ist noch in der substantivischen Ableitung *Bräusi/Brausi* 'gebratene Kartoffeln' erkennbar, das in den Kantonen Aargau und Luzern das ursprüngliche Wort für das heute üblichere *Rööschti* ist (s. Karte 31 *Rösti*).

Neben den auf der Karte angegebenen Wörtern sind übrigens im Schweizerdeutschen noch weitere Ausdrücke zur Bezeichnung des brenzligen Geruchs in der Luft bekannt, so im Berndeutschen etwa *räukele* zu *Rauch*. Im Nordwesten und im Kanton Luzern wird auch das Wort *schmüürzele* verwendet. Dieses Wort ist eine Ableitung mit den bereits erwähnten Ableitungssilben *-eze-* und *-ele-* (vgl. *bränzele*) und gehört zu einer Wortfamilie mit Verben wie *schmor(r)e*, *schmur(r)e* 'durch Dörren oder Vertrocknen schrumpflig werden' oder *schmoren*, ursprünglich niederdeutsch 'dämpfen, ersticken (durch Räuchern?)', später 'langsam garen'. Unmittelbar dürfte *schmüürzele* also ein Verb mit einer Bedeutung 'räuchern, braten' zugrunde liegen, und als Geruchsverb wird damit wohl ursprünglich der Geruch bezeichnet, der beim Dörren (im Rauch) oder beim Anbrennen beim Braten (ohne Fett) entsteht. Wie das Wort *schmüürzele* daneben zur Bedeutung 'geizig handeln' gekommen ist, bleibt unklar. AL

Karte 35

Mittagessen

Hauptmahlzeit (früher ca. 11 Uhr)

Heute sind drei Tagesmahlzeiten (Morgen, Mittag, Abend) allgemein üblich. Das Mittagessen bezeichnet die (meist warme) Hauptmahlzeit am Mittag. In bäuerlichen Kreisen wird sie traditionell häufig zwischen 11 und 12 Uhr eingenommen, während sich die Essenszeit im bürgerlichen Umfeld mit dem gesellschaftlichen Wandel auf 12 Uhr und später verschoben hat.

Am weitesten verbreitet ist die Bezeichnung **Zmittag** (im unteren St. Galler Rheintal z. T. auch **Zmittig**) als Bezeichnung für das Essen 'zu Mittag'. Wie bei den Bezeichnungen der anderen Tagesmahlzeiten, z.B. *Zmorge*, *Znacht*, *Zimbis* ist dabei die Präposition *zu* mit dem Hauptwort zu einem Wort verschmolzen. In der östlichen Deutschschweiz (bis in die Kantone Aargau, Schwyz, Zug, Uri) gilt traditionell ***de(r)*** *Zmittag*, westlich davon ***(d)s*** *Zmittag*. Neben *Zmittag* haben sich Ausdrücke erhalten, die auf eine ältere Ordnung der Tagesmahlzeiten zurückgehen. In der traditionell bäuerlichen Kultur gab es – den beiden Melkzeiten der Kühe entsprechend – ursprünglich nur zwei Hauptmahlzeiten, eine am Morgen und eine am Abend. Besonders im alpinen Raum zeigt sich diese alte Zweigliedrigkeit heute noch in den Bezeichnungen. Interessanterweise tendieren die Essgewohnheiten in der modernen Dienstleistungsgesellschaft wieder zur Zweigliedrigkeit, indem das Abendessen zur Hauptmahlzeit wird und das Mittagessen fast ganz wegfällt.

In der älteren Tageseinteilung wurde der Mittag nicht als Zeitspanne, sondern als Zeitpunkt aufgefasst, der den Tag in zwei Teile teilt. Dies zeigt sich etwa in alten Grussformeln (*guten Tag* bis 12 Uhr, *guten Abend* ab 12 Uhr, s. Karte 7 *Grussformeln*). Eine Hauptmahlzeit kann demzufolge bis 12 Uhr ein Morgenessen und schon kurz danach ein Abendessen sein. So wird in einigen Gebieten das Mittagessen als **Zmorge(n)** und **Zmorged** 'Morgenessen' bezeichnet. Dieser *Zmorge(d)* hat aber, was Art und Umfang der gekochten Speisen angeht, durchaus den Rang einer Hauptmahlzeit. Er wird z. T. schon vor 11 Uhr – der heute noch vielerorts üblichen Zeit des Mittagläutens –, meist aber zwischen 11 und 12 Uhr eingenommen.

Unweit dieser *Zmorge(d)*-Gebiete ist **Zaabe(n)**, **Zaabe(n)d** vereinzelt **Zaabig** der gebräuchliche Ausdruck für das Mittagessen. In Elm war früher sogar schon um 11–11.30 Uhr eine Hauptmahlzeit ein *Zaabed*! Dies mag auf einstigen Sprachwechsel oder Sprachkontakt zu den romanischen Nachbarn zurückgehen: Im romanischen Kulturkreis gab es traditionellerweise nur eine Hauptmahlzeit, und zwar am Abend. Weitaus häufiger wird dieser Begriff in der westlichen Deutschschweiz von Basel bis ins Wallis für den Nachmittagsimbiss verwendet.

Altes Wortgut spiegelt die vor allem in den Kantonen Zürich und Schaffhausen (als Hauptmahlzeit) und im nördlichen Kanton Bern (vor allem als Nebenmahlzeit) lebendige Bezeichnung **Zim(b)is**, **Zimbig**, **Zümis**, **Zümbig**. Ahd. *imbīz*, mhd. *imbîz* mit den Nebenformen *imbis*, *immis*, *immez*, *ummes* ist ein Substantiv zum Verb *en(t)bîzen* 'speisen', eigentlich 'zu beissen anfangen' (vgl. niederl. *ontbijten* 'frühstücken'). In den archaischen norditalienischen Walsermundarten existieren weitere Wortformen wie *Ambiss* für die Hauptmahlzeit am Mittag und *(Z)fürim(b)is* für das Frühstück.

Nur auf Graubünden beschränkt, dort aber weit verbreitet ist der Ausdruck **Zmaränd**. Als Verb kommt neben *Zmaränd ässe* auch *marände* vor, in der Bedeutung 'schmausen, mit Appetit essen', was auch in der Redewendung *(alls ischt) bi bitz und bi spraat uufgmarändet* '(alles ist) ratzekahl (eigentlich: jedes Bisschen und jede Kleinigkeit) aufgegessen' zum Ausdruck kommt. *Zmaränd* ist ein ▶ Lehnwort aus den romanischen Nachbarsprachen; es kommt sowohl im Rätoromanischen (*marenda* 'Mittagessen') wie im Italienischen (*merenda* 'Zwischenmahlzeit am Nachmittag') vor. In den Walsergebieten Graubündens bezeichnet *Zmaränd* (auch *ds grooss Maränd*) traditionell die Hauptmahlzeit am Mittag (ungefähr um 13 Uhr). Die Zwischenmahlzeit am Nachmittag wird dann *Naa-*, *Chlii-*, *Chläi-*, *Spaat-*, *Speetmaränd* genannt. Es mag ein Zufall sein, doch ist gerade bei den Walsern im Rheinwald und in Vals, deren Kontakt mit den italienischsprachigen Nachbarn im Süden seit jeher besonders intensiv war, das Wort *Maränd* (wie ital. *merenda*) nur für eine Zwischenmahlzeit, aber nicht für die Hauptmahlzeit *(Zmittag)* bekannt. Zunehmend wird aber auch in den übrigen Gebieten Graubündens *Zmaränd* für (kalte) Zwischenmahlzeiten verwendet und die Mittagsmahlzeit als *Zmittág* (mit der Betonung auf der 2. Silbe) bezeichnet. TG

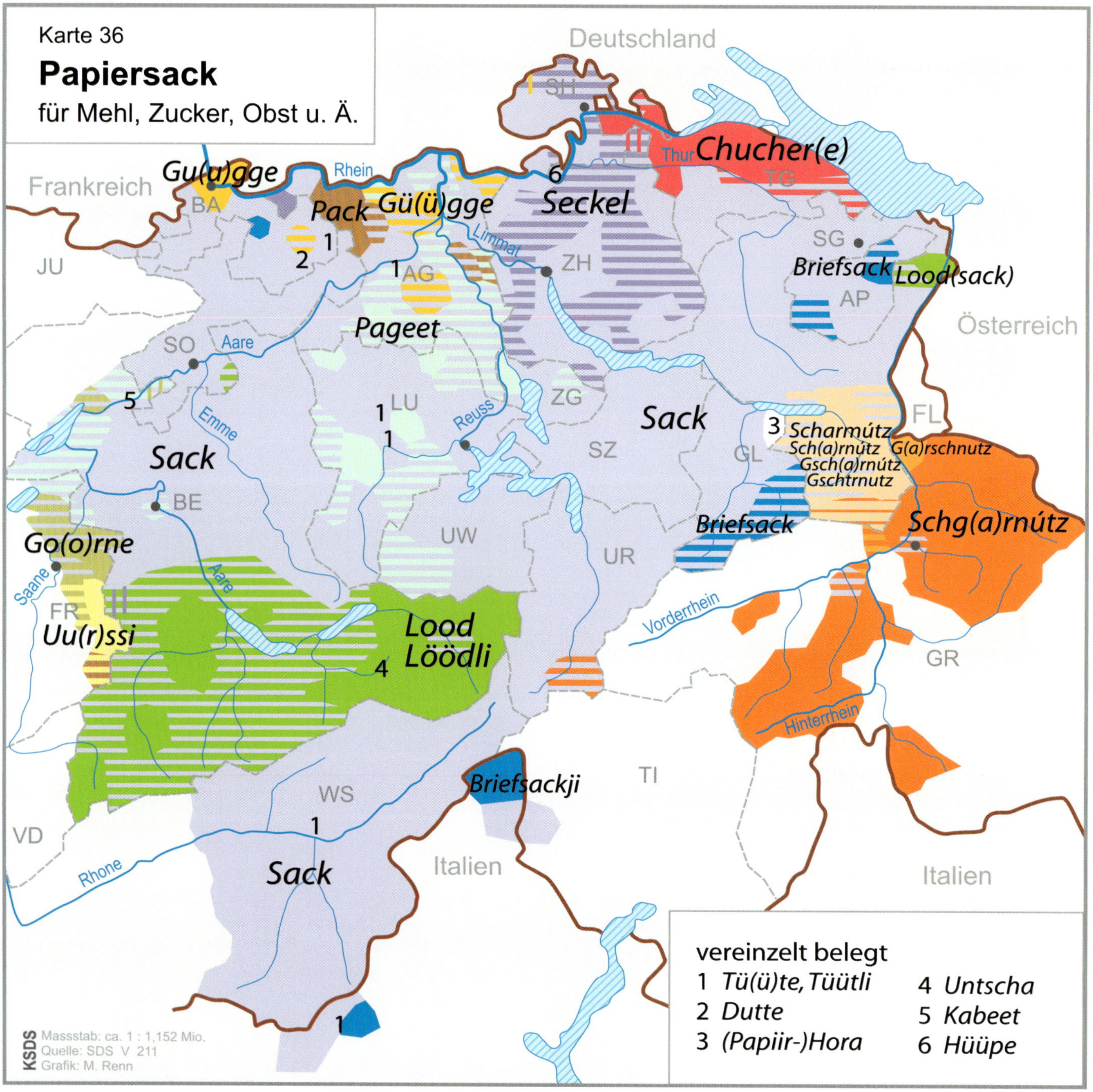
Karte 36
Papiersack
für Mehl, Zucker, Obst u. Ä.
Deutschland
Frankreich
Österreich
Italien
Italien
Gu(u)gge
Pack
Gü(ü)gge
Seckel
Chucher(e)
Briefsack
Lood(sack)
Pageet
Sack
Sack
Scharmútz
Sch(a)rnútz
G(a)rschnutz
Gsch(a)rnútz
Gschtrnutz
Briefsack
Schg(a)rnútz
Go(o)rne
Uu(r)ssi
Lood
Löödli
Briefsackji
Sack
Rhein
Thur
Limmat
Aare
Emme
Reuss
Saane
Aare
Vorderrhein
Hinterrhein
Rhone
SH
TG
BA
ZH
SG
AP
AG
JU
SO
LU
ZG
FL
SZ
GL
BE
UW
UR
FR
GR
VD
WS
TI
KSDS
Massstab: ca. 1 : 1,152 Mio.
Quelle: SDS V 211
Grafik: M. Renn
vereinzelt belegt
1 Tü(ü)te, Tüütli
2 Dutte
3 (Papiir-)Hora
4 Untscha
5 Kabeet
6 Hüüpe

Eine besondere Verpackung drängte sich zunächst für geringe Mengen auf, z.B. für Gewürze und Arzneien. Die ältesten Bezeichnungen dafür (*Pulverhäuschen* und dergleichen) sind ausgestorben. Dennoch zeigt die Karte immer noch zahlreiche Wörter für den Papiersack, die sich aber alle auf drei Benennungsmotive zurückführen lassen: Die geringe Menge, für welche die Verpackungen bestimmt sind, ihre Machart und ihre Form. Die Karte beruht auf Befragungen in den vierziger und fünfziger Jahren, als Güter des täglichen Bedarfs noch seltener vorverpackt in den Handel kamen.

Die nur noch in Randregionen belegten **Uu(r)ssi**, **Untscha**, **Lood** übertragen die Bezeichnungen für die geringsten Gewichte *Unze* und *Lot* auf den Behälter. Die Lautung von *Uu(r)ssi* ist durch das ▶ Staubsche Gesetz geprägt.

In älterer Zeit wurden Verpackungen von den Krämern aus Ausschusspapier an Ort und Stelle hergestellt. Kleine Mengen kleinteiliger oder pulverförmiger Güter wurden auf ein Blatt Papier gelegt, das dann von den Rändern her zusammengefaltet wurde, ähnlich wie die Briefe, die ja noch nicht sehr lange in Umschläge gesteckt werden. Diese Machart ergibt das Benennungsmotiv für die alte Bezeichnung *Brief* für eine solche Verpackung, die in **Briefsack(ji)** und als *Briefli* wohl überall für bestimmte vorverpackte Güter wie Backpulver, Safran usw. überlebt.

Etwas voluminösere Waren wurden statt in einen Brief eingeschlagen in ein Papierblatt eingerollt. Daraus ergab sich von selbst eine hornartige Form – und das dritte fruchtbare Benennungsmotiv für diese Verpackungen. Am offensichtlichsten ist dies bei **Hora** 'Horn', das allerdings nur in Glarus vorkommt. **Schg(a)rnútz** im benachbarten Bündnerdeutschen und seine Spielformen könnten aus der Kaufmannssprache stammen. *Scarnuzzo* ist früh im Venezianischen belegt; von dort könnte es ins Tirolische und Rätoromanische gelangt sein. Ob ital. *scarnuzzo* und rätorom. *scarnuz*, *s-charnütz* auf lat. *cornu* 'Horn' zurückgeführt werden können, ist umstritten. Falls das glarnerische *Hora* eine Übersetzung wäre, könnte es diese ▶ Etymologie stützen. **Go(o)rne** kommt dagegen sicher vom franz. *cornet*, eigentlich 'Hörnchen'. Allerdings ist nicht auszumachen, ob die einfachen *Horn*-Wörter für die Verpackung vom (Tier-) Horn oder vom Horn als Instrument ausgingen.

Sichere Übertragungen von Bezeichnungen für hornförmige Blasinstrumente sind demgegenüber **Gu(u)gge**, **Gü(ü)gge**; sie sind auf das lautnachahmende Verb *guugge* zurückzuführen. Das einmal belegte **Hüüpe** bezeichnet ein Kinder-Blasinstrument, die Übertragung auf die Verpackung kann sowohl von Lautformen benachbarter Wörter (*Tüüte*, *Güügge*) wie von deren Bedeutung angeregt worden sein. **Tü(ü)te**, **Dutte** sind vermutlich aus dem Hochdeutschen importiert. Auch sie können als ursprüngliche Bezeichnungen für ein Blasinstrument aufgefasst und auf das lautnachahmende Verb *tuute* zurückgeführt werden. Nach einer andern Hypothese handelt es sich um eigenständige Wörter für etwas Spitzes; die Anwendung auf ein Blasinstrument wäre sekundär.

Chucher(e) entspricht dem hochdeutschen Wort *Köcher* und gilt als das einzige hunnische ▶ Lehnwort im Deutschen. Die ursprüngliche Bedeutung auch in den Mundarten ist 'Pfeilköcher', von der die Übertragung auf die Verpackung ausgegangen sein muss.

Wieder auf die Machart weisen die aus dem Französischen übernommenen **Pack** und seine Verkleinerung **Pageet** (dazu die einmal belegte Verballhornung **Kabeet**). Sie bezeichnen eine Verpackung, in der mehr oder weniger flache Gegenstände mit oder ohne äussere Hülle aufeinander gelegt zusammengebunden wurden.

Heute ist **Sack** die verbreitetste Bezeichnung für den Papiersack und zweifellos die jüngste: Ein an drei Seiten geschlossener Sack kann vom Verkäufer nicht an Ort und Stelle hergestellt werden, sondern muss ihm vorfabriziert zur Verfügung stehen; das ist erst in neuer Zeit der Fall. Die sachlich zutreffendere Verkleinerungsform **Seckel** leidet am Gleichklang mit dem Wort für den Hodensack. Nach der Einführung des Papiersacks scheint *Sack* eine Weile auch auf die alten, handgemachten Verpackungen zurückübertragen worden zu sein, wie ein Zitat von 1885 zeigt: *Eisi war im Begriffe, eine Portion Surchabis in einen Papiersack einzuwickeln*, was man heute kaum mehr sagen könnte. Wo die alten Bezeichnungen überlebt haben, wurden sie öfter durch Zusammensetzungen wie *Loodsack*, *Briefsack(ji)* oder *Papiirpack* usw. verdeutlicht. In den ersten beiden Fällen wird das alte Wort in der neuen Verpackungstechnik verankert, der dritte macht über das Material deutlich, dass es im Unterschied zum herkömmlichen *Sack* nun um ein Behältnis für kleinere Mengen geht. Im ▶ Schweizerischen Idiotikon wird *Briefsack* 1885 als hochdeutsches Wort verwendet, um *Guugge* zu erklären; in den Wörterbüchern der Schriftsprache fehlt es durchwegs. WH

Karte 37
zweihenkliger Korb
Deutschland
Frankreich
Österreich
Italien
Italien
Zaane
Chucher
Zaale
Zoole
Zääne
Zeene
Zoene
Schin(n)er
Zäine
Choorb
Chratte
SH
TG
BA
JU
AG
ZH
SG
AP
SO
LU
ZG
SZ
GL
FL
BE
UW
UR
FR
GR
TI
WS
VD
Rhein
Thur
Limmat
Aare
Emme
Reuss
Saane
Aare
Vorderrhein
Hinterrhein
Rhone
Sachtyp in diesen Gebieten nicht üblich
KSDS
Massstab: ca. 1 : 1,152 Mio.
Quelle: SDS VII 62
Grafik: M. Renn

Noch zu Beginn des 20. Jhs. waren Körbe vielseitig verwendete Behältnisse: Obst und Gemüse wurden bei der Ernte in Körbe gepackt, das Brennholz darin in die Küche transportiert, die Wäsche zum Aufhängen nach draussen gebracht, das Essen aufs Feld und Waren auf den Markt getragen. Auch das Nähzeug wurde in einem Körbchen aufbewahrt, wie die Redewendung *Es Gnuusch im Fadechöörbli ha* bezeugt. Der Korber passte je nach Verwendungszweck die Körbe an: Mal waren sie gross und rund mit zwei Henkeln, mal einhenklig mit festem oder beweglichem Tragbogen, dann wieder oval mit zwei Grifflöchern oder klein mit Gurtschlaufen, mal mit gegen aussen aufklappbaren Deckeln usw.

Auf der nebenstehenden Karte sind die Bezeichnungen für den zweihenkligen, runden Korb zum Transportieren von Brennholz, Kartoffeln u.Ä. verzeichnet. Es handelt sich dabei um einen aus ungeschälten Weidenruten eng geflochtenen Korb von 30–50 cm Höhe und einem oberen Durchmesser von 60–80 cm. Im Wallis und in den Südorten war dieser Korbtyp nicht gebräuchlich. Im übrigen Gebiet wurde zur Zeit der Datenerhebung in den 1940/50er-Jahren neben dem traditionellen Weidenkorb bereits häufig ein modernerer Korb gleicher Form aus Drahtgeflecht mit zwei beweglichen Traggriffen verwendet.

Die Karte illustriert in ihren Grundzügen den immer wieder beobachtbaren ▶ West-Ost-Gegensatz der Deutschschweizer Sprachlandschaft: Der westlichen Bezeichnung *Chorb* steht die östliche *Zäine* gegenüber. Daneben finden sich auch einige kleinräumige Varianten.

Das Wort **Choorb** ist seit dem 9. Jh. als ahd. *korb* belegt. Es lässt sich auf lat. *corbis* 'Korb' zurückführen. Der Ausdruck weist nur eine geringe lautliche Variation auf: In Basel Stadt spricht man vom *Khoorb*, im restlichen Nordwesten ist teilweise das *r* geschwunden zu *Choob*, im westlichen Berner Oberland redet man vom *Chorb* mit kurzem *o*, im Wallis schliesslich wird das auslautende *b* als ▶ Fortis, d.h. verstärkt, *Choorp*, ausgesprochen.

Die Bezeichnung **Zäine** ist seit dem 8. Jh. als ahd. *zeinna* belegt. Diesem Ausdruck liegt wahrscheinlich ein germanisches Wort **taina* 'Gerte' zugrunde. Die *Zäine* wäre also ursprünglich 'die aus Gerten Gemachte'. Der *ei*-Laut in *zeinna* hat sich – wie anhand des Wortes *Geiss* dargestellt (s. Karte 89 *Geiss*) – weiterentwickelt, was zu Formen wie *Zaane*, *Zääne*, *Zoene* usw. führte. Das *l* der hauptsächlich im Thurgau verzeichneten Formen *Zaale/Zoole* lässt sich unter Einbezug der Verkleinerungsform *zein(e)lī* erklären. Aus der Konsonantenfolge *nl* wurde durch ▶ Assimilation ein *ll*, das später gekürzt wurde zu *l*.

Vorwiegend auf den Kanton Luzern konzentriert ist der Ausdruck **Schin(n)er**. Die Bezeichnung knüpft daran an, dass der Korb aus so genannten *Schine*, d.h. geschnittenen Zweigen, gefertigt ist. Dem Wort *Schine* liegt die Wurzel des Wortes *scheiden* im Sinne von 'schneiden' zugrunde. Ursprünglich bedeutet *Schine* zunächst 'Abgeschnittenes, Splitter', dann 'ein längliches Stück Holz oder Metall' und schliesslich 'Eisenbahnschiene'. An die ursprüngliche Bedeutung anzuknüpfen ist die Verwendung von *Schine* für den *Holzsplitter in der Haut* (s. Karte 23).

Im Nordosten des Kantons Aargau tritt der Ausdruck **Chucher** auf. Das Wort ist zu ahd. *kochar* 'Gefäss, Behälter, Pfeilköcher' zu stellen und seit dem 9. Jh. belegt. Es gilt als einziges hunnisches ▶ Lehnwort. Im Kanton Thurgau bezeichnet der *Chucher* dagegen den Papiersack, in den auf dem Markt Früchte eingepackt werden (s. Karte 36 *Papiersack*).

Im südwestlichsten Berner Oberland wird der hier vorgestellte Korb **Chratte** genannt, ein Wort, das im Althochdeutschen als *kratto* belegt ist. Der Ursprung von *kratto* ist nicht gesichert, allenfalls lässt es sich an das altindische Wort *grathnā̆ti* 'winden, knüpfen' anschliessen. Gesichert ist jedenfalls die Verwandtschaft mit schweizerdt. *Chräze* 'Rückentragkorb' und engl. *cradle* 'Wiege'.

Die Redewendungen *einen Korb geben* und *einen Korb bekommen* stammen aus dem Mittelalter. Eine umworbene Frau zog ihren Verehrer auf dessen Avancen hin in einem Korb zum Fenster herauf. Einem unerwünschten Liebhaber konnte sie ihre abweisende Haltung deutlich machen, indem sie ihm einen Korb hinunterliess, dessen Boden gelockert war. Dieser brach beim Heraufziehen. Dem Verehrer wurde somit schmerzhaft klar, dass seine Liebesmühen umsonst waren. Dieselbe Szenerie gab auch dem Verb *durchfallen* die Bedeutungsvariante 'eine Prüfung nicht bestehen'. MF

Karte 38
Schürze
Deutschland
Frankreich
Österreich
Italien
Italien
Rhein
Thur
Limmat
Aare
Emme
Reuss
Aare
Vorderrhein
Hinterrhein
Rhone
SH
TG
BA
SG
JU
ZH
AP
AG
SO
ZG
FL
LU
SZ
GL
BE
UR
UW
FR
GR
WS
TI
VD
Schu(e)rz
Schu(u)rz
Fü(ü)rtech
Fü(ü)rtuech
Fi(i)rtuech
Schooss
Schoos
Schoess
Schöibe
Schüübe
Schouss
Schous(s)
Fü(ü)rte
Fö(ö)rte
Schööbe
Schäibe
Schoos(s)
Fürtuch
Förtuch
Firschi(i)be
Schu(u)rz
Schoos(s)
Schooss
Väderschooss
Vorschoos(s)
Vorschus(s)
u. Ä.
Vo(r)scher
Vo(r)schor
u. Ä.
Schgussal
Fuudäär
Fouder
KSDS
Massstab: ca. 1 : 1,152 Mio.
Quelle: SDS V 142
Grafik: M. Renn

Um die Kleidung bei der Arbeit vor Schmutz zu schützen, tragen Frauen und Männer oft Schürzen. Es werden verschiedene Modelle unterschieden: Schürzen mit oder ohne Brustlatz, mit oder ohne Rückenteil, mit oder ohne Ärmel. Das Tragen einer Schürze war früher viel verbreiteter als zur heutigen Zeit. Gerade bei den Frauen und Mädchen gehörte die Schürze nicht nur in den Bereich der Arbeit, sondern war Teil der weiblichen Kleidung überhaupt. Sie wurde auch als Zierschürze getragen – z. B. als wichtiger Bestandteil der Trachten.

Auch wenn die schweizerdeutschen Ausdrücke recht unterschiedlich sind, so lassen sich doch auch gemeinsame Wortbildungsmuster erkennen: Wörter wie *Vor-schoss*, *Vor-scher*, *Für-schibe* und *Für-tuech* thematisieren, dass das Kleidungsstück über einem anderen getragen wird. In Bezeichnungen wie *Schurz* und *Vorscher* kommt die Herstellungsweise des Stoffes zum Ausdruck.

Die im Osten verbreitete Variante **Schooss** ist bereits in althochdeutscher Zeit belegt *scōza* 'Rockschoss, Kleiderzipfel', welches mit hochdeutsch *Schoss* verwandt ist. Schon von alters her ist ein Schwanken im grammatischen Geschlecht feststellbar. Im Schweizerdeutschen überwiegt ***die*** *Schooss*, im Kanton Graubünden findet sich daneben auch ***der*** *Schooss* und nur in den Walser Südorten heisst es ***das*** *Schooss*. Auch hinsichtlich der Lautung gibt es Unterschiede. Das Wort wird als *Schooss*, *Schoos*, *Schouss*, *Schous* oder *Schoess* ausgesprochen. Der im Wallis vorkommende Typ **Vorschooss** – immer ***das*** *Vorschooss*, aber mit diversen lautlichen Varianten wie *Vorschos*, *Vorschoess*, *Vorschuss*, *Vorssuss* – ist als Zusammensetzung aus *Schoss* und *vor* leicht zu identifizieren. Ebenso der Ausdruck *Väderschoss* aus *Schoss* und *vorder*. Bezeichnet wird also ein Stück Stoff, das vorgeschoben wird, um die anderen Kleider zu schützen oder zu zieren.

Unklar ist die Deutung von **Vorscher** mitsamt seinen lautlichen Varianten wie *Voscher*, *Vo(r)schor*, *Vorscho(o)rs*. Vermutlich handelt es sich um eine Zusammensetzung aus *vor* und *Schär*. Letzteres steht in Zusammenhang mit dem Handwerk des Tuchscherers, der Tuche veredelte, indem er überstehende Wollfädenreste abschnitt (vgl. das hochdeutsche Verb *scheren*).

Der **Schuurz**, auch als *Schurz* oder *Schuerz* ausgesprochen, ist aus dem mittelhochdeutschen Verb *skurzen* 'kürzen' entstanden und bezeichnet ein Kleidungsstück, das durch die Tätigkeit des Kürzens aus einem grösseren Kleidungsstück entstanden ist. Sowohl dem *Vorscher* als auch dem *Schurz* liegt ein altes Wort **sker-* mit der Bedeutung 'schneiden' zugrunde.

Bei der **Firschiibe** liegt ein zusammengesetztes Wort aus *für* und *Schüübe* vor, wobei beide *-ü-* ▶ entrundet sind (s. Karte 88 *Mäuse*). Im Althochdeutschen hatte *für* die Bedeutung von 'für' und 'vor', so wie es auch heute teilweise noch in einigen Dialekten der Fall ist (vgl. dazu die schweizerdeutschen Wörter *fürschi*, *fürnehm*, *füreluege*). Es ist davon auszugehen, dass das zusammengesetzte Wort *Fürschüübe* erst in einer späteren Phase zu **Schüübe** verkürzt wurde. Neben *Schübe*, *Schüüb* finden sich auch die lautlichen Varianten *Schäibe*, *Schöibe*, letzteres in Berner Emmental auch zu *Schööbe* ▶ monophthongiert (s. Karte 89 *Geiss*). Das Wort ist auf die Deutschschweiz beschränkt und wahrscheinlich mit dem Verb *schieben* verwandt. Eventuell hat es aber auch die gleiche Herkunft wie schweizerdt. *Tschoope/Schoope* 'Jacke, Kittel' (s. Karte 74 *Rock des Mannes*).

Ebenfalls eine Zusammensetzung ist das **Fürtuech**. Das Wort *Tuch* ist bereits im Althochdeutschen als *tuoh* mit der Bedeutung 'Tuch' belegt. Seine Herkunft ist allerdings unklar. Die lautlichen Varianten *Füürtech*, *Füürte* und *Föörte* weisen Abschwächungen auf, die den zusammengesetzten Charakter des Ausdruckes undurchsichtig machen und darauf hindeuten, dass es sich um ein altes Wort handelt.

Die in den Walser Südorten verzeichneten Varianten **Fuudäär**, **Fouder** 'Schürze' sind frankoprovenzalische Entlehnungen. Der Ausdruck **Schgussal** findet sich auch im Rätoromanischen mit der Bedeutung 'Schürze'.

Hält man eine Schürze an den Ecken nach oben, kann sie auch zum Transport von Nahrungsmitteln, Heu usw. eingesetzt werden. Dies spiegelt sich in Mengenangaben wie *e Schoossete*, *e Schurzete*, *e Schäubete* 'eine Schürze voll' wider. MF

Karte 39

Schnabel des Milchkrugs

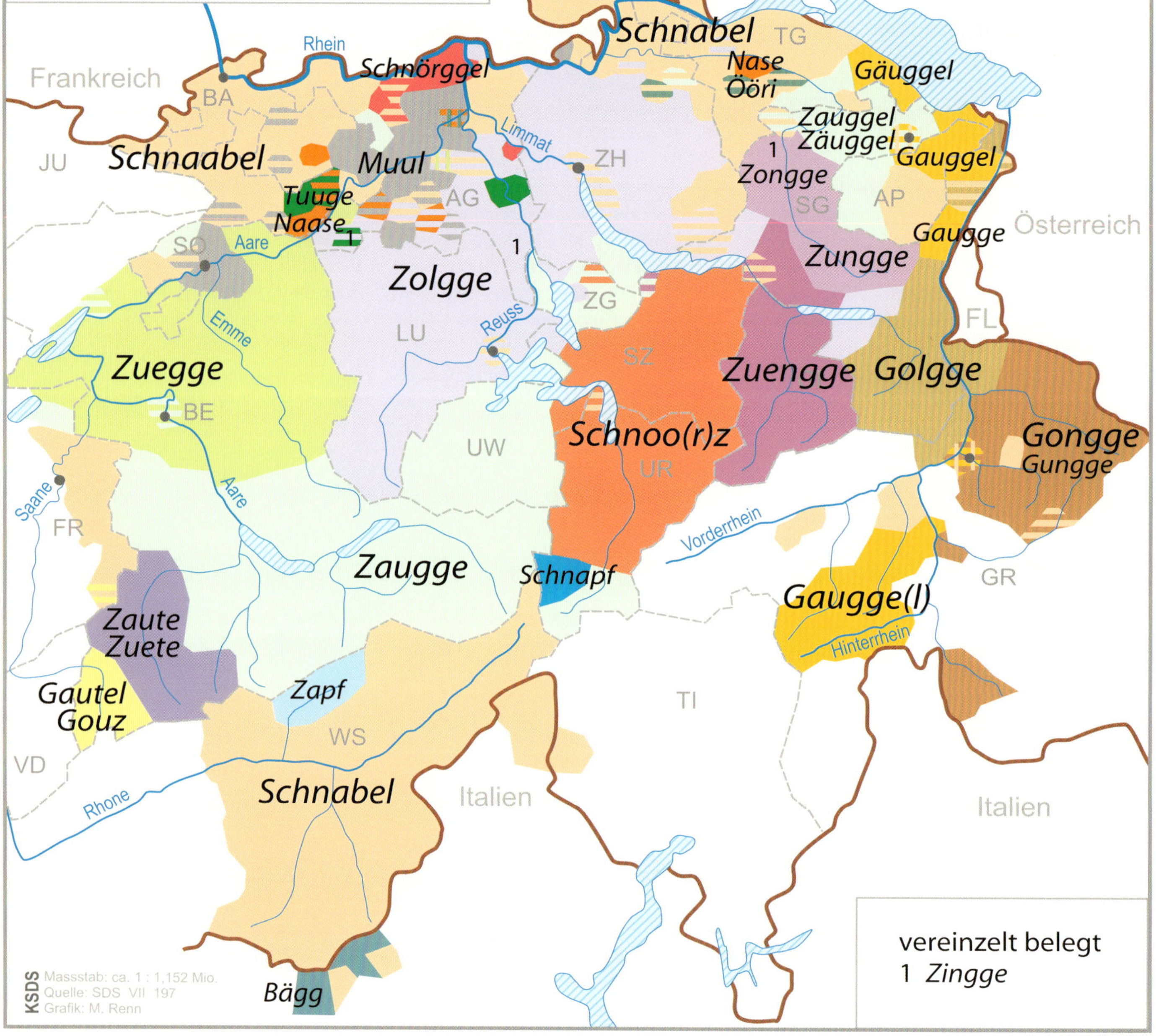

Im Haushalt werden verschiedene Gefässe benutzt, mit denen man Flüssigkeiten wie Wasser oder Milch, aber auch Kaffee oder Tee ausschenkt. Die krugförmigen Gefässe, die aus (emailliertem) Blech, Steingut oder kostbarem Porzellan gefertigt sein können, werden entweder mit einer speziellen Ausgussröhre oder aber mit einer schnabelförmigen Ausgussrinne versehen, welche die Flüssigkeit zu einem Strahl bündeln und das Verschütten verhindern. Während Kaffee- und Teekrüge in der Regel eine am unteren Teil des Gefässes angesetzte Ausgussröhre haben, ist für Milch- und Wasserkrüge bis heute eine Ausgussrinne typisch.

Viele Bezeichnungen für die Ausgussrinne des Milchkrugs, welcher mundartlich *Hafe*, *Chrueg* oder *Chruech* genannt wird, nehmen Bezug auf deren Aussehen; so sind die Motive, den Ausguss als **Muul**, **Na(a)se**, **Ööri**, **Schna(a)bel** oder – wie im piemontesischen Monte-Rosa-Gebiet – als **Bägg** (zu franz. *bec* 'Schnabel') zu bezeichnen, unmittelbar einsichtig.

Mit der schnabelartigen Form in einem Zusammenhang stehen auch die Bezeichnungen **Schnoo(r)z** und **Schnörggel**; ersteres wird von alters her für Tierschnäbel und -rüssel, letzteres als derber Ausdruck für 'Nase' und 'Mund' als auch für 'Schnauze' gebraucht. Die sprachhistorische Herkunft dieser Ausdrücke liegt im Dunkeln. Die Bezeichnung **Schnapf**, wie sie im Urserental gebräuchlich ist, bedeutet im Wesentlichen etwas spitz Zulaufendes im Sinne von 'Zipfel'. Sie geht auf ein Verb zurück, das heutigem *schnappen* entspricht. Von diesem Verb ist auch *Schnabel* abgeleitet, wobei die *-el*-Bildung typischerweise der Gerätebezeichnung dient (wie z. B. *Schlüssel* zum Verb *schliessen*). Vom Wort **Zapf**, das im Lötschental vorkommt, wird vermutet, dass es ursprünglich mit *Zipfel* verwandt ist; es ist also auch bei *Zapf* die äussere Form, die den Anknüpfungspunkt für die Bezeichnung bildet.

Das grösste Areal beansprucht eine Reihe von zweisilbigen Bezeichnungen für die Ausgussrinne, denen auffälligerweise die Lautung des Konsonanten *Z* am Wortanfang und (meistens) der Laut *-gg-* im Wortinnern gemeinsam sind. Sprachgeschichtlich sind für diese Bezeichnungen vier Formen anzusetzen: Auf ahd. *zinko* 'vorspringender Teil, Zahn' geht das nur an vereinzelten Orten vorkommende **Zingge** zurück, zu dem die weiträumiger vorkommenden Lautvariationen **Zungge**, **Zongge** und **Zuengge** gehören könnten. In einem Zusammenhang mit mhd. *zolk*, *zolcher*, *zolker* (vermutlich zurückgehend auf ein germanisches Grundwort mit der Bedeutung 'Pflock, Klotz') steht wohl die heutige Bezeichnung **Zolgge**. Auf mhd. *zouke* 'Schnabel einer Kanne' lassen sich **Zaugge**, **Zauggel** und **Zäuggel** zurückführen; die *-el*-Ableitungen sind wiederum als Gerätebezeichnungen zu sehen. Um eine Lautvariation zu *Zaugge* dürfte es sich bei **Zuegge** handeln. Auf das mittelhochdeutsche Wort *zoute* 'Ausgussröhre', das mit hochdeutschem *Zotte* verwandt ist, geht schliesslich das im westlichen Berner Oberland vorkommende **Zaute** zurück. Die lautlich und inhaltlich sehr ähnlichen Wörter zur Bezeichnung der Ausgussrinne mögen einander zunehmend beeinflusst und so vielleicht auch eine Bildung **Zuete** begünstigt haben, in der mittelbernisches ***Zue****(gge)* und oberländisches *(Zau)****te*** verschmolzen sein könnten.

Überraschende Parallelen zu den *Z*-Wörtern zeigen sich bei den in einem etwas kleineren, vornehmlich ostschweizerischen Areal vorkommenden und in den älteren Sprachstufen kaum bezeugten Bezeichnungen **Golgge**, das nach Ausweis der Wörterbücher ursprünglich wohl etwas (räumlich) Hervorragendes meinte, und **Gaugge** (zu einem Verb *gauken* 'hinausschauen'). Auch zu letzterem gibt es *-el*-Ableitungen, nämlich **Gauggel** und **Gäuggel**. Gerade deren unmittelbare Nachbarschaft zu *Zauggel/Zäuggel* lässt an ein Spiel mit einem lautlichen Muster denken; ebenso könnte sich **Gongge/Gungge** an *Zongge/Zungge* anlehnen. Bei der Bezeichnung **Gautel** vermutet das ▶ Schweizerische Idiotikon einen Zusammenhang mit *Gauggel*; bei **Gouz** meint man eine Vertauschung der Konsonantenfolge von *Zougg-* vor sich zu haben.

Zu den zahlreichen Unsicherheiten bei der Deutung der Bezeichnungen reiht sich noch das Wort **Tuuge**, dessen Herkunft ebenfalls im Dunkeln bleibt.

Die Bezeichnungen für einen – auf den ersten Blick unbedeutenden – Alltagsgegenstand wie die Ausgussrinne offenbaren eine ungeahnte sprachliche Vielfalt, an den Rändern von Verbreitungsgebieten sogar an ein und demselben Ort (z. B. *Zingge*, *Zolgge*, *Tuuge* im aargauischen Brittnau oder *Schnabel*, *Gäuggel*, *Zaugge* in der Stadt St. Gallen). Die lautlichen Verschiedenheiten der teilweise sehr ähnlichen Wörter lassen sich mit Lautgesetzen nicht befriedigend erklären, sondern sie sind eher als Ausdruck eines spielerischen oder expressiven Umgangs mit Wortgut zu sehen, der sich – wohl weitgehend unbemerkt – im häuslichen Alltag entfalten kann. HC

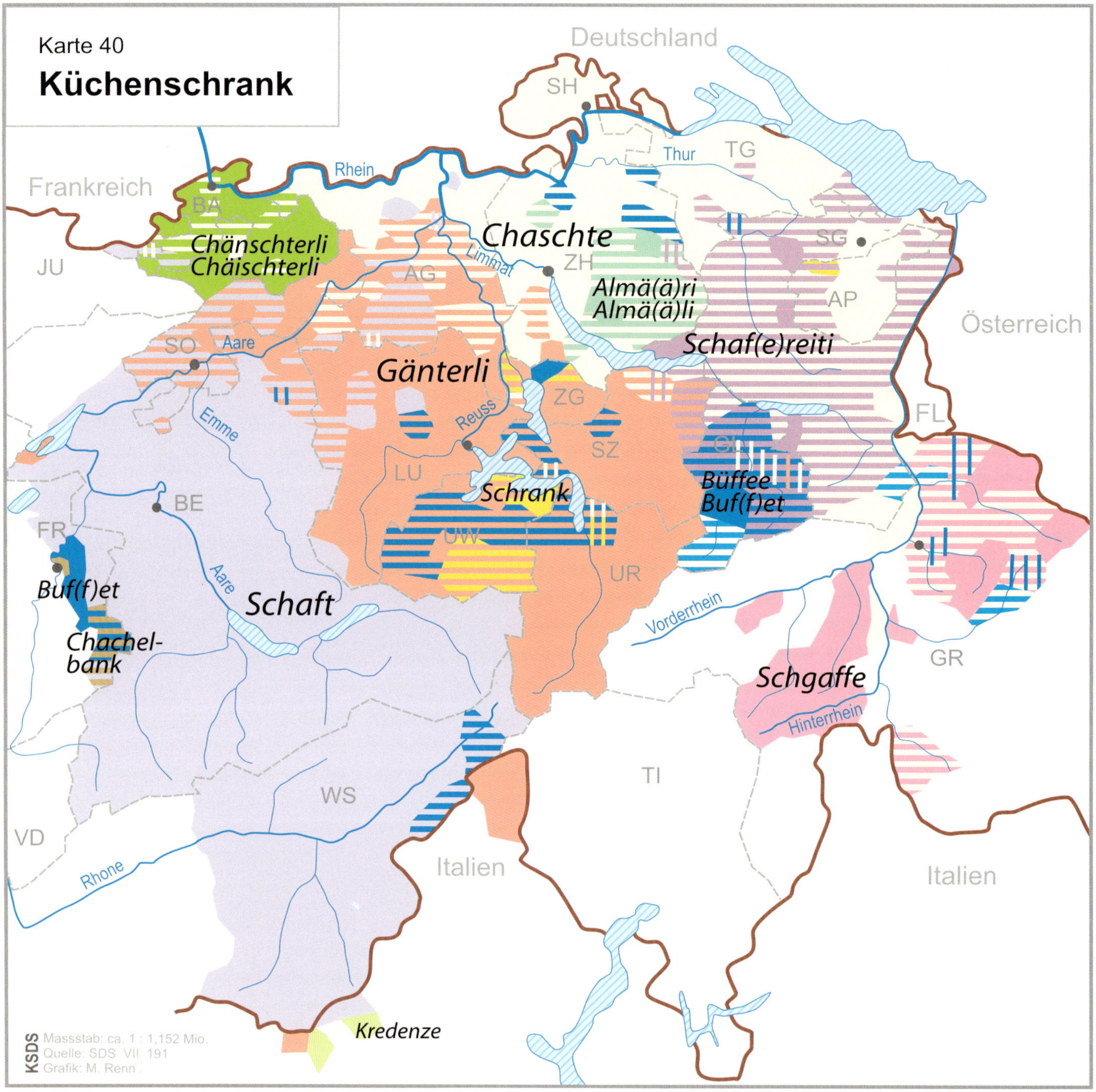
Karte 40
Küchenschrank
Deutschland
Frankreich
Österreich
Italien
Italien
SH
TG
BA
JU
AG
ZH
SG
AP
SO
ZG
FL
SZ
LU
GL
BE
UW
FR
UR
GR
TI
WS
VD
Rhein
Thur
Limmat
Aare
Emme
Reuss
Aare
Vorderrhein
Hinterrhein
Rhone
Chänschterli
Chäischterli
Chaschte
Almä(ä)ri
Almä(ä)li
Schaf(e)reiti
Gänterli
Schrank
Büffee
Buf(f)et
Buf(f)et
Chachel-
bank
Schaft
Schgaffe
Kredenze
KSDS
Massstab: ca. 1 : 1,152 Mio.
Quelle: SDS VII 191
Grafik: M. Renn

Seit den 1960er-Jahren hat sich in der Schweiz die Einbauküche durchgesetzt, die heute in praktisch jedem Haushalt anzutreffen ist. Die Einzelelemente Herd, Geschirr-/Speiseschrank, Kühlschrank und Spülstein wurden aufeinander abgestimmt und zusammengebaut. Durch die Einbauküche liessen sich die Arbeitsabläufe ökonomischer gestalten und der vorhandene Raum besser nutzen.

Zur Zeit der Befragung in den 1940/50er-Jahren trafen die Exploratoren auf vier verschiedene Sachtypen von freistehenden Küchenschränken. Als ältestes Modell galt ein niedriges Speiseschränkchen mit einer oder zwei Türen, z.T. mit Schubladen. Das Geschirr stand in einem separat an der Wand aufgehängten, offenen Gestell. Andernorts wurde das offene Geschirrgestell direkt auf den niedrigen Schrank aufgesetzt. Dieser Aufsatz konnte auch wieder schrankförmig sein und Holz- oder Glastüren aufweisen. Schliesslich gab es den hohen, geschlossenen ein- oder zweitürigen Schrank. Die Karte verzeichnet die Benennungen des Geschirr- und Speiseschranks, ohne Sachtypen zu unterscheiden.

Der im Hochdeutschen gebräuchliche Ausdruck **Schrank** findet sich nur vereinzelt in der Deutschschweiz. Das Wort bezeichnet ursprünglich – wie das verwandte *Schranke* – eine Absperrung, ein Gitter. Seit spätmittelhochdeutscher Zeit ist auch die Bedeutung 'abschliessbarer, aufrecht stehender Behälter (gegebenenfalls durch Gitter verschlossen)' belegt. Dasselbe Prinzip lässt sich bei **Gänterli** feststellen. Das zugrunde liegende Wort *Gänter* benennt ebenfalls ein Gitter, die Verkleinerungsform bezeichnet einen Schrank, ein Kästchen oder einen Küchenschrank mit vergitterter Tür. Als Ursprung ist lat. *canterius* 'Dachsparren, Jochgeländer (zum Anbinden des Weins)' anzusetzen, von dem auch ital. *cantiere*, franz. *chantier* 'Lagerplatz, Baustelle' abstammen.

Dem nordwestlichen **Chänschterli** und **Chäischterli** liegt lat. *canistrum*, ital. *canestro* 'Korb' zugrunde. Das Wort *Chänschterli/Chäisterli* ist jenseits der Schweizer Grenze im südwestdeutschen Raum bekannt.

Die Bezeichnung **Chaschte** ist im Althochdeutschen als *kasto* 'Behälter' belegt. Das Wort ist auch im süddeutschen Raum in der Bedeutung 'Schrank' in Verwendung. Selten wird damit in der Schweiz die Schublade benannt (s. Karte 41 *Schublade*). Das Wort wurde im Osten vielfach als neuere Variante neben traditionelleren Bezeichnungen angegeben. Dies erklärt die vielen schraffierten Flächen auf der Karte.

Der Ausdruck **Schaf(e)reiti**, der auch in Vorarlberg belegt ist, erscheint in althochdeutscher Zeit als *scaf(a)reita* 'Gestell, Schrank'. Darin steckt einerseits eine Ableitung zum Verb *reiten* 'bereitmachen', andererseits *scaf* 'Gefäss'. Das Wort *scaf* liegt auch dem bündnerischen **Schgaffe** zugrunde. Die Bezeichnung ist aus rätorom. *sc(h)affa* entlehnt, wobei das Wort ursprünglich aus dem Deutschen stammt (so genannte ▶ Rückentlehnung). Unklar ist, ob beim westlichen Ausdruck **Schaft** eine Nebenform von ahd. *scaf* 'Gefäss' vorliegt.

Die freiburgische **Chachelbank** bezeichnet ursprünglich das offene Gestell für das Geschirr (mundartlich *Chachle* 'irdenes Gefäss, Tongeschirr'), das separat oder auf einem niederen Schrank stehen konnte. Die Bezeichnung wurde später auf den verschliessbaren Küchenschrank übertragen.

In verschiedenen Gegenden ist der Ausdruck **Buf(f)et**, **Büffee** verzeichnet. Es handelt sich dabei um ein ▶ Lehnwort aus franz. *buffet* und ital. *buffetto* 'Geschirrschrank'. Als *Büffee* bezeichnet man auch ein Prunkstück der älteren häuslichen Einrichtung: ein meist dreiteiliges Möbelstück, bei dem der untere und der obere Teil mit allerhand verschliessbaren Behältern ausgestattet sind, während der mittlere, offene Teil dem Auf- und Ausstellen des Tafelgeschirrs dient.

Die Bezeichnungen **Almä(ä)ri** und **Almä(ä)li** gehen auf mittellat. *armarium*, *almarium* 'Speise- und Gewandschrank' zurück. Es handelt sich dabei um dasselbe Wort, das in franz. *armoire*, span. *armario* 'Schrank' steckt. Zugrunde liegt lat. *arma* 'Ausrüstung'.

In den Südorten ist vereinzelt der Ausdruck **Kredenze** belegt, zu ital. *credenza* 'Küchenschrank, Anrichte'. Auf einer Anrichte wurden die Speisen vorgekostet. War alles in Ordnung, wurden sie guten Glaubens dargereicht (ursprünglich ital. *credenza* 'Glaube'). Das Verb *kredenzen* wird heute im Hochdeutschen in der Bedeutung '(ein Getränk) feierlich anbieten, einschenken, auftischen' verwendet.

Auf der Karte ist nicht berücksichtigt, dass die meisten Ausdrücke häufig mit dem Erstglied *Chuchi-* oder etwas weniger häufig mit *Gschirr-*, *Chachel-*, *Spiis-* auftreten. Nicht festgehalten sind auch die Verkleinerungsformen von *Schaft*, *Buf(f)et* oder *Chaschte*. Das als typisches Schweizer Wort gehandelte *Chuchichäschtli* existiert also tatsächlich, ist aber bei weitem nicht ein gemeinschweizerischer Ausdruck. Es ist einfach ein schönes Beispiel für den auffälligen schweizerdeutschen *ch*-Laut, das man nicht Schweizerdeutschsprechenden vorspricht, um sich dann über deren missglückte Imitation zu amüsieren. MF

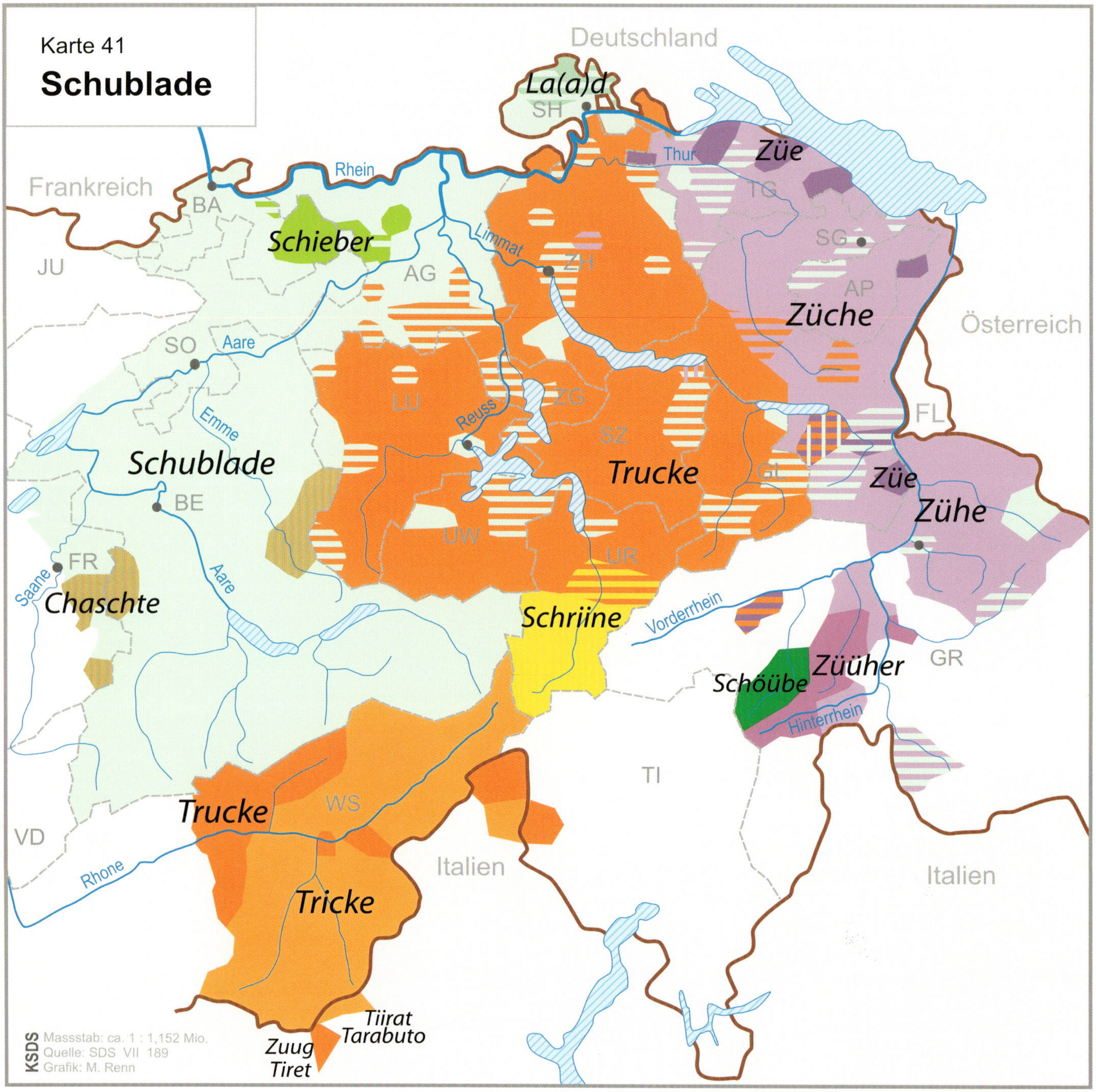
Karte 41
Schublade
Deutschland
La(a)d
SH
Frankreich
BA
Rhein
Thur
Züe
TG
Schieber
Limmat
SG
JU
AG
ZH
AP
Züche
Österreich
SO
Aare
LU
ZG
Reuss
Emme
FL
SZ
Schublade
Trucke
GL
Züe
BE
Zühe
UW
FR
Saane
UR
Aare
Chaschte
Schriine
Vorderrhein
GR
Züüher
Schööbe
Hinterrhein
TI
Trucke
WS
VD
Rhone
Italien
Italien
Tricke
Tiirat
Tarabuto
Zuug
Tiret
KSDS
Massstab: ca. 1 : 1,152 Mio.
Quelle: SDS VII 189
Grafik: M. Renn

Die Schublade ist ein oben offenes Behältnis, das aus einem Möbelstück herausgezogen und wieder hineingeschoben werden kann. Sie dient dazu, Besteck, Schreibutensilien, Wäsche und andere Gegenstände ordentlich zu versorgen. Die schweizerdeutschen Bezeichnungen lassen zwei Benennungsmotive erkennen, bei denen zum einen die Funktion als Behältnis, zum andern die Tätigkeit des Schiebens oder Ziehens den inhaltlichen Anknüpfungspunkt bilden.

Allgemeine Bezeichnungen für Behälter liegen den Wörtern *Trucke*, *Chaschte*, *Schriine* und *La(a)de* zugrunde.

Das Wort **Trucke**, das im Wallis vorwiegend mit umgelautetem und ▸ entrundetem *u* als **Tricke** erscheint, ist bereits in althochdeutscher Zeit als *truha* 'Truhe' belegt. Die Herkunft ist allerdings unsicher; ev. steht es in Zusammenhang mit hochdeutschem *Trog*. Im Schweizerdeutschen wird das Wort *Trucke* auch für einen viereckigen, z.T. rundlichen, meist mit Deckel versehenen Behälter verwendet, in dem Erwachsene beispielsweise Briefe und Schmuck, Kinder ihre Schätze aufbewahren.

Der Ausdruck **Chaschte**, im Althochdeutschen als *kasto* 'Behälter' belegt, hat nur in einem kleinen Gebiet im Westen die Bedeutung 'Schublade'. Verbreiteter wird mit diesem Wort ein Schrank bezeichnet (s. Karte 40 *Küchenschrank*). Auch die Herkunft des Wortes *kasto* ist unklar.

Die urnerische **Schriine** geht auf ahd. *scrīni*, lat. *scrinium* 'runder Behälter' zurück. Es handelt sich dabei um dasselbe Wort wie hochdt. *Schrein*. Der Ausdruck *Schrein* ist vor allem in religiösen Kontexten gebräuchlich und bezeichnet dort ein Behältnis für Sakralgegenstände und Reliquien. Im deutschen Sprachgebiet werden und wurden aber auch feiner gearbeitete, weltliche Behälter als Schreine bezeichnet, was die Berufsbezeichnung *Schreiner* erklärt. Während der Zimmermann gröbere Holzarbeiten erledigt, ist der Schreiner für die feineren Arbeiten zuständig.

Die vorwiegend in Schaffhausen vorkommende **La(a)d** ist in mittelhochdeutscher Zeit belegt als *lade* 'Behälter'. Es handelt sich dabei um eine Ableitung von *laden* 'einfüllen' und bedeutet wörtlich 'Beladenes'. Dass diese *Lade* geschlossen wird, indem man sie in das Möbelstück zurückschiebt, wird durch das Voranstellen von *Schub-* verdeutlicht (so z.B. auch in *Schubkarre*). Der Ausdruck **Schublade**, lautlich auch als *Schuublaade*, *Schuublade*, *Schublad* oder *Schoublade* anzutreffen, ist eigentlich die westliche Bezeichnung für das Behältnis. Allerdings deuten die vielen schraffierten Flächen an, dass das Wort bereits zur Zeit der Befragung in den 1940/50er-Jahren andere Ausdrücke bedrängt und heute wohl eine weit grössere Verbreitung hat. Im Schweizerdeutschen heisst es fast ausschliesslich ***die** Schublade*, im Westen selten auch ***der** Schublade*. Das hängt wohl damit zusammen, dass *Lade* fälschlicherweise zu ***der** Lade* 'Brett' gestellt wird, das z.B. in *Fänschterlade* vorkommt. Auf solchen Läden, also Brettern, wurden früher Waren präsentiert, was erklärt, wie die Bezeichnung *Lade* für das Auslagebrett zur Bezeichnung für das ganze Geschäft werden konnte.

Während im Wort *Schublade* sowohl die Bezeichnung für ein Behältnis als auch das Element des Schiebens oder Ziehens zum Ausdruck kommt, geben die nachfolgenden Wörter nur letzteres wieder. Den Wörtern **Schieber** und **Schöübe** liegt wohl das Verb *schieben* zugrunde. Das Wort *Schieber* bezeichnet dabei irgendetwas, das geschoben wird: Ein Brett am Hühnerstall, eine Metallplatte am Ofen oder eben eine Schublade. Mit dem Ausdruck *Schöübe* wird ebenfalls ein Brett u.Ä. bezeichnet, das dazu bestimmt ist, irgendwo eingeschoben, eingefügt zu werden. Die Bezeichnung *Schöübe* wird in gewissen Regionen auch verwendet, um die Schürze zu benennen (s. Karte 38 *Schürze*).

Nicht das Schieben, sondern das Ziehen liegt den östlichen Bezeichnungen **Züche**, **Zühe**, **Züe** und **Züüher** zugrunde. Es handelt sich bei allen Ausdrücken um Ableitungen vom Verb *ziehen*, welches bereits in althochdeutscher Zeit als *ziohan* 'ziehen' belegt ist. Das altüberlieferte *-h-*, welches in *ziehen* steckt, wurde ursprünglich als ▸ Reibelaut wie unser *ch* ausgesprochen. In der Entwicklung zum Hochdeutschen hin ist dieser Laut stumm geworden, man sagt *zii-en*. In der Ostschweiz ist dieser ursprüngliche Reibelaut teilweise erhalten geblieben *(Züche)*, z.T. abgeschwächt zu einem ▸ Hauchlaut *(Zühe*, *Züüher)* oder eben ganz geschwunden *(Züe)*. Ebenfalls mit *ziehen* in Verbindung steht das im italienischen Gressoney verzeichnete **Zug**.

Die in den Südorten gebräuchlichen **Tiret**, **Tiirat** und **Tarabuto** sind piemontesische Bildungen, in denen *tirè* 'ziehen' steckt; ebenso ist franz. *tiroir* 'Schublade' eine Ableitung von *tirer* 'ziehen'.

Schubladen dienen nicht nur dazu, eine schöne Ordnung herzustellen, sondern auch dazu, etwas verschwinden zu lassen. Dies zeigt sich in der schweizerischen Verwendung des Verbs *schubladisieren* im Sinn von '(ein Vorhaben) nicht weiter verfolgen; (scherzhaft) etwas wegwerfen'. MF

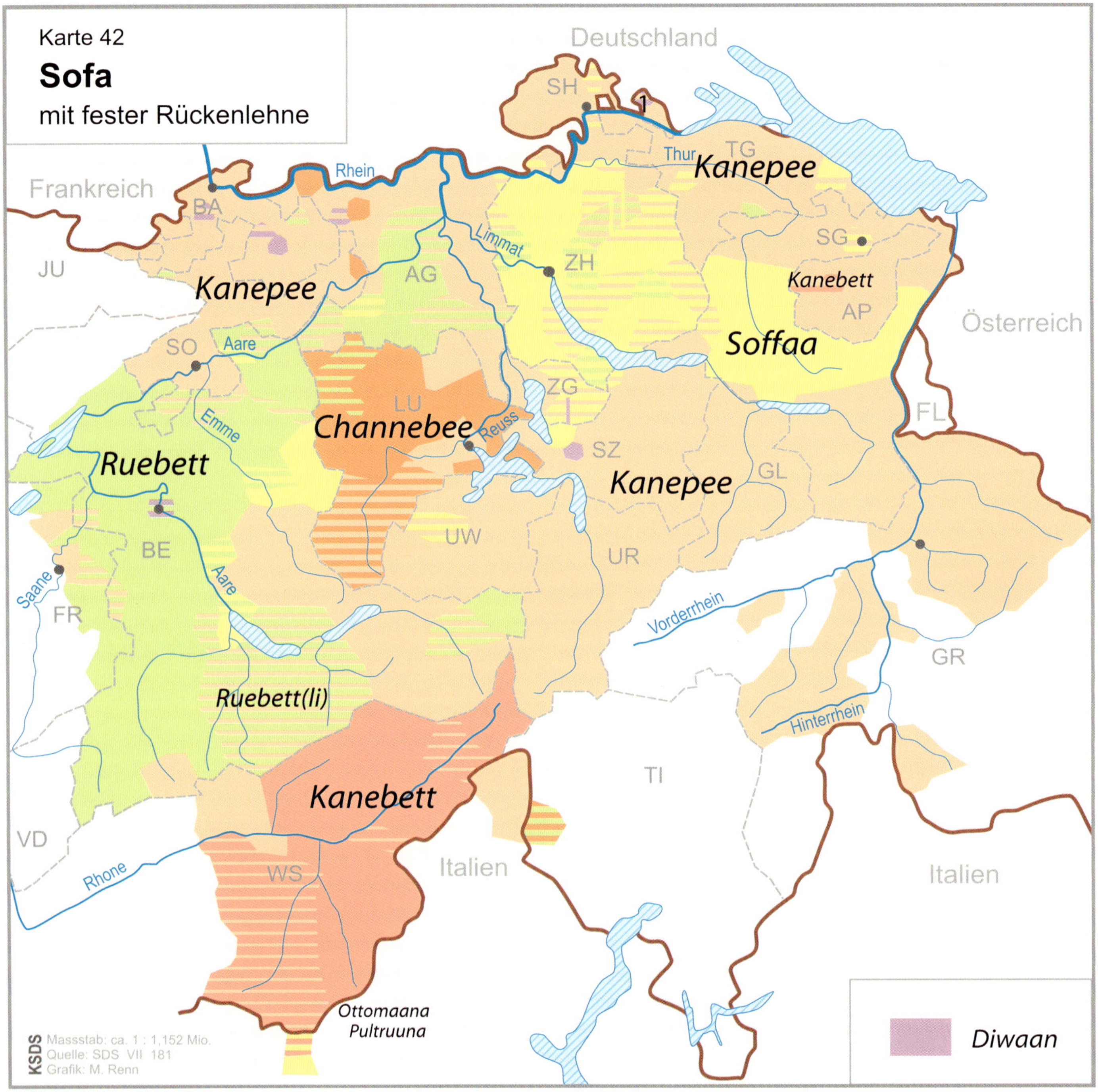
Karte 42
Sofa
mit fester Rückenlehne
Deutschland
Frankreich
Österreich
Italien
Italien
SH
1
TG
BA
JU
AG
ZH
SG
AP
SO
LU
ZG
SZ
FL
GL
BE
UW
UR
FR
GR
TI
VD
WS
Rhein
Thur
Limmat
Aare
Emme
Reuss
Saane
Aare
Vorderrhein
Hinterrhein
Rhone
Kanepee
Kanepee
Kanebett
Soffaa
Channebee
Ruebett
Kanepee
Ruebett(li)
Kanebett
Ottomaana
Pultruuna
Diwaan
KSDS
Massstab: ca. 1 : 1,152 Mio.
Quelle: SDS VII 181
Grafik: M. Renn

Die früher multifunktionale Stube wurde unter dem Einfluss bürgerlicher Vorstellungen seit Beginn des 19. Jhs. zum Salon oder zum Wohnzimmer, das man vermehrt zur Musse und Erholung von der ausserhäuslichen Arbeit, aber auch zur Repräsentation nutzte. Symbol des neuen Wohnens wurde unter anderem das gepolsterte Sofa anstelle der früher üblichen hölzernen Bänke. Noch im ausgehenden 19. Jh. zog der Besitz von Sofas – aber auch von gepolsterten Stühlen oder von Vorhängen – eine klare Grenze zwischen Arbeiterschaft und Mittelstand.

Das Sofa wird heute nicht mehr nur in privaten Wohnzimmern verwendet, sondern es ist in öffentlichen Wartebereichen, in Flughäfen oder in Ämtern anzutreffen und neuerdings vermehrt auch in Gaststätten und Museen. Im Zuge der Psychoanalyse hat die gepolsterte Liege (unter der englischen Bezeichnung *Couch*) zu Beginn des 20. Jhs. Eingang in psychiatrisch-psychotherapeutische Sprechzimmer gefunden und soll dort den Patienten die für die Behandlung notwendige Entspannung bringen.

Bei den langen Polstermöbeln lassen sich in der Mitte des letzten Jahrhunderts in der Deutschschweiz fünf Sachtypen unterscheiden: eine einfache Liege ohne Rückenlehne, deren Polsterung aus einem Laub-, Stroh- oder Spreusack besteht; ein Polstermöbel mit fester Rückenlehne und meist festen Seitenlehnen; ein Polstermöbel mit entfernbarer Rückenlehne und seitlichen, entfernbaren Polstern oder Rollen; ein (damals) modernes Polstermöbel ohne Rücken- und Seitenlehnen. Die nur in städtischen Bürgerhäusern erwähnte *Chaiselongue* hat eine auf der Kopfseite schalenförmige Lehne, die auf der Längsseite verjüngend vorgezogen wird.

Die nebenstehende Karte gibt die Bezeichnungen für das lange Polstermöbel mit fester Rückenlehne wieder.

Die von ihrer Herkunft her einzige deutsche Bezeichnung ist **Ruebett** resp. die verkleinerte Form **Ruebettli**; als Bezeichnungsmotiv ist die herausragende Funktion des Möbels unschwer erkennbar. Dass fast alle übrigen Bezeichnungen ihren Ursprung in orientalischen Sprachen haben, dürfte ein Indiz für die inspirierende Begegnung mit den Wohnformen der entsprechenden Kulturen sein.

Die Bezeichnung **Soffaa** – sie wird vom ► Schweizerischen Idiotikon als „vornehmer Ausdruck" bewertet – stammt aus dem franz. *sofa* und dem ital. *sofa*; die beiden Sprachen haben das Wort ihrerseits aus arab. *suffa* 'Ruhebank' entlehnt. Auch die Bezeichnung **Kanepee** fand ihren Weg in die deutsche Sprache über franz. *canapé*. Dieses geht auf lat. *conopeum*, *conopium* 'Himmelbett, mit einem Mückennetz geschützte Lagerstätte, feinmaschiges Mückennetz', dieses auf griech. *konopeion* (zu griech. *konops* 'Mücke, Stechmücke') zurück. Die lautliche Integration in die unterschiedlichen schweizerdeutschen Dialekte hat zu einer Reihe von Aussprachevarianten geführt: Das Wort kann sowohl mit *K* als auch mit *Ch* anlauten, inlautend kommt *p* oder *b* vor, während der zweite Vokal (ausser in Bosco Gurin) einheitlich zu einem *e*-Laut reduziert wird. Die undurchsichtige Entlehnung wird im Wallis und vereinzelt auch im Appenzell an *Bett* angeschlossen *(Chanebett*, *Kanebett)* und erfährt so eine inhaltliche Verdeutlichung. Lautlich nicht angepasstes *Ganapee* ist – wie im Französischen – eine in der Deutschschweiz gängige Bezeichnung für ein mit Fleisch, Fisch, Käse oder anderen Zutaten belegtes Brötchen.

Bei **Diwaan** handelt es sich um eine Entlehnung aus dem türk. *diwan*, die ihrerseits aus dem Persischen stammt und letztlich auf die Bedeutung 'schreiben' zurückgeht. Zunächst meinte die Bezeichnung sowohl eine Sammlung von Geschriebenem (in dieser Bedeutung bekannt geworden durch Goethes *West-östlichen Diwan*) als auch 'Schreibstube' und 'Amtszimmer' sowie die Einrichtung eines solchen Ortes, nämlich Liegen mit grossen Sitzkissen. Aus Letzterem hat sich die Bedeutung 'Sofa' entwickelt.

Wohl als Kontakterscheinung zum Italienischen sind die beiden Südwalser Bezeichnungen **Pultruuna** *(poltrona* 'Sessel') und **Ottomaana** *(ottomana* 'türkische [Liege]') zu beurteilen.

Ausserdem dürfte das lange Polstermöbel in der Deutschschweiz auch als *Gusch* (zu franz. *couche* 'Liege') oder heutzutage vermehrt auch als *Kautsch* (zu engl. *couch* 'Liege') bezeichnet werden. HC

Karte 43

Stecknadel

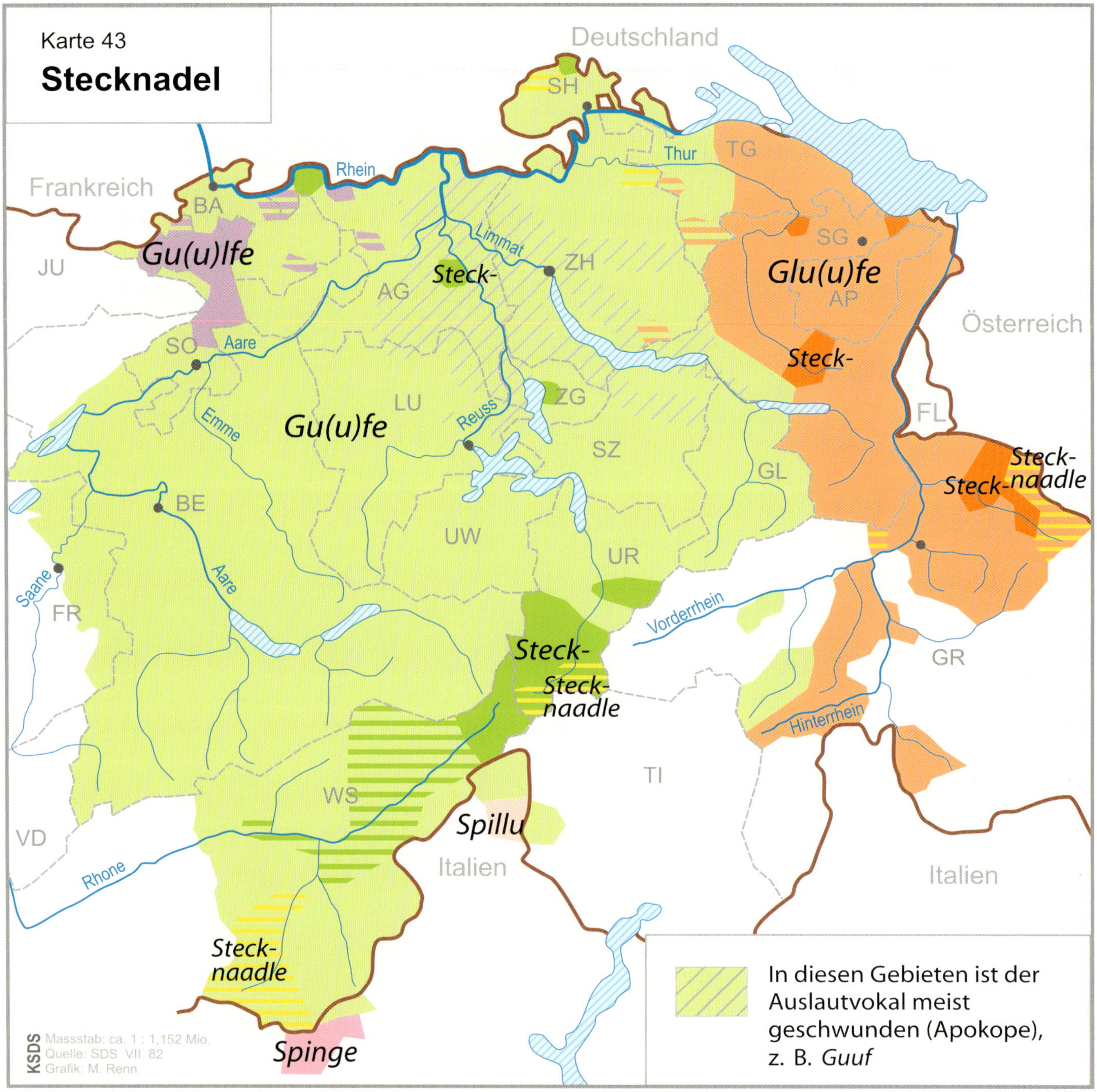

Die etwa 3 cm lange Stecknadel dient dem Zusammenhalten oder Aneinanderheften zweier Stoffteile. Der typische Kopf am Stiftende (in der Schweiz *Chnopf* 'Knopf' genannt) verhindert das Durchrutschen der Nadel.

Die in der Schweiz auftretenden Hauptvarianten *Gufe* und *Glufe* lassen sich beide bis in mittelhochdeutsche Zeit zurückverfolgen. Die Form mit *l* gilt als die ältere, doch überwiegt bereits seit dem 15. Jh. die Form ohne *l*. Ausstossung (wie Einschiebung) von *l* nach anlautendem *g* tritt auch bei anderen Wörtern auf (z.B. *Glumpe* und *Gumpe* 'Pfütze', s. Karte 67 *Pfütze*). Die Herkunft des Wortes *Glufe* ist unklar. Es wird eine Entlehnung aus oberital. *glove* 'Astgabel' erwogen, das seinerseits auf ahd. *klobo* 'gespaltenes Holz zum Klemmen, Festhalten' (s. Karte 44 *Wäscheklammer*) zurückgehen könnte (▶ Rückentlehnung). *Klobo* seinerseits ist eine Ableitung zum Verb *klioban*, das schweizerdt. *chlüübe* 'kneifen' zugrunde liegt (s. Karte 10 *kneifen*).

Die im Osten vorkommende **Glufe** wird im Nordosten grösstenteils als *Glofe* ausgesprochen, im südlichen Teil des Kantons St. Gallen mit gelängtem Stammvokal als *Gloofe* und im Kanton Graubünden als *Gluufe* oder *Glufe*. Ähnlich unterschiedliche Lautwerte lassen sich auch bei der **Gufe** feststellen: Meistenorts heisst die Lautform *Gufe*, im Berner Aargau aber *Gofe*, im Nordwesten sowie teilweise im Kanton Uri *Guufe* mit gelängtem Vokal. Im grau schraffierten Gebiet ist der Auslautvokal meist geschwunden (▶ Apokope) und der Stammvokal gelängt worden, man hört dort also Formen wie *Guuf* und *Goof*. Letzteres erinnert an *Goof* '(ungezogenes) Kind', was aber sprachgeschichtlich nicht verwandt ist. Im Wallis tritt die lautliche Form *Gufu* oder *Gufa* auf. Auf den Nordwesten beschränkt sich die dritte Variante **Gulfe**, die wohl durch Umstellung von *l* und *u* aus *Glufe* entstanden ist (▶ Metathese). Dabei ist der Stammvokal normalerweise gelängt, wodurch das Wort als *Guulfe* ausgesprochen wird. Im südwestlichen Zipfel dieses *Gulfe*-Gebiets wird das *l* zusätzlich ▶ vokalisiert (s. Karte 102 *folgen*). Nur vereinzelt tritt die aus dem Hochdeutschen bekannte **Stecknadel** als *Stecknaadle*, *Stecknoodle*, *Steggnoodle* auf, allerdings immer als Variante neben *G(l)ufe*. Während die *Stecknadel* ausschliesslich mit *Steck-* auftritt – die einfache Bezeichnung *Nadel* ist für die Nähnadel reserviert –, kommt dieses Bestimmungswort gelegentlich mit der *Gufe* und *Glufe* zusammen vor, also *Steckgufe*, *Steckguuf*, *Steckgluufe* u.Ä. Die *Gulfe* dagegen wird nie mit *Steck-* kombiniert.

In den südlichen Walserorten finden sich zusätzlich die Varianten **Spinge**, aus piemont. *spinga*, sowie **Spillu**, wohl entlehnt aus ital. *spilla* 'Vorstecknadel, Brosche' (neben *spillo* 'Stecknadel').

Zumindest dem Begriff *Gufe* werden auch weitere Bedeutungen zugeschrieben: So werden damit regional beschränkt auch die Anstecknadel, die Brosche oder die Sicherheitsnadel bezeichnet. Aufgrund ihrer geringen Grösse und dem spitzen Stift ist die *G(l)ufe* auch Bestandteil diverser Redensarten: *Öppis sueche wie-n-e Glufe* 'etwas angestrengt suchen', *I ha's gsuecht wi ne Gufe imene Heustock* 'lang und hoffnungslos suchen', *Mer sind wie uf Gufe gsässe* 'in der grössten Ungeduld'. MF

Karte 44

Wäscheklammer

Nach dem Waschvorgang wird die nasse Wäsche auch heute noch – trotz Wäschetrocknern – in der Regel zum Trocknen auf ein Seil gehängt und meist, um sie vor dem Herunterfallen zu bewahren, mit einer Klammer aus Holz oder Plastik befestigt. Statt der heute üblichen Federklammer benutzte man früher, wenn man die Wäsche nicht einfach wie im Wallis ohne Befestigung über das Seil hing, eine einfache aus Holz geschnitzte gabelförmige Klammer. Das spiegelt sich in der Bezeichnung **Gäbeli** wider, einer Verkleinerungsbildung zu *Gable* 'Gabel' im Süden des Kantons Bern (und in Jaun FR), wo zur Zeit der Aufnahmen für den Sprachatlas ein solches Gerät noch in Gebrauch war.

Ansonsten gelten in einem grossen westlichen Gebiet – und eben auch für die modernere Federklammer – Verkleinerungsformen zum Wort **Klammer**: *Chlämmerli* oder – ohne Umlaut – *Chlammerli*. Gelegentlich wird auch einfach *Chlammere* gesagt. Ausgangspunkt ist das Verb *klemmen*, von dem das Wort *Klammer* zur Bezeichnung des Instruments, mit dem diese Handlung durchgeführt wird, abgeleitet ist. Eine Lautvariante mit *-mp-* (s. Karte 10 *kneifen*) liegt den vor allem im Wallis und im Kanton Freiburg verbreiteten Bezeichnungen (der) *Chlempi* und (die) *Chlempe* zugrunde. Letzteres ist eine Bildung, die mit hochdt. *Klemme* vergleichbar ist. Vereinzelt finden sich dazu *er*-Weiterbildungen, die den ▶ Instrumentcharakter verdeutlichen: *Chlemper* und die Verkleinerungsform *Chlemperli*.

Im Osten herrschen dagegen verschiedene Ableitungen des Stammes **Chluppe** vor: Verkleinerungsformen, wie *Chlupperli*, *Chlüpperli*, *Chlüppli*, dazu einfache Instrumentbezeichnungen, wie (der) *Chlupper*, (die) *Chluppere*, und vereinzelt *Chluppe* selbst. Entsprechende Bildungen sind aus dem südlichen bayrischen Raum bekannt, so dass ein insgesamt grosses Gebiet erkennbar wird, in dem diese Formen gelten. Dabei liegt eine bereits althochdeutsch belegte Gerätebezeichnung (*klubba* 'Schere, Zange') vor, die letztlich zum Verb *klioban* 'spalten' gehört und wohl auf die Herstellungsweise des Gegenstandes bezogen ist. Zu diesem Verb gehört auch das fast ausschliesslich im Glarnerland vorkommende **Chlöbli**, das vor allem zur Bezeichnung für den älteren Klammertyp üblich war. Es handelt sich hier um eine Verkleinerungsform zu schweizerdt. *Chlobe*, das, entsprechend hochdt. *Kloben*, für verschiedene Geräte zum Einklemmen und Festhalten gebraucht wird. Zur Verdeutlichung kann bei all diesen Bildungen ein Bestimmungswort *Wösch-* oder *Gwand-* hinzugefügt werden.

Die Bündner Walsersiedlungen fügen sich hier sprachlich ganz in ihre Umgebung ein und unterscheiden sich vom Wallis, was nicht erstaunt, wenn man bedenkt, dass dort die Befestigung mit der Klammer früher nicht verbreitet war. Auch in den Walsersiedlungen Norditaliens wird teilweise auf italienische Bezeichnungen der Umgebung zurückgegriffen, auf **Pinza** und Ableitungen davon, jeweils angepasst an die örtliche Mundart. EG

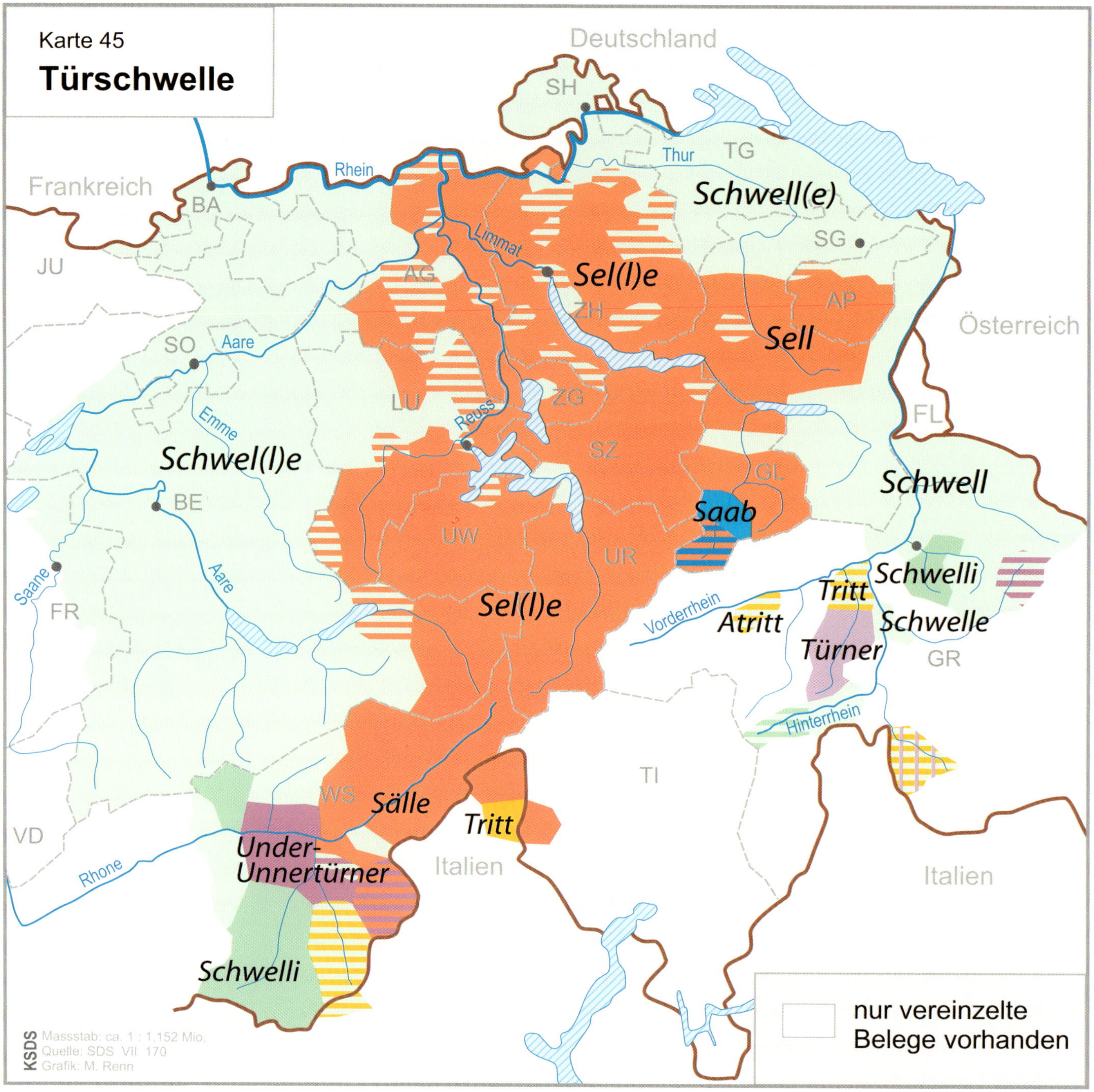

Karte 45
Türschwelle
Deutschland
Frankreich
Österreich
Italien
Italien
SH
TG
BA
JU
SG
AG
ZH
AP
SO
LU
ZG
FL
SZ
GL
BE
UW
UR
FR
GR
TI
WS
VD
Rhein
Thur
Limmat
Aare
Emme
Reuss
Aare
Saane
Vorderrhein
Hinterrhein
Rhone
Schwell(e)
Sel(l)e
Sell
Schwel(l)e
Schwell
Saab
Sel(l)e
Schwelli
Tritt
Atritt
Schwelle
Türner
Sälle
Tritt
Under-
Unnertürner
Schwelli
nur vereinzelte
Belege vorhanden
KSDS
Massstab: ca. 1 : 1,152 Mio.
Quelle: SDS VII 170
Grafik: M. Renn

Die Bezeichnungen für die Türschwelle hängen mit der traditionellen Bauweise der Wohn- und Ökonomiegebäude zusammen. Abgesehen vom Tessin, wo schon ursprünglich reine Steinbauten vorkamen, ist die Holzbauweise die frühere, die Steinbauweise die spätere Bauform. Zwei verschiedene Arten traditioneller Holzbauweisen sind in der Schweiz verbreitet: der Ständerbau, der für das mittelländische Bauernhaus typisch ist und der Blockbau, wie er im alpinen Raum angefertigt wurde. Bei letzterem werden Balken oder Stämme waagrecht übereinander geschichtet und an den Ecken rechtwinklig gekreuzt *(verkämmt)*. Beim Ständerbau bilden die Grundbalken, die so genannten Schwellen, und senkrechte Ständer sowie waagrechte Bundbalken das konstruktive Gerüst. Die Schwellen sind meist nicht wie die übrigen Teile aus Rottanne, sondern aus festerem Eichenholz gefertigt.

Die Bezeichnungen **Schwelle** und – nur in der Deutschschweiz vorkommendes – **Selle** gehen ▶ etymologisch wohl auf dieselbe Basis zurück, nämlich auf ahd. *swelli* oder *swella*, mhd. *swelle* als Bezeichnung für Balken mit besonderer Verwendung. *Schwelle* und *Selle*, die häufig durch *Tür(e)-* näher bestimmt werden, kommen heute mit und ohne *e*-Auslaut, mit einfachem oder ▶ geminiertem *l* vor. In Gebieten mit ▶ vokalisiertem *l* (s. Karte 102 *folgen*) kann der *e*-Laut gleichzeitig ▶ gerundet sein *(Schw***ö***uwe*, *S***ö***uwe)*. *Selle* kann im Goms auch mit überoffenem *ä* als *Sälle* ausgesprochen werden. Im Wallis und in Teilen des Kantons Graubünden begegnet mit *Schwelli* eine Wortbildung auf *-i*, wie man sie analog etwa bei *Lug/Lugi* 'Lüge' feststellen kann. Die Bezeichnung *Schwelle* wird durch das Hochdeutsche gestützt und – wie im heutigen Schweizerdeutschen – auch im übertragenen Sinne verwendet (z. B. *Schwellenangst*, *an der Schwelle des Todes*).

Als **Türner** wird ursprünglich der Balken bezeichnet, der waagrecht über oder unter der Türöffnung liegt und beim Blockbau zwischen die Türpfosten gestemmt wird. Es handelt sich formal um eine *-(n)er*-Ableitung zu *Tür* (vgl. *Glöckner* zu *Glocke*, *Schuldner* zu *Schuld*), die öfter durch *under/unner* präzisiert und in eingeschränkten Arealen zur spezifischen Bezeichnung der Türschwelle wird. Das Vorkommen von *(Under-/Unner-) Türner* (auch in der ▶ entrundeten Form *Tirner*, s. Karte 88 *Mäuse*) ist erwartungsgemäss auf Regionen mit traditioneller Blockbauweise beschränkt.

Das Bezeichnungsmotiv der Verbalableitungen **Tritt** und **Atritt** (zum Verb *treten*) steht in Zusammenhang mit der – in den betreffenden Gegenden wohl meist steinernen – Stufe, auf die der Fuss beim Betreten eines Gebäudes gesetzt wird.

Als rätoromanisches ▶ Lehnwort kann **Saab** (zu rätorom. *saba*, *sava* 'Türpfosten, Schwelle, Pfeiler') gelten, das sich exklusiv an wenigen Orten des Glarner Hinterlandes hat halten können.

Dass die Braut vom Bräutigam über die Türschwelle des gemeinsamen Heimes getragen wird, kennt man aus vielen Filmen; dies ist nur eine von zahlreichen Vorstellungen des Volksglaubens, die sich um die Türschwelle als einen magischen Ort des häuslichen Glücks oder Unglücks ranken. An der Schwelle sammeln sich nach volkstümlichen Vorstellungen allerhand Geister, die das Haus bedrohen und die durch die verschiedensten Massnahmen und Zauber zurückgedrängt werden müssen. HC

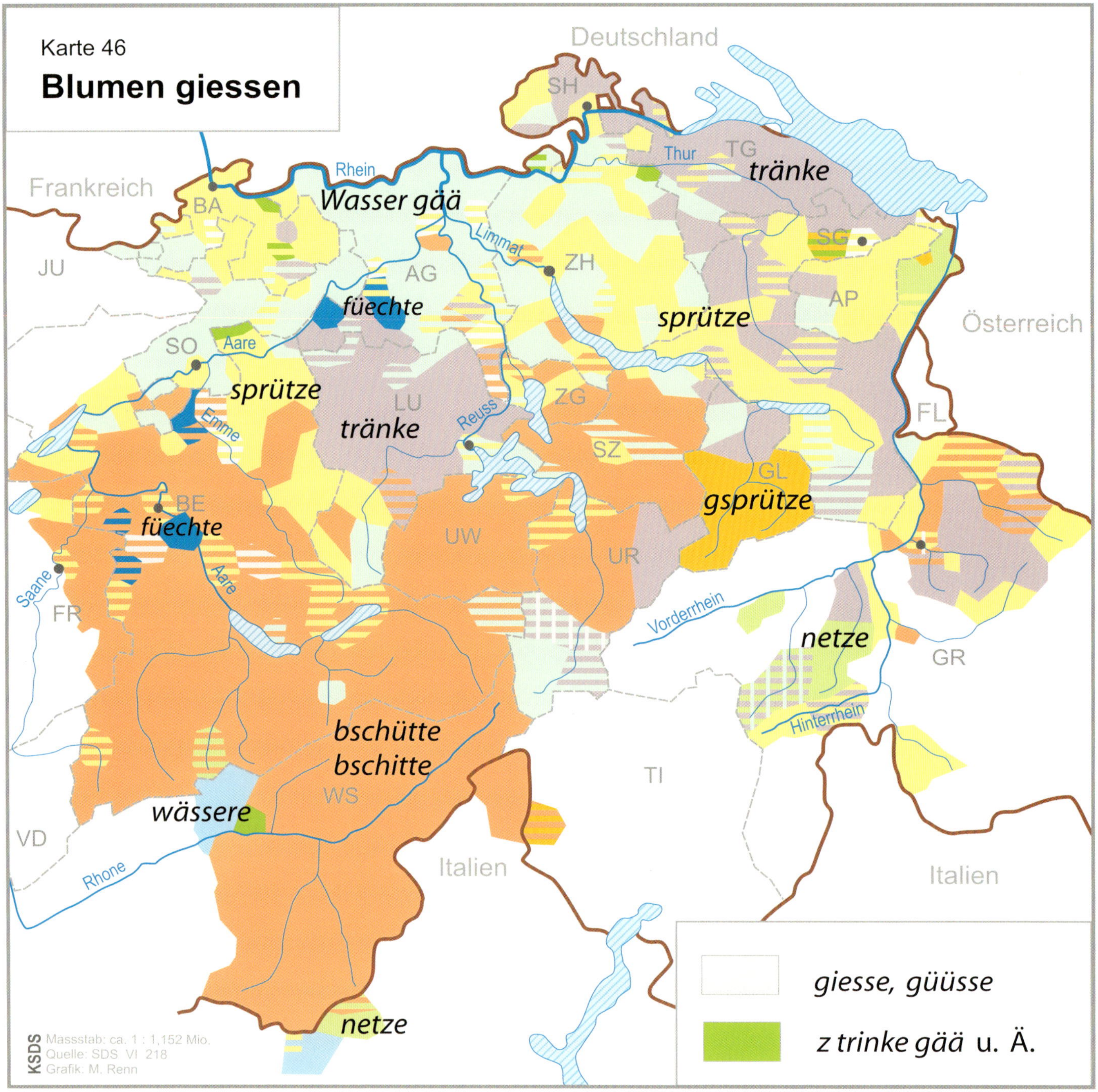

Karte 46
Blumen giessen
Deutschland
Frankreich
Österreich
Italien
Italien
Rhein
Thur
Limmat
Aare
Emme
Reuss
Saane
Aare
Vorderrhein
Hinterrhein
Rhone
SH
TG
BA
SG
JU
AG
ZH
AP
SO
LU
ZG
FL
SZ
GL
BE
UW
UR
FR
GR
TI
WS
VD
Wasser gää
tränke
füechte
sprütze
sprütze
tränke
gsprütze
füechte
netze
bschütte
bschitte
wässere
netze
giesse, güüsse
z trinke gää u. Ä.
KSDS
Massstab: ca. 1 : 1,152 Mio.
Quelle: SDS VI 218
Grafik: M. Renn

Die Karte zeigt Ausdrücke, mit denen das Giessen der Blumen (vornehmlich im Haus) mit der Giesskanne sprachlich gefasst wird. Auffällig ist die grosse Anzahl der Bezeichnungen für diese an und für sich unauffällige, fast private Tätigkeit. Die geringe Bedeutung ist der Grund, weshalb die einzelnen Ausdrücke oft nur eine kleine räumliche Gültigkeit haben und Gebiete mit gleicher Bezeichnung nicht selten weit auseinander liegen.

Ins Auge sticht der Typus **bschütte/ bschitte**, weil er am deutlichsten grössere, in sich geschlossene Regionen abdeckt, in denen keine Konkurrenz durch bedeutungsgleiche Wörter besteht. Das Verb ist als mhd. *beschüt(t)en* 'beschütten, begiessen, bedecken' belegt, gebildet mit der Vorsilbe *be-* zu ahd. *scut(t)en* 'schütteln, erschüttern'. Namentlich nördlich des Hochalpenkamms meint *bschütte* auch 'mit Jauche (Düngwasser) begiessen', ein Wortsinn, der wiederum dem Wallis und seinen südlichen Aussenorten fehlt.

Auch **tränke** darf für sich in Anspruch nehmen, gebietsweise fast unangefochten von bedeutungsgleichen Ausdrücken zu gelten, und zwar einerseits im Luzernischen, andererseits in einem nordostschweizerischen Gürtel von Schaffhausen bis ins Bündnerland. Das Wort mit der eigentlichen Bedeutung 'trinken machen' ist in der Form *trenken* bereits im Althochdeutschen bezeugt.

In ihrem geographischen Verhalten verglichen werden können **sprütze** und die Fügung **Wasser gää** u.Ä. Beide haben in sich mehr oder weniger geschlossene Schwerpunkte, kommen aber auch sonst an vereinzelten Orten vor. Das Verb *sprütze* ist erst im späten Mittelalter als *sprützen* 'spritzen, sprossen' (seit dem 16. Jh. in ▶ entrundeter Form *spritzen*) belegt. Es ist mit Konsonantenverschärfung gebildet zu *spriessen* 'spriessen, auseinander-, emporwachsen'. In *gsprütze*, das sich im Glarner Hinterland flächendeckend findet, steckt zusätzlich verstärkendes *ge-*. Durchsichtig ist *Wasser gää.* Die nur sporadisch nachzuweisende Fügung **z trinke gää** u.Ä. ist mit ebendiesem *gää* und ahd. *trinkan* 'Flüssigkeit zu sich nehmen, trinken, schlürfen' gebildet. In ihrer wörtlichen Übersetzung 'zu trinken geben' entspricht sie *tränke*, in dessen Nachbarschaft sie denn auch etwa auftritt.

Nur ganz vereinzelt im äussersten Südwesten tritt **wässere**, mhd. *wezzern* '(be-)wässern' auf, eine zu *Wasser* gebildete Ableitung.

Der im Hochdeutschen übliche Ausdruck **giesse**, ahd. *giozan* 'giessen', kommt nur selten und stets neben sinnverwandten Ausdrücken vor. Verschiedene Indizien sprechen für eine jüngere Übernahme aus dem Hochdeutschen.

Verwandt sind die Verben **füechte** und **netze** bezüglich ihrer Bildung. Beide sind abgeleitet von Adjektiven. Zu ahd. *fūht(i)* 'nass, bewässert' gebildet ist ahd. *fūhten* 'benetzen, befeuchten', eigentlich 'nass machen'. Der bereits in der mittelhochdeutschen Form *viuhten* vorliegende Langvokal *-û-* wurde früh zu *-üe-* ▶ diphthongiert, so dass die schweizerdeutsche Form *füechte* 'feucht machen, begiessen' entstand. Ähnliche lautliche Entwicklungen lassen sich bei anderen Wörtern mit nachfolgendem *-cht* ebenfalls beobachten, etwa im bernischen *tüechtig* aus mhd. *tühtec* oder auch in *liecht* 'leicht' aus *līht.* Zu ahd. *naz* mit Flüssigkeit benetzt, vollgesogen, feucht' ist mit der gleichen Ausgangsbedeutung von 'nass machen', ahd. *nezzen* 'befeuchten, giessen, tränken', nachzuweisen. Wie *füechte* hat auch *netze* keinen grösseren Geltungsbereich.

Nur bedingt spiegeln sich die Verbformen in den Bezeichnungen für die sachlich z.T. junge Giesskanne aus Blech, mit der den Blumen in Haus und Garten Wasser gegeben wird. Das Wallis kennt dafür in Übereinstimmung mit der Tätigkeitsbezeichnung *bschütte* den *Bschütter* (so auch in einigen Südorten). Auch wenige, weit auseinander liegende Berner Orte und das obwaldnerische Sarnen gebrauchen mit dem Verb übereinstimmendes *Bschütt(i)channe.* Sonst dominiert in der Gerätebezeichnung das Element *sprütz* (*Sprützchanne*, *-chante*, *Sprützer*, *Sprütze* o.Ä.), also auch dort, wo für die Handlung nicht unbedingt *sprütze* gilt. AB

Wortschatz III:

Natur, Landwirtschaft und Handwerk

Karte 47
Löwenzahn

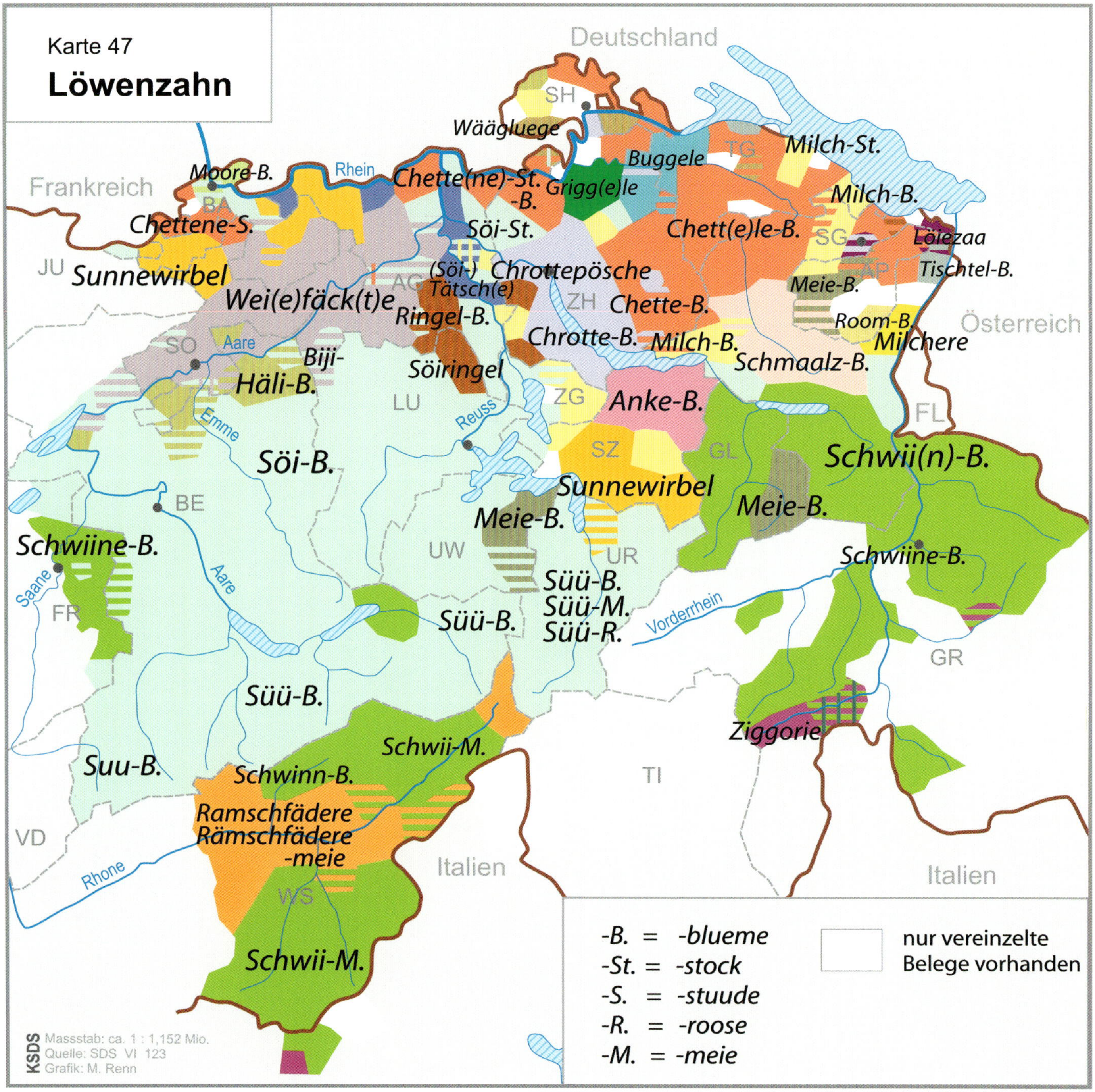

Im Frühling sind die Wiesen voll von leuchtend gelben Blumen mit einer grossen Korbblüte, dem Löwenzahn (Taraxacum officinale). Der Löwenzahn ist eine bis zu 30 cm hohe, ausdauernde krautige Pflanze mit einer kräftigen Pfahlwurzel und einem hohlen Stängel, der wie die länglichen, gezackten Blätter einen weissen Milchsaft enthält. Nach der Blüte formt sich aus den Samen eine weisse flaumige Kugel, die aus den Flugschirmen der vielen Samen besteht, die bei Windstössen weggeblasen und in der Umgebung verteilt werden. Der Löwenzahn vermehrt sich rasch und leicht auf Wegen, Schutthalden, Brachflächen und auf gut gedüngten Fettwiesen, weshalb er in der Schweiz überaus häufig vorkommt. Er gilt als wenig geschätztes Unkraut, traditionell schreibt man seinen Blättern und Wurzeln aber auch heilende Kräfte zu. Kinder machen aus den röhrenartigen Löwenzahnstängeln mit Blüten oft Blumenketten; auch das Wegblasen der Samenkugel ist ein beliebtes Spiel.

Der Löwenzahn trägt nicht nur im Schweizerdeutschen viele Namen. Die vielfältigen Benennungen sind einerseits Ausdruck der Beachtung, welche die Pflanze im Alltag findet, andererseits widerspiegeln sie auch, welche Eigenschaften und Merkmale als Benennungsmotive vor allem auffallen. Die meisten Bezeichnungen sind Zusammensetzungen aus einer Pflanzenkategorisierung und einem charakterisierenden vorangestellten Bestimmungswort. Am häufigsten wird die Pflanze als **-Blueme** 'Blume' charakterisiert. Auch das im Wallis und Uri vorkommende Wort **-Meie** bezeichnet blütentragende Pflanzen. Wenn der Löwenzahn als besondere Art von **-Rose** bezeichnet wird, dann wird damit auf die vielblättrige Form der Blüte angespielt. Der Löwenzahn kann aber auch als **-Stude** (*Staude*) oder **-Stock** klassifiziert werden, d.h. als Pflanze, die mehrjährig mit tiefwachsender Wurzel wächst. Dagegen bedeutet **-Pösche** im Zürichdeutschen **Chrottepösche** allgemein 'Büschel'; wichtig ist also der rosettenartige dichte Kranz von Blättern.

Die vorangestellten Bestimmungswörter charakterisieren die Pflanze nach ganz unterschiedlichen Gesichtspunkten. Die äussere Erscheinung ist dabei nicht einmal das häufigste Kriterium. Am weitesten verbreitet sind Zusammensetzungen mit Bezeichnungen des Schweins in den unterschiedlichen Dialekten: **Söi-/Süü-/Suu-**, **Schwii(ne)-Blueme/Meie** u.Ä.; in **Moore-Blueme** wird statt des Oberbegriffs die Bezeichnung *Moore* für 'Mutterschwein' verwendet. Daneben finden sich Bezeichnungen mit dem Wort für 'Kröte': **Chrotte-Blueme**, **Chrottepösche**, und in **Häli-Blueme** das Wort *Häl(l)i* für 'junges Schaf'. In solchen Charakterisierungen wird wohl weniger die Pflanze als Futter für bestimmte Tiere bezeichnet, viel eher spiegelt sich darin die Geringschätzung. Die Abwandlung von *Söistock* zu **Söitätsch** markiert diese Abschätzigkeit noch zusätzlich, daneben spielt sie wohl auf die flach ausgebreitete Blattrosette an. Auch andere Blumen wie der Wegerich werden aus diesem Grunde mit *Tätsch* benannt.

Weniger häufig wird bei der Charakterisierung auf das äussere Erscheinungsbild Bezug genommen. Dabei fällt der Blick natürlich zuerst auf die auffällige Blüte, so vor allem auf deren leuchtend gelbe Farbe. Auf diese wird in Benennungen wie **Anke-Blueme** oder **Schmaalz-Blueme** angespielt, beides Wörter für Butter. Butter wird auch in anderen Blumennamen als typische Charakterisierung der gelben Farbe verwendet, Butterblume o.Ä. heisst andernorts so auch etwa der gelbe Hahnenfuss oder die Sumpfdotterblume. Auf die Blütenform mit ihren strahlenförmig angeordneten Blütenblättern bezieht sich **Sunnewirbel**. In **Milch-Blueme** oder **Milchere** wird stattdessen auf den milchartigen Saft angespielt, der aus den abgebrochenen Stängeln und Blättern austritt. Im Ausdruck **Room-Blueme** wird als vergleichbares Merkmal *Rahm* beigezogen. Auch die Form der Blätter wird zuweilen als charakterisierendes Merkmal genommen, so etwa in **Wei(e)fäck(t)e**. Das Wort bedeutet wörtlich 'Weihenflügel' (*Fäck(t)e* 'Flügel eines Vogels'), die Form der Blätter wird also mit der auffälligen Flügelform von *Weihen*, d.h. von bestimmten Greifvögeln (z.B. *Gabelweihe* 'Rotmilan') verglichen. Eine seltsame Abwandlung dazu erfolgt lokal in **Bijifäckte** 'Bienenflügel', denn mit Bienenflügeln haben ja Löwenzahnblätter wenig Ähnlichkeit. Auch **Ramschfädere** oder **Rämschfädere** bezieht sich auf Vogelfedern; das Erstglied *Rams*, *Rämsch(ele)* dagegen bezeichnet normalerweise den Bärlauch, was hier, besonders in dieser Kombination, nicht besonders sinnvoll erscheint. *Ramschfädere* ist wohl eine nachträgliche Umformung aus **Ramschmeie**, was eine Vermischung mit anderen Blumenbezeichnungen ist, die auch in anderen Fällen vorkommt (s. unten). Die heute im Schweizerdeutschen wohl am weitesten verbreitete Benennung *Lööwezaan*, eine teilweise an die Mundart angeglichene Übernahme aus hochdt. *Löwenzahn* (auf der Karte als **Löiezaa** ersichtlich), ist ebenfalls eine

> *Fortsetzung Löwenzahn auf Seite 143*

lockend vorzeigen

ääachte, ääke, chergge, eeke, eexe, fitzle, geenxle, geexe, geexle, gennig mache, gglange, giize, Giizgäbeli mache, gixe, gixle, gize, gizle, gspienzle, hälke, helgge, helke, heuke, hölke, höuche, läng Zänd mache, lasche, löcke, möüzle, ööle, ööze, räble, ränsle, ränzle, rensle, renzele, schänzle, schginze, spiegle, spieglu, spiengge, spienggle, spienzle, sprienzle, tränzele, tränzle, tratze, trätze, trätzele, trätzle, trenzle, tretze, tretzle, verzand machu, verzengge, verzenne, verzennig mache, z verzenne machu, zänggele, zänggle, zänsle, zänze, zänzele, zänzle, zeeke, zenggele, zenggle, zenne, zensle, zenzele, zenzle, zige, ziggele, ziggle, zöikle, zöökle, zöörkle, zrenzele

Fangen spielen

Aazellis, Äihausis, Bääris mache, Bäärlis mache, Bezüühis, Bischis mache, Butte mache, Chaaltotsch machu, de schwarz Maa mache, der Aasääger mache, du-bischle, Du-bischnis mache, Du-bischt mache, faa, fää, Fää mache, Faa schpile, Faaetis mache, Faahetis mache, Faaigs mache, Faais mache, Fääjer mache, Fachis mache, fähesle, Fahis mache, fajele, Fajis mache, fange, fängerle, Fängerlis mache, Fangete mache, Fangetis mache, Fangetsiis mache, Fangetsiis tue, Fangetsis mache, Fängi mache, Fangis mache, Fängis mache, Fangis tue, Fanigs mache, Fanis mache, fäsle, Feeis mache, Feengis mache, Fehis mache, Fejis mache, Fenis mache, foo, fööcherle, Föönigs mache, Föönis mache, Frässe mache, gäggene, griffä, Griffisch mache, griffu, Häsli jage, Heebelis mache, Heeberligs mache, Heebigs mache, Hetti mache, Indiee mache, inieeä, Jaagigs mache, Jaagis mache, jägele, Jagis mache, Jägis mache, Kaaltotsch machu, Lauffis mache, leschte, Letscht goo, Letscht mache, Letscht tue, Letschta goo, Letschta mache, Letschta tue, letschte, letschtere, Letschti goo, Letschti mache, Letschti tue, Letschtis mache, letschtle, letschtlere, luschtig mache, Naachelauffis mache, Naachespringerlis mache, Naachespringis mache, naachlauffe, Naagumpis mache, naalauffe, Naalauffis mache, Naarennerlis mache, Naarennis mache, naaspringe, Naaspringerlis mache, Naaspringets mache, Naaspringis mache, naaspringle, Nachttätsch machu, Nachttschäppis mache, Nachttütschi mache, näggene, Näggi mache, Näggis mache, nahilauffe, Näschägg mache, Nümmeligs mache, prejun, Rouggis mache, schaatilöüffu, schaatlöüffu, Scheelmeligs mache, Siggi jaage, Siggi mache, Springerlis mache, Springis mache, Springlis mache, Springziggi mache, Springzinggis mache, Stücki mache, täsche, Täschli mache, Tätsch löüffu, Tätsch machu, tätsche, Tätschis mache, Tätschu löüffu, Tätschu machu, Tingsi machen, Totsch machu, totschinu, triibocke, tschaatilöüffu, tschaatlöüffu, tschafüüsu, tschäggene, Tschäggo löifu, Tschäggo machu, Tschapp machu, tschappe, tschäppe, Tschäppi gaa, Tschäppi mache, Tschäppis mache, tschiggele, tschiggene, Tschiggi mache, Tschiggis mache, tschiggle, tschinggele, Tschinggi mache, Tschinggis mache, Tschingglis mache, tschippe, Tschippis mache, tschüggene, Tschüggi gaa, Tschüggi mache, Tschüggis mache, tschüppe, tschüppene, Tschüppi lauffe, Tschüppi mache, Tschüppis lauffe, Tschüppis mache, Tütschi schpile, Umejagis mache, Wär isch mache, zäckene, Ziband mache, zickene, Zicki mache, ziggele, ziggene, Ziggi goo, Ziggi houe, Ziggis mache, ziggle, zinggele, zinggene, Zinggi jaage, Zinggi mache, Zinggis mache, zinggle, Zücki mache, Züggi mache, Zwitzgi mache

Charakterisierung der Blätter aufgrund ihrer Formen, hier durch den Vergleich mit einem Löwengebiss. (Vermutlich ist allerdings das Wort *Löwenzahn* nicht ursprünglich deutsch, sondern eine Übersetzung aus dem gelehrten lateinischen Ausdruck *dens leonis* 'Zahn des Löwen').

In einigen wenigen Fällen wird auch Ort und Zeit des Vorkommens als Bezeichnungsmotiv gewählt. Bei **Meieblueme** wird auf die hauptsächliche Blütezeit angespielt, bei **Päägluege** auf das Vorkommen am Rande von Wegen. In anderen Ausdrücken wird auf Kinderspiele Bezug genommen, am häufigsten in **Chette(ne)-Stock** und **Chette(le)-Blueme** darauf, dass Kinder diese Blumen zu Ketten zusammenhängen. **Ringelblueme** soll dagegen darauf anspielen, dass die gespaltenen Stängel im Wasser sich spreizen und ringeln. In der Bezeichnung **Söiringel** haben sich die beiden geographisch benachbarten Benennungen *Söi-Blueme* und *Ringel-Blueme* vermischt. Auf die sich spreizenden Hälften gespaltener Stängel spielt auch **Grigg(e)le** an; das Wort ist abgeleitet aus dem Verb *grigg(el)e* 'die Beine spreizen'. Das könnte auch das Benennungsmotiv von **Buggele** sein (zu *Buggel* 'Buckel' – die gespaltenen Hälften biegen sich wie ein Buckel); auffällig ist jedenfalls die geographische Nachbarschaft zu *Griggele*. Allerdings gibt es dieses Wort auch als Benennung für andere Pflanzen, vor allem die Wegwarte (Cichorium intybus). Mit dieser hat sie einige Ähnlichkeiten, weshalb sie möglicherweise namensmässig verwechselt wurde: Beide haben eine tiefe Pfahlwurzel, aus den abgebrochenen Blättern und Stängeln fliesst ein bitterer Milchsaft, und beide werden in der Volksmedizin zur Herstellung von Heilmitteln verwendet. Bei dieser Pflanze wird das Wort *Buggele* auf den krummen Wuchs bezogen, was allerdings nicht ganz sicher ist.

Der italienische Name der Wegwarte lautet *cicoria*, woher die Benennung **Ziggorie** am Südrand des Schweizerdeutschen entlehnt ist.

Eine weitere Vertauschung mit dem Namen einer anderen Pflanze liegt bei **Tischtel-Blueme** vor, die an den Namen der Saudistel oder Gänsedistel (Sonchus) anschliesst, einem Korbblütler, der mit gelben Blüten, gezähnten Blättern, milchigem Pflanzensaft und starken Pfahlwurzeln ebenfalls manche Ähnlichkeit mit dem Löwenzahn aufweist. AL

Karte 48

Gänseblümchen

Ein Bindestrich nach einem Wortteil steht für ein Grundwort vom Typ *-blüemli, -blüemji* u. Ä., ein Bindestrich vor einem Wortteil steht für ein Bestimmungswort vom Typ *Geiss(e)-*

vereinzelt belegt
1 *Eewigkeitji* 2 *Tällermeie*

Das Gänseblümchen (Bellis perennis) ist eine mehrjährige Blütenpflanze, ein Korbblütler mit einem gelben Blütenköpfchen, das von einem Kranz von feinen weissen Blütenblättern umgeben ist, die zuweilen rot gerändert sind. Es blüht von März bis Oktober, seine Stängel werden nur etwa 15 cm hoch; die Pflanze blüht deshalb vor allem auf Wiesen, die häufig gemäht werden, da sie sonst von Gräsern und grösseren Pflanzen überwuchert wird.

Das Gänseblümchen hat in allen Dialekten des Deutschen sehr verschiedene Namen, was seine Volkstümlichkeit bezeugt. Diese ist wohl vor allem durch die zierliche, anmutige Erscheinungsform bedingt, welche die Pflanze vor allem auch bei Kindern beliebt macht, z. B. um das Haar zu schmücken oder als Orakelblume (Abzupfen der einzelnen Blütenblätter mit *Sie liebt mich / ein wenig / sie liebt mich nicht*). Nicht zufällig sind die meisten Benennungen Verkleinerungsformen, die ja oft auch eine emotionale Komponente enthalten und Zärtlichkeit ausdrücken. Neben der häufigsten Variante *-blüemli* kommt als Grundwort auch *-meie* oder *-meieli* vor, in vielen Dialekten das gewöhnliche Wort für 'Blume' (neben 'Blumenstrauss'), und *-büürscht(e)li*, womit auf das Aussehen des Blütenköpfchens mit seinen vielen kleinen Röhrenblüten angespielt wird.

Im Einzelnen sind die verschiedenen Bezeichnungen allerdings oft wenig durchsichtig. Zu einer gewissen Vorsicht und Skepsis mahnt der Umstand, dass für viele Namen gleichzeitig mehrere Erklärungsversuche gegeben werden, die oft wenig miteinander zu tun haben; offenbar sind sie nachträglich als Rechtfertigung von unverstandenen Bezeichnungen hinzugefügt worden. Manche ursprünglichen Benennungsmotive sind heute nicht mehr rekonstruierbar. Dazu kommt, dass zur Benennung oft, mit Verkleinerungsform, der Name der sehr ähnlich aussehenden, aber grösseren Wiesen-Margerite (Leucanthemum vulgare) übernommen wird. Die Benennungsmotive für die grosse Margerite treffen naturgemäss für das Gänseblümchen dann oft nicht mehr zu.

Diese Übernahme des Namens von der grossen Margerite ist vor allem im Falle des im Westen verbreiteten Namens **Margriitli** erfolgt, mit anderen Verkleinerungsendungen **Margrii(n)tschi** oder **Margriiti**, und mit anderem Vokal **Margreetli** (nach dem Vornamen *Margreet* aus dem Heiligennamen *Margarete*). Die Bezeichnung *Margerite* ist ihrerseits aus franz. *marguerite* entlehnt und ist dort wiederum aus griech.-lat. *margarita* übernommen, was ursprünglich 'Perle' bedeutet; als Benennungsmotiv wird angenommen, dass der gelbe Blütenkopf wie eine Perle aussehe.

Ähnlich häufig sind Zusammensetzungen mit *Geisse-* bzw. im nordostschweizerdeutschen *Gaasse-* oder *Gäässe-*, also **Geiss(e)blüemli**, **Geiss(e)meieli**, **Gaasse-** oder **Gäässeblüemli** (s. zur Lautung von *Geiss* Karte 89). Der inhaltliche Bezug zu Geissen ist allerdings nur schwer erklärbar. Zuweilen wird vermutet, dies deute auf die geringe Wertschätzung hin, welche die Pflanze als Unkraut habe: Die Pflanze dient als Futter bloss für Geissen. Jedoch deutet manches darauf hin, dass das Bestimmungswort *Geiss(e)* u. Ä. nachträglich aus *Gäis(e)-* oder *Gaas(e)-* usw. mit einfachem *-s-* umgedeutet worden ist und dass diese *Gäise-/Gaase-* aufgrund des ▶ Staubschen Gesetzes aus einem ursprünglichen *Gans-* bzw. *Gäns-* entstanden ist: An verschiedenen Orten, so im Rheintal zwischen Grabs und Chur, heisst die Pflanze **Gaaseblüemli**; das Bestimmungswort *Gaas(e)-* mit einfachem *-s-* kann wohl nur von *Gans* hergeleitet werden. Die Bezeichnung als **Gäns(e) blüemli** kommt an verstreuten Orten ebenfalls vor. Für den Namen *Gäns(e) blüemli* selbst gibt es verschiedene Erklärungen. Entweder wird die weisse Farbe als Anknüpfungspunkt angegeben oder dann der Umstand, dass Gänseblümchen früher hauptsächlich auf der Gänsewiese *(Gänseanger)* wuchsen. Letzteres ist wahrscheinlicher: Früher, als fast jeder Haushalt Gänse hielt, wurden die Gänse tagsüber auf eine Wiese getrieben, wo sie das Gras – und wohl damit auch die Gänseblümchen – frassen, so dass das Gras kurz blieb und die Gänseblümchen gedeihen konnten. Mit *Gäiseblüemli* wird auch **Giiseblüemli** in Zusammenhang gebracht.

In einer Reihe weiterer unklarer Fälle kann man sich fragen, ob im Hintergrund ebenfalls ein Ersatz eines unverständlichen *Gaas-/Gäis-* steht, so in **Graasblüemli**. *Graas-* ist bedeutungsmässig ein eher nutzloser Zusatz.

In das Wortfeld *Gänse-/Geisseblüemli* gehört letztlich auch die Wortgruppe **Geissegiseli**, **Gisigeisseli**, **Gänsegismeli** im Gebiet zwischen Brugg AG und Emmental. Die auf der Karte angegebenen Wörter sind nur die häufigsten Beispiele für eine ganze Gruppe von Varianten; so kommen daneben noch Ausdrücke wie *Geissegismeli*, *Geismegiseli*, *Gismigeisseli*, *Gismigausmeli*, *Gismegeismeli*, *Geissegigeli*, *Gigegeisseli* vor. Hinter der sprachspielerischen Vielfalt steckt zweifellos eine Wortverdopplung. Auffallenderweise kommt in

> *Fortsetzung Gänseblümchen auf Seite 147*

den Purzelbaum schlagen

dr Baimbirzel mache, baimbirzle, dr Baum stütze, dr Baumbürz mache, dr Baumbürzel mache, baumbürzle, dr Birzel stitze, de Birzelbaum mache, de Birzelboum mache, birzle, bockbürzle, s Bockbürzli mache, de Böckel mache, s Böckli mache, böckligumpe, böcklischüüsse, böcklispringe, de Böcklisprung mache, bocksbaume, bockschinde, de Bocksprung mache, dr Boom steue, dr Boom stürze, dr Boom stütze, dr Boomstütz mache, de Boum steue, dr Boüm stitze, boumsteue, brobürzle, ds Bugeli stütze, ds Buggeli stütze, de Bürgselbaum mache, de Bürzel mache, de Burzelbaim mache, de Burzelbaum mache, de Bürzelbaum mache, de Burzelbaum schloo, Bürzelbei mache, de Bürzelbock mache, de Bürzelbom mache, de Bürzelbom schlache, bürzelbömle, de Burzelboum mache, de Burzelboüm mache, de Bürzelboum mache, de Bürzelibaum mache, de Bürzelstengel mache, de Bürzelstrengel mache, de Bürzibaum mache, burzle, bürzle, de Bürzliboom mache, de Bürzliboum mache, de Bürzliboum steue, ds Cheesli cheere, ds Cheesli trääje, chopfbünzle, de Chopfbürzel mache, chopfbürzle, chopferbürzle, chopfis bürzle, chopfuus bürzle, chübelibürzle, ds Fuurzegöiggeli mache, Fuurzegöiggelis mache, dr Fuurzegöiggu mache, gäuggelbürzle, ds Gauggeli stütze, dr Geigel stütze, ds Geigeli stütze, dr Geigelistutz mache, dr Geigelstutz mache, d Geigle stütze, geissböckle, di Gelte stütze, di Gepse welpe, ds Gepseli welpe, gepsewelpe, gepsewelpse, Ggumperele mache, s Ggümperlet mache, di Giggu stitzu, d Giige stitze, giigelistitze, d Giigelu stitzu, giigestitze, giigestitzu, giigewelpe, di Giigu schlaa, di Giigu stitzu, ds Grempeli stütze, grindbürzle, ds Gugeli stütze, ds Guggeli stütze, ds Guggeli welpe, Guggelistütz mache, guggelistütze, dr Gugger stütze, dr Guggerstütz mache, guggerstütze, guggibürzle, dr Güppeletstitzu machu, Gupperggööli gaa, ds Häfeli stitze, de Hälibürzel mache, de Höiburz mache, de Höibürzel mache, s Höibürzeli mache, s Höibürzi mache, höibürzle, s Höibürzli mache, s Höigürzli mache, di Lampergiige stitze, di Plampergiire stitze, de Schindbock mache, schindbockle, schindböckle, de Schindelbock mache, schinderböckle, schindleböckle, schisseliwelpe, d Schissle welpe, schisslewelpe, Schitzeliwelpis mache, steiböckle, stitzliwelpe, Sturzalagiiga machu, überbocke, überböckle, Überböcklis mache, dr Überbürzel mache, überbürzle, über-und-überbürzle, umebürzle, ds Wempeli stütze, ds Wölbeli stütze, ds Wölpeli stütze, zum Chopf uus bürzle

Anfangsstück des Brotes

Aabiis, Aabitz, Aagünnli, Aahau, Aahäuel, Aahaueli, Aahäueli, Aahauer, Aahaui, Aahauli, Aahäuli, Aahäulig, Aamündli, Aamünggel, Aanhauer, Aanhaui, Aanschnitt, Aaschnitt, Aaschüssli, Aateckel, Änggel, Bäggli, Bedeli, Birzi, Bode, Bödel, Bödeli, Böüdeli, Bueb, Butti, Büürzi, Chappe, Chappi, Chäppi, Chappli, Chäppli, Chifu, Chnubel, Chopf, Chöpfli, Chropf, Chröpfli, Chüneli, Dechel, Decheli, Deckel, Deckeli, Deggeli, Ellbögli, Enggji, Füessli, Fux, Gibel, Gipf, Gipfel, Gipfl, Götsch, Grindli, Grischgji, Grischta, Grischte, Grischtji, Grübel, Gruschgi, Gruschgji, Gruschji, Gruschta, Gruschte, Gruschtji, Gruschtu, Gupf, Güpfi, Güpfli, Gutsch, Gütsch, Höräli, Houdi, Houeli, Houti, Hüeti, Hügel, Huppi, Mänggel, Mänggili, Miigerli, Mockli, Muger, Mugerli, Muggiii, Mumpf, Mumpfu, Mündli, Münggel, Münggu, Mürgel, Murgg, Mürggeli, Mürggi, Mürggli, Mürgu, Mutsch, Mütsch, Mutscheli, Mutschi, Mutschli, Mütschli, Mutschu, Muuger, Müürgel, Müürggeli, Müürggi, Müürggli, Müürgu, Naasa, Obenääbli, Obenööbli, Oberröüft, Oobenab, Ox, Poppeli, Puggel, Puppi, Püüzi, Reifteli, Reiftli, Rossji, s ober Stuck, Scheerb, Scheerbe, Scheerbli, Spitz, Stumpe, Teckel, Teckeli, Totsch, Wegge, Zipfel, Zipfeli, Zopf, Zopfe, Zöpfli

den meisten dieser Bildungen ein eingeschobenes *-m-* vor, das weder von *Gäis-* (aus *Gäns-*) noch von *Geiss-* herrühren kann. Die Formen mit *-m-* müssen der Ursprungsform am nächsten liegen; als Ausgangspunkt können wir eine Verkürzung aus *Gäisemeieli* (von *Gänsemeieli*) oder *Gausmeieli* (von *Gansmeieli*) zu *Gäismeli/Gausmeli* vermuten. Als nunmehr unverständliche Ausdrücke wurde diesen Formen dann wiederum das Wort *Gänse-* (oder *Gäise-*?) vorangestellt, woraus *Gänsegäismeli* – oder *Gäisegäismeli* (?) – entstand. Daraus wurden dann durch Abschwächungen, Vereinfachungen, Vertauschungen von Silben und Lauten und/oder Anbindungen an das Wort *Geisse-* Wörter wie *Gänsegismeli*, *Gismegäismeli*, *Geismegiseli*, *Geissegismeli*, *Geissegiseli*, *Gisigeisseli*, *Gigegeisseli* u. Ä.

Einzelne Bezeichnungen spielen auf den Ort des Vorkommens an, vor allem **Waseblüemli**, **Wasebüürscht(e)li**, **Matteblüemli**. *Matte* und *Wase* sind beides Bezeichnungen für Wiesen (*Matte* ursprünglich für die regelmässig gemähte Wiese, *Wase* für feuchte Wiesen). Auch **Steinächerli** könnte als Charakterisierung des Vorkommens interpretiert werden; *Steinach* bezeichnet ein steiniges Gebiet. Das leuchtet als typische Vorkommensbezeichnung für Gänseblümchen nicht unbedingt ein; möglicherweise liegt auch hier eine Übernahme einer Bezeichnung für die grosse Margerite vor. Andere Benennungen beziehen sich auf die Blütezeit. **Meerzeblüemli** deutet auf eine frühe Blüte, wie wohl auch **Schneeblüemli**; der Ausdruck *Schneeblüemli* wird auch für andere frühblühende Blumen, beispielsweise den Krokus, gebraucht. Auf die lange, mehrmonatige Blütezeit weisen dagegen die Bezeichnungen **Monetsblüemli** oder **Maaneblüemli** (*Maane* bedeutet ebenfalls 'Monat') hin. Die langdauernde Blütezeit könnte auch der Hintergrund der Bezeichnung **Eewigkeitji** sein. Auch **Johan(n)esmeie** scheint auf eine Blütezeit hinzudeuten, nämlich zum Johannistag am 24. Juni. Ein derart später Blühtermin passt nicht zum Gänseblümchen und könnte von der grossen Margerite mit ihrer späteren Blühzeit, vor allem in den alpinen Gebieten, übernommen worden sein. Darüber hinaus werden allerdings allerlei Gebräuche mit dieser Bezeichnung in Verbindung gebracht: Wenn man die Blume am 24. Juni als Orakel brauche, wirke dieses besonders zauberkräftig; wenn man Kränzchen des Gänseblümchens am 24. Juni auf das Dach lege, dann schütze dies das Haus vor Blitzschlag und Feuersbrunst; wenn man am 24. Juni einen Strauss von Gänseblümchen auf einen Dachsparren lege und dieser dann schnell verblühe, sei das ein Zeichen für einen schnellen Tod. Alle diese Motive erwecken aber eher den Eindruck, dass nachträglich mit dem Namen bestimmte Rituale verbunden wurden.

Die meisten weiteren Bezeichnungen sind noch schwieriger zu erklären. Eigenartig ist etwa der Beizug anderer Tierbezeichnungen als charakterisierendes Bestimmungswort, so in **Schaafblüemli/-meie**. Hat eine Vertauschung von *Geiss* und *Schaaf* stattgefunden? Als Begründung für diese Bezeichnung wird die Unbeliebtheit der Pflanze bei Bauern angegeben, für die das Gänseblümchen nur ein lästiges Unkraut ist. Nicht eindeutig bestimmbar ist auch der Hintergrund der Benennung als **Chatzeblüemli**; vielfach werden wertlose Blumen als *Katzenblume* usw. bezeichnet. Allenfalls könnte man auch hier gleichzeitig eine Umdeutung aus *Gaase-* (von *Gans-*) vermuten. Unklar ist ferner die Benennung als **Chääsblüemli**. Als Erklärung wird etwa angegeben, dass die Benennung von der grossen Margerite als *Chääsblueme* abgeleitet ist und dass diese Pflanze beim Verblühen einen käseartigen Geruch verbreitet. Eine ganz andere Begründung, die ebenfalls auch auf die grosse Margerite zutreffen kann, lautet, dass nach dem Abzupfen der weissen Blütenblätter der übrig bleibende gelbe Blütenkopf die Form eines kleinen Käselaibs habe. Die Bezeichnung als **Müllerblueme** oder **Müliblueme** 'Mühlenblume' wird mit der weissen Farbe der Blütenblätter begründet, ebenso **Milchmeiji**. **Baaderli** wird damit erklärt, dass es als heilkräftige Pflanze als Zusatz zum Badewasser verwendet wird. Gar keine direkte sinnvolle Erklärung erkennbar ist für die Bezeichnungen **Blatzblüemli** und **Tällermeie**.

Maasblüemli schliesslich könnte eine Abwandlung zu *Massliebchen* sein. Eine Variante dazu ist wohl **Maasberli**, entstanden aus einer Verkürzung des unbetonten *-blüemli*. *Massliebchen* selbst ist im Übrigen ein weiterer schwieriger Fall. Unbestritten ist, dass das Wort im 15. Jh. aus einem mittelniederl. *matelieve* übernommen und adaptiert worden ist. Was es im Niederländischen ursprünglich bedeutete, ist seinerseits unklar. Alle Bedeutungen, die dem Wort im Deutschen zugeschrieben werden, sind ebenfalls nachträgliche Sinngebungen, ebenso die zahlreichen Veränderungen und Umdeutungen, die es danach in den Dialekten erfahren hat. AL

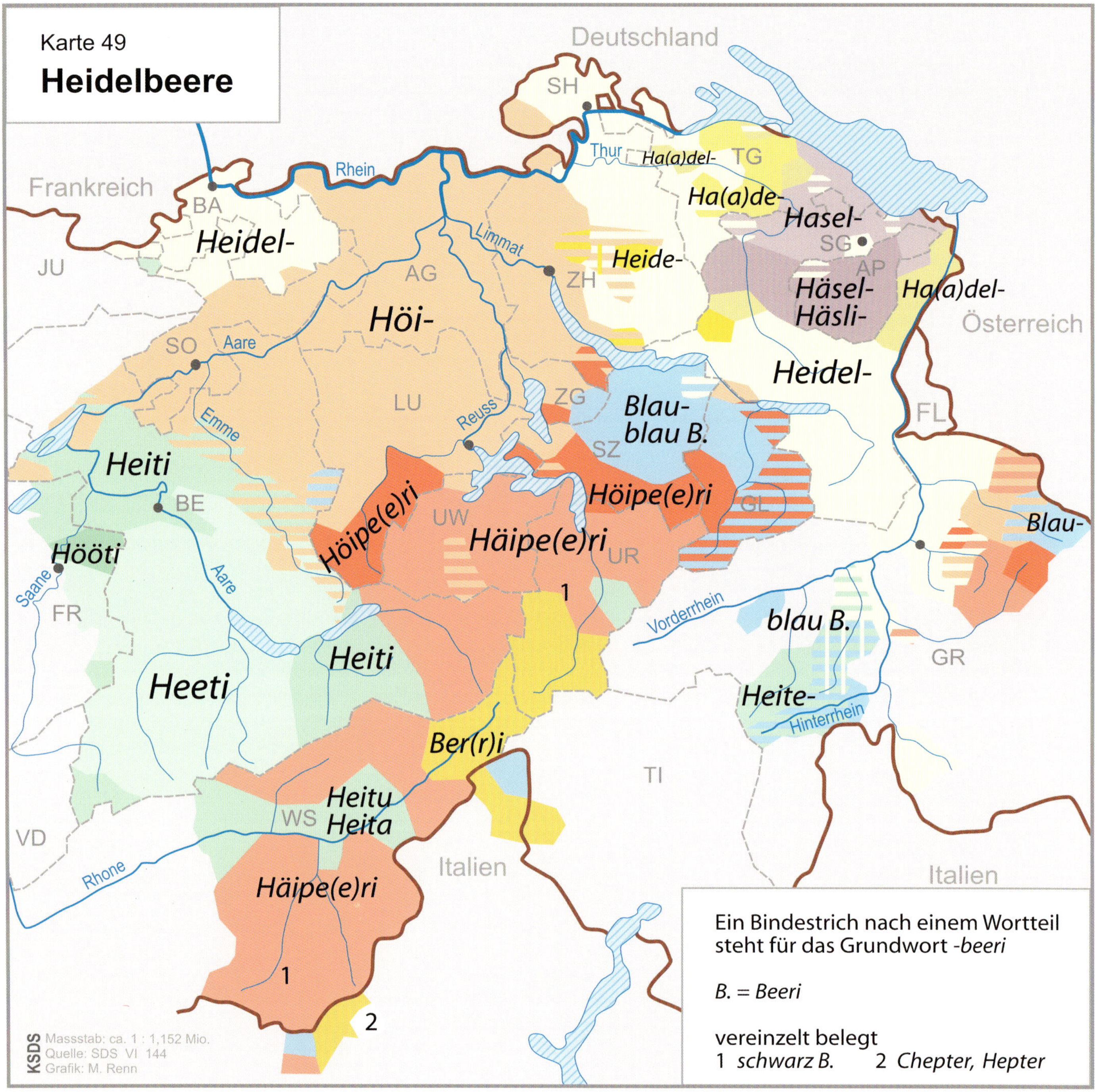

Karte 49

Heidelbeere

Ein Bindestrich nach einem Wortteil steht für das Grundwort *-beeri*

B. = *Beeri*

vereinzelt belegt
1 *schwarz B.* 2 *Chepter, Hepter*

Die Heidelbeere ist die Beerenfrucht der Heidelbeerstaude (Vaccinium myrtillus). Sie wird sowohl frisch verzehrt als auch zu Brei (dialektal als *Bappe*, *Mues*, *Zunne*, *Brei*, *Choch*, *gchocheti Beeri*, *Brägel* oder *Sturm* bezeichnet) oder Konfitüre gekocht, verschiedenen Backwaren beigegeben oder zur Weinzubereitung (Heidelbeerwein) verwendet. Die getrockneten Beeren dienen ausserdem als Färbemittel für Wein und Spirituosen und werden als Heilmittel gegen Durchfall verwendet. Für die Beerenernte wurde früher ein eigens gefertigtes, kammartiges Gerät verwendet. Diese Art des Pflückens wird denn auch als *strääle* 'kämmen' bezeichnet.

Das in den meisten Bezeichnungen vorkommende Grundwort *-beeri*, *-pe(e)ri* (auf der Karte z. T. durch den Trennstrich markiert) geht auf mhd. *ber*, ahd. *beri* 'Beere, Traube' zurück. In Teilen des Kantons Uri und des Wallis ist der Ausdruck *Ber(r)i* kein Oberbegriff für alle Arten von Beeren, sondern die Bezeichnung für die Heidelbeere.

Bei den Bestimmungswörtern können hauptsächlich die drei Typen **Heidel-**, **Blau-** und **Hasel-** unterschieden werden: Der Typ **Heid-/Heide-/Heidel-Beeri** (aus ahd. *heid(i) beri* und mhd. *heitber*) meint die auf der Heide, also auf nicht landwirtschaftlich genutztem Land, heimische Beere. Dieser Typ hat insgesamt die grösste Verbreitung und kommt in unterschiedlichen lautlichen Formen vor, die einen Zusammenhang mit dem Ausgangswort *Heide* nicht immer erkennen lassen. Beim Ausdruck *Heidel-* handelt es sich um eine *-el*-Bildung, die eine Zugehörigkeit ausdrückt (vgl. *Eichel* zu *Eiche*, *Ärmel* zu *Arm*) und den Zusatz *-beeri* eigentlich entbehrlich machen würde. Als lautliche Varianten zu *Heide-* und *Heidel-* sind die in der Ostschweiz vorkommenden Bezeichnungen **Ha(a)de-** und **Ha(a)del-Beeri** zu sehen, mit dort typischer ▶ Monophthongierung von *ei* zu *aa* (*Gaass*, s. Karte 89 *Geiss*). Die Kurzformen auf *-i* (**Heiti**, **Heeti**, **Hööti**) scheinen nach dem Muster von *Chriesi* 'Kirsche' oder *Hinti* 'Himbeere' gebildet und als Verkleinerungsformen verstanden worden zu sein. Die lautlichen Unterschiede kommen durch Monophthongierungen *(Heeti)* und ▶ Rundungen *(Hööti)* zustande, die in den betreffenden Gegenden üblich sind. Für den *t*-Laut, der statt *d* in den Kurzformen erscheint, sind verschiedene Erklärungen denkbar: *t-* als Angleichung an *Hinti*, *Hinte* 'Himbeere', als Lautintensivierung oder als dialektale Sonderlautung, wie sie bei Konsonanten manchmal zu beobachten ist. Die Formen **Heitu/Heita** lassen sich ebenfalls an *Heid-* anschliessen.

Die im Piemont vorkommenden Bezeichnungen **Chepter** und **Hepter** müssen ungeklärt bleiben; man kann allenfalls eine Vertauschung der Konsonanten *p* und *t* (▶ Metathese) in Erwägung ziehen, die ausgehend von einer Form wie *he(i)tper* zu den fraglichen Bezeichnungen geführt hat.

Die Bezeichnungen mit dem Bestimmungswort **Höi-/Häi-** gehen ebenfalls auf *heid(i)beri* zurück und sind wohl in einem ersten Schritt über eine gegenseitige Anpassung (▶ Assimilation) der Konsonanten *d* und *b* (*Heip-per(i)* wie *Erd-Beer(i)* zu *Ep-per(i)*) entstanden. Die verdunkelte Bildung, die einen Zusammenhang mit 'Heide' nicht mehr erkennen liess, wurde in der Folge ▶ volksetymologisch umgedeutet und mit 'Heu' in Zusammenhang gebracht, was von der Reifezeit der Beere her nicht ganz abwegig ist. Der Wechsel vom Konsonanten *p* zu *b* *(Höibeeri)* mag durch eine neuerliche Angleichung an die Lautung von *Beere* zustande gekommen sein.

In südöstlichen Gegenden der Deutschschweiz ist der Typ **Blaubeeri** oder die Fügung **blau Beeri** belegt. Die Bezeichnung *Blaubeere*, die auch hochdeutsch ist, verdankt sich der Farbe der Beere, die hier und in nördlichen Ländern offenbar als blau wahrgenommen wird (vgl. engl. *blueberry*, schwed. *blåbär*), während in einigen süddeutschen Dialekten die Bezeichnung *Schwarzbeere* vorherrschend ist, die auf eine andere Farbwahrnehmung schliessen lässt. In der Deutschschweiz ist nur sehr vereinzelt die Fügung **schwarz Beer(i)** anzutreffen.

Beim Typ **Häsel-**, **Hasel-**, **Häsli-Beeri**, der in der Ostschweiz belegt ist, liegen Bezeichnungen vor, die auf das Verb *heislen* 'geifern, wie kleine Kindern tun' zurückgehen. Ein vergleichbares Bezeichnungsmotiv ist bei *Schnuderbeeri* auszumachen, einer ausgestorbenen Bezeichnung für die Heidelbeere, die auch für die klebrige Beere der Eibe verwendet wurde. Der Lautstand der Bildungen ergibt sich regelhaft aus den Monophthongierungen von *ei* zu *aa* oder *ää* (s. Karte 89 *Geiss*). Bei *Häsli-Beeri* mag eine verdeutlichende Anlehnung an die Verkleinerungsform von *Hase* vorliegen.
HC

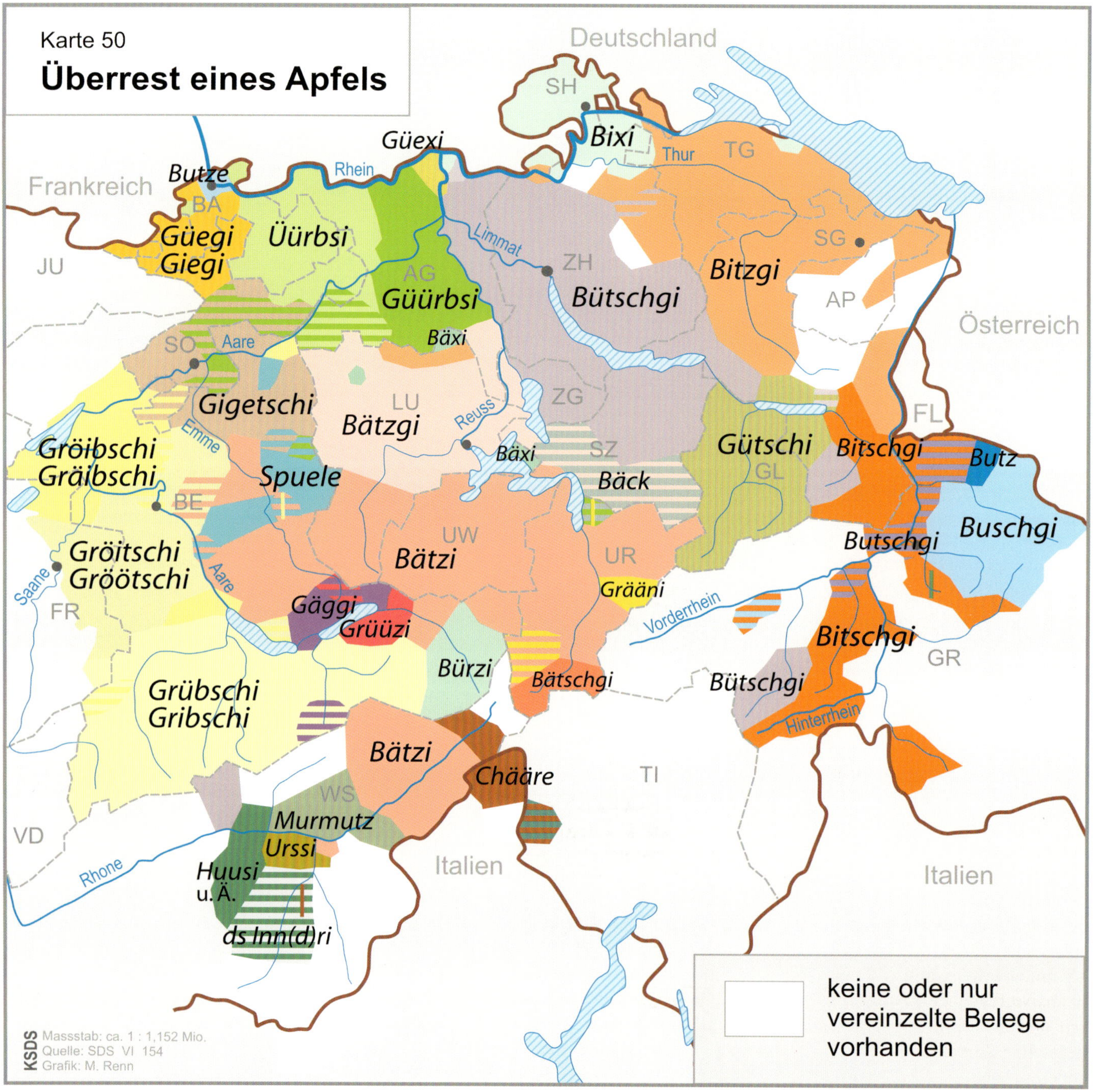
Karte 50
Überrest eines Apfels
Deutschland
Frankreich
Österreich
Italien
Italien
SH
TG
SG
AP
ZH
AG
BA
JU
SO
LU
ZG
SZ
GL
FL
BE
UW
UR
FR
VD
WS
TI
GR
Rhein
Thur
Limmat
Aare
Emme
Reuss
Saane
Aare
Vorderrhein
Hinterrhein
Rhone
Güexi
Bixi
Butze
Güegi
Giegi
Üürbsi
Güürbsi
Bäxi
Bitzgi
Bütschgi
Gigetschi
Bätzgi
Gröibschi
Gräibschi
Spuele
Bäxi
Bäck
Gütschi
Bitschgi
Butz
Buschgi
Butschgi
Gröitschi
Gröötschi
Bätzi
Gäggi
Grüüzi
Grääni
Bitschgi
Bürzi
Bätschgi
Bütschgi
Grübschi
Gribschi
Bätzi
Chääre
Murmutz
Urssi
Huusi
u. Ä.
ds Inn(d)ri
keine oder nur vereinzelte Belege vorhanden
KSDS
Massstab: ca. 1 : 1,152 Mio.
Quelle: SDS VI 154
Grafik: M. Renn

Wenn sie Äpfel essen, lassen die meisten Menschen das Kerngehäuse, die Blütennarbe und natürlich den Stiel übrig. Dieser Essensrest, nicht mit dem Kerngehäuse gleichzusetzen, ist von der Form her eher schwer definierbar, aber ein klar identifizierbarer Gegenstand, für dessen Entsorgung man jedes Mal besorgt sein muss. Dieser eher lästige Umstand bei einer so häufig gegessenen Frucht ist auch der Grund, warum im Dialekt ein solches unscheinbares und unnützes Ding so viele Bezeichnungen erhalten hat.

Die Karte zeigt eine Fülle von ähnlich klingenden Bezeichnungen, Reflex des sprachspielerischen Umgangs mit den Benennungen eines unwichtigen Alltagsobjekts. Im Ursprung können jedoch meistens ziemlich präzise Benennungsmotive und Wortbildungsmuster gefunden werden. Vielfach liegen den einzelnen Bezeichnungsarten Ausdrücke für 'wertlosen Abfall beim Zerkleinern' zugrunde. Eine grosse Gruppe von Ausdrücken leitet sich letztlich aus den alten Verben *becken* oder *bicken* ab, die in frühneuhochdeutscher Zeit die Bedeutung hatten 'mit spitzem, schneidendem Werkzeug bearbeiten, kleinmachen, klein hacken'. Davon abgeleitete Substantive bezeichnen das Resultat dieser Tätigkeit. Die Bedeutung 'Überrest eines Apfels (beim Essen)' wäre danach eine Einengung aus einer allgemeinen Bedeutung 'Reste, Abfälle beim Schneiden (von Obst)'. Lautlich dem Verb *becken* am nächsten ist schwyzerisch *der* **Bäck**. Die vielen anderen Ausdrücke mit *-x-* und *-tsch-* beruhen dagegen auf den intensivierenden Erweiterungen *bickezen* und *beckezen* mit dem mittelhochdeutschen Suffix *-ez(en)*, das auch unter anderem bei *hixe* (von *higgeze*) 'den Schluckauf haben' anzutreffen ist (s. Karte 20 *Schluckauf*). Aus diesen Verben werden zur Benennung des Resultats substantivische Verkleinerungsformen auf *-i* (mit neutralem Geschlecht) gebildet. Die Konsonanten *k* und *z* können, ähnlich wie bei *hixe/Hixi*, zusammengezogen oder vertauscht werden, dadurch ergeben sich **Bixi**, **Bitzgi**, und mit ▶ Palatalisierung (Aussprache am Gaumen) **Bitschgi**. Die gleichen Veränderungen führen bei Ableitungen aus *beck(e)zen* zu den Formen **Bäxi**, **Bätzgi** und **Bätschgi**. Eine noch stärkere Vereinfachung, nämlich der völlige Ausfall von *-ck-* vor *-z-* ist in **Bätzi** erfolgt. In *Bätzi* ist im Übrigen der ursprüngliche Zusammenhang mit *beck(e)zen* und die Bedeutung 'Abfälle beim Schneiden' noch besser erhalten: *Bätzi* bezeichnet an vielen Orten allgemein die Kernobstabfälle, die zum Herstellen von Obstbranntwein verwendet werden. Entsprechend wird Kernobstbranntwein *Bätziwasser* oder auch kurz *Bätzi* genannt.

Die Formen **Bütschgi**, **Butschgi** und **Buschgi** resultieren aus einer Vermischung von *Bitschgi* mit einem anderen Wort, nämlich **Butz**. Im Prättigau ist dieses Wort als Bezeichnung des Überrests des Apfels belegt; die gleiche Bedeutung lebt wohl auch in der Wendung *Butz und Bänz* 'mit Stumpf und Stiel' weiter. An vielen anderen Orten in der Deutschschweiz hat *Butz* aber noch die ursprüngliche Bedeutung 'Blütennarbe des Apfels'. Von einem Teil des Gegenstands wird die Bedeutung also auf das Ganze ausgedehnt. Das Wort ist mit hochdt. *Butzen* verwandt, das ja ebenfalls die Bedeutung 'Überrest des Apfels, Kerngehäuse' haben kann. In Basel-Stadt erscheint das Wort in der entsprechenden Form **Butze**.

Eine Verallgemeinerung der Wortbedeutung von 'Blütennarbe' auf 'Überrest des Apfels' ist auch in anderen Fällen erfolgt, so in **Güegi/Giegi** im äussersten Nordwesten, urnerisch **Grääni** und **Bürzi**, die alle zunächst 'Blütennarbe' bedeuten. *Güegi* ist von *Gueg* 'Käfer' abgeleitet, das sonst im Berndeutschen und in der Innerschweiz gebräuchlich ist: Wie beim hochdeutschen Wort *Fliege* wird die Blütennarbe mit einem Insekt verglichen. Im aargauischen Nordosten ist *Güegi* in Anlehnung an den Auslaut bei *Bixi* oder *Gürbsi* zu *Güexi* weiterentwickelt worden. *Grääni* ist wohl an mhd. *gran(e)* anzuschliessen, das 'feiner Haarspitz, Ährengranne, Schnurrbart' bedeutet. *Bürzi* ist auf Umwegen zur Bezeichnung der Blütennarbe geworden: Zunächst bezeichnet *Bürzi* einen kleinen Auswuchs, dann, etwa bei kleinen Lebewesen oder Vögeln, den Hinterteil mit dem After und schliesslich auch speziell das Afterloch. Diese Bezeichnung lässt sich dann auch auf den Teil des Apfels mit der Einbuchtung der Blütennarbe anwenden.

Im Westschweizerdeutschen fällt ein weiterer Typ von Varianten auf, die meist mit *Gr-* beginnen. Auszugehen ist wohl von einem Wort, das im Mittelhochdeutschen und Frühneuhochdeutschen in sehr unterschiedlichen Formen als *grabiz*, *grobiz*, *grubiz*, *grubs*, *grübs*, *grütz* u.Ä. belegt ist. Das Wort lebt im Hochdeutschen als *Griebs* mit der Bedeutung 'Kerngehäuse' weiter. Die ursprüngliche Lautform und die ▶ Etymologie des Wortes sind unklar. Auffällig sind Ähnlichkeiten zum Substantiv *Griebe*, das heute zwar 'Rückstand beim Auslassen von Schweinefett' u.Ä. bedeutet, in der althochdeutschen

> *Fortsetzung Überrest eines Apfels auf Seite 153*

weinen

bäägge, bläägge, blaare, bleegge, böögge, briegge, briele, brielu, briesche, brille, brillu, briuue, bröóle, brüele, brüeue, brülle, chrääje, flänne, flännu, gelle, gleie, gräägge, grääze, gränne, grenne, griin, griine, griinu, grine, hiile, hirele, huile, hüüle, hüüne, huure, kränne, kriin, kriinu, krine, läätsche, lätsche, leid tue, möögge, muele, pflänne, pflenne, plääre, präle, räägge, rääre, schreie, surre, suure, tullu, waine, zäne, zänne, zene

Taschentuch

Faleet, Fätze, Fazeleed, Fazeleedli, Fazeleet, Fazeleetli, Fazeneed, Fazeneet, Fazeneetli, Fazeneezli, Lumpe, Múgarell, Mútschur, Naaselumpe, Naastuech, Naasulüüderli, Naselumpe, Nastioch, Nastuech, Nastüech, Neezeli, Neezi, Neezli, Nuudeli, Pänétt, Punàtt, Sacklumpe, Sacktuech, Schnuderfätze, Schnuderhudel, Schnuderhudle, Schnuderhudu, Schnuderlumpe, Schnudersiene, Schnudertuech, Schnuizlumpu, Schnupftuech, Schnutzuech, Schnuuzfazeleetli, Schnuuzhuder, Schnüüzlumpu, Schnuuzneetli, Schnuuztuech, Schnuzblätz, Schnuzfazeleetli, Schnuzlumpe, Schnüzlumpu, Taschatuech

Sommersprossen

Laubfläcke, Läubfläcke, Laubflägge, Löibfläcke, Loibflecke, Loobfläcke, Loubfläcke, Loubflägge, Meerzeblueme, Meerzedräck, Meerzedreck, Meerzefläcke, Meerzeflecke, Meerzespreggele, Meerzesprigel, Meerzespriggel, Meerzespriggele, Meerzetüpf, Meerzetupfe, Meerzetüpfe, Merzebloome, Merzeblueme, Merzeböle, Merzebrägel, Merzechegel, Merzedräck, Merzefläcke, Merzeflätter, Merzeglöggli, Merzepletter, Merzerüseli, Merzeschis, Merzeschiss, Merzespriggel, Merzetüpfli, Mierzedreack, Mierzedreck, Mierzesprosse, Spreggele, Spreggeli, Spriggele, Summersprosse

Gerstenkorn am Lid

Aigewäre, Äiterggüggeli, Äiterpöleli, Augenurseli, Augestöössel, Augetöckterli, Augetoggter, Augetrachter, Augewäre, Augewireli, Bibeli, Biber, Bibere, Biberli, Biberne, Biibeli, Bitzeli, Bleeji, Blindeiss, Blindeissji, Blinnereiss, Chegel, Dräckstöössel, e wilts Eissli, Eiss, Eisse, Eissi, Eissji, Eissli, Eitergiirtsch, Eitergiirtschi, Fluss, Gäärschtechoore, Geerschtechöreli, Geerschtehorn, Geerschtehörnli, Ggitzi, Giidi, Giirtsch, Giirtschelti, Giirtschi, Giirtschji, Greet, Greete, Greetli, Griitli, Gügerli, Gügger, Guudi, Güügeli, Güügger, Hürscheli, Hüürscheli, Iirscheli, Irbselli, Irschelli, Liechterneli, Liechtore, Liechtorn, Liichtoorn, Liichtore, Liichtorn, Margriitli, Müeterli, Mütschli, Nätschli, Netschli, Nörschli, Nörtschli, Nötschli, Nütschli, Öigeissji, Oigugiirtschi, Oogenätschli, Oogeneerschli, Oogenötschli, Oorseli, Ougegügger, Ougeneiss, Pfiisi, Pitzel, Püggeli, Pützel, Schnebel, Schnibel, Stöössel, Töchterli, Tockter, Töreli, Ürbselli, Urscheli, Ürseli, Ursselli, Urssji, Usserli, Üürschel, Uurscheli, Uurschili, Uurseli, Üürseli, Uursi, Üürsi, Uursili, Uursseli, Üürsseli, Uurssi, Üürssi, Uurssji, Wäägschiisser, Wääreli, Wäärle, Wächter, Wädle, Wäier, Wäiere, Wäre, Wäreli, Wäri, Wärli, Wärri, Wätle, Wearle, Weegschiisser, Weele, Weer, Weere, Weeri, Weerle, Weier, Weiere, Weile, Weire, Were, Weri, Werle, Werli, Wiiri, Wiiriweeri, Wiri, Wirri, Wiseweeri

Entsprechung *griobo* aber auch 'kleingemachtes Anfeuerholz' bedeuten kann. Ein Bezug zu einer ursprünglichen Bedeutung 'Zerkleinertes, Reste beim Zerkleinern' ist demnach nicht auszuschliessen. Die Formen im Berner Oberland gehen auf einen Vokal *-u-* zurück. Die Varianten im Mittelland (zusammen mit dem nhd. *Griebs*) setzen dagegen ursprünglich eine ▸ diphthongische Form *griubis* voraus; die Vokalvariation entspricht lautlich jener bei *tief* (s. Karte 91 *tief*, dort allerdings mit anderer geographischer Verteilung). Die heute vorkommenden Ausdrücke sind Resultate weiterer Veränderungen. In **Güürbsi** wurde eine Verkleinerungsform mit *-i* gebildet (wie bei *Bitzgi* usw.), zusätzlich wurden der Vokal und das *-r-* vertauscht (▸ Metathese). **Üürbsi** ist aus *Güürbsi* durch Uminterpretation des Anfangs-*G-* entstanden, das als Vorsilbe *Ge-* missverstanden und weggelassen wurde. Die vorwiegend berndeutschen Ausdrücke **Gröibschi/Gräibschi**, **Gröitschi/Gröötschi** und **Grübschi/Gribschi** sind ebenfalls als Verkleinerungsformen gebildet, in diesem Falle aber mit der berndeutsch-walliserdeutschen Verkleinerungsform *(t-)schi*. In *Gröitschi*, *Gröötschi* ist zusätzlich das *-b-* zur Erleichterung der Aussprache ausgefallen.

Auch **Murmutz** dürfte als Bezeichnung von etwas Kleinem, Abgeschnittenem entstanden sein, obwohl seine Herleitung nicht völlig klar ist. Nahe liegt, dass es eine Erweiterung zu der allgemeiner bekannten Bezeichnung *Mutz(j)i* für den Apfelbutzen ist. Dieses letztere Wort gehört eindeutig zu *Mutz*, was generell etwas Abgeschnittenes, Verkürztes bezeichnet und in dieser Bedeutung auf ganz unterschiedliche Gegenstände bezogen werden kann, z. B. Ziegen ohne Hörner, Hunde mit gestutztem Schwanz, verkürzte Kleidungsstücke wie kurzgeschnittene Jacken oder Socken (kurz im Vergleich zu Strümpfen). Die Herkunft dieses Wortstammes ist ungeklärt. Zur Bezeichnung für Apfelreste wird die Verkleinerungsform *Mutz(j)i* im Hinblick darauf verwendet, dass es sich um ein abgebissenes (kleines) Stück Apfel handelt. Die Vorsilbe *Mur-* ist undurchsichtig. Man könnte sie allenfalls als Verkürzung aus *Murgg* erklären, was unter anderem soviel wie 'etwas Zusammengedrücktes, Abgeschnittenes' bedeuten kann. Andere im Wallis belegte Bezeichnungen benennen den Apfelrest mit **ds Inndri** einfach als 'den inneren Teil des Apfels' oder mit **Huusi** 'Häuschen' als '(Kern-)Gehäuse'. Auf das Kerngehäuse bzw. die darin enthaltenen Kerne wird auch mit **Chääre** 'Kerne' Bezug genommen.

Einige seltenere Wörter sind wohl direkte Einengungen von allgemeineren Bezeichnungen für wertlosen Abfall. Das gilt etwa für **Gäggi**, eine Verkleinerungsform zu *Gägg* 'nutzloses Zeug'. Auch **Grüüzi** könnte dazu gehören, das als Vermischung von *Grütz* 'Zerkleinertes von Holz, Äpfeln' und *Gruuss* 'Haufen, Bündel' interpretiert wird. Beides hängt mit einem alten Verb **griozan* 'zerreiben, zerkleinern' zusammen, das auch dem Wort *Griess* zugrunde liegt. **Urssi** bedeutet allgemein zunächst 'Speisereste'. Das Wort wird zu ahd. *urāz* 'Ausgegessenes, Reste vom Essen' (zum Verb *ezzan* 'essen') gestellt.

Völlig unklar scheint der Ursprung des glarnerischen **Gütschi**; ein Zusammenhang mit den umliegenden *Bütschgi/Bitschgi* ist kaum herstellbar. Ein schwieriger Fall bleibt auch **Gigetschi** im Berner Mittelland. Annehmen könnte man eine Verkleinerungsform auf *-tschi* zu *Gueg* bzw. *Güegi* 'Käfer', aber das bleibt angesichts der doch merklichen Abweichung in der Lautstruktur eine Vermutung. Eigenartig ist ebenfalls die Bezeichnung **Spuele** im südlichen Emmental. Man denkt an einen Vergleich mit einer Fadenspule aufgrund der in der Mitte eingebuchteten Form des Apfelrests, aber ob das der tatsächliche Ursprung ist, muss offen bleiben. AL

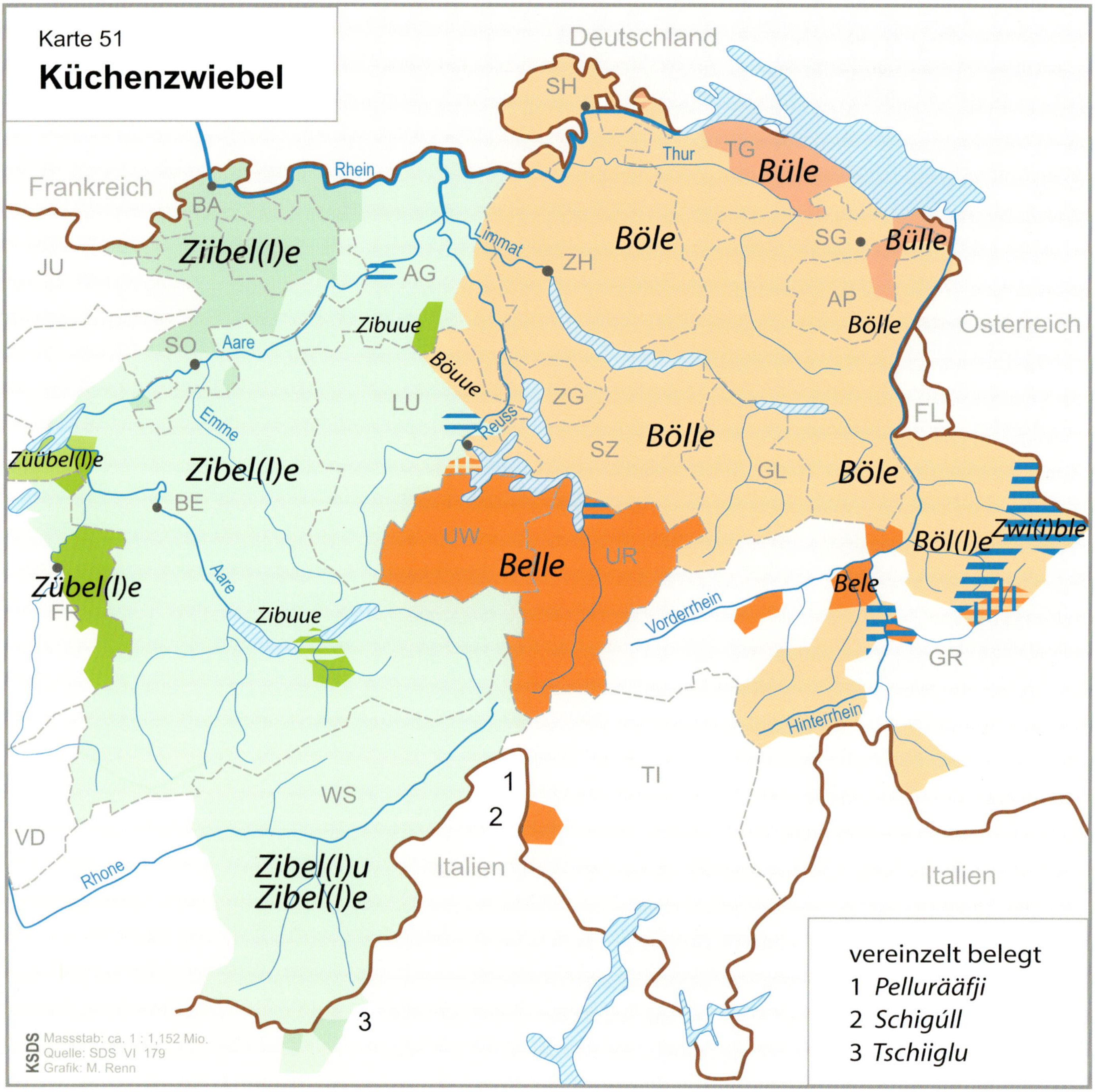

Karte 51
Küchenzwiebel
Deutschland
Frankreich
Österreich
Italien
Italien
SH
TG
BA
JU
AG
ZH
SG
AP
SO
LU
ZG
FL
SZ
GL
BE
UW
UR
FR
GR
TI
WS
VD
Rhein
Thur
Limmat
Aare
Emme
Reuss
Aare
Vorderrhein
Hinterrhein
Rhone
Büle
Böle
Bülle
Ziibel(l)e
Zibuue
Bölle
Böuue
Bölle
Züübel(l)e
Zibel(l)e
Böle
Böl(l)e
Zwi(i)ble
Belle
Bele
Zübel(l)e
Zibuue
Zibel(l)u
Zibel(l)e
1
2
3
vereinzelt belegt
1 Pellurääfji
2 Schigúll
3 Tschiiglu
KSDS
Massstab: ca. 1 : 1,152 Mio.
Quelle: SDS VI 179
Grafik: M. Renn

Die ursprünglich aus dem Orient stammende Zwiebel, eine der ältesten Kulturpflanzen, gehörte im Römischen Reich zu den Grundnahrungsmitteln der einfachen Bevölkerung. Sie gelangte wahrscheinlich, wie viele andere Gartenpflanzen auch, im Mittelalter über die Klosterküchen auf den Speiseplan der germanischen Völkerschaften.

Die Karte mit den Bezeichnungen für die Küchenzwiebel (Allium cepa) zeigt im Wesentlichen eine ▶ West-Ost-Zweiteilung der Deutschschweiz, wie sie auch für zahlreiche andere Erscheinungen bezeugt ist. Möglicherweise lassen sich alle auf der Karte genannten Lautformen ebenso wie das schriftsprachliche Wort *Zwiebel* auf Entlehnung aus dem Lateinischen zurückführen. Neben *cepa* wurde dort seit dem 4. Jh. wohl zunächst als Verkleinerungsform für eine kleinere Zwiebelart *cepulla* gebraucht, das dann in weiten Bereichen der romanischen Welt zum Normalwort für die Zwiebel wurde und in mittelalterlichen Quellen auch als *cepolla*, *cibula*, *cipulla* belegt ist. Daraus lässt sich das in der westlichen Deutschschweiz geltende **Zibele**, das dann etwa im Nordwesten mit gelängtem Tonvokal *(Ziibele)* und im Sensegebiet mit dem dort typischen *ü*-artigen Laut *(Zübele)* erscheint, mühelos ableiten. Das Wort wurde wohl direkt aus dem Klosterlatein in das gesprochene Althochdeutsche übernommen. Das *-b-* könnte auch aus einer romanischen Dialektform stammen.

Die Formen *Schigúll* und *Tschiiglu*, die in den Südwalser Gebieten vorkommen, stellen direkte Übernahmen aus den angrenzenden norditalienischen Mundarten dar, wo sich aus lat. *cepulla* Lautformen mit *g-* im Wortinnern entwickelt haben.

Aber auch das in der östlichen Hälfte des Deutschschweizer Gebiets herrschende **Bölle** lässt sich möglicherweise auf das gleiche lateinische Wort zurückführen. Man muss dann allerdings von einer Verkürzung der Wortform am Anfang und einer Anlehnung an ein ähnlich lautendes Wort für Knollenartiges, wie mhd. *bolle* 'Knospe' und schweizerdt. *bolle* 'runder Gegenstand', ausgehen. Auch hier finden sich unterschiedliche Lautformen, die den Merkmalen der jeweiligen Dialektregionen entsprechen: etwa mit einfachem oder gelängtem (▶ geminiertem) *l*-Laut *(Böle, Bölle)* oder – in der Innerschweiz und Graubünden – mit ▶ entrundetem Vokal *(Bele, Belle)* sowie – im nördlichen Luzerner Seetal – mit ▶ *l*-Vokalisierung *(Böuue)*. Überwiegend wird *Bölle*, ev. in Anlehnung an das Knollenwort, männlich gebraucht; vor allem in der Innerschweiz und Graubünden ist jedoch wie *Zibele* auch *Bölle* weiblich. Es ist jedoch nicht ausgeschlossen, in *Bölle* einfach einen Fortläufer des mittelhochdeutschen *bolle* zu sehen und damit eine Nebenform zum mundartlichen *Bolle* für Kugeliges. Das Wort hätte dann in Anlehnung an das ähnlichlautende ▶ Lehnwort die Bedeutung 'Zwiebel' angenommen. Der Umlaut *Bölle* könnte aus dem (häufig gebrauchten) Plural oder aus einer Verkleinerungsform *(Bölleli)* übertragen worden sein. In jedem Fall sind in dem Wort *Bölle* lateinischer Einfluss und ererbtes Wortgut zusammengeflossen.

Bereits im Althochdeutschen wurde in einer weiteren Umdeutung das anlautende *zi-* des Lehnwortes wohl in Anlehnung an das Bildungselement *zwi-* 'zwei' (etwa in *zwiefach*) durch *-w-* erweitert. ▶ Volksetymologisch wurde damit das Wort offenbar als *zwi-bolla* 'zweifache Knospe' gedeutet, was sich auch auf die Vielhäutigkeit bezogen haben könnte. Das daraus entstandene Wort **Zwiebel**, das vom Mitteldeutschen bis ins Schwäbische in den Dialekten weit verbreitet ist, hat dann Eingang in die Schriftsprache gefunden. Die mit *w* erweiterte Form findet sich aber auch in der Schweiz, vor allem in den Bündner Walserorten abwechselnd mit *Bölle* und auch sonst vereinzelt. In jüngster Zeit scheint sich das schriftsprachnähere *Zwible*, oder ähnliche Lautformen, vor allem gegenüber älterem *Bölle*, *Büle* usw. allmählich weiter auszubreiten. Der *Bölle* hat aber unabhängig vom lokalen Gebrauch eine gewisse Bekanntheit in der ganzen Deutschschweiz durch den Abzählvers *Aazelle, Bölle schele / d Chatz gat uf Waliselle / chunt si wider hei / het si chrummi Bei.*

Obwohl es sich bei der Zwiebel zweifellos um einen römisch-lateinischen Kulturimport handelt, haben die nordgermanischen Sprachen nicht wie das Deutsche und Niederländische das lateinische Wort übernommen. Man hat stattdessen auf das einheimische Wort für *Lauch* zurückgegriffen, wie etwa in dän. *løg*. EG

Karte 52

Kartoffel

Die heute zu den Grundnahrungsmitteln zählende Kartoffel (Solanum tuberosum) ist bekanntlich erst seit dem Ende der frühen Neuzeit in Europa heimisch und erlangte im deutschen Sprachgebiet erst im späten 18. und beginnenden 19. Jh. weitere Verbreitung als Nahrungsmittel. Man bezeichnete die neue Pflanze entweder mit Wörtern, die für andere im Boden wachsende knollige Pflanzen schon gebräuchlich waren, mit neuen Wortbildungen oder mit ▶ Lehnwörtern aus den Umgebungssprachen, deren Bezeichnungen mit der neuen Pflanze selbst bekannt wurden, so dass es eine grosse Vielfalt dialektaler Bezeichnungen gibt. Am weitesten verbreitet ist in der Schweiz die Wortbildung **Härdöpfel** (in vielen Lautabwandlungen, wie *Hördöpfel*, *Höröpfel*, *Höörpfel*, *Häärpfel*), die aus der typischsüdalemannisch-schweizerischen Form **Härd-** mit der Bedeutung 'Erde, Ackerland' und **-Apfel** zur Bezeichnung einer im Boden wachsenden rundlichen Frucht besteht. Vor allem im Wallis hat sich die Lautform *Häär(e)pfel* durchgesetzt. Eine Zusammensetzung mit der gesamtdeutsch verbreiteteren Form **Erd(e)**, deren Zusammenhang mit *Härd* aber wegen des Unterschieds im grammatischen Geschlecht (z. B. *dr Härd*, aber *d'Ärde*) nicht geklärt ist, kommt grossflächig nur in der nordöstlichen Schweiz vor: **Ärdöpfel**. Ein entsprechendes Wort *erdapful* war schon im Althochdeutschen bekannt. Es wurde für die verschiedensten am oder im Boden wachsenden Früchte und Wurzeln verwendet und dann mit der Einführung der Kartoffel auf diese übertragen. In den letzten Jahrzehnten ist die Form *Ärdöpfel* ohne Anfangs-*h-* zugunsten der Zusammensetzungen mit *Härd-* zurückgegangen. Das heute noch rund um Diepoldsau beliebte *Äärdli* ist als Abkürzungsbildung aus *Ärdöpfel* o. Ä. anzusehen.

In einigen weit voneinander entfernten Gebieten erfolgt die Bezeichnung durch vergleichbare Zusammensetzungen aus *Härd-* oder *Ärd-* und **-Birne**, in mehr oder weniger verschliffenen Formen, wie *Häppiir*, *Häppere*, *Ä(r)pire*. Stellenweise sind zu diesen Formen ursprünglich kindersprachliche Verkleinerungsformen, wie *Hääpel*, *Häbi* u. Ä., gebildet worden. Mit *Häppere* setzt sich der zentrale Teil des Kantons Freiburg deutlich vom angrenzenden Bern ab. Möglicherweise reflektierten sich in den Zusammensetzungen mit *Birne* oder *Apfel* ursprünglich Bezeichnungen für unterschiedliche Kartoffelsorten. Mit *Häppere* und verwandten Bildungen könnten also ursprünglich auch birnenförmige Süsskartoffeln gemeint gewesen sein.

Die in Südwestdeutschland sehr gebräuchliche Zusammensetzung **Grundbirne** ist in der Schweiz nur im Kanton Schaffhausen vereinzelt in der Lautung *Grundbire* verzeichnet. Das einmalig in Graubünden genannte **Grundräbe** wird eher auf eine sachliche Vermischung mit den Erdrüben zurückgehen.

Die hochdeutsche Bezeichnung **Kartoffel** wurde bei den Befragungen für den Sprachatlas einzig in Aarau als Variante angegeben. Sie hat sich nach den neuesten Umfragen inzwischen ausgebreitet, stellt aber weiterhin eine untergeordnete Variante dar. Das Wort, das in älterer Zeit als *tartufol* erscheint, ist aus der italienischen Bezeichnung *tartuficolo* (aus spätlat. *territuberum*) entlehnt, das ursprünglich 'Erdknolle' bedeutete und eigentlich die in der Form ähnlichen Trüffelpilze meinte. Der Wechsel von anlautendem *t* zu *k* wird entweder durch lautliche Ähnlichkeit der beiden ▶ Verschlusslaute oder durch eine ▶ Dissimilation von *t* zu *k* (vor einem *t* im Wortinnern) erklärt. Verwandte Formen mit anderen Lautentwicklungen, etwa *Trüffel*, *Artuffula*, finden sich in den südlichen Walserorten, teilweise direkt aus den Nachbarmundarten entlehnt.

Ungeklärt ist die Herkunft des besonders im Kanton Schwyz beliebten **Gumel** (oder *Gumeli*). Ob sich hier tatsächlich, wie man erzählt, eine Benennung nach einem Hof namens Gumi, wo die Kartoffel erstmals importiert worden sei, versteckt oder ob ein Zusammenhang mit *Gummel* zur Bezeichnung für Knolliges besteht, der aber auch nicht weiter erklärt werden kann, muss offen bleiben. Vielleicht handelt es sich auch um eine Abwandlung des aus franz. *pomme de terre* entstandenen *Bummeliterr*, das durch Söldner nach Hause gebracht worden war. EG

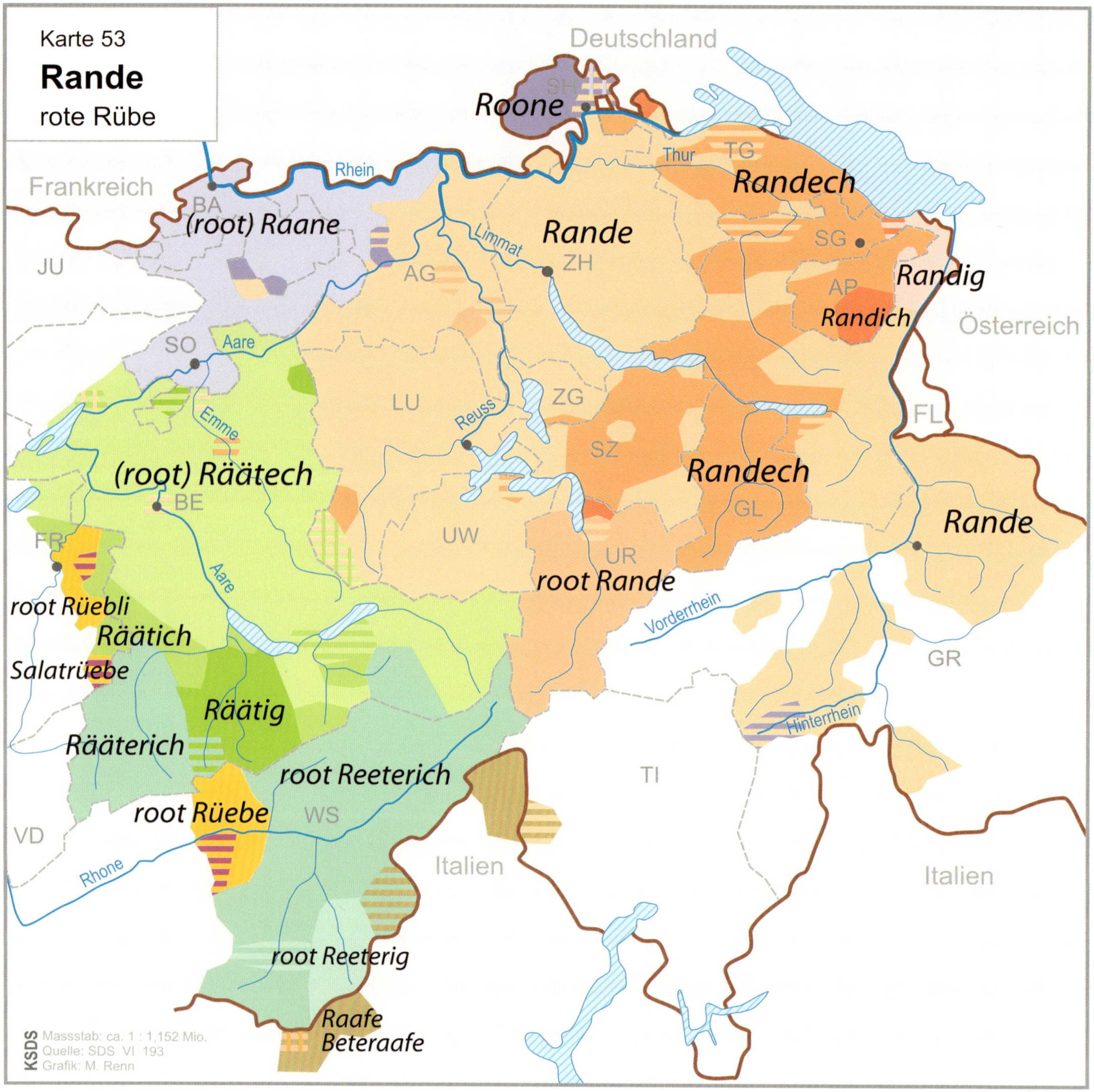
Karte 53
Rande
rote Rübe
Deutschland
Frankreich
Österreich
Italien
Italien
Rhein
Thur
Limmat
Aare
Emme
Reuss
Aare
Vorderrhein
Hinterrhein
Rhone
SH
BA
JU
SO
AG
ZH
TG
SG
AP
LU
ZG
SZ
FL
BE
FR
UW
UR
GL
GR
TI
VD
WS
Roone
(root) Raane
Rande
Randech
Randig
Randich
(root) Räätech
Randech
Rande
root Rande
root Rüebli
Räätich
Salatrüebe
Räätig
Rääterich
root Reeterich
root Rüebe
root Reeterig
Raafe
Beteraafe
KSDS
Massstab: ca. 1 : 1,152 Mio.
Quelle: SDS VI 193
Grafik: M. Renn

Die Rande (Beta vulgaris var. conditiva) ist eine Nutzpflanze aus der Familie der Gänsefussgewächse, deren vitaminreiche Knolle hauptsächlich in gekochtem Zustand als Lebensmittel dient. Die heute verbreitete Speiserande mit ihrer gleichmässig runden Form und dunkelroten Farbe wurde im 19./20. Jh. gezüchtet. Daneben gibt es auch heute noch Sorten, die eine plattrunde, birnenförmige oder zylindrische Knolle besitzen und deren Farbe auch gelb oder weiss sein kann. Die Rande stammt ursprünglich aus dem Mittelmeerraum, wo sie als Gemüse und Heilpflanze geschätzt wurde. Mit den Römern kam sie nach Mitteleuropa. Der erste Anbau in der Schweiz geht ins 13. Jh. zurück. In der Vergangenheit wurde die Rande wegen ihrer intensiven Farbe zum Färben von Stoffen eingesetzt. Noch heute wird Lebensmitteln, beispielsweise Erdbeerjoghurt, mit dem in der Rande enthaltenen Farbstoff Betanin eine rötliche Farbe verliehen.

Im Kanton Schaffhausen sowie im Nordwesten der Schweiz wird die hier besprochene Nutzpflanze als **Roone** resp. **Raane** – teilweise verdeutlichend als *rooti Raane* – bezeichnet. Die Herkunft des Wortes ist unklar. Vermutet wird ein Zusammenhang zu mhd. *rân* 'schlank, schmächtig', das im Schweizerdeutschen z.T. auch unter der Form *raam* auftritt (*en groosse raame Kärli* 'ein grosser hagerer Kerl'). Somit nähme die Bezeichnung auf eine schmale, längliche Sorte Bezug. Das Verhältnis von **Rande** zu dem ohne Zweifel verwandten *Raane/ Roone* ist unklar. Das *-d-* ist wohl eine spätere Einfügung. Wie *Raane* ist auch *Rande* mit der typischen Farbbezeichnung *rot* kombiniert zu finden. Im Unterschied zum Hochdeutschen kann es im Schweizerdeutschen auch ***der*** *Rande* heissen.

In der Ost- und Teilen der Zentralschweiz treten **Randich**, **Randech**, **Randig** auf. Diese Varianten werden durch Vermischung von *Rande* und *Rettich* erklärt. *Rettich* wird als **Räätech**, **Räätich**, **Räätig** ausgesprochen und kommt mit zusätzlichem *-er-* als **Rääterich**, **Rääterig** vor. Es handelt sich dabei vorwiegend um eine bernische und walliserdeutsche Bezeichnung, wobei im Wallis immer verdeutlichend *root* stehen muss, um das hier besprochene Gemüse vom *Rettich*, der weissen scharfen Wurzel aus der Familie der Kreuzblütengewächse, zu unterscheiden. Botanisch gesehen gehören der Rettich und die Rande zu unterschiedlichen Familien, die ähnliche Form gewisser Sorten hat aber wohl zur gemeinsamen Benennung geführt. *Rettich* ist ein ▶ Lehnwort aus lat. *radix* 'Wurzel'. Dieses Wort liegt auch bei *Radieschen* zugrunde.

Im Kanton Freiburg und im westlichen Wallis finden sich Bezeichnungen mit dem Wort *Rüebe* – aus ahd. *ruoba* –, welches in der Botanik das fleischige Speicherorgan einer Pflanze bezeichnet. Bei der **Salatrüebe** wird zur Differenzierung von anderen Rüben der Verwendungszweck herangezogen, bei **root Rüebe** oder **root Rüebli** dagegen erneut die farbliche Eigenschaft der Nutzpflanze.

Als weitere Varianten sind auf der Karte **Raafe** und **Beteraafe** verzeichnet. Die Bezeichnungen sind aus den benachbarten romanischen Mundarten entlehnt. Zugrunde liegt lat. *rapa* 'Rübe' – ohne Zweifel verwandt mit dem deutschen Wort *Rübe* –, bei *Beteraafe* in Verbindung mit lat. *beta* 'Bete, Mangold'. Beide Wörter existieren auch im heutigen Französischen: *rave* 'Rübe', *betterave* 'Bete, Rübe'. Der Ausdruck *Bete* findet sich auch im Hochdeutschen: *Rote Bete* bezeichnet nichts anderes als die Rande. MF

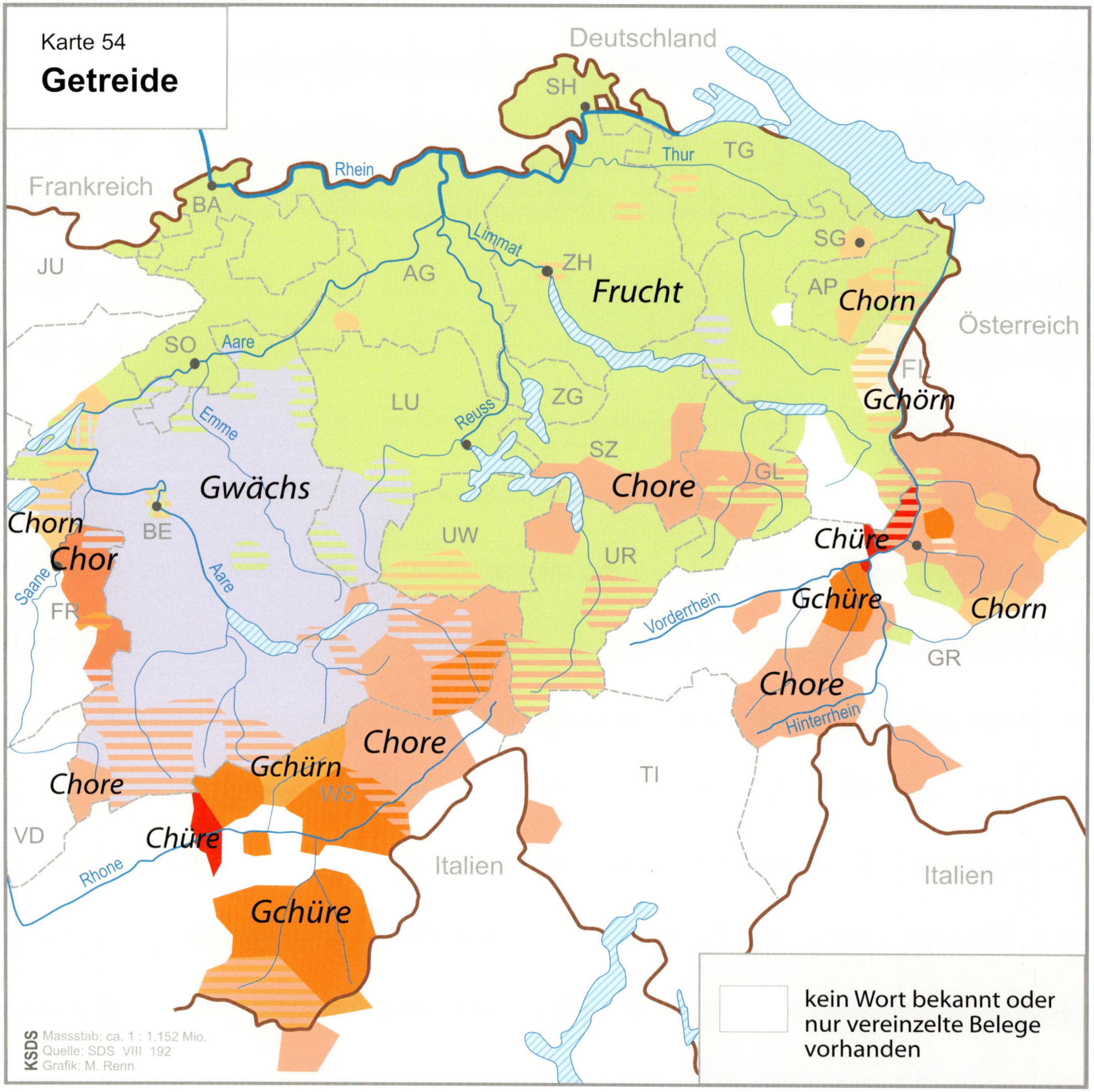
Karte 54
Getreide
Deutschland
Frankreich
Österreich
Italien
Italien
Rhein
Thur
Limmat
Aare
Emme
Reuss
Saane
Vorderrhein
Hinterrhein
Rhone
SH
TG
BA
SG
ZH
AP
JU
AG
SO
FL
LU
ZG
SZ
GL
BE
UW
UR
FR
GR
TI
VD
WS
Frucht
Chorn
Gchörn
Chore
Gwächs
Chorn
Chor
Chüre
Gchüre
Chorn
Chore
Chore
Gchürn
Chore
Chüre
Gchüre
kein Wort bekannt oder nur vereinzelte Belege vorhanden
KSDS
Massstab: ca. 1 : 1,152 Mio.
Quelle: SDS VIII 192
Grafik: M. Renn

Die Bezeichnungen für Getreide als Sammelbegriff für Kulturpflanzen, die in Ähren oder Rispen angeordnete Körner tragen und aus denen Mehl, Schrot o. Ä. gewonnen wird, zeigen sich in drei Typen: im Norden und Osten in *Frucht*, im (bernischen) Westen in *Gwächs* und alpin in *Chorn* u. Ä.

Zumindest in der heutigen Mundart nicht (mehr) heimisch ist das im Hochdeutschen verbreitetste Wort *Getreide*. In unserer älteren Sprache ist es zwar in anderer bzw. etwas weiterer Bedeutung als im Neuhochdeutschen durchaus bekannt, doch sieht sich etwa ▶ Adam Petri trotzdem veranlasst, in seinem Bibelglossar von 1523 das lutherische *getreyde* mit *korn* oder *frucht* übersetzen zu müssen.

Getreide wurde ehedem im ganzen Land angebaut, sei es zur blossen Selbstversorgung oder als Handelsprodukt. Allmählich aus den Voralpen und nördlichen Alpen, nicht aber aus den inneralpinen Tälern des Wallis und Graubündens verdrängt, konzentrierte sich im 20. Jh. der Getreideanbau im Mittelland. Die verbreitetsten Getreidearten waren traditionell in höheren Lagen Gerste, Dinkel und Roggen, in den tieferen Dinkel und Hafer, in der Westschweiz auch Saatweizen. Heute wird als Brotgetreide in erster Linie Weizen produziert, der Anbau von Roggen ist stark zurückgedrängt, und der Dinkel hat seinen Anteil praktisch verloren. Als Futtergetreide hat die Gerste mit dem Aufkommen der Schweinezucht den einst im Rahmen der Pferdehaltung wichtigen und bedeutenderen Hafer weitgehend abgelöst.

Schweizerdeutsches **Frucht** im Sinne von 'Getreide' geht auf ahd. *fruht* zurück, früh entlehnt aus gleichbedeutendem lat. *fructus*. Im Unterschied zum Lateinischen ist das Wort im (Schweizer-)Deutschen in Anlehnung etwa an *Flucht* weiblich. Nördlich der Schweiz grenzt das schweizerische *Frucht*-Gebiet an das entsprechende elsässische und süddeutsche.

Der Typus **Chorn** ist in alpiner Reliktstellung im äussersten Südwesten und Süden und in den Walsergebieten Graubündens (und in vielleicht letzten Überbleibseln im heutigen *Frucht*- und *Gwächs*-Gebiet) anzutreffen; im ausserschweizerischen Osten grenzt er seinerseits an ein grösseres, zusammenhängendes *Korn*-Gebiet. Lautlich und wortbildungsmässig weist er einige Besonderheiten auf. Der Ausgangsform *Chorn*, ahd. *korn* in gleicher Bedeutung aus germ. **kurna-*, steht mit *n*-Schwund das freiburgische **Chor** gegenüber. Auf dem Einschub eines so genannten ▶ Sprossvokals *-e-* zwischen *r* und *n* (s. Karte 103 *morgen*) beruht die dadurch zweisilbig gewordene Form **Chore**. Die gleiche Lautentwicklung zeigt sich auch in **Chüre**, in dem eigentlich eine alte Sammelbezeichnung mhd. *kürn(e)* aus ahd. *-kurni* (nur in Zusammensetzungen) steckt. Mit der Vorsilbe *g(e)-* gebildet sind **Gchörn**, **Gchürn** und **Gchüre**, ebenfalls sächliche Sammelbezeichnungen.

Eine westschweizerdeutsche, vielleicht sogar bernische Neuerung zeigt sich offensichtlich in **Gwächs**, wiederum eine Sammelbezeichnung, die ursprünglich 'alles, was gewachsen ist' meint, dann speziell 'Pflanze' und auch 'Geschwür'. Gebildet ist das sächliche Wort aus mhd. *gewahs*, (in Zusammensetzungen) *-gewehse* zu ahd. *wahsan*, mhd. *wahsen* 'wachsen, grösser werden, zunehmen, sich entwickeln'. Dass *Gwächs* sich auf Kosten der beiden andern und älteren Typen im Westen etablieren konnte, zeigt sich auch darin, dass es an den Rändern zu einem Nebeneinander zweier Formen kommt.

Die Bezeichnungen für das Getreide stehen in engem Zusammenhang mit und in Abhängigkeit von der Bedeutung von *Chorn*, dies weil *Chorn* meist für die an einem Ort üblichste Brotgetreideart galt. So hat *Chorn*, wo es nicht 'Getreide' meint, im nördlichen Voralpengebiet und im Mittelland die Bedeutung 'Dinkel', im Wallis steht es für den Roggen und im Kanton Graubünden für die Gerste, während es nur in wenigen, weit auseinander liegenden Gebieten 'Weizen' bedeutet. Auch andere Sprachen kennen entsprechende Entwicklungen: Engl. *corn* bedeutet in Amerika 'Mais', im Süden Englands 'Weizen' und in Irland und Schottland 'Hafer'. AB

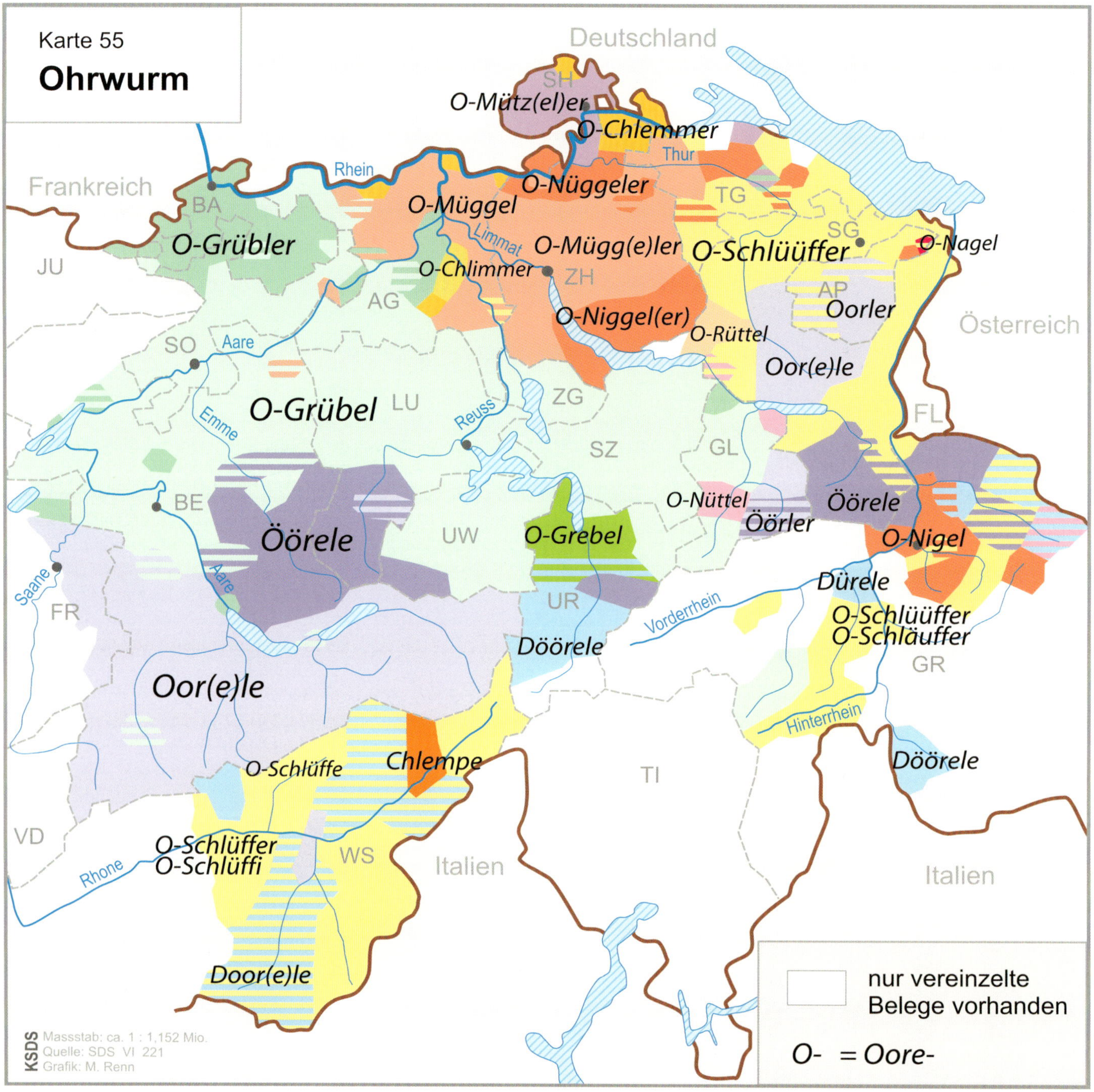
Karte 55
Ohrwurm
Deutschland
Frankreich
Österreich
Italien
Italien
O-Mütz(el)er
O-Chlemmer
O-Nüggeler
O-Müggel
O-Grübler
O-Mügg(e)ler
O-Schlüüffer
O-Nagel
O-Chlimmer
O-Niggel(er)
O-Rüttel
Oorler
Oor(e)le
O-Grübel
O-Nüttel
Öörler
Öörele
Öörele
O-Grebel
O-Nigel
Dürele
O-Schlüüffer
O-Schläuffer
Döörele
Oor(e)le
O-Schlüffe
Chlempe
Döörele
O-Schlüffer
O-Schlüffi
Door(e)le
Rhein
Thur
Limmat
Aare
Emme
Reuss
Saane
Vorderrhein
Hinterrhein
Rhone
SH
BA
TG
SG
ZH
AG
JU
SO
AP
LU
ZG
FL
SZ
GL
BE
UW
UR
FR
GR
TI
VD
WS
nur vereinzelte Belege vorhanden
O- = Oore-
KSDS
Massstab: ca. 1 : 1,152 Mio.
Quelle: SDS VI 221
Grafik: M. Renn

Der gemeine Ohrwurm (Forficula auricularia) ist ein kleines Insekt von 11–15 mm Länge. Nicht nur diese fachsprachliche Bezeichnung, sondern auch die vielfältigen Benennungen im Schweizerdeutschen sagen mehr über die Anschauungsweisen des Menschen aus als über das Wesen des Insekts. Seine allgemeine Unbeliebtheit verdankt es einer meist geweihartig gekrümmten, teilweise gezähnten Zange am hinteren Körperende. Dieses vermeintlich gefährliche Werkzeug dient dem Ohrwurm bestenfalls als Waffe gegen gleichartige Feinde; um dem Menschen schaden zu können, ist es jedoch viel zu schwach. Dennoch gibt es kaum Benennungen des Tiers, die nicht auf irgendeine Weise zum Ausdruck bringen, es krieche – im volkstümlichen Glauben vorzugsweise nachts – in das menschliche Ohr und verursache dort schmerzvolle Störungen, indem es etwa das Trommelfell durchsteche und dadurch Taubheit hervorrufe oder gar das Hirn annage (s. dazu auch Karte 21 *Mumps*). In Tat und Wahrheit lebt der Ohrwurm hauptsächlich in Gärten und Feldern, etwa an Bäumen oder unter Steinen, auch in eingerollten Blättern, in Samenkapseln oder Blüten usw. Er ernährt sich vorwiegend von pflanzlichen Stoffen und Pilzsporen, aber auch von Blattläusen oder toten Insekten.

Die nebenstehende Karte vermittelt einen bunten Flickenteppich an Wortformen. In älterer Zeit ist die Vielfalt der Bezeichnungen noch viel grösser als hier dargestellt. Der Variantenreichtum setzt sich jenseits der Landesgrenzen in allen Sprachen ungebrochen fort. Die Karte ist ein anschauliches Beispiel dafür, dass es Wörter- bzw. Vorstellungsbereiche gibt, die zu klein- und kleinsträumlichen Varianten tendieren. Den meisten Bezeichnungen gemeinsam ist der Bezug zum Ohr. So ist **Oore-Grübel** das Wort mit der grössten arealen Ausdehnung vom Bieler- bis zum Walensee. Nordwestlich daran schliesst sich das ganz ähnliche **Oore-Grübler** an. Beide lassen die Vorstellung erkennen, dass sich das Tier in die Ohren hinein *grüble*. Dieselbe Vorstellung, jedoch mit anderen Wörtern versprachlicht, vermitteln die Bezeichnungen in der Nord- und Ostschweiz, wo mit **Oore-Müg(g)el(er)**, **-Nüggeler**, **-Nig(g)el(er)**, **-Mütz(el)er**, **-Schlüüffer** usw. derselbe vermeintliche Sachverhalt in Worte gefasst wird. Allerdings sind die Grundwörter nicht in jedem Fall ganz eindeutig zu erklären. Das speziell schaffhausische *-Mütz(el)er* erinnert an schweizerdt. *Mützer* 'Spitzmaus, Maulwurf' und könnte damit anzeigen, dass man sich den Ohrwurm als Tier gedacht hat, das sich wie der Maulwurf grabend und stossend fortbewegt, der Maulwurf durch Erdgänge, der Ohrwurm durch den Gehörgang. Als Umdeutung dazu sind die *Müggel(er)*-Formen zu verstehen. Sie lehnen sich an *Mugg* 'Mücke' an und lassen damit noch den Bezug zur Tierklasse der Insekten erkennen – im Gegensatz zu den **-Nigel-**, **-Nagel-**, **-Niggel-** und **-Niggeler-**Formen sowie dem glarnerischen **Oore-Nüttel**, die Anklänge an das Verb *nigg(e)-le* (mit grosser Bedeutungsvielfalt, darunter 'von dem kribbelnden, prickelnden Gefühl [in den Fingern]') erkennen lassen, sonst aber in ihrer Herkunft nicht mehr durchsichtig sind und sich nur oberflächlich in der konsonantischen Struktur ähneln. Durchsichtiger sind die Wörter, die **-Schlüüffer** u.Ä. im Grundwort enthalten; sie verweisen auf das Verb *schlüüffe* 'durch eine Öffnung schlüpfen' o.Ä. Die vereinzelten **Oore-Chlemmer** und **Oore-Chlimmer** nehmen Bezug auf die klammerartige Zange des Ohrwurms.

Neben diesen zusammengesetzten steht eine Reihe von einfachen Wörtern, besonders in den alpinen oder voralpinen Gegenden. Zu unterscheiden sind die Formen mit anlautendem *D-* (**Door(e)le**, **Döörele**, **Dürele)** von solchen ohne (**Oor(e)le**, **Öörele**, **Oorler**, **Öörler)**. Die *D*-Wörter haben den weiblichen Artikel *d'* in den Wortkörper integriert (so genannte ▸ Agglutination: *d'Öörele* wird zu *Döörele*), die vokalisch anlautenden Wörter zeigen also eine ursprünglichere Gestalt. Es handelt sich dabei um weibliche *-(e)le-* und männliche *-(e)ler*-Ableitungen, die zum Ausdruck bringen, dass das Insekt etwas in den Ohren tut.

Das einzige Wort auf der Karte, das nicht explizit auf das Ohr weist, ist **Chlempe** im Oberwallis: Wie die süddeutschen Bezeichnungen *Klammere*, *Klemmer* und *Klemmerling* u.Ä. hat es nur die Klammer im Blick. In verwandte Bedeutungsbereiche, wie sie in der Schweiz vorherrschen, führen auch die ausserschweizerischen Wörter *Ohrenkitzler*, *Ohrenbeisser*, *Ohrenklemmer*, *Ohrenkrauler*, *Ohrenschneider*, *Ohrenreisser*, *Ohrenschlitzer* und viele mehr. MHG

Karte 56

Ameise

Im Wald, auf Wiesen, im Garten und, wenn man Pech hat, im Haus, begegnet man den Ameisen, kleinen, zumeist flügellosen Insekten, deren dunkelbrauner Körper aus drei stark eingeschnittenen Segmenten besteht und die durch ausgesprochen fleissiges Verhalten auffallen. Es gibt sehr viele Ameisenarten; in der Schweiz am häufigsten sind die Waldameisen mit ihren oft riesigen Ameisenhügeln, ferner die etwas kleineren Wegameisen mit kleinen Bauten im Gras und die grossen Rossameisen. Die Karte zeigt die allgemeinen Bezeichnungen für Ameisen, wobei nicht zwischen den verschiedenen Arten unterschieden wird.

So vielgestaltig die Dialektbezeichnungen für *Ameise* sind, so einfach ist die ▶ etymologische Herleitung: Alle die verschiedenen Ausdrücke lassen sich von ahd. *āmeiza* herleiten. Dieses Wort ist gebildet aus *ā-* 'fort, weg' und einem Substantiv **meiza* zu ahd. *meizan* '(ab)-schneiden'. Als Benennungsmotiv wird zuweilen angegeben, die Ameise falle durch die starken Einschnitte zwischen den Körpersegmenten auf; das Wort müsste also soviel wie 'die Eingeschnittene' bedeuten. Die substantivische Ableitung ist allerdings hier eher als Nomen agentis zu interpretieren, d.h. als Bezeichnung einer Täterin. Die Bedeutung wäre demnach etwa 'die Abschneiderin', aufgrund der Beobachtung, dass Ameisen Blätter zerschneiden.

Das alte Wort ist in fast unveränderter Form im Wallis und in den Bündner Walserdialekten noch in **A(a)meis(s)e** erhalten. An den meisten anderen Orten erfuhr das Wort Veränderungen durch regulären Lautwandel. Auch verschwand das Verb *meizan* aus dem Wortschatz. Damit war das Wort innerhalb des geläufigen Wortschatzes isoliert. Durch Umdeutung wurde alsbald versucht, das Wort auf andere Weise an bekannte Wörter im Wortschatz anzubinden; es wurde neu aufgegliedert und die einzelnen Teile uminterpretiert und angepasst. Das machte häufig das Wortbild aber nochmals unverständlicher und verleitete wiederum zu weiteren Veränderungen. *Ameise* ist ein schönes Beispiel dafür, wie Sprachbenützerinnen und -benützer dauernd versuchen, durch Sprachwandel unverständlich gewordene Wortbilder so zu verändern, dass sie wieder irgendwie in den gewohnten Wortschatz passen.

Die verschiedenen Ausdrücke gehen aus einer ganzen Kaskade von Veränderungen hervor, die sich aber einigermassen in einen logischen Ablauf bringen lassen:

Das lange *Aa-* der ersten Silbe wird an manchen Orten ▶ verdumpft zu *Oo-: Aameisse* zu **Oomäisse**, **Oomeisele** und **Oomisse**; und weiter ▶ diphthongiert zu **Oumäisse**. Diese Verdumpfung ist an sich in den Dialekten des Mittellands ein normaler Lautwandel, wie etwa in *Aabig* zu *Oobig* (s. Karte 79 *Abend*). An vielen Orten wurde aber offenbar der Anfangsvokal im dreisilbigen Wort zum Vorneherein gekürzt, so dass auch im Mittelland meist keine Verdumpfung erfolgte.

Weitere Entwicklungen ergeben sich daraus, dass das Ausgangswort in unterschiedlicher Art als zweiteilig interpretiert wird, entweder als *A(a)-meisse* oder als *A(a)m-eisse*, und als Resultat weiter verändert wird, indem ein -m- oder -w- eingesetzt wird. Bei der Interpretation *A(a)- meisse* wird das -m- durch -b- oder -w- ersetzt; das ergibt Formen wie **Aabäissi** oder **Aaweissi**, *Oomeisse* wird zu **Oobäisse**, mit zusätzlicher ▶ Hebung wird daraus **Uubäisse**. Bei der Aufteilung als *A(a)m-eisse* wird nach dem -m- zusätzlich ein -b- eingesetzt, das oft zu -p- verstärkt wird; *A(a)m-eisse* wird so zu **A(a)mbeiss(el)e**, **Ambeissi**, **A(a)mpeissi**, **A(a)mpeisse(le)** oder **A(a)mpeissig**.

In Gegenden, in denen keine Verdumpfung stattgefunden hatte, wurde der Wortanfang *Amp-* mit *Hand-* in Verbindung gebracht und so ein *H-* vorangestellt; der Name suggeriert ein 'Tier, das in die Hand beisst': *Ambeissi/Ampeissi* zu **Hambeissi**, **Hampeissi**.

In manchen Regionen, in denen bereits ursprünglich Verdumpfung durchgeführt worden war, wurde zusätzlich *Oom-* zu *Um-* verkürzt und angehoben. Offenbar passt eine Vorsilbe *Um-*, die an *um-* oder *un-* angelehnt werden kann, besser in vertraute Wortschemata als ein *Om-*: **Ombei(s)se/*Ompei(s)se* zu **Umbeis(s)e**, **Umpeis(s)e**.

Die als sinnlos empfundene Vorsilbe *Oom-* oder *Um-* wurde in der Nordschweiz durch *Wurm-* ersetzt, was zwar auch keinen direkten Sinn ergibt, aber immerhin einen Anklang an ein bestehendes Wort ergibt, dessen Bedeutung auf unklare Weise mit dem Herumkrabbeln von Ameisen in Beziehung gesetzt werden kann: *Oom-/Umeisle* zu **Wurmeise**, **Wurmöisli**, **Wurmöisle**, **Wurmessli**, **Wurmaasle**; *Oom-/Umbeisle* zu **Wurmba(a)sle** (in den beiden letzten Fällen zusätzlich mit ▶ Monophthongierung, s. unten). Eine abweichende Variante dazu findet sich in **Bumbessli**.

Im Kanton Zürich wurde – aus rein lautlichen Gründen, ohne erkennbar inhaltliche Motivation – das zweite Element *-beissi* mit Wörtern wie *Bitzgi*, *Bixi* u.Ä. assoziiert: *Ambeissi* zu **Ambitzgi**, **Ambixli**, *Hambeissi* zu **Hambitzgi**. Im west-

> Fortsetzung Ameise auf Seite 167

Spinnwebe

Altjumpferespiegel, Anjusch-wäbi, Anjusch-weibji, Gwääb, Gwäb, Jumpferespiegel, Jumpferespiegeli, Lintuech, Näscht, Nescht, Netz, Netzli, Spibuppe, Spihoppe, Spihup, Spihuppe, Spilemuggenäscht, Spilemuggenescht, Spilemuggenetz, Spilmugg, Spilmugge, Spilmuggelenecht, Spilmuggeletuech, Spilmuggenäscht, Spilmuggenetz, Spilmuggetuech, Spimmug, Spimmugele, Spimmugge, Spimmuggenäscht, Spimmuggenescht, Spimmuggenetz, Spimuckegwääb, Spimugg, Spimugge, Spimuggegwääb, Spimuggenetz, Spinegwääb, Spinegwätt, Spinejuppe, Spinelewup, Spinelewüppe, Spinelewuppele, Spinemugge, Spinemuggele, Spinemuggenetz, Spinenescht, Spinenetz, Spinetz, Spinewaab, Spinewaabe, Spinewabe, Spinewap, Spinewappu, Spinewobe, Spinewurp, Spinewuup, Spinnbumpe, Spinnbuppe, Spinnbuppele, Spinnegwääb, Spinnegwibt, Spinnegwip, Spinnegwup, Spinnehoppe, Spinnehup, Spinnejop, Spinnelemuggenescht, Spinnelenetz, Spinnenetz, Spinnennescht, Spinnescht, Spinnewaab, Spinnewab, Spinnewap, Spinnewibt, Spinnewobenäscht, Spinnewub, Spinnewup, Spinnewuppe, Spinnewuppi, Spinngwääb, Spinngwäb, Spinngweeb, Spinnhoope, Spinnhop, Spinnhoppe, Spinnhoppegwääb, Spinnhoppele, Spinnhoppelegwääb, Spinnhoppelenetz, Spinnhumpe, Spinnhumpele, Spinnhup, Spinnhuppe, Spinnhüppel, Spinnhuppele, Spinnhuppelenetz, Spinnhuppenetz, Spinnjuppe, Spinnjuppenetz, Spinnmogge, Spinnmugge, Spinnmuggenescht, Spinnoppe, Spinnpuppe, Spinnpuppere, Spinnuppe, Spinnwääb, Spinnwebele, Spinnwuppele, Spinnwuppere, Spinoppele, Spinugge, Spinuggenäscht, Spinumpele, Spinuppe, Spinuppegwääb, Spinuppele, Spinwääbi, Spinwieppe, Spioppe, Wappu, Weabneascht, Wup

Vogelscheuche

Achergschüüch, Achermätze, Ackerbooz, Ackerbutz, Ackergschüüch, Bättler, Boi, Böögg, Böögge, Booggi, Bööli, Böölimaa, Böölimänggel, Boonegschüüch, Booz, Boozi, Boschter, Botz, Botze, Botzi, Boureli, Bouri, Broochbotzi, Broochbutz, Broochgschüücht, Bröögg, Büntebööli, Büntegschüüch, Büntelööli, Butz, Butze, Butzemaa, Butzimööggel, Butzimummel, Büünegschüüch, Chorenboozi, Chrääjebooggi, Chrääjeschiichi, Gaaggergschüüch, Gaaggigschüüch, Gaartebooz, Gaarteböözi, Gaarteleeli, Geerschtebotz, Geschiwätu, Ghüdi, Göiggu, Gschiich, Gschiw, Gschiwata, Gschiwäta, Gschiweta, Gschiwutu, Gschüüch, Gschüücht, Gspängscht, Häärdepfelleeli, Hanfbröögg, Haufbooz, Heneplüggi, Hennebooz, Hennegschii, Henneman, Hienerboozi, Hienerleeli, Hienerschiichi, Hüendermadi, Hüenerlööli, Hüenermaa, Huri, Maa, Mägiböög, Mandji, Mändu, Manndli, Manneli, Mannli, Manöggel, Mischtgeeli, Mischtlööli, Pantli, Poli, Poliman, Poschterli, Runkleböög, Schüüchi, Tochu, Toggeli, Toggu, Türggebotzi, Türggebutzi, Ungchüüri, Vogelboozi, Vogelbutz, Vogelgschiweta, Vogelgschiwutu, Vogelgschüüch, Vogelgschüücht, Vögeliblööker, Vogelplüggi, Vogelschichi, Vogelschüüch, Vogelschüüche, Vogelschüüchi, Vogugschüüch, Voguschüüch, Voguschüüche, Voguschüüchi, Voogelgschüüch, Voogelschiichi, Voogelschutz, Voogelschüüch, Voogelschüüchi

lich angrenzenden Gebiet wurden *Umbeisse* und *Hambitzgi* zu **Umbeissgi** vermischt.
Vollends zum Wortspiel ist die Umwandlung zu **Bääramsle** im nordwestlichen Jura geworden. Das Element *-amsle* entstand durch Kürzung aus *Oomeisele* (wie das Wort in benachbarten Dialekten lautet) und durch Umformung zu *-amsle* wohl in Anlehnung an den Vogelnamen. Was die Voranstellung von *Böär-* motivierte, ist allerdings nicht nachvollziehbar. Die beiden Elemente *Böär-* und *-amsle* erinnern zwar an bestehende Wörter; aus deren Bedeutung kann jedoch in Bezug auf das konkrete Insekt kein Sinn gewonnen werden.
Unabhängig von all den erwähnten speziellen Veränderungen erfolgten in vielen Fällen auch Lautveränderungen aufgrund allgemeinerer Regelhaftigkeiten: Nach Diphthong oder Langvokal wird langes (scharfes) *-ss-* oft zu einfachem -s- gekürzt: *Ameisse*, *Ampeisse*, *Umbeisse* usw. zu *Ameise*, *Ampeise*, *Umbeise* usw. (wie auch im Hochdeutschen).
In den nördlichsten und nordöstlichen Dialekten wird *-ei-*, wie generell auch in anderen Wörtern, in unterschiedlicher Weise verändert, meist durch Monophthongierung, in anderen Fällen durch Umstürzen des Diphthongs (s. Karte 89 *Geiss*): *-ei-* wird so zu *-aa-*, *-ää-* oder *-oa-*: *Ameisse* zu **Amassle**; *Umpeise* zu **Umpaase**, **Umpoase**, *Ambeis(le)* zu **Ambääs(le)**, **Wurmbeisle* (von *Umbeisle*) zu **Wurmba(a)sle**. In **Ummoosse** ist die Verdumpfung des *O(o)m-* zu *Umm-* in der Vorsilbe auf den nachfolgenden Monophthong *-aa-* übertragen worden. Im südlichen Berndeutsch wird schliesslich *-ei-* zu *-ee-*: **Ambees(s)e**, **Ambes(s)i**.
In der Nordostschweiz wird ursprüngliches *a* oft durch Umlaut zu *ä*, z. B. in *Grääs (Gras)*, *Äärbet (Arbeit)*. Dieser Umlaut erfolgt auch in *Ameise* und seinen Abwandlungen; das Wort wird allerdings oft zusätzlich gekürzt: **Emees**, **Ämess**, **Äbes**. **Immesse** (aus *Ämess(e)*) lehnt sich vielleicht an *Immi* 'Biene' an (s. Karte 59 *Biene*).
Variationen hat im Übrigen auch die Endsilbe erfahren. Die ursprüngliche Endsilbe *-e* in *Aameisse* verschwand in einzelnen Dialekten. In vielen Fällen wurde stattdessen die neutrale verkleinernde Endung *-i* angefügt, angesichts der Kleinheit des Tieres nachvollziehbar (*Ambeissi* usw.). Eine andere Erweiterung ist jene auf *-ele*, das auf eine althochdeutsche feminine Verkleinerungsform *-ila* zurückgeführt werden kann *(Oomeisele*, *Ambääsle)*. Zuweilen wird auch das heute noch lebendige *-li* angefügt *(Wurmessli*, *Wurmöisli)*. AL

Karte 57

Heuschrecke

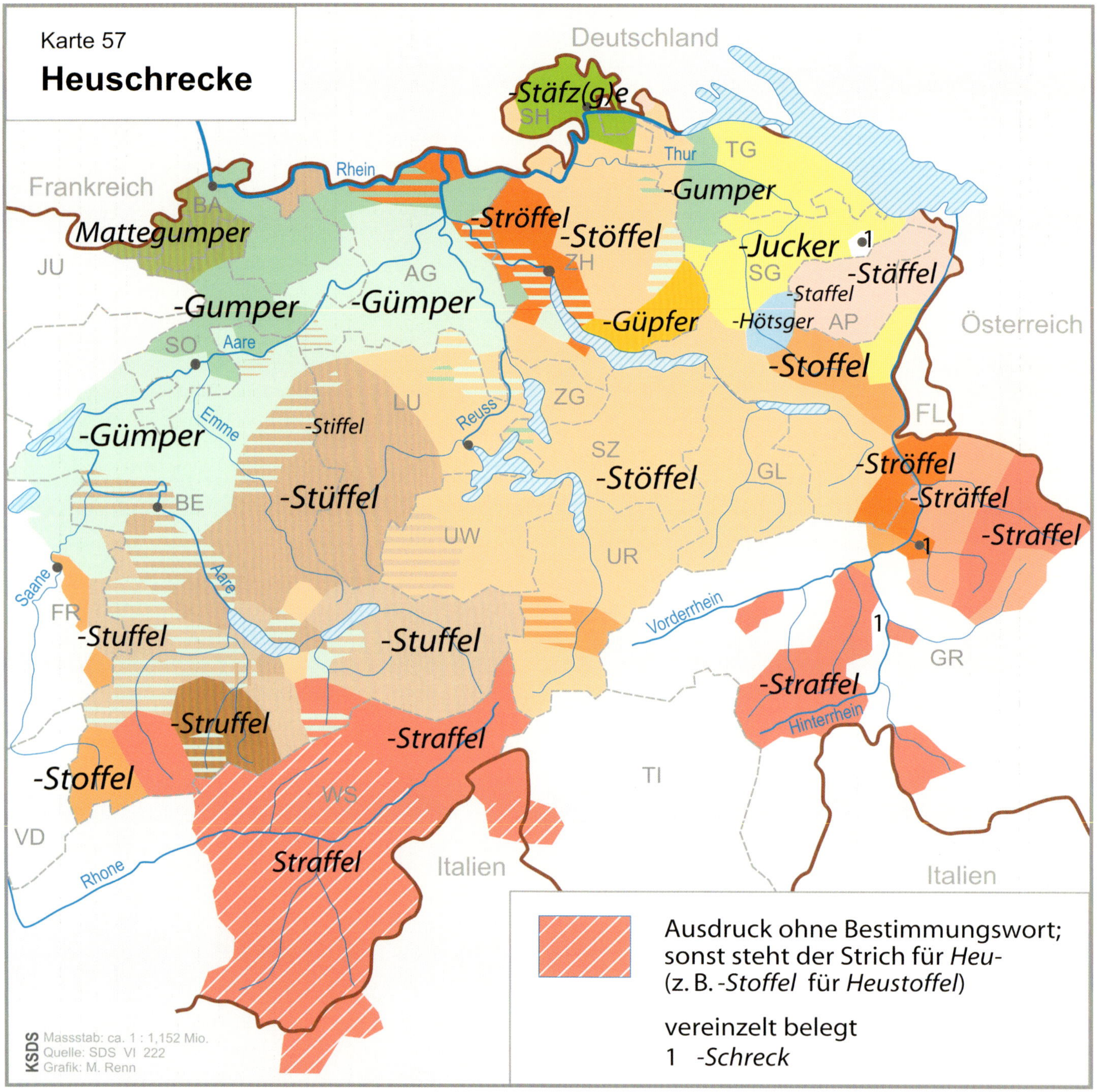

Ausdruck ohne Bestimmungswort; sonst steht der Strich für *Heu-* (z. B. *-Stoffel* für *Heustoffel*)

vereinzelt belegt

1 *-Schreck*

Im Sommer fallen in der Schweiz auf Wiesen massenhaft, oft mehrere Zentimeter lange, grüne oder braune, anscheinend flügellose Insekten mit grossen abgewinkelten Hinterbeinen auf. Diese Tiere verursachen, wenn sie nicht gestört sind, viel Lärm durch gemeinsames Zirpen, springen bei Annäherung aber unvermittelt in grossen Sätzen weg. Es sind Heuschrecken, von denen in der Schweiz mehrere Dutzend Arten vorkommen, als häufigste Arten die verschiedenen Grashüpfer oder das Grüne Heupferd. Diese Insekten haben kräftige Hinterbeine, mit denen sie weite Sprünge machen können; feste Oberflügel decken die Unterflügel, die zum Fliegen dienen, bei manchen allerdings verkümmert sind. Die lauten Zirp- oder Schnarrgeräusche werden von den Männchen mit einer kammartigen Zahnleiste durch Reiben an den Hinterflügeln hervorgebracht. Im Vergleich zu manchen Feldheuschrecken, die gierige Pflanzenfresser sind und etwa in südlichen Ländern in massenhaftem Auftreten in kurzer Zeit ganze Wiesen kahl fressen können und als Wanderheuschrecken zu den biblischen Plagen gehören, sind die in der Schweiz verbreiteten Heuschrecken harmlos.

Seit althochdeutscher Zeit werden Heuschrecken vor allem nach ihrem auffälligen Verhalten benannt. Die ältesten im Alemannischen belegten Bezeichnungen *hewistaffol*, *hewistaffil*, *hewistapfo* u.Ä. bedeuten allerdings eher 'Heueinherschreiter', sie beziehen sich nicht auf das Weghüpfen, sondern eher auf das Umherklettern mit den auffällig langen Beinen; *staffil* und *stapfo* sind Ableitungen zu ahd. *stapfōn* '(mit langen Beinen) einherschreiten' und bezeichnen Personen, die auf diese Art schreiten.

Diese Bezeichnungen leben in sehr vielen schweizerdeutschen Ausdrücken in unterschiedlichen Varianten weiter. Das ursprüngliche Grundwort hatte die Lautform *-staffel* oder *-stäffel*, als solches kommt es vereinzelt in **Heustaffel** und **-Stäffel** auch noch vor. Überwiegend hat das Wort aber allerlei lautliche Abwandlungen durchgemacht. Die Lust am Abwandeln wird einerseits durch den Umstand geweckt, dass *Staffel* mit der Zeit nicht mehr richtig verstanden wurde, andererseits dadurch, dass Heuschrecken auffällige Insekten sind, die zu vielerlei Assoziationen und Wortspielereien verlocken. Die Form **-Stöffel** könnte als ▶ Rundung zu *-Stäffel* interpretiert werden. Eher ist es aber als Vermischung mit verwandten oder lautähnlichen Wörtern zu interpretieren. Ein erster Anknüpfungspunkt findet sich in *Stoffel* 'langbeinig, ungeschickt einherschreitender Mensch' (daraus auch 'ungeschickter Mensch') zum Verb *stoffeln* 'langbeinig einherschreiten'. In der Assoziation zu diesem *Stoffel* wurden zu *-staffel* und *-stäffel* dann die Abwandlungen **-Stoffel** und mit Umlaut *-Stöffel* gebildet. Mit *Stoffel* und *Stöffel* wurden möglicherweise auch die Kurzformen *Stoffel/Stöffel* aus *Christoffel* (Christoph) assoziiert. Bei **-Stuffel** und **-Stüffel** kommt als weiterer Anknüpfungspunkt der Ausdruck *Stuffel* 'Knirps' hinzu, der an sich mit *Stuffel* 'kurzer Halm, Stoppel u.Ä.' zusammenhängt, aber ebenfalls mit *stoffeln* im Sinne von 'unsicher gehen' vermischt worden ist. **Heustäfz(g)e** schliesslich ist eine mehr lautliche Assoziation ohne viel inhaltlichen Sinn: *Stäfz(g)* bedeutet eigentlich 'kurzer Nagel, Stift'.

In manchen Gegenden wurde das Element *-Staffel*, *-Stoffel*, *-Stöffel* mit einem weiteren Verb *straffle*, *strefle* u.Ä. vermischt, das seinerseits mit *strable* und *strample* zusammenhängt und soviel wie 'zappeln' bedeutet. Aus dieser Vermischung ergeben sich die Lautformen **(Heu-)Straffel**, und der Vokal dieser Form wurde im Anschluss an die verschiedenen Vokalvariationen von *Heustaffel* zu **-Sträffel**, **-Ströffel**, **-Struffel** abgewandelt.

Eine Reihe von Benennungen bezieht sich direkt auf das plötzliche Weghüpfen, so vor allem **Heugümper** oder **-gumper** zum Verb *gumpe* 'springen, hüpfen'. Durchsichtig ist auch **Heujucker** zu *jucke* 'aufspringen'. **Mattegumper** im nordwestlichsten Jura unterscheidet sich nur durch das Erstglied *Matte-*'Wiese' statt *Heu-*. Auch die Bezeichnungen **Heugüpfer** und **Heuhötsger** sind aus Verben mit der Bedeutung 'aufspringen' abgeleitet: Das Verb *güpfe* ist eine *-m-*lose Nebenform zu *gumpe*, *Hötsger* ist aus *hötsge* abgeleitet, eine durch *(i-)g-* erweiterte Nebenform zu *hopse*.

Übrigens bedeutet auch das vereinzelt belegte *Heuschreck* ursprünglich 'Heuspringer': Ahd. *skrekken* hatte die Bedeutung '(auf-)springen'. Auch das englische Wort *grasshopper* spielt auf das Weghüpfen an.

Das in fast allen Benennungen vorkommende Bestimmungswort *Heu-* weist auf die sommerliche Jahreszeit hin, in der diese Insekten am häufigsten beobachtet werden können. Das Substantiv *Heu*, ahd. *hewi* oder *houwi*, ist eine Ableitung zu *hauen*, ahd. *houwan* '(ab-)hauen, (abschneiden)' und bezeichnet ursprünglich 'das abzuschneidende (Gras)' oder 'das abgeschnittene (Gras)', also das hohe Gras beim Heuen. AL

Karte 58

Schmetterling

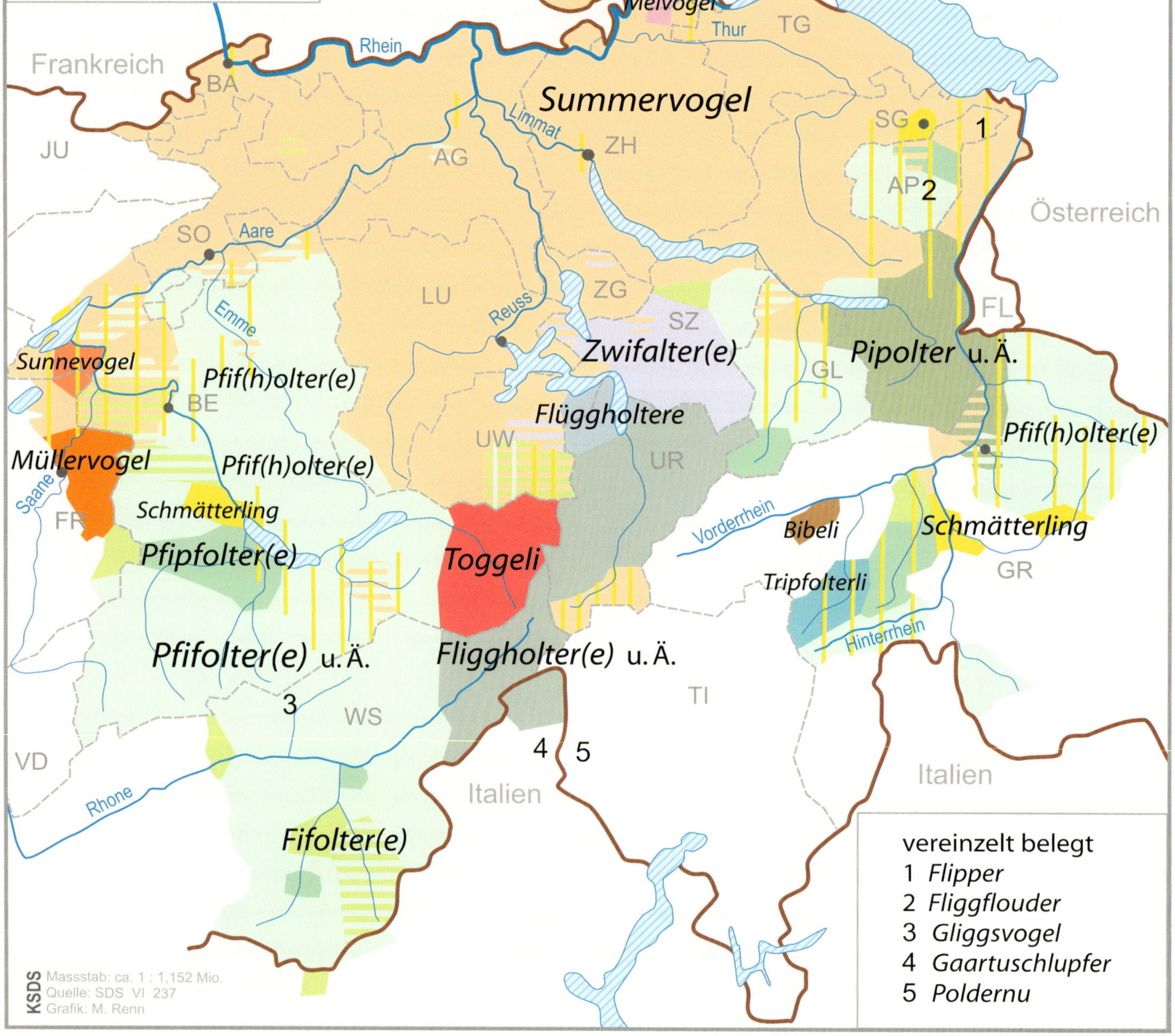

Schmetterlinge (Lepidoptera, Schuppenflügler) sind eine Ordnung der Insekten, die durch grosse, undurchsichtige, farbige Flügel auffallen. Aufgrund der Lebensweise und des Aussehens unterscheidet man Tagfalter und Nachtfalter. Tagfalter fliegen überwiegend am Tag und haben einen relativ schlanken Körper sowie helle oder ausgesprochen bunte Flügel und einen tanzenden Flug, Nachtfalter fliegen vor allem in der Dämmerung und in der Nacht und haben einen gedrungenen Körper sowie meist dumpfbraune Flügel und fliegen mit relativ schnellem Flügelschlag. Die Bezeichnungen auf der Karte beziehen sich hauptsächlich auf Tagfalter; vor allem die verschiedenen Formen von *Fifalter* u.Ä. werden zuweilen auch für Nachtfalter verwendet.

In einem grossen Gebiet des Mittellandes wird der Schmetterling als eine Art Vogel bezeichnet, am häufigsten als **Summervogel**, d.h. als Vogel, der typischerweise im Sommer (auf Wiesen und Sträuchern) anzutreffen ist. Wohl eine sekundäre Abwandlung aus *Summervogel* ist **Sunnevogel** 'Sonnenvogel', was insofern Sinn ergibt, als der Schmetterling vor allem bei sonnigem Wetter fliegt. Auch **Gliggsvogel** 'Glücksvogel' im Lötschental nennt Schmetterlinge als Vögel. Andere Zusammensetzungen mit *-vogel* sind **Müllervogel** und **Melvogel** 'Mehlvogel'. Diese Bezeichnungen sind vermutlich ursprünglich Benennungen einzelner Falter, aufgrund von deren Aussehen. Entweder nannte man so weisse Schmetterlinge wie Kohlweisslinge oder dann Nachtfalter mit dem bestaubten Aussehen von deren Flügeln. Sowohl *Müllervogel* wie *Melvogel* können nämlich auch Nachtfalter benennen. Diese Benennungen wurden dann auf alle Schmetterlinge ausgedehnt. Weitere Assoziationen zu Vogel finden sich in den Bezeichnungen **Gaartuschlupfer** (*-schlupfer* für kleine Vögel, die durch Büsche schlüpfen) und **Bibeli** 'Küken'.

Im südlichen, alpinen Bereich überwiegt eine Vielfalt von Bezeichnungen, die in ihrem Ursprung auf ein Wort zurückgehen, das in althochdeutschen Glossen als *fifaltra*, *pifoltra* u.Ä. mit der Bedeutung 'Schmetterling' belegt ist. Die weitere Herkunft von *fifaltra* ist unklar, man vermutet, dass das Wort eine ▶ Reduplikationsform darstellt, möglicherweise zu *flattern*. Jedoch hat das Wort in seiner unanalysierbaren Dreisilbigkeit eine für alte germanisch-deutsche Wörter untypische Gestalt. Das führt in allen Dialekten zu allerlei Umdeutungen und Umwandlungen.

Die im Althochdeutschen bezeugte Form *fifaltra* ist noch im Wallis und an weiteren verstreuten Orten als **Fifolter(e)** erhalten. Lautlich nahe verwandte Wortbilder finden sich in **Pfifoltere**, mit sprachhistorisch nicht geklärter Verdopplung des *pf* in **Pfipfoltere** und mit reinem *p* in **Pipolter**. Die räumliche weitgestreute Verteilung der Form *Pfifoltere* lässt darauf schliessen, dass diese Form einst im alpinen Schweizerdeutschen die am weitesten verbreitete Variante war. Die schwer einzuordnende Wortgestalt und vor allem die Dreisilbigkeit führte dazu, dass das Wort oft formal als Zusammensetzung verstanden und entsprechend den einzelnen Teilen eine sinnvoller klingende Gestalt gegeben wurde. An vielen Orten wurde der zweite Teil *-olter* zu einem *-holter* umgeformt, das wie ein selbständiges Wort aussieht, ohne dass damit allerdings ein zusätzlicher sinnvoller Bezug zu anderen Wörtern geschaffen wird. Im Goms und im Kanton Uri wurde zusätzlich der erste Teil zu **Fligg-holtere** umgewandelt, was als gekürzte, ▶ entrundete Form zu *flüg-* 'fliegen' interpretierbar ist, entsprechend der urnerischen Aussprache *flüge* 'fliegen'. In einem kleinen Gebiet am Vierwaldstättersee bekommt das Wort denn auch tatsächlich die Aussprache **Flüügholtere**. Das Verb *flüüge* passt auf jeden Fall zu einem Schmetterling. Im Kanton Schwyz wurde in **Zwifalter(e)** die erste Silbe stattdessen zu *Zwi-* 'zwei' umgeformt; auch das kann man sinnvoll interpretieren als Benennung der doppelflügligen Erscheinung der Schmetterlinge; auch das Element *-falter* kann als Ableitung zum Verb *falten* einen passenden Sinn bekommen.

Fast zu jeder der erwähnten Bildungen gibt es nochmals weitere Varianten. Im Gebiet von *Pipolter* kommt bei Flums SG auch die Variante **Pipolper** vor, im Goms neben *Fliggholter(e)* zusätzlich **Fliggfoltere**, im Appenzellischen **Pipfolter** und **Fliggflouder**; der Bestandteil *-flouder* erscheint als Mischung zwischen *-folter* und dem Verb *fladere* 'flattern'. Die Form **Poldernu** in Bosco Gurin TI schliesslich ist eine Kürzung aus *Pipolder*. Das Bedeutungsmotiv 'Flattern' wird im Übrigen auch im Ausdruck **Flipper** (Oberegg AP) thematisiert.

Verschieden gedeutet wird die ursprüngliche Bedeutung von **Toggeli**. Das Wort *Toggeli* bezeichnet an sich eine oft unförmige Puppe aus Holz oder Stroh (s. Karte 18 *Spielpuppe*). Im 19. Jh. wird offenbar zuweilen die verpuppte Raupe aufgrund ihrer formlosen Gestalt als *Toggeli* bezeichnet, was dann auf die Imagoform des Tieres ausgeweitet wurde. Eine an-

> *Fortsetzung Schmetterling auf Seite 173*

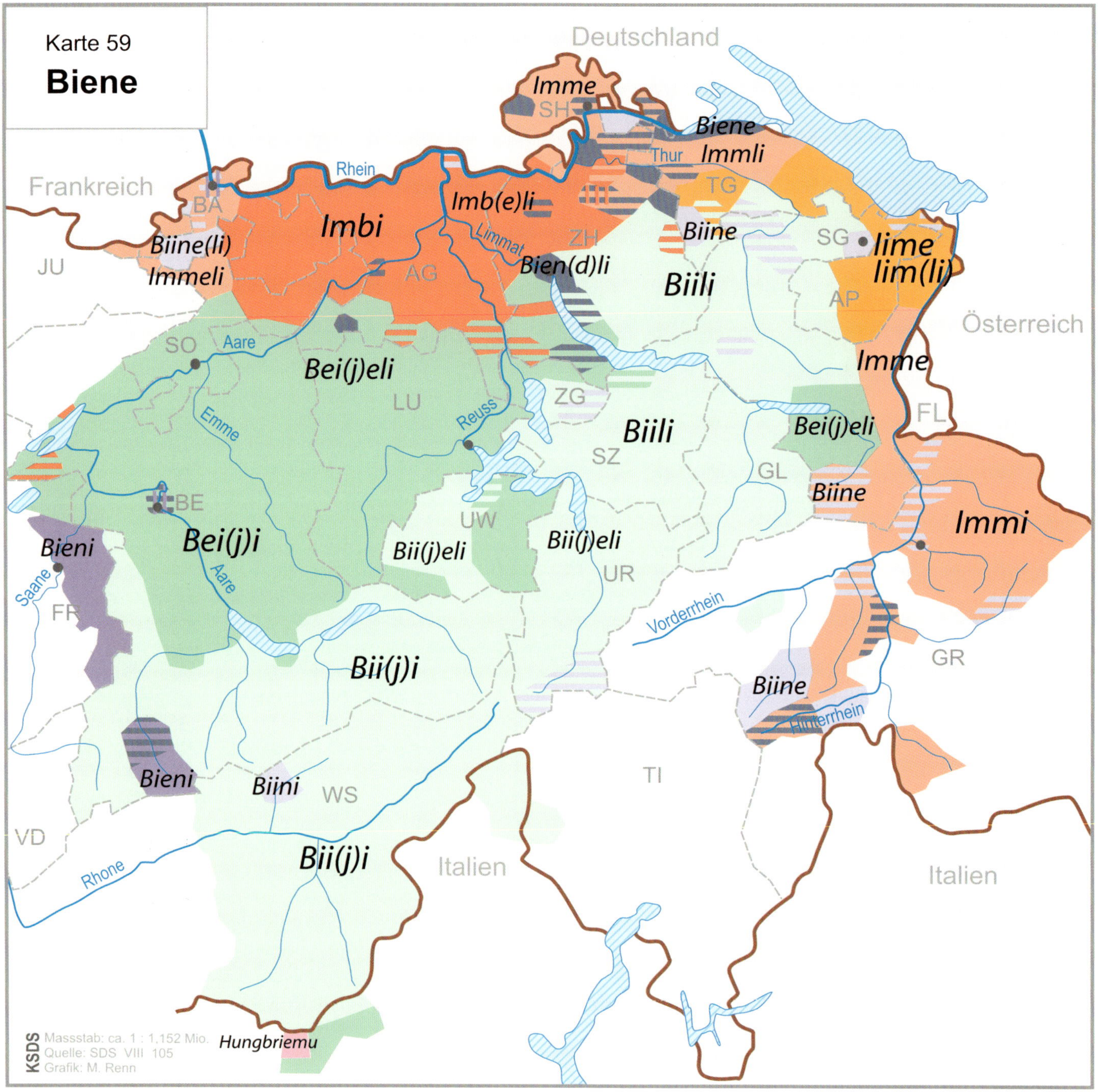

Karte 59
Biene

Von den hunderten in der Schweiz vorkommenden Bienenarten interessiert hier allein die als Haustier gehaltene Europäische Honigbiene (Apis mellifera).
Die grösste zusammenhängende Fläche wird von Vertretern des Worttypus mhd. *bîe* (entsprechend dem engl. *bee*) gebildet, das sind die Formen **Bii(j)i**, **Bei(j)i** usw. Die in den Mundarten belegten Wörter sind durchwegs Verkleinerungsformen, und die jeweilige Endung *-ji*, *-li* oder *-eli* entspricht in grossen Zügen dem auch sonst regional vorherrschenden Verkleinerungstypus. Im nordwestlichen Teil des Gebietes (dunkelgrüne Fläche) ist der Stammvokal *-ii-* zu *-ei-* geworden, so wie man in diesem Gebiet auch *schnei(j)e* sagt statt *schnii(j)e* (s. Karte 87 *schneien*) oder eben *bei(j)ele* statt *bii(j)ele* (in feinen Flocken schneien, dass es aussieht wie ein Bienenschwarm).
Das Wort ist auch in der Zusammensetzung *Biicher*, *Beicher* (*Bienenkorb*, aus *Bii-Char*) enthalten; dazu gibt es tautologisch den *Biili-Biicher (Bienen-Bienenkorb)* oder den *Imbe-Biicher*.
Im Norden und im Bündnerdeutschen findet man einen ganz anderen Typus: Mhd. *imbe* ist mit den Formen **Imbi**, **Imb(e)li**, **Immi**, **Imme**, **Immli**, **Iime** und **Iim(li)** vertreten. Ursprünglich bezeichnete dieses Wort das ganze Bienenvolk, den Schwarm. Wie beim hochdeutschen *Imme* ist in der Ostschweiz das *b* ausgefallen; im westlichen Gebiet (ziegelrote Fläche) hat es sich gehalten, was auch in ähnlichen Fällen wie *Chambe (Kamm)* und *Zimbermaa (Zimmermann)* festgestellt werden kann. Was man auf der Karte nicht sieht, aber ahnen kann: Vom Elsass bis nach Vorarlberg setzt sich die *Im(b)i*-Zone über die Landesgrenze hinaus fort. Gegenüber den *Bii(j)i*-Formen scheint *Imbi* mit seinen Varianten das jüngere Wort zu sein, das sich von Norden her den Tälern und Verkehrswegen entlang ausgebreitet hat. Die bläulichen Flächen erinnern an hochdt. *Biene*, das auf mhd. *bine* zurückgeht, eine als Stammerweiterung mit *n* entstandene Form, die in der Deutschschweiz nicht verwurzelt ist. In der nördlichen Deutschschweiz sind punktuell (vor allem in Städten wie Basel, Bern, Aarau, Zürich, St. Gallen) schon zur Aufnahmezeit des Sprachatlas die Formen **Biine(li)**, **Biin(d)li** festgestellt worden. In überkorrekter Manier hat man auch eine ▶ diphthongierte Form **Biene** oder **Bien(d)li** gebildet, als wäre aus einem alten *-ie-* (wie etwa in *lieb*) ein hochdeutsches *-ii-* entstanden. In den letzten fünfzig Jahren haben die schriftsprachenahen Formen *Biine*, *Biin(d)li* und *Biene*, *Bien(d)li* sich vielerorts auf Kosten der bodenständigen *Bii(j)i* bzw. *Imbi* u. Ä. ausgebreitet.
Besondere Aufmerksamkeit erfordert die Interpretation der bläulichen Gebiete im alpinen Schweizerdeutschen. Senslerdeutsch **Bieni** kann als Pluralform zu *Biiji* gedeutet werden, und dieses zu *Bieni* vereinfachte *Biijeni* hätte dann mit hochdt. *Biene* eigentlich nichts zu tun.
Als Kuriosum ist schliesslich die Gressoneyer **Hungbriemu** (wörtlich: 'Honigbremse') zu erwähnen. Laut Aufnahmeprotokoll sind damit die zahmen und die wilden gemeint. Der Informant hat nämlich keinen Unterschied gemacht zwischen Biene und Hummel, und im Gressoneyer Wörterbuch von 1998 ist *Hungbriemu* oder *-bieno* die Hummel, während die Biene einfach *Bieno* heisst. Hier kann man den Einfluss der romanischen Nachbardialekte erkennen, welche die Insektenarten z.T. anders in Gruppen zusammenfassen: Die Hummel ist eine 'wilde Biene', die Biene eine 'Bremse' oder (wie in der Westschweiz) eine 'Fliege' *(Mouche à miel, mouchette)*. NB

> *Fortsetzung Schmetterling von Seite 171*

dere Erklärung bezieht sich darauf, dass Schmetterlinge oft im Volksglauben als Verkörperungen von Elbwesen (Waldgeistern, Hexen usw.) angesehen wurden, die ebenfalls als *Toggel* bezeichnet wurden.
Die meisten alten schweizerdeutschen Bezeichnungen werden heute wohl allmählich vom hochdeutschen **Schmetterling** verdrängt. Das Wort stammt aus dem Ostmitteldeutschen und leitet sich dort von *Schmetten* 'Butter, Sahne' ab; das Insekt wird also als *'Butterling, Buttervogel'* bezeichnet (vgl. auch engl. *butterfly*). Es werden verschiedene Begründungen dafür vorgeschlagen: beispielsweise die Farbe von gewissen Schmetterlingsarten (Kohlweisslinge oder Zitronenfalter), oder dann, dass Schmetterlinge sich (angeblich) gerne auf Butter setzen, um davon zu naschen, woraus sich der Volksglauben entwickelte, dass Schmetterlinge Verkörperungen von Hexen seien, die Butter verderben können. AL

Karte 60
Weberknecht

Unter der Bezeichnung *Weberknecht* (lat. Ordnungsname im Plural: Opiliones) versteht die Zoologie eine Ordnung von Spinnentieren, die zahlreiche Arten umfasst, von denen mindestens 42 auch in der Deutschschweiz heimisch sind. Ob mit den auf der nebenstehenden Karte verzeichneten Wörtern tatsächlich immer Weberknechte gemeint sind, ist nicht sicher. Der Volksmund unterscheidet nämlich selten treffsicher zwischen Weberknechten und Zitterspinnen, die ein ähnliches Aussehen haben, aber im Unterschied zu ersteren Netze weben und nicht im Freien leben. Der mundartliche Name **Wäberchnächt** (und auch das hochdeutsche *Weberknecht*) in der Nordwestschweiz und an wenigen Orten im Bernbiet lässt vermuten, dass die Bezeichnung im Zusammenhang mit dem Weben von Netzen steht. Dies ist allerdings eher unwahrscheinlich. Plausibler ist, dass es sich dabei um eine Berufsbezeichnung handelt, gibt es doch über die Sprach-und Landesgrenzen hinaus eine ganze Reihe von weiteren Namen für das Tier, die mit Berufsbezeichnungen übereinstimmen. Der verbreitetste Name aus diesem Begriffsfeld lautet im Schweizerdeutschen **Zimmermaa**, der vom Bodensee bis in die Innerschweiz (hier teilweise auch in der abgeleiteten Form **Zimmermändel**) und in Teilen der Nordwestschweiz gilt, im Französischen analog *charpentier*. Im Freiburgischen ist darüber hinaus **Schniider** bezeugt. Geläufige Erklärungen für diese Wortgruppe gehen von den typischen Bewegungen jener Handwerker aus, die mit denen der langen Spinnenbeine verglichen worden sein sollen: Der Zimmermann hantiert mit langen Holzstücken, der Weberknecht am Webstuhl, der Schneider arbeitet geschickt mit Nadeln, Scheren, Fäden usw. In diesen Bereich gehören vielleicht ebenso die Namen **Veezeiger**, **Heinizeiger** und **Zeigerheini** im nördlichen Aargau. Sie alle weisen wohl auf den Zeiger (oder Scheibenweiser, den Anzeiger im Schützenwesen), der mit der Zeigerkelle lang ausgreifende Bewegungen vollführt.

Daneben sind jedoch auch Aspekte des volkstümlichen Aberglaubens im Blick zu behalten. So ist *Schniider* auch eine euphemistische Benennung des Teufels, und in diesen Bereich führen ebenso die Weberknecht-Wörter **Tüüfelsross** im Appenzellischen und im Averstal, **Hellgeiss** sowie **Guggersgeiss** (auch *Gugger* ist ein Hüllwort für den Teufel) in anderen Teilen Graubündens. Dass der Schneider im Volksglauben wiederum in einer besonders engen Beziehung zur Ziege steht, macht die Benennungsgeschichte nicht einfacher – umso weniger, als der Weberknecht im östlichen Berner Oberland auch als **Geisshirt** erscheint. Diese Benennung entspricht ihrerseits dem lateinischen Ordnungsnamen *opilio*, was wörtlich 'Schaf-, Ziegenhirt' bedeutet. Ob damit darauf Bezug genommen wird, dass das Tier an steilen Wänden mit Leichtigkeit herumklettert (so eine geläufige Erklärung), ist zweifelhaft. Es ist ja doch zu bedenken, dass das Tierchen seinen angestammten Lebensraum im Bodenbereich von Wäldern, Gärten, Wiesen und Hecken hat. Es ist naheliegend, dass auch die Benennungen **Geiss** und **Geissbogg** in die volksreligiöse oder tiermythologische Sphäre gehören. **Heuross** wiederum ist möglicherweise in den Umkreis der *Hellgeiss* zu rechnen, wobei sich das Erstglied an das der Bezeichnung **Heuspinne** angeglichen haben könnte – während aber im ▶ Schweizerischen Idiotikon *Hellross* in der Nähe von *Heuross* ebenso bezeugt ist.

Der Name **Glücksspinne** im Glarnerland schliesslich hat damit zu tun, dass die dem Tier ausgerissenen und noch zuckenden Beine vielfach als Orakel verwendet wurden, eine Form der Zukunftsschau, die aus ganz Europa bezeugt ist.

Einfacher zu durchschauen ist die Benennungsmotivik bei **Hoobei**, **Hobeinler**, **Ho(o)gibei** u.Ä. sowie **Waldschritt**, **Waldschriite(ri)**, wo augenscheinlich die langen Beine, der unter der höchsten Stelle der Beine getragene Körper sowie die auffällig tastende Fortbewegungsart im Fokus der Benennung stehen. Hierzu gehören auch die Bezeichnungen **Längscheichler**, **Lang(bei)** sowie **Ganglunbei**. Unklar bleiben die Walliser Wörter **Greederne** und **Greedelle**. Gehören sie zum Komplex um schweizerdt. *gritte* 'die Beine spreizen', *grittele* 'gespreizt gehen', wäre wiederum auf den Gang und die Beine Bezug genommen; gehören sie zu *Greet* (aus *Margareta*) 'schwache Person', stünde vielleicht die magere Körpergestalt im Vordergrund. *Greete*, *Greetschi* u.Ä. sind (auf der Karte nicht verzeichnete) immerhin vereinzelt bezeugte Wörter für den Weberknecht im alpinen Raum. Übertragen auf einen Menschen sagt man im Wallis auch *magers wie es Hoogibei* 'mager wie ein Weberknecht'. MHG

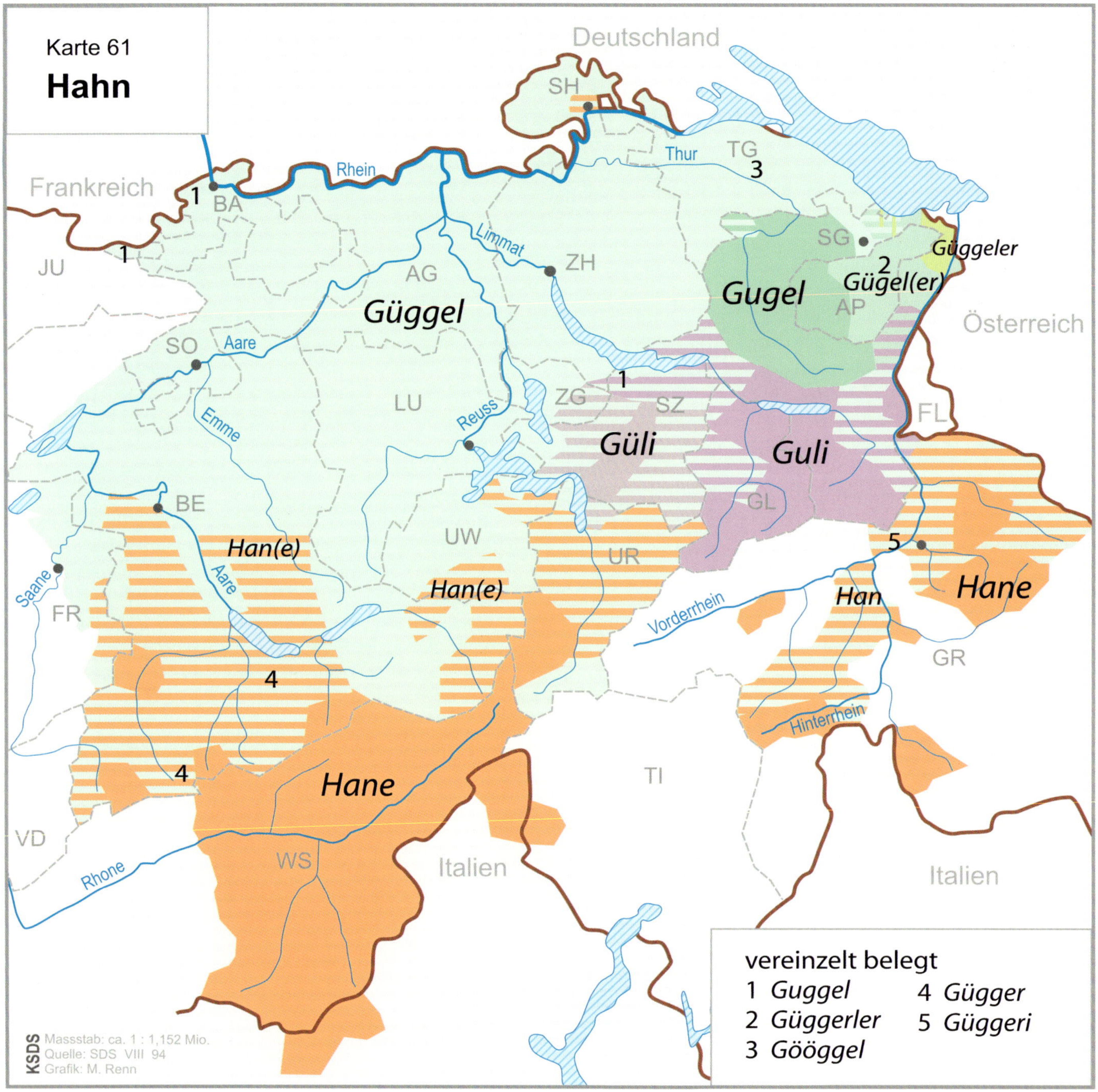

Karte 61
Hahn
Deutschland
Frankreich
Österreich
Italien
Italien
Rhein
Thur
Limmat
Aare
Emme
Reuss
Saane
Rhone
Vorderrhein
Hinterrhein
SH
TG
BA
JU
AG
ZH
SG
AP
SO
LU
ZG
SZ
FL
BE
GL
UW
UR
FR
GR
VD
WS
TI
Güggel
Gugel
Güggeler
Gügel(er)
Güli
Guli
Han(e)
Han(e)
Han
Hane
Hane
1
1
1
2
3
4
4
5
vereinzelt belegt
1 Guggel
2 Güggerler
3 Gööggel
4 Gügger
5 Güggeri
KSDS
Massstab: ca. 1 : 1,152 Mio.
Quelle: SDS VIII 94
Grafik: M. Renn

Das Haushuhn (Gallus gallus domesticus), welches vom in Indien und Südostasien beheimateten Bankivahuhn abstammt, lässt sich in der Schweiz bereits im 5./4. Jh. v. Chr. vereinzelt nachweisen. Grössere Verbreitung fand das Haushuhn allerdings erst seit der Römerzeit.

Die Bezeichnungen für das Männchen des Haushuhns verdanken ihren Ursprung vorwiegend der Stimme des Tiers. In den südlichen Gebieten der Deutschschweiz ist das Wort **Han(e)**, ahd. *han(o)*, vorzufinden, das soviel wie 'Sänger' bedeutet und mit lat. *canere* 'singen' verwandt ist. Verbunden ist damit das Bild eines Sängers, der die Morgensonne mit seinem Gesang begrüsst (oder sie – nach älterer magischer Vorstellung – hervorruft). Der Ausdruck wird als *Hane*, *Haane*, *Hano*, *Hanu* sowie vereinzelt mit Wegfall des *-e* (▸ Apokope) als *Han* resp. *Haan* ausgesprochen.

Die in der Deutschschweiz weitaus verbreitetste Bezeichnung ist **Güggel**. Das Wort lässt sich – wie franz. *coq* – mit der Lautnachahmung der Stimme des Hahns in Verbindung bringen. Vereinzelt sind Belege ohne Umlaut **(Guggel)** verzeichnet, in Weinfelden TG heisst der Hahn **Gööggel**. In den Gebieten mit ▸ Entrundung (s. Karte 88 *Mäuse*) wird das Wort als *Giggel* ausgesprochen, in den Regionen, in denen das *l* ▸ vokalisiert wird (s. Karte 102 *folgen*), als *Güggu*. Die Endung *-el* bezeichnet allgemein einen, der etwas tut (der *Weibel* ist – wörtlich – 'einer, der sich hin und her bewegt', der *Süffel* 'einer, der säuft'). Diese Endung ist heute nicht mehr produktiv, findet sich aber noch häufig bei männlichen Tiernamen (s. auch Karte 57 *Heuschrecke* oder Karte 62 *Kater*). Die gleiche Funktion hat auch die Endung *-er* (der *Trinker* ist 'einer, der trinkt'). Sie findet sich in den vereinzelten Nennungen von **Gügger**. Bei **Güggeler** und **Güggerler** ist die Täterbezeichnung durch die Endung *-el-er* resp. *-er-ler* doppelt ausgedrückt, so auch bei **Güggeri**.

Offen bleiben muss, ob die in der Ostschweiz verzeichneten ähnlich lautenden Ausdrücke **Gugel** und **Gügeler** als Varianten von *Güggel* gelten sollen, da sie sich nicht lautgerecht herleiten lassen. Zu denken wäre allenfalls auch an einen Zusammenhang mit mhd. *gugel*, aus mittellat. *cuculla* 'Kapuze'. Die Bezeichnung nähme somit Bezug auf den typischen Kamm des Hahns.

In Teilen der Zentral- und Ostschweiz wird der Hahn **Guli** resp. umgelautet **Güli** genannt. Diesem Wort liegt eine indogermanische Wurzel **ghel-* 'tönen' zugrunde. *Guli/Güli* wird neben *Güggel* teilweise mehr mit scherzhafter Färbung und in der Kindersprache verwendet. Auch Hühner werden mit *Guli! Guli!* angelockt.

Die nebenstehende Karte lässt sich im Hinblick auf die beiden Ausdrücke *Han(e)* und *Güggel* auch dynamisch lesen. Historische Belege zeigen, dass sich *Han(e)* bis ins 8. Jh. zurückverfolgen lässt und ursprünglich die gängige Bezeichnung war. *Güggel* dagegen taucht erst im 15./16. Jh. in der Deutschschweiz auf. Die Karte widerspiegelt somit die typischen Veränderungen im schweizerdeutschen Wortschatz: Südliche Gebiete sind eher konservativ und behalten ältere Ausdrücke, während sich von Norden her neue Bezeichnungen ausbreiten. In unserem Fall hat der *Güggel* den *Han(e)* im Mittelland bereits vollständig ersetzt, in den schraffierten Gebieten steht die neuere Bezeichnung *Güggel* noch neben dem älteren Ausdruck *Han(e)*. Erstaunlich dabei ist, dass sich nicht das Wort durchsetzt, das auch im Hochdeutschen vorhanden ist. Allerdings ist auch das umgangssprachliche *Gockel*, das dem schweizerdeutschen *Güggel* entspricht, im Hochdeutschen häufig zu hören.

Obwohl der *Han(e)* als Bezeichnung für das männliche Tier des Haushuhns im Dialekt bedrängt wird, bleibt die Bezeichnung vorhanden: Aufgrund der ähnlichen Form wurde das Wort schon vor längerem auf leblose Dinge übertragen und lebt im *Wasserhahn* u. Ä. weiter.
MF

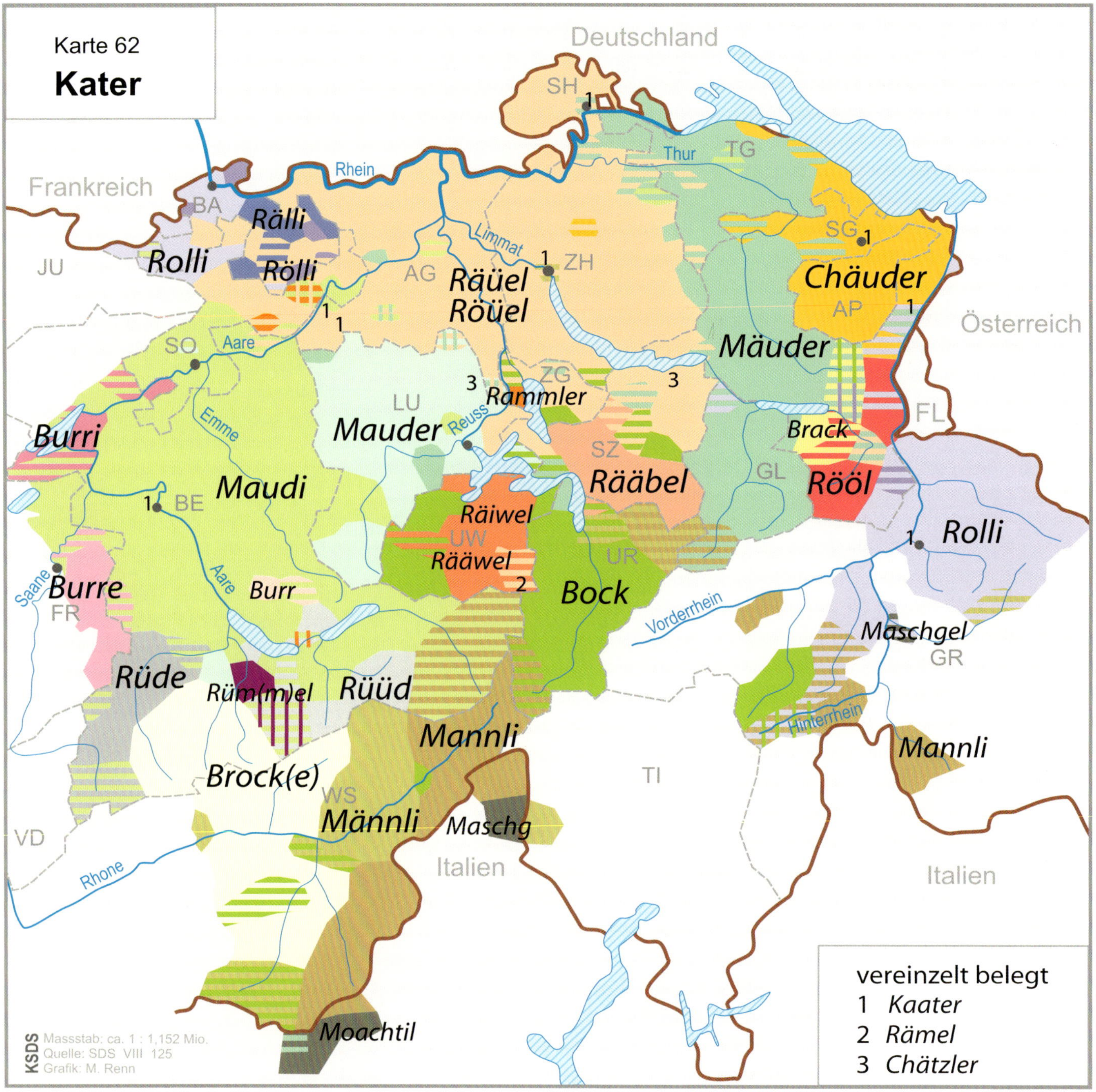
Karte 62
Kater
Deutschland
Frankreich
Österreich
Italien
Italien
SH
TG
BA
JU
AG
ZH
SG
AP
SO
LU
ZG
FL
SZ
GL
BE
UW
UR
FR
GR
TI
WS
VD
Rhein
Thur
Limmat
Aare
Emme
Reuss
Saane
Aare
Vorderrhein
Hinterrhein
Rhone
Rälli
Rolli
Rölli
Räüel
Röüel
Chäuder
Mäuder
Rammler
Mauder
Burri
Brack
Rääbel
Maudi
Rööl
Räiwel
Rääwel
Rolli
Burre
Burr
Bock
Maschgel
Rüde
Rüm(m)el
Rüüd
Mannli
Mannli
Brock(e)
Männli
Maschg
Moachtil
KSDS
Massstab: ca. 1 : 1,152 Mio.
Quelle: SDS VIII 125
Grafik: M. Renn
vereinzelt belegt
1 Kaater
2 Rämel
3 Chätzler

Die europäische Hauskatze (Felis silvestris catus) stammt von der nordafrikanischen Wild- oder Falbkatze ab. Wahrscheinlich waren die Ägypter die ersten, die bereits vor Jahrtausenden Katzen hielten, um ihre Getreidevorräte vor Ratten und Mäusen zu schützen. Seit der Spätantike gibt es die Katze auch in Mitteleuropa als Haustier. Das Wort *Katze* bezeichnet sowohl die Art als auch das spezifisch weibliche Tier. Es handelt sich dabei um ein Wanderwort, das sich in vielen europäischen Sprachen findet, vgl. franz. *chat*, eng. *cat*, norweg. *katte*. Die nebenstehende Karte zeigt die Verbreitung der Bezeichnungen für das männliche Tier dieser Art.

Für einen Grossteil der Bezeichnungen lässt sich als inhaltlicher Anknüpfungspunkt die Lautäusserung des Katers erkennen. Die spezifisch schweizerischen Ausdrücke **Moudi, Mauder**, **Mouder** und **Mäuder** lassen sich auf das Verb *mudere* zurückführen, das soviel wie 'murren, schnurren' bedeutet. Der Ausdruck **Chäuder** steht im Zusammenhang mit dem Verb *chudere* 'halblaut klagen, murren' und der in der Jägersprache verwendeten Bezeichnung *Kuder* für die männliche Wildkatze. Die genauen Verhältnisse sind allerdings nicht geklärt. **Burre**, **Burri** und **Burr** sind zu *burren* zu stellen, das soviel wie 'sausen, brausen' bedeutet. Der vereinzelt belegte Ausdruck **Rüm(m)el** ist mit dem Verb *rummeln* 'lärmen, toben' verwandt. Die Bezeichnungen **Rolli**, **Rölli** und **Rälli** lassen sich auf die ahd. Wurzel **roll-* 'sich lärmend, ungestüm herumbewegen' zurückführen (vgl. hochdt. *rollig* 'brünstig [von Katzen]'). Wörter mit derselben Wurzel finden sich auch im ganzen süddeutschen Raum sowie in Vorarlberg. Mehrere Bezeichnungen lassen sich zum Verb *rau(w)en* '(heiser) miauen, heftig betteln' stellen. Der vordere Teil des zugrunde liegenden Wortes **rāw-il* hat sich dabei lautlich unterschiedlich entwickelt und führt zu Formen, deren Zusammengehörigkeit auf den ersten Blick nicht immer offensichtlich ist: **Rääwel**, **Räiwel**, **Rääbel**, **Räüel**, **Röüel**, **Rööl**. Ähnliche lautliche Verhältnisse lassen sich auch beim Wort *gräuele* 'schimmeln' feststellen.

Einige Ausdrücke für den Kater finden sich auch zur Bezeichnung anderer männlicher Tiere. Der **Rammler** bezeichnet in der Deutschschweiz häufiger den männlichen Hasen. Das Wort gehört zum Verb *rammeln* 'wiederholt stossen, bespringen' und nimmt eindeutig Bezug auf die geschlechtliche Tätigkeit des Katers. Auch der nur einmal belegte **Rämel** in Engelberg OW lässt sich wohl diesem Verb zuordnen. Gleiche Bezeichnungen für den Kater und den männlichen Hund liegen bei **Brack** und **Brock(e)** vor. Die Ausdrücke lassen sich beide auf ahd. *bracko* 'Jagdhund' zurückführen. Dasselbe gilt für **Rüde** resp. **Rüüd**. Das Wort ist ebenfalls bereits im Althochdeutschen als *rudio* 'Jagdhund, grosser Hund' belegt. Sowohl *Brack*, *Brock(e)* als auch *Rüde*, *Rüüd* weisen als Bezeichnung für den männlichen Hund eine grössere Verbreitung aus als für den Kater. Interessant ist in diesem Zusammenhang zudem, dass zur Zeit der Datenerhebung in den 1940/50er-Jahren vor allem im Mittelland bereits keine spezifischen Bezeichnungen mehr für den männlichen Hund bekannt waren.

Bei den Bezeichnungen **Bock** und **Männli/Mannli** handelt es sich um Ausdrücke, die ganz allgemein für das männliche Tier verwendet werden. Der vor allem in der Innerschweiz vorkommende *Bock* ist bereits im Althochdeutschen belegt. Zur Abgrenzung von anderen männlichen Tieren wird teilweise verdeutlichend die Zusammensetzung *Chatzebock* gebraucht. Das Wort *Männli/Mannli* wird vorwiegend im Alpenraum verwendet. In Obersaxen GR und den südlichen Walserorten sind ebenfalls Bezeichnungen gebräuchlich, die das männliche Tier allgemein benennen: **Maschgel**, **Maschg**, **Moachtil** usw. Sie stehen in Beziehung zu lat. *masculus* 'männlich'.

Sporadisch wurde der Ausdruck **Chätzler** angegeben, eine Ableitung, die sich als 'das zur Katze gehörende Männchen' aufschlüsseln lässt. Zur Zeit der Befragung wurde das Wort **Kaater**, das ebenfalls 'das zur Katze gehörende Männchen' bezeichnet und auch im Hochdeutschen verwendet wird, nur vereinzelt und vor allem in städtischen Zentren benutzt. Es ist davon auszugehen, dass im heutigen Sprachgebrauch das Wort *Kaater* viel verbreiteter auftritt und mittlerweile einige der auf der Karte verzeichneten Ausdrücke in Vergessenheit geraten sind.

Bereits im 15. Jh. finden sich volkssprachliche Bezeichnungen für Biere, in denen das Wort *Kater* vorkommt. Diese Bezeichnungen kommen nicht von ungefähr, wie in einem 'Bierbuch' von 1574 nachzulesen ist. Dort wird von einem Bier der Stadt Stade (Niedersachsen) berichtet: *Sie* [die Leute von Stade] *nennens aber / seiner natur halben Kater / denn es kratzet wie ein Kater / dem Menschen / der sein zu viel getruncken hat / des morgens im Kopff.* Die Redewendung *einen Kater haben* entstand demnach als Übertragung zum tierischen Verhalten. MF

Karte 63
Zuchtstier
Deutschland
Frankreich
Österreich
Italien
Hage
Hagi
Hägi
Bautschi
Muchel
Müchel
Pfarr
Muni
Muni + Stier
Stier
Murrli
Stier(i)
SH
TG
BA
JU
ZH
AG
SG
AP
SO
LU
ZG
SZ
GL
FL
BE
UW
UR
FR
GR
WS
TI
VD
Rhein
Thur
Limmat
Aare
Emme
Reuss
Saane
Vorderrhein
Hinterrhein
Rhone
1,4,5
5
2
1
6
3 3
vereinzelt belegt
1 Mannd(l)i
2 Männdel
3 Butsch, Bü(ü)tschu
4 Münel
5 Böckel
6 Tour
KSDS
Massstab: ca. 1 : 1,152 Mio.
Quelle: SDS VIII 3
Grafik: M. Renn

Das heutige Hausrind (Bos primigenius taurus) stammt vom Wildrind ab, dem Ur- oder Auerochsen. Die ersten Hausrinder auf schweizerischem Territorium konnten in den jungsteinzeitlichen Siedlungen bei Sitten nachgewiesen werden und datieren um 5'000 v. Chr. Die Nutzung des Hausrindes veränderte sich stufenweise: Wurden Rinder anfänglich zur Fleischproduktion gehalten, setzte sich zunehmend auch die Milchgewinnung und vor allem die Nutzung der Tiere als Arbeitskraft durch. Die Viehwirtschaft spielte im Hochmittelalter eine zwar bedeutende, aber neben dem Ackerbau nur zweitrangige Rolle in der Agrarwirtschaft. Seit der frühen Neuzeit wurde Milchwirtschaft vor allem in der Innerschweiz betrieben. Der Übergang zur modernen Landwirtschaft mit ihrer gewinnorientierten Ausrichtung und den späteren Gründungen von Viehzuchtgenossenschaften fand nach dem Niedergang des Ancien Régime statt.

Zu den Kuhherden gehörte früher immer auch ein Stier, der die brünstigen Kühe deckte. Bei der Stallhaltung, die ab dem 18. Jh. im Zunehmen begriffen ist, halten nur noch die Grossbauern einen Stier. Kleinbauern haben zusammen einen Stier oder organisieren sich in Zuchtgenossenschaften.

Man kann davon ausgehen, dass der Zuchtstier heute entweder als **Stier** oder als **Muni** resp. sowohl als *Stier* als auch als *Muni* bezeichnet wird. In der Ostschweiz und im Alpenraum gibt es Regionen, in denen *Stier*, im Mittelland solche, in denen *Muni* vorherrschend zu sein scheint. Das Kartenbild präsentiert eine reiche Vielfalt an Bezeichnungen, die in der Regel jedoch neben den heute wohl geläufigeren *Stier* und *Muni* vorkommen. Im besten Falle dürften diese alternativen Bezeichnungen heute noch in verdeutlichenden Zusammensetzungen *(Hagistier*, *Pfarrstier)* benutzt werden oder aber zu blossen Erinnerungswörtern geworden sein.

Sofern deren ▶ Etymologie überhaupt geklärt ist, lassen sich bei den Bezeichnungen für den Stier drei Benennungsmotive erkennen, bei denen die geschlechtliche Tätigkeit, die Lautäusserung oder das Aussehen des Tieres den inhaltlichen Anknüpfungspunkt bilden. Interessant ist, dass – über alle Benennungsmotive hinweg – Ableitungen auf *-el (Böckel*, *Männdel*, *Münel*, *Muchel*, *Müchel)* nach einem Muster für männliche Tierbezeichnungen (s. Karte 61 *Hahn*, Karte 62 *Kater*), aber auch für männliche Personennamen – wie *Joggel* zu *Jakob* – gebildet werden.

In einem Zusammenhang mit dem Geschlechtsakt stehen vermutlich **Hage**, **Hagi**, **Hägi**, die zu einem Verb *heglen* 'stechen' zu stellen sind und damit 'Stecher, Stösser' bedeuten. **Bautschi**, **Butsch**, **Büütschu** könnten als Ableitungen zu den Verben *bautschen*, *botschen* 'stossen' gehören und damit ebenfalls 'Stösser' bedeuten. **Böckel** – eine Ableitung zu etymologisch ungeklärtem *Bock* – wird für männliche Tiere überhaupt verwendet, in Lungern jedoch spezifisch für das männliche Rind. Ebenso wird mit **Mannd(l)i** und **Männdel** – beides Ableitungen zu *Mann* – in der Innerschweiz vereinzelt das männliche Rind bezeichnet. Im Unterschied dazu kann das heute gängige *Männdli* 'Männchen' das männliche, *Wiibli* 'Weibchen' das weibliche Tier jeder beliebigen Gattung meinen *(Giraffemänndli*, *Giraffewiibli)*.

Lautnachahmend ist die spezifisch schweizerische Bezeichnung **Muni** (mit der nur in einem sehr kleinen Areal vorkommenden Nebenform **Münel**), die als 'der dumpf Brüllende' erklärt werden kann. In einem Zusammenhang mit dem Verb *murrlen* 'dumpf tönen' steht die Bezeichnung **Murrli**.

Auf das Aussehen des Stieres insgesamt oder auf das Aussehen seines Penis bezieht sich die Bezeichnung **Stier**, ahd. *stior*, die zu einer indogermanischen Wurzel mit der Bedeutung 'massiv, fest, dick, breit' gehört, aus der auch das lateinische Wort *taurus* 'Stier', später das rätorom. *taur* entstanden ist. Letzteres wurde im bündnerischen Mutten als **Tour** ins Deutsche entlehnt.

Ebenfalls auf das Aussehen bezogen sind möglicherweise **Muchel** und **Müchel**. Will man diese Bezeichnungen zum mittelhochdeutschen Verb *mûchen* 'verstecken, verbergen' stellen, das mit heutigem *meucheln* und *mogeln* verwandt ist, könnte der gedrungene Körperbau des Tieres, das wie geduckt aussieht, der Anknüpfungspunkt sein.

Die weitere Herkunft von **Pfarr**, das auf ahd. *farro*, *far* 'Stier' zurückgeht ist unklar. HC

Karte 64

Stalljauche

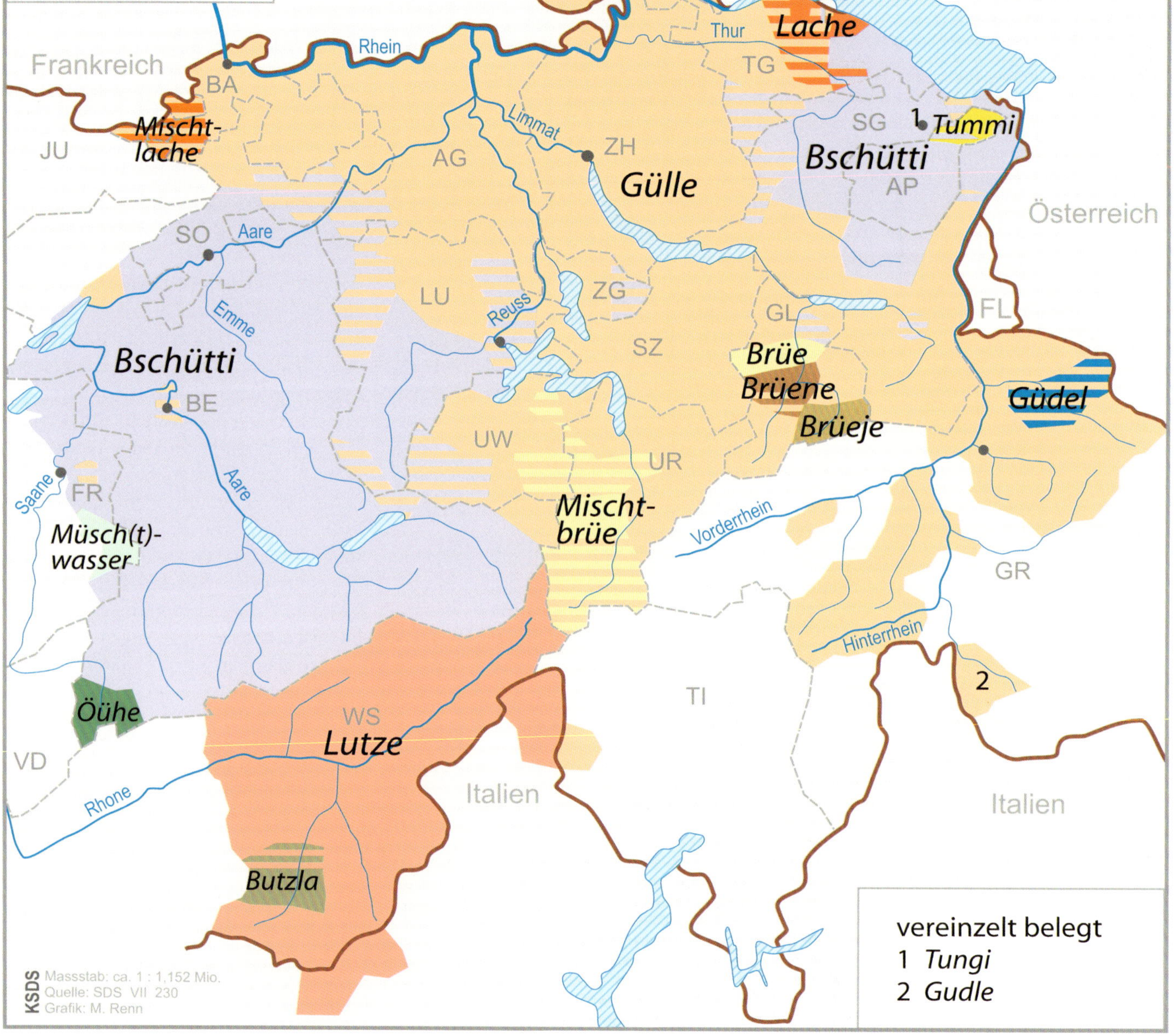

vereinzelt belegt
1 *Tungi*
2 *Gudle*

Auf der Karte sind die Bezeichnungen für die zum Düngen der Felder benutzte Stalljauche abgebildet. Die landwirtschaftliche Nutzung der flüssigen Überreste der tierischen Exkremente bei Stallfütterung ist relativ jung. Insbesondere in hochalpinen Gebieten liess man Jauche zunächst ungenutzt abfliessen. Das hochdeutsche Wort Jauche ist eine Entlehnung aus dem Slawischen, die sich erst in der frühen Neuzeit durchgesetzt hat und im alemannischen Sprachraum nicht auftritt.

Von Basel bis Graubünden wird das Wort **Gülle**, das auch in der Schriftsprache vorkommt, für die zum Düngen verwendete Jauche gebraucht. Es ist mundartlich auf den alemannischen Raum begrenzt und von dort aus auch in benachbarte französische und rätoromanische Mundarten eingedrungen. Die Herkunft des Wortes *Gülle* ist letztlich unklar. Es wird, entsprechend der mittelhochdeutschen Bedeutung 'Pfütze, Tümpel', mit ähnlichen Wörtern im Mittelniederdeutschen und Schwedischen (*göl* 'Pfütze') in Verbindung gebracht (s. Karte 67 *Pfütze*). Die im althochdeutschen ▸ Abrogans vorkommende Zusammensetzung *tuncculle* (für 'Sumpf, Strudel') kann kaum schon die heutige Bedeutung 'Jauche' bezeugen, die wohl über die Zwischenbedeutung 'schmutziges Wasser' zu erklären ist.

Ebenfalls weiträumig gebräuchlich ist die **Bschütti**, eine wohl junge Ableitung zum Verb *beschütten* 'mit einer Flüssigkeit begiessen' (s. Karte 46 *Blumen giessen*). Dabei gibt es mehrfach Übergangszonen zwischen dem zentralen *Gülle*-Gebiet und den *Bschütti*-Gebieten. *Gülle* und *Bschütti* kommen auch ▸ entrundet als *Gille* und *Bschitti* vor (s. Karte 88 *Mäuse*).

Einen dritten kompakten Raum nimmt **Lutze** ein, das nur im Wallis und den angrenzenden Südwalsersiedlungen verzeichnet ist. Hier liegt ein ▸ Lehnwort aus dem lombard. *lozza* 'Mist' vor, dem lat. *luteus* 'schmutzig, schlammig' zugrunde liegt.

Neben den drei grossräumigen Bezeichnungen gibt es eine Reihe weiterer, kleinräumig verwendeter Wörter für die Stalljauche. Auf den Kanton Uri konzentriert wird – neben *Gülle* – die Zusammensetzung **Mistbrühe** gebraucht, die auch vereinzelt im angrenzenden Nidwalden, Engelberg und im Glarnerland zu finden ist. Es handelt sich um die nähere Bestimmung eines Grundwortes **Brühe**, das in verschiedener Bildungsweise *(Brüeje, Brüene)* gerade im Glarnerland auch allein die Stalljauche bezeichnen kann. Die Zusammensetzung mit *Mist-* schränkt ansonsten das vornehmlich in Küche und Haushalt gebrauchte Wort *Brühe*, das zur Wortsippe um *brauen* gehört, auf den landwirtschaftlichen Gebrauch ein. Das Wort *Mist* selbst ist ein bereits althochdeutsches Wort, das von einem indogermanischen Wort für 'harnen' abgeleitet ist und heute meist die festere Form der mit Pflanzenresten der Stallviehhaltung vermischten tierischen Ausscheidungen bezeichnet. *Mist* wird oft auch als Überbegriff für die festen Bestandteile und die flüssigere Jauche gebraucht, die beide zum Düngen eingesetzt werden. Zur Verdeutlichung, dass es sich um den flüssigen Teil handelt, können dann Zusammensetzungen wie **Mistwasser** oder **Mistlache** gebildet werden. **Lache** allein, das seit althochdeutscher Zeit in der Bedeutung 'sumpfiges Wasser, Pfütze' belegt ist, wird regional auch spezifischer, eben für die Stalljauche gebraucht. Man kann das Wort, das vielleicht mit lat. *lacus* 'See' verwandt ist, zur Wortfamilie von *lecken (leck sein)* stellen (s. Karte 67 *Pfütze*).

Eine weitere, ganz eigenständige Bezeichnung kommt an wenigen Orten im Prättigau vor: der **Güdel**. Das Wort ist mit der Variante **Gudle** zum Verb *güdle/gudle* 'Flüssigkeiten aufrühren, sudeln' zu stellen. Dieses ist unklarer Herkunft und vielleicht ähnlich wie *gudere* 'sudeln, rumpeln, gurgeln' als lautmalerische Bildung aufzufassen.

Im Appenzeller Vorderland tritt **Tummi** auf, eine auch in anderen oberdeutschen Dialekten anzutreffende lautliche Weiterbildung zu **Tungi**, wie es für die Stadt St. Gallen verzeichnet ist. Es handelt sich, wie *Bschütti* zu *beschütten*, um eine *i*-Ableitung zum Verb *düngen* (mundartlich auch *tunge/dunge*). Dieses ist selbst aus einem Substantiv gebildet, dessen ursprüngliche Bedeutung 'Bedeckung' sein könnte.

Aus dem Wallis ist vereinzelt die Verwendung des Wortes **Butzla** für die Stalljauche bezeugt. Das aus lat. *puteus* 'Brunnen' entlehnte Wort steht sonst für 'Pfütze' (s. Karte 67 *Pfütze*). Auch hier lässt sich wieder eine Übertragung von der Verwendung für stehendes, ev. schmutziges Wasser auf die Stalljauche feststellen.

Eine weitere Entlehnung begegnet uns in dem Wort **Öühe** aus dem hinteren Saanenland. Es ist aus dem frankoprovenzalischen *ouijyé* entlehnt, das sich im südlich an die Passhöhe anschliessenden Wallis (Savièse) kleinräumig in einer speziellen Lautform aus lat. *lotium* 'Urin' entwickelt hat. Entlehnungen im landwirtschaftlichen Basisbereich, wie hier mehrfach anzutreffen, lassen auf engen Kontakt mit der romanischen Bevölkerung schliessen. EG

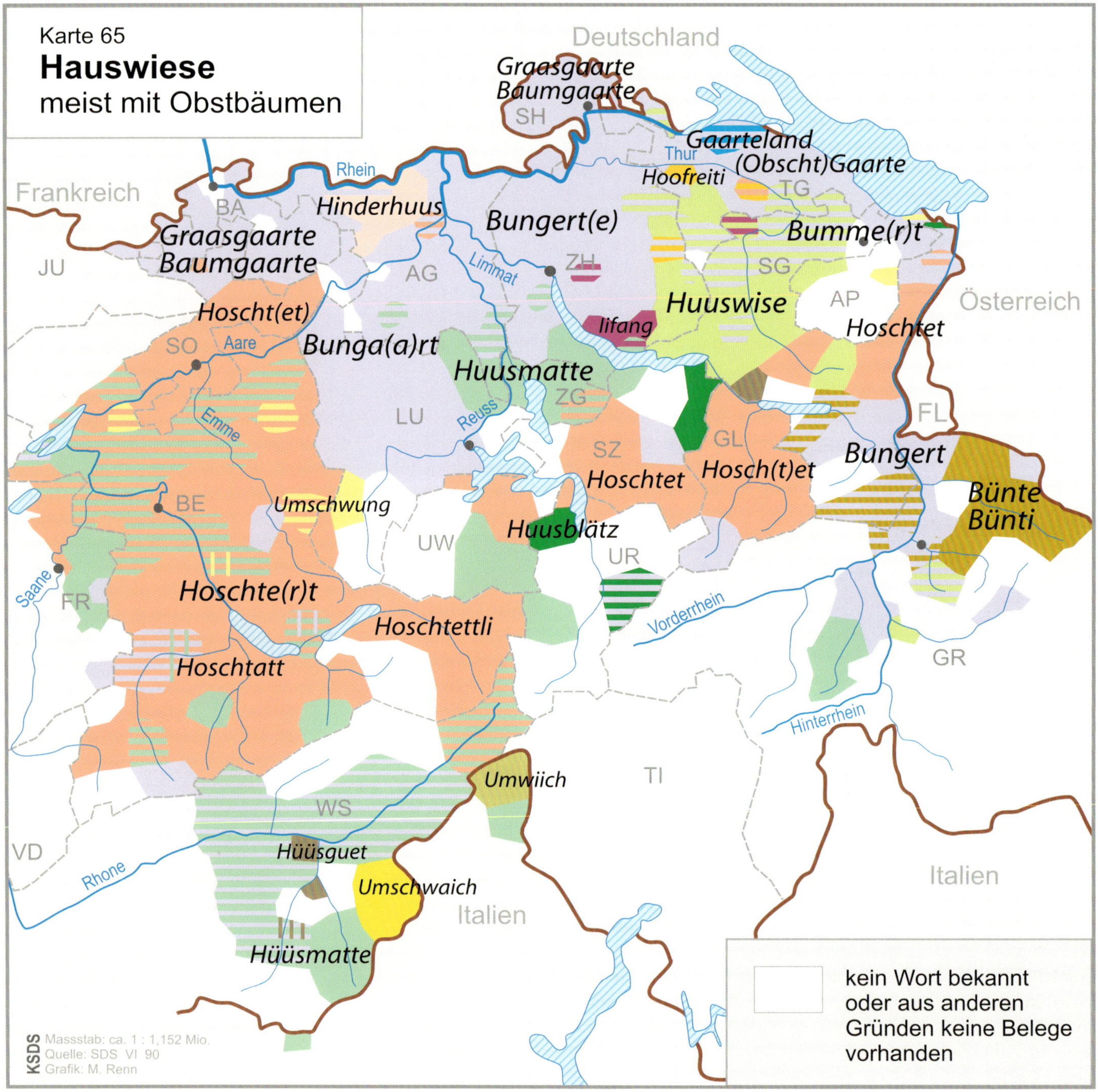
Karte 65
Hauswiese
meist mit Obstbäumen
Deutschland
Frankreich
Österreich
Italien
Italien
Graasgaarte
Baumgaarte
SH
Gaarteland
(Obscht)Gaarte
Thur
Hoofreiti
TG
Rhein
BA
Hinderhuus
Bungert(e)
Graasgaarte
Baumgaarte
Bumme(r)t
JU
AG
Limmat
ZH
SG
Huuswise
AP
Hoscht(et)
Iifang
Hoschtet
SO
Aare
Bunga(a)rt
Huusmatte
ZG
LU
Reuss
Emme
FL
SZ
GL
Bungert
Hoschtet
Hosch(t)et
BE
Umschwung
Bünte
Bünti
UW
Huusblätz
UR
Saane
FR
Hoschte(r)t
Vorderrhein
Hoschtettli
Hoschtatt
GR
Hinterrhein
Umwiich
TI
WS
VD
Hüüsguet
Rhone
Umschwaich
Hüüsmatte
KSDS
Massstab: ca. 1 : 1,152 Mio.
Quelle: SDS VI 90
Grafik: M. Renn
kein Wort bekannt oder aus anderen Gründen keine Belege vorhanden

In ländlichen Gegenden gibt es oft eine beim Haus gelegene, manchmal eingezäunte Wiese, die häufig mit Obstbäumen bestanden ist. Auf der Karte finden sich die Bezeichnungen für diese hausnahe Wiese – falls es eine solche am jeweiligen Ort überhaupt gibt.

In zahlreichen Bezeichnungen für die Hauswiese kommt das Wort *Garten* als Grundwort (z. B. **Obschtgaarte**, **Graasgaarte**), seltener als Bestimmungswort vor **(Gaarteland)**, oder sie wird überhaupt schlicht als **Gaarte** bezeichnet. Das Wort *Gaarte* geht auf ein indogermanisches Grundwort mit der Bedeutung 'Umzäunung, Einfriedung' zurück. Während die Zusammensetzung in **Baumgaarte** keiner weiteren Erklärung bedarf, sind die Bezeichnungen *Bunga(a)rt*, *Bungert(e)*, *Bumme(r)t* nichts anderes als deren lautlich veränderte Varianten. Die Betonung auf dem Bestimmungswort *Baum* hat zu Abschwächungen und Konsonantenausfällen beim Grundwort *Gaarte* geführt. Ausserdem ist der ▶ Diphthong in *Baum* zu einem kurzen *u*-haltigen ▶ Monophthong geschwächt worden, und die aufeinandertreffenden Konsonanten *m* und *g* haben sich einander in unterschiedlicher Weise angeglichen (▶ Assimilation), so dass die Ausgangsbezeichnung oft kaum mehr wiederzuerkennen ist.

Die Bezeichnungen **Hoschtatt**, *Hoscht(et)*, *Hoschte(r)t*, *Hosch(t)et* sind lautliche Varianten zu *Hofstatt*, *Hoschtettli* ist dazu eine Verkleinerungsform. Das Wort ist schon im Althochdeutschen als *hofastat* belegt und bezeichnete in seiner älteren Bedeutung eine (oft auch mit Rechten und Pflichten verbundene) Stelle, auf der ein ländliches Heimwesen mit seinem Garten stand. Auch bei dieser Zusammensetzung ist als Folge der Betonung auf *Hof* das Wort *Schtatt* unterschiedlich abgeschwächt. Beim *r*-Einschub bei *Hoschtert* könnte eine verdeutlichende Anlehnung an die häufige *-ert*-Endung vorliegen. Einheitlich ist der Ausfall des Konsonanten *f*, der auf eine Anpassung an nachfolgendes *sch* zurückzuführen ist.

Auf die besondere Örtlichkeit der Hauswiese nehmen die Bezeichnungen **Hinderhuus**, **Huusmatte/Hüüsmatte**, **Hüüswise**, **Huusblätz** und **Huusguet** Bezug. Mit den Wörtern *Wiese* und *Matte*, die schon in den älteren Sprachstufen belegt sind, wurden ursprünglich unterschiedlich genutzte Wiesen bezeichnet: Die Wiese wurde abgeweidet, die Matte gemäht. Im Schweizerdeutschen wird diese Unterscheidung nicht mehr gemacht, vielmehr wurde *Wiese* zur allgemeinen Bezeichnung in der Ostschweiz, *Matte*, das eine Ableitung zum Verb *mähen* ist, zur allgemeinen Bezeichnung in der Westschweiz. Das Wort *Blätz* geht auf ein althochdeutsches Wort *blez* mit der Bedeutung 'Lappen, Flicken, Fetzen' zurück, und es ist etwa in der Zusammensetzung *Pflanzblätz* noch heute in Gebrauch zur Bezeichnung eines kleinen Landstücks für den Gemüseanbau. Die Substantivierung *Guet* aus dem gleichlautenden Adjektiv kann die Bedeutung 'Vermögen, Besitz' haben, spezieller aber auch Haus und Hof bezeichnen.

Die Bezeichnung **Bünte/Bünti** lässt sich bis zum althochdeutschen Wort *biunta* 'Gehege, Weide' zurückverfolgen. Mit dem Wort wurde früher jenes meist eingezäunte Land bezeichnet, das nicht – wie die Allmend – der gemeinsamen, sondern der privaten Nutzniessung diente. Ist *Bünte* als Bezeichnung der Hauswiese auch nur im Bündnerland und im St. Galler Oberland gängig, so ist das Wort in Flur- und Familiennamen (z. B. *Bünter*, *Büntener*, *Püntig*) in der ganzen Deutschschweiz fassbar.

Mit **Hoofreiti** bezeichnete man ursprünglich einen freien Platz in unmittelbarer Nähe des Bauernhauses, den man für das Bereitstellen von Gerätschaften brauchte. Das Substantiv *reiti*, das in dieser Form schon im Althochdeutschen den Ort meint, an dem etwas zubereitet wird, geht auf ein Verb mit der Bedeutung '(zu)bereiten' zurück.

Das Wort **Iifang** meinte ursprünglich 'eingefriedetes Land'. Das Verb *fangen*, das den inhaltlichen Kern der Substantivierung bildet, lässt sich in der Bedeutung 'halten, befestigen' bis ins Indogermanische zurückverfolgen. Auch die Bezeichnung **Umschwung** ist aus einer Ableitung entstanden, in deren Kern das Verb *schwingen* erkennbar ist. Das schon im Althochdeutschen vorkommende Verb *swingan* trug die Bedeutung 'sich in einer Richtung ausdehnen, mit Kraft durch die Luft bewegen'. Wird mit *Umschwung* auch nur vereinzelt die Hauswiese bezeichnet, so ist das Wort im Gegensatz dazu gängig geworden für das einem Haus zugehörige Land.

Das Substantiv **Umschwäich** verdankt seine lautliche Form dem ▶ Staubschen Gesetz, das beim zugrunde liegenden *Umschwank* für den Ausfall des Konsonanten *n* und die Diphthongierung des Vokals *a* zu *äi* sorgte. Die Bildung geht auf das althochdeutsche Substantiv *swanch* mit der Bedeutung 'Schwung, Hieb' zurück, das in inhaltlicher und formaler Verwandtschaft zu *(Um)Schwung* steht. Die Bezeichnung **Umwiich** im italienischen Pomat mag mit *Umschwäich* in Zusammenhang stehen, sie ist aber im Detail nicht geklärt. HC

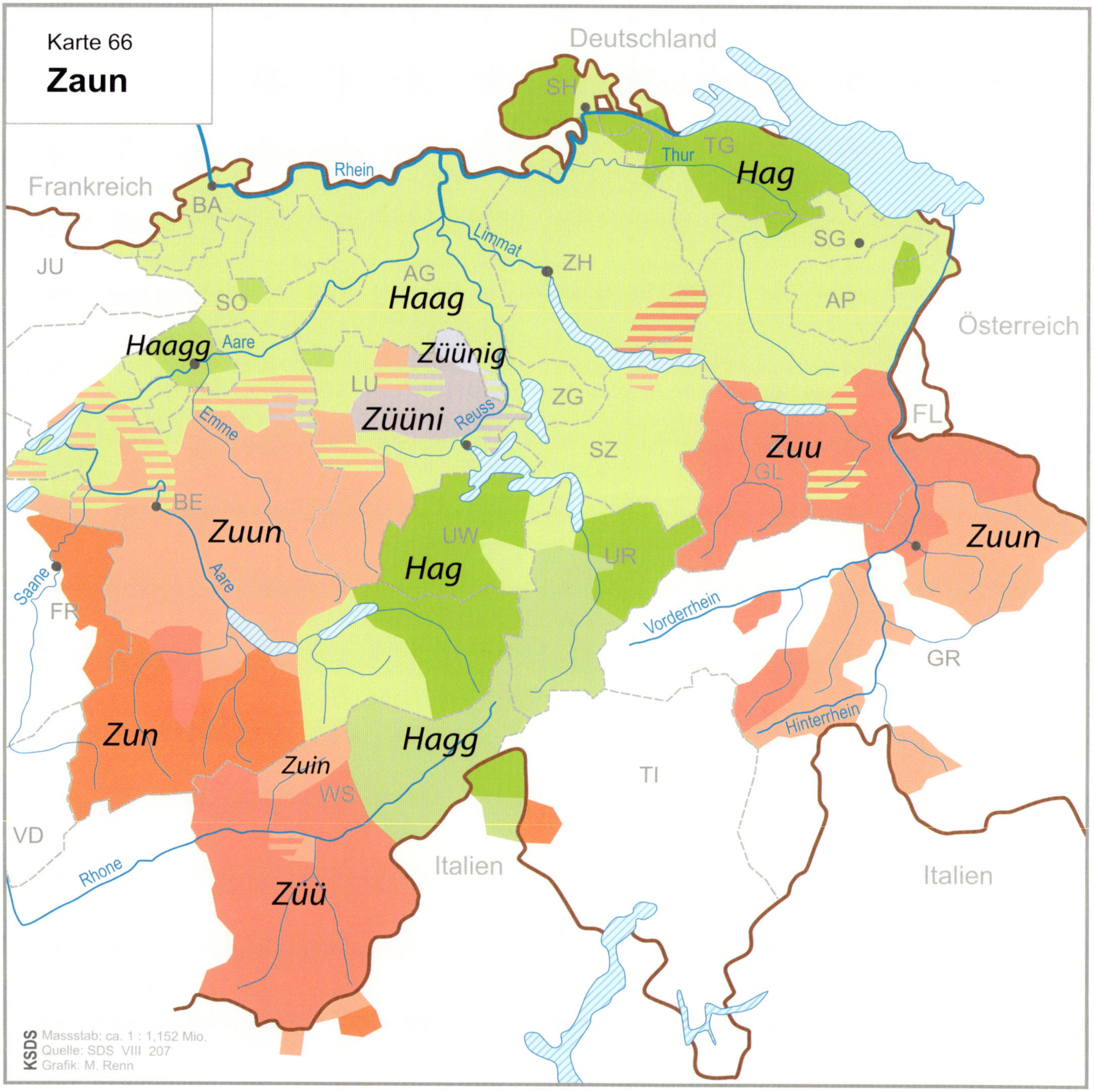

Karte 66

Zaun

Um die Bewegungsfreiheit des Viehs einzuschränken, wurden und werden verschiedene Hindernisse errichtet. Die Art der Einfriedung von Wiesen und Weiden war in der Schweiz regional unterschiedlich und hing auch von den vorhandenen natürlichen Ressourcen ab. Die seltenen Gräben wurden vorwiegend auf Alpen angelegt. Die aus Steinen lose aufgeschichteten Trockenmauern gehörten zum charakteristischen Landschaftsbild des Juras, des Kantons Graubünden und Tessin und fanden sich seltener in (vor)alpinen Regionen. Die Grünhecken, so genannte *Lebheg* aus Weissdorn, Heckenrosen, Hartriegel, Hainbuchen u.Ä., waren vor allem im Mittelland und im Jura verbreitet, kamen aber ebenfalls in (vor)alpinen Gegenden vor. Im 18. und 19. Jh. wurden sie durch obrigkeitliche Massnahmen gefördert, um den grossen Holzverbrauch durch die üblichen hölzernen Kreuz-, Ring-, Loch- und Pfahlzäune einzuschränken. Die meisten Hecken wurden bereits im 20. Jh. zugunsten einer rationelleren Bodennutzung gerodet. Die verschiedenen Holzverzäunungen ihrerseits mussten dem modernen Drahtzaun (Stacheldraht, Elektrozaun usw.) weichen, der Holz und Arbeit spart und leicht entfernt werden kann.

Auf der nebenstehenden Karte sind die allgemeinen Bezeichnungen für den Zaun verzeichnet, ohne zwischen den verschiedenen Zauntypen zu unterscheiden.

Die Herkunft des sehr alten Wortes **Zaun**, ahd. *zūn*, germ. **tūna-* 'Zaun' ist unklar. Im Englischen entwickelte sich die Bedeutung weiter zu 'eingehegter Platz', woraus sich *town* 'Stadt' ergibt. Vermutlich stammt *-dunum* in ursprünglich keltischen Ortsnamen aus der gleichen Quelle. Dieses Element ist in den römischen Bezeichnungen verschiedener Schweizer Städte überliefert: *Dunum* Thun, *Ollodunum* Olten, *Minnodunum* Moudon oder *Eburodunum* Yverdon.

Der *Zaun* tritt in verschiedenen lautlichen Formen auf: Im Mittelland sowie im Grossteil des Kantons Graubünden findet sich die Form *Zuun*, im Lötschental auch die Form *Zuin*. Bei den vorwiegend im Wallis und im Südosten vorkommenden Formen *Zuu* resp. *Züü* ist das auslautende *-n* geschwunden. Ähnliches kann in diesen Gebieten auch sonst, beispielsweise beim Wort *Schwii* 'Schwein', festgestellt werden. Im westlichen Berner Oberland und im Kanton Freiburg tritt das Wort *Zun* mit kurzem Vokal auf. Hauptsächlich auf den nördlichen Teil des Kantons Luzern beschränkt findet sich die Bezeichnung *Züüni(g)*. Das Wort ist bereits im Mittelhochdeutschen als *ziununge* 'Umzäunung' gebräuchlich. Es ist davon auszugehen, dass es sich dabei um eine Ableitung zum Verb *ziunen* 'einen Zaun errichten' handelt.

Die Bezeichnung **Hag** ist bereits im Althochdeutschen als *hag* belegt und bedeutet zu dieser Zeit neben 'Umzäunung' auch 'Wall' oder 'Damm'. Der auf dem Schweizer Gebiet neuere Ausdruck ist verwandt mit *Hecke* und *Hain*. Er bezeichnet zuerst die grüne, lebendige Hecke und wird erst später für Zäune aus Pfählen und Stangen verwendet.

In der Aussprache von *Hag* gibt es nur geringfügige Unterschiede: An den meisten Orten wird das Wort mit langem Vokal als *Haag* ausgesprochen, im äussersten Nordosten sowie Teilen der Innerschweiz, des Berner Oberlands und Wallis mit kurzem Vokal als *Hag*. In einem kleinen nordwestlichen und einem grösseren südlichen Gebiet wird der Auslautkonsonant *-g* fortisiert, d.h. intensiver ausgesprochen, als *Haagg* resp. *Hagg*. Ähnliche lautliche Verhältnisse für Vokal und Konsonant finden sich bei vergleichbaren einsilbigen Wörtern wie *Glas*, *Gras*, *Grab*, *Rad* und *Tag*.

Im Schweizerdeutschen werden *Zaun* und *Hag* als Synonyme verwendet. Dies ist wohl auch der Anlass, weshalb im 20. Jh. das Markenprodukt *Kaffee HAG* in der Kopie *Kaffee Zaun* in der Migros ins Regal kam, obwohl *Kaffee HAG* nichts anderes ist als die Abkürzung von *Kaffee-Handels-Aktien-Gesellschaft*.

Das Wort *Hag* findet sich im Schweizerdeutschen in verschiedenen Zusammensetzungen wieder: Die *Hagebueche* bezeichnet eine als 'Hecke' verwendete 'Buche', wobei dieser Laubbaum botanisch gesehen ein Birken- und kein Buchengewächs ist. Eventuell lässt sich auch der *Hagedorn* 'Weissdorn' als 'Dornstrauch für Hecken' identifizieren. Das berndeutsche *Haaghuuri* ist eine Nachteule, wird aber auch zur Bezeichnung eines Gespensts, das sich auf oder hinter dem Zaun versteckt, und schliesslich auf eine verwahrloste, verwilderte Frau übertragen. Eine ähnliche Vorstellung eines Wesens, das bis zum Hag des Gehöfts mächtig ist, liegt der Bezeichnung *Hexe* zugrunde, die – obwohl heute durch lautliche Umgestaltungen nicht mehr ersichtlich – ursprünglich ebenfalls ein zusammengesetztes Wort war. Im Althochdeutschen hiess die Hexe *hagzussa*, wobei der zweite Teil des Wortes an eine Wurzel mit der Bedeutung 'Geist' anzuschliessen sein könnte. MF

Karte 67
Pfütze

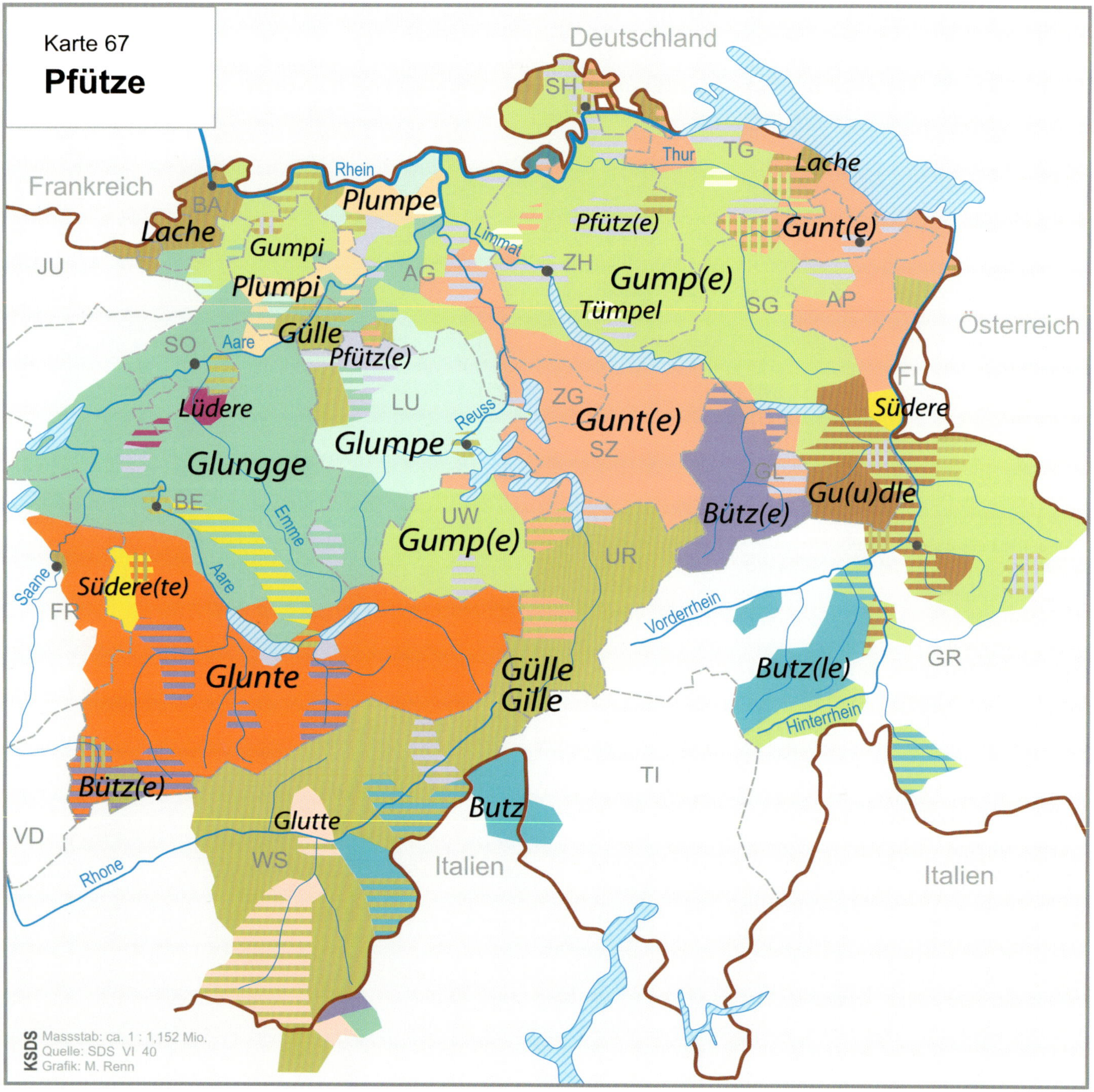

Die Karte zeigt die schweizerdeutschen Ausdrücke für kleinere Wasseransammlungen auf ebenen Flächen und Strassen, wie sie vor allem nach Regenfällen bleiben. Die Ausdrücke sind aber meist nicht speziell darauf beschränkt, sondern können allgemein kleine, flache Wasseransammlungen in Wiesen usw. bezeichnen. Viele der Wörter sind ursprünglich alte Benennungen für Bodenvertiefungen, in denen sich ja oft Wasser ansammeln kann, und wurden dann auf die Benennung derartiger Wasseransammlungen eingeengt. Die Ausdrücke entstammen unterschiedlichen historischen Sprachschichten. **Lache** wird meist zu einem indogermanischen Wortstamm **leg-* mit einer ursprünglichen Bedeutung 'tropfen, sickern' gestellt (vgl. das Adjektiv *leck*). Möglicherweise ist es mit lat. *lacus* verwandt; nach anderen Vermutungen ist es sogar daraus entlehnt oder damit vermischt worden. Im Schweizerdeutschen bedeutete es ursprünglich 'sumpfiges Gelände, Tümpel' und war früher ein allgemein verbreitetes Wort; davon zeugen noch viele Flurnamen und Ortsnamen wie *Lachen* am oberen Zürichsee und in Appenzell Ausserrhoden. Auch die Jauche wird teilweise als *Lache* bezeichnet (s. Karte 64 *Stalljauche*).

Der Ausdruck **Gülle/Gille** bedeutet im älteren Deutschen ebenfalls vor allem 'Sumpf, Tümpel, schmutziges Gewässer', die weitere Herkunft ist unklar. Auffällig sind ähnlich lautende Wörter im Niederdeutschen und im Schwedischen (*göl* 'Pfütze'). Wohl aus der Zusammensetzung *Mistgülle* ergab sich die heutige gewöhnliche Bedeutung 'Jauche' (s. Karte 64 *Stalljauche*). Die breite Streuung der Belege von *Gülle* lässt ebenfalls auf eine ursprüngliche weitere Verbreitung in der Bedeutung von 'Tümpel, Pfütze' schliessen, ebenso die Tatsache, dass es in dieser Bedeutung auch in romanische Sprachen übernommen worden ist, so in *gouille*, das in der Westschweiz oft als Bezeichnung kleiner Bergseen anzutreffen ist.

Die Bezeichnung **Pfütz(e)** ist mit einiger Wahrscheinlichkeit ein ▶ Lehnwort aus lat. *puteus*, mit der Bedeutung 'Grube (mit schmutzigem Wasser)', später auch 'Zisterne, Brunnen', das zur Römerzeit übernommen wurde. In der Lautform *Pfütze* ist dieses Wort erst in neuester Zeit aus dem Hochdeutschen übernommen worden. Im Schweizerdeutschen lebt *puteus* stattdessen verstreut in südlichen Randregionen in Formen wie **Bütz(e)** und **Butz(le)** fort. Diese Formen zeigen mit ihrem *B*-Anlaut, dass sie – im Unterschied zu *Pfütze* – erst nach der ▶ Althochdeutschen Lautverschiebung aus romanisch-lateinischem Sprachgebrauch übernommen worden sind. Aus dem Hochdeutschen ist auch **Tümpel**, ursprünglich ein niederdeutsches Wort, in neuester Zeit in das Schweizerdeutsche eingedrungen.

Auffallend ist in weiten Teilen des Schweizerdeutschen eine vielgestaltige Variation von Wörtern, die auf *G(l)-* anlauten und im Wortinneren einen ▶ Nasal mit ▶ Verschlusslaut haben *(mp, nt, ngg)*. Was wie eine lautmalerische Spielerei anmutet, geht aber z.T. vermutlich auf Wörter des ▶ Keltoromanischen zurück, die, wie manche anderen Wörter, durch die im Frühmittelalter einwandernden Alemannen von der ansässigen Bevölkerung übernommen worden sind. So wird angenommen, dass **Gump(e)** aus keltorom. *cumba* entstanden ist, das 'Bodensenke, Tümpel' bedeutet. Eine Ableitung zu *cumba* ist *cumbeta*, wohl mit der gleichen Bedeutung. Daraus entstand – über die verkürzte Form **Gumpte* – der Ausdruck **Gunt(e)**. *Gumpe* und *Gunte* haben sich im Schweizerdeutschen gegenüber den germanischen Wörtern an vielen Orten durchgesetzt. Auch das baselbieterische **Gumpi** kann zu dieser Wortgruppe gezählt werden.

Westlich der Reuss ist der Wortschatz allerdings zusätzlich abgewandelt und differenziert worden. Kristallisierungspunkt ist das mittelbernische **Glungge**. Zu vermuten ist, dass das Wort *Gumpe* assoziativ und lautmalerisch mit dem Verb *glungge* mit der Bedeutung 'hohl gurgelnd plätschern' in Verbindung gebracht und daraus ein neues Substantiv gebildet wurde. In Nachbardialekten des Mittelbernischen vermischte sich diese Neubildung mit den ursprünglichen Bezeichnungen: Im Luzerndeutschen wurde *Gumpe* zu **Glumpe**, im Berner Oberland *Gunte* zu **Glunte**.

Auch andere kleinräumigere Bezeichnungen zeigen lautmalerische Assoziationen. **Plumpe** oder **Plumpi** in der Nordschweiz ist ohne Zweifel eine Vermischung von *Gumpe/Gumpi* und *plump(s)e*, auch hier allerdings weniger durch die Sache als vom Klangbild des Wortes motiviert. Ausdrücke wie **Südere(te)** und **Gu(u)dle** schliessen dagegen direkt an Verben wie *südere* und *gudle* an, die geräuschvolles Umgehen mit Wasser bezeichnen. Auch **Lüdere** und **Glutte** dürften lautmalerisch motiviert sein, obwohl beide zu keinem anderen Wort gestellt werden können.

Neuere Umfragen zeigen, dass *Pfütze* und in geringerem Masse auch *Lache* in heutiger Zeit häufiger verwendet werden, dies auf Kosten der traditionellen Ausdrücke. Dies entspricht der allgemeinen Tendenz einer Annäherung an das Hochdeutsche. Nicht betroffen ist *Glungge*, das sich gar noch ausbreitet. AL

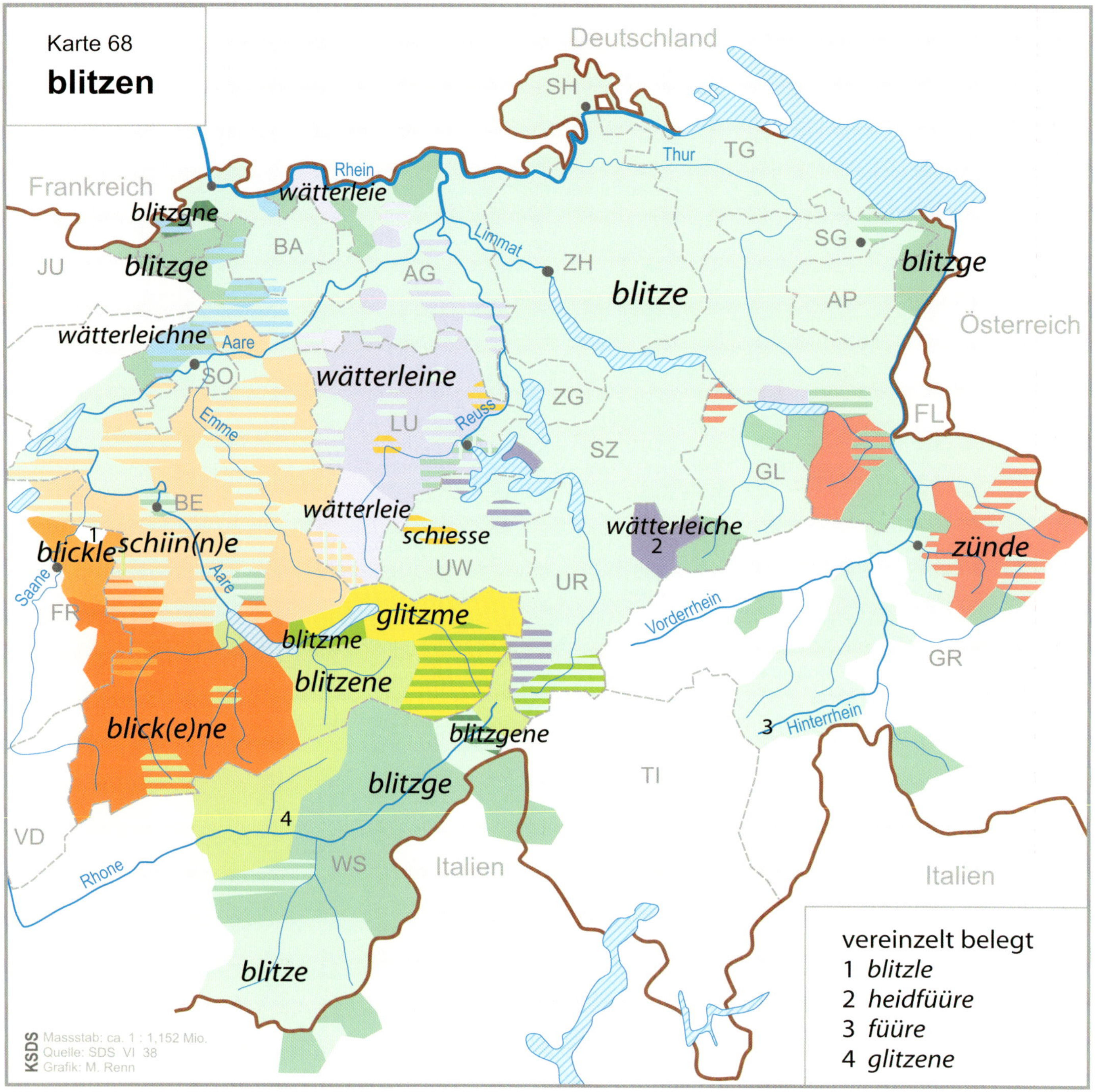

Karte 68
blitzen
Deutschland
Frankreich
Österreich
Italien
Italien
SH
TG
SG
AP
ZH
BA
AG
JU
SO
LU
ZG
SZ
FL
GL
BE
UW
UR
FR
GR
TI
VD
WS
Rhein
Thur
Limmat
Aare
Emme
Reuss
Saane
Aare
Vorderrhein
Hinterrhein
Rhone
wätterleie
blitzgne
blitzge
blitzge
blitze
wätterleichne
wätterleine
wätterleie
schiesse
wätterleiche
zünde
blickle
schiin(n)e
glitzme
blitzme
blitzene
blick(e)ne
blitzgene
blitzge
blitze
1
2
3
4
vereinzelt belegt
1 blitzle
2 heidfüüre
3 füüre
4 glitzene
KSDS
Massstab: ca. 1 : 1,152 Mio.
Quelle: SDS VI 38
Grafik: M. Renn

Gewitter mit Blitz und Donner gehören in unseren Breiten jeden Sommer zu den markanten Wetterphänomenen. Mehr noch als Schnee und Eis spielen Gewitter in Kindheitserinnerungen eine wichtige Rolle, meistens als Quelle grosser Angst oder des Staunens. Kein Wunder, dass Bezeichnungen für Wetterphänomene dieser Art zu den Wörtern gehören, die man schon früh erlernt und die eine hohe Zahl von lokalen Varianten aufweisen.

Der Ausdruck **blitzge** mit der Variante **blitzg(e)ne** ist das älteste Wort und wurde nur noch an den westlichen, östlichen und südlichen Rändern der Deutschschweiz genannt. Eigentlich müsste es *bligze* heissen, denn das Wort hiess früher mhd. *blikzen*, ahd. *bleckezzen*. Es handelt sich dabei um eine Ableitung von *blick* 'Blitz', eigentlich 'heller Glanz'. Unser Wort *Blick* hat erst später über 'Blitzen, Glänzen der Augen' die heutige Bedeutung bekommen. Das Wort *bligzen* oder mit Vertauschung von *-gz-* als *blizgen* wurde im Deutschen schon im 16. Jh. zur heutigen Form *blitzen* vereinfacht (so bei ▶ Luther) und hat sich auch in der Deutschschweiz ausgebreitet als **blitze** mit den Varianten **blitzene**, **blitzle**, **blitzme**. Mit der Endung *-ze* kommt dabei ein Verbmuster ins Spiel, das Wiederholung ausdrückt (z. B. *juchze* oder *spöize* 'spucken').

Am westlichen Rand der Deutschschweiz heisst es **blickle** und **blick(e)ne**. Hier könnte sich noch das einfache Verb *blicken* zu *blick* 'Blitz' erhalten haben ohne die Verstärkung durch die Endung *-(e)zen*.

Die Bezeichnungen **glitzme** und **glitzene** sind ähnlich gebildet wie *blitzme*, gehören aber zum inhaltlich verwandten mittelhochdeutschen Wort *glitz* 'Glanz'. Die Bezeichnung **schiin(n)e** nimmt die schon im Mittelhochdeutschen für *schînen* und im Althochdeutschen für *scīnan* bezeugte Bedeutung 'leuchten, glänzen, strahlen' auf.

Ein ebenfalls altes Wort betont einen anderen Aspekt des Gewitters: der Ausdruck **wätterleiche** mit seinen lautlichen Varianten **wätterleie**, **wätterleine**, **wätterleichne** ist zusammengesetzt aus ahd. *wetar* 'Wetter, Luft' und *leih* 'Lied, Tanz, hüpfende Bewegung'. *Wetterleich* bedeutet eigentlich 'Wettertanz', zielt also mehr auf die Bewegung des Blitzens als auf die Helligkeit. An wenigen Orten ist oder war das Wort also für das 'Blitzen' in Gebrauch, während es an den allermeisten Orten für das 'Aufblitzen eines fernen Gewitters am Horizont ohne Donnergrollen' gebraucht wird. Dieses Aufblitzen eines fernen Gewitters wird oft als *wätter**lüüchte*** und nicht als *wätterleiche* bezeichnet. Es ist davon auszugehen, dass der Ausdruck *leich* als Bezeichnung einer tanzenden, hüpfenden Bewegung nicht mehr erkannt und das Wort nachträglich zu *leuchten*, der Lichterscheinung, umgedeutet wurde.

Im Wort **zünde**, aus mhd. *zünden*, ahd. **zund(j)an* 'anzünden' oder 'plötzlich brennen', wird das Moment des plötzlichen Aufscheinens ausgedrückt. Auch die Bezeichnungen **füüre** und **heidfüüre** *(heipfere)* betonen das Aufscheinen, das Aufsprühen der Lichterscheinung. *Heide(n)* oder *Heidfür* heisst ein grosses Feuer im Freien; *heid-* könnte auf 'heidnisch' zurückgehen oder einfach eine Verstärkung meinen. *Heidfüre* sagte man früher, wenn an einer russigen Pfanne über dem Herdfeuer die Funken sprühten. Der Ausdruck **schiesse**, ahd. *sciozan* 'hervorschiessen', betont ebenfalls das plötzliche Aufscheinen. HL

Karte 69
Bäcker

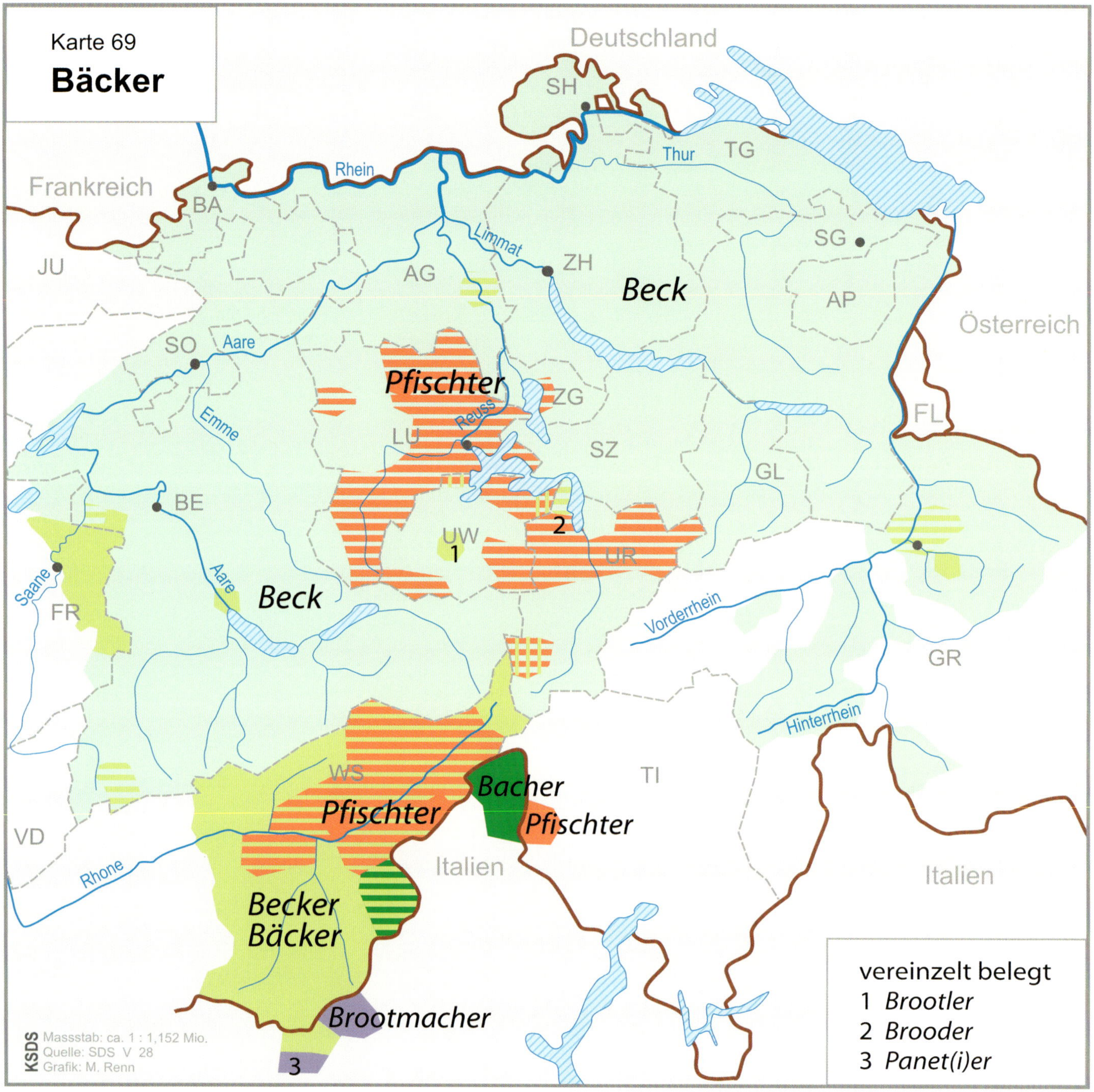

Die Anfänge eines eigentlichen Bäckergewerbes wurden in den mittelalterlichen Klöstern und an den Höfen gelegt, wo man für eine grössere Gemeinschaft Brot produzierte. Nach und nach breitete sich das Gewerbe auch in den Städten aus. Auf dem Land war es dagegen lange Zeit üblich, das Brot selber zu backen. Dem Backen im eigenen Haus stand in gewissen Gegenden die Einrichtung gegenüber, das Brot in einem gemeinsamen Ofen zu backen. Dazu wurden teilweise eigens Backhäuschen errichtet. Die Häufigkeit des Backens variierte: Im Mittelland und Jura war es üblich, etwa alle 1–2 Wochen zu backen, im Wallis z. T. nur halbjährlich. In weiten Teilen des alpinen Gebiets wurde überhaupt nicht gebacken, da kein eigenes Brotgetreide vorhanden war. Wichtigste Nahrungsmittel waren Kartoffeln, weisse Rüben, Milchspeisen und gedörrte Früchte.

Die nebenstehende Karte illustriert die verschiedenen Bezeichnungen für den Beruf des Bäckers, der zur Zeit der Befragung in den 1940/50er-Jahren manchenorts noch jung zu sein schien.

Fast in der ganzen Deutschschweiz ist der Ausdruck **Beck** verbreitet. Östlichem *Beck* mit geschlossenem *e* steht westliches *Bèck* mit neutralem *e* gegenüber. Im Berner Saanebezirk wird das Wort mit überoffenem *e* als *Bäck* ausgesprochen (s. Karte 80 *Bett*). Das Wort ist bereits im Althochdeutschen als *becko* belegt. Es handelt sich dabei um eine Ableitung vom Verb *backen*. Die Endung *-o* zeigt an, dass es sich um eine Personenbezeichnung handelt. Diese Endung hat sich im Laufe der Zeit abgeschwächt und ist schliesslich weggefallen (▶ Apokope). In neuerer Zeit ist die Bezeichnung **Bäcker/Becker** entstanden, die sich vor allem in Deutschfreiburg und im Wallis findet. Die Endung *-er* hat dabei dieselbe Funktion wie das geschwundene *-o*. Sie macht deutlich, dass es sich um eine Personenbezeichnung handelt, wie dies auch bei *Fischer*, *Müller* und *Schreiner* der Fall ist. Auch beim südlichen **Bacher** lässt sich eine verbale Ableitung erkennen, in diesem Fall allerdings wohl direkt zum mundartlichen Verb *bache*.

Die Bezeichnung **Pfischter** ist eine frühe Entlehnung des lat. *pistor* 'Bäcker'. Bereits zur Zeit der Befragung merkten die meisten Informanten im Wallis und in der Innerschweiz an, dass der Ausdruck *Pfischter* im Vergleich zum *Beck(er)* das ältere und unüblichere Wort sei. Es ist davon auszugehen, dass das Wort heute nicht mehr als Berufsbezeichnung, sondern nur noch als Familien- und allenfalls als Beiname in Gebrauch ist.

Vereinzelt wurden Bezeichnungen genannt, die in Zusammenhang mit dem Produkt des Bäckers stehen. Sowohl der **Brootler** als auch der **Brooder** ist derjenige, der Brot herstellt, wie dies ebenfalls in der Bezeichnung **Brootmacher** offenkundig wird. Auch der Ausdruck **Panet(i)er** lässt sich mit dem lateinischen Wort *panis* 'Brot' in Verbindung bringen. Im Mittelalter und der Frühen Neuzeit gab es an Höfen das Amt des Brotmeisters, lat. *(magister) panetarius*. Dieser hatte sich um das Brot und Gebäck am Hof zu kümmern, wie der Mundschenk für den Wein und andere Getränke zuständig war. MF

Namenkunde im Internet

Das Kapitel *Namen* in diesem Atlas (s. Seite 311) informiert über die schweizerischen Orts- und Flurnamen sowie über die Deutschschweizer Familiennamen. Im Internet vermitteln folgende Seiten themenrelevante Informationen:

Das *Familiennamenbuch* der Schweiz verzeichnet die Namen jener Familien, die in der Schweiz in einer Gemeinde das Ortsbürgerrecht besitzen. Die Einbürgerung wird im Familiennamenbuch chronologisch gestaffelt: (i) mit „a“ für vor 1800, (ii) mit „b“ für von 1801–1900, (iii) mit „c“ für von 1901–1962 eingebürgert. Während Einträge für den Zeitabschnitt (i) meist ohne genaueren Herkunftsort aufgeführt sind, wird für (ii) und (iii) – soweit bekannt – der Zuzug aus einer anderen Schweizer Gemeinde vermerkt bzw. die ursprüngliche Nationalität der Eingebürgerten angegeben. Das Familiennamenbuch wird vom *Historischen Lexikon der Schweiz* (HLS) online mit verschiedenen Suchfunktionen zur Verfügung gestellt. Die Online-Datenbank umfasst die unveränderte und vergriffene dritte Auflage aus dem Jahr 1989 mit rund 48'500 Familiennamen.
www.hls-dhs-dss.ch/famn

Seit 2008 erklären Mitarbeiter des *Schweizerischen Idiotikons* auf Radio SRF die Herkunft und Bedeutung einzelner Familiennamen. Die Ergebnisse können auf der Homepage von Radio SRF „Auf den Spuren Eures Namens“ abgehört werden.
www.srf.ch/radio_srf_1/auf-den-spuren-eures-namens

ortsnamen.ch veröffentlicht Resultate der schweizerischen Ortsnamenforschung und orientiert über den Stand der Ortsnamenforschung in der Schweiz. Ein beträchtlicher Teil der Schweizer Orts- und Flurnamen ist bereist über eine Online-Datenbank greifbar.
www.ortsnamen.ch

Wortschatz IV:
Vergangene Lebenswelten und Bezeichnungen

Karte 70
Butterrückstand

In ländlichen Gegenden mit Milchwirtschaft war es früher auch in Privathaushalten üblich, Butter aus Milchrahm herzustellen. Diese wurde dann oft ausgelassen, d.h. erhitzt, bis das Wasser verdampft war. Das entstandene Butterfett konnte länger aufbewahrt werden. Beim Auslassen entstanden neben dem Butter-fett bräunliche, flockige Rückstände mit einem – teilweise geschätzten – würzigen Geschmack. Diese wurden als Brotaufstrich oder beim Braten weiterverwendet, etwa für Bratkartoffeln o.Ä. Im Wallis hat man die Masse auch als Heilmittel verwendet. In der Deutschschweiz war das Auslassen überall bekannt, und für die Rückstände waren verschiedene Bezeichnungen gebräuchlich, die heute zusammen mit dem Verfahren praktisch verschwunden sind.

Die Karte zeigt unterschiedliche Bezeichnungen, die mehrheitlich in gut abgrenzbaren Räumen vorkommen. Im Westen verwendete man grossräumig die Zusammensetzung **Anke-Ruume** bzw. **-Ruumi**. Dabei bezeichnete das weibliche Grundwort *Ruume/Ruumi* die Kruste am Boden des Kochgeschirrs, wie etwa bei Mehlspeisen oder Kartoffeln. Das Wort, das senslerisch als männliches Substantiv *der (Anke-)Ruum* erscheint, ist offenbar eine Ableitung von *ruume* 'zusammenräumen, zusammenscharren' und steht jedenfalls nicht in Zusammenhang mit dem Wort *Rahm*. Das bei verschiedenen Zusammensetzungen verwendete Bestimmungswort *Anke* erscheint meist in der auch für das Einzelwort typischen Lautung *Ankche*, *Angge*, *Aache*, *Ouhe* usw. (s. Karte 28 *Butter*).

Von der Osthälfte des Kantons Zürich an waren die Bildungen **Lüüre/Glüüre**, auch *Anke-Lüüre*, in Gebrauch, die über die Bedeutung 'fade Brühe' o.Ä. auf ahd. *lūra* 'Tresterwein' zurückgehen. Dieses ist aus gleichbedeutendem lat. *lora* entlehnt. Das Wort war als *Lau(e)r* für 'Tresterwein, Nachwein' bis in die frühe Neuzeit verbreitet.

Zwischen diesen beiden Wortbildungen wurden **Anke-Truese** und **Truesne** gebraucht. Nördlich von Zürich ist ein Mischgebiet von *-Ruumi*, *Lüüre* und *-Truese* vorhanden. *Trues(n)e* allein bezeichnet Rückstände in Flüssigkeiten und geht auf die althochdeutschen Bildungen *truos*, *truosah*, *truosana* (bei ▶ Notker von St. Gallen) für 'Bodensatz' zurück. Das möglicherweise mit *Trester* verwandte Wort, das ebenfalls bis in die frühe Neuzeit verbreitet war, gilt heute praktisch nur noch im alemannisch-schwäbischen Sprachraum. Eine Variante zu *Truese* mit *n*-Einschub und Zusatz *-ig* dürfte im östlichen **Trüenzig** zu sehen sein, das auch im angrenzenden Vorarlberg auftritt.

Vermutlich einem weiteren ▶ Lehnwort begegnen wir in **Fäule**, das teilweise zu lat. *favilla* '(glimmende) Asche' gestellt wurde, aber auch auf alpenrom. *veglianas* zurückgehen könnte. Dieses wird als Ableitung zu lat. *vetulus* 'alt' angesehen. Das Wort *Fäule* erscheint im altromanischen Süden Vorarlbergs, was zusammen mit der Verbreitung im Schweizer Rheintal von Süden her bis zum ▶ Hirschensprung die romanische Herleitung stützt.

In den Bündner Walsergebieten wurde dagegen meist wie im Wallis die auf ahd. *sīgan* 'sinken' zurückgehende Bildung **Gsi(i)g** (oder die Lautvariante **Zig**) verwendet. Wörtlich ist damit das beim Siedevorgang Abgesunkene gemeint. Das Wort war auch in anderen Walsergebieten bekannt. Im Lötschental war die Bildung **Gsääs** in Gebrauch, die auf das Verb *(gi)sitzen* 'sich setzen' zurückgeht und somit ebenfalls das, was sich absetzt, den Bodensatz, bezeichnet. Dazu lässt sich auch die Bildung **Satz** in Bosco Gurin stellen.

Auf die schaumige Konsistenz nehmen die im Berner Oberland verbreiteten Bezeichnungen Bezug: **Ank(e)feim** und **Ankeschu(u)m**, in verschiedenen lautlichen Varianten (*Ankfei*, *Oichfeim*, *Aachschum* usw.). Das althochdeutsch belegte *scūm* ist bis heute als hochdt. *Schaum* bekannt, während das ebenfalls alte *Feim* (vgl. engl. *foam*) nur noch mundartlich, etwa auch im Bairischen, gebräuchlich ist (noch heute aber in *abgefeimt* 'ausgekocht, raffiniert' ersichtlich ist).

Bei der vornehmlich baseldeutschen Bildung **Anke-Schäärede**, zu ahd. *scerran* 'scharren, schaben', liegt das Benennungsmotiv im Zusammenscharren bzw. in der Wahrnehmung der Rückstände als etwas Zusammengescharrtes. *Schäärede* ist mit der typisch schweizerdeutschen Abstraktendung *-ede/ete* zur Ableitung von Verben (vgl. *Chochete*, *Lismete* 'Strickarbeit' usw.) gebildet. Es war im schwäbisch-alemannischen Grossraum weiter verbreitet.

Im Kanton Schwyz gab es Benennungen, die zur Zeit der Aufnahmen für den Sprachatlas sogar von älteren Gewährsleuten als veraltet bezeichnet wurden: **Anke-Groun** *(-grou(l))*, oder **Anke-Glour** *(-gloor)*. Man wollte diese Bildungen, die wohl ungeklärt bleiben müssen, mit *Glüüre* verbinden. Sie wurden aber auch zu schweizerdt. *grull* 'körnig' gestellt, das mit *Griel* und *Grien* 'Eingeweide, Fett' im ▶ Ablautverhältnis gesehen wird. Auch andere vereinzelte Ausdrücke an Randzonen, wie **Geernooss** (zu *Aas* 'Essen'?), bleiben unaufgeklärt. EG

Karte 71
Gericht aus Biestmilch
Deutschland
Frankreich
Österreich
Italien
Italien
SH
TG
BA
JU
SG
AP
ZH
AG
SO
LU
ZG
SZ
FL
GL
UW
FR
BE
UR
GR
TI
WS
VD
Rhein
Thur
Limmat
Aare
Emme
Reuss
Saane
Hinterrhein
Rhone
Bieschbroote
Biemscht(g)hack(t)
B(r)ie(n)sch(t)
B(r)iemsch(t)
Prieschter
B(r)ie(n)sch(t)chueche
B(r)iemsch(t)chueche
Prieschterchueche
Turte
B(r)iesch(t)turte
Bierschtturte
Biensch(t)turte
Milchturte
Bieschtpitte
Pamper
gstellte
Bienscht
Sache nicht mehr bekannt
KSDS
Massstab: ca. 1 : 1,152 Mio.
Quelle: SDS V 190
Grafik: M. Renn

Im bäuerlichen Alltag früherer Zeiten war die Ernährungsweise generell und auch das, was als Leckerbissen galt, stark von den jahreszeitlichen oder sonstigen natürlichen Gegebenheiten abhängig. So wurde die Milch von Kühen, die gerade gekalbt hatten, die so genannte *Biest(milch)* (Kolostrum), die viele Abwehrstoffe enthält, vielerorts zu einer speziellen Milchspeise verarbeitet. Die allererste Milch gab man meist dem Kalb selbst sowie den Kühen und Schweinen, oder man schüttete sie weg. Die Milch vom zweiten oder dritten Melken wurde dann in einer feuerfesten Form oder einem Kuchenblech zu einer Art Auflauf gebacken, mit regional unterschiedlichen Zutaten. Während das Milchgericht in der Nordschweiz oft allein mit Salz und Pfeffer, vor allem im Nordosten auch mit Kümmel, gewürzt wurde, war es in den südlicheren Regionen üblich, zumindest Eier und Mehl dazuzugeben. Dazu konnte noch eine Reihe weiterer Zutaten, wie Käse, Speckwürfel oder Dörrbirnen kommen. Manchenorts hat man das Gericht gezuckert oder mit weiteren Gewürzen, wie etwa Zimt und Anis, versehen. Die unterschiedlichen Rezepte spiegeln sich auch in den Bezeichnungen wider. Dort, wo man das Gericht als *Turte*, *Chueche* oder *Pamper* bezeichnete, war das aufwendigere Verfahren üblich.

Das Sensler Mundartwort **Pamper** bezeichnet genau das Biestmilchgericht. Es könnte mit ähnlichen Wörtern in anderen deutschen Dialekten zur Bezeichnung einer breiigen Masse, wie *Pampf*, *Pamps*, in Verbindung gebracht werden, ohne dass aber im einzelnen klar ist, wie die Wörter zusammenhängen könnten. **Turte** und **Chueche** mussten als allgemeinere Bezeichnungen für verschiedenes Backwerk, z. B. für den Flachkuchen (s. Karte 29 *Flachkuchen mit Belag*), meist noch durch ein Bestimmungswort spezifiziert werden, das speziell die Biestmilch bezeichnete, wenn nicht einfach *Milchturte* gesagt wurde. In einigen Orten Graubündens konnte das für verschiedene Backwaren übliche, aus dem Rätoromanischen entlehnte **Pitte** (s. Karte 29 *Flachkuchen mit Belag*), in entsprechender Zusammensetzung *(Bieschtpitte)* auch zur Bezeichnung des Biestmilchgerichts verwendet werden.

Die verschiedenen Lautvarianten des Erstglieds **Biest-** gehen auf ein bereits im Althochdeutschen belegtes Wort *biost* zurück, das schon damals die erste Milch nach dem Gebären bezeichnete. Es wird als eine Wortbildung zur Wurzel **b^h eu-* 'schwellen' angesehen, die mit einer *s*-Erweiterung beispielsweise auch zu tschech. *buchta* 'Schmalzgebäck' (bekannter durch die österreichischen *Buchteln*) führt. Die für das Westgermanische vorauszusetzende Bildung **beusta-* hätte dann so etwas wie 'geronnene, dicke Milch' bedeutet. Das Wort, das in fast allen Dialekten des deutschen Sprachgebiets nachweisbar ist, war allerdings schon früh ohne weitere Verwandte im Wortschatz, so dass es zu zahlreichen lautlichen Entstellungen kam. Das Fernhalten vom Schimpfwort *Biest*, das teilweise als Motiv angeführt wird, kann für das Schweizerdeutsche, in dem dieses Schimpfwort nicht heimisch ist, nicht gelten. So gibt es die *Bieschturte* ebenso wie den *Bieschtchueche*, neben *Bienschturte*, *Brieschturte*, *Briemschchueche* und ähnlichen Bildungen. Möglicherweise handelt es sich bei den Varianten mit *r* wie *Brieschtt* (bis hin zu *Prieschter*) auch um alte Nebenformen, die durch eine Anlehnung an das Wort *Brust* entstanden sein könnten.

In einem grossen nördlichen Gebiet wurde *Biest* in seinen verschiedenen Varianten auch allein zur Bezeichnung der Speise gebraucht, so dass teilweise die erste Milch und das Milchgericht gleich hiessen. Aus älterer Zeit wird für Zürich berichtet, dass man *Briemscht* für die Milch von *Brieschter* für das Milchgericht unterschieden habe. Im Saanegebiet hat man das Gericht als *gstellte Bienscht* mit einem Hinweis auf die Zubereitung (*stellen* 'zum Stillstand bringen') von der Biestmilch als Flüssigkeit *(Bienscht)* unterschieden.

Im Appenzeller Raum fanden sich zur Zeit der Sprachatlas-Aufnahmen noch Zusammensetzungen mit anderen Grundwörtern, wie **Braten** *(Bieschbroote)* oder **Hack** (*Biemscht(g)hack* o. Ä.). Hier liegt jeweils eine Benennung nach dem Zubereitungsverfahren vor.

Während das Biestmilchgericht offenbar in früher Zeit als Leckerbissen galt, ist bei den Befragungen für den Sprachatlas bereits oft die Bemerkung gemacht worden, dass die jungen Leute das Gericht nicht mehr gerne hätten. In manchen mittelländischen Regionen war es schon damals nicht mehr gebräuchlich oder gar nicht mehr bekannt, so dass auch keine Bezeichnungen angegeben werden konnten. In den grösseren Städten verzichtete man ohnehin auf eine entsprechende Frage.

Heute kann das geschilderte Biestmilchgericht als ausgestorben gelten, da man allgemein den Geschmack der Biestmilch nicht mehr schätzt und sie sogar teilweise als unverträglich für die Menschen erachtet wird. Sie wird heute für die Kälberfütterung verwendet, wobei Biestmilchprodukte allerdings wiederum als Heilmittel auch für den Menschen angeboten werden. EG

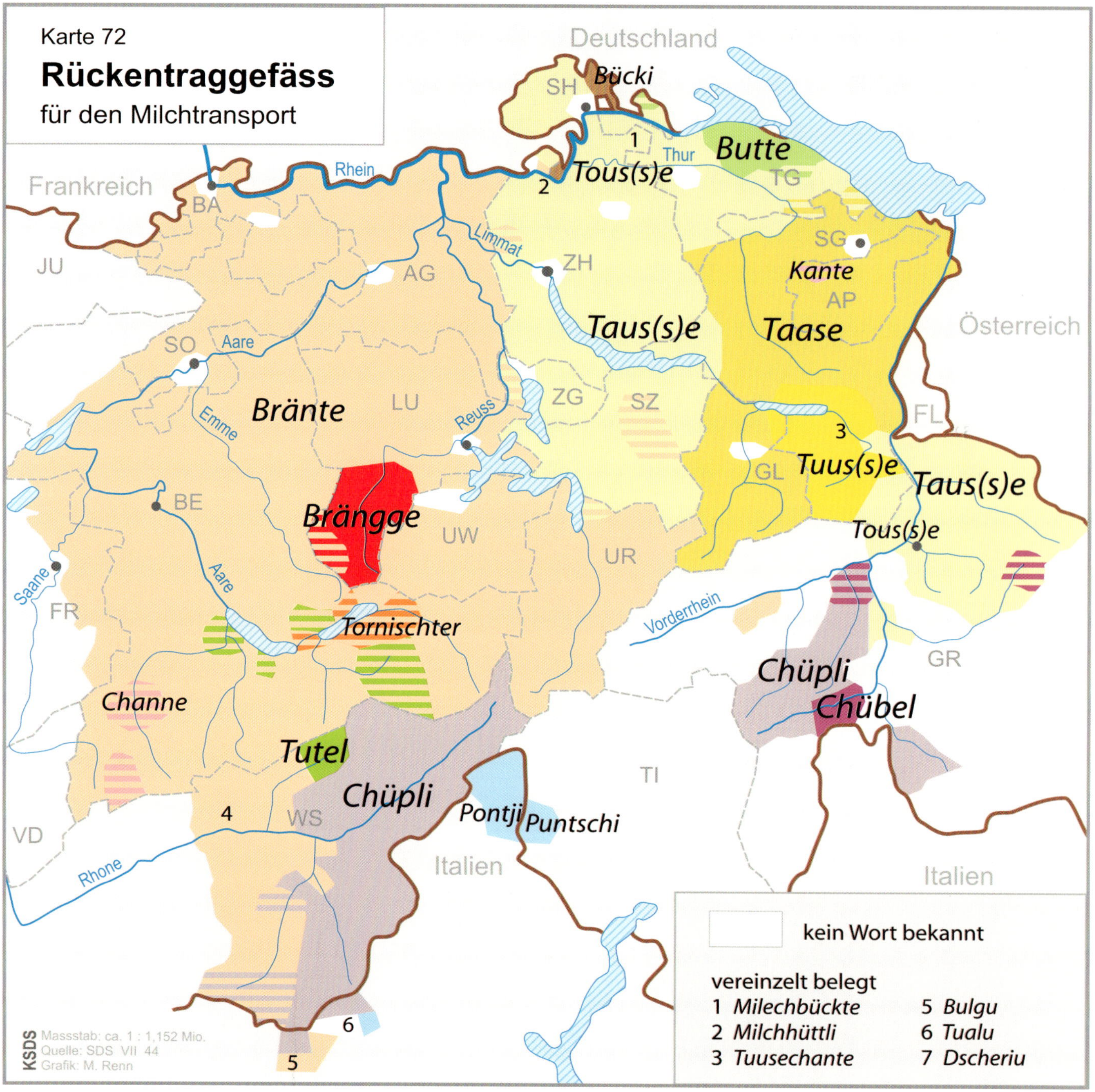
Karte 72
Rückentraggefäss
für den Milchtransport
Deutschland
Frankreich
Österreich
Italien
Italien
Bücki
Butte
Tous(s)e
Taus(s)e
Kante
Taase
Tuus(s)e
Taus(s)e
Tous(s)e
Bränte
Brängge
Tornischter
Channe
Tutel
Chüpli
Chüpli
Chübel
Pontji
Puntschi
SH
TG
SG
AP
ZH
BA
JU
AG
SO
LU
ZG
SZ
FL
GL
BE
UW
UR
FR
GR
TI
VD
WS
Rhein
Thur
Limmat
Aare
Emme
Reuss
Saane
Aare
Vorderrhein
Rhone
1
2
3
4
5
6
kein Wort bekannt
vereinzelt belegt
1 Milchbückte
2 Milchhüttli
3 Tuusechante
5 Bulgu
6 Tualu
7 Dscheriu
KSDS
Massstab: ca. 1 : 1,152 Mio.
Quelle: SDS VII 44
Grafik: M. Renn

Um die Milch vom Bauernhof in die Käserei zu transportieren bzw. von der Alp ins Tal oder von einem entfernten Melkplatz zur Sennhütte, benutzte man früher verschiedene Transportgefässe. Vor allem auf der Alp, bei einer Produktion von mehr als 10–15 l, aber auch im nichtalpinen Gebiet, wurde die Milch in der Regel in nierenförmigen Rückentraggefässen mit Deckel transportiert. Dabei verwendete man anfänglich hölzerne, später metallene Modelle. Seit ca. 1910 ersetzten die nichtalpinen Bauern mit grösserem Viehbestand das Rückentraggefäss zunehmend durch die Milchkanne, welche auf einem Karren, Wagen oder, im Winter, auf einem speziellen Schlitten gefahren wurde. Das Gefährt liessen die Bauern in der Regel von Hunden oder Pferden ziehen. Die Verdrängung des Rückentraggefässes wurde dadurch beschleunigt, dass die Transportart auch eine deutliche soziale Markierung erhielt: Wer die Milch trug, war ein Kleinbauer, wer sie fuhr, ein Grossbauer.

Die nebenstehende Karte verzeichnet die Ausdrücke für das Rückentraggefäss aus Metall. Die weissen Flecken zeigen an, dass zur Zeit der Befragung in den 1940/50er-Jahren das Rückentraggefäss vor allem in Städten bereits durch die Milchkanne ersetzt worden und auch kein entsprechendes Wort mehr bekannt war.

Das Kartenbild illustriert den ▶ West-Ost-Gegensatz, der typisch für die schweizerdeutsche Sprachlandschaft ist. Im Westen findet sich die Bezeichnung **Bränte**, als *Bränte*, *Bränta*, *Bräntu* oder *Brente* ausgesprochen. Dieses Wort beschränkt sich nicht auf das westliche Schweizerdeutsche, sondern findet sich allgemein in den Dialekten und Sprachen der Alpen und der Voralpen. So ist es ebenfalls im Schwäbischen, im Lombardischen und Piemontesischen, in den Patois der Westschweiz, im Bairischen und Slowenischen anzutreffen. Wie so viele Ausdrücke aus dem Bereich der Alpwirtschaft und des Weinbaus ist das Wort wohl aus der Lombardei über die Alpen in die Schweiz gelangt. Die sprachliche Herkunft allerdings bleibt unklar.

Im Osten der Deutschschweiz finden sich Varianten, die einem Grundtyp **Tanse** zugeordnet werden können. Dieser Ausdruck ist ausschliesslich für die Schweiz und Vorarlberg belegt. Es handelt sich dabei um eine Ableitung von ahd. *dinsan* '(gewaltsam, mühsam) ziehen, schleppen, tragen'. Die auf der Karte verzeichneten lautlichen Varianten lassen sich mittels des ▶ Staubschen Gesetzes erklären, das besagt, dass der Konsonant *n*, der vor einem ▶ Reibelaut wie *ch*, *f*, *s* oder *sch* steht, ausfallen und den vorangehenden Vokal entweder dehnen *(Taase*, *Tuus(s)e)* oder ▶ diphthongieren *(Taus(s)e*, *Tous(s)e)* kann.

Neben diesen grossräumigen Bezeichnungen finden sich auch kleinräumigere Varianten. Im Wallis und Teilen Graubündens tritt das Wort **Chüpli** auf, das eine Verkleinerungsform zu ursprünglich lat. *cupa* 'Fass, Tonne' oder zu rätorom. *cupp* 'Napf' ist. Es wird als *Chüpli* oder mit ▶ entrundetem Vokal als *Chipli*, *Chipji*, *Chibji* gesprochen. Vereinzelt verzeichnet wird **Chübel**, das aus lat. *cupella* 'Trinkgefäss, Getreidemass' – selbst eine Verkleinerungsform von *cupa* – entlehnt und bereits im Althochdeutschen als *kubilo* belegt ist. Auch hier ist neben *Chübel* die entrundete Form *Chibel* anzutreffen.

Die Bezeichnung **Tutel** (ausgesprochen als *Tutel*, *Tüütel* oder *Tuitel*) könnte eine Ableitung des Wortes *Tüte/Tute* sein, was seinerseits etwas Horn-, Röhrenförmiges, besonders ein trichterartiges Behältnis bezeichnet. Der Ausdruck **Tornister** ist über osteuropäische Sprachen aus dem Griechischen ins Deutsche gelangt. Es handelt sich dabei um ein Wort, das ursprünglich in der Soldatensprache den Reisesack des Soldaten bezeichnete, der umgeschnallt getragen wurde. Das Wort **Brängge**, das nur im Entlebuch verzeichnet ist, kann unter Umständen zu ital. *bronco* 'Klotz' gestellt werden. Die Bezeichnung **Channe**, in Herisau AR in der lautlichen Variante *Kante* auftretend, ist bereits im Althochdeutschen belegt als *kanna*, *kanta* 'Kanne'. Ob es sich dabei um ein ursprünglich germanisches Wort handelt oder um ein ▶ Lehnwort aus dem Latein, lässt sich nicht sagen. Die nördliche Bezeichnung **Bücki** ist eine Verkleinerungsform zu schweizerdt. *Bocke*, das seinerseits vom althochdeutschen Lehnwort *botega* 'Bottich' abstammt. Das Wort **Butte** ist ebenfalls bereits im Althochdeutschen als *butin* 'offenes Daubengefäss' belegt. Es wurde früh aus mittellat. *butina* 'Flasche, Gefäss' entlehnt und tritt unter den Lautformen *Butte*, *Botte* auf. In den südlichen Walserorten findet sich der Ausdruck **Pontji** (lautlich auch *Puntschi*, *Pantjie*). Es handelt sich dabei um die Verkleinerungsform eines Wortes, das mit bair. *Ponz* 'Fass' und lombard. *ponza* 'Weinfass' verwandt ist. Nur vereinzelt ausgewiesen sind die Bezeichnungen *Milechbückte*, *Milchhüttli*, *Tuusechante*, *Bulgu*, *Tualu* und *Dscheriu*.

Bei fast allen mehrfach belegten Bezeichnungen kann das Bestimmungswort *Mil(e)ch-* (selten *Rügg(e)/Rugge-*) hinzugefügt werden, um zu verdeutlichen, wozu das Traggefäss verwendet (resp. wie es getragen) wird. MF

Karte 73

mit Aschenlauge waschen

Das Waschen von Kleidung und Bettwäsche bereitet heute keinen allzu grossen Aufwand mehr. Elektrische Waschmaschinen und synthetische Waschmittel sind selbstverständliche Bestandteile des Haushalts. In älterer Zeit war die Kochwäsche eine aufwendige Angelegenheit. Zwar ist bis heute die Handwäsche, bei empfindlicher Kleidung oder unterwegs, nicht verschwunden, das Waschen ohne gekauftes Waschpulver ist mittlerweile allerdings undenkbar. Dabei war bis zum Beginn des 20. Jhs. ein völlig anderes Waschverfahren üblich. Als Waschmittel setzte man Aschenlauge ein, die durch Übergiessen von Holzasche mit heissem Wasser hergestellt wurde.

Das Verfahren, das schon Mitte des 20. Jhs. praktisch nur noch in entlegenen Berggegenden vereinzelt gebräuchlich war, wird folgendermassen beschrieben: In einen grossen, hölzernen Bottich, (je nach Region *Stande*, *Bütti*, *Bücki*, *Büchti*, *Gelte* oder *Zuber*), legte man nach einem bestimmten System die meist voreingeweichte Wäsche. Darüber wurde ein Leinentuch gespannt, auf das man mit der Schöpfkelle die heisse Aschenlauge schüttete. Diese lief durch Tuch und Wäsche und trat unten durch ein Ausflussrohr oder Loch im Bottich wieder aus. Mit einer Kelle o.Ä. wurde sie wieder aufgefangen, erneut erhitzt und über die Wäsche gegossen. Diesen Vorgang wiederholte man unterschiedlich oft, mit immer heisserem Wasser. Die Lauge bewirkte so, dass sich der Schmutz allmählich von der Wäsche löste. Die Wäsche konnte auch längere Zeit, etwa über Nacht, in der Lauge eingeweicht werden. In jedem Fall war das eine längere Prozedur, die man nur einige Male im Jahr durchführte. Zum Waschvorgang kam dann noch das Auswaschen im Waschhaus oder am Bach. Unter den Aufnahmen für den Sprachatlas gibt es noch alte Tonaufzeichnungen (▶ Phonogrammarchiv), in denen Frauen die Prozedur aus der Erinnerung genauer schildern.

Entsprechend der einstigen Bedeutung der Kochwäsche gehörte auch die jeweils geläufige Bezeichnung für diese zum allgemeinen Wortschatz. Im Schweizerdeutschen waren zwei Wörter üblich, die Verben **buuche** (hochdt. *bauchen*) und **seechte**, die man heute mehr oder weniger als ausgestorben betrachten muss. Die beiden Wörter wiesen eine geographische Verteilung auf, die etwa der bekannten ▶ West-Ost-Verteilung durch die Brünig-Napf-Reuss-Linie entspricht. Im Westen galt *buuche*, in verschiedener, vor allem durch Schwächung des *ch* verursachter Lautgestalt *(buuche*, *buuhe*, *buue)*, während im Osten, abgesehen vom Bündnerland, das Wort *seechte* verwendet wurde. Bereits zur Zeit der Aufnahmen für den Sprachatlas gab es Gebiete im Norden, in denen das Verfahren und auch die Bezeichnungen nicht mehr geläufig waren. Im *seechte*-Gebiet wurde immer wieder auch *buuche* genannt. So scheint es, dass dieses das ältere Wort war und *seechte* erst später von Osten eindrang, wo es einst über das bairische Gebiet verbreitet war.

Beim Verb **buuche**, das in entsprechend anderer Lautform auch über das Deutsche hinaus galt, wurde zunächst aufgrund der Beliebtheit von Buchenholzasche zur Laugenherstellung eine Verbindung zum Wort *Buche* gesehen. Da *buuche* und der Baumname lautlich kaum zu verbinden sind (das zeigen auch die verschiedenen Vokale von schweizerdt. *Buuchi* 'Wäsche' und *Bueche* 'Buche'), wird eher an eine andere Erklärung zu denken sein. Entsprechende Wörter für die Wäsche finden sich auch in romanischen Sprachen, wie ital. *bucato*, rätorom. *bugada* und franz. älter und dialektal *buée*. Man hat diese für Entlehnungen aus dem Germanischen gehalten, wahrscheinlich ist es aber umgekehrt. Die seit dem Spätmittelalter belegten Verbformen *bûchen*, *bauchen*, *bäuchen* könnten früh aus dem Lateinischen entlehnt und in verschiedene germanische Dialekte verbreitet worden sein. Das Substantiv *Buuchi* 'Waschlauge' scheint jedenfalls aus dem Verb gebildet zu sein. Das Verb selbst könnte von lat. **bucare* 'Waschlauge ablaufen lassen, mit Lauge begiessen' stammen und wäre dann zu **buca* (Nebenform von *bucca* 'Mundvoll') zu stellen, einer vermuteten Bezeichnung für das Abflussrohr des Waschzubers und schliesslich für diesen selbst. Schon früh müsste sich die Bedeutung 'waschen' entwickelt haben, mit der das Verb in die germanischen Sprachen gedrungen ist.

Das Verb **seechte** gilt als Ableitung zu ahd. *sīhan* 'seihen', die **sēhtōn* gelautet haben müsste. Die Wortbildung erklärt sich daraus, dass man bei dieser Art zu waschen die Waschlauge durch ein Tuch 'seihte', was auch bei anderen Flüssigkeiten so bezeichnet wurde und z.T. noch wird. Das Substantiv *Seecht(e)* wird nicht nur auf das Waschen mit der Aschenlauge bezogen, sondern ebenso auf die zum Trocknen aufgehängte Wäsche. Dieses Wort wird auch an Orten verwendet, wo weder der ältere Waschvorgang noch die alte Bezeichnung für diesen bekannt sind.

Abgesehen davon ist hier mit der Sache – dem speziellen Wäscheverfahren – auch der entsprechende Wortschatz verschwunden und damit auch der Wortgegensatz, da heute allgemein *wösche*, *wäsche* usw. gilt. EG

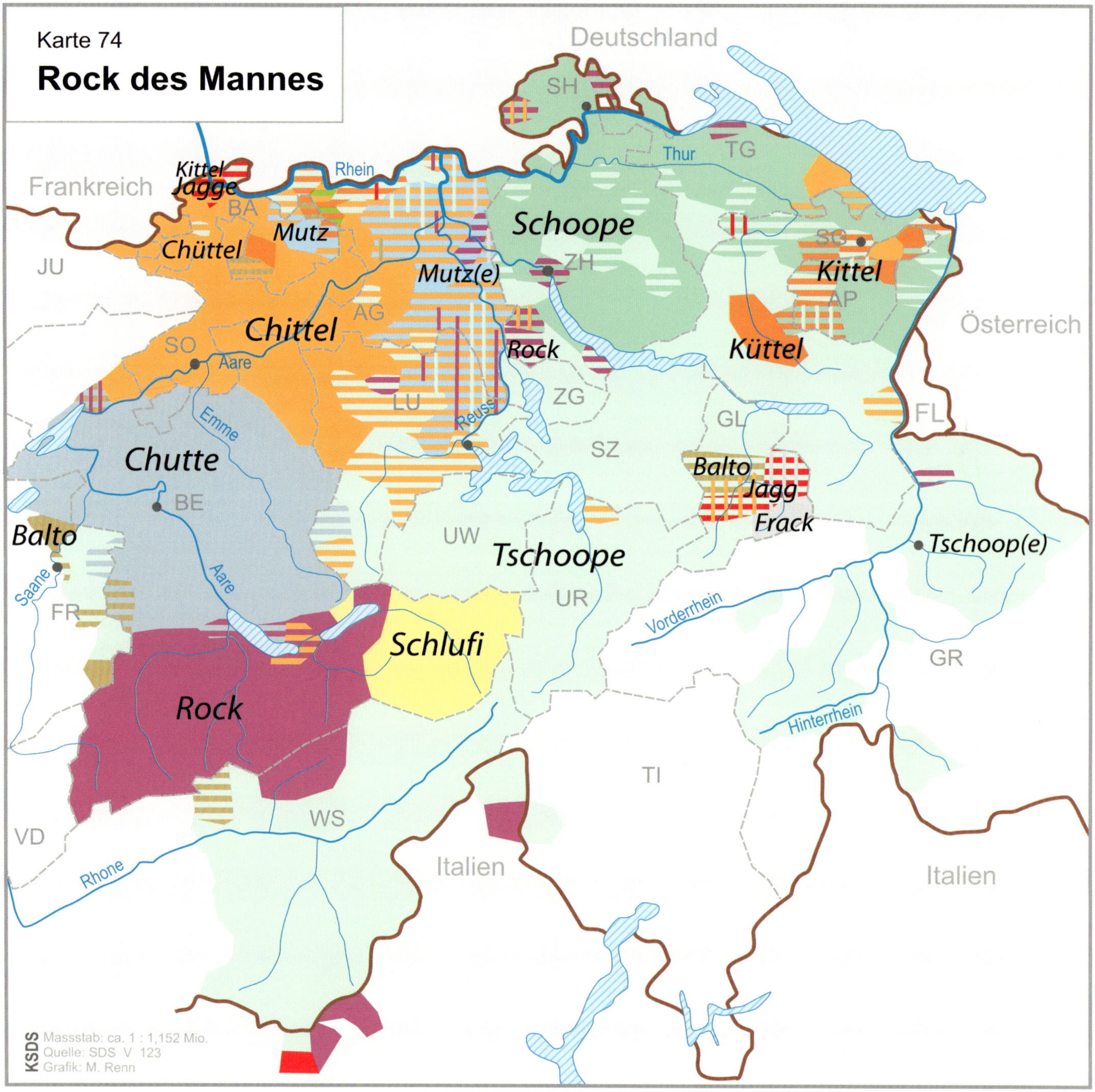
Karte 74
Rock des Mannes
Deutschland
Frankreich
Österreich
Italien
Italien
SH
TG
BA
JU
SO
AG
ZH
SG
AP
LU
ZG
GL
FL
SZ
BE
UW
UR
FR
GR
TI
VD
WS
Rhein
Thur
Aare
Emme
Reuss
Saane
Vorderrhein
Hinterrhein
Rhone
Kittel
Jagge
Mutz
Chüttel
Schoope
Mutz(e)
Kittel
Chittel
Rock
Küttel
Chutte
Balto
Jagg
Frack
Balto
Tschoope
Tschoop(e)
Schlufi
Rock
KSDS
Massstab: ca. 1 : 1,152 Mio.
Quelle: SDS V 123
Grafik: M. Renn

Die klassische Herrenbekleidung besteht auch heute noch aus einer langen Hose und einer aus gleichem Material gefertigten, langärmligen Jacke mit Knöpfen. Traditionell gehörte dazu noch eine ärmellose Weste. Weste und Jacke haben ihre Bezeichnungen in den vergangenen fünfzig Jahren gewandelt. Bei der Befragung für den Sprachatlas gebrauchte man *Rock* als hochdeutsche Bezeichnung für die Jacke. Heute würde man, je nach Land und Situation, eher *Sakko*, *Jackett* (Deutschland) oder *Veston*, *Kittel* (Schweiz) verwenden. Mit diesem sprachlichen Wandel ist auch ein sachlicher Wandel verbunden, insofern *Rock* früher speziell für das länger geschnittene Oberteil, das bis zu den Knien reichen konnte, gebraucht wurde. Solche Männer-Röcke gehörten teilweise auch zur Feiertagskleidung der Bauern.

Für die Alltagsbekleidung der Männer wurde **Rock** vor allem im Berner Oberland und im angrenzenden Lötschental als gewöhnliche Bezeichnung genannt. Anderenorts war *Rock* bereits veraltet und wurde nur noch mit dem älteren, länger geschnittenen Oberteil in Verbindung gebracht. *Rock* wird auch für das Frauenkleid, kaum aber für das kurze, in der Taille beginnende Kleidungsstück gebraucht (dafür *Jupe* [Schüp]). Das Wort *Rock* ist ein bereits althochdeutsch bezeugtes Wort, das schon immer ein Kleidungsstück bezeichnete, in ältester Zeit wohl ein mantelartiges Gewand. Die weitere Herkunft des auf das germanische Festland beschränkten Wortes ist unklar. Vielleicht lässt es sich mit altir. *rucht* 'Untergewand' verbinden.

Am weitesten sind die Varianten **Tschoop(e)**, **Schoope** u.Ä. verbreitet. Schon mittelhochdeutsch begegnen für Kleidungstücke dieser Art die Wörter *jop(p)e*, *juppe*, *schop(p)e*, die sich in vielen heutigen Dialekten in verschiedener Lautform wiederfinden. Man geht davon aus, dass es sich um eine Entlehnung aus mittellat. *iuppa* oder ital. *giubba* 'Jacke' handelt, die ihrerseits aus einem arab. *ǧubba* 'baumwollenes Unterkleid' entlehnt worden waren. Die Formen *Joppe/Juppe* einerseits und die vor allem im alemannischen Dialektraum verbreiteten *Schope*, *Tschoope* andererseits erklären sich wohl durch verschiedene romanische Ausgangsformen.

Ein kleineres Gebiet im Westen weist den Typ **Kutte**, schweizerdt. *Chutte*, auf. Auch hier liegt wieder ein älteres ▶ Lehnwort vor, aus mittellat. *cotta* 'Mönchsgewand', das wohl selbst aus einem germanischen Wort stammt, welches in bair. *Kotze* 'grobes Wollzeug' noch erhalten ist. Es liegt hier also eine ▶ Rückentlehnung vor. Im Nordwesten dominiert der Typ **Kittel**, der dort nach den Regeln der ▶ Althochdeutschen Lautverschiebung als *Chittel*, oder mit ▶ Rundung als *Chüttel*, erscheint. In der Ostschweiz (und Basel-Stadt) hört man auch unverschobenes *Kittel*. Das nur im Deutschen und Niederländischen belegte Wort ist, obwohl seit dem Mittelalter belegt, in seiner Herkunft ungeklärt. Wenn es nicht letztlich mit *Kutte* identisch ist, so dürfte zumindest die Lautform mit *-ü* auf einer Vermischung mit diesem beruhen.

Beim Wort **Schlufi** handelt es sich wohl um die Übertragung einer weiter verbreiteten Personenbezeichnung für einen trägen, schlampigen, mancherorts auch schlitzohrigen Menschen auf das Kleidungsstück. Das Wort ist von *schlufe* 'schlaff herabhängen' mit einer *i*-Endung für Personen abgeleitet. Die Verbindung zum Dialektwort *schlüüfe* 'schlüpfen' kommt wegen vergleichbarer Personenbezeichnungen in anderen germanischen Sprachen, wie niederdt. *Sluff* 'alberner Mensch', kaum in Frage.

Mehrfach, aber oft als veraltet bezeichnet, wurde **Mutz(e)** vor allem im Basler und Aargauer Raum für die kurze Anzugjacke genannt. Das Wort wird sonst schweizerdeutsch für kurzgeratene Personen, Tiere oder Dinge gebraucht (s. Karte 50 *Überrest eines Apfels*). Schon mittelhochdeutsch gab es das Substantiv zur Bezeichnung eines Kleidungsstücks. Die Übereinstimmung des Adjektivs *mutz* 'stumpf, kurz' mit ital. *mozzo* 'gestutzt' ist auffällig und lässt eine mittelalterliche Entlehnung vermuten, wie sie letztlich auch im verwandten *Mütze* vorliegt. Es gibt aber Anzeichen, dass auch hier mit einer Rückentlehnung aus einem ursprünglich germanischen Wort zu rechnen ist.

Bei den übrigen Bezeichnungen handelt es sich um verstreute Nennungen, wie z.B. **Balto** aus dem einstigen französischen Modewort *Paletot*, das sich bis ins Russische verbreitet hat und eigentlich den halblangen Mantel bezeichnet. Auch **Frack** ist ein Lehnwort, wobei engl. *frock* oder das daraus entlehnte franz. *frac* in Frage kommt. Das Wort geht in jedem Fall auf älteres franz. *froc* 'Mönchskutte' zurück, das selbst aus einem mit *Rock* verwandten germanischen Wort stammen könnte. Unklar ist die ursprüngliche sprachliche Herkunft der **Jacke**, die im Spätmittelalter aus franz. *jaque* ins Deutsche kam und teilweise dialektal, wie in Glarus, als ***der** Jagg* erscheint.

Wechselnde Moden verändern die Kleidung. Die Bezeichnungen entlehnt man gerne aus anderen Sprachen, oder man handhabt ein vorhandenes Wort etwas flexibler. EG

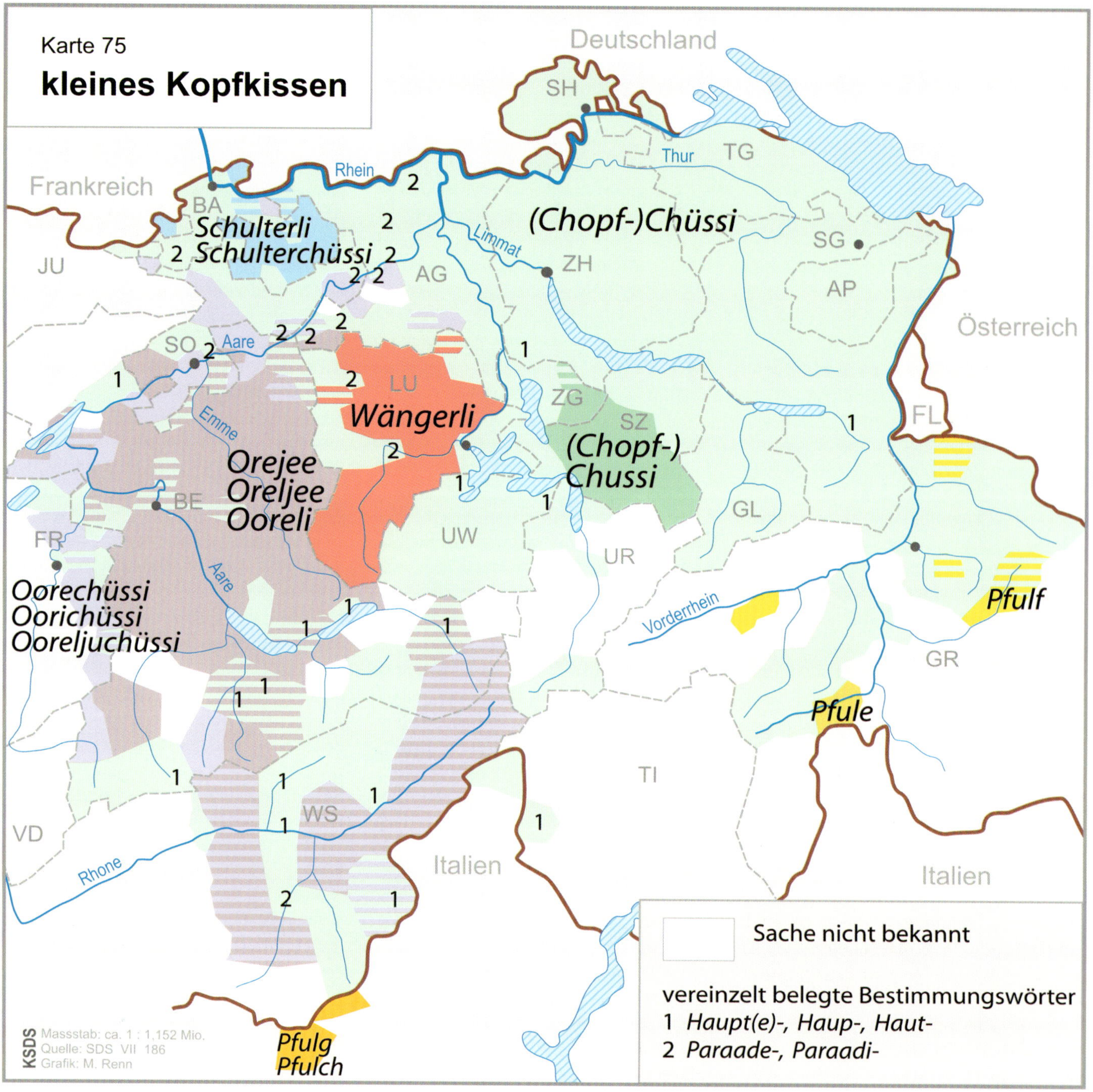
Karte 75
kleines Kopfkissen
Deutschland
Frankreich
Österreich
Italien
Italien
SH
TG
BA
JU
AG
ZH
SG
AP
SO
LU
ZG
SZ
FL
BE
FR
UW
UR
GL
GR
TI
VD
WS
Rhein
Thur
Limmat
Aare
Emme
Aare
Vorderrhein
Rhone
(Chopf-)Chüssi
Schulterli
Schulterchüssi
Wängerli
(Chopf-)
Chussi
Orejee
Oreljee
Ooreli
Oorechüssi
Oorichüssi
Ooreljuchüssi
Pfulf
Pfule
Pfulg
Pfulch
Sache nicht bekannt
vereinzelt belegte Bestimmungswörter
1 Haupt(e)-, Haup-, Haut-
2 Paraade-, Paraadi-
KSDS
Massstab: ca. 1 : 1,152 Mio.
Quelle: SDS VII 186
Grafik: M. Renn

Nicht jede Person verfügte im Mittelalter über ein eigenes Bett, und als Schlafunterlage diente lange Zeit gewöhnliches Stroh. Als Füllmaterial für Kissen wurden Laub, Wolle oder andere Materialien verwendet. Die mit Daunen gefüllten Federbetten kamen erst im 18. Jh. auf und waren anfänglich Begüterten vorbehalten. Bevor das nordische Schlafen, welches das aufwendige morgendliche Bettenmachen durch den Verzicht auf ein aufliegendes Bettlaken drastisch vereinfachte, in der zweiten Hälfte des 20. Jhs. Einzug hielt, wurden die Matratzen mit einem meist leinenen Betttuch (Unterleintuch) bezogen. Über dieses Tuch spannte man ein zweites Laken (Oberleintuch), das um Kissenbreite zurückgeschlagen wurde und das – in der kälteren Jahreszeit um Wolldecken ergänzt – als unmittelbare Körperauflage diente. Erst darauf kam die mit unterschiedlichem Füllgut und mit Bettwäsche bezogene Bettdecke zu liegen. Am Kopfende sorgten ein oder mehrere wiederum überzogene Kissen für eine günstige Körperlagerung während des Schlafes.

Die Braut brachte früher die Bettwäsche als wichtigen Bestandteil der Aussteuer in die Ehe. Deren Wert bemass sich an der Tuchqualität sowie an den Stickereien mit Monogrammen und anderen Ziermotiven.

In vergangenen Zeiten gab es meist zwei Bettkissen, ein kleines, viereckiges und ein grosses, längliches. Die Karte enthält die Bezeichnungen für das kleine Kopfkissen, wenn es dieses denn am betreffenden Ort überhaupt gab. Am häufigsten kommt zu dessen Bezeichnung das Wort **Chüssi** oder **Chussi** ins Spiel, das auf das altfranz. *coissin* 'Polster' zurückgeht und schon im Althochdeutschen als *kussī(n)* oder *küssi* 'Kissen' belegt ist. Dass es im Hochdeutschen heute *Kissen* und nicht *Küssen* heisst, geht auf eine ▸ Entrundung im 18. Jh. zurück, mit der man vielleicht den Zusammenfall mit dem Verb *küssen* vermeiden wollte. In den Deutschschweizer Dialekten kann zur Bezeichnung des kleinen Kopfkissens *Chüssi/Chussi* alleine vorkommen. Sie wird manchmal durch Adjektive wie *chlii*, *churz*, *gegget* 'eckig' präzisiert, um dieses Kissen von anderen unterscheiden zu können. *Chüssi/Chussi*, in Basel und um Graubünden als *Kissi/Küssi* ausgesprochen (s. Karte 96 *Kind*), wird aber vor allem auch als Grundwort in Zusammensetzungen verwendet *(Chopfchüssi)*. Die Bestimmungswörter knüpfen inhaltlich an jene Körperteile an, die auf das Kissen zu liegen kommen. Die Bestimmungswörter in **Chopfchüssi** und **Hauptchüssi** (mit seinen Varianten *Haupte-*, *Haut-* und *Haupchüssi*) beziehen sich beide auf den Kopf. In der Zusammensetzung *Hauptchüssi* hat sich *Haupt* im Sinne von 'Kopf' in Einzelbelegen auch im Mittelland halten können. Für die Bezeichnung des Kopfes selbst ist das ältere Wort *Haupt* nur noch im Wallis und im Berner Oberland gebräuchlich. Von selbst verstehen sich die fast ausschliesslich im Baselbiet vorkommenden Bildungen **Schulterchüssi** und **Schulterli**. In letzterem hat sich das Bestimmungswort selbständig gemacht und ist verkleinert worden. Das französische Wort *oreiller* 'Kopfkissen', das in der westlichen Deutschschweiz als **Orejee/Oreljee** entlehnt wurde, könnte auch den *Oor*-Bezeichnungen zugrunde liegen. Bei **Oore-/Oorichüssi** oder **Ooreli**, das sich wie eine Verkleinerungsform zu *Oor* anhört, ist an lautliche Anpassungen des französischen Wortes an das sowohl inhaltlich wie auch lautlich ähnliche Dialektwort *Oor* zu denken. Eine pleonastische Verdoppelung liegt bei **Oorelju-Chüssi** vor.

Die nur vereinzelt vorkommende Bezeichnung **Paraade-/Paraadichüssi** (zu franz. *parade* 'Gepränge') dürfte dem Umstand zuzuschreiben sein, dass sich das kleine Kopfkissen in einigen Gegenden zu einem mit Stickereien versehenen Zierkissen entwickelt hatte, das nur noch tagsüber aufgelegt wurde.

Die vereinzelten walserdeutschen Bezeichnungen **Pfulf**, **Pfule**, **Pfulg**, **Pfulch** gehen auf eine frühe Entlehnung des lateinischen Wortes *pulvinus* 'Kissen' zurück, das im Althochdeutschen mit der Lautung *pfulwo* erscheint. Das Wort *Pfulf* hat sich in regelmässiger Weise aus der ursprünglichen Form entwickelt, die anderen Wortformen – auch jene des hochdeutschen *Pfulmen* 'Kopfkissen' – gehen auf lautliche Sonderentwicklungen zurück.

Ausschliesslich im Kanton Luzern ist die Bezeichnung **Wängerli** belegt, die auf eine gemeingermanische Ableitung zum Wort *Wange* zurückgeht, welche im Althochdeutschen *wangāri* 'Wangenkissen' lautete.

Für das grosse Kissen sind ebenfalls Bezeichnungen wie *Chopfchüssi*, *Hauptchüssi* oder *Pfulme* gängig. Dort wo zwei Kissen üblich sind, werden diese aber immer durch verschiedene Bezeichnungen auseinander gehalten (z. B. *Chopfchüssi* 'kleines Kissen' und *Pfulme* 'grosses Kissen' oder *Wängerli* 'kleines Kissen' und *Chopfchüssi* 'grosses Kissen'). HC

Karte 76
Wolldecke
Deutschland
Frankreich
Österreich
Italien
Italien
(-)Teppich
(-)Teppech
(-)Teppig
(-)Deggi
(-)Dekchi
(-)Dechi
(-)Deggi
Dechi
Wul-
Wul(e)-
Wole-
Wule-
Woue-
Wule-
Wuw-
Wul(e)-
Wull(e)-
Wul(e)-
Wuw-
Wull-
Wol(l)-
Wul-
Wull-
Wol-
SH
BA
JU
AG
ZH
TG
SG
AP
SO
LU
ZG
SZ
FL
BE
FR
UW
UR
GL
GR
TI
VD
WS
Rhein
Thur
Limmat
Aare
Emme
Reuss
Aare
Vorderrhein
Hinterrhein
Rhone
KSDS
Massstab: ca. 1 : 1,152 Mio.
Quelle: SDS VII 184
Grafik: M. Renn

Die auf der nebenstehenden Karte eingetragenen Ausdrücke stehen nicht einfach für eine beliebige Wolldecke, wie man sie auch heute – wenn auch eher aus anderen Materialien – im Kaufhaus etwa als Umhang für einen kühlen Abend oder als sonstige Bedeckung erwerben kann. Es geht hier vielmehr um die Benennung für einen Bestandteil des Bettinhaltes. Heutzutage ist es in der Deutschschweiz allgemein üblich, sich ‚nordisch' zu betten, also sich im Schlaf einfach mit einer Decke, die mit Federn oder sonstigem wärmendem Material gefüllt ist, vor der Kälte zu schützen. Bei der Befragung für den Sprachatlas in den fünfziger Jahren wurde noch nach der 'wollenen, zwischen Oberleintuch und Deckbett liegenden Bettdecke' gefragt. Damals bestand die Bedeckung aus drei Teilen, wie es aus der Frage hervorgeht. Zunächst wurde der Körper mit einem Leintuch bedeckt. Darüber legte man die besagte Wolldecke – im oberen Wallis auch zwei *(Oberdechi*, *Unnerdechi)*. Als drittes kam noch eine Federdecke, Steppdecke o.Ä. darauf. Leintuch und Wolldecke wurden beim Bettenmachen am unteren Ende und an den Seiten fest um die Matratze geschlagen (s. Karte 75 *kleines Kopfkissen*).

Fast in der gesamten Deutschschweiz wird zur Bezeichnung dieser Zwischendecke das Grundwort **Decke** verwendet. Dieses wird je nach Region entsprechend der Durchführung der ▶ Althochdeutschen Lautverschiebung (s. Karte 98 *drücken*) mit einem *kch*-Laut oder mit *-gg-* ausgesprochen: *Dekchi*, *Deggi*. Es handelt sich dabei um eine schon im Althochdeutschen bezeugte Ableitung vom Verb *decken*, die ursprünglich für die Bezeichnung der Handlung des Bedeckens *(deckī)* gebildet und dann auf den Gegenstand übertragen wurde. Die weit verbreitete Aussprache *Dechi* muss auf eine Variante des Wortes mit einfachem *-k-* zurückgehen, das dann von der Lautverschiebung zum ▶ Reibelaut *ch* erfasst wurde. Dahinter steckt wohl eine ältere Wortbildung, deren genauer Zusammenhang mit der Wortfamilie *decken* unterschiedlich beurteilt wird. Der betonte Vokal weist allgemein eine *e*-Qualität auf, wie sie für das *e* im Wort *Bett* üblich ist (s. Karte 80 *Bett*).

Dekchi und seine Varianten werden prinzipiell auch zur Bezeichnung der Federdecke verwendet. Daher wird für die Wolldecke meist eine Spezifizierung des Stoffes hinzugefügt, z.B. bestimmendes *Wull(e)-/Woll(e)-* in einer Zusammensetzung (*Woledeggi*, *Wuldekchi*, *Wuledechi*, *Wuwdechi* usw.), oder gelegentlich auch ein Adjektiv, z.B. *wuligi Deggi* oder *wullini Dechi*. Manchmal gibt es aber auch Spezifizierungen für die Federdecke, die dann z.B. nach Zweck oder Inhalt als *Bettdecki*, *Fäderedeggi*, *Fluumdechi* von der Wolldecke unterschieden werden kann. Wenn für die Federdecke Zusammensetzungen wie *Deckbett* – oder *Dackbett*, *Dachbett*, mit altertümlichen Wortbildungsvarianten zur Wortfamilie *decken* – verwendet werden, besteht eine klare sprachliche Unterscheidung zwischen den beiden Bedeckungen. Das ist vor allem im Westen der Fall. Im Wallis stehen sich im Wesentlichen *Dechi* für die Wolldecke und *Düüwe*, *Düübet* (aus franz. *duvet*) ebenfalls unverwechselbar gegenüber.

Vom nördlichen Aargau über Schaffhausen, Thurgau und bis ins Rheintal ist ein anderer Worttyp, nämlich **Teppich**, für die Wolldecke genannt worden. Das Wort ist ansonsten, wie in der Schriftsprache, für die Bezeichnung der Fussbodenbedeckung, gelegentlich auch eines Wandschmucks, üblich. Es ist bereits im Mittelalter aus mittellat. *tapetia*, ursprünglich 'Tapete, Wandteppich', ins frühe Deutsche entlehnt worden. Der Wortausgang wurde dann zu einem in Fremdwörtern häufiger vorkommenden *-ih* umgestaltet, so dass sich ahd. *teppih* ergab (wie *estrih*, *lattih* usw.). In weiterer Anlehnung an die Endung *-ig* erscheint dann dialektal auch die Form *Teppig*. Zur Verdeutlichung können auch in diesem Fall Zusammensetzungen gebraucht werden, z.B. *Wuleteppech*, aber auch *Bettteppech*. Da heute als Schlafbedeckung praktisch nur noch die Federdecke allein – im Schweizer Hochdeutschen *Duvet* genannt (ausgesprochen *Düwee* o.Ä.) – gebraucht wird, scheint der spezielle Gebrauch des Wortes *Teppich* für die Decke im Rückzug befindlich zu sein, während der Typus *Wolldecki* als allgemeinere Bezeichnung weiterlebt. Über das Alter und den Weg der Übertragung vom Fussbodenteppich zum Bettteppich ist nichts bekannt. Dass sich dieser Wortgebrauch ausserhalb der Schweiz nördlich des Bodensees fortsetzt und sogar im Pfälzischen Wörterbuch bezeugt ist, deutet darauf hin, dass hier eine ursprünglich weiter verbreitete Verwendung vorliegt. EG

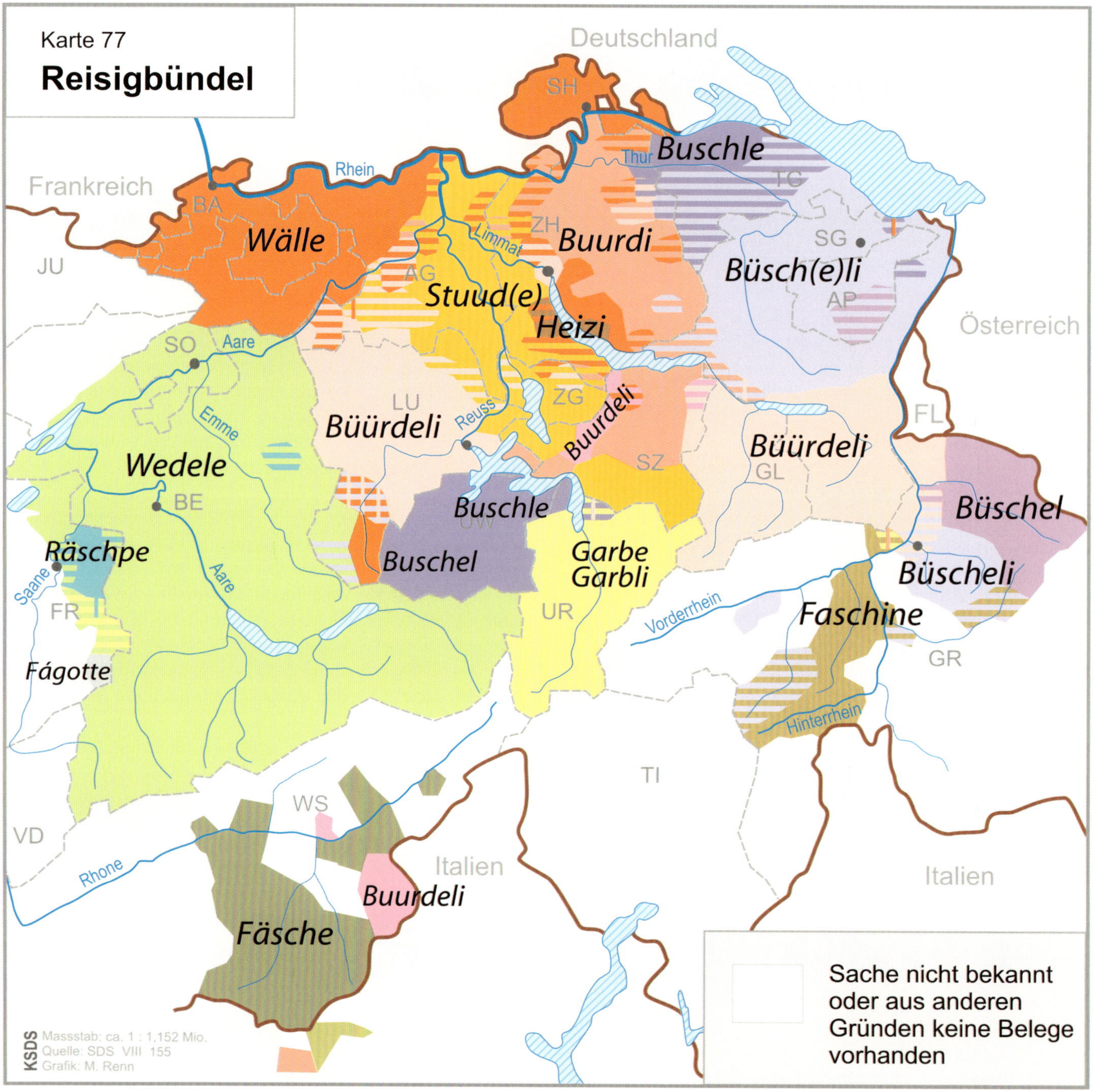
Karte 77
Reisigbündel
Deutschland
Frankreich
Österreich
Italien
Italien
SH
BA
JU
AG
ZH
TG
SG
AP
SO
LU
ZG
SZ
GL
FL
BE
UW
FR
UR
GR
TI
VD
WS
Rhein
Thur
Limmat
Aare
Emme
Reuss
Saane
Aare
Vorderrhein
Hinterrhein
Rhone
Wälle
Buschle
Buurdi
Büsch(e)li
Stuud(e)
Heizi
Büürdeli
Buurdeli
Büürdeli
Wedele
Buschle
Büschel
Räschpe
Buschel
Garbe
Garbli
Büscheli
Faschine
Fágotte
Fäsche
Buurdeli
Sache nicht bekannt oder aus anderen Gründen keine Belege vorhanden
KSDS
Massstab: ca. 1 : 1,152 Mio.
Quelle: SDS VIII 155
Grafik: M. Renn

In Zeiten der Herdfeuerung musste man Reisig zum Anfeuern vorrätig haben. Allen, die sich einmal selbst damit abmühten, ein offenes Feuer zu entfachen, wird die Nützlichkeit dieses Vorgehens vertraut sein. Vorwiegend in der Herbst- und Winterzeit sammelte man im Wald herumliegende dünne, trockene Holzzweige, meist von Nadelbäumen, und lagerte sie an geschützter Stelle. Das sperrige Reisig wurde dazu meist zu handlichen Bündeln gekürzt und zusammengebunden. Dafür stand oft eine eigene Vorrichtung, ein Reisigbindbock, zur Verfügung.

Die Bezeichnungen für die gelagerten Bündel zeigen eine grosse Vielfalt an Benennungsmotiven und Wortbildungen. Zusätzliche Unterscheidungen zwischen (kleineren) Bündeln aus feineren Ästchen und gröberen Bündeln müssen vernachlässigt werden. Der Berner Raum wird von der ungeklärten Bezeichnung **Wedele** beherrscht, die auch in angrenzenden Kantonen vorkommt. Das Wort ist möglicherweise mit dem schon althochdeutsch als *wedil* 'Wisch, Büschel, Wedel' belegten schriftsprachlichen *Wedel* zu verbinden, das schweizerdeutsch allerdings meist – ohne Umlaut – *Wadel* lautet. *Wedel* wird mit ahd. *wadalōn* 'hin- und herschweifen' in Verbindung gebracht, von einigen aber auch als ▸ Instrumentalbildung auf *-il* mit der Wortfamilie von *wehen* zusammengestellt (etwa 'das, womit geweht wird'). Auch dass die bernische *Wedele* (meist pluralisch gebraucht) ein anderes grammatisches Geschlecht als der hochdeutsche *Wedel* aufweist, macht eine Verbindung der Wörter unsicher. Vielleicht gibt es einen Zusammenhang zu dem in fränkischen Dialekten belegten *wadeln* 'Reisholz machen'.

Nördlich an das *Wedele*-Gebiet schliesst sich **Wälle** an, das kleinräumig auch in anderen Regionen auftritt. Vielleicht war die **Wälle** früher weiter verbreitet, zumal sie sich auch im weiteren schwäbisch-alemannischen Raum findet. Es handelt sich wie bei hochdt. *Welle* um eine Ableitung zum alten Verb *wellan* 'wälzen', die auf verschiedene gleichförmig längliche Gegenstände übertragen wurde, so eben auch auf Bündel von Reisig oder Stroh.

Vor allem im Nordosten findet sich der Typ **Buschel** neben Weiterbildungen, wie die *(Stuude-)Buschle*, aber auch mit Umlaut *Büschel* und Verkleinerungsbildungen wie *Büsch(e)li*, die teils aber nur für Bündel aus dünnerem Reisig gelten. Es handelt sich um *l*-Ableitungen zu dem selbst ungeklärten Wort *Busch*, die sich ausserhalb der Schweiz fortsetzen. Wie beim folgenden Typ schwankt im Anlaut die Aussprache zwischen *p* und *b*.

In einem grösseren Raum wird der Typ **Buurdi** neben Verkleinerungsbildungen mit und ohne Umlaut, *Büürdeli* und *Buurdeli*, gebraucht. *Buurdi* selbst ist, wie hochdt. *Bürde*, als Abstraktbildung auf *-i* 'das Getragene' zu deuten und aus einem alten Partizip **burda-* des ausgestorbenen Verbs *beran* 'tragen' (vgl. noch *gebären*) abgeleitet. Der Umlaut ist vor der Konsonantenverbindung *-rd-* unterblieben (s. Karte 84 *Rücken*). Das Reisigbündel wird hier also nicht nach dem Material benannt, sondern mit einem Wort für Traglasten.

Der Typ **Staude**, mundartlich ohne ▸ Diphthongierung *Stuud(e)*, ist ein auf das Deutsche beschränktes Wort, dessen Herkunft dunkel ist. Die allgemeine Bezeichnung meint zunächst, wie schon ahd. *stūda*, kleinwüchsiges oder abgehacktes Gehölz, kann aber auch speziell auf das zum Bündel zurechtgebundene Reisig bezogen sein. Hier steht dann das Material bei der Benennung im Vordergrund.

Alle weiteren Bezeichnungen sind räumlich stärker begrenzt. Aus der Zürcher Seeregion wird zum Heizen der Kachelöfen **Heizi** vermeldet. Es dürfte sich um eine nicht allzu alte Bildung auf *-i* zum Verb *heizen* handeln. Die **Garbe**, ursprünglich 'das mit einer Hand Greifbare', ist in verschiedener Form vor allem aus Uri bekannt, etwa verkleinernd als *(Stuude-)Garbli*. Im Kanton Freiburg erscheint – neben *Garbli* – die altertümliche **Respe** *(Räschpe)*, die wohl zu hochdt. *Rispe* 'verästelter Blütenstand' zu stellen ist und zunächst Unterholz bezeichnete. Das Wort ist mit der schon im althochdeutschen ▸ Abrogans belegten Kollektivbildung *hrispahi* 'Gebüsch' verwandt, die letztendlich zu einem indogermanischen Verb mit der Bedeutung 'sich schütteln' gehört. Davon stammt auch das als Erstglied in *Riiswälle* vorkommende *Reis* (und hochdt. *Reisig*). Manche verbinden *Rispe* auch mit ahd. *hrespan* 'zupfen', dann wäre es nicht mit *Reisig* verwandt.

Bei der Bündner **Faschine** und der Walliser **Fäsche** handelt es sich um Entlehnungen von gleichbedeutendem ital. (und auch rätorom.) *fascina* und von lat. *fascia* 'Band', mit einem frühen Umlaut von *a* zu *ä* vor *sch*-Laut (wie auch in mundartlichem *Täsche*, *Fläsche*). Auch **Fágotte** stellt eine Entlehnung aus dem umgebenden Frankoprovenzalischen dar.

Die allgemeineren Bezeichnungen werden häufig präzisiert oder untereinander kombiniert, wie *Heiziwälle*, *Stuudebuschle*, *Stuudegarbe* oder *Chrisbuurdi*. *Chris-* könnte mit ausserordentlich als *ch-* erhaltenem alten *h* zu *Reis(ig)* gehören. EG

Karte 78

Kiltgang

abendlicher Besuch eines Burschen bei einem Mädchen

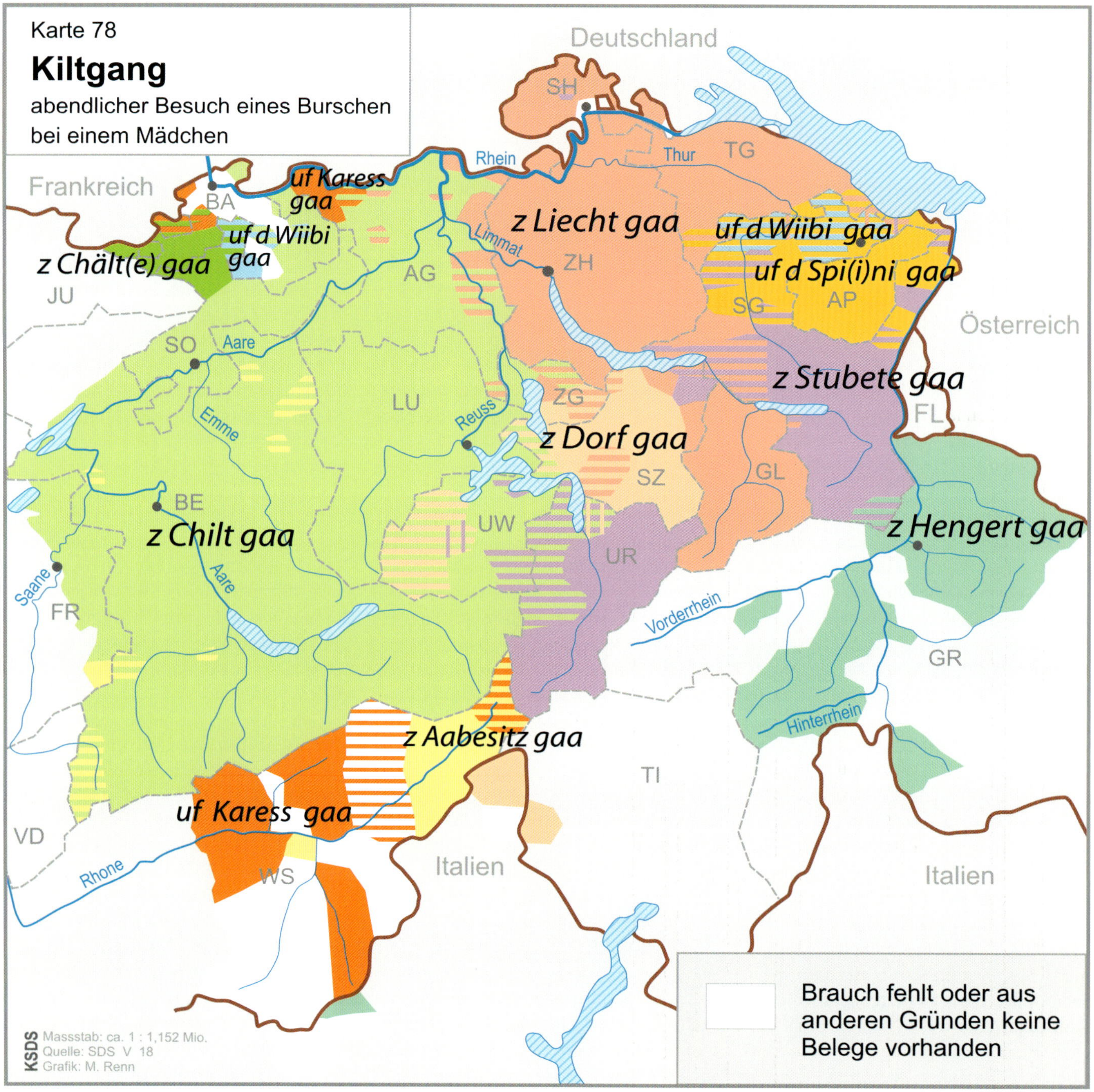

Die nebenstehende Karte zeigt die Verbreitung verschiedener Ausdrücke für die Bedeutung 'abendlicher Besuch eines Burschen (manchmal auch in Gesellschaft anderer *Chilt-* oder *Nachtbuebe*) bei einem Mädchen'. Es handelte sich dabei um die fest vorgeschriebene, brauchmässige Form zur Einleitung der Ehe. Das ► Schweizerische Idiotikon beschreibt den Brauch wie folgt: „Der Kilter begibt sich vor die Fenster der Wohnstube oder dann vor dasjenige der Schlafkammer der Tochter des Hauses, klopft an *(fänschterle, hosche)* und begehrt mit verstellter Stimme *(gautsche, böögge, d Reed vercheere)* Einlass. Dabei sagt er oder der Sprecher der *Nachtbuebe* einen oft improvisierten, oft aber überlieferten, in Reimprosa abgefassten, mit scherzhaften Verdrehungen und Wendungen reichlich gespickten *Chilt-* oder *Nachtspruch* her und das Mädchen gibt etwa Antwort, so dass sich Wechselgespräche entwickeln mögen. Kennt das Mädchen den Burschen bzw. gibt er sich endlich zu erkennen und hat es Vertrauen zu ihm, so erhält er wohl Einlass, und so bleibt man bei Scherz und Spiel beisammen, bis die Sterne erbleichen, vielleicht allerdings gestört und herausgefordert durch andere *Nachtbuebe*."

Das Vorkommen verschiedener Bezeichnungen für diesen Brauch liegt in den unterschiedlichen Benennungsmotiven begründet, indem teils der Zeitpunkt (Abend bzw. Nacht), teils der Ort des Treffens (um das Licht, in der Stube, im Hof, im Dorf), teils das Tun selbst (das Freien) im Zentrum steht. Von den letzten beiden Wendungen abgesehen, ist die Bedeutung 'Kiltgang' immer nur eine Spezialbedeutung der jeweils ebenfalls vorkommenden allgemeineren Bedeutung 'geselliges Zusammensein von Nachbarn und Freunden'.

Im westschweizerdeutschen **z Chilt** oder **z Chält(e) gaa/goo**, auch einfach *chilte* bzw. *chälte*, steckt ein altes Wort für 'Abend', das als *kveld*, *kvæld*, *kväll* in den skandinavischen Sprachen heute noch üblich ist. Das zürcherische und ostschweizerdeutsche **z Liecht gaa/goo**, selten auch *liechte*, *liechtere*, hat dagegen die Grundbedeutung 'nachts um ein Kunstlicht herum sitzen, nachts aufbleiben'. Bündnerisches **z Hengert gaa**, auch *hengerte*, *hengere*, ist aus *Heim-Gart(en)* entstanden und geht somit von einem Treffen im Freien, nahe beim Haus, aus. Das Wort kommt in den Formen *Hangaarte*, *Angaarte*, *Hagaarte*, *Hogaarte* auch in Schaffhausen und im Thurgau vor, dort aber in der allgemeineren Bedeutung 'gesellige Zusammenkunft'. **Uf d Spi(i)ni goo**, auch *z Spini*, *zur Spini*, in Appenzell und im St. Galler Rheintal *Spiini*, bedeutet ursprünglich 'zum gemeinsamen Spinnen zusammenkommen'.

Z Dorf (auch *z Dorfet*, *Dorfete*) **gaa** oder einfach *dorfe* meint wörtlich 'vom Einzelhof ins Dorf, ins Zentrum gehen, um sich dort zu treffen'. West- und südwestschweizerdeutsch hat *dorfe* gewöhnlich die Bedeutung 'plaudern', wogegen die Bedeutung 'Kiltgang' eine innerschweizerische Sonderentwicklung darstellt. Auch bei **z Stubete** (oder *zur Stubete*) **gaa/goo** ist die Spezialisierung auf die Bedeutung 'Kiltgang' nur eine regionale Sonderentwicklung der in der Ost-, Nord- und Innerschweiz weitherum bekannten allgemeineren Bedeutung 'Beisammensein bei jemandem zu Hause'. Entsprechendes gilt für das west- und südwestschweizerdeutsche **z Aabesitz** (bzw. *z Aabusitz*) **gaa** oder *aabesitze*, dessen gewöhnliche Bedeutung diejenige der 'abendlichen Zusammenkunft' ist.

Etwas anders gelagert sind die folgenden beiden Wendungen: **Uf d Wiibi goo** meint genau genommen 'auf Brautschau, Brautwerbung gehen', vgl. die Wörter *Wiib* 'Ehefrau' und *wiibe* 'heiraten'. **Uf Karess gaa/goo** (im Fricktal *uf Karisierig goo*) oder einfach *karisiere* bedeutet zuerst 'jemandem den Hof machen, eine Liebschaft unterhalten'. Es handelt sich dabei um eine Übernahme des französischen *caresser* 'liebkosen'. CL

Laute und Formen

Im Gegensatz zum Wortschatz sind die Laute und die Formen der Dialekte ziemlich beständige Grössen, die sich erst über lange Zeiträume hinweg verändern. Während Wörter eine sehr unterschiedliche Auftretenshäufigkeit haben – ein Wort wie *machen* brauchen wir oft, eines wie *stolpern* selten – bestehen jegliche Äusserungen aus Lauten und Formen. Viele Wörter, seien es gemeindeutsche oder spezifisch dialektale, enthalten beispielsweise einen *a*- oder einen *r*-Laut, und Verben kommen meist in einer Personalform *(ich mach**e**, du mach**sch** ..., ich mail**e**, du mail**sch** ...)* vor, so dass beides – Laute und Formen – dem Dialekt seine massgebliche Gestalt geben und den Höreindruck prägen.

Die Sprachwissenschaft setzt aus guten Gründen zur Beschreibung der dialektalen Laute und Formen die ältere Sprachstufe Mittelhochdeutsch, in gewissen Fällen auch das Althochdeutsche als Bezugsgrösse an. Die Dialekte können nämlich von sich in Anspruch nehmen, von Generation zu Generation weitergegebene Abkömmlinge früherer Sprachstufen zu sein. Im Unterschied zum Hochdeutschen, das durch Ausgleichsprozesse zwischen verschiedenen früheren regionalen Schreibsprachen entstanden ist, haben die Dialekte teilweise ältere Unterscheidungen beibehalten. So kann ein Vergleich mit den Lautverhältnissen im Hochdeutschen nicht erhellen, warum in schweizerdeutschen Dialekten *Baum* als *Baum* (o.Ä.), *laut* dagegen als *luut* ausgesprochen wird. Erst der Rückgriff auf das Mittelhochdeutsche deckt auf, dass schweizerdeutsches *au* (o.Ä.) mittelhochdeutsches *ou (boum)*, schweizerdeutsches *uu* mittelhochdeutsches *û (lût)* fortsetzt.

Vergleicht man die Deutschschweizer Dialekte mit älteren Sprachstufen, sind folgende fünf Fälle zu unterscheiden.

Vokale und Konsonanten

Vokale (auch Selbstlaute genannt) sind Laute, bei denen die Stimmlippen in Schwingung versetzt werden und die ausströmende Luft ohne Hindernis entweder ausschliesslich aus dem Mund entweicht (so genannte Oralvokale) oder aber teilweise durch die Nase fliesst (so genannte Nasalvokale). Während bei den üblicheren Oralvokalen der Nasendurchgang durch den weichen Gaumen völlig verschlossen wird, ist das bei den Nasalvokalen nicht der Fall und führt zum 'Näseln', wie es etwa für das Appenzellische typisch ist.

In den schweizerdeutschen Dialekten werden lange und kurze Vokale unterschieden, die bedeutungsunterscheidend sein können und somit vereinzelt verschiedene Wörter begründen, z.B. *Òòbe* 'Abend' vs. *òbe* 'oben'.

Die Konsonanten (auch Mitlaute genannt) können nur zusammen mit einem Vokal klingen. Man unterscheidet ▸ Reibelaute oder Frikative (z.B. *f, s, sch, ch, h*) von ▸ Verschlusslauten oder Plosiven (z.B. *p, t, k, b, d, g*). Im Unterschied zu den Vokalen muss der Luftstrom bei den Reibelauten eine Verengung passieren, bei den Verschlusslauten wird der Luftstrom gar für einen Sekundenbruchteil unterbrochen. Je nach Artikulationsintensität wird im Schweizerdeutschen zwischen Fortis- und Lenisplosiven unterschieden (z.B. *p* vs. *b*), die Bedeutungen unterscheiden können, z.B. *Bascht* 'Bast' vs. *Pascht* 'Past[milch]'. Anders als im Hochdeutschen sind die Reibe-und Verschlusslaute im Dialekt zumeist stimmlos.

Eine Zwischenstellung zwischen Vokalen und Konsonanten nehmen die so genannten ▸ Sonanten ein. Wie der Begriff sagt, können diese Laute 'klingen'; zu ihnen gehören die ▸ Nasallaute *m, n* und *ng*, bei denen die Luft durch die Nase entweicht, und die ▸ Liquide *l* und *r*.

Ein bestimmter Laut hat sich – dies als erste Möglichkeit – im Laufe der Jahrhunderte nicht verändert (in der südlichen Hälfte der Deutschschweiz wird der mittelhochdeutsche lange Vokal *â*, wie er in vielen Wörtern wie *jâr, hâr, jâ* usw. vorkommt, auch heute noch als ***Jaa**r* ausgesprochen). Eine zweite Möglichkeit besteht darin, dass sich ein bestimmter Laut gewandelt hat, und dieser wird nun – in welchem Wort auch immer er erscheint – nach neuer Gewohnheit ausgesprochen (in vielen Regionen wird mhd. *â* immer als *òò* und *jâr* somit als ***Jòò**r* ausgesprochen; s. Karte 79 *Abend*). Drittens verändern sich gewisse Laute nur in einer ganz bestimmten lautlichen Umgebung. Die so genannte ▸ *l*-Vokalisierung, die Veränderung des Lautes *l* zu einem *u*, kann sich beispielsweise vor einem Konsonanten wie in *Gold* oder *Salz*, nicht aber im Wortanlaut wie in ***L**iecht* oder ***l**aufe* entfalten; s. Karte 102 *folgen*. Des Weiteren gibt es viertens lautliche Veränderungen, die sich nur an einer Auswahl von Wörtern zeigen (wer *Hung* 'Hund' und *Ching* 'Kind' sagt, spricht dagegen *hundert* und *Rind* und nicht etwa *hungert* und *Ring* aus; s. Karte 101 *Hund*). Schliesslich bleiben fünftens lautliche Veränderungen, die keinerlei Regelmässigkeiten erkennen lassen, sondern – etwa in Wörtern wie *Ameise* (s. Karte 56 *Ameise*) – dem einzelnen Wort besondere Ausdruckskraft verleihen oder es anderen, besser verständlichen Wörtern ähnlich machen. Da es sich bei den zuletzt genannten Erscheinungen um Fälle handelt, die sich nicht verallgemeinern lassen, können sie nur im Zusammenhang mit den betreffenden Wörtern diskutiert werden.

Viele der regelmässigen Lautentwicklungen betreffen nicht einen einzigen

Vokalviereck

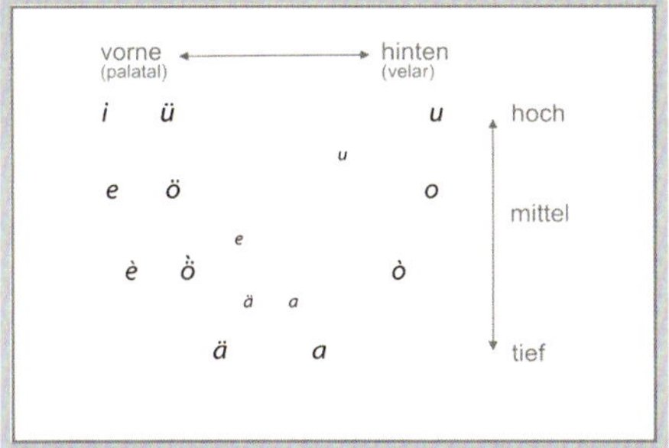

Das Vokalviereck bildet die Artikulation der Vokale im Mundraum ab, der den eigentlichen Resonanzraum für die Laute bildet. Die verschiedenen Vokale kommen durch Veränderung dieses Resonanzraumes zustande, wozu unterschiedliche Zungen-, Lippen- und Kieferstellungen beitragen.

Die Vokallaute *i, e, è* und *ä* werden vorne im Mundraum gesprochen. Dies gilt auch für *ü, ö* und *ö̀*, die aber mit zusätzlicher Lippenrundung gebildet werden. Die Laute *u, o* und *ò* weisen ebenfalls Lippenrundung auf, sie werden aber im hinteren Mundraum gebildet. Die hohen Vokale *i, ü* und *u* werden eher mit geschlossenem Mund – bei gleichzeitig hohem Zungen- und Unterkieferstand – gesprochen, die tiefen Vokale wie *ä* oder *a* mit offenem Mund und tiefem Zungen- und Unterkieferstand.

Die Intensität der Vokale hängt davon ab, ob die Laute in einer Silbe mit Haupt- oder Nebenbetonung vorkommen. Neben den Vokalen mit Hauptbetonung (in der Grafik mit grösseren Buchstaben geschrieben) gibt es verschiedene Nebentonvokale, die mit einem geringeren Artikulationsaufwand und eher im mittleren Mundraum produziert werden. Die dialektalen Unterschiede, wie sie in unbetonten Silben bei stark reduzierten Vokalen zutage treten, sind nicht nur für Fachleute wahrnehmbar. Auch im Alltag können die *a*-Reduktionslaute der Bündner (*salba* 'salben'), die *ä*-Reduktionslaute etwa der Innerschweizer *(salbä)* und die *u*-Reduktionslaute der Walliser *(salbu)* von den mittelländischen *e*-Reduktionslauten *(salbe)* unterschieden werden (in der Grafik mit kleineren Buchstaben geschrieben), wovon die gängigen Dialektverschriftungen mit den entsprechenden Buchstaben zeugen.

Die Dialekte können über unterschiedliche Vokalinventare verfügen; ausserdem können auch die Klangfarben einzelner Laute verschieden sein (z. B. wird der *a*-Laut in der Ostschweiz weiter vorne ausgesprochen als in Zürich, so dass er heller klingt).

Laut allein, sondern oft sind ganze Gruppen mit Lauten gleicher Art betroffen. So entfaltet sich z. B. die ▶ Hiatusdiphthongierung bei den drei Langvokalen *î*, *û* und *iu* gleichermassen und führt dann zu *Blei*, *bauen* und *neu*. Dialekte, die dazu neigen, die Vokale zu ▶ senken, machen dies nicht nur bei *i* sondern auch *ü* und *u*, weisen also Wortlautungen wie *Schlette* 'Schlitten', *öber* 'über' und *ond* 'und' auf. Man spricht hier von Reihenschritten.

Über die Formen – also die Konjugation der Verben und die Deklination von Substantiven, Adjektiven, Pronomen und Artikelwörtern sowie die Bildung neuer Wörter mit speziellen Mitteln wie *-li* (*Tisch* zu *Tischli*) oder *ver-* (*schaffe* 'arbeiten' zu *verschaffe* 'verarbeiten') – lässt sich Ähnliches sagen wie zu den Lauten. Teilweise haben Dialekte ältere Formen resp. ältere Unterscheidungen beibehalten. Als typisches Beispiel gilt hierfür die im Wallis vorkommende Beibehaltung von drei unterschiedlichen Formen im Verbplural (*wier mach**e***, *iir mach**et***, *schi mach**unt*** 'wir, ihr, sie machen'; s. Karte 115 *Verbplural*). Andere Dialekte haben diese Unterscheidungen aufgegeben und kennen noch zwei oder gar nur eine Endung für den Verbplural. Solche Veränderungen tragen meist zu mehr Ökonomie und grösserer Regelmässigkeit bei, mit der grammatische Informationen vermittelt werden. So ist im Falle des Verbplurals die Angabe über die Person ja bereits im Subjekt – sei es in der Form eines Pronomens wie *si* 'sie' oder einer Wortgruppe wie *d Lüüt* 'die Leute' – vorhanden.

Veränderungen bei den grammatischen Formen können sich auch dadurch ergeben, dass diese durch einen Lautwandel umgestaltet und in ihrem Funktionieren manchmal beeinträchtigt werden können. So fiel und fällt in den schweizerdeutschen Dialekten das *e* im Wortauslaut oftmals weg, was in Wörtern wie *Tag* weitreichende Konsequenzen hatte. Singular und Plural lauteten gleich und waren nicht mehr zu unterscheiden (*Tag/Tag* 'Tag, Tage'). Um diesen Mangel wieder zu beheben, griff man – ohne dass sich die Sprecherinnen und Sprecher natürlich dessen bewusst gewesen wären – zu einer anderen Art der Pluralbildung. So heisst es heute in den schweizerdeutschen Dialekten – in neu hergestellter Regelmässigkeit – *Taag/Tääg*, ebenso auch *Hund/Hünd* usw.

Da die Dialekte über keine niedergeschriebene und für alle Sprecherinnen und Sprecher verbindliche Grammatik verfügen, können sich – anders als im Hochdeutschen – viele gesprochensprachliche Formen durchsetzen. So ist zwar auch im informellen, gesprochenen Hochdeutschen der *t*-Ausfall bei *ist* zu *is* gängig, in der Deutschschweiz ist *isch* jedoch meist zur heute einzig möglichen Form geworden, während das noch zu Beginn des 20. Jhs. relativ verbreitete *ischt* kaum mehr zu hören ist.

Die schweizerdeutschen Wortbildungsmittel haben meistens grosse Verbreitungsareale und sind insofern für eine sprachgeographische Darstellung von

Lautveränderungen

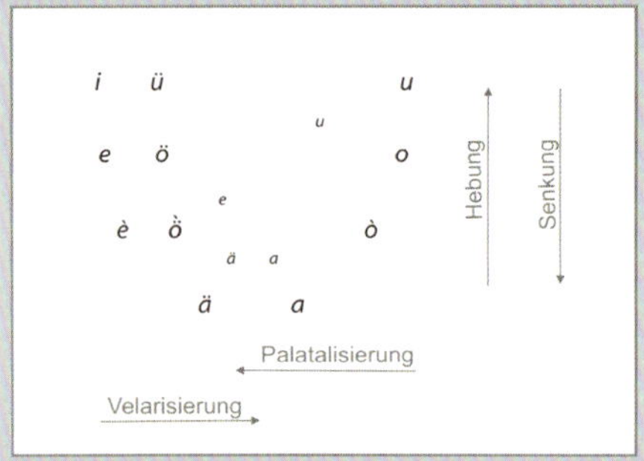

Am Vokalviereck lassen sich gewisse lautliche Veränderungen gut nachvollziehen. Bei einer ▶ Hebung werden – im Vergleich zum Ausgangslaut – die Zunge und der Unterkiefer angehoben, so dass z. B. der *e*- zu einem *i*-Laut oder der *o*- zu einem *u*-Laut wird. Bei einer ▶ Senkung werden – gerade umgekehrt – die Zunge und der Unterkiefer gesenkt, so dass z. B. aus einem *ü*- ein *ö*-Laut wird. Bei der ▶ Palatalisierung eines Lautes wird der höchste Punkt der Zunge vorverschoben, was meist durch ein *i* in Folgesilbe ausgelöst wird (z. B. *Rock*, *Röckli*). In der graphischen Darstellung wird deutlich, dass es sich dabei um eine lautliche Annäherung an diesen nachfolgenden Vokal handelt. Bei der ▶ Velarisierung eines Lautes wird der höchste Punkt der Zunge zurückverschoben, wie dies bei der Veränderung von *â* zu *òò* (*Jòòr* 'Jahr') der Fall ist, hier allerdings bei gleichzeitig eintretender Hebung.
Beim Prozess der ▶ Rundung werden Ausgangslaute, die mit neutraler Lippenstellung artikuliert werden, neu mit Lippenrundung ausgesprochen (z. B. *i* zu *ü* wie in *Tisch* zu *Tüsch* im Freiburgerdeutschen oder *e* zu *ö* wie in weit verbreitetem *Schweschter* zu *Schwöschter*). Beim gegenläufigen Prozess der ▶ Entrundung wird bei ehemals gerundeten Lauten die Lippenrundung aufgehoben, so dass aus *ü* der Laut *i* (*Lüüt* zu *Liit* 'Leute') und aus *ö* der Laut *e* (*Götti* zu *Getti* 'Pate') wird.

geringerem Interesse. Als Wortbildungsmittel, bei denen es lokale Unterschiede gibt, seien hier die Verkleinerungsformen genannt, wo neben der mittelländischen *-(e)li*-Form im westalpinen Raum Verkleinerungsformen auf *-ji*, *-si* und *-schi* (*Hundji*, *Hündji*, *Hundsi*, *Hündschi* u. Ä. 'Hündchen') vorkommen. Ebenso gibt es auf bestimmte Gebiete beschränkte Bildungsmuster für weibliche Personenbezeichnungen: die *-e*-Endung wie in *Bäärnere* 'Bernerin', ist im Westen eine Möglichkeit, um aus männlichen Personenbezeichnungen auf *-er* (*Bäärner*) weibliche Entsprechungen zu bilden. Aus männlichen Personenbezeichnungen ohne spezifische Endung (*Wirt*, *Puur* 'Bauer') können vor allem in der Zentralschweiz mit *-ene* weibliche Personenbezeichnungen abgeleitet werden (*Wirtene*, *Püürene*). Heutzutage werden beide Bildungsmuster konkurrenziert durch hochsprachlich gestütztes *-i* oder auch *-in* (*Bäärneri*, *Bäärnerin* resp. *Wirti*, *Wirtin*).
Die nachfolgend präsentierte Auswahl von 27 Lautkarten stellt die regionalen Besonderheiten jeweils eines Vokals oder eines Konsonanten dar, illustriert an einem einzelnen Wort, das als Stellvertreter für andere Wörter mit gleichen formalen Voraussetzungen fungiert (so gibt die Karte 88 *Mäuse* nicht nur die Lautung für *Müüs/Miis(ch)*, sondern auch jene für *Lüüt/Liit* usw. wieder, die Karte 97 *trinken* nicht nur die Lautung für dieses Wort, sondern auch für *denken*, *schenken* usw.).
Die 13 Formenkarten im engeren Sinne geben Aufschluss über eine Reihe von Erscheinungen, die verschiedene grammatische Aspekte betreffen – neben den Personalpronomen gibt es unter anderem Karten und Kommentare zur Formenbildung der Verben und Substantive; zwei zusätzliche Karten widmen sich den Abfolgebesonderheiten von verbalen Teilen im Satzzusammenhang. Eine weitere Karte erhellt die Wahl der Pronomen (*Ihr*, *Euch* oder *Sie*, *Ihnen*), die bei der förmlichen Personenanrede gebraucht werden. Schliesslich findet sich im Kapitel *Neuere Umfragen* eine Auswahl von Karten und Kommentaren zu Besonderheiten des Satzbaus schweizerdeutscher Dialekte. Diese Karten basieren nicht auf den Daten des ▶ Sprachatlas der Deutschen Schweiz, sondern auf einer Umfrage aus den Jahren 2000–2002.

Laute I:
Vokale

Karte 79
Abend
mhd. â

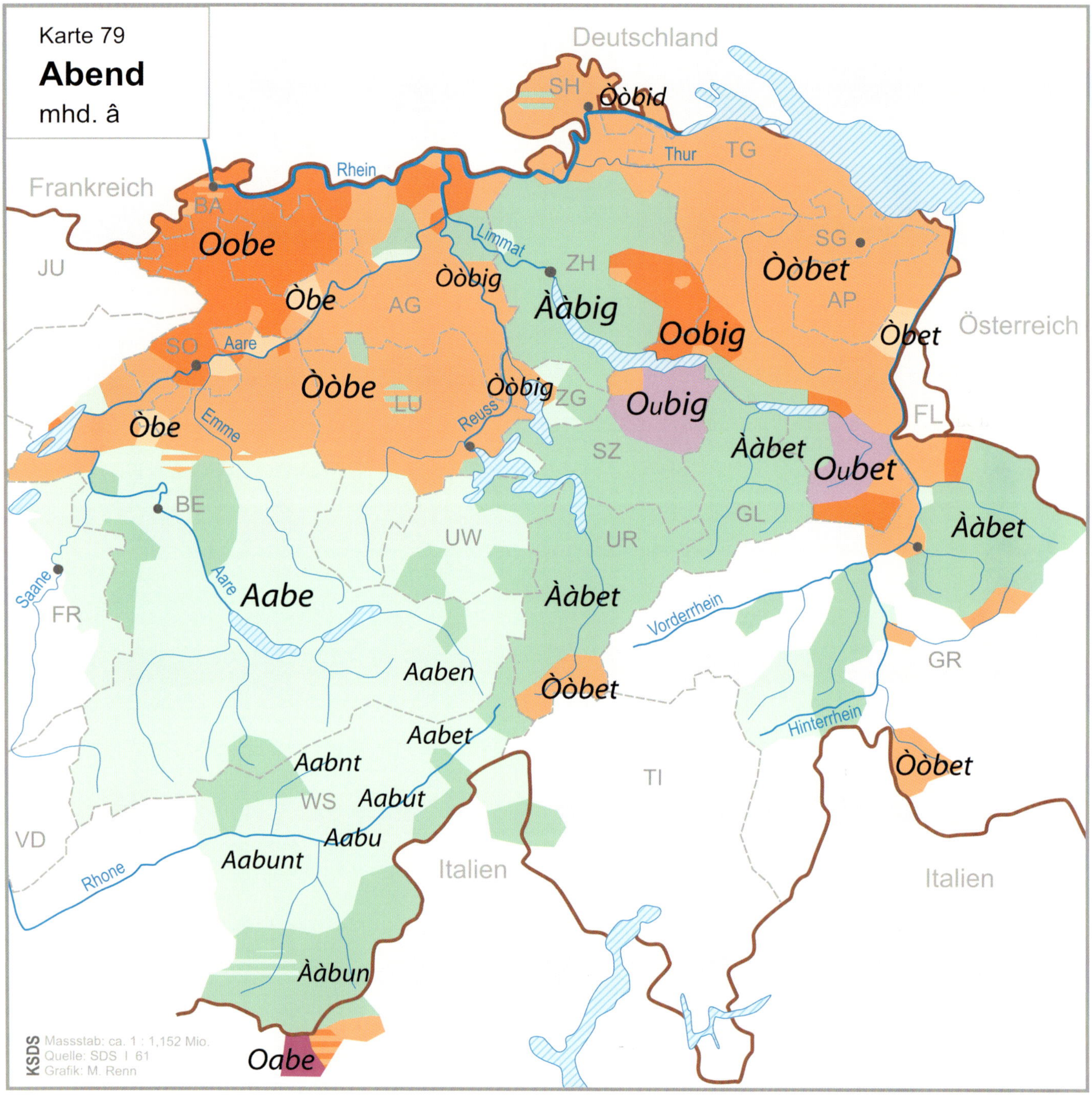

In der nebenstehenden Karte repräsentieren die farbigen Flächen die unterschiedlichen Lautqualitäten, welche den langen mhd. *â*-Laut, wie er in Wörtern wie *Jahr*, *Haar*, *Strasse* oder *schlafen* vorkommt, in den Dialekten fortsetzen. Die Beschriftungen dagegen geben Auskunft über die gesamthafte lautliche Ausprägung des Wortes *Abend*.

Die grüne Fläche, die im wesentlichen einen breiten West-Ost-Gürtel beschreibt und den alpinen und voralpinen Raum umfasst, gibt jenes Gebiet wieder, wo die mittelhochdeutsche Lautung weitgehend bewahrt wurde oder – im Falle der nördlichen Auskragung in den Kanton Zürich – wohl durch eine spätere Neuerung wieder hergestellt wurde. Es handelt sich dabei um eine neutrale (***Aa**be*, ***Aa**bet* u.Ä.) oder – in einem dunkleren Farbton wiedergegeben – um eine geringfügig ▶ verdumpfte *a*-Lautung (***Àà**big*, ***Àà**bet* u.Ä.). Die orangerot markierten Regionen geben verdumpfte, stark *o*-haltige Lautungen wieder (***Òò**be*, ***Òò**bet*, ***Ò**be* u.Ä.); die dunkler eingefärbten Gebiete weisen auf eine Extremverdumpfung hin (***Oo**big*, ***Oo**be* u.Ä.), d.h. die Lautqualität entspricht hier etwa der hochdeutschen *o*-Aussprache in *Rose*. Die verdumpften Lautungen, die auch in vielen anderen deutschen Dialekten verbreitet sind, können als Neuerungen betrachtet werden, genau so wie die schliessenden *ou*- ▶ Diphthonge (***Ou**big*, ***Ou**bet*), die im Kanton Schwyz und im St. Galler Oberland, und wie die öffnenden *oa*-Diphthonge (***Oa**be*), die in den Südwalserorten Gressoney und Issime vorkommen (s. Karte 86 *Schnee*).

Im Gegensatz zu dem eben besprochenen langen Vokal mhd. *â* hat der kurze mhd. *a*-Laut seine neutrale Qualität in den heutigen Dialekten weitgehend beibehalten – mit Ausnahme vor allem des Solothurner und Basler Juras und des Zürcher Albisgebietes, wo das Wort *alt* als *olt* ausgesprochen wird.

Der Unterschied zwischen neutralen und (extrem)verdumpften *a*-Lautungen findet seinen Ausdruck unter anderem in folgender Scherzfrage aus dem zürcherischen Gebiet um Turbenthal: *Was liegt zwischen einer Bratwurst und einer Brotwurst? Der Ramsberg*. Unter den Bernerinnen und Bernern sind die Lautungen *Strooss*, *joo*, *schlooffe*, *Oobe* usw. (im Berner Seeland und im Oberaargau) gegenüber *Straass*, *jaa*, *schlaaffe*, *Aabe* (im übrigen Kantonsgebiet) Gegenstand von Neckereien. Ebenso sorgen im Kanton Luzern, wo grösstenteils verdumpfte Lautungen vorkommen, die Entlebucher mit ihrem *Jaar*, *Haar* usw. für Aufmerksamkeit.

Im Wort *Abend* zeigen sich nicht nur regionale Unterschiede in Bezug auf die Qualität der *a*- resp. *o*-Lautung, sondern die Beschriftungen geben wieder, dass am Jurasüdfuss sowie in Teilen des St. Galler Rheintals vereinzelt ein Kurzvokal gehört werden kann. Zudem kommt im Wort *Abend* eine regional unterschiedliche Endung vor. Der Auslaut der zweiten Silbe des Wortes, das auf mhd. *âbent* 'Abend' zurückgeht, stimmt in einzelnen Walliser und Südwalserorten noch am stärksten mit der ursprünglichen Lautung überein (*Aab**nt***; *Aab**unt***) mit Anpassung an typische Walliser Lautungen in Nebensilben). Dazu kommen die grossräumiger verbreiteten *Abend*-Formen mit unterschiedlichen Arten von Kürzungen der unbetonten Silbe: solche mit *-(n)t*-Wegfall (*Aab**e***, *Aab**en***, *Aab**u***, *Ààb**un***) und solche mit Verlust des früheren ▶ Nasallautes *n* (*Aab**et***, *Aab**ut***; hierher gehört wohl auch das vereinzelt im Schaffhausischen vorkommende *Òòb**id***). Ausserdem wurde in einem grossen Gebiet die Endung *-end* mit der bereits bestehenden, häufigen *-ig*-Endung (*Ààbig*) ausgetauscht (vgl. *kochig* 'kochend', aber auch *Sunntig* 'Sonntag', *Früelig* 'Frühling'). HC

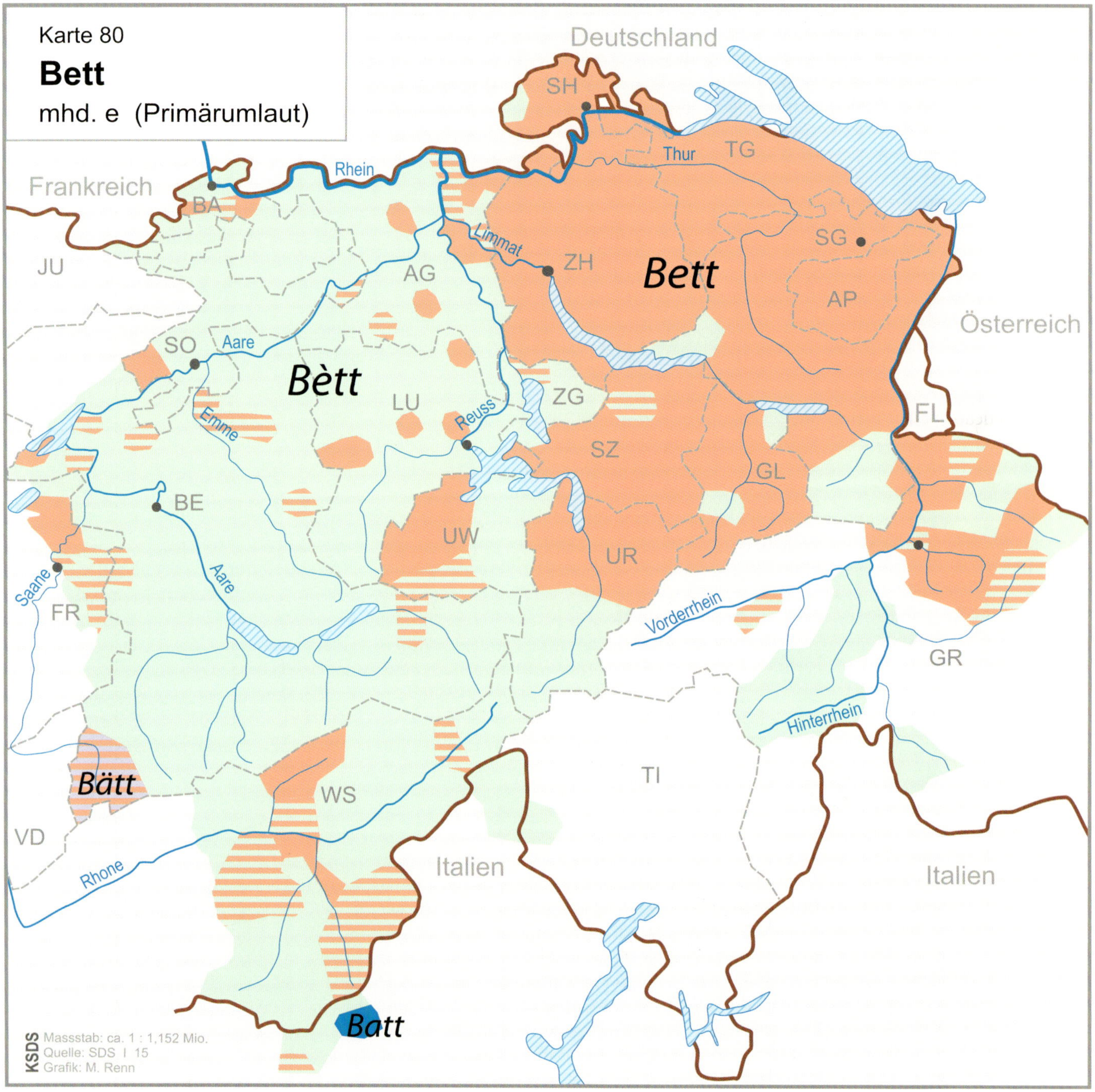
Karte 80
Bett
mhd. e (Primärumlaut)
Deutschland
Frankreich
Österreich
Italien
Italien
Rhein
Thur
Limmat
Aare
Emme
Reuss
Saane
Aare
Vorderrhein
Hinterrhein
Rhone
SH
TG
BA
JU
AG
ZH
SG
AP
SO
LU
ZG
FL
SZ
GL
BE
UW
UR
FR
GR
TI
WS
VD
Bett
Bètt
Bätt
Batt
KSDS
Massstab: ca. 1 : 1,152 Mio.
Quelle: SDS I 15
Grafik: M. Renn

Beim Vokal im Wort *Bett* handelt es sich um einen so genannten Primärumlaut. Dieser *e*-Vokal geht auf einen germ. *a*-Laut zurück (germ. *badja* 'Bett'), der sich im Laufe der Zeit dem nachfolgenden Vokal (hier *j*) annäherte und zu einem *e*-Laut angehoben wurde (ahd. *betti*, mhd. *bette* 'Bett'). Der Primärumlaut wurde im Mittelhochdeutschen geschlossen ausgesprochen und war einer von drei kurzen *e*-Lauten, die mit den Buchstaben *e*, *ë* und *ä* verschriftlicht werden und eine je unterschiedliche sprachgeschichtliche Herkunft haben können. So entstand auch der *e*-Laut, der im Wort *mächtig* vorkommt und im Mittelhochdeutschen überoffen als *ä* (vergleichbar mit der Aussprache von engl. *bad*) gesprochen wurde, aus einer Anpassung von *a* an den nachfolgenden *i*-Laut. Allerdings war hier die Konsonantenverbindung *-cht-* einer ▶ Hebung von *a* zu einem geschlossenen *e* hinderlich. Die Lautentwicklung von *a* zu *ä* wird als ▶ Sekundärumlaut bezeichnet. Auf einen alten germ. *e*-Laut. geht dagegen der *e*-Laut in Wörtern wie *Berg*, oder *Mehl* zurück, der im Mittelhochdeutschen – wie im heutigen Hochdeutschen – leicht offen *(Bèrg, Mèhl)* ausgesprochen wurde. Dasselbe gilt für die Aussprache des Wortes *Speck*, das jedoch auf germ. **spiku* zurückgeht (s. Karte 81 *Speck*). Die Lautkarte für den Primärumlaut zeigt eine ▶ West-Ost-Verteilung: Geschlossene Vokalqualitäten *(Bett)*, die den mittelhochdeutschen Lautstand fortsetzen, finden sich östlich der Reuss, neutrale oder leicht offene Lautqualitäten *(Bètt)* westlich davon. Allerdings gibt es vor allem im Westen immer wieder kleinere Gebiete mit ausschliesslich geschlossen ausgesprochenen Primärumlauten oder mit einem Nebeneinander von geschlossenen und leicht offenen *e*-Vokalen. Im oberen Saanetal sind auch überoffene *e*-Laute *(Bätt)*, im piemontesischen Rima gar *a*-Laute *(Batt)* zu hören.

Das relativ klare Kartenbild sollte hier nicht darüber hinweg täuschen, dass die oft sehr geringen Unterschiede, die zwischen den *e*-Lautungen bestehen können, zum einen hohe Ansprüche an das Gehör der Befrager stellten und zum anderen auch bei kritischen Zwischenwerten – zum Zweck der Kartierung – immer nach einer Entscheidung verlangten, ob der Laut als geschlossen oder neutral, als offen oder überoffen zu kategorisieren sei. HC

Phonogrammarchiv

1909 wurden in Zürich unter der Leitung des Germanistikprofessors ▶ Albert Bachmann mit Hilfe eines vom Wiener Phonogrammarchiv stammenden so genannten Phonographen erste Tonaufnahmen eines Deutschschweizer Dialekts auf Wachsplatten angefertigt. Man sah in der neuen Technik eine Möglichkeit, die, wie man glaubte, vom Aussterben bedrohten Mundarten der Schweiz zu dokumentieren, und man erhoffte sich auch eine bessere Überprüfbarkeit von Mundarttranskriptionen. Die Erfolge dieser Tonaufnahmen führten dazu, dass es Albert Bachmann zusammen mit seinem romanistischen Kollegen Louis Gauchat gelang, an der Universität Zürich ein Phonogrammarchiv zu begründen, das sich nach der Wiener Institution, die 1899 als erstes Tonarchiv der Welt gegründet worden war, ausrichtete. Dieses besteht bis heute als Forschungsstelle der Philosophischen Fakultät der Universität Zürich und hat die Aufgabe, Dialekte und andere Varietäten der vier Landessprachen der Schweiz in Tonaufnahmen festzuhalten und die Aufnahmen für Forschungszwecke zu publizieren. Bereits 1914 erschienen erste Transkriptionen von Dialektaufnahmen aller Landessprachen unter dem Titel „Schweizer Mundarten". 1939 beteiligte sich das Phonogrammarchiv mit Tonaufnahmen aus allen Dialektregionen (und z. T. landesweit bekannten Persönlichkeiten als Sprechern) unter dem Titel „Stimmen der Heimat" an der Schweizer Landesausstellung. 1952 wurden Tonaufnahmen eines Gesprächstextes aus 24 Deutschschweizer Dialekten veröffentlicht. Der jeweils ungefähr gleiche Text „Gespräch am Neujahrstag" wurde so zusammengestellt, dass er mit einer Reihe von sprachgeographisch aussagekräftigen Wörtern und Wortformen einen guten Vergleich der Deutschschweizer Dialektregionen ermöglicht: *Gueten Òòbet ... es sönd drii Fläde* (AR), *Gueten Òòbe... es sind drüü Wääije* (AG), *Gueten Oobe ... es sii drei Wääje* (SO), *Gueten Aabe ... es sii drii Chuehe* (FR) usw. Von 1954 bis 1959 führte das Phonogrammarchiv zusammen mit den Exploratoren des ▶ Sprachatlas der deutschen Schweiz (SDS) mit einem Tonbandgerät Begleitaufnahmen durch. Diese sind aus über 40 Orten mit Transkriptionen als „SDS-Phonogramme" (1972–1976) veröffentlicht worden. In jüngster Zeit hat das Phonogrammarchiv seine Aufnahmen nach und nach zunehmend digitalisiert. Ein Teil davon – insbesondere die ältesten, zusammen mit dem Wiener Phonogrammarchiv angefertigten Aufnahmen – sind mittlerweile als CD erschienen. Die Sicherung der Langzeitarchivierung ist nun zu einer wichtigen Aufgabe geworden.
www.phonogrammarchiv.uzh.ch

Karte 81

Speck

germanisch e (mhd. ë)

Am Beispielwort *Speck* (ursprünglich aus germ. **spiku*) wird traditionellerweise gezeigt, wie jener Vokal ausgesprochen wird, der unter anderem auch in den Wörtern *sechs, Ferse, sterben, Mehl* vorkommt und auf einen alten germ. *e*-Laut zurückgeht. Allerdings hat sich dieser *e*-Laut nicht einheitlich entwickelt, sondern eine Vielzahl an Bedingungen (z.B. der nachfolgende Konsonant oder der Vokal in der Folgesilbe in althochdeutscher Zeit) hat dazu geführt, dass wenig Regelmässigkeit zu erwarten ist und fast für jedes Wort eine spezielle Karte gezeichnet werden müsste. So stimmt die nebenstehende Lautkarte für *Speck* zwar weitgehend auch mit jener für *essen*, nicht jedoch mit jener für *sechs* überein.

Das Kartenbild zeigt, dass die überoffene *ä*-Lautung *(Spä**ck)* die grösste Verbreitung hat. In der Ostschweiz bildet das Vorkommen neutraler *e*-Lautungen *(Spèck)* ein geschlossenes Areal, während sich im Wallis und im Bündnerland kleinere Gebiete mit *ä*- oder *è*-Lautung abzeichnen. Vereinzelt gibt es auch Ortschaften, an denen beide Lautungen, *Späck* und *Spèck*, gehört werden können. Im Glarner Hinterland wird *Sp**e**ck* mit einem geschlossenen, sehr hellen *e*-Vokal ausgesprochen. Typisch für Teile des Urnerlandes, aber auch für Obersaxen und Maladers sowie für das piemontesische Rima ist die Öffnung zu einem *a*-Laut *(Sp**a**ck)*, während im St. Galler Rheintal – wie im Schwäbischen – öffnende ▶ Diphthonge *(Sp**ea**ck)* vorkommen.

Im Hochdeutschen werden die Lautqualitäten von germ. *e* und dem ▶ Primärumlaut nicht mehr unterschieden, d.h. der *e*-Laut in *Bett* und *Speck* wird in beiden Wörtern als offenes *è* ausgesprochen. In den meisten schweizerdeutschen Dialekten wird die alte Unterscheidung bis zum heutigen Tag aufrechterhalten. Im Westen wird in der Regel *Späck* von *Bètt* (s. Karte 80 *Bett*) unterschieden, im Osten *Spèck* von *Bett*, dazwischen liegt eine Zone mit der Unterscheidung von *Späck* und *Bett*. Allerdings gibt es auch kleinere Gebiete, bei denen – wie im Hochdeutschen – die beiden sprachhistorisch unterschiedlichen *e*-Laute nicht mehr differenziert werden: So heisst es z. B. im Berner Saanetal um Lauenen und Gsteig *Späck* und *Bätt*, um Salgesch oder Chur *Spèck* und *Bètt*, im Glarner Hinterland *Speck* und *Bett*, im piemontesischen Rima *Spack* und *Batt*.

Im Kanton Glarus finden die unterschiedlichen Realisierungen des germ. *e*-Lautes ihren volkstümlichen Ausdruck in folgendem Merkspruch: *Mir Glarner ässed dr Spägg mit em dräggätä Mässer. D'Elmer essed dr Spegg mit em dreggetä Messer* 'Wir Glarner/die Elmer essen den Speck mit dem dreckigen Messer' (zur *ck*-Lautung s. Karte 98 *drücken*).

HC

Karte 82
Gotte
mhd. o
Deutschland
Frankreich
Österreich
Italien
Italien
Gùtte
Gòtte
Gotte
Gatte
SH
TG
BA
AG
ZH
SG
AP
JU
SO
LU
ZG
SZ
FL
GL
BE
UW
UR
FR
GR
WS
TI
VD
Rhein
Thur
Limmat
Aare
Emme
Reuss
Aare
Saane
Vorderrhein
Hinterrhein
Rhone
Verbreitungsgebiete palatalisierter Vokale
KSDS
Massstab: ca. 1 : 1,152 Mio.
Quelle: SDS I 41
Grafik: M. Renn

Auf dieser Karte geht es um die Aussprache des *-o-* im Wort *Gotte* 'Patin'. Man sieht ein mittleres, hell eingefärbtes Gebiet, wo man ***Go**tte* mit einem geschlossenen *o* sagt, wie in hochdt. *Boot*, nur kürzer. Man nimmt an, dass dies auch die Lautung im Mittelhochdeutschen war. An der elsässischen Grenze bei Basel hört man fast ein *ù (G**ù**tte)*. In der Nordwestschweiz, aber auch im urnerischen Meiental wird der *ù-* oder *o-*Laut manchmal ▶ palatalisiert, so dass er leicht *ö*-haltig klingt. In der westlichen Deutschschweiz, aber auch in Teilen der Ostschweiz spricht man das *o* offen aus als *G**ò**tte*, wie z. B. im Hochdeutschen die Wörter *Ort* oder *Sport* gesprochen werden. In den Südorten hört man z. T. ein sogar noch offeneres *a (G**a**tte)*.

Eine ähnliche Aussprache wie *Gotte* haben die Wörter *Ross*, *Moscht*, *choschtet* oder *proche* 'gebrochen'. Auch *Chopf*, *Chropf* und *Zopf* werden in den drei Zonen Westen, Mitte und Osten – ähnlich wie *Gotte/Gòtte* – einmal mehr geschlossen als *Chopf*, andernorts offen als *Chòpf* ausgesprochen. Während im Westen fast alle *o*-Wörter offen mit *ò* gesprochen werden, in der Mitte fast alle geschlossen mit *o*, können in der Ostschweiz geschlossenes *o* und offenes *ò* von Wort zu Wort wechseln. Manche Wörter wie *hoble*, *folge*, *Vogel*, *Ofe* werden dort geschlossen gesprochen, obwohl *Gòtte*, *Mòscht* und *Ròss* offen ausgesprochen werden. Diese Inkonsequenz der Ostschweizer, die sich in der deutschen Nachbarschaft fortsetzt, hat den Dialektforschern schon manches Kopfzerbrechen bereitet. Man spricht von der ▶ Ostschweizer Vokalspaltung. Obwohl die Aussprache des *o* in den genannten Beispielen von Wort zu Wort verschieden ist, zeichnet sich doch immer eine Dreiteilung ab: im Westen eher die offene Aussprache, in der Mitte sehr einheitlich die geschlossene und im Osten die gespaltene: in manchen Wörtern so, in anderen anders.

Für die Patin gibt es im Schweizerdeutschen unterschiedliche Bezeichnungen: z. B. *Gotta*, *Gotti*, *Gottli*, *Bas-Gotte*, *Bäsi-Gotte*, *Tante-Gotte*, *Gotte-Bäsi*. Es handelt sich dabei um Lautvarianten, Verkleinerungsformen und Zusammensetzungen von *Gotte*, das vermutlich eine heidnische Bezeichnung für einen Elternersatz ist. **HL**

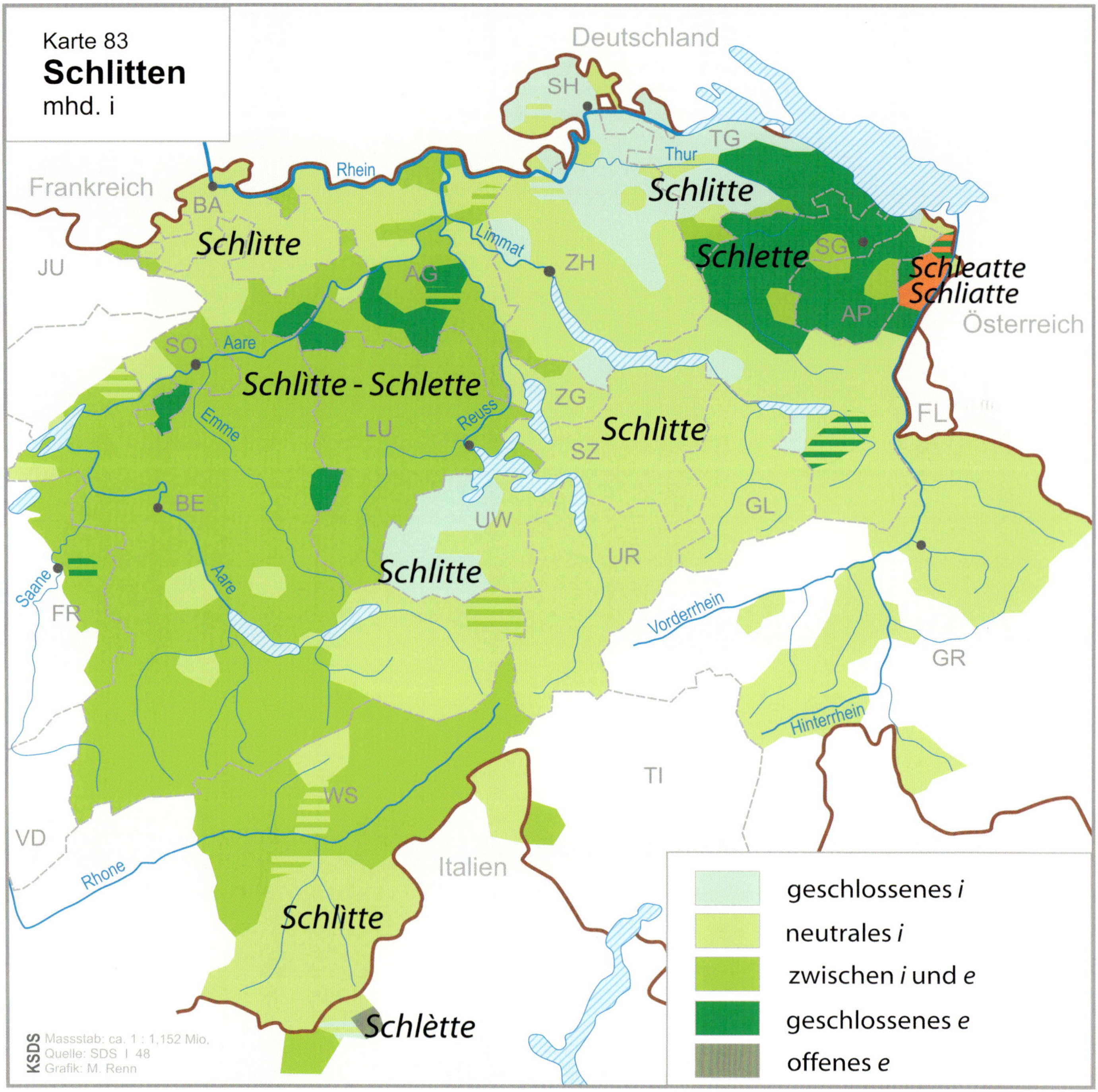

Karte 83
Schlitten
mhd. i

Auf dieser Karte geht es um die Aussprache des *i*, wie es in Wörtern wie *Schlitten*, *blind*, *finden* oder *Winter* vorkommt. Das *i* in *Schlitten* spricht man in mittleren Regionen der Deutschschweiz, aber auch in der Nordwestschweiz, als neutrales *i* aus, wie die Lautung wahrscheinlich auch im Mittelhochdeutschen war *(Schlìtte)*. Gegen das Schaffhausische hin wird das *i* geschlossener ausgesprochen *(Schlitte)*; es klingt spitz und gilt als Charakteristikum der Dialekte dieser Region. Im Westen und im Osten wird *Schlitten* mit einem offenen Vokal ausgesprochen, der wie ein sehr helles *e* klingen kann *(Schlette)* oder – so wie im Westen häufig – zwischen *i* und *e* liegt. Einen noch offeneren Laut kennt man in Rimella, wo *Schlètte* ausgesprochen wird. Im Rheintal hört man an einigen Orten ein *Schleatte* oder *Schliatte*.

In der Ostschweiz verfährt man mit *i*-Wörtern wie *Schlitten* und *Mist* unterschiedlich: An einigen Orten wird *Schlette* und *Mescht*, in der nördlichen Gegend *Schlitte/Mischt* und an manchen Orten *Schlette* aber *Mischt* oder *Schlitte* und *Mescht* ausgesprochen. Einige Wörter werden offensichtlich eher mit *i*, andere eher mit *e* ausgesprochen, wobei sich bei den Wörtern *Striegel*, *Tisch*, *lisme* 'stricken', *Himmel*, *Rippe*, *sieben* und *schielen* insgesamt eine weniger grosse Neigung zur *e*-Aussprache zeigt. Warum die Aussprache des *i* je nach Wort verschieden ist, hat viele Gründe. Teilweise hängt es von der lautlichen Nachbarschaft ab: vor einem *s*, *sch* oder *t* klingt ein *i* anders als vor einem *n* oder *nd*. Nach festen Regeln, die das Vorkommen von *i* oder *e* in allen Wörtern erfassen könnten, haben die Sprachwissenschafter bisher vergeblich gesucht. Überdies ist nicht auszuschliessen, dass die lokale Aussprache heute an manchen Orten schon wieder anders ist als damals in den fünfziger Jahren, als die Aufnahmen für die Karten gemacht worden sind. In Gegenden aber, wo *Schlitte* als *Schlette* ausgesprochen wird, ist dies den Sprecherinnen und Sprechern meist durchaus bewusst. Das lässt sich daran erkennen, dass für Dialektverschriftlichungen vielfach der Buchstabe *e* gewählt wird, wohl um deutlich zu machen, dass der Klang dieses Lautes ganz anders als im Hochdeutschen ist.

Das Kartenbild erinnert ein wenig an dasjenige für *o* im Wort *Gotte*. Wie beim Wort *Gotte* (s. Karte 82 *Gotte*), wo man ein offenes *ò* oder ein geschlossenes *o* hört (im Westen offen ausgesprochenes *Gòtte*, in der Mitte neutrales *Gotte* und im Osten wieder *Gòtte*), so wird auch das *i* in *Schlitten* im Westen und in Teilen der Ostschweiz eher offen gesprochen und als *e* gehört *(Schlette)*, während in der Mitte ein neutrales *i (Schlitte)* vorherrscht. HL

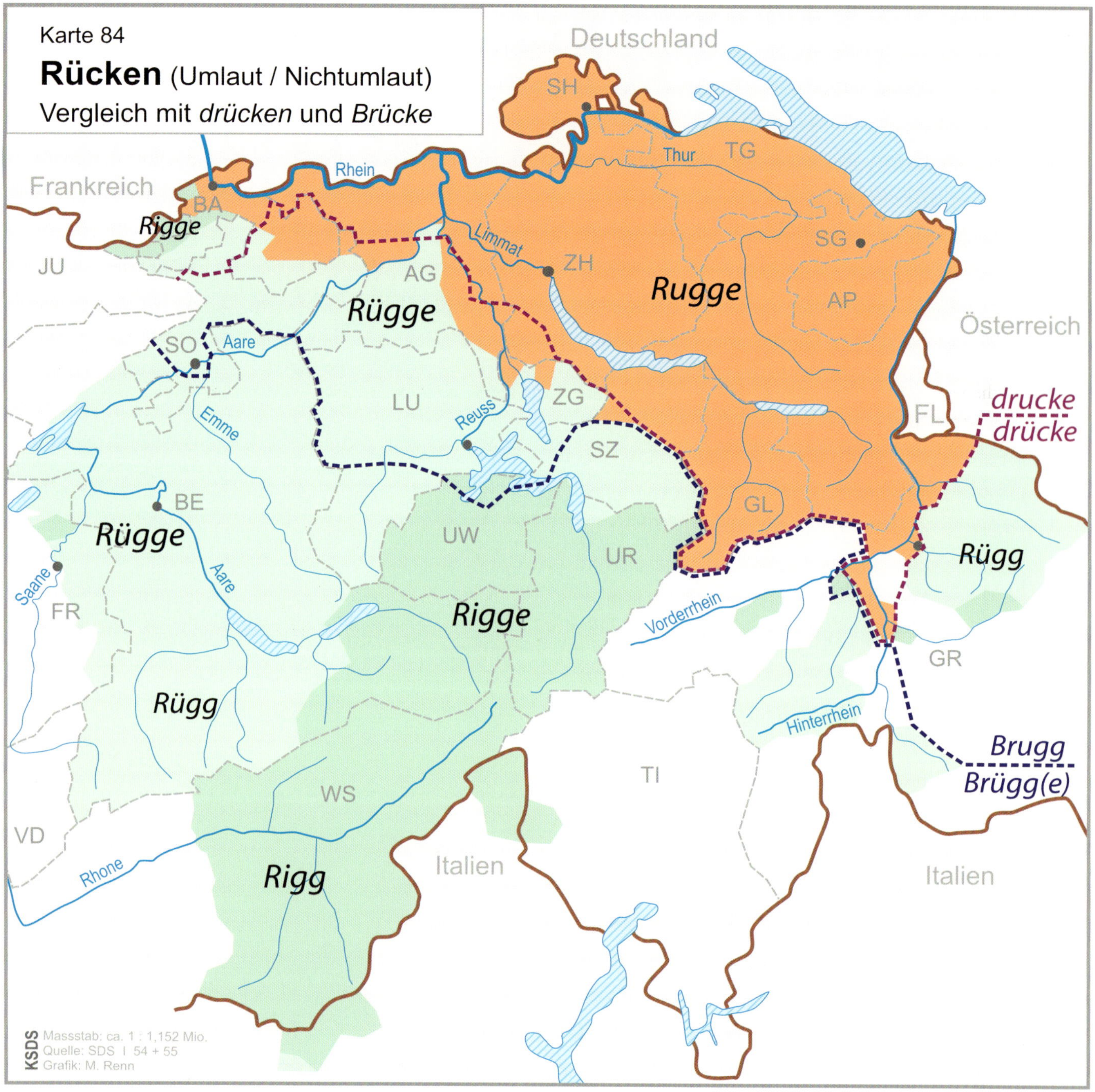
Karte 84
Rücken (Umlaut / Nichtumlaut)
Vergleich mit drücken und Brücke
Deutschland
Frankreich
Österreich
Italien
Italien
SH
BA
JU
AG
ZH
TG
SG
AP
SO
LU
ZG
SZ
FL
GL
BE
UW
UR
FR
GR
TI
WS
VD
Rhein
Thur
Limmat
Aare
Reuss
Emme
Aare
Saane
Vorderrhein
Hinterrhein
Rhone
Rigge
Rügge
Rugge
Rügge
Rigge
Rügg
Rügg
Rigg
drucke
drücke
Brugg
Brügg(e)
KSDS Massstab: ca. 1 : 1,152 Mio.
Quelle: SDS I 54 + 55
Grafik: M. Renn

Die nebenstehende Karte zeigt das Vorkommen bzw. Fehlen des Umlauts vor *-gg-* und *-ck-* in den Fällen *Rücken*, *drücken* und *Brücke*. Die Deutschschweiz wird dabei in zwei Hälften geteilt, nämlich in ein nordöstliches Gebiet mit nicht umgelautetem *-u-*, also ***Ru**gge*, *dr**u**cke*, *Br**u**gg*, und ein südwestliches mit umgelautetem *-ü-*, also ***Rü**gge*, *dr**ü**cke*, *Br**ü**gg* (bzw. ► entrundet ***Ri**gge*, ***Ri**gg* usw.). In Graubünden, das sprachlich teils dem nordöstlichen und teils dem südwestlichen Typus angehört, gehen die *ü*-Formen auf die Walserwanderung zurück, welche im Hochmittelalter Walliser Siedler in die weiter südlich und östlich gelegenen Alpentäler gebracht hat.

Schon die drei Beispiele *Rücken*, *drücken* und *Brücke* machen deutlich, dass hier keine eindeutige Lautgrenze besteht, die ohne Weiteres auf ähnliche Wörter übertragen werden kann. Ergänzt man diese drei um weitere Wörter wie *schlucken*, *Lücke*, *Krücke*, *Mücke*, wird noch klarer, dass eine ausgeprägte Staffelung vorliegt – keines verhält sich identisch.

Am weitesten südlich bzw. westlich verlaufen die *Chrucke/Chrücke-* und die *Mugge/Mügge*-Linie: Die Lautung *Chrucke* greift bis zum Gotthard aus, und diejenige von *Mugge* gilt sogar fast in der gesamten Deutschschweiz; nur im äussersten Westen findet sich ein ganz schmaler Streifen, wo man *Mügge* sagt. Wir können damit eine breite Übergangszone zwischen *u*-Lautung und *ü*-Lautung feststellen, die quer durch die Deutschschweiz hindurch verläuft und die Mundarten je nach Einzelwort einmal dem nordöstlichen und einmal dem südwestlichen Raum zuordnet.

Mit Blick auf das Oberdeutsche als Ganzes ist dieser Befund überraschend. Weiten wir unseren Blick nämlich auf Deutschland und Österreich aus, so erkennen wir, dass das südwestschweizerdeutsche *Rügg(e)*, *drücke*, *Brügg(e)* trotz lautlicher Übereinstimmung mit dem Hochdeutschen geographisch ganz isoliert ist, denn auch die Mundarten des Oberelsass, von Südbaden, Schwaben, Altbayern, Österreich und Südtirol kennen wie das Nord- und Nordostschweizerdeutsche *Rugge/Rucken*, *drucke(n)*, *Brugg/Bruck*. Die *u*-Lautung erweist sich damit als so gut wie gesamtoberdeutsch. Das südwestschweizerdeutsche *-ü-* bzw. hieraus entrundete *-i-* kommt erst in den weiter nördlich gesprochenen mitteldeutschen Dialekten, die in der Regel auch die Grundlage für die deutsche Schriftsprache gebildet haben, wieder vor.

Sprachgeschichtlich gesehen geht der Umlaut auf ein *-i-* in der Folgesilbe zurück, das sich in den (vor-)althochdeutschen Lautungen *hruggi* 'Rücken', *thrucchian* 'drücken', *bruggia* 'Brücke' usw. zeigte und die Entwicklung von *u* zu *ü* bewirkt hat. Es ist aber nicht recht klar, wie das spätere dialektale Nebeneinander von *u* und *ü* zu erklären ist. Eine Theorie besagt, bei *Rugge*, *drucke*, *Brugg* usw. sei die Umlautung von Anfang an wegen des folgenden *gg*, *ck* verhindert worden; eine andere meint, die Umlautung sei ursprünglich allgemein gewesen und erst später wieder rückgängig gemacht worden. CL

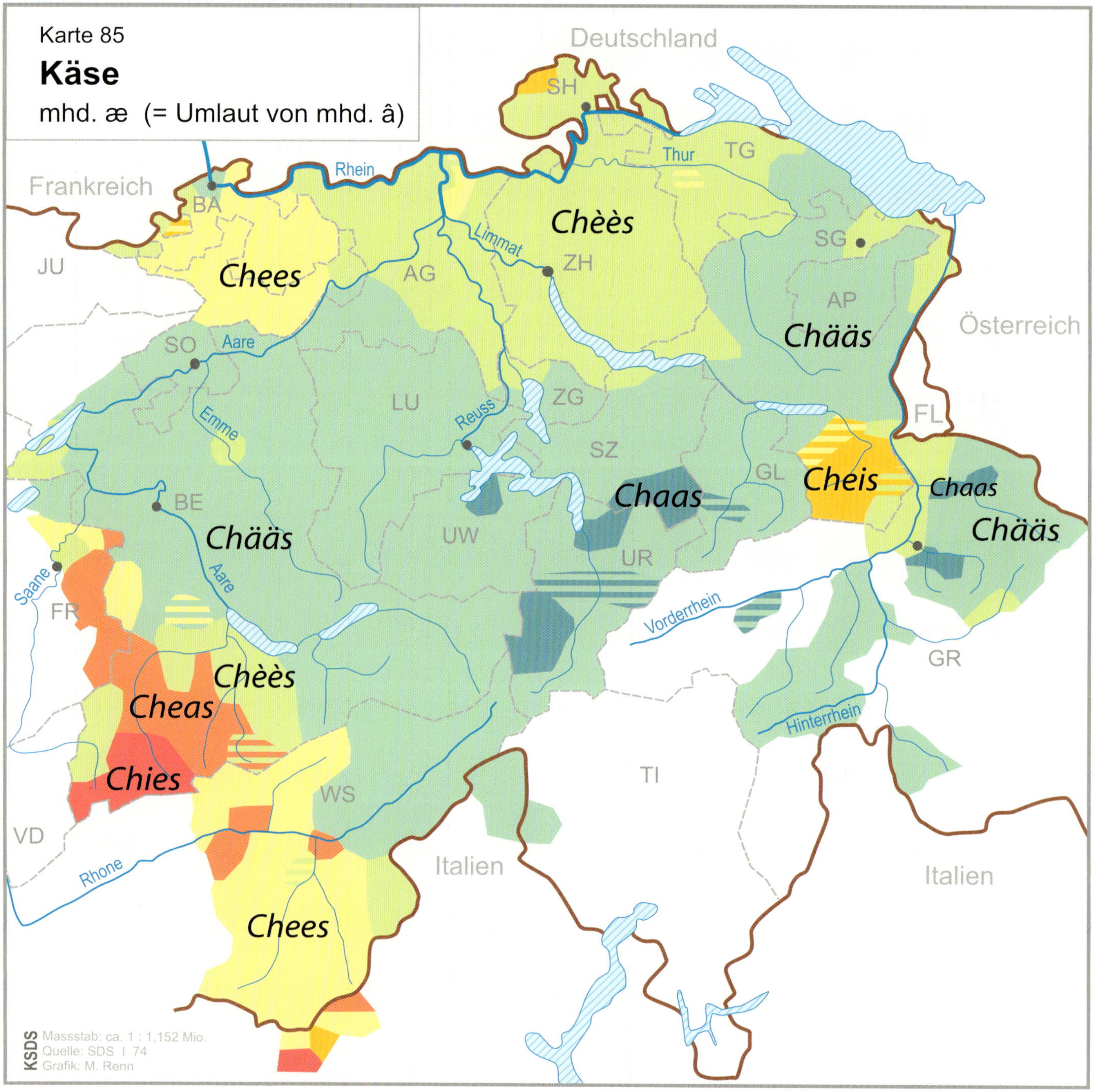
Karte 85
Käse
mhd. æ (= Umlaut von mhd. â)
Deutschland
Frankreich
Österreich
Italien
Italien
Chees
Chèès
Chääs
Chaas
Cheis
Chaas
Chääs
Chääs
Chèès
Cheas
Chies
Chees
SH
TG
BA
SG
JU
AG
ZH
AP
SO
LU
ZG
FL
SZ
GL
BE
UW
UR
FR
GR
TI
WS
VD
Rhein
Thur
Limmat
Aare
Reuss
Emme
Aare
Saane
Vorderrhein
Hinterrhein
Rhone
KSDS
Massstab: ca. 1 : 1,152 Mio.
Quelle: SDS I 74
Grafik: M. Renn

Auf der nebenstehenden Karte wird die Qualität des Vokals im Wortstamm von *Käse* thematisiert. Als altes ▶ Lehnwort ist der erste Teil des lateinischen Ausdrucks *caseus formaticus* 'geformter Käse' mit einer neuen Art der Käsebereitung, welche die Herstellung von Käse in fester Form erlaubte, schon im 5. Jh. ins Germanische gelangt und in althochdeutscher Zeit als *kāsi*, später als *kæse* belegt (zu den Anlautvarianten *Ch-*, *Kh-* s. Karte 96 *Kind*).

Die kartierten Lautungen sind auch repräsentativ für die meisten anderen Wörter, deren umgelauteter Stammvokal auf mhd. *â* zurückgeht, z.B. für *Strääl/ strääle* 'Kamm'/'kämmen', *Schäär* 'Schere', *schwäär* 'schwer', *zääch* 'zäh', *läär* 'leer', *hääl* 'glatt, rutschig' und auch für *rääss* 'scharf, würzig (von Speisen)'. Die feste Verbindung *räässe Chääs* scheint mit dem Gleichklang der Vokale in den beiden Wörtern geradezu zu spielen.

Die Aussprache ***Chääs*** ist am weitesten verbreitet. Sie ist auf der Karte als grünliche Fläche dargestellt, die zeigt, wo die mittelhochdeutsche Lautung mit dem langen überoffenen Vokal (*æ* als Umlaut von *â* vor *i*) bewahrt wurde oder – im Fall der Davoser Gruppe der Bündner Walsermundarten – durch eine junge Neuerung wiederhergestellt wurde (vgl. dazu ganz am Schluss). Bei der verstreut und vereinzelt kartierten *a*-Lautung ***Chaas*** handelt es sich in allen Fällen um ein ganz helles *a*, das bei der Befragung kaum je klar von *ä* abgrenzbar war, was z.T. auch in den Schraffierungen zum Ausdruck kommt.

Alle andersfarbigen Flächen markieren Gebiete, wo die heutigen Vokalqualitäten von derjenigen des Mittelhochdeutschen abweichen. Sie haben die Gemeinsamkeit, dass sie alle eine geschlossenere *e*-artige Lautung aufweisen. Dabei sind die Gründe für die geschlosseneren Lautungen in den Gebieten im Norden und im Südwesten ganz unterschiedlich.

In der Nordschweiz und im Sarganserland können die heutigen Lautungen auf ▶ Hebungen zurückgeführt werden, bei denen die überoffene Qualität von mhd. *æ* zu halboffenem *èè* oder zu geschlossenem *ee* verengt (angehoben) wurde. Diese innersprachlich motivierten Prozesse und die sie auslösenden Zusammenhänge werden in folgender Beobachtung sichtbar: Die Lautung des Vokals in *Käse* scheint etwas mit der Lautung des Vokals in Wörtern wie *Abend*, *Haar*, *Jahr* zu tun zu haben. Wer ***Chèès*** ausspricht, sagt in der Regel auch *Òòbig*, *Hòòr*, *Jòòr*, wo ***Chees*** gesagt wird, trifft man auf *Oobig*, *Hoor*, *Joor* (s. Karte 79 *Abend*). In der Sprachwissenschaft geht man davon aus, dass diese Koppelung kein Zufall ist, sondern dass die Sprecher das Inventar ihrer Laute – ohne dass sie sich dessen bewusst wären – so ausrichten, dass sich bezüglich der Lautbildung eine Art Symmetrie ergibt. So liegen die Gebiete, wo *Chèès* bzw. *Chees* gelten, ganz innerhalb eines Raumes, in dem auch mhd. *â* in zeitlich vorausliegenden Prozessen zu *òò* bzw. zu *oo* gehoben bzw. ▶ verdumpft worden ist. Bei der Lautung ***Cheis*** im Sarganserland handelt es sich um eine von *Chees* ausgehende jüngere ▶ Diphthongierung, die auch als Zerdehnung bezeichnet wird. Wiederum findet sich dieses Phänomen gleichermassen beim hinteren Vokal (*Oubig* usw.).

Der Ausgangspunkt für die heutigen Lautungen im Südwesten beruht auf Sprachkontakt. Die lang andauernde enge Nachbarschaft zwischen Romanen und alemannischen Siedlern hat in diesem Gebiet dazu geführt, dass an die Stelle von mhd. *æ* – einem Laut, der den romanischen Sprachen bis heute fehlt – der diesem ähnlichste Laut des romanischen Vokalsystems, ein offenes *èè*, getreten ist. Im Nachgang dazu hat im grössten Teil dieses Gebiets eine dann allerdings wieder innersprachlich motivierte Hebung zu *Chees* stattgefunden. Die auffälligen Diphthonge ***Chies*** und ***Cheas*** sind das Ergebnis jüngerer Entwicklungen.

Der Vokal in *Käse* wird in diesem ganzen südwestlichen Gebiet und ebenso in den nördlichen Kleingebieten, wo man *Chees* (Jura) oder *Cheis* (Sarganserland) sagt, genau gleich ausgesprochen wie jener in *Schnee*, *See*, *weh* usw. (s. Karte 86 *Schnee*).

Die Bündner Walser der Davoser Gruppe sagen heute *Chääs* und nicht mehr *Chees*, wie sie es früher taten, und wie es eigentlich zu erwarten wäre. Sie haben die alte Lautung des Vokals, die derjenigen im westlichen Wallis entspricht, wohl schon im 19. Jh. zugunsten von *Chääs* aufgegeben. Für einen solchen Lautersatz im überregionalen Ausgleich war ein Marktwort wie *Käse* offenbar besonders empfänglich. Diese Karte kann somit nicht (mehr) als Nachweis für die Herkunft der Bündner Walser dienen. Man geht nämlich davon aus, dass gerade die Lautung des Vokals in Wörtern wie *Käse* verrät, woher die Bündner Walser stammen. Die (frühere) Lautung *Chees*, *Streel*, *Scheer* usw. dokumentiert die Unterwalliser Herkunft der Davoser Gruppe, die Lautung *Chääs*, *Strääl*, *Schäär* usw. die Oberwalliser Herkunft der Rheinwald-Gruppe. **HPS**

Karte 86

Schnee

mhd. ê

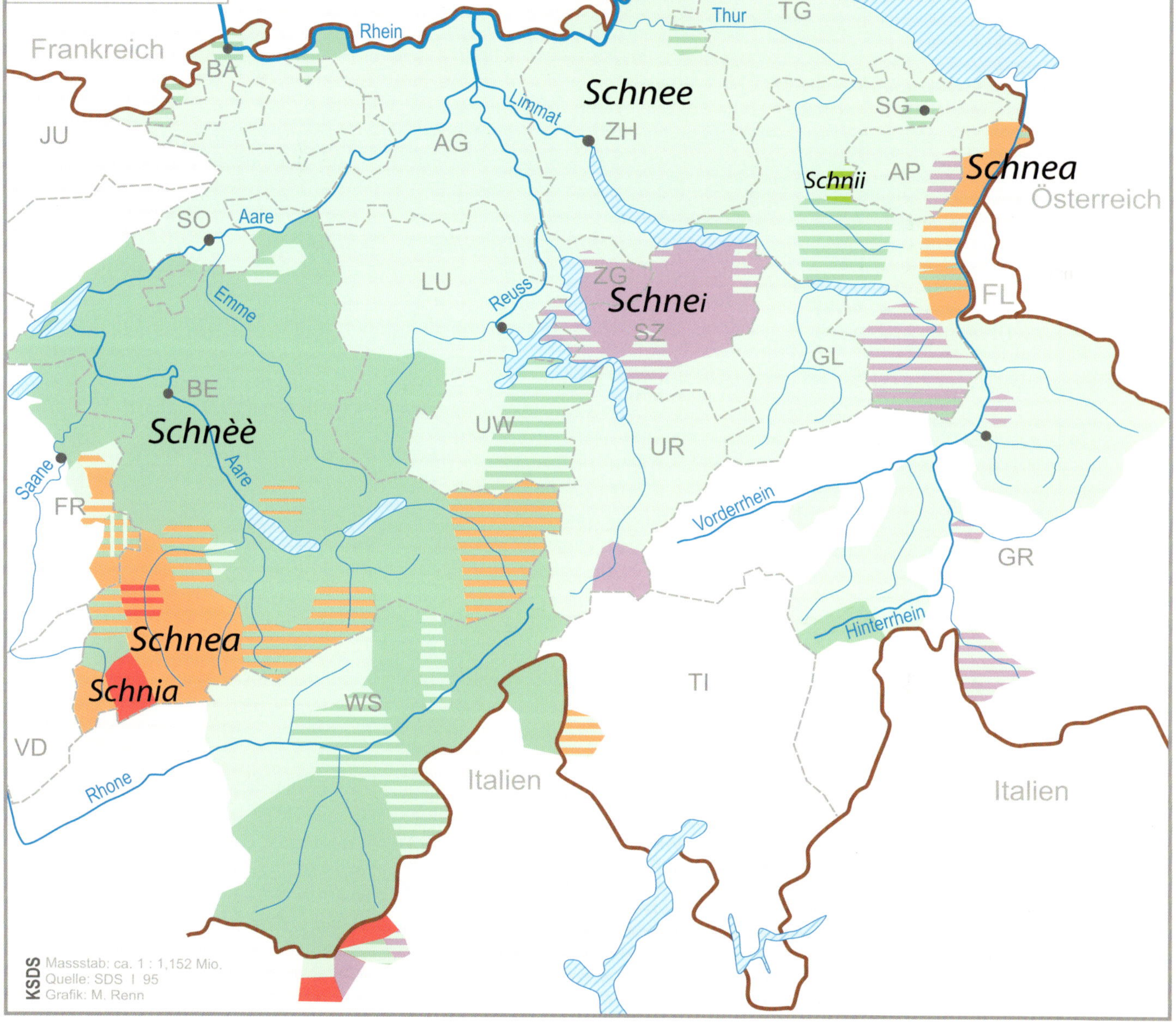

Der lange *e*-Vokal, wie er sich in Wörtern wie *Schnee* oder *Reh* manifestiert, kommt in unterschiedlichen Lautqualitäten vor. Es wird heute angenommen, dass dieser Laut in mittelhochdeutscher Zeit anders als im heutigen Hochdeutschen, nämlich offen, ausgesprochen wurde. Die Realisierung als *Schn**èè***, wie sie vor allem für die westlichen Dialekte charakteristisch ist, aber auch in den Städten St.Gallen und Schaffhausen belegt ist, entspricht diesem alten Lautstand. Die Aussprache als neutrales *e* *(Schn**ee**)* oder im Toggenburg vereinzelt sogar als *i (Schn**ii**)* werden als – sprachhistorisch neuere – ▶ Hebungen betrachtet.

Wie bei Langvokalen ganz allgemein zu beobachten ist, besteht hier eine Neigung zur ▶ Diphthongierung (vgl. engl. *side* 'Seite', wo altes *i* zwar geschrieben aber aktuell als Diphthong ausgesprochen wird). In der Deutschschweiz kommen entweder schliessende *(Schn**ei**)* oder öffnende (*Schn**ea***, selten *Schn**ia***) Diphthonge vor. Letztere sind nicht nur im Freiburgischen und im Berner Oberland belegt, sondern sie kommen auch im Rheintal vor, wo sie im Schwäbischen eine grossräumige Fortsetzung finden.

Sehr ähnliche sprachliche Vorkommnisse zeigen sich bei den langen *o*-Vokalen (z.B. in *Brot*) oder bei den langen *ö*-Vokalen (z.B. in *schön*), wo wiederum offene oder neutrale Lautwerte die grösste Verbreitung haben. Auch hier kommen schliessende *(Brout*, *schöin)* und öffnende Diphthonge *(Broet*, *schöen)* vor, deren Verbreitungsgebiet weitgehend jenem der *e*-Diphthonge entspricht. Die Diphthonge scheinen sehr auffällig zu sein; jedenfalls wird auf der offiziellen Webseite des Klosterdorfes Einsiedeln der Ortsdialekt anhand der Diphthongierung charakterisiert, die hier sogar bei ▶ verdumpften langen *a*-Lauten (s. Karte 79 *Abend*) wirksam werden kann (*Hour* 'Haar', *frouge* 'fragen'). Die diphthongierten Langvokale geben Anlass zu Sprachspott und dürften insgesamt im Rückgang begriffen sein. HC

Sprachatlas der deutschen Schweiz (SDS)

Der Sprachatlas der deutschen Schweiz umfasst acht Kartenbände und ist zwischen 1962 und 1997 erschienen. Ein neunter Band wurde 2003 als Abschlussband mit verschiedenen Dokumentationen und Registern publiziert. Die ersten acht Bände dokumentieren auf 1548 Karten die schweizerdeutschen Mundarten in ihrer räumlichen Vielfalt sowohl in lautlicher Hinsicht als auch in der Formenbildung und im Wortschatz. Der SDS geht auf die Initiative der beiden damaligen Dialektologen der Universitäten Bern und Zürich, ▶ Prof. Heinrich Baumgartner und ▶ Prof. Rudolf Hotzenköcherle, zurück, die 1935 beschlossen, gemeinsam einen Sprachatlas für die deutschsprachige Schweiz zu erarbeiten. Nach Vorabklärungen haben von 1940 bis 1958 Exploratoren mit Hilfe eines Fragebuchs von rund 2500 Fragen in etwa jeder dritten deutschsprachigen Gemeinde dialektologische Erhebungen durchgeführt, die neben den alltäglichen Verrichtungen gut und gerne eine Woche in Anspruch nehmen konnten. Befragt wurden so genannte Gewährsleute, bevorzugt ältere, ortsansässige Männer aus dem bäuerlich-handwerklichen Bereich. Die Antworten wurden in einer eigens entwickelten Schreibweise akribisch auf Blättern notiert. In die Fragekampagne wurden auch die ▶ Walserorte im Piemont und Aostatal sowie der Tessiner Walserort Bosco Gurin mit einbezogen. In Lengnau AG wurde mit einer Zusatzbefragung 1946 auch das im Aussterben begriffene ▶ Surbtaler Jiddische festgehalten, aber nicht in den Atlas aufgenommen. Ganz ausgeschlossen aus den Befragungen blieben das tirolischsprachige Samnaun und die Sprachinseln auf den Jurahöhen.

Nach dem Tod Hotzenköcherles 1976 wurde die Publikationsarbeit von ▶ Dr. Rudolf Trüb, einem der ersten Mitarbeiter am Unternehmen, zu Ende geführt. Die Originalzettel und Fragebücher, die noch umfangreiche unveröffentlichte Materialien enthalten, sind heute auf der Arbeitsstelle des ▶ Schweizerischen Idiotikons archiviert. Das Kartenwerk, das die Auswertung des immensen Datenmaterials darstellt, hat wissenschaftliche Massstäbe gesetzt und ist für zahlreiche weitere sprachgeographische Unternehmungen zum Vorbild geworden. Die Karten des SDS dienten als Grundlage für die Erstellung der farbigen Flächenkarten des vorliegenden Bandes.

In Ergänzung zu den SDS-Fragebucherhebungen wurden an ausgewählten Orten mit Unterstützung des ▶ Phonogrammarchivs der Universität Zürich auch Mundartaufnahmen mit Vergleichstexten und Beschreibungen typischer Arbeitsvorgänge gemacht und als Tonaufnahmen veröffentlicht.

Karte 87

schneien

mhd. î im Silbenauslaut vor Vokal

Die schweizerdeutschen Mundarten sind als Teil der alemannischen Mundarten dadurch gekennzeichnet, dass sie, anders als die Schriftsprache, die so genannte Neuhochdeutsche Diphthongierung, d.h. die Veränderung der Langvokale *î*, *û* und *iu* (gesprochen *üü*) zu *ei*, *au* und *äu*, nicht mitgemacht haben. So ist etwa die *Maus* als *Muus* erhalten und der *Wein* als *Wii*. Allerdings gibt es eine systematische Ausnahme von dieser Regel, nämlich dann, wenn der Langvokal vor einem weiteren Vokal stand, wie etwa in der mittelhochdeutschen Form *snîen* 'schneien' (in der das ursprünglich vorhandene *w* aus ahd. *snīwan* schon geschwunden war). In diesem Fall, der in der Sprachwissenschaft als ▶ Hiatus-Stellung bekannt ist, hat auch ein Grossteil der schweizerdeutschen Mundarten an der beschriebenen Diphthongierung teilgenommen. Unser Beispielwort erscheint meist mit einem flachen Diphthong als *schn**ei**e* und unterscheidet sich daher in der Regel von einem alten Diphthong mit offenerer Aussprache wie im Wort *Geiss* (s. Karte 89 *Geiss*). Im Nordosten findet sich aber von alters her auch die offenere Aussprache *schn**äi**e* oder *schn**ai**e*.

In den südlicheren Gebieten, von Freiburg über die Innerschweiz bis zu den Bündner Walserorten und Appenzell, ist dagegen die alte Aussprache erhalten geblieben *(schn**ii**e)*. Dieses Gebiet, in dem lediglich Engelberg mit der nördlichen Lautung eingeschlossen ist, wird als höchstalemannisch bezeichnet. An verschiedenen Stellen finden sich Übergangsgebiete, die Laute mit (nur) leicht diphthongischem Charakter aufweisen, wie sie auch immer wieder zwischen Luzern und Solothurn zu hören sind.

Ähnliche Verhältnisse wie bei *schneien* gelten für das Wort *bauen* und auch für Wörter, in denen der Vokal ursprünglich am Wortende stand, wie etwa bei *Blei*, *Brei* usw.

In den südlicheren der Walserorte Norditaliens haben Sonderentwicklungen zu *u*- und *e*-haltigen Wortformen geführt.

Eine jüngste Umfrage bei Schülern im Kanton Schwyz hat gezeigt, dass sich die früher lediglich in den nördlichen Gemeinden am See vorhandenen Diphthonge mittlerweile südlich in den Kanton hinein ausgebreitet haben. Dabei dominiert allmählich auch die offenere Aussprache *äi/ai* (bzw. *äu/au* im Fall von *bauen*) über geschlossenes *schneie* (bzw. *boue*). **EG**

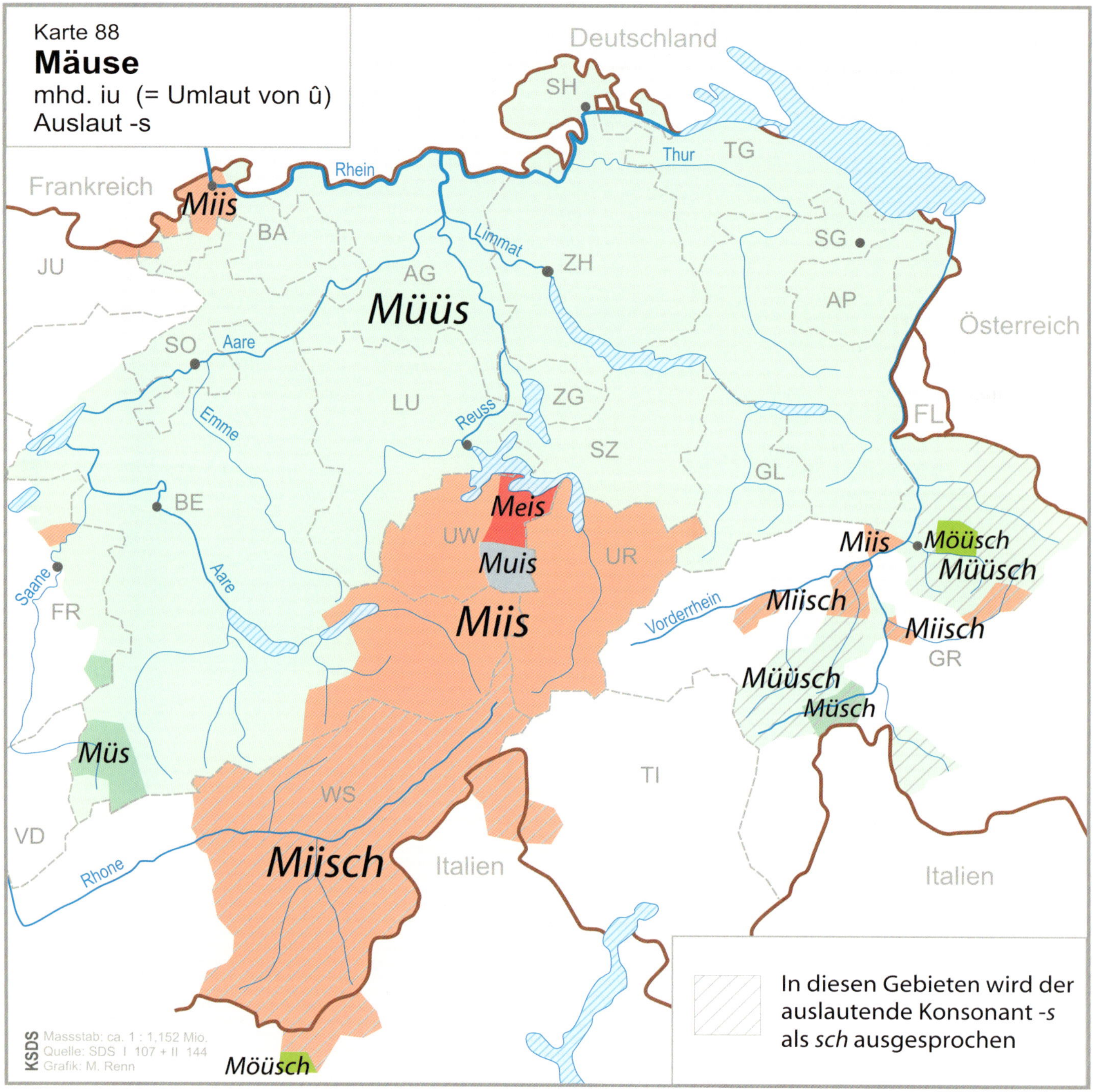
Karte 88
Mäuse
mhd. iu (= Umlaut von û)
Auslaut -s
Deutschland
Frankreich
Österreich
Italien
Italien
SH
TG
BA
JU
AG
ZH
SG
AP
SO
LU
ZG
FL
SZ
GL
BE
UW
UR
FR
GR
TI
WS
VD
Rhein
Thur
Limmat
Aare
Emme
Reuss
Saane
Aare
Vorderrhein
Rhone
Miis
Müüs
Meis
Muis
Miis
Miis
Möüsch
Müüsch
Miisch
Miisch
Müüsch
Müsch
Müs
Miisch
Möüsch
In diesen Gebieten wird der auslautende Konsonant -s als sch ausgesprochen
KSDS
Massstab: ca. 1 : 1,152 Mio.
Quelle: SDS I 107 + II 144
Grafik: M. Renn

Die schweizerdeutschen Mundarten sind als Teil der alemannischen Mundarten dadurch gekennzeichnet, dass sie, anders als die Schriftsprache, die so genannte ▶ Neuhochdeutsche Diphthongierung, nicht mitgemacht haben. So sind *Maus* als *Muus* und *Mäuse* als *Müüs* erhalten geblieben. Dafür sind andere lautliche Veränderungen eingetreten. Vor allem im Wallis, der angrenzenden Innerschweiz und in Basel ist es, wie in den meisten Dialekten Süddeutschlands, zu einer ▶ Entrundung des vorderen Vokals *ü* gekommen, so dass sich hier die Lautform *Miis* oder – mit der typischen Walliser und Walser-Aussprache – *Miisch* ergeben hat.

Statt dem entrundeten Langvokal erscheint als Besonderheit einiger Nidwaldner Orte eine mehr oder weniger stark zerdehnte, diphthongartige *ei*-Aussprache, *Meis*, die nach allgemeiner Ansicht aber von der Neuhochdeutschen Diphthongierung unabhängig ist. In der Obwaldner Enklave Engelberg trifft man als Weiterentwicklung der Ausgangsform *Müüs* die diphthongische Sonderlautung *Muis* (wie auch in *nuin* 'neun' oder *nuid* 'nichts') an, die verwirrenderweise im umgebenden Unterwalden gerade als Singular gebraucht wird.

Der ursprüngliche, gerundete Langvokal *üü* in *Müüs* konnte – neben vereinzelter Kürzung zu *Müs*, *Müsch* – punktuell auch eine spätere Diphthongierung zu *öü* erfahren, wie sie in der Walserform *Möüsch* nachgewiesen ist. Soweit erkennbar besteht auch hier kein Zusammenhang mit der schriftsprachlichen Diphthongierung, sondern man geht zumindest in den erst spät germanisierten Dörfern des Schanfigg eher von der Übertragung einer romanischen Lautentwicklung in die schweizerdeutsche Aussprache aus. Dieses lokale Merkmal ist allerdings in jüngster Zeit kaum mehr zu hören.

Der *sch*-Laut der Walliser und Walser setzt hier übrigens eine unreine, *sch*-artige Aussprache des alten *s*-Lautes fort, wie man sie für das Mittelhochdeutsche annimmt. Ausser in einigen bairischen Sprachinseln ist diese Aussprache sonst im Deutschen verloren gegangen. EG

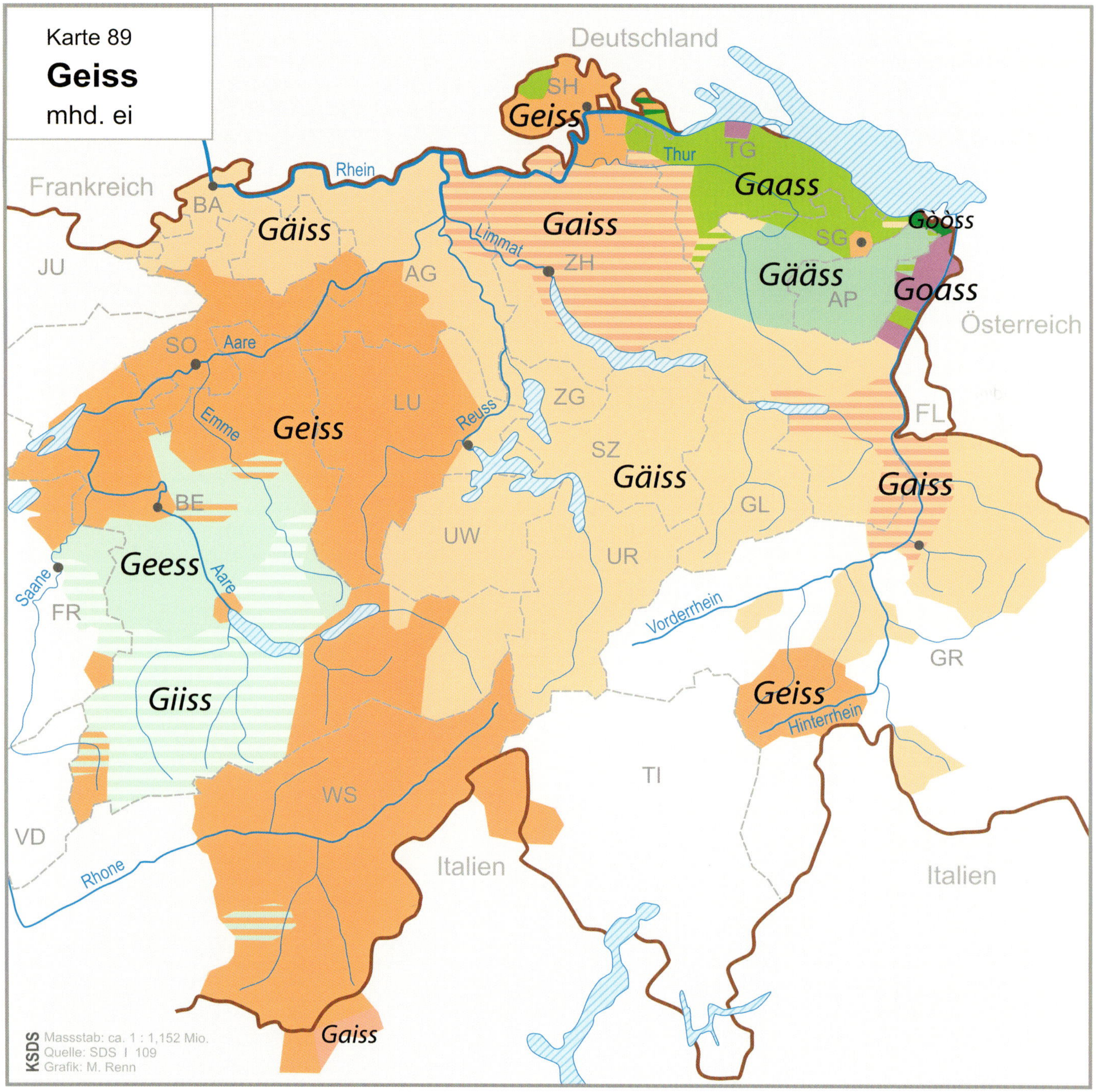

Karte 89
Geiss
mhd. ei
Deutschland
Frankreich
Österreich
Italien
Italien
Geiss
Gäiss
Gaiss
Gaass
Göòss
Gääss
Goass
Geiss
Gäiss
Gaiss
Geess
Giiss
Geiss
Gaiss
SH
TG
BA
SG
ZH
AG
AP
JU
SO
LU
ZG
FL
SZ
BE
GL
UW
UR
FR
GR
TI
WS
VD
Rhein
Thur
Limmat
Aare
Emme
Reuss
Saane
Aare
Vorderrhein
Hinterrhein
Rhone
KSDS
Massstab: ca. 1 : 1,152 Mio.
Quelle: SDS I 109
Grafik: M. Renn

Die Karte 89 stellt die lautlichen Entsprechungen von mhd. *ei* am Beispiel des Wortes *Geiss* dar und gibt somit die Lautung zahlreicher weiterer Wörter wie z. B. jene in *heiss*, *(ich) weiss*, *breit* wieder, bei denen sich ein ähnliches Kartenbild zeigt.
Den mittelhochdeutschen Lautstand zeigen grosse Teile vor allem der westlichen Deutschschweiz, die den geschlossenen ▶ Diphthong *ei (Geiss)* bewahrt haben. Diese Lautung findet sich aber auch in der Stadt St.Gallen und in einigen Dörfern am Hinterrhein. Das grösste Areal beanspruchen die Lautungen *äi (Gäiss)* und *ai (Gaiss)*, die von der Nordwestschweiz bis nach Graubünden verbreitet sind und die weitgehend der Aussprache des Lautes in der Schriftsprache entsprechen. Sonderentwicklungen haben am westlichen und östlichen Rand des Schweizerdeutschen stattgefunden. In grossen Teilen des Berner Oberlandes bis ins Mittelbernische und ebenso im Freiburger Sensebezirk wurde der Laut zu einem *e-* oder *i*-haltigen Vokal ▶ monophthongiert *(Geess, Giiss)*. In der nördlichen Ostschweiz sind ebenfalls Monophthonge verbreitet, je nach Gegend handelt es sich um einen *a-* oder *ä*-haltigen Laut *(Gaass, Gääss)*. Der in der Ostschweiz ebenfalls belegte *o*-Laut wird als Monophthongierung des schwäbischen Diphthongs *oe (Goess)* betrachtet, der seinerseits vor allem im St. Galler Rheintal und im angrenzenden deutschen Bodenseeraum vorkommt *(Gòòss, Goass)*.
Die unterschiedlichen Lautqualitäten der Entsprechungen von mhd. *ei* sind den Sprecherinnen und Sprechern durchaus bewusst. Davon zeugen zahlreiche Merk- und Spottverse, die auf diese Eigenheit Bezug nehmen, z.B. *I maan du waasch, das em Schtaamaa sii aalts aaöigigs Maatli die lang Laatere ganz elaa de Maart abe traat hät* 'Ich meine, du weisst, dass Steinmanns altes einäugiges Mädchen die lange Leiter ganz alleine zum Markt hinunter getragen hat', Stein am Rhein; das Verb *eielen* bezeichnet die Redeweise der westlichen Luzerner aus der Sicht der *äi*-lautierenden Städter; als charakteristisch für die Redeweise der Basler Oberschicht, des so genannten Basler *Daig* 'Teig', wird gerne ihr *ai* erwähnt.
In Gegenden mit *Gäiss-* oder *Gaiss*-Lautung kommen teilweise auch geschlossene *ei*-Diphthonge vor. Diese sind allerdings auf ganz wenige Wörter wie *schneien* oder *frei* beschränkt, die eine andere Lautgeschichte haben. Der *ei*-Lautung liegt hier ein mittelhochdeutscher langer *i*-Vokal zugrunde, wie er in alpinen Dialekten in dieser besonderen Position des ▶ Hiats bis heute vorkommt *(schniie, frii)* (s. Karte 87 *schneien*). Neuerdings nimmt die Präsenz des geschlossenen *ei*-Diphthongs in allen Regionen zu, ist er doch häufig in englischen Entlehnungen anzutreffen: Unabhängig vom Dialekt wird *mail* oder *game* als *meil* und *geim* ausgesprochen. HC

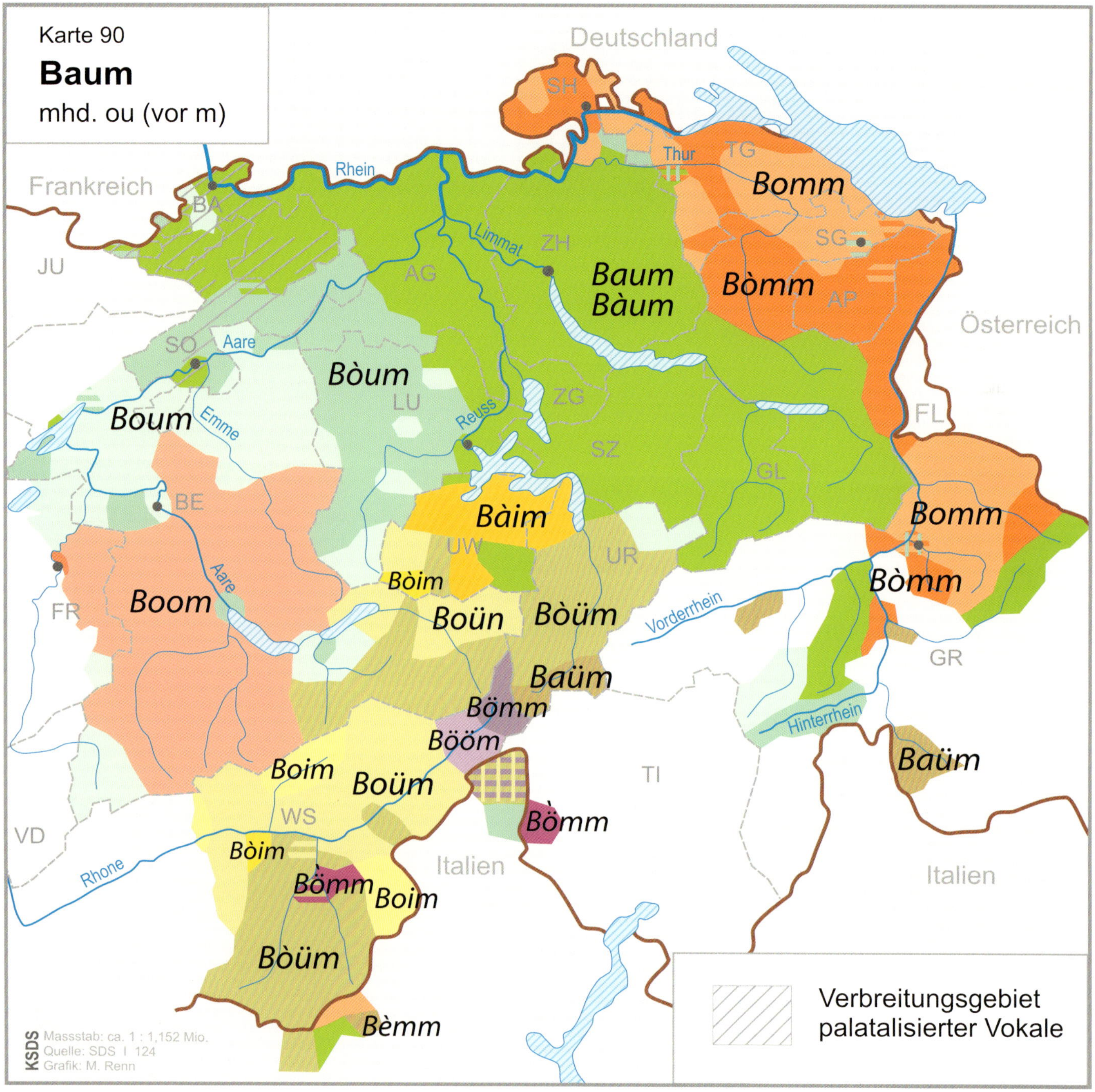
Karte 90
Baum
mhd. ou (vor m)
Deutschland
Frankreich
Österreich
Italien
Italien
Rhein
Thur
Limmat
Aare
Emme
Reuss
Aare
Vorderrhein
Hinterrhein
Rhone
SH
TG
BA
SG
JU
ZH
AG
AP
SO
LU
ZG
FL
SZ
GL
BE
UW
UR
FR
GR
TI
WS
VD
Bomm
Baum
Bàum
Bòmm
Bòum
Boum
Bàim
Bomm
Bòim
Bòmm
Boom
Boün
Bòüm
Baüm
Bömm
Bööm
Boim
Boüm
Baüm
Bömm
Bòim
Bömm
Boim
Bòüm
Bèmm
KSDS
Massstab: ca. 1 : 1,152 Mio.
Quelle: SDS I 124
Grafik: M. Renn
Verbreitungsgebiet palatalisierter Vokale

Der mittelhochdeutsche ▶ Diphthong *ou*, der in Wörtern wie mhd. *boum* 'Baum' oder *gelouben* 'glauben' vorkommt, zeigt in den schweizerdeutschen Dialekten ein äusserst variantenreiches Erscheinungsbild, welches das Resultat verschiedenster lautlicher Entwicklungen ist. Im grössten Teil der Deutschschweiz setzen diphthongische Lautungen den früheren Laut fort, allerdings häufig in unterschiedlichen Qualitäten. Die westlichen *ou*- und *òu*-Diphthonge *(**Bou**m, **Bòu**m)* dürften in etwa dem alten Lautwert des Mittelhochdeutschen entsprechen. Durch eine weitere Öffnung dieser Laute sind – wie im Hochdeutschen – der *au*- und der etwas dumpfere *àu*-Diphthong *(**Bau**m, **Bàu**m)* entstanden. Im alpinen Raum, wo der *u*-Laut zu *ü* ▶ palatalisiert werden kann (z. B. walliserdt. *Hüüs* 'Haus', urnerdt. *Üüri* 'Uri'), hat dies hörbare Konsequenzen für die Diphthonge *ou* und *òu*, die ihre charakteristische *oü*- und *òü*-Lautung *(**Boü**m, **Bòü**m)* erhalten. Von Palatalisierungen ist auch die Nordwestschweiz betroffen und dies führt dort zu Diphthongen mit einem *u*-Laut, der zwischen *u* und *ü* liegt. Er wird im Alltag aber eher als *u* gehört und folglich in der Mundartliteratur auch mit dem Buchstaben *u* wiedergegeben. In manchen alpinen Gebieten werden die *oü*- und *òü*-Lautungen in einem nachfolgenden Entwicklungsschritt den ortsüblichen ▶ Entrundungen unterworfen (s. Karte 88 *Mäuse*), so dass die geringfügig anders klingenden Laute *oi* und *òi (**Boi**m, **Bòi**m)* entstehen. Die in Unterwalden verbreitete *ài*-Lautung *(**Bài**m)* kann man sich als Abfolge folgender Entwicklungsschritte vorstellen: Öffnung von *ou* zu *au*, Palatalisierung von *au* zu *aü*, die im Urserental tatsächlich so vorkommt *(**Baü**m)*, Entrundung von *aü* zu *ai*.

Neben den Diphthongen kommen auch kurze und lange ▶ Monophthonge mit unterschiedlichen Qualitäten vor, die sich aus verschiedenen Diphthongen entwickelt haben. Aus früherem *ou* oder *òu* sind die Vokale in *B**oo**m*, *B**o**mm* und *B**ò**mm* entstanden, während *B**öö**m*, *B**ö**mm* und *B**ö̀**mm* auf *Boüm* als Ausgangsform zurückgehen, wie es sie in der umgebenden Nachbarschaft auch tatsächlich gibt. Das südwalserisch vereinzelt vorkommende *B**è**mm* kann als entrundete Form von *Bö̀mm* gesehen werden.

Der offenbar sehr auffallende Unterschied zwischen diphthongischen und monophthongischen Lautungen wird gerne in Merksprüchen und Scherzfragen gefasst (s. dazu auch Karte 89 *Geiss*). So sagen die Bewohner des Weilers Biembach über ihre Nachbarn im Dorf Hasle bei Burgdorf: *Mir tüe ane Bòòm siike, die ds Hasli tüe ane Boum seiche* 'Wir/die in Hasle seichen an einen Baum'. HC

Surbtaler Jiddisch

In den Dörfern Endingen und Lengnau im aargauischen Surbtal wurden im 16. Jh. von aus den Städten und anderen ländlichen Regionen geflohenen Juden neue jüdische Gemeinden gegründet. Sie bestanden bis ins 20. Jh. als einzige ländliche Judengemeinden der Schweiz. Die jüdischen Einwohner, die in Endingen zeitweise gut die Hälfte der Bevölkerung ausmachten, sprachen einen (süd-)westjiddischen Dialekt. Das Westjiddische ist vom Ostjiddischen, das sich im östlichen Europa ab dem Hochmittelalter vor allem unter slawischem Einfluss herausgebildet hatte, in vielerlei Punkten unterschieden. Als generelles Kennzeichen gilt die ▶ Monophthongierung von älterem *ou* und *ei* zu *a* (*laafe* 'laufen', *Flaasch* 'Fleisch'). Vom umgebenden Alemannischen hat es sich durch die durchgeführte ▶ Neuhochdeutsche Diphthongierung deutlich unterschieden. In welcher Region sich im Mittelalter das Westjiddische als Sprache der Juden herausgebildet hatte, ist umstritten. Da das Westjiddische im deutschen Sprachraum bereits ab dem Ende des 18. Jhs. von den Juden im Rahmen der kulturellen und religiösen Assimilation zugunsten der Varietäten der umgebenden christlichen Bevölkerung aufgegeben wurde, ist das relativ gut dokumentierte Surbtaler Jiddisch für die Erforschung des Westjiddischen von grosser Bedeutung.

Nach der Gewährung der Freizügigkeit im 19. Jh., die das Recht auf freien Wohnsitz brachte, nahm die Zahl der im Surbtal ansässigen Juden immer mehr ab. Das Jiddische wurde hier ab dem Ende des 19. Jhs. kaum mehr an die nächste Generation weitergegeben und ist mittlerweile ausgestorben. Die Mitte des 20. Jhs. von ▶ Florence Guggenheim-Grünberg (1898–1989) in Zusammenarbeit mit dem ▶ Phonogrammarchiv eingespielten Tonaufnahmen, die Sprecherinnen und Sprecher des Dialekts dokumentieren, die in der Kindheit noch eine gute Sprachkompetenz erworben hatten, sind daher besonders wertvoll. Bei den Erhebungen für den ▶ Sprachatlas der deutschen Schweiz wurde 1946 in Lengnau zusätzlich eine jiddisch-sprachige Gewährsperson befragt. Das Material wurde jedoch nicht in den Atlas einbezogen, wie die Karte *Baum* zeigt, wo im Aargau nur Diphthong-Lautungen verzeichnet sind.

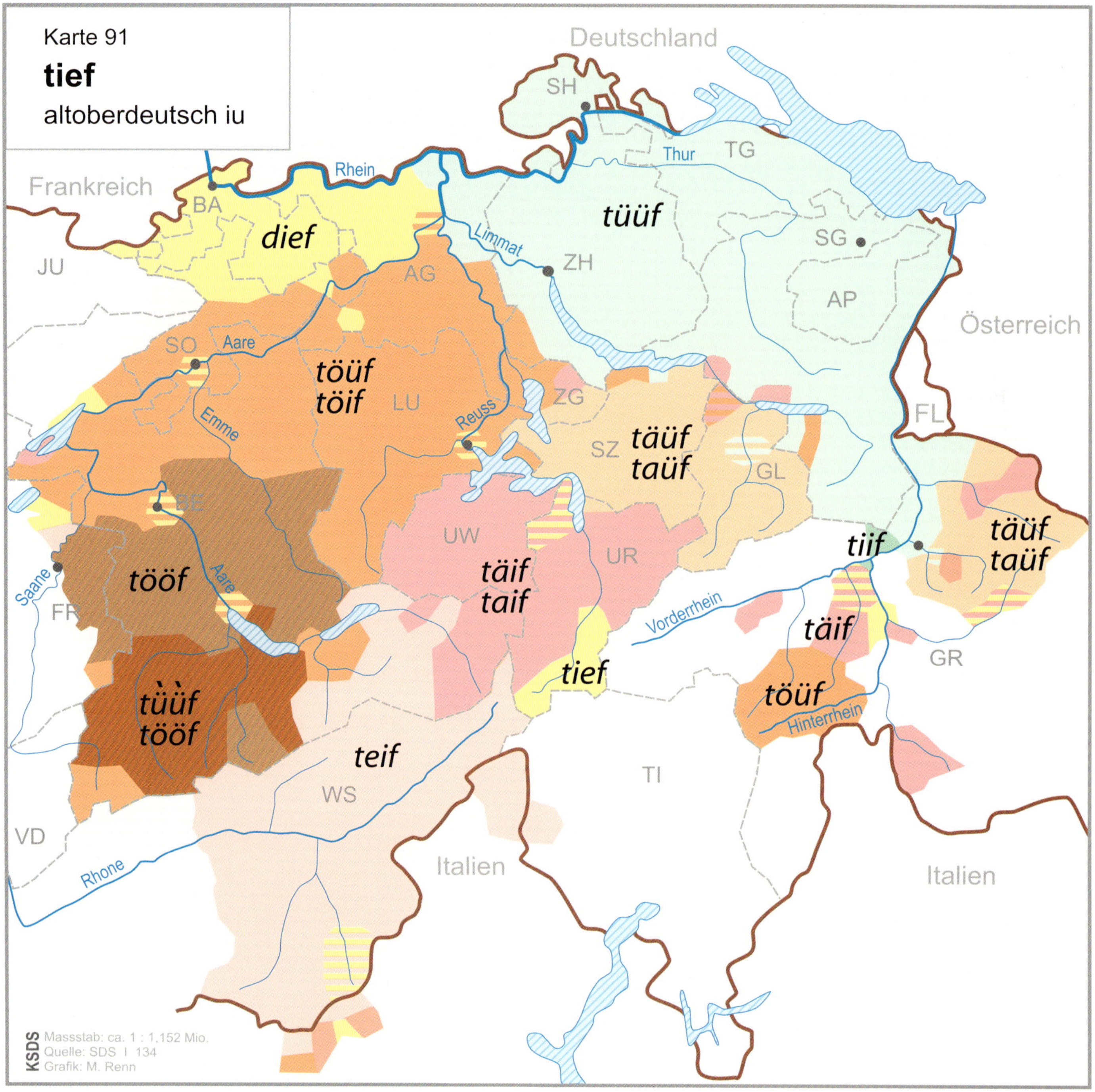
Karte 91
tief
altoberdeutsch iu
Deutschland
Frankreich
Österreich
Italien
Italien
SH
TG
Thur
Rhein
BA
dief
JU
AG
Limmat
ZH
tüüf
SG
AP
SO
Aare
töüf
töif
LU
Emme
Reuss
ZG
SZ
täüf
taüf
GL
FL
BE
Aare
Saane
FR
tööf
UW
täif
taif
UR
tiif
täüf
taüf
Vorderrhein
täif
GR
tief
töüf
Hinterrhein
tǜüf
tööf
teif
WS
TI
VD
Rhone
KSDS
Massstab: ca. 1 : 1,152 Mio.
Quelle: SDS I 134
Grafik: M. Renn

Die nebenstehende Karte zeigt die Entwicklung von altoberdeutsch *iu* vor ► Labial (beispielsweise *b* und *f* in Wörtern wie *Dieb*, *lieb*, *tief*, *Stiefmutter*) oder vor ► Velar (beispielsweise *g* in Wörtern wie *Fliege*, *fliegen*), soweit auf diese nicht *i* oder *u* folgten.
Nordöstliches ***tüüf*** 'tief' bzw. ► entrundet ***tiif*** hat sich direkt aus dem altoberdeutschen *tiuf* entwickelt. Es weist mit gewissen Einschränkungen – eine West- und eine Südgrenze auf, die in der deutschschweizerischen Mundartforschung bestens bekannt sind. Die Südgrenze entspricht weitgehend der Grenze zwischen Hochalemannisch und Höchstalemannisch (s. Karten 87 *schneien*, 97 *trinken*, 103 *morgen*), die Westgrenze weitgehend der so genannten ► Aare-Reuss-Linie zwischen westlicher und östlicher Deutschschweiz (s. Karten 115 *Verbplural*, 116 *sein Plural*, 117 *haben Plural*, 118 *hat/hätte*).
Nordwestliches ***tief*** bzw. *dief* ist nicht aus dem altoberdeutschen *tiuf* entstanden, sondern – wie auch das hochdeutsche *tief* aus dessen altfränkischer Variante *tiof*.

Es ist ein bekanntes Merkmal des nordwestlichen Schweizerdeutschen, dass es oft mit den nördlich anschliessenden Mundarten übereinstimmt. Zwei weitere Beispiele hierfür sind die Dehnung von Vokalen in offener Silbe, s. Karte 95 *Grab/Gräber*, sowie die ► Lenisierung des Anlauts von *t-* zu *d-*, wie sie auch bei *dief* ersichtlich wird. Ausserhalb dieses geschlossenen Gebietes findet sich *dief* bzw. *tief* besonders in den Stadtmundarten von Solothurn, Biel, Murten, Bern, Thun, Zofingen und Luzern, wo es sich um eine Prestigeform der städtischen Bevölkerung handelt.
Die Lautgeschichte des dritten Typus ist nicht sicher geklärt. Wir haben zwei Untertypen vor uns, nämlich das primär westliche ***töüf*** oder ***töif*** und das primär zentralschweizerisch-glarnerische ***täüf*** oder ***taüf***. Im Entrundungsgebiet (s. Karten 84 *Rücken* und 88 *Mäuse*) wird ersteres zu ***teif***, letzteres zu ***täif*** oder ***taif***. Südwestliches ***tööf*** oder ***tǜüf*** ist eine von *töüf* ausgehende Variante und deshalb vom oben besprochenen nordöstlichen *tüüf* zu trennen.

Andere Wörter, die im Altoberdeutschen ebenfalls *iu* aufwiesen, zeigen gegenüber *tief* kleinere oder grössere Verschiedenheiten: Weitgehend gleich (mit gewissen Abweichungen am Westrand und in der Südostschweiz) gehen Substantive wie *Fliege*. Auch *Stief-* in Zusammensetzungen wie *Stiefmutter* verhält sich ähnlich wie *tief*, wenngleich hier eine jüngere, dem Hochdeutschen entlehnte Lautung *Stiif-* mancherorts die ältere Lautung *Stüüf-*, *Stöüf-* verdrängt hat. Zum Wort *Knie* s. Karte 92.
Es gibt aber auch Wörter, die stark von diesem Muster abweichen. Die Lautung *Dieb* gilt ausnahmslos, die Lautung *lieb* fast überall; *lüüb* tritt zumindest in gewissen Regionen der Nordostschweiz noch auf. Umgekehrt gilt bei Verben wie *fliegen* auch im westlichen Mittelland sowie in der ganzen Zentralschweiz die Lautung *flüüge* (bzw. deren Varianten wie *flüge*, *fliige* usw.); Lautungen wie *flööge*, *fleigu*, *fläige*, *fläüge* kommen nur noch in den südwestlichen und südöstlichen Randzonen vor. CL

Karte 92
Knie
altoberdeutsch iu (vor w)

Beim Wort für das Knie handelt es sich, ähnlich wie auch bei anderen Bezeichnungen für Körperteile und menschliche Organe (z. B. Arm, Auge, Herz), um ein Erbwort, das bis in das Indogermanische zurückverfolgt werden kann und z. B. mit lat. *genu* 'Knie' zu vergleichen ist. Im Althochdeutschen erscheint das Wort ausser in der regelmässigen Form *kneo* – auf die das heutige hochdeutsche *Knie* zurückgeht – auch als *kniu*. Das lässt sich auf den Einfluss eines ursprünglich folgenden *w*-Lautes zurückführen, der in dem entsprechenden germanischen Wort (**knew-/kneu*) enthalten war. Dieses *w* ist z. B. noch in althochdeutschen Kasusformen zu erkennen, z. B. in der Angabe *an dien chniwen* 'an den Knien' bei ▶ Notker von St.Gallen. In der Schriftsprache ist das *w* später geschwunden.

Auf der Karte sind – in vereinfachter Weise – in erster Linie die verschiedenen Vokalentwicklungen berücksichtigt. Diese gehen alle auf die althochdeutsche Lautform *iu* (oder noch älteres *eu*) zurück. Der Konsonant *K-* am Wortanfang wird hier nicht eigens besprochen (s. dazu Karte 96 *Kind*). Er erscheint infolge der ▶ Althochdeutschen Lautverschiebung in unterschiedlichen Lautungen.

Der ursprüngliche ▶ Diphthong *iu* hat sich allgemein schon früh zu einem langen *ü*-Laut entwickelt, wie er in nordöstlichem *Chn**üü***, *Kn**üü*** noch gut erhalten ist. Daraus wurde in Gebieten mit ▶ Entrundung, vor allem in der Innerschweiz (s. Karte 88 *Mäuse*), die Lautung *Chn**ii*** bzw. mit erhaltenem *w* auch *Chn**iiw***. In den grünlich eingefärbten Gebieten gilt eine auf den älteren *eu*-Laut zurückgehende und (von *eu* über *öu* zu *öü*) weiterentwickelte diphthongische Aussprache, z. B. *Chn**öü***, *Chn**äü*** o. Ä. In den Gebieten mit Entrundung erscheint dafür dann *Chn**ei***, *Chn**äi*** usw. Zusammen mit erhaltenem *w* finden sich dann die Lautungen *Chn**euw***, vor allem im Haslital, *Chn**eiw***, *Chn**ew*** o. Ä. insbesondere im Wallis. Eine Verhärtung dieses *w*-Lautes führt zur Lautung *Chn**äip***, wie sie im obersten Teil des Kantons Uri notiert wurde.

Das gegenüber dem sprachgeschichtlich vergleichbaren Wort *tief* (s. Karte 91 *tief*) auffällige Hineinragen von *öü*-Lautungen bis ins Appenzellische lässt eine Überschneidung der Lautung mit dem Wirken der ▶ Hiatusdiphthongierung (s. Karte 87 *schneien)* vermuten. Dementsprechend wäre hier bis in das Churer Rheintal hinein eine Diphthongierung von *Chnüü* zu *Chnöü* durchgeführt worden, verursacht durch die Position des Vokals am Wortende, wie etwa auch beim Wort *neu*. Die diphthongische Lautung hätte hier also nicht dieselbe Herkunft wie im westlichen Schweizerdeutschen.

In einigen Südwalserorten findet sich die Aussprache *Chn**ou***, die wohl durch eine besondere Abwandlung (und Vereinfachung) des *öü*-Lautes entstanden ist. **EG**

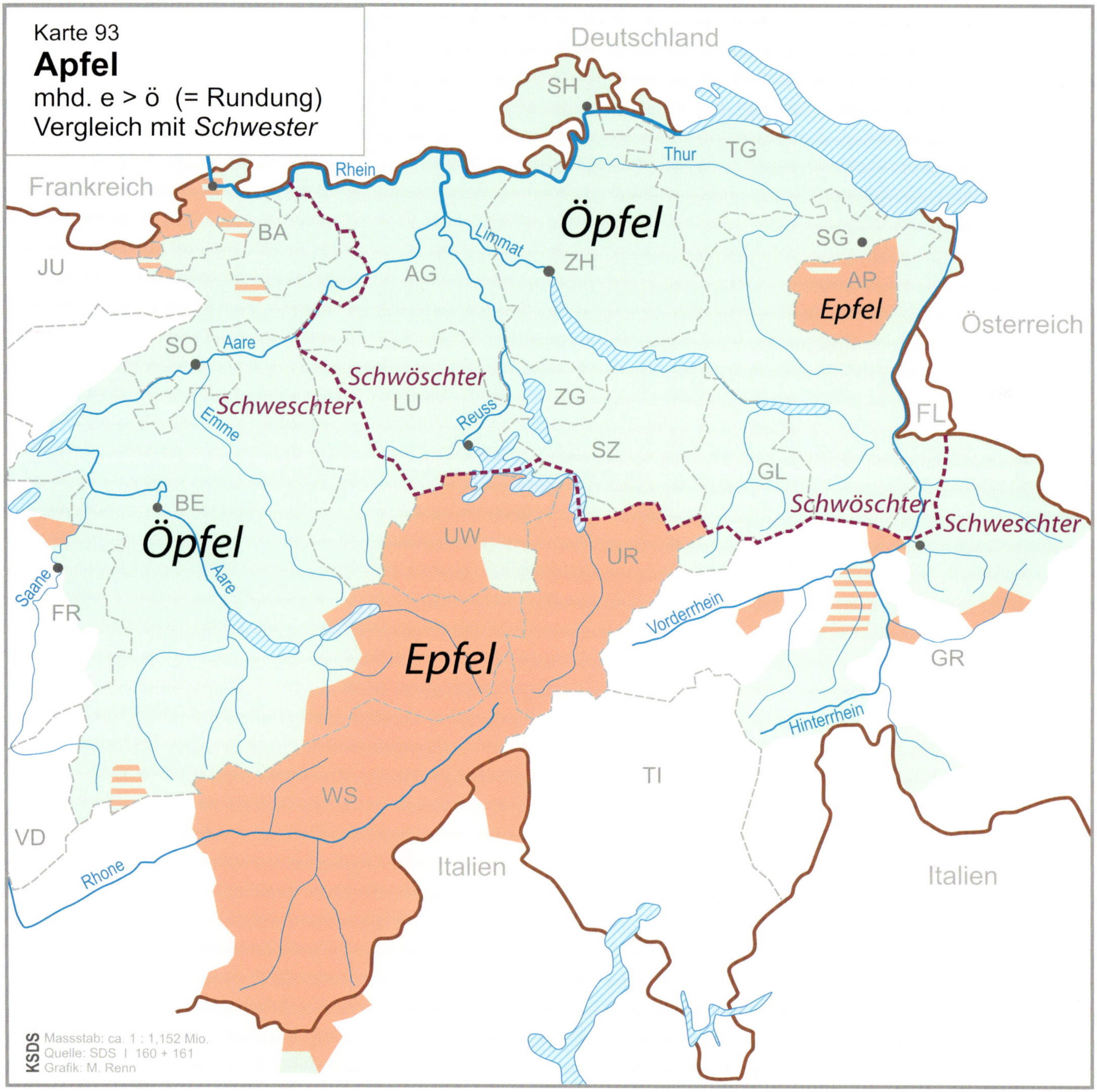
Karte 93
Apfel
mhd. e > ö (= Rundung)
Vergleich mit Schwester
Deutschland
Frankreich
Österreich
Italien
Italien
Öpfel
Öpfel
Epfel
Epfel
Schwöschter
Schweschter
Schwöschter
Schweschter
SH
TG
BA
JU
AG
ZH
SG
AP
SO
LU
ZG
FL
SZ
GL
BE
UW
UR
FR
GR
TI
WS
VD
Rhein
Thur
Limmat
Aare
Emme
Reuss
Saane
Aare
Vorderrhein
Hinterrhein
Rhone
KSDS
Massstab: ca. 1 : 1,152 Mio.
Quelle: SDS I 160 + 161
Grafik: M. Renn

Apfel ist ein uraltes, indogermanisches Wort. Es kommt nicht nur im Deutschen, sondern auch in anderen germanischen (engl. *apple*) und beispielsweise auch in den slawischen Sprachen (russ. *jabloko*) vor. Vermutlich bezeichnete es ursprünglich den älteren, nicht geniessbaren Holzapfel. Auch nach der Kultivierung zum Edelapfel in der Römerzeit wurde der alte Name im Deutschen beibehalten und nicht wie bei anderen Obstsorten aus dem Lateinischen übernommen *(Pfirsich, Pflaume, Kirsche)*. Ursprünglich hiess das Wort im Althochdeutschen *aphul*, im Plural umgelautet *ephili*. Im Alemannischen hat man daraufhin wohl die Pluralform ***Epfel*** auch für den Singular verwendet: *en Epfel*. Auch bei anderen Wörtern kann man diesen Vorgang vermuten: *min Brüeder*, *mi Töchter* sind eigentlich Pluralformen (s. Karte 113 *Bruder/Brüder*). Beim Wort *Epfel* könnte aber auch eine Übertragung aus der schon althochdeutschen Verkleinerungsform *ephili* 'Äpfelchen' vorliegen.

Der Ausdruck *Epfel* wurde dann in den meisten Gebieten zu ***Öpfel*** ▶ gerundet. Dasselbe passierte mit *Schweschter* zu *Schwöschter*. Während bei den Wörtern *Leffel* zu *Löffel* und *Gewelbe* zu *Gewölbe* diese Rundung des *e*-Lauts sogar in die Schriftsprache übernommen wurde, blieben *Öpfel* und *Schwöschter* auf die alemannische Mundart beschränkt. Die ungerundete Form *Epfel* hat sich im Süden erhalten, ebenso im Appenzellischen und vereinzelt im Bündnerland. Sonst gilt fast überall nur *Öpfel (Öpfu* u.Ä.). Die gerundete Form *Schwöschter* hingegen hat es nicht so weit gebracht: Der ganze Westen ist bei *Schweschter* geblieben. Im späten Mittelalter weisen im ganzen alemannischen Gebiet, also bis weit nach Süddeutschland hinein, Wörter mit ursprünglichem *e/i* gerundete Formen mit *ö/ü* auf. Erst danach setzte eine Entrundungsbewegung ein, die aber kurz vor der Schweizer Grenze stehen geblieben ist. Auch im südlichen Schwarzwald gilt heute noch *Schwöschter* und *Öpfel*. Das gleiche Phänomen zeigen Wörter wie *Chetti/Chötti* 'Kette', *Rippe/Rüppe* 'Rippe', *Brille/Brülle* 'Brille' und *Milch/Mülch* 'Milch'. Von all den genannten Wörtern haben *Öpfel* und *Brülle* die weiteste Verbreitung gegenüber *Epfel* und *Brille*. Bei aller Verschiedenheit pro Wort und Verbreitungsgebiet hat der äusserste Süden immer die ungerundeten Formen: *Epfel*, *Schwester*, *Chetti*, *Milch*, *Brille*, *Rippe*. HL

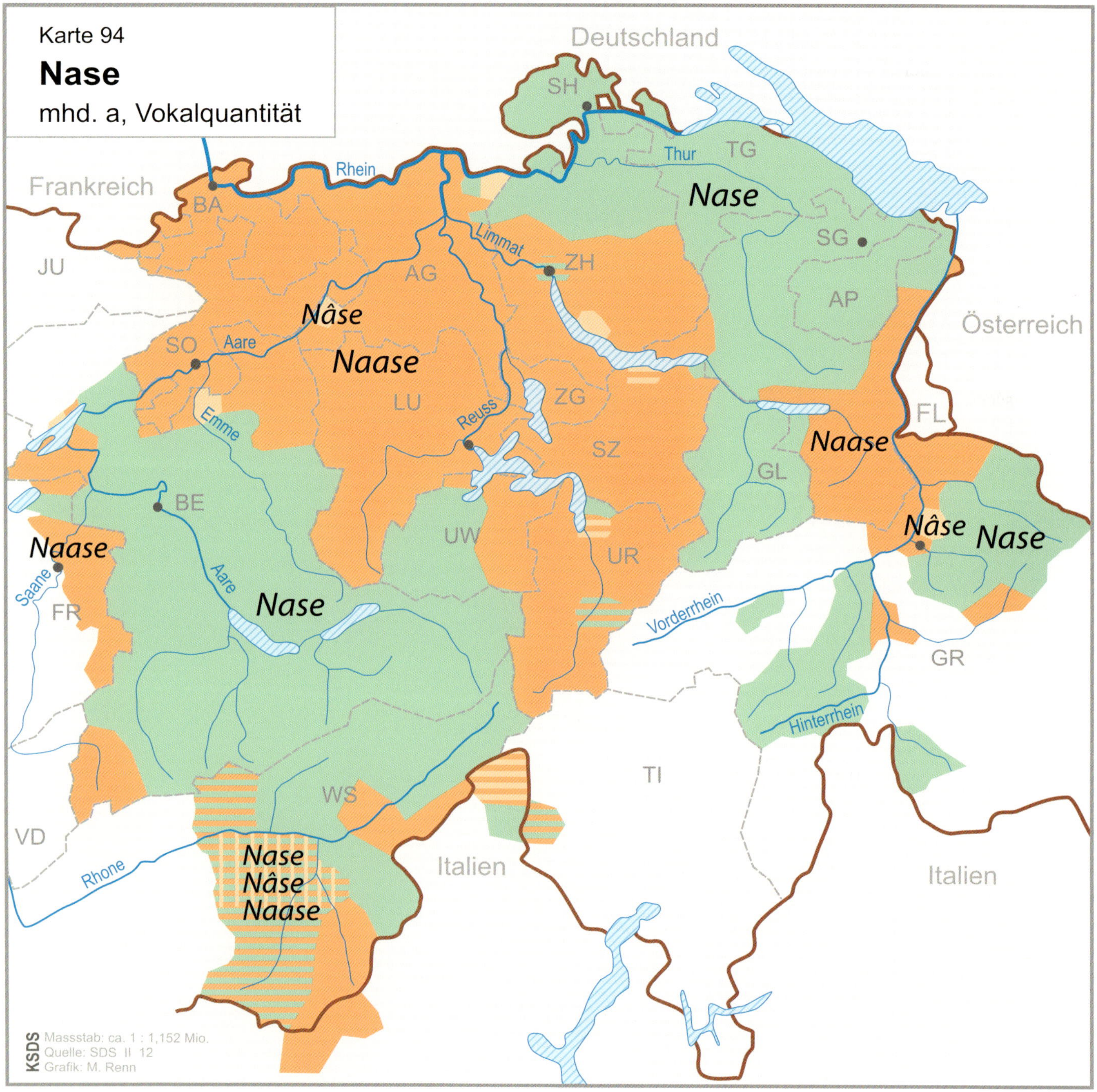
Karte 94
Nase
mhd. a, Vokalquantität
Deutschland
Frankreich
Österreich
Italien
Italien
Rhein
Thur
Limmat
Aare
Emme
Reuss
Saane
Rhone
Vorderrhein
Hinterrhein
SH
TG
BA
SG
AP
JU
AG
ZH
SO
LU
ZG
FL
SZ
GL
BE
UW
UR
FR
GR
TI
WS
VD
Nase
Nâse
Naase
Naase
Nâse
Nase
Naase
Nase
Nase
Nâse
Naase
Massstab: ca. 1 : 1,152 Mio.
Quelle: SDS II 12
Grafik: M. Renn
KSDS

Der Vokal *a* im Wort *Nase* geht auf einen mittelhochdeutschen Kurzvokal zurück. In den Mundarten der grün eingezeichneten Gebiete ist der Kurzvokal bis heute erhalten geblieben: *Nase*. In den Mundarten der braun gefärbten Gebiete ist der alte Vokal gedehnt worden, in der Regel zu einem langen *aa*: *Naase*. Die wenigen Orte mit halblangem Vokal *Nâse* liegen oft in Grenzregionen zwischen Kurz- und Langvokalgebieten.
Die Dehnung in *Naase* steht in Zusammenhang mit einem Sprachwandel, der das Hochdeutsche tiefgreifend verändert hat. Dort sind sämtliche mittelhochdeutschen Kurzvokale gedehnt worden, die wie das *a* in *Na-se* in offener Silbe standen, d.h., auf die in der gleichen Silbe kein Konsonant folgte, also auch in *O-fen*, *Stu-be* usw. Das Schweizerdeutsche hat diese Dehnung in offener Silbe nur teilweise mitgemacht. Bloss drei Regionen kennen wie das Neuhochdeutsche eine regelmässige Dehnung aller Vokale in offener Silbe: Basel und Solothurn samt dem Bielersee-Berndeutschen, das St. Galler Oberland mit dem angrenzenden Rheintal sowie Uri sagen *Naase*, *siibe*, *Oofe*, *Stuube*. Es ist anzunehmen, dass die regelmässige Dehnung in Basel, Solothurn und um den Bielersee aus der Oberrheinebene übernommen wurde. Im St. Galler und Bündner sowie vor allem im Urner Dehnungsgebiet ist wohl eher mit Eigenentwicklungen der dortigen Mundarten zu rechnen.
Auch in den viel grösseren Regionen zwischen den drei konsequenten Dehnungsgebieten ist die Dehnung in offener Silbe nicht völlig unbekannt. Aber zum einen betrifft sie fast ausschliesslich den mittelhochdeutschen Vokal *a* (*Naase* ist dafür ein Beispiel), und zum andern ist diese Dehnung von *a* in doppeltem Sinne unregelmässig: Sie hat nicht alle Wörter mit mittelhochdeutsch kurzem *a* in offener Silbe ergriffen, und sie gilt für jedes gedehnte Wort in einem Gebiet von unterschiedlicher Grösse. Die braunen Gebiete auf der Karte mit *Naase* stehen für ein Dehnungsgebiet von mittlerer Ausdehnung. Auf einer Karte für *Wade* dagegen wären die Langvokale auf die drei regelmässigen Dehnungsregionen beschränkt, während auf einer Karte für *faare* fast die ganze Deutschschweiz braun eingezeichnet werden müsste. Man kann aber immerhin die Faustregel aufstellen, dass die grünen Gebiete auf der Karte *Nase* die Dehnung von altem *a* in offener Silbe eher ablehnen, während sich die braunen Gebiete dehnungsfreundlicher verhalten.
Besonders viele Wörter mit mhd. *a* sind im nördlichen Schweizerdeutschen gedehnt worden, und zwar genau in jenen Regionen, wo das alte, lange *aa* zu *òò* ▸ verdumpft worden ist (s. Karte 79 *Abend*). Als Folge der Verdumpfung drohte der lange *aa*-Laut aus den nördlichen Mundarten zu verschwinden. Durch die Dehnung des kurzen *a* wurde die Stelle des verdumpften *aa* sozusagen wiederbesetzt. Der *a*-Laut ist nämlich für das Funktionieren eines jeden Lautsystems wichtig und darf eigentlich nicht fehlen. Diese Zusammenhänge können erklären, warum die Dehnung in offener Silbe im Schweizerdeutschen einerseits fast nur das mhd. *a* betrifft, und andererseits, warum im Süden, wo das mittelhochdeutsche lange *aa* nicht zu *òò* geworden war, das kurze *a* viel seltener gedehnt wurde. Auch die Deutschfreiburger Mundarten dehnen altes *a* überdurchschnittlich häufig. Dies könnte auf ehemaligen Zusammenhängen mit dem jurassischen Dehnungsgebiet beruhen, die auch von andern Freiburger Lautungen, wie etwa *Gètti* für *Götti* nahe gelegt werden. Die Verhältnisse im Wallis und bei den Südwalsern sind aufgrund der Sprachatlaskarten allein kaum zu interpretieren. WH

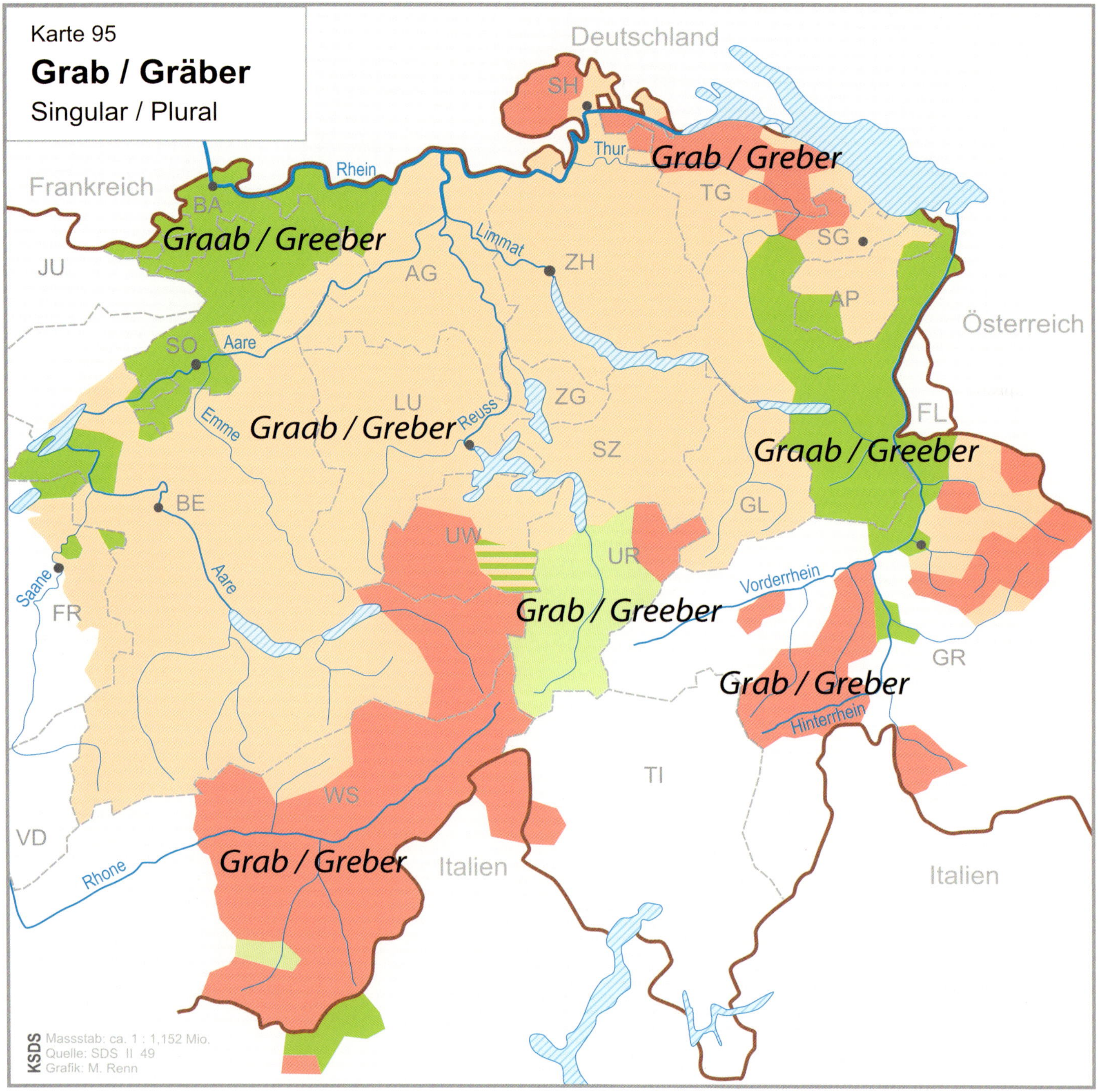

Karte 95
Grab / Gräber
Singular / Plural

Eine der durchgreifendsten Lautveränderungen vom Mittelhochdeutschen hin zur heutigen Schriftsprache zeigt sich im Gegensatz von einstigem Kurzvokal und heutigem Langvokal, etwa im Wort *Laden*, das im Hochdeutschen mit einem langen *a* gesprochen wird, im Mittelhochdeutschen aber noch einen Kurzvokal enthielt. Der Vorgang, der diese Veränderung hervorrief, ist in der Sprachwissenschaft als Dehnung in offener Tonsilbe bekannt. Als offene Tonsilben gelten Silben, die auf Vokal enden, wie bei der ersten Silbe in den Wörtern *Laden* und *Stube*, wenn man diese langsam, auf Silben aufgeteilt, ausspricht: *La-den*, *Stu-be*. Diese Veränderung hat z. B. auch die im Kartentitel genannte Pluralform *Gräber* erfasst (s. auch Karte 94 *Nase*). Der gedehnte Vokal hat sich dann in der Schriftsprache, so nimmt man allgemein an, aus Gründen der Vereinheitlichung der Wortformen auch auf die entsprechende einsilbige Singularform übertragen. Dadurch ergibt sich im vorliegenden Fall die Aussprache *Grab* mit einem langen *a*, obwohl hier keine offene Silbe vorlag. Soweit die Verhältnisse in der Schriftsprache.

In den Dialekten können Kürze und Länge der Vokale aber auch nach ganz anderen Regeln verteilt sein. Sogar innerhalb des Schweizerdeutschen gibt es hier recht unterschiedliche Entwicklungen. Die Veränderungen hängen teilweise vom konkreten Vokal und von dem auf den Vokal folgenden Konsonanten ab (s. Karte 94 *Nase*). Die nebenstehende Karte hat die Verhältnisse vor dem ▶ Verschlusslaut *-b-* zum Thema. Die Farbgebung bezieht sich dabei auf das jeweilige Verhältnis von Singular und Plural. Den grössten Raum nimmt ein System ein, in dem einer Singularform mit Langvokal eine Pluralform mit erhaltenem altem Kurzvokal gegenübersteht: *Graab/Greber*. Hieran lässt sich erkennen, dass die erwähnte Dehnung in offener Silbe in diesen Dialekten keine Rolle spielt. Dafür zeigt sich ein anderer Dehnungsprozess, nämlich gerade umgekehrt die Dehnung im einsilbigen Wort, wie sie auch aus dem Bairischen gut bekannt ist (z. B. *Gròòb*, *Fiisch*) und hier zu *Graab* führt. Ein Ausgleich zwischen Singular und Plural ist nicht erfolgt, der Vokal in der zweisilbigen Form bleibt kurz. Eine Übereinstimmung der Vokallänge im Singular und Plural ist allerdings für die dunkler grünen Gebiete im Osten und im jurassischen Nordwesten festzustellen, wo die Aussprache der beiden Wortformen diesbezüglich dem Hochdeutschen entspricht. Ob der Langvokal im zweisilbigen Plural *(Greeber)* wie im Hochdeutschen durch die erwähnte Dehnung in offener Silbe hervorgerufen wurde oder ob andere Mechanismen des Ausgleichs dazu geführt haben, ist nicht ganz klar.

Die rötlich eingefärbten Regionen haben dagegen die kurzen Vokale in der einsilbigen Singularform *Grab* bewahrt. Mehrheitlich gilt das dann auch für den Plural, sowohl am Nordrand als auch in den südlichen alpinen Gebieten *(Greber)*. Hier sind also bezüglich der Quantität die Verhältnisse des Mittelhochdeutschen erhalten. Im grössten Teil des Kantons Uri ist aber der Vokal in der zweisilbigen Pluralform lang geworden, so dass hier, ähnlich wie im bräunlichen Hauptgebiet, ein Gegenüber von Kurzvokal und Langvokal besteht: *Grab/Greeber*. Die Verteilung ist aber gerade umgekehrt, so dass der Kurzvokal im Singular gilt, ähnlich wie das in der norddeutschen Umgangssprache zu hören ist (z. B. im Gruss *Tach* 'guten Tag'). Das Auftreten der gedehnten Vokale in offener Silbe wird in den alpinen Gebieten allerdings nicht unbedingt in den Zusammenhang der schriftsprachlichen Dehnung gestellt, auch romanischer Einfluss ist zu erwägen.

Die konkrete Aussprache insbesondere der *e*-Laute bleibt auf der Karte unberücksichtigt. Sie stimmt beim Kurzvokal mit derjenigen von *Bett* (s. Karte 80 *Bett*) überein. Ist das *e* gedehnt, wird es teilweise wie das lange *e* in *Schnee* ausgesprochen (s. Karte 86 *Schnee*). **EG**

Laute II: Konsonanten

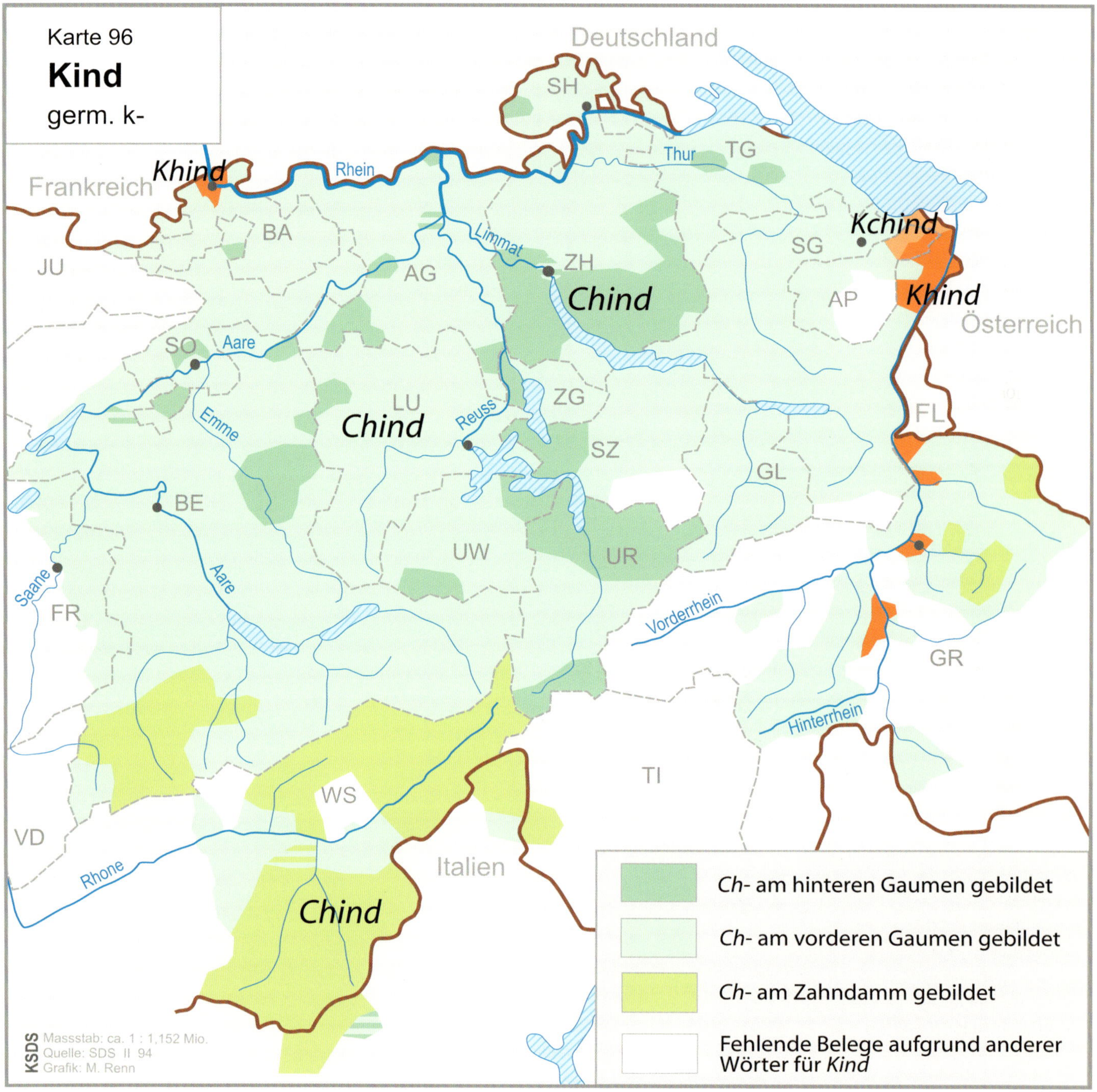
Karte 96
Kind
germ. k-
Deutschland
Frankreich
Österreich
Italien
Khind
Kchind
Khind
Chind
Chind
Chind
SH
TG
BA
JU
AG
ZH
SG
AP
SO
LU
ZG
FL
SZ
GL
BE
UW
UR
FR
GR
WS
TI
VD
Rhein
Thur
Limmat
Aare
Emme
Reuss
Saane
Vorderrhein
Hinterrhein
Rhone
Ch- am hinteren Gaumen gebildet
Ch- am vorderen Gaumen gebildet
Ch- am Zahndamm gebildet
Fehlende Belege aufgrund anderer Wörter für Kind
KSDS
Massstab: ca. 1 : 1,152 Mio.
Quelle: SDS II 94
Grafik: M. Renn

Die Lautungen, um die es im nachfolgenden Kommentar geht, spielen in der Sprachwissenschaft eine herausragende Rolle, weil an ihnen die historischen Dimensionen der Verwandtschaft von germanischen Sprachen und ihren Dialekten besonders deutlich zum Ausdruck kommen.

Zwischen dem 5. und 8. Jh. n. Chr. trat in der südlichen Hälfte des heute deutschsprachigen Raumes, dessen Grenze etwa einer Linie zwischen Düsseldorf und Berlin entspricht, eine besondere Entwicklung der alten germanischen ► Verschlusslaute *p*, *t* und *k* ein. Die so genannte ► Althochdeutsche Lautverschiebung veränderte diese Verschlusslaute – je nach Position im Wort – unterschiedlich, während in den übrigen germanischen Sprachen, also etwa im Englischen, im Niederländischen, in den skandinavischen Sprachen, aber auch in den niederdeutschen Dialekten die Konsonanten im alten Zustand bewahrt wurden. Im Wortinnern wurden *p*, *t* und *k* zu den ► Reibelauten *f*, *s* und *ch* verschoben, so dass es heute *offen* (engl. *open*), *Wasser* (engl. *water*) und *machen* (engl. *make*) heisst. Im Wortanlaut dagegen wurden die Konsonanten *p* und *t* zu so genannten ► Affrikaten *pf* und *ts* (geschrieben *z*) verschoben, bei denen dem Verschlusslaut unmittelbar ein Reibelaut folgt: *Pfeffer* (engl. *pepper*), *zehn* (engl. *ten*).

Der alte Verschlusslaut *k*, um den es in der nebenstehenden Karte geht, wurde im Wortanlaut im Rahmen der Althochdeutschen Lautverschiebung nur ganz im Süden des deutschen Sprachgebietes verändert. In einem ersten Schritt erfolgte dort eine Veränderung zur Affrikate *kch*, bestehend aus dem Verschlusslaut *k* und dem Reibelaut *ch*; in einem zweiten Schritt wurde die Affrikate zum Reibelaut *ch* vereinfacht. Die *k*-Laute in Wörtern, die es schon in voralthochdeutscher Zeit gab, haben beide Entwicklungsschritte vollzogen und zeigen in den entsprechenden Dialekten den Reibelaut *ch* (*Chüng* 'König im Kartenspiel', engl. *king*). In späteren Entlehnungen verlor der Lautwandel an Wirksamkeit und die *k*-Laute wurden nicht mehr vollständig, sondern bloss noch bis zur Affrikate *kch* verschoben (*Kchunscht* 'Kunst', *Kchompiuter*, engl. *computer*). Dieser Lautstand zeigt sich auch in südbairischen Dialekten des Tirols, wo sämtliche *k*-Laute als *kch* ausgesprochen werden.

Wie die Karte für die Lautung des Wortes *Kind* zeigt, ist die Verschiebung des anlautenden *k* zu *ch* (***Ch**ind*) eines der Charakteristika hochalemannischer Dialekte, das beinahe das gesamte Areal der Deutschschweiz umfasst (zu *k* unter anderen lautlichen Bedingungen s. Karte 97 *trinken*). Aufgrund dieses Kriteriums gehören jedoch die Stadt Basel, das Churer sowie Teile des St. Galler Rheintals bis in die Region um Rheineck nicht zu dieser Dialektgruppe (***Kh**ind*, ***Kch**ind*). Tatsächlich wird der Dialekt der Stadt Basel aufgrund der fehlenden *k*-Verschiebung zum Niederalemannischen gezählt, wozu auch das Elsässische und das Südbadische gehören. Die *kh*-Konsonanten in der Ostschweiz werden dagegen von der Sprachwissenschaft nicht als ältere Lautungen betrachtet. Vielmehr wird davon ausgegangen, dass es sich hier um Kontakterscheinungen bei einer ehemals rätoromanisch sprechenden Bevölkerung handelt. Diese – so wird vermutet – übertrug entweder den rätoromanischen Verschlusslaut ins Deutsche, oder aber sie eignete sich die Aussprachegewohnheiten von Deutschen an. Seit der zunehmenden Ausrichtung dieser Region auf das fränkische Reich vom Ende des ersten Jahrtausends n. Chr. an spielten diese nämlich als politische und kirchliche Würdenträger, später als Handwerker und Gewerbetreibende eine führende gesellschaftliche Rolle.

Die Aussprache des unverschobenen *k*-Lautes in *Kind* ist in der Ostschweiz und in Basel von einer ausgeprägten Behauchung (Aspiration) begleitet *(Khind)*; folgt dem Konsonanten *k* am Wortanfang jedoch ein *l (klemmen)*, *r (Krebs)* oder *n (Knecht)*, wird das *k* in Basel zu einem *g* geschwächt *(glemme*, *Gräbs*, *Gnächt)*.

Die Aussprache des Reibelautes *ch* ist in den hochalemannischen Dialekten nicht einheitlich; die Sprachwissenschafter wollen bei ihrer Befragung einen ganz hinten (dunkle Flächen) und einen geringfügig weiter vorne im Gaumen (helle Flächen) artikulierten Konsonanten wahrgenommen haben, die beide ungefähr dem hochdeutschen *ach*-Laut entsprechen; im westlichen Berner Oberland, in grossen Teilen des Wallis und vereinzelt in Bündner Walsersiedlungen ist dagegen ein Laut zu hören, der dem hochdeutschen *ich*-Laut ähnelt.

Viele Deutschschweizer sprechen im Hochdeutschen den mit dem Buchstaben *k* geschriebenen Laut als *kch* (*kchommen* 'kommen') und den mit der Buchstabenfolge *ch* geschriebenen Laut unabhängig von seiner lautlichen Umgebung als hinteren Kratzlaut aus. Diese Lautungen gelten als die typischen Deutschschweizer Merkmale schlechthin, die in keiner Parodie fehlen. HC

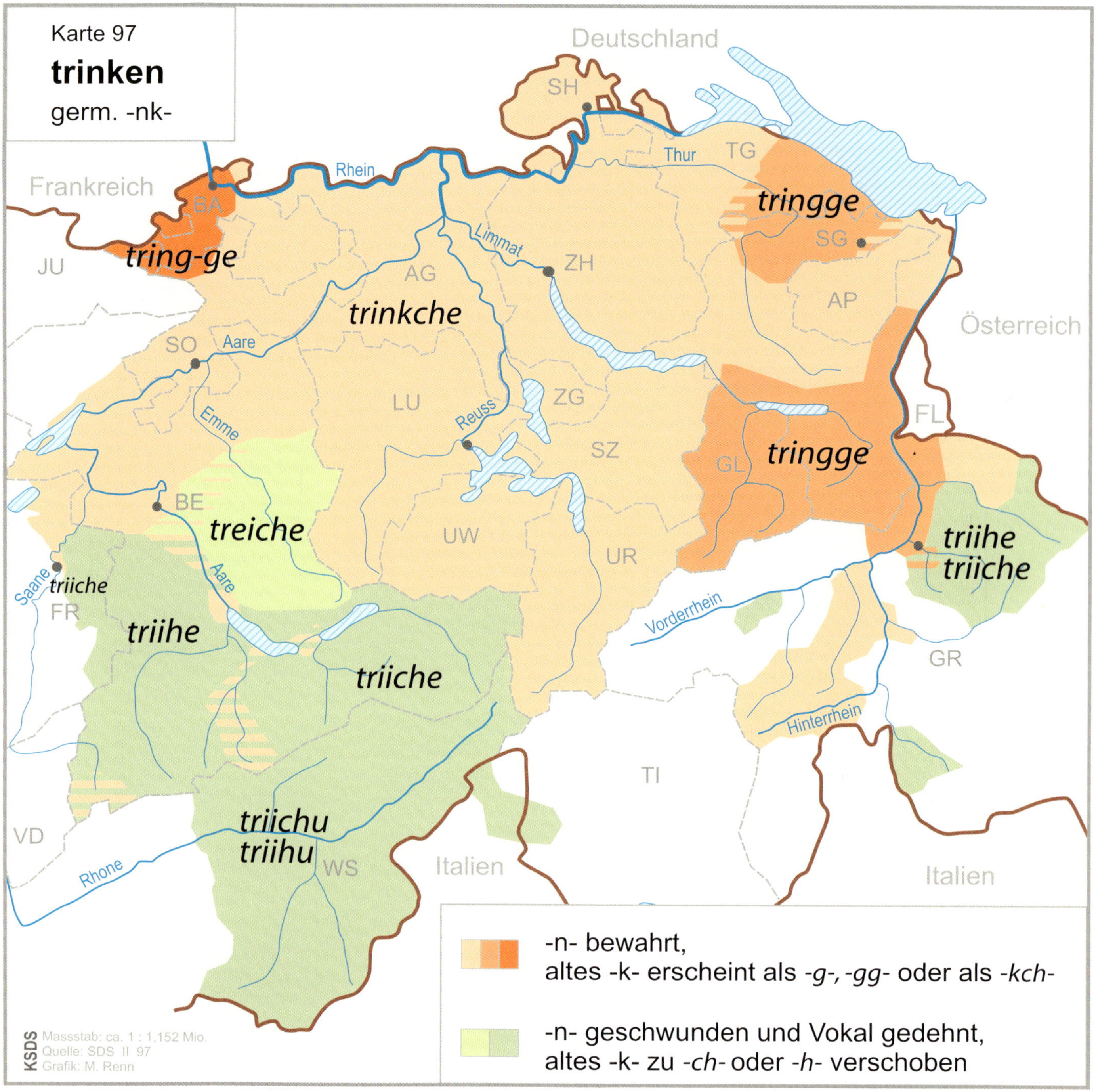
Karte 97
trinken
germ. -nk-
Deutschland
Frankreich
Österreich
Italien
Italien
SH
TG
BA
JU
AG
ZH
SG
AP
SO
LU
ZG
FL
SZ
GL
BE
UW
UR
FR
GR
TI
VD
WS
Rhein
Thur
Limmat
Aare
Emme
Reuss
Saane
Aare
Vorderrhein
Hinterrhein
Rhone
tringge
tring-ge
trinkche
treiche
tringge
triihe
triiche
triiche
triihe
triiche
triichu
triihu
-n- bewahrt,
altes -k- erscheint als -g-, -gg- oder als -kch-
-n- geschwunden und Vokal gedehnt,
altes -k- zu -ch- oder -h- verschoben
KSDS
Massstab: ca. 1 : 1,152 Mio.
Quelle: SDS II 97
Grafik: M. Renn

Das Hochalemannische als diejenige Sprachlandschaft, in der die so genannte ▶ Althochdeutsche Lautverschiebung vollständig durchgeführt wurde, hat alle germanischen stimmlosen ▶ Verschlusslaute, also auch das germ. *k*, im Anlaut und nach Konsonant zu einem aus Verschlusslaut und ▶ Reibelaut bestehenden neuen Laut *kch* verschoben (s. Karte 96 *Kind*). Dieser Laut ist im vorliegenden Wort in einem grossen nördlichen Gebiet sowie in der Innerschweiz erhalten geblieben, so dass uns hier *trin**kch**e* o.Ä. begegnet. Im Südwesten wie auch in den meisten Walserorten Graubündens ist *kch* weiter verschoben zu einem reinen Reibelaut *ch* oder gar zu einfachem ▶ Hauchlaut *h*. Dieser Lautwandel hatte dann weitere Folgen, da in den meisten schweizerdeutschen Mundarten generell ein ▶ Nasallaut *n* vor einem Reibelaut geschwunden ist. Dabei wurde dann der vorausgehende Vokal gedehnt oder sogar ▶ diphthongiert (vgl. *füüf* oder *föif* für *fünf*). Diese Regel ist in der Dialektologie als Staubsches Gesetz bekannt, da sie erstmals von Friedrich Staub 1877 beschrieben wurde. Demnach erscheint in den Gebieten mit Reibelaut das Wort *trinken* mit gedehntem Vokal als *tr**ii**ch**e*, *tr**ii**ch**u*, *tr**ii**h**u* o.Ä. oder diphthongiert als *tr**ei**ch**e*. Die Reibelautaussprache ist mit ihrer räumlichen Verbreitung in höchstalemannischen Gebieten als eine Reliktlautung erkennbar. Sie findet sich mehr oder weniger systematisch auch in anderen Wörtern mit der entsprechenden Lautfolge, etwa in *Schinken*, *stinken*, *denken*, *schenken*, *Anken*, die als *Scheiche*, *steiche* usw. erscheinen. Schon zur Zeit der Aufnahmen für den Sprachatlas war die Lautfolge *-nkch-* aber an verschiedenen Orten wieder eingeführt worden, weshalb die Reibelaute heute weiter zurückgedrängt sein dürften. In den Südwalser Sprachinseln ist dagegen noch die Lautung vor der Durchführung des Staubschen Gesetzes greifbar, also *trinche*, *trenchu* o.Ä. mit erhaltenem *n*. In der dem Niederalemannischen zugerechneten Nordwestecke, in der die Althochdeutsche Lautverschiebung bei *k* nicht vollständig durchgeführt wurde, war zunächst der alte *k*-Laut geblieben und später – wie auch in vielen Gegenden Süddeutschlands und dem Elsass – zu *g* geschwächt worden. Da die Schwächung auch das anlautende *t* erfasst hat, finden sich hier Formen wie *dring-ge*. Aber auch in verschiedenen östlichen Mundarten gilt statt der verschobenen Lautung *kch* der ursprüngliche *k*-Laut, also *trinke/tri**ngg**e*. Die unterbliebene Lautverschiebung wird hier unterschiedlich beurteilt. Sie wird z.T. als romanische ▶ Substratlautung angesehen, d.h. als Folge des späten Übergangs der ortsansässigen Romanen zum Alemannischen. Andere glauben jedoch, dass sich hierin die Sprachgewohnheiten einer schwäbisch-reichsdeutschen Oberschicht und deren Kanzleisprache spiegeln.

Insbesondere in den Berggebieten wurde verschiedentlich das sonst als grob eingestufte *saufen (suuffe*, *suufe*, *süüfe)* als das eigentlich übliche Wort angegeben. Bemerkenswert ist die Differenzierung im Wallis zwischen neutralem *triichu* (Kaffee, Milch oder Wein, Bier in Massen) und *süüffu* für das Löffeln von Suppe oder Milch sowie das Trinken von Alkohol im Übermass, das darüber hinaus auch mit *laffu*, dem für Tiere gebrauchten Wort, bezeichnet werden kann. EG

Friedrich Staub und das Staubsche Gesetz

Friedrich (Fritz) Staub (1826–1896) war der Initiant und erster Chefredaktor des Schweizerdeutschen Wörterbuchs (▶ Schweizerisches Idiotikon). Abgesehen davon ist sein Name heute noch in der Linguistik durch das nach ihm benannte Staubsche Gesetz bekannt, das er 1877 in der Zeitschrift „Die deutschen Mundarten" veröffentlicht hat (*Ein schweizerisch-alemannisches Lautgesetz*, Bd. 7, Seite 18–36, 191–207, 333–389).

Das Staubsche Gesetz erklärt, wie es z.B. zur Lautung *füüf* für das Zahlwort *fünf* kommt: In einer Lautfolge von Vokal und folgendem Nasalkonsonant schwindet der Nasal *n*, wenn er seinerseits vor einem Reibelaut steht, wie etwa vor *f*, aber auch vor *sch* oder *s (wünschen*, *Zins)*. In diesem Fall wird als Ersatz der verbliebene Vokal lang (so genannte Ersatzdehnung), wie in *füüf*, *wüüsche*, *Ziis*, oder zu einem ▶ Diphthong, wie in *föif*, *wöische*, *Zeis*. Derselbe Vorgang wird auch durch den infolge der ▶ Althochdeutschen Lautverschiebung aus *k* entstandenen Reibelaut *ch* ausgelöst. Aus *Anke* 'Butter' wird *Aache*, *Aiche*, *Ouche* o.Ä. (s. Karte 28 *Butter*). Ob der Nasal erhalten bleibt, ein Langvokal oder ein Diphthong entsteht, hängt einerseits von der Region, andererseits aber auch vom einzelnen Wort ab.

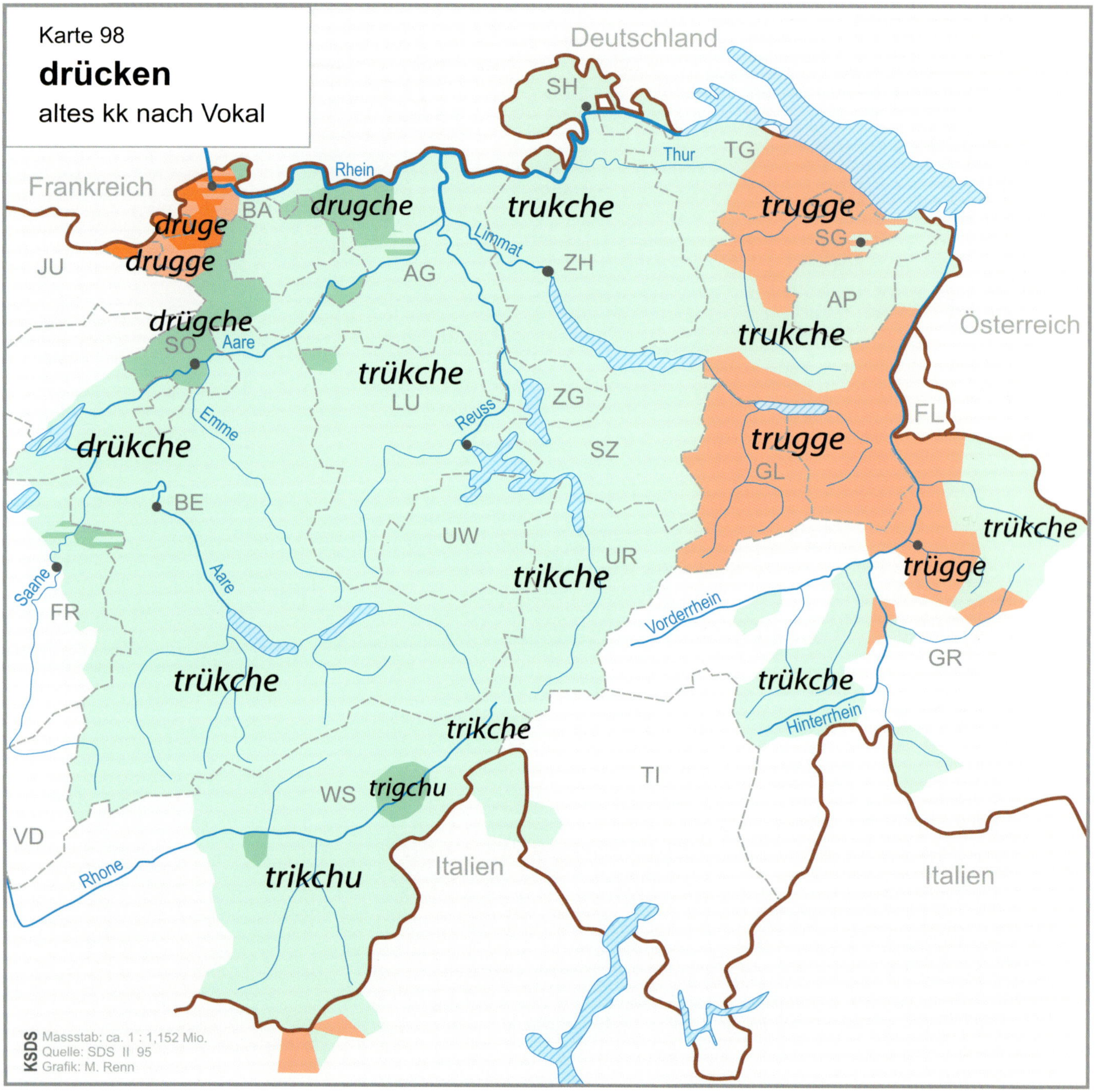
Karte 98
drücken
altes kk nach Vokal
Deutschland
Frankreich
Österreich
Italien
Italien
SH
BA
JU
AG
ZH
TG
SG
AP
SO
LU
ZG
SZ
FL
GL
BE
UW
UR
FR
GR
TI
VD
WS
Rhein
Thur
Limmat
Aare
Emme
Reuss
Saane
Vorderrhein
Hinterrhein
Rhone
druge
drugge
drugche
trukche
trugge
drügche
trükche
trukche
drükche
trugge
trükche
trügge
trikche
trükche
trükche
trikche
trigchu
trikchu
KSDS
Massstab: ca. 1 : 1,152 Mio.
Quelle: SDS II 95
Grafik: M. Renn

Im Hochalemannischen wurde die so genannte ▶ Althochdeutsche Lautverschiebung vollständig durchgeführt. Das bedeutet, dass auch der stimmlose germanische ▶ Verschlusslaut *k* zu einem aus Verschluss- und ▶ Reibelaut bestehenden neuen Laut *kch* verschoben wurde. Da es sich im vorliegenden Wort um einen verdoppelten germanischen Ausgangslaut *kk* (▶ Geminate) handelt, wurde der *kch*-Laut dann nicht weiterverschoben zu einem Reibelaut *ch* (s. dagegen Karten 96 *Kind* und 97 *trinken*). Die kehlige *kch*-Aussprache – wie auch in *flicken*, *bücken*, *Stock* und anderen Wörtern – kennzeichnet den weitaus grössten Teil der heutigen schweizerdeutschen Dialekte (*trü**kch**e* u.Ä.), wobei in einigen Kleingebieten, vor allem im Nordwesten, *gch* mit leicht geschwächtem Verschlusselement *g* zu hören ist (*drü**gch**e* u.Ä.). In den rot eingefärbten Flächen fehlt allerdings das kehlige *ch*-Element, so dass sich je nach Vokal *dru**gg**e/tru**gg**e* oder *drü**gg**e/trü**gg**e* ergibt. Im Osten ist das relativ grosse *trugge*-Gebiet durch einen Keil mit *kch*-Aussprache vom Toggenburg bis ins nördliche Rheintal unterbrochen. Die Trennlinie der beiden Lautungen *tru**kch**e/tru**gg**e*, die mitten durch den Thurgau verläuft, wird dort sehr bewusst als *Beckeli/Beggeli*-Grenze wahrgenommen, und auch im Rheintal handelt es sich um einen markanten ▶ Nord-Süd-Gegensatz am so genannten Hirschensprung.

Im Raum Basel, wo die Lautverschiebung von *k* gar nicht stattgefunden hat, weshalb Basel dialektal zum Niederalemannischen gerechnet wird, hat eine weitere Schwächung zu einem einfachen (stimmlosen) *g*-Laut stattgefunden, so dass hier *dru**g**e* gilt.

Die verschiedenen Vokalfärbungen des Wortes, die auf dieser Karte nicht im Mittelpunkt stehen, ergeben sich, ganz wie zu erwarten, zum einen durch den *i*-Umlaut, der aus der westgermanischen ▶ Intensivbildung **þrukkjan* mit *-u-*Stammvokal zur Wortform *drücken* mit *-ü*-Laut führte (s. Karte 84 *Rücken*). Zum anderen hat die später erfolgte ▶ Entrundung den vorderen hohen Vokal *ü* erneut verändert und zu *i* werden lassen (s. Karte 88 *Mäuse*), so dass sich Lautungen wie *trikche* ergeben haben. Auch der Konsonant im Wortanlaut kann in seiner Qualität unterschiedlich sein, er wird allgemein eher als *t* ausgesprochen, im Nordwesten aber als (stimmloses) *d*. EG

Hirschensprung

Der Hirschensprung ist eine durch einen bis knapp an den Rhein reichenden Bergvorsprung gebildete Klus im St. Galler Rheintal zwischen Rüthi und Oberriet. Im Frühmittelalter befand sich am Hirschensprung die Grenze zwischen dem alemannischen Siedlungsgebiet und dem romanischsprachigen Churrätien, was heute noch an der Zunahme der Zahl romanischer Ortsnamen, wie etwa *Gams*, *Grabs*, *Sevelen* usw. südlich des Hirschensprungs erkennbar ist. Die Sprachgrenze rückte im Verlaufe des Spätmittelalters bis um 1400 weiter südlich bis etwa Sargans.

Darüber hinaus ist die dialektologische Forschung immer wieder auf eine Grenze im Umkreis des Hirschensprungs gestossen, wie etwa zwischen *Grabe* und *Graabe* 'Graben' mit Kurzvokal im Norden und Langvokal im Süden, oder *Boa*/*Bäi* 'Bein', *trukche/trugge* 'drücken', *nemmid*/*nent* 'wir, ihr, sie nehmen'.

Die Bündelung solcher sprachlichen Grenzen findet sich immer wieder im Umkreis bestimmter geographischer Gegebenheiten oder an historischen Grenzen politischer oder kirchlicher Art. Die Erklärung der genauen Umstände der Ausbreitung sprachlicher Merkmale im Zusammenhang mit den aussersprachlichen Verhältnissen stellt eine wichtige Aufgabe der sprachwissenschaftlichen Forschung dar.

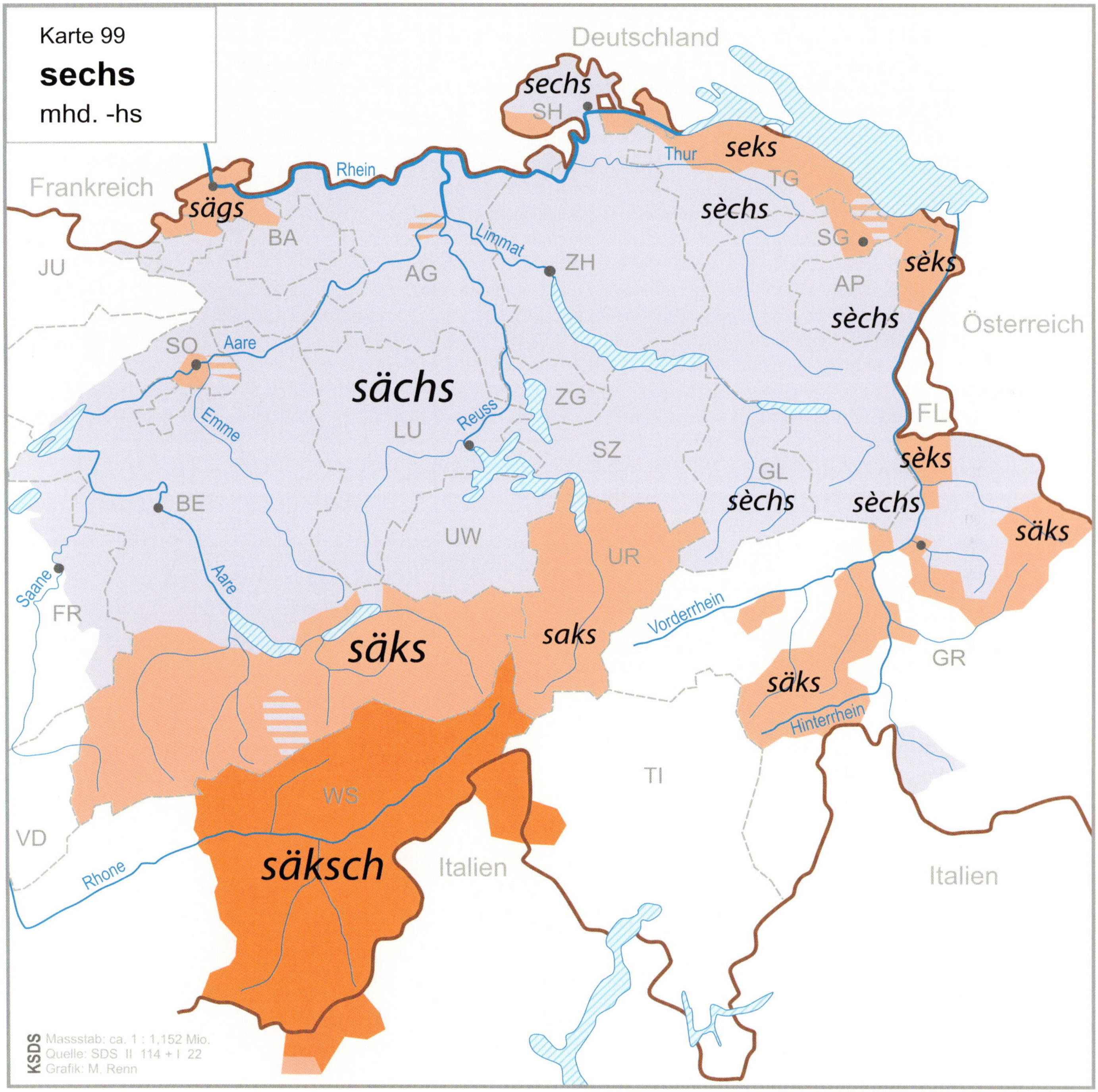
Karte 99
sechs
mhd. -hs
Deutschland
Frankreich
Österreich
Italien
Italien
sechs
SH
seks
Thur
TG
sèchs
Rhein
sägs
BA
Limmat
SG
sèks
JU
AG
ZH
AP
sèchs
SO
Aare
sächs
ZG
Emme
LU
Reuss
FL
SZ
sèks
GL
BE
sèchs
sèchs
säks
UW
UR
Saane
Aare
FR
Vorderrhein
säks
saks
GR
säks
Hinterrhein
WS
TI
VD
säksch
Rhone
KSDS
Massstab: ca. 1 : 1,152 Mio.
Quelle: SDS II 114 + I 22
Grafik: M. Renn

Die Karte stellt die Aussprache der Lautfolge *chs* in Wörtern wie *sechs*, *Fuchs*, *wachsen* dar, die auf urgermanisch **hs* zurückgeht. Die ursprüngliche Aussprache war mit grosser Sicherheit *chs*, also eine Folge von ▶ Reibelaut *ch* und *s*. Das blaue Gebiet scheint diese uralte Aussprache bewahrt zu haben: *(sä)**chs***; in den braun getönten Gebieten tritt dafür eine jüngere Weiterentwicklung zu ▶ Verschlusslaut *k* und *s* ein: *(sä)**ks***, im Nordwesten zu *g* und *s*: *(sä)**gs***.

Die Aussprache mit *ch+s* nimmt das gesamte Mittelland ein, während die Aussprache mit *k+s* dieses Hauptgebiet wie ein Kranz umgibt und in den Alpen unangefochten herrscht. Wenn man die im Norden anschliessenden elsässischen, badischen und vorarlbergischen Mundarten miteinbezieht, dann sieht man, dass jener Kranz eigentlich der äusserste Saum viel grösserer ausserschweizerischer *k+s*-Regionen ist, die hier gerade noch in unser Gebiet hineinreichen. Innerhalb des Deutschen als Ganzem macht damit das Hauptgebiet des Schweizerdeutschen mit *sächs*, *sèchs* den Eindruck eines typischen Reliktgebiets, und so wird es von der Dialektologie auch aufgefasst. Nun ziehen aber die alpinen Mundarten durchwegs den jüngern Typ *k+s* vor. Da sie als konservativ gelten, könnte dies Zweifel daran wecken, dass es sich beim mittelländischen Typ *ch+s* wirklich um eine bewahrte urgermanische Aussprache handelt.

Offensichtlich ist, dass die Lautfolge *ch+s* Veränderungen besonders stark ausgesetzt war. Viele germanische Mundarten haben *ch* in dieser Lautfolge ausfallen lassen, wie die niederdeutschen, die niederländischen und auch viele mitteldeutsche Mundarten: niederl. *zes* 'sechs', *vos* 'Fuchs', *wassen* 'wachsen'. In den skandinavischen Sprachen, im Englischen wie in den meisten hochdeutschen Mundarten wurde der erste Konsonant zwar bewahrt, aber er wurde vom Reibelaut zum Verschlusslaut, z. B. schwed. *sex*, engl. *six*, ostschweizerdt. *sèks*, und das ist ja auch die normgerechte Aussprache von nhd. *sechs*. Das letzte Beispiel macht nun klar, warum die Entwicklung der urgermanischen Lautfolge **hs* im Deutschen schwierig zu verfolgen ist: Die Schreibungen lassen die Aussprache nur annähernd erkennen. So wurde die althochdeutsche Schreibung *sehs* durch die spätere Schreibung *sechs* abgelöst, ohne dass damit eine Ausspracheveränderung einherging: Man ersetzte einfach die alte Schreibung *h* des Reibelauts durch die neuere Schreibung *ch* des gleichen Lauts. Umgekehrt ersetzte man die Schreibung *ch* nicht, als sich die Aussprache *ks* auszubreiten begann, die sich schliesslich in der neuhochdeutschen Schriftsprache durchgesetzt hat.

Da die Lautfolge *chs* für Veränderungen besonders anfällig zu sein scheint, ist es durchaus wahrscheinlich, dass solche Veränderungen immer wieder unabhängig voneinander aufgetreten sind. Das könnte bei den alpinen Formen *säks*, *säksch* der Fall sein, sie sind nicht zwingend Übernahmen der nördlichen *ks*-Lautungen. Umgekehrt stellt sich dann die Frage, warum der Hauptteil des Schweizerdeutschen an der urgermanischen Aussprache der veränderungsanfälligen Lautfolge festgehalten und die direkt angrenzende nördliche Weiterentwicklung nicht aufgenommen hat. Aufgrund der ungenauen Schreibungen ist nicht mit Sicherheit auszuschliessen, dass auch hier einmal Veränderungen der Aussprache eingetreten sind, die aber wieder rückgängig gemacht wurden. Auf jeden Fall muss damit gerechnet werden, dass die konservative Schreibung dazu beigetragen hat, die alte Aussprache zu erhalten.

Das *sch* des Walliserdeutschen in *säksch* entspricht einer häufigen Weiterentwicklung des germ. *s* in diesen Mundarten (s. Karte 108 *uns*). Der Vokal in *sächs*, *sèchs*, *sechs* endlich verhält sich wie der Vokal in *Speck* (s. Karte 81 *Speck*). WH

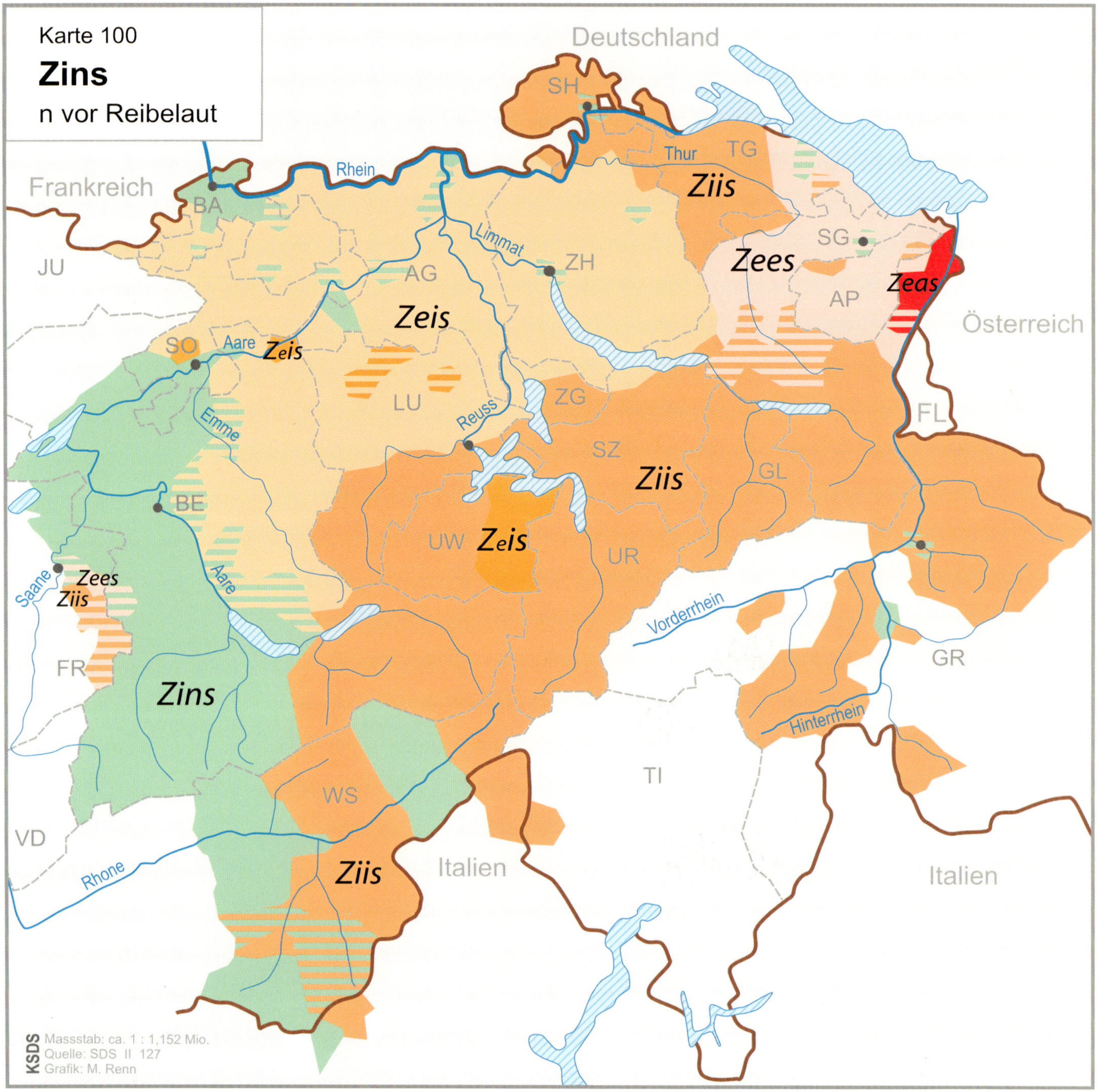
Karte 100
Zins
n vor Reibelaut
Deutschland
Frankreich
Österreich
Italien
Italien
SH
TG
Thur
Rhein
BA
JU
AG
ZH
Limmat
SG
AP
FL
SO
Aare
LU
ZG
Reuss
Emme
SZ
GL
BE
UW
UR
Saane
Aare
FR
Vorderrhein
GR
Hinterrhein
TI
WS
VD
Rhone
Ziis
Zees
Zeas
Zeis
Zeis
Ziis
Zeis
Zees
Ziis
Zins
Ziis
KSDS
Massstab: ca. 1 : 1,152 Mio.
Quelle: SDS II 127
Grafik: M. Renn

Die nebenstehende Karte gibt am Beispiel des Wortes *Zins* die Auswirkungen des so genannten Staubschen Gesetzes wieder (nach ▶ Friedrich Staub [1826–1896], einem der Gründerväter des Schweizerischen Idiotikons). Dieses Gesetz besagt, dass der Konsonant *n*, der vor einem ▶ Reibelaut wie *ch*, *f*, s oder *sch* steht, ausfallen und den vorangehenden Vokal entweder dehnen oder ▶ diphthongieren kann. Das Staubsche Gesetz kann sich also in Wörtern wie *fünf* (zum Typ *füüf* oder *föif*), *finster* (zum Typ *fiischter* oder *feischter*), *Hanf* (zum Typ *Haaf* oder *Hauf*), *wünschen* (zum Typ *wüüsche* oder *wöische*), *Chunscht* 'Kunstofen' (zum Typ *Chuuscht* oder *Chouscht*) entfalten; allerdings gibt es je nach Wort recht unterschiedliche räumliche Verteilungen.

Das Kartenbild für *Zins* zeigt eine grosse Verbreitung der *n*-losen ***Züis/Zees***-Formen im Alpenraum und in der Ostschweiz sowie ***Zeis***-Formen im Mittelland, wobei die nidwaldnerische *Zeis*-Form auf eine spätere Diphthongierung von langen *i*-Vokalen zurückgeht (z. B. *Füür* zu *Fiir* zu *Feir* 'Feuer'); geschlossene grössere Areale mit erhaltenem *n* (***Zins***) sind nur in Teilen des Wallis, des Kantons Bern und in der Stadt Basel und ihrem südlichen Umland auszumachen.

Auf folgende Besonderheiten sei hier hingewiesen: Das Wort *zünseln* 'zündeln, unvorsichtig mit Feuer spielen' ist in dieser Lautform weitgehend unbekannt; die Lautform *zeuseln* dagegen, bei der das Staubsche Gesetz wirksam geworden ist, wird sogar im Schweizer Hochdeutschen verwendet (s. Karte 15 *mit Feuer spielen*). Beim Wort *Schinken* werden die Vollform und *n*-lose Form teilweise zur Bedeutungsdifferenzierung verwendet: Unter *Schinken* versteht man ein bestimmtes Stück Schweinefleisch, *Scheichen* dagegen ist eine (derbe) Bezeichnung für 'Beine von Mensch oder Tier' (zur Lautung s. Karte 97 *trinken*). In Zürich ist die Aussprache von *Zunft* als *Zouft* zu einem Kennwort des ‚echten' (alten) Zürichdeutschen geworden, während für Bern die Aussprache des Vornamens *Hans* als *Housi* als typisch gilt. **HC**

Schweizerisches Idiotikon / Wörterbuch der schweizerdeutschen Sprache

Das oft einfach *Idiotikon* genannte Werk dokumentiert die deutsche Sprache in der Schweiz vom Spätmittelalter bis heute. Die bisher beinahe 16 abgeschlossenen Bände enthalten über 160'000 Stichwörter (mit den Buchstaben A bis W); sie bilden zusammen das grösste Regionalwörterbuch des Deutschen.

Die Benennung *Idiotikon* war im 18. und 19. Jh. zur Bezeichnung einer Sammlung des speziellen Wortschatzes einer Region gebräuchlich. Das Wort geht auf griechisch *idios* 'eigen, eigentümlich' zurück, meint also eine Sammlung von (sprachlichen) Eigenheiten und Besonderheiten.

Auf die Initiative des Lehrers und späteren ersten Redaktors ▶ Friedrich Staub ging zurück, dass die Antiquarische Gesellschaft in Zürich 1862 – nach einem ersten gescheiterten Versuch 1845 – erneut die Erstellung eines gesamtschweizerischen Wörterbuchs in Angriff nahm. Man glaubte damals allgemein, kurz vor dem Aussterben der Mundarten zu stehen. Ein „Aufruf betreffend Sammlung eines Schweizerdeutschen Wörterbuchs" hatte ein grosses Echo, und mit Hilfe eines ausgedehnten Korrespondentennetzes wurde in der Folge Material gesammelt. 1874 wurde die Redaktion durch Ludwig Tobler erweitert und das Sammelgebiet auch auf die historische Sprache ausgedehnt. 1881 erschien die erste Lieferung des Wörterbuchs.

Die Stichwörter folgen sich, in Anlehnung an ein im 19. Jh. wissenschaftlich erarbeitetes Ordnungssystem, nach dem Konsonantengerüst der Stammsilben und nicht normalalphabetisch. So ist *Baum* in der Gruppe **Bam** – **Bum** zu finden, die ihrerseits nach der Gruppe **Balz** – **Bulz** und vor der Gruppe **Bamb** – **Bumb** steht. Diese Anordnung wurde gewählt, um die vielfältigen dialektalen Lautungen eines Wortes zusammenfassen und auch um die Wörter in ihrem Wortfamilienverbund behandeln zu können. So werden beispielsweise dem Stammwort *Baum* zuerst die Zusammensetzungen (z. B. *First-Baum*, *Nuss-Baum* usw.), dann die Ableitungen (*baumen*, *bäumig* usw.) angeschlossen. Heute erleichtern ein gedrucktes alphabetisches und ein elektronisches Register die Benutzung. Der Abschluss des seit 2010 auch online verfügbaren Werks ist für 2022 vorgesehen.

Der „Verein für das Schweizerdeutsche Wörterbuch" ist von Anfang an juristischer Träger des Unternehmens, das im wesentlichen vom Bund und den Deutschschweizer Kantonen finanziert wird. Vonseiten des Bundes ist die Schweizerische Akademie der Geistes- und Sozialwissenschaften seit 1996 für die finanzielle und wissenschaftspolitische Betreuung der Nationalen Wörterbücher verantwortlich. Die in den reichhaltigen Wortartikeln des *Idiotikons* enthaltenen Informationen zur Herkunft und Bedeutungsentwicklung der Mundartwörter bilden die Basis der für den vorliegenden Atlas erstellten Wortkommentare.

www.idiotikon.ch/

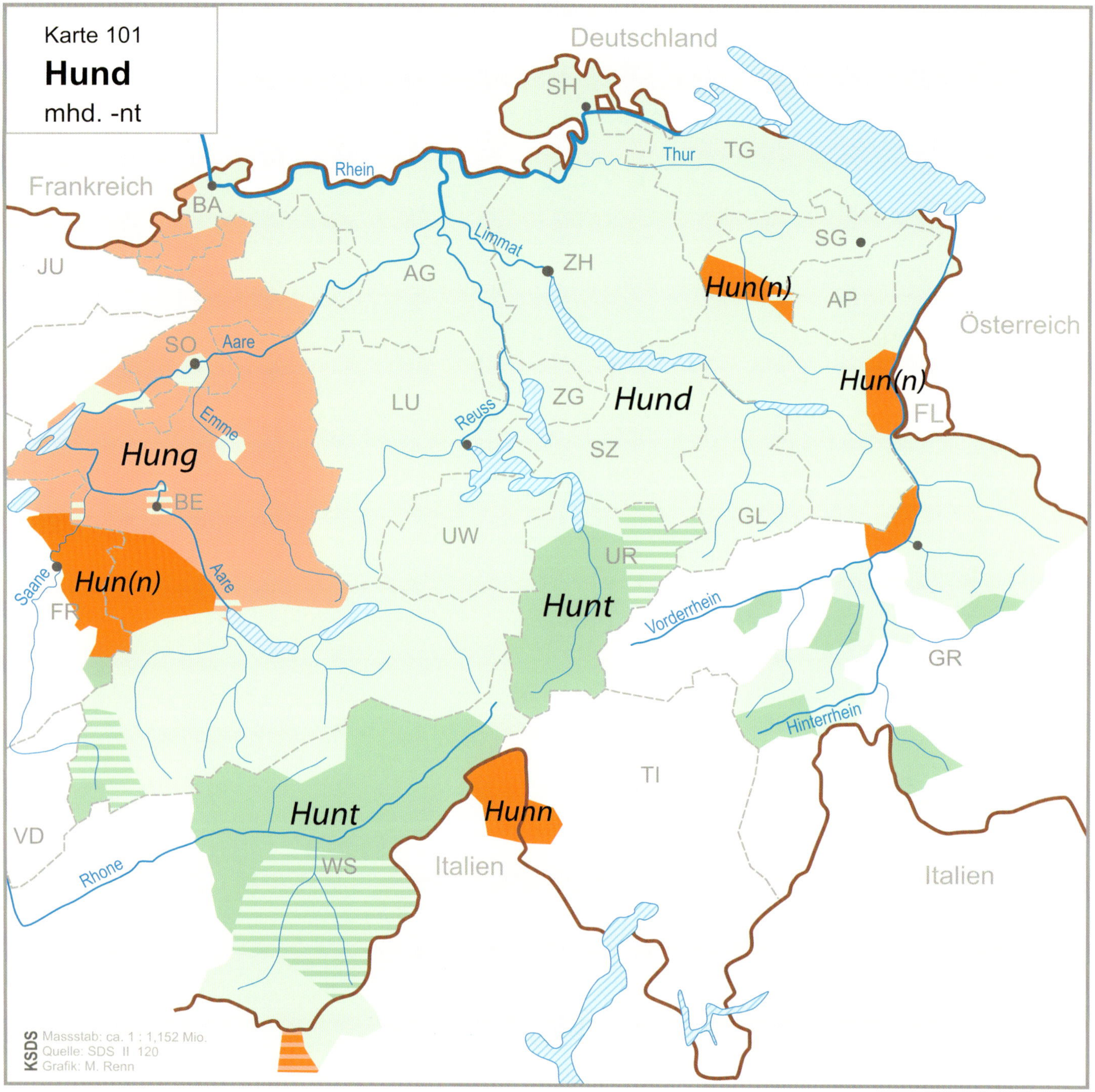

Karte 101
Hund
mhd. -nt

Die Aussprache der mittelhochdeutschen Lautfolge *-nd*, wie sie in Wörtern wie ***Hund***, *Kind*, *Hand*, *blind* vorkommt, hat in einigen Dialekten unterschiedliche lautliche Modifikationen erfahren. Während vorwiegend im Wallis und im Kanton Uri der auslautende Konsonant zu *t* verhärtet wurde *(Hun**t**)*, fällt der Konsonant in verschiedenen anderen Regionen aus *(Hun**(n)**)*. Als typisches Merkmal des Berndeutschen gilt die so genannte Velarisierung von *-nd* zu *-ng* (*Hun**g***), die den ursprünglichen Laut durch eine Zurückverlegung des höchsten Punktes der Zunge verändert. Diese Velarisierung macht zwar tatsächlich exakt vor den Kantonsgrenzen zu Luzern und zum Aargau Halt, sie kommt jedoch im Freiburger Seebezirk ebenso vor wie in den westlichen Teilen der Kantone Solothurn und Basellandschaft. Auffallend ist, dass innerhalb des Velarisierungsgebietes städtische Inseln mit *nd*-Lautungen ausgespart sind. Wie die ▶ *l*-Vokalisierung (s. Karte 102 *folgen*) handelt es sich bei der Velarisierung von *-nd* um eine Lautung, die zumindest früher als ländlich, wenn nicht gar als unfein galt. Ihrer Verbreitung tat diese negative Einschätzung allerdings keinen Abbruch, ist die Velarisierung doch heute auch bei den einheimischen Städtern zu hören.

Die Velarisierung von *-nd* ist nicht auf die Deutschschweiz beschränkt, sondern sie ist in vielen vor allem mitteldeutschen Dialekten heimisch, aber auch in der unmittelbaren Nachbarschaft zum Schweizerdeutschen. Zumindest was den älteren Dialektgebrauch betrifft, kommen Velarisierungen in Teilen des Elsass oder des Badischen vor; in schwäbischen Dialekten betrifft die Velarisierung den ▶ nasalen Konsonanten *n*, der in Wörtern wie *braun* als *brung* oder *Wein* als *Wing* belegt ist. Im Ripuarischen um Köln ist sie auch heute noch gängig und dort sogar bei weiteren Konsonanten festzustellen (z.B. Velarisierung von *t* zu *k*: *lök* 'Leute'). HC

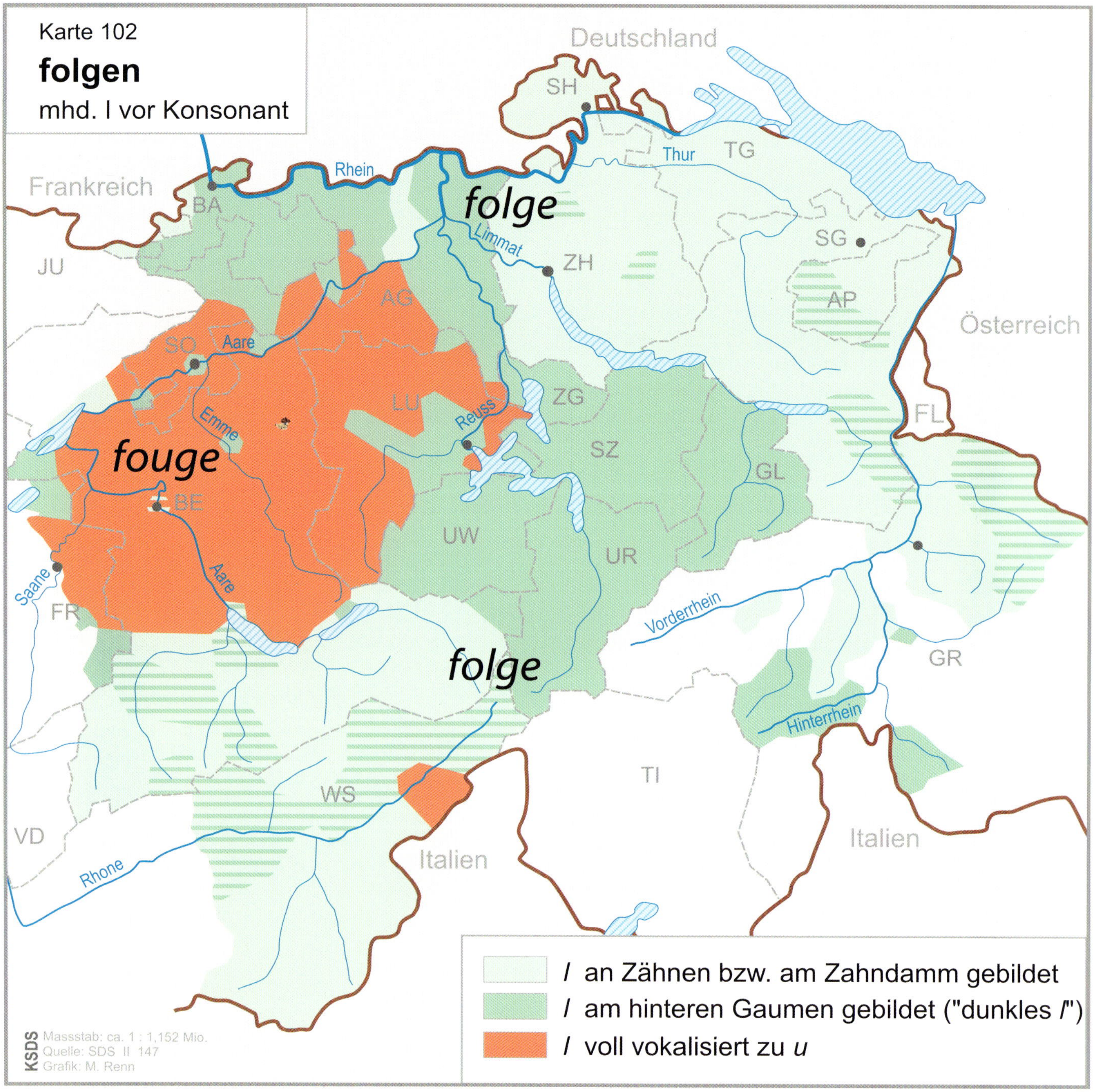
Karte 102
folgen
mhd. l vor Konsonant
Deutschland
Frankreich
Österreich
Italien
Italien
Rhein
Thur
Limmat
Aare
Emme
Reuss
Saane
Aare
Vorderrhein
Hinterrhein
Rhone
SH
TG
BA
JU
SG
ZH
AG
AP
SO
LU
ZG
FL
SZ
GL
BE
UW
UR
FR
GR
TI
WS
VD
folge
fouge
folge
l an Zähnen bzw. am Zahndamm gebildet
l am hinteren Gaumen gebildet ("dunkles l")
l voll vokalisiert zu u
KSDS
Massstab: ca. 1 : 1,152 Mio.
Quelle: SDS II 147
Grafik: M. Renn

Die *l*-Vokalisierung, die besondere Aussprache des *l*-Lautes als *u* (*f**ou**ge* 'folgen'), ist unter Deutschschweizern ein so genanntes Schibboleth, d.h. ein auffälliges Merkmal, anhand dessen Sprecherinnen und Sprecher lokal oder sozial verortet werden. So gilt bei vielen die vokalisierte *fouge*-Aussprache als sprachliches Merkmal, das nicht nur etwas über die westliche Herkunft, sondern gleichzeitig etwas über die soziale Zugehörigkeit seiner Sprecherinnen und Sprecher aussagt. Die relativ junge lautliche Erscheinung, die kaum weiter als zweihundert Jahre zurückreicht, hatte ihren Ausgangspunkt wahrscheinlich im ländlichen Emmental und wurde anfänglich von den Städtern als bäuerische Variante verunglimpft. Es ist also kein Zufall, dass die Karte für Solothurn und Burgdorf städtische *l*-Inseln im Vokalisierungsgebiet ausweist, ebenso wenig, dass in der Stadt Bern die älteren Sprecherinnen und Sprecher und jene aus sozial gehobenen Schichten ebenfalls *folge* und nicht *fouge* sagen.

Die vokalische Aussprache des Konsonanten *l* ist in etlichen Sprachen belegt. Im Französischen wird die Vokalisierung von älterem lateinischem *l* zumindest noch im Schriftbild sichtbar (franz. *haut* aus lat. *altus* 'hoch'); im Niederländischen ist die *u*-Aussprache obligatorisch geworden und findet Eingang in die Orthographie (niederl. *oud* 'alt'); in anderen Sprachen ist ursprüngliches *l* zu *i* vokalisiert worden (ital. *piacere* aus lat. *placere* 'gefallen'), eine Lautmodifikation, die überdies in bairischen Dialekten gang und gäbe ist (vgl. *Hoiz* 'Holz').

Die Karte 102 weist die *l*-Vokalisierung als westliches Phänomen aus, das von der französischen Sprachgrenze bis an die Ostgrenze des Kantons Luzern reicht. Nicht nur in unmittelbarer Nachbarschaft zu den vokalisierenden Gebieten, sondern auch in weiter entfernten Deutschschweizer Regionen sind hintere, dunkle *l*-Laute zu hören, die als Vorstufe zur vollständigen Vokalisierung gelten.

Neuere Untersuchungen zur Aussprache des Konsonanten *l* zeigen auf, dass sich die Vokalisierung zunehmend ausbreitet und heute auch in der Innerschweiz Fuss gefasst hat; von den Sprecherinnen und Sprechern wird sie meist für althergebracht gehalten, wohl deshalb, weil sie im Hochdeutschen nicht vorkommt. Innerhalb der vokalisierenden Gebiete zeigen sich Unterschiede darin, wie die unmittelbare lautliche Umgebung des vokalisierten *l* in Mitleidenschaft gezogen wird: Im westlichen Vokalisierungsgebiet wird *Miuch* 'Milch', im östlichen *Möuch* ausgesprochen; nur im neuen Vokalisierungsgebiet in Nidwalden, das in der Karte nicht verzeichnet ist, wird *a* vor vokalisiertem *l* ► verdumpft (*ouues* 'alles').

Es erstaunt kaum, dass diese auffällige lautliche Eigenheit ihren Niederschlag in volkstümlichen Scherzsätzen findet wie z. B. in *D Tammersöuuer Gsöuue hei wöuue e Mamsöuue über d Türschwöuue ie schnöuue* 'Die Dagmerseller Gesellen haben eine Mamsell über die Türschwelle hinüber schnellen wollen'. HC

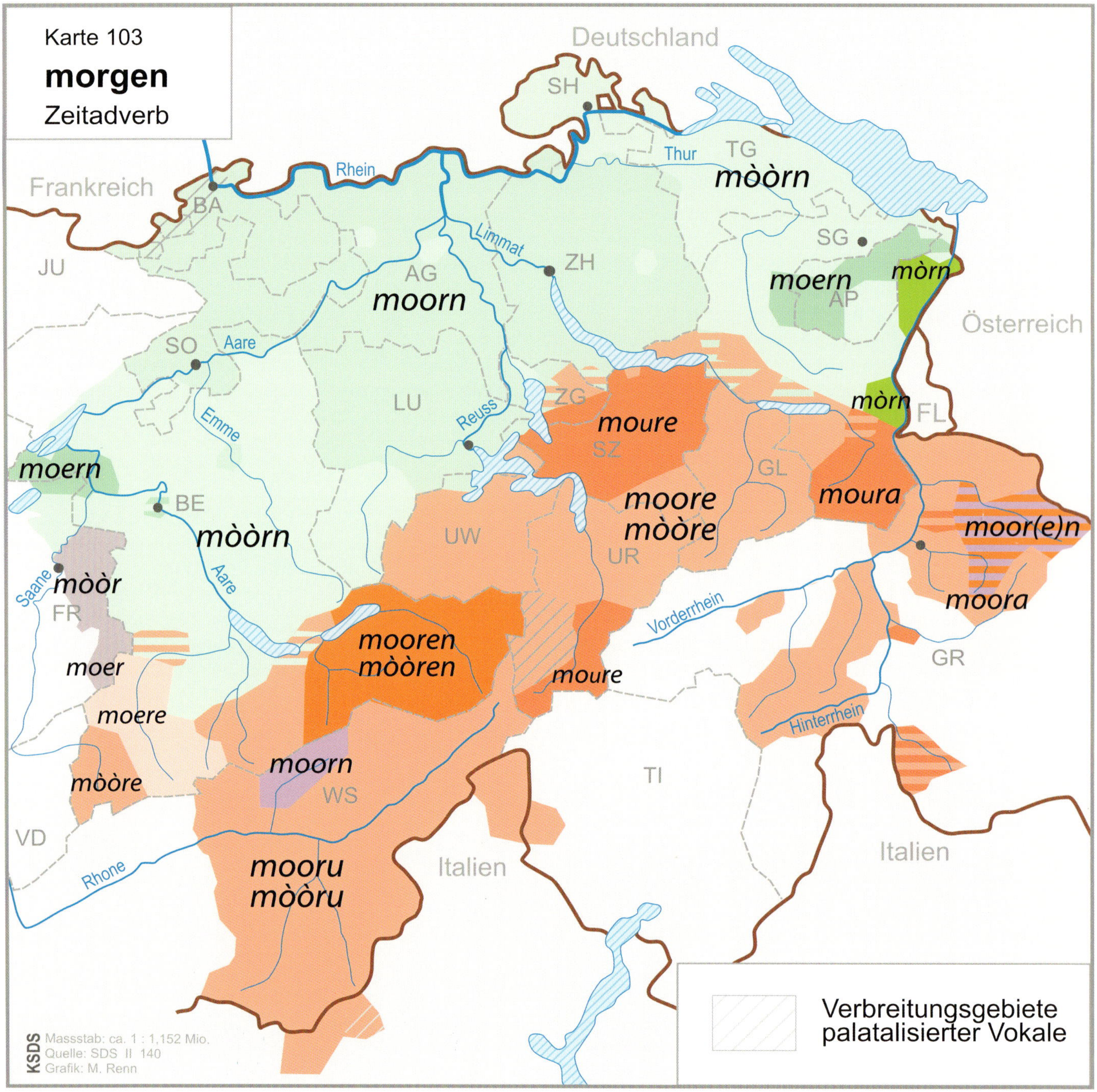

Karte 103
morgen
Zeitadverb
Deutschland
Frankreich
Österreich
Italien
Italien
SH
TG
BA
JU
AG
ZH
SG
AP
FL
SO
LU
ZG
SZ
GL
BE
UW
UR
FR
GR
TI
WS
VD
Rhein
Thur
Limmat
Aare
Emme
Reuss
Aare
Saane
Vorderrhein
Hinterrhein
Rhone
mòòrn
moorn
moern
mòrn
mòrn
moern
mòòrn
mòòr
moer
moere
mòòre
moure
moore
mòòre
moura
moor(e)n
moora
mooren
mòòren
moure
moorn
mooru
mòòru
Verbreitungsgebiete palatalisierter Vokale
KSDS
Massstab: ca. 1 : 1,152 Mio.
Quelle: SDS II 140
Grafik: M. Renn

Die Bezeichnung der Tageszeit *Morgen* 'der Morgen' und das Adverb *morgen* 'am Tag, der dem heutigen unmittelbar folgt' sind das gleiche Wort. Im Gegensatz zum Schweizerdeutschen ist dies im Hochdeutschen noch immer deutlich zu sehen. Das Adverb war ursprünglich eine Dativform, ahd. *morgane*, mhd. *morgene*, mit der Bedeutung 'am Morgen = am Tag darauf'; dieses häufig gebrauchte und inhaltlich eigenständige Wort kam schon im Mittelhochdeutschen gekürzt vor als *morne*. Von der Kurzform stammen die schweizerdeutschen Bezeichnungen ab.

Die Karte zeigt eine Zweiteilung des Sprachgebiets, wie sie häufig zu beobachten ist. In den Mundarten des Mittellandes (grün) geht das Adverb auf *-rn* aus (Typ **moorn**), in den alpinen Mundarten (braun) auf *-re* (Typ **moore**). Das einsilbige Adverb *morn* ist am ehesten auf mhd. *morne* zurückzuführen, mit dem Ausfall des auslautenden *-e*, der für das Oberdeutsche typisch und bereits im Spätmittelhochdeutschen bezeugt ist. Die südlichen Formen, die auf einen Vokal ausgehen, erklärt man damit, dass zunächst wie im Norden der auslautende Vokal wegfiel, dass dann aber das *-n*, das nun in den Auslaut zu stehen kam, als eigene Silbe (silbisch) aufgefasst wurde. Es wird angenommen, dass dieser Zustand im Lötschental bis heute bewahrt ist; deshalb ist **moorn** dort mit einer andern Farbe als im Norden eingetragen, obwohl die moderne Aussprache in beiden Gebieten fast gleich klingt. Für die Hypothese des silbischen *-n* im Lötschental sprechen neben andern Indizien vor allem die Endungen der übrigen bergschweizerdeutschen Mundarten, die sich alle am einfachsten über einen eingeschobenen Vokal zwischen *r* und *n* aus **morn* mit silbischem *-n* herleiten lassen. Das gilt für **mooren** im Berner Oberland, aber auch für die Varianten **moore**, **mooru**, **moora**, bei denen das *-n* weggefallen ist. Die gleiche Erklärung gilt weitgehend auch für andere Wörter, die im Norden auf *-rn*, im Süden auf *-e* (oder *-u*, *-a*) auslauten, etwa *Horn/Hore*, *gäärn/gääru*. Der grundlegende Unterschied zwischen den grünen und den braunen Regionen liegt also darin, dass die jeweiligen Mundarten die Wörter auf *-rn* auf unterschiedliche Weise in Silben zerlegten. Die freiburgischen Varianten ohne *-n* **mòòr**, **moer** gehen wohl auf die alpine Form *mòòre* zurück, mit späterem Ausfall des *-e*. Dies passt zur Stellung dieser Mundart zwischen dem Süden und dem Norden. Die vokalisch auslautenden alpinen Varianten sind bedroht, weil sie ihren Sprechern oft als unfein gelten.

Besondere Entwicklungen zeigt auch der betonte Vokal des Adverbs. Fast überall erscheint er als Langvokal. Diese Dehnung wird auf den Einfluss der nachfolgenden Konsonanten *-rn-* zurückgeführt, aber sie tritt nicht in allen Wörtern auf *-rn-* mit gleicher Konsequenz auf: Ausser in einigen Orten des Rheintals ist *o* in **mòrn** überall gedehnt worden; in *Horn* dagegen blieb *o* im Mittelland bis an die Grenze zum Berndeutschen kurz, im grössern Teil des Alpengebiets wurde es aber gedehnt zu *Hoorn*, *Hoore* u. Ä.

Darüber hinaus weist der betonte Vokal im Adverb *morgen* weitere Veränderungen auf, die von der ortsüblichen Entwicklung des *o*, wie sie z. B. in *Gotte* zu beobachten ist (s. Karte 82 *Gotte*), abweichen. Dazu gehören das offene *òò* in **mòòrn** im Thurgau oder die ▶ Diphthonge in **moern**, **moer**, **moere** in Appenzell, am Bielersee, in Jaun FR und im Berner Oberland. Auch diese Entwicklungen werden auf den Einfluss der folgenden Konsonanten zurückgeführt; der Vergleich mit dem Wort *Horn* zeigt, dass solche konsonantisch bedingte Veränderungen kaum je alle Wörter ergreifen, welche die Voraussetzungen dafür aufweisen.

Die Diphthongierungen **moure** in Schwyz und im St. Galler Oberland entsprechen der ortsüblichen Entwicklung aller alten langen *ô*, z. B. in *Brot*. Das deutet darauf hin, dass in mhd. *morn(e)* zuerst die Dehnung eintrat und erst darauf die Diphthongierung; die Dehnung muss also ein beträchtliches Alter aufweisen. Heute ist die Diphthongierung in *moure* wie in *Brout* gefährdet. WH

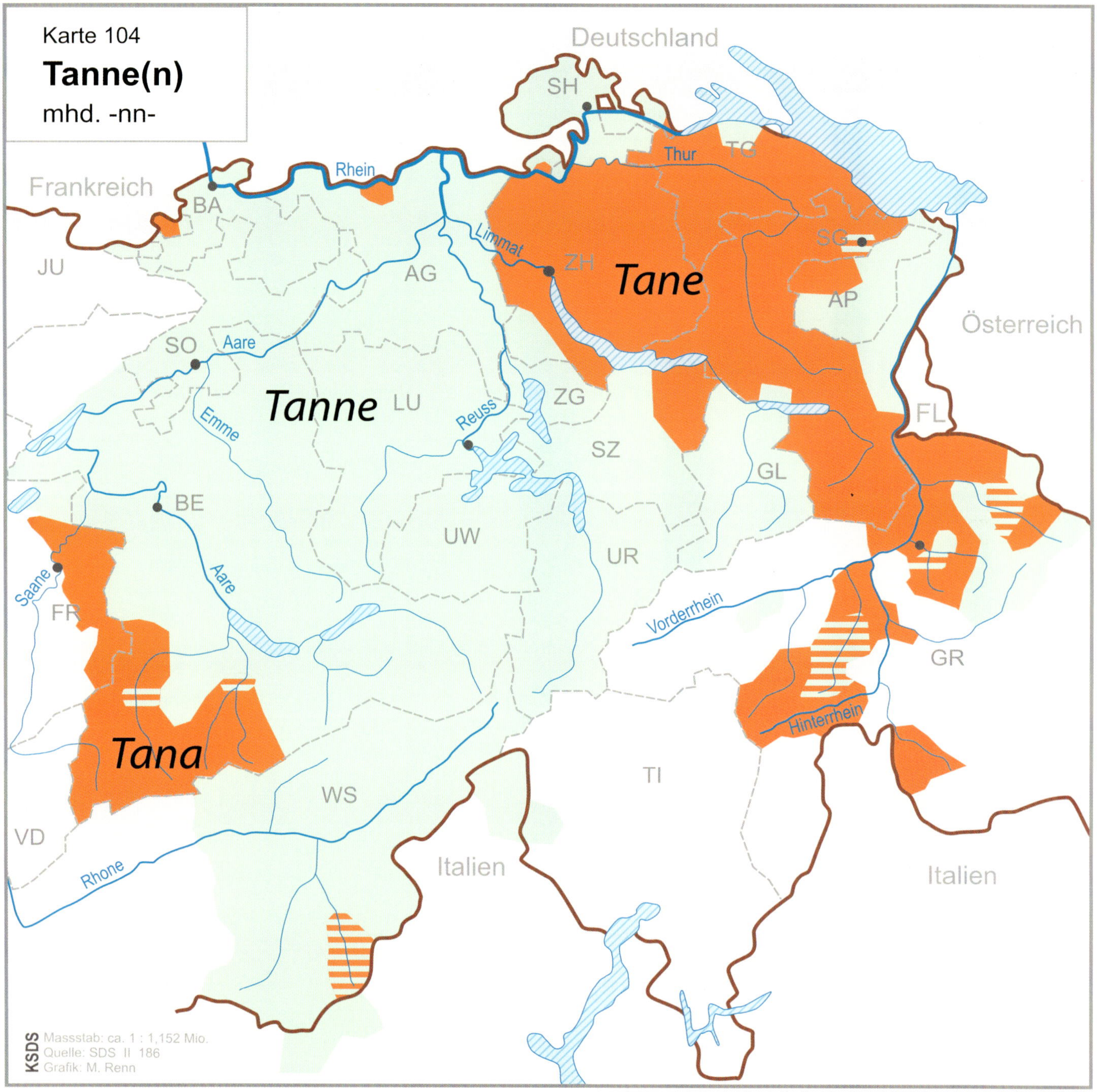
Karte 104
Tanne(n)
mhd. -nn-
Deutschland
Frankreich
Österreich
Italien
Italien
Tane
Tanne
Tana
SH
BA
JU
AG
ZH
TG
SG
AP
SO
LU
ZG
SZ
FL
GL
BE
UW
UR
FR
GR
TI
WS
VD
Rhein
Thur
Limmat
Aare
Emme
Reuss
Saane
Vorderrhein
Hinterrhein
Rhone
KSDS
Massstab: ca. 1 : 1,152 Mio.
Quelle: SDS II 186
Grafik: M. Renn

Auf der nebenstehenden Karte geht es um den Gegensatz zwischen der Aussprache mit kurzem *n*, Typ *Tan**e***, und der Aussprache mit langem *nn*, Typ *Ta**nn**e*; Langkonsonanten werden als Geminaten bezeichnet. Sprachgeschichtlich sind im Wort *Tanne* die Formen mit Geminate älter. Das bedeutet, dass dort, wo heute *Tane* gesprochen wird, die langen Konsonanten im Laufe der Geschichte gekürzt worden sind. In der Aussprache des modernen Hochdeutschen ist diese Vereinfachung der Geminaten sogar regelmässig in allen Wörtern durchgeführt worden. In den schweizerdeutschen Mundarten blieben die Geminaten dagegen weitgehend erhalten. Nur geminierte *m* und *n* wurden häufiger vereinfacht, etwas seltener *l*; Beispiele sind neben *Tane* etwa *ali* 'alle', *Hame* 'Schinken', *Sune* 'Sonne'. Die braun eingezeichneten Mundarten auf der Karte *Tanne(n)* sind die Kerngebiete dieses Lautwandels. Geminaten waren in den ältern Sprachstufen des Deutschen bei allen Konsonanten häufig und wurden meist mit doppeltem Konsonantenbuchstaben geschrieben. Weil Geminaten vor allem nach kurzen Vokalen auftraten, wurde später, als im Hochdeutschen alle Geminaten kurz ausgesprochen wurden, die Schreibung mit Doppelkonsonant beibehalten und zum Zeichen für die Kürze des vorangehenden Vokals umgedeutet. Die Schreibung mit Doppelkonsonant wurde zur Bezeichnung des Kurzvokals dann auch auf Wörter übertragen, in denen ursprünglich keine Geminate vorlag, z. B. in *Himmel*, ahd. *himil*. In der schweizerischen Aussprache des Hochdeutschen werden die alten Geminaten in der Regel nach wie vor wie in den Mundarten als lange Konsonanten gesprochen. Das ist oft keine Leseaussprache nach dem Schriftbild, sondern entspricht der alten Lautung, die das Schriftbild ursprünglich ausgedrückt hat, und die in den Mundarten erhaltengeblieben ist. Allerdings kommt auch die Leseaussprache vor, nämlich dort, wo die Doppelschreibung des Konsonanten nur dazu dient, die Kürze des Vokals anzudeuten. So sprechen die meisten Deutschschweizer, wenn sie hochdeutsch sprechen, *Himmel* mit einem langen *m* aus, da für sie der verdoppelte Konsonantenbuchstabe das Zeichen für die Geminate ist; das gilt sogar für Sprecherinnen und Sprecher von Mundarten, welche die Geminaten verkürzt haben. Die Leseaussprache *Himmel* verstösst nicht nur gegen die Norm des Hochdeutschen, sondern auch gegen die meisten Mundarten, die in diesem Wort auch nach dem kurzen Vokal den sprachhistorisch korrekten kurzen Konsonanten bewahrt haben: *Himel*. WH

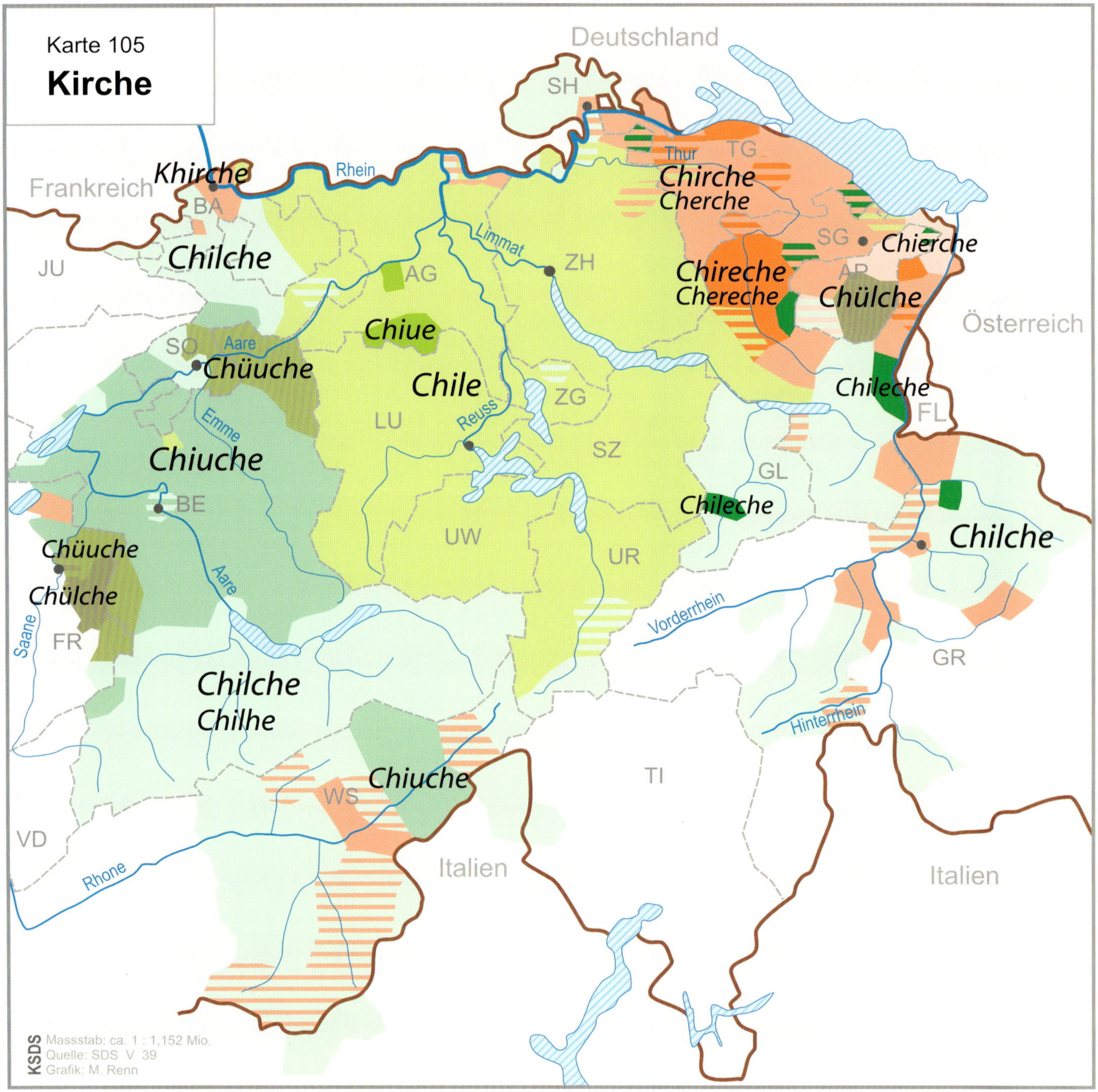
Karte 105
Kirche
Deutschland
Frankreich
Österreich
Italien
Italien
SH
TG
BA
JU
SG
AR
ZH
AG
SO
FL
ZG
LU
SZ
GL
BE
UW
UR
FR
GR
TI
WS
VD
Rhein
Thur
Limmat
Aare
Emme
Reuss
Aare
Saane
Vorderrhein
Hinterrhein
Rhone
Khirche
Chilche
Chirche
Cherche
Chierche
Chireche
Chereche
Chülche
Chiue
Chüuche
Chile
Chileche
Chiuche
Chileche
Chilche
Chüuche
Chülche
Chilche
Chilhe
Chiuche
KSDS
Massstab: ca. 1 : 1,152 Mio.
Quelle: SDS V 39
Grafik: M. Renn

Das ▶ Lehnwort *Kirche* kam schon im Althochdeutschen in den Varianten *kiricha* und *kilicha* vor, letzteres bereits damals vor allem im alemannischen Sprachraum. So hat ▶ Notker von St. Gallen um das Jahr 1000 nur die *l*-haltige Form *chīlicha* verwendet. Die heutigen schweizerdeutschen Mundarten weisen aber Fortläufer beider Formen auf. Dabei finden sich *r*-haltige Varianten flächendeckend vor allem in der Nordostschweiz, aber auch in Basel und anderen Regionen, wie das die rötlichen Einfärbungen auf der nebenstehenden Karte zeigen. Einem Wechsel der von der Lautbildung her ähnlichen *l* und *r* (der so genannten ▶ Liquiden) begegnet man in verschiedensten Zeiten und Räumen immer wieder (z. B. *pelegrinus* 'Pilger' aus lat. *peregrinus* 'fremd').

Das Wort *Kirche* ist letztlich auf die spätgriechische Bildung *kyriakón* zurückzuführen, eigentlich eine Adjektivform mit der Bedeutung 'zum Herrn gehörig', womit der Ort des Gottesdienstes bezeichnet wurde. In der Form *kyrikon* ist es wahrscheinlich über die nordalpinen römischen Kolonialstädte wie Trier oder Köln schon sehr früh als Bestandteil des christlichen Wortschatzes von den benachbarten germanischen Stämmen übernommen und weiterverbreitet worden (engl. *church*, niederl. *kerk*, schwed. *kyrka*). Eine Verbreitung des griechischen Wortes donauaufwärts über gotische Glaubensboten wird heute als eher unwahrscheinlich eingeschätzt. In der lateinischen Kirchensprache wurde dann bald das ebenfalls aus dem Griechischen entlehnte Wort *ecclesia* vorherrschend, wie es die romanischen Sprachen (z. B. franz. *église*) – neben dem alten *basilica* (rätorom. *baselgia*) – weiterführen.

Das Wort *Kirche* weist im Wortinnern mit *ch* ein allgemeines Resultat der ▶ Althochdeutschen Lautverschiebung auf, wobei die hochalemannischen Dialekte der Schweiz darüber hinaus weitgehend (ausser Basel-Stadt: ***Khirche***) auch noch die Verschiebung des Wortanfangskonsonanten *k* zum ▶ Reibelaut *ch* (s. Karte 96 *Kind*) durchgeführt haben. Die auf der Karte erkennbare Vielfalt der Lautungen ist zudem durch verschiedene Weiterentwicklungen des betonten und des unbetonten Vokals, des *l*-Konsonanten und des Reibelauts *ch* im Wortinnern entstanden.

Die *l*-haltigen Gebiete lassen sich grob zweiteilen in ein grosses zentrales Gebiet, in dem der auf *l* folgende Reibelaut *ch* geschwächt wurde und schliesslich ausgefallen ist, so dass sich *Ch**il**e* ergibt. Dieser Vorgang liegt auch der regional bekannten Aussprache *mäle* für 'melken' zugrunde. In den übrigen grünlich eingefärbten Gebieten, in denen *ch* oder zumindest die geschwächte Lautung *h* (*Ch**ilh**e*) erhalten blieb, ist dann weiter danach zu unterscheiden, ob auch der *l*-Laut als solcher erhalten blieb (*Ch**ilch**e*) oder ob er zu einem *u*-artigen Laut verändert wurde (zur ▶ *l*-Vokalisierung s. Karte 102 *folgen*), so dass sich *Ch**iuch**e* o. Ä. ergibt. In einem kleinen Gebiet im südlichen Aargau erfolgt diese Vokalisierung auch ohne dass ein Konsonant nachfolgt (*Ch**iu**e*). Bleiben *l* und *ch* erhalten, dann kann es zur Einschiebung eines so genannten ▶ Sprossvokals kommen, also *Ch**ileche*** o. Ä. Auch die Formen *Ch**ireche***, *Ch**ereche*** sind so zu erklären. Die (ehemals) *l*-haltigen Formen können mit weiterer ▶ Rundung des betonten Vokals als *Ch**ülch**e*, *Ch**üuch**e* erscheinen. Manchenorts erfahren die Vokale noch eine ▶ Senkung (*Ch**irch**e* wird zu *Ch**erch**e*) oder eine Zerdehnung in einen ▶ Diphthong (*Ch**ierch**e*).

Es ist schwer zu sagen, ob die Formen mit *r*, wie sie heutzutage vor allem in der Nordostschweiz gebräuchlich sind, auch von alters her mundartlich gegolten haben. In manchen Fällen gibt es jedoch Hinweise darauf, dass ältere *l*-Formen in späterer Zeit, z.T. auch erst in jüngster Zeit, durch *r*-Formen verdrängt worden sind. Andererseits könnte die versteinerte alte Zusammensetzung *Chirbi* 'Kirchweih' als Hinweis auf eine ältere *r*-haltige Form angesehen werden.

Zwar wird das Wort *Kirche* allgemein in allen schweizerdeutschen Mundarten beim Bezug auf das Gebäude verwendet, bei der Bezeichnung des Kirchgangs werden aber z. T. andere Wendungen gebraucht. So geht man im Kanton Bern von alters her *z Predig*, *id Predig*, vor allem im Wallis und Urnerland aber *z Mäss*, *i d Mäss*. Hier spiegeln sich konfessionelle Unterschiede wider, die man nicht bedacht hatte, als man bei den Erhebungen für den Sprachatlas die Aussprache des Wortes *Kirche* mit der Frage, wo man am Sonntag hingehe, ermitteln wollte. EG

Formen

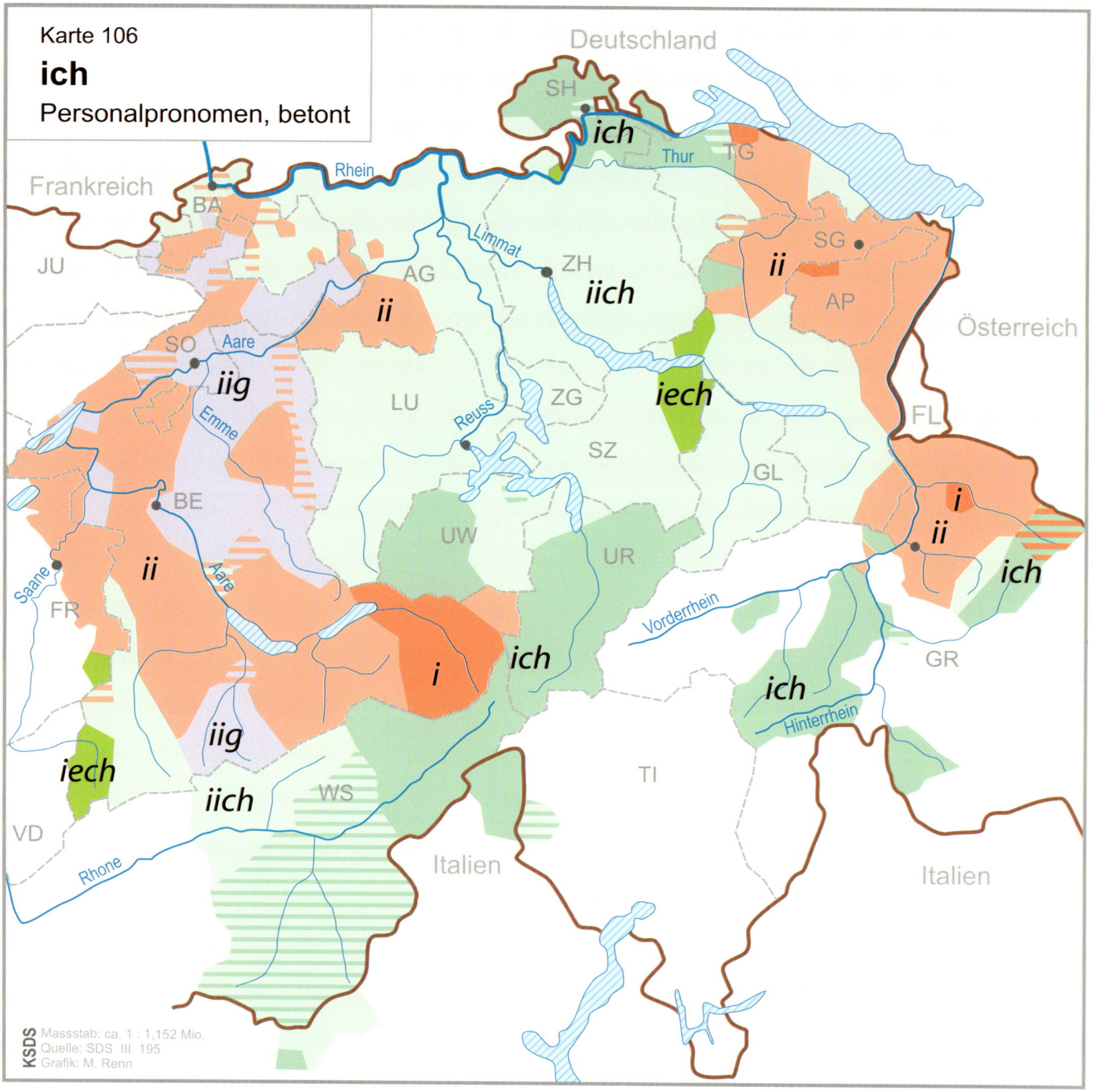
Karte 106
ich
Personalpronomen, betont
Deutschland
Frankreich
Österreich
Italien
Italien
SH
BA
JU
SO
AG
ZH
TG
SG
AP
FL
LU
ZG
SZ
GL
BE
UW
UR
GR
FR
VD
WS
TI
Rhein
Thur
Limmat
Aare
Emme
Reuss
Saane
Aare
Vorderrhein
Hinterrhein
Rhone
ich
ii
iich
ii
iig
iech
ii
i
ii
ich
ii
i
ich
ich
iig
iech
iich
KSDS
Massstab: ca. 1 : 1,152 Mio.
Quelle: SDS III 195
Grafik: M. Renn

Die Aussprache des kleinen Wörtchens *ich*, des Pronomens der 1. Person Singular, weist in den schweizerdeutschen Dialekten regionale Unterschiede auf. Das Pronomen kann bis auf das Indogermanische zurückverfolgt und mit vielen anderen verwandten Sprachen verglichen werden (z.B. lat. *ego*). Die Karte zeigt die Ausspracheunterschiede beim Gebrauch des Wortes unter Betonung, etwa wenn man es isoliert ausspricht, z.B. als Antwort auf eine Frage: *Wer macht das? – Ich!*

Was den auslautenden Konsonanten angeht, so ergeben sich in den schweizerdeutschen Dialekten drei Aussprachemöglichkeiten, die auf der Karte an den Farbtönen rot, grün und violett zu erkennen sind. Während in einem grossen Gebiet vom Süden bis nach Schaffhausen der ▶ Reibelaut *ch* unter Betonung erhalten bleibt: **i(i)ch**, gibt es sowohl im Nordosten als auch im Westen Gebiete, die den Reibelaut verloren haben, so dass das Wort nur noch aus einem Vokal besteht. Dieser ist dann meistens gedehnt, also **ii**, kann aber, vornehmlich im Haslital, auch als Kurzvokal **i** erscheinen. Eine in der Westhälfte, vor allem im Kanton Bern, aber auch bis nach Basel, verbreitete Ausspracheeigenart ist die Wandlung des auslautenden Reibelauts *ch* zu einem schwachen ▶ Verschlusslaut *g*, mit gedehntem Vokal: **iig**. Die *g*-Aussprache, die sich auch sonst noch z.B. in *mig* 'mich', *sig* 'sich', *oog* 'auch' und der Endung *-lig* findet *(natürlig)*, soll sich zunächst in unbetonter Position entwickelt und dann verallgemeinert haben. Bei erhaltenem Reibelaut *ch* finden sich ebenfalls – in nördlichen und südlichen Randgebieten – der alte Kurzvokal *(ich)* oder ein gedehnter Vokal *(iich)*. Die Qualität des *i*-Lautes reicht, wie auch in anderen Wörtern, regional von hellem, geschlossenem *i* bis zu einem vor allem im Kanton Luzern deutlich offenen *e*-artigen Laut, was ein charakteristisches *eech* ergibt.

In Regionen mit langvokalischem *iich* eingeschlossen oder solchen benachbart lässt sich eine weitere Vokalveränderung, eine ▶ Diphthongierung, beobachten. Dadurch ergibt sich **iech**. Solche Diphthongierungen finden sich in weiteren Wörtern, mit altem Langvokal, wie etwa in *liecht* 'leicht' oder *füecht* 'feucht', sogar weiter verbreitet. Sie erklären sich als Angleichung an die kehlige Aussprache des *ch* im Rachen, wie sie für alle schweizerdeutschen Mundarten gilt. Dort wo der Reibelaut *ch* im Pronomen *ich* am Wortende erhalten bleibt, handelt es sich also immer um das raue *ch*, im Unterschied zu der im Hochdeutschen geltenden Anpassungsregel, dass nach einem *i* (oder *e*) ein weiter vorne am Gaumen gebildeter, weicherer Reibelaut zu sprechen sei.

Typisch für solche Pronominalformen ist aber auch generell, dass sie im Satzzusammenhang systematisch in unterschiedlichen Lautungen auftreten, je nachdem, ob sie betont, halbbetont oder unbetont sind. Letzteres liegt vor, wenn sie einem anderen Wort, z.B. dem zugehörigen Verb, lautlich untergeordnet sind und dann direkt angehängt werden, z.B. in *i-bin*, *bin-i*. Man spricht hier in der sprachwissenschaftlichen Fachterminologie von ▶ Klitika, Formen, die ihren eigenen Akzent verloren haben und sich an ein anderes Wort anlehnen. Würde man diese Verwendung auf der Karte darstellen, wären die Gebiete mit Langvokal und vorhandenem Konsonanten deutlich weniger oder – im Falle des nachgestellten Pronomens *bin-i* – sogar praktisch verschwunden. EG

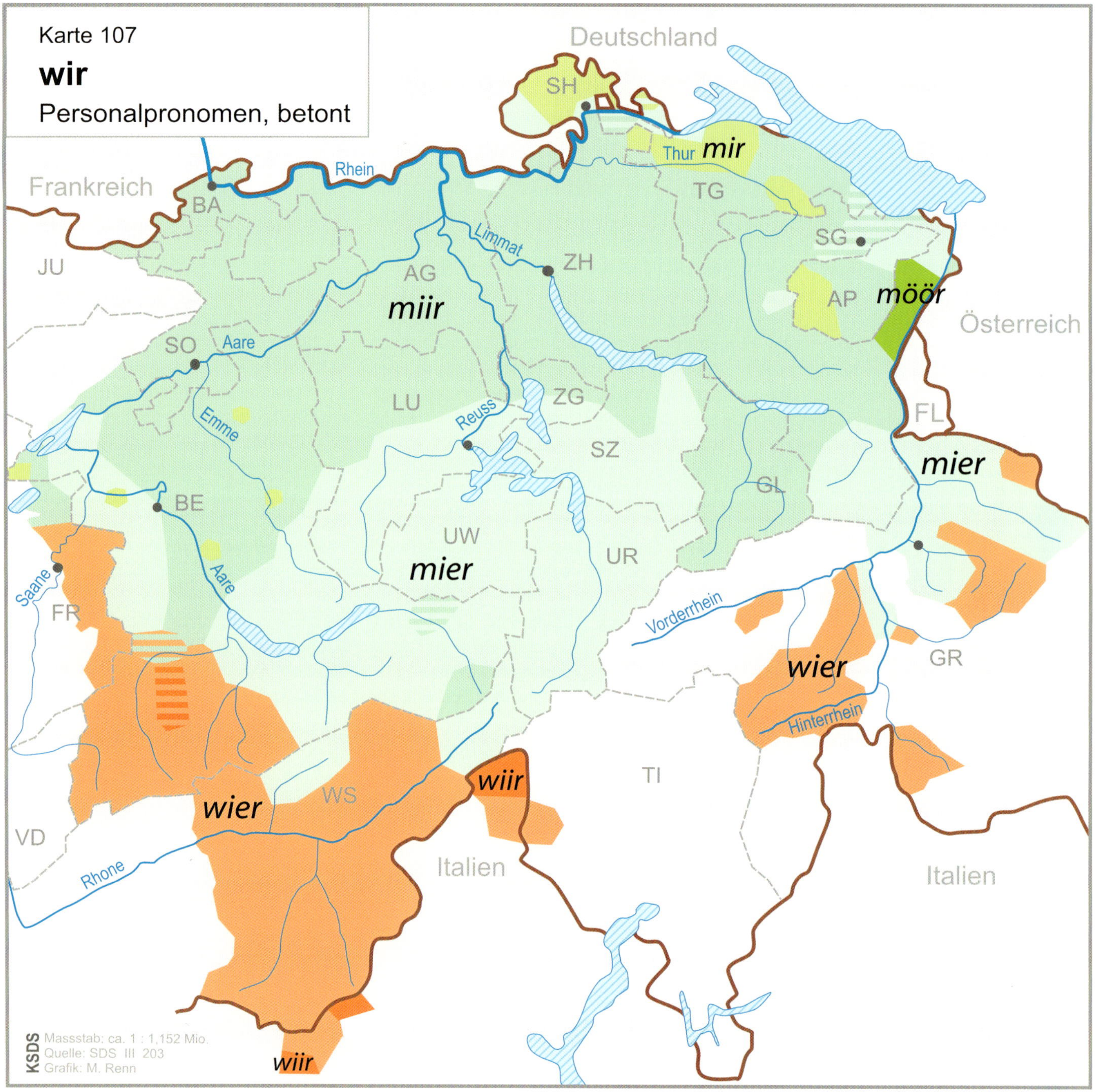

Karte 107

wir

Personalpronomen, betont

Das Pronomen der 1. Person Plural Nominativ, das im Mittelhochdeutschen und im Hochdeutschen *wir* lautet, kommt in der Deutschschweiz mit den anlautenden Konsonanten *w- (wir)* oder *m- (mir)* vor. Das ***w***-Pronomen, das einem älteren Sprachstand entspricht, ist nur (noch) in den westlichen und südlichen Randregionen heimisch. Das ***m***-Pronomen hat dagegen eine sehr weite Verbreitung: Über die Schweiz hinaus ist es praktisch im ganzen süddeutschen Raum verbreitet, ist also unter anderem auch in den Nachbarmundarten Schwäbisch und Bairisch die gängige Form.

Die Entstehung des Pronomens mit *m*-Anlaut erklärt man sich unter anderem mit den lautlichen Besonderheiten, die eintreten, wenn das Pronomen unmittelbar auf das Verb folgt (z. B. *singen+wir*): In dieser Konstellation wird der Konsonant *w* durch ▶ Assimilation zu *m* lautlich angepasst *(singemer)*. Diese – sehr häufig vorkommende – Anlehnung des schwach betonten Pronomens an das Verb führte bei den Sprecherinnen und Sprechern zur Schlussfolgerung, dass es sich um eine Bildung von *singe+mer* handle, das Pronomen in seiner vollen Form also eigentlich *miir* (im St. Galler Rheintal auch *m**öö**r*) laute.

Das betonte Pronomen hat entweder einen gelängten Vokal *(w**ii**r, m**ii**r)* oder einen öffnenden ▶ Diphthong *(w**ie**r, m**ie**r)*, wie er vor dem Konsonanten *r* häufig anzutreffen ist.

Die kurze Form *m**i**r*, *mer* wird auch in der Bedeutung des unbestimmten Pronomens *me* 'man' gebraucht. Vermutlich haben sich die beiden Formen ihrer lautlichen Ähnlichkeit wegen vermischt. In unbetonter Stellung ist die Vokalqualität der beiden Pronomen kaum zu unterscheiden, was zu einer generellen Unsicherheit bezüglich deren Lautung zu führen scheint, die den Weg für *mer* mit der Bedeutung 'man' ebnet. So kann in einigen Dialekten unbetontes *mer* mit zwei Bedeutungen verwendet werden: *mer singt* 'man singt' neben *mer singed* 'wir singen'. HC

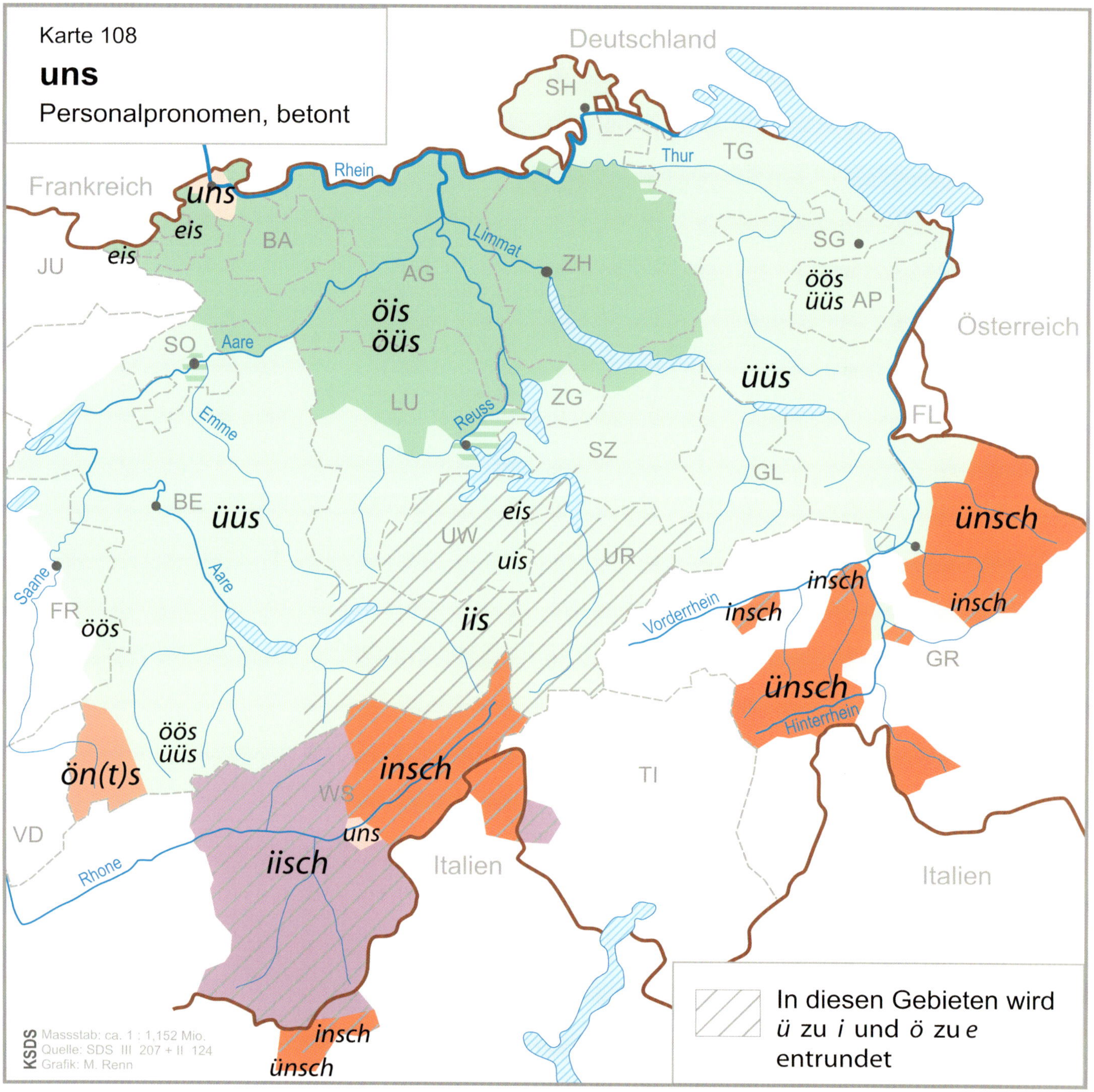
Karte 108
uns
Personalpronomen, betont
Deutschland
Frankreich
Österreich
Italien
Italien
SH
TG
BA
AG
ZH
SG
AP
JU
SO
LU
ZG
FL
SZ
GL
BE
UW
UR
FR
GR
TI
VD
WS
Rhein
Thur
Limmat
Aare
Emme
Reuss
Saane
Aare
Vorderrhein
Hinterrhein
Rhone
uns
eis
eis
öis
öüs
öös
üüs
üüs
üüs
eis
uis
iis
öös
ünsch
insch
insch
insch
ünsch
öös
üüs
ön(t)s
insch
uns
iisch
insch
ünsch
KSDS
Massstab: ca. 1 : 1,152 Mio.
Quelle: SDS III 207 + II 124
Grafik: M. Renn
In diesen Gebieten wird ü zu i und ö zu e entrundet

Während heute das hochdeutsche Pronomen *uns* und die (auf der nebenstehenden Karte verzeichneten) schweizerdeutschen Lautformen sowohl für den Akkusativ *(Uns sieht sie)* als auch für den Dativ *(Uns gibt sie es)* gelten, gab es im Althochdeutschen dafür noch zwei verschiedene Formen: *unsih* für den Akkusativ, *uns* für den Dativ.

Die heutige hochdeutsche Variante **uns**, die bei den Aufnahmen in der Mitte des 20. Jhs. so auch in Basel und Arlesheim (sowie in Brig) aufgezeichnet wurde, geht auf die alte Dativform zurück, die sich später dann auch auf den Akkusativ ausweitete. Alle anderen Varianten auf der Karte gehen auf die alte Akkusativform *unsih* zurück, bei der das in der zweiten Silbe vorhandene *i* einen Umlaut des betonten Vokals verursachte, so dass sich *ünsih* ergab.

Die altalemannische Form *üns*, die als **ön(t)s** – mit einer ▶ Senkung von *ü* zu *ö* – im Saanegebiet noch leicht wiederzuerkennen ist, ist dann durch Vermischung mit dem kürzeren Dativ entstanden und wurde schliesslich auch in beiden Fällen, d.h. für Akkusativ und Dativ, benutzt.

Durch reguläre lautliche Weiterentwicklungen ergaben sich verschiedene regionale Lautformen. Von der Ostgrenze des Kantons Zürich bis in den Nordwesten gilt die infolge des ▶ Staubschen Gesetzes durch Ausfall des ▶ Nasals *n* vor dem ▶ Reibelaut *s* entstandene ▶ diphthongierte Form **öüs**, **öis** (s. Karte 100 *Zins*), die im äussersten Nordwesten mit ▶ entrundetem Vokal als **eis** erscheint. Das grösste Gebiet nehmen jedoch Formen ein, bei denen nach dem Ausfall des *n* ein Langvokal zurückblieb, so dass **üüs** oder, in Gegenden mit Vokalsenkung, **öös** sowie in einem grossen Gebiet der Innerschweiz auch entrundetes **iis** vorkommt. Daraus entwickelt sich in einem Übergangsgebiet am Vierwaldstättersee mit zusätzlicher Diphthongierung ebenfalls die Lautung **eis**. Aus der Form *üüs* erklärt sich dann das ebenfalls sekundär diphthongierte **uis** in der Enklave Engelberg (s. Karte 88 *Mäuse*).

Charakteristisch für das Wallis und die Walsersiedlungen Graubündens und Norditaliens ist die *sch*-Aussprache des alten *s*-Lautes, die sich teilweise mit der Erhaltung des *n* verbindet (**ünsch**). Als entrundete Form ergibt sich dann **insch**, im unteren Teil des Deutschwallis mitsamt den Seitentälern aber aufgrund des dort geltenden *n*-Schwundes (Staubsches Gesetz) **iisch**.

Neben diesen Lautformen, die bei betonter Verwendung des Pronomens *(Uns sieht sie)*, auch in Isolation *(Wen sieht sie? – Uns!)*, erscheinen, lassen sich vielerorts auch unbetonte Formen mit Kurzvokal nachweisen, wie *is*, *isch*, *üs*, *us* und, noch weiter reduziert, *ᵉs*. Solche Formen liegen in neutralen Sätzen wie in *Sie sieht uns* vor, wenn das Pronomen *uns* keine besondere Betonung trägt. Teilweise sind diese Formen im Anlaut auch mit einem zusätzlichen *n* versehen (*nis*, *nisch* usw.), das sich durch falsche Abtrennung eines auf *n* endenden vorausgehenden Wortes entwickelt hat. Bemerkenswert ist die im unteren Teil des Deutschwallis unbetont auftretende Form *schisch*, die ev. als ▶ reduplizierende Erweiterung von *isch* angesehen werden kann, wobei es auch noch andere Beispiele solcher ‚Verdoppelungen' gibt, z.B. *sus* zum Pronomen *es*. Möglich, aber weniger wahrscheinlich ist die Erklärung als Erweiterung eines aus älterer Zeit belegten *schi*, das seinerseits auf die zweite Silbe des alten *unsih* zurückgehen könnte. EG

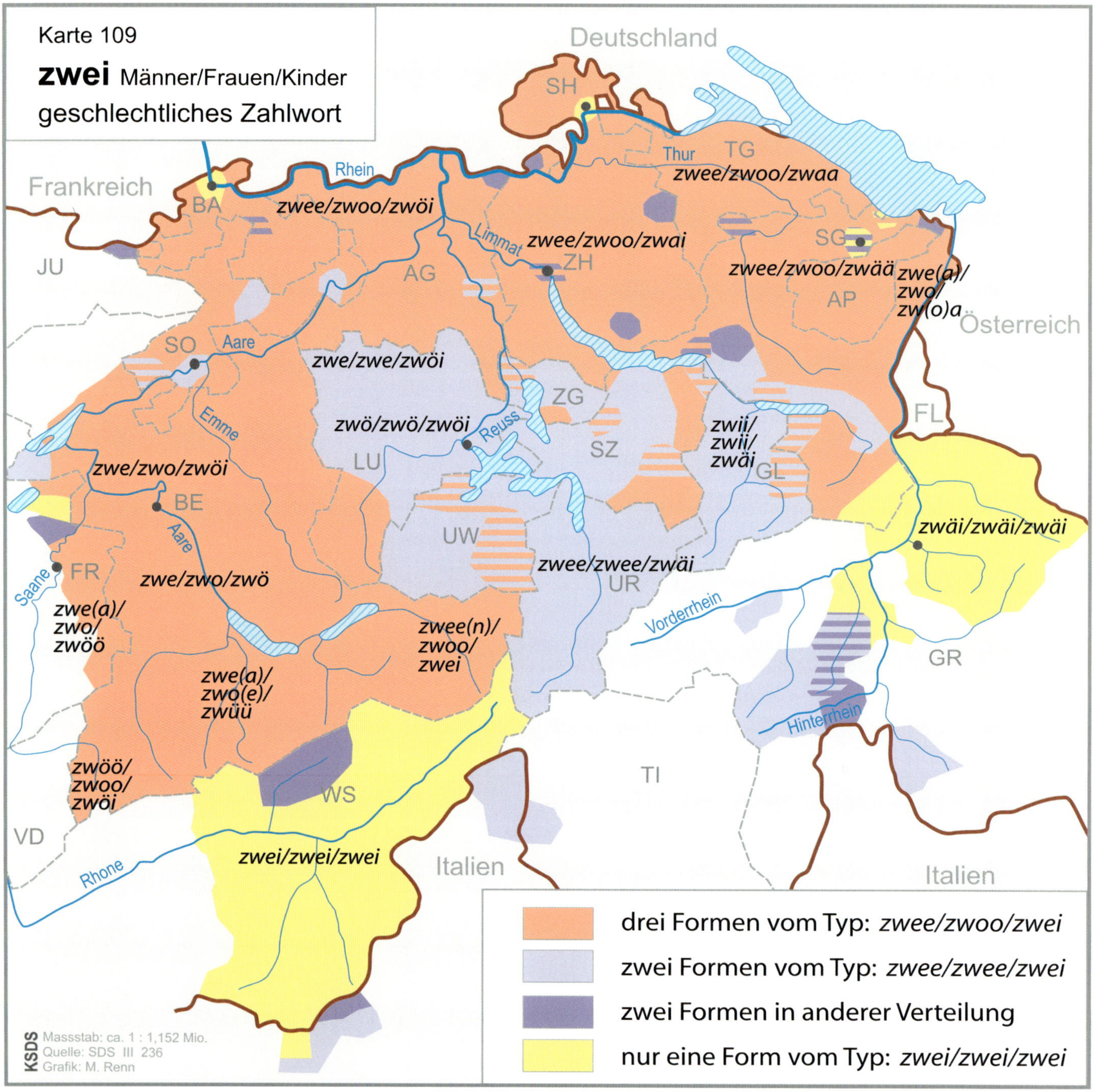
Karte 109
zwei Männer/Frauen/Kinder
geschlechtliches Zahlwort
Deutschland
Frankreich
Österreich
Italien
Italien
SH
BA
TG
SG
AP
FL
JU
AG
ZH
SO
ZG
SZ
LU
GL
BE
UW
FR
UR
GR
TI
VD
WS
Rhein
Thur
Limmat
Aare
Emme
Reuss
Saane
Aare
Vorderrhein
Hinterrhein
Rhone
zwee/zwoo/zwaa
zwee/zwoo/zwöi
zwee/zwoo/zwai
zwee/zwoo/zwää
zwe(a)/
zwo/
zw(o)a
zwe/zwe/zwöi
zwö/zwö/zwöi
zwii/
zwii/
zwäi
zwe/zwo/zwöi
zwäi/zwäi/zwäi
zwee/zwee/zwäi
zwe/zwo/zwö
zwe(a)/
zwo/
zwöö
zwee(n)/
zwoo/
zwei
zwe(a)/
zwo(e)/
zwüü
zwöö/
zwoo/
zwöi
zwei/zwei/zwei
drei Formen vom Typ: *zwee/zwoo/zwei*
zwei Formen vom Typ: *zwee/zwee/zwei*
zwei Formen in anderer Verteilung
nur eine Form vom Typ: *zwei/zwei/zwei*
KSDS
Massstab: ca. 1 : 1,152 Mio.
Quelle: SDS III 236
Grafik: M. Renn

Im Unterschied zur Schriftsprache, wo einheitlich die Form *zwei* gilt, werden in schweizerdeutschen Dialekten, je nach dem grammatischen Geschlecht des Gezählten, auch verschiedene Formen für das Zahlwort 'zwei' verwendet. Das lässt sich grundsätzlich bis auf die Verhältnisse in althochdeutscher Zeit zurückführen, wo die Formen *zwēne*, *zwō*, *zwei* jeweils bei männlichen, weiblichen oder sächlichen Wörtern galten. Eine entsprechende dreifache Unterscheidung (in jeweils regionaltypischen Lautungen, wie *zwee*, *zwoo*, *zwai*; *zwe*, *zwo*, *zwö(i)* usw.) wurde zur Zeit der Erhebungen für den Sprachatlas noch in einem grossen zusammenhängenden Gebiet vom äussersten Westen bis in das St. Galler Rheintal gemacht. So heisst es beispielsweise in Bern *zwe Manne*, *zwo Froue*, *zwöi Chind*. Ein ebenfalls mehr oder weniger zusammenhängendes Gebiet in der Zentralschweiz sowie ein Grossteil der südlichen Walsersiedlungen weist eine Zweiteilung der Formen auf, wobei die eine Form bei sächlichem Bezugswort (z.B. *zwäi Chind*), die andere – ursprünglich nur männliche – nun bei weiblichem und männlichem Bezugswort (z.B. *zwee Fräüe* wie *zwee Manne*) steht. Ein solcher Formenzusammenfall wird zur Zeit der Erhebungen auch schon aus einigen Orten vermeldet, die sich eigentlich in einem Gebiet mit erhaltener Dreiförmigkeit befinden. Dazu kommt eine Reihe von Orten, wo die Formen in anderer Weise zusammengefallen waren oder jedenfalls grössere Unsicherheiten in der Zuordnung verschiedener Lautformen bestanden. Die Vielfalt an Lautungen wird noch dadurch vergrössert, dass in einigen Gegenden, insbesondere in einem kleineren Gebiet des Kantons Luzern, das weit verbreitete *zwee* in ▶ gerundeter Aussprache als *zwöö* erscheint, wobei der Vokal sich an das mit Lippenrundung gesprochene *w* angeglichen hat. Gelegentlich ist aber auch einfach ein neutrales *zwöö* auf den Gebrauch mit männlichen Bezugswörtern übertragen worden.

Schliesslich gibt es ganze Gebiete, in denen wie in der Schriftsprache keine Unterscheidung (mehr) gemacht wird und die sächliche Form verallgemeinert wurde. Das gilt insbesondere für das Wallis (ausser dem Lötschental), den nördlichen Teil Graubündens sowie die Städte Basel und Schaffhausen. Auch aus der Stadt St.Gallen wird damals bereits von einem fortgeschrittenen Zusammenfall der Formen berichtet. Insgesamt ist davon auszugehen, dass sich die auf der Karte abgebildeten Verhältnisse heute dahingehend verändert haben, dass die Formenvielfalt zurückgegangen ist und die unterschiedlichen Formen auch nicht mehr durchgehend in der ursprünglichen grammatischen Verteilung verwendet werden, sondern frei variieren. Diese zunehmende ‚falsche' Verwendung ist für diejenigen, die noch die alte grammatische Verteilung gebrauchen, sehr auffällig, und sie wird daher immer wieder als Beispiel für den Dialektverfall heftig kritisiert.

Auch die Zahl 'drei' weist – wiederum vor allem in den nördlichen Gebieten – noch geschlechtsabhängige Formen auf, allerdings nur mehr in der Weise, dass eine Zweiteilung zwischen einer sächlichen Form und einer zweiten bei männlichen und weiblichen Wörtern besteht, z.B. *drüü Chind* gegenüber *drei/drii Manne und Fraue*.

Beim Zählen wird übrigens bei den Zahlen von eins bis drei auf sächliche Formen zurückgegriffen, z.B. *äis*, *zwäi* (*zwöi*, *zwöö* u.Ä.), *drüü (dröi)*, wenn nicht ohnehin Einheitsformen bestehen. Bei den Grundzahlen über drei gelten zumindest im Wallis sowie in westlichen und nördlichen Randgebieten eigene Formen auf *-i*, z.B. *nüüni*. Diese lassen sich ebenfalls auf alte sächliche Adjektivbildungen zurückführen. **EG**

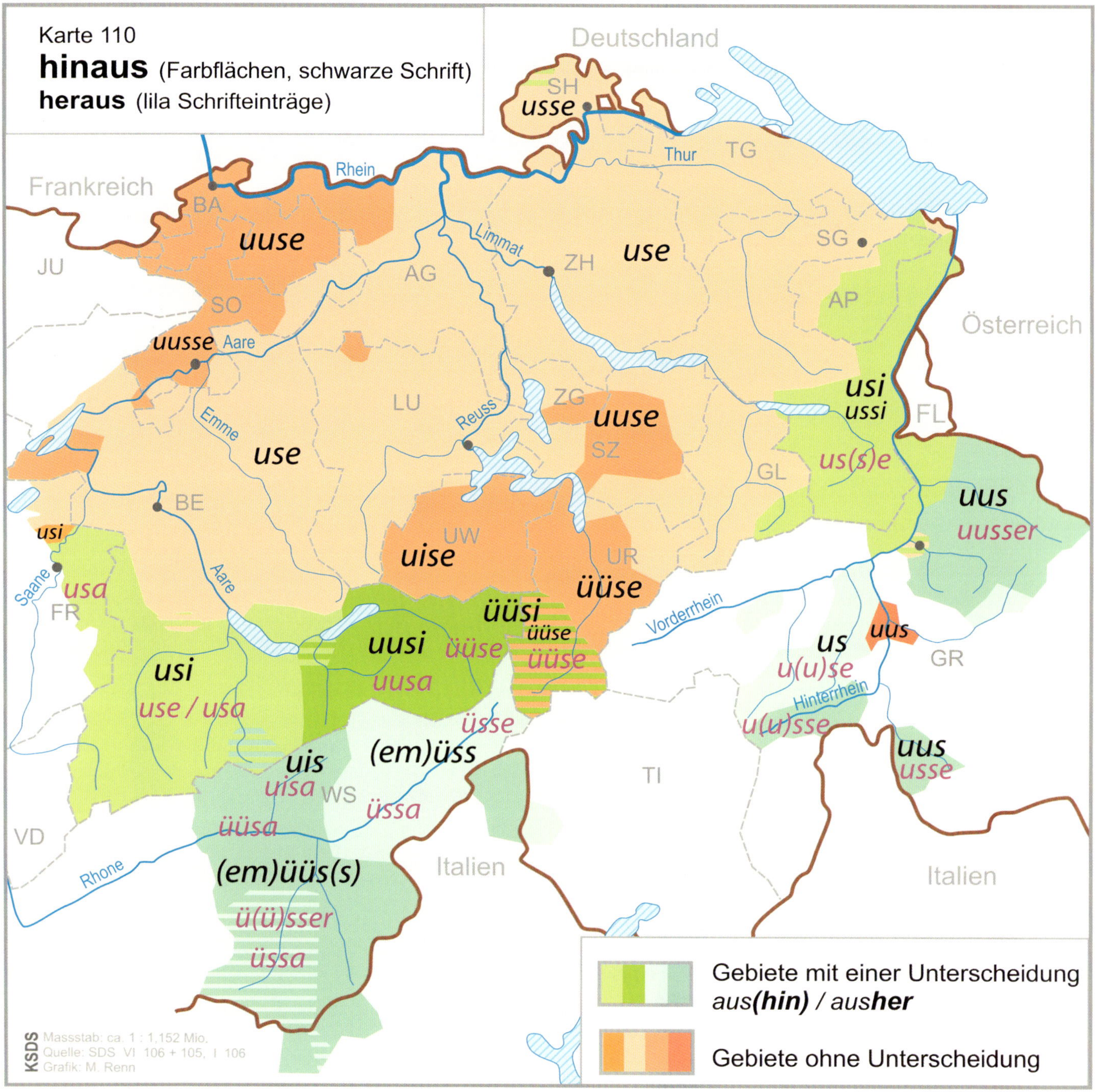
Karte 110
hinaus (Farbflächen, schwarze Schrift)
heraus (lila Schrifteinträge)
Deutschland
Frankreich
Österreich
Italien
Italien
SH
usse
Rhein
Thur
TG
BA
uuse
JU
Limmat
ZH
use
SG
AG
AP
SO
uusse
Aare
LU
ZG
usi
ussi
FL
Emme
Reuss
uuse
SZ
use
us(s)e
GL
BE
uus
uusser
usi
UW
uise
UR
Saane
usa
Aare
üüse
FR
Vorderrhein
üüsi
üüse
uusi
üüse
üüse
uus
us
GR
usi
uusa
u(u)se
use / usa
Hinterrhein
üsse
u(u)sse
uis
(em)üss
uus
uisa
WS
usse
TI
üssa
üüsa
VD
Rhone
Italien
(em)üüs(s)
ü(ü)sser
üssa
Gebiete mit einer Unterscheidung aus(hin) / ausher
Gebiete ohne Unterscheidung
KSDS
Massstab: ca. 1 : 1,152 Mio.
Quelle: SDS VI 106 + 105, I 106
Grafik: M. Renn

Richtungsadverbien, wie *heraus* und *herein*, gehören zu den sprachlichen Elementen, die in ihrer Bedeutung stark von der Situation und der Umgebung bestimmt sind, auf die sie verweisen. Der deiktische (zeigende) Bestandteil *her-* verweist etwa auf eine Bewegung auf die sprechende Person zu *(komm heraus!)*, der Bestandteil *hin-* gibt dagegen an, dass die Bewegung nicht auf die sprechende Person zu gerichtet ist, sondern von ihr weg geht *(geh hinaus!)*. Diese sprecherbezogenen Richtungsadverbien stellen in ihrer Kombination mit Bestandteilen, die auf räumliche Verhältnisse Bezug nehmen, wie *-aus* oder *-ein*, aber auch *-auf*, *-unter*, *-über*, *-um* u.Ä., ein ziemlich komplexes System dar. In der hochdeutschen Umgangssprache ist dieses System, was den Ausdruck der Sprecherperspektive angeht, im Abbau begriffen, so dass es hier z.B. *geh raus* heissen kann, obwohl die Bewegung nicht auf die sprechende Person hin gerichtet ist. Dabei sind die verweisenden (deiktischen) Bestandteile in Dialekt und Umgangssprache lautlich meist stark reduziert, so dass etwa von dem ursprünglich vorhandenen *her-*, wie bei *rein*, nur noch das *-r* übrigbleibt.

Während im Hochdeutschen und in vielen Dialekten der deiktische Bestandteil der zusammengesetzten Richtungsadverbien vor der Angabe der räumlichen Dimension steht *(**hin**aus/**her**aus)*, ist in den schweizerdeutschen Dialekten ebenso wie etwa in Teilen des Bairischen die Reihenfolge umgekehrt: Das verweisende Element folgt auf das räumliche, also *aus**her** – aus**hin*** usw. Bei diesen Bildungen ist dann meistens der zweite Bestandteil reduziert. Im Schweizerdeutschen wird aber diese sprecherbezogene Unterscheidung nur in den südlichen (höchstalemannischen) und einigen östlichen Gebieten zum Ausdruck gebracht, in einem grossen nördlichen Gebiet ist die Unterscheidung nicht mehr vorhanden.

Die sprecherbezogene Unterscheidung kann lautlich verschieden zum Ausdruck gebracht werden. Im freiburgischen Sensegebiet und dem Berner Oberland stehen sich meist ein *a*-artiger und ein *i*-artiger Auslaut für die *her-* und die *hin*-Perspektive gegenüber, z.B. **usa** für 'heraus' und **usi** für 'hinaus', wobei die Aussprache des Anfangsvokals je nach Region lang, kurz oder nach vorne verschoben (▶ palatalisiert), *usa*, *uusi*, *üüse* u.Ä., sein kann. Dagegen wird in den St. Gallischen und Appenzeller Gebieten im Osten bis ins Churer Rheintal hinauf eher ein Unterschied zwischen einem *e*-artigen und einem *i*-artigen Auslaut gemacht, etwa **use** für 'heraus' gegenüber **usi** für 'hinaus', vereinzelt auch mit gelängtem Konsonanten *usse*, *ussi*. Alle diese Formen gehen letztlich auf Abschleifungen eines ehemaligen *-her* bzw. *-hin* zurück. Für die Bündner Walsergebiete ebenso wie für das Wallis ist allerdings für die *hin*-Perspektive die Verwendung der alten einfachen, nur aus dem Raumadverb bestehenden Bildung charakteristisch, **(u)us**, *üs(s)* o.Ä., was im Wallis durch ein vorangestelltes Element *em-* ‚verstärkt' werden kann, über dessen Herkunft man sich nicht einig ist. Es tritt neben einer Form *embr-* bei anderen Richtungsadverbien auch im Berner Oberland auf und weist zumindest teilweise eine Sonderbedeutung 'wieder, zurück' auf, z.B. *embrüüf* 'wieder hinauf (zurück nach Hause)', *embrii* 'wieder hinunter'. Für die Richtung auf die sprechende Person zu gilt allerdings auch im Wallis und den Walsergebieten eine ursprünglich mit *-her* zusammengesetzte Form, die in verschiedener Lautung als **üsser**, *uusser* oder weiter abgeschwächt als *üssa* u.Ä. erscheint. Für Thusis und Mutten wurde jedoch bereits bei den Sprachatlas-Aufnahmen statt einer solchen sprecherbezogenen Unterscheidung der einheitliche Gebrauch der einfachen Form **uus** vermerkt.

Anders als an diesen beiden Bündner Orten gehen in dem grossen nördlichen Gebiet des Zusammenfalls der Sprecherperspektive die Richtungsadverbien auf einen reduzierten *e*-artigen Laut aus, der wohl auf ursprüngliche *hin*-Formen zurückgeht. Gleichgültig, ob die Bewegung auf die sprechende Person hin gerichtet ist oder nicht, heisst es dort also *gang us**e*** und *chum us**e***, wobei die Lautung wiederum vielfach variiert: *use*, *uuse*, *usse*, *uusse* u.Ä.

Ähnliche Verhältnisse wie die hier für die Dimension *heraus/hinaus* beschriebenen gelten auch für andere Raumadverbien, wie *herein/hinein*, *herab/hinab* und *herauf/hinauf*. Über diese Wortpaare hinaus, die in einem begrenzten Gebiet eine sprecherbezogene Grundorientierung im Raum leisten, gibt es in den schweizerdeutschen Mundarten, insbesondere im Wallis und im Berner Oberland, noch diverse andere Typen von Richtungsangaben, die verschiedene, auch geländebezogene Spezialfunktionen haben können, z.B. *desuuf* 'bergauf', *obsi* 'aufwärts', *überufe* 'hinauf, vor allem in ein oberes Stockwerk', *undenufe* 'nach oben, von weiter unten', *deruuf* 'die Strasse hinauf' usw. EG

Karte 111

das Haus, Dach

bestimmter sächlicher Artikel

Der bestimmte sächliche Artikel *das*, wie in hochdt. *das Haus*, *das Dach*, weist in den schweizerdeutschen Dialekten, wie in verschiedenen anderen deutschen Dialekten, abgeschwächte Formen auf. Das lässt sich dadurch erklären, dass der bestimmte Artikel zusammen mit Personen oder Dingen, die als bekannt vorausgesetzt werden, selbst unbetont ist und sich an das folgende Wort anlehnt. So ergibt sich etwa zusammen mit dem femininen Wort *Frau* die Verbindung *pfrau* (aus *d-Frau*). Was die konkrete Lautung des sächlichen Artikels im Schweizerdeutschen angeht, so liegt hier ein Beispiel für die auch bei anderen Phänomenen auftretende ▶ Nord-Süd-Gliederung vor. Generell ist in den abgeschwächten Formen der Vokal geschwunden. Während sich so im südlichen Gebiet die abgeschwächte Form **ds** ergibt, lautet der Artikel in den nördlichen Gebieten **s**, z. B. *s Huus* gegenüber *ds Huus*; *s Tach* gegenüber *ds Tach*. Dort wo die beiden Gebiete aufeinandertreffen, kann man vielfach beide Formen nebeneinander gebrauchen. In mehreren Gemeinden der Kantone Schwyz und Obwalden lässt sich jedoch eine mehr oder weniger regelmässige Verteilung der beiden Lautungen feststellen. Während normalerweise die *ds*-Form gilt, also z. B. *ds Huus*, *ds Tach*, wird zusammen mit einer Präposition die Lautung *s* bevorzugt, also z. B. *i s Huus*, *uf s Tach*.

Durch die Abschwächung des Artikels ergibt sich ein sehr deutlicher lautlicher Unterschied zum hinweisenden Pronomen (Demonstrativpronomen) *das*. Hier gilt in den schweizerdeutschen Dialekten in der Regel ein langes *a (daas)*, wie z. B. in *Was choschtet daas?*. Vom Aargau bis ins Rheintal ist darüber hinaus vor allem am nördlichen Rand der Schweiz der Ausfall des End-*s* üblich. Die sich ergebende Wortform *da(a)* wird weithin als auffälliges Merkmal der Schaffhauser bzw. Ostschweizer Redeweise wahrgenommen und zeigt sich etwa in Sprüchen wie *Taar dä da? Dä taar da. Da däää da taar!* 'Darf der das? Der darf das. Dass der das darf!'. EG

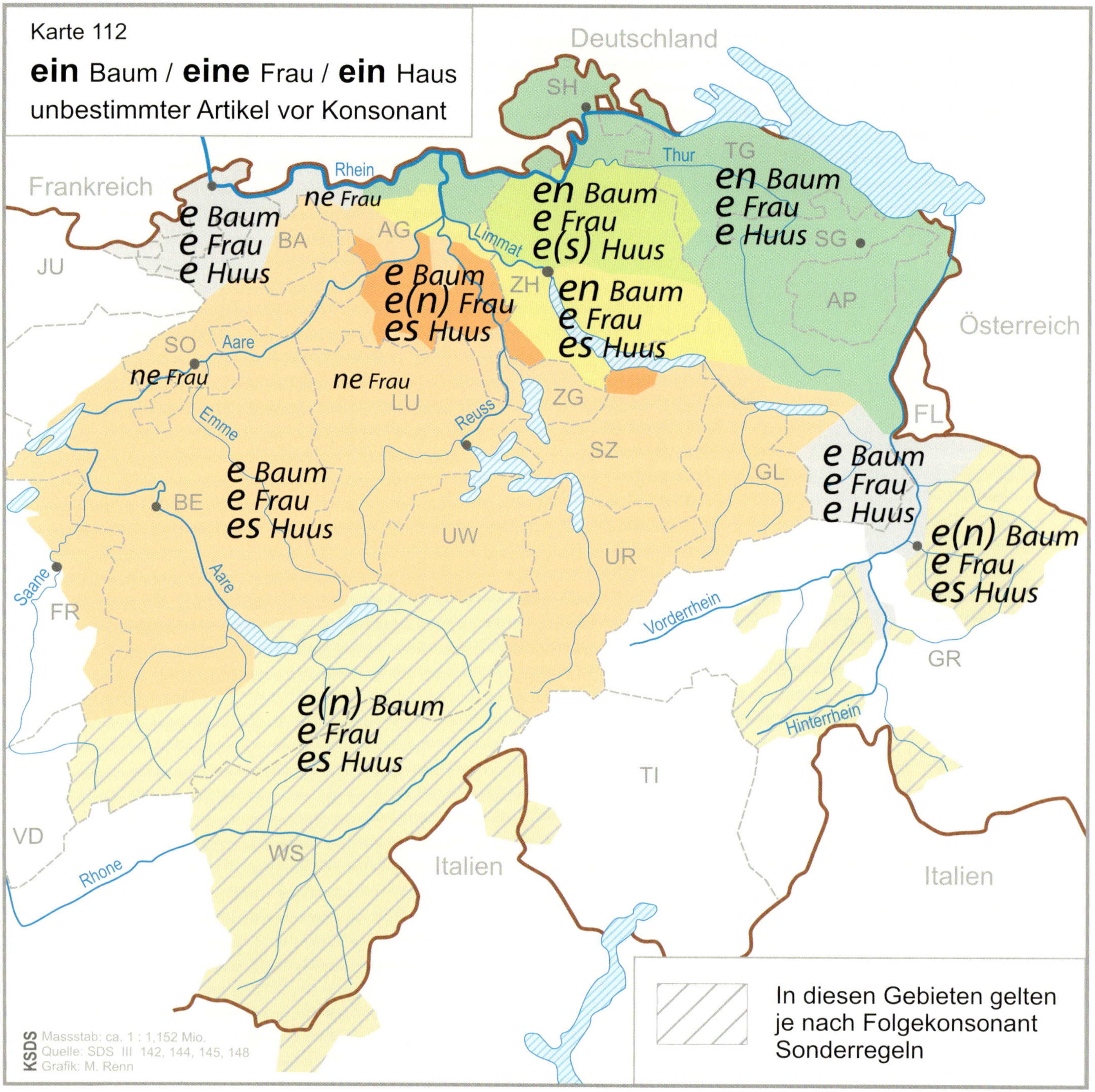

Karte 112

ein Baum / **eine** Frau / **ein** Haus

unbestimmter Artikel vor Konsonant

Erst im Verlauf des Mittelalters wird es im Deutschen üblich, Substantive mit Artikel zu versehen. Damit wird die Unterscheidung zwischen bestimmten oder im Zusammenhang nicht näher bestimmten Gegenständen, Tieren und Personen verdeutlicht, wie etwa im Satz *Dort ist der Hund* (von dem gerade gesprochen wurde) gegenüber *Dort ist ein Hund* (von dem nichts weiter bekannt ist). Wie die älteren indogermanischen Sprachen ohne Artikel funktioniert haben, zeigt das Lateinische noch gut. Zunächst kam es dann in den germanischen ebenso wie in den romanischen Sprachen zur Herausbildung des bestimmten Artikels. Der unbestimmte Artikel, der sich sprachhistorisch aus dem Zahlwort *ein-* entwickelt hat, tritt erst im Mittelhochdeutschen regelmässig auf.

Im Gegensatz zum Zahlwort ist der unbestimmte Artikel im Satz unbetont, was im Laufe der Zeit in der gesprochenen Sprache zu einer starken Abschwächung führt. In den Dialekten wird so, anders als im Hochdeutschen, in der Regel deutlich zwischen den Formen des unbestimmten Artikels und dem Zahlwort unterschieden, etwa zürichdt. *en Baum* (Artikel) gegenüber *äin Baum* (Zahlwort). Trotz der reduzierten Lautform stellen die unbestimmten Artikel in ihrer jeweiligen regionalen Aussprache auffällige Dialektmerkmale dar, da sie unverzichtbare sprachliche Bestandteile der Alltagsrede sind. Dabei lassen sich verschiedene Grossräume danach unterteilen, welche Formenunterschiede der unbestimmte Artikel aufweist, je nach dem grammatischen Geschlecht des Wortes, bei dem er steht. Die Aussprache dieser kleinen Wörter wird oft von der lautlichen Umgebung, in der sie stehen, noch zusätzlich beeinflusst, so dass sich vielfältige Formenvariationen ergeben. Die nebenstehende Karte ist stark vereinfacht und beschränkt sich auf die Darstellung der Lautformen, die gelten, wenn der Artikel direkt vor einem Substantiv gebraucht wird und dieses mit einem Konsonanten beginnt, wie im Falle von *ein Baum*, *eine Frau*, *ein Haus*.

In den meisten Regionen werden hier zumindest zwei Formen unterschieden. Eine davon ist immer die nur aus einem Vokal bestehende Minimalform, die je nach Gegend eher offen als *a*, *ä* oder eher geschlossen als *e*, im Wallis auch als *i*, *u*, ausgesprochen wird. Dabei fällt im Nordosten traditionell das Neutrum mit dem Femininum zusammen, es heisst also ***e** Huus* ebenso wie ***e** Frau*. Im grössten, bräunlich eingefärbten Gebiet fallen dagegen Maskulinum und Femininum zusammen, so dass es ***e** Baum* ebenso wie ***e** Frau* heisst. In diesen beiden Grossräumen ist dann entweder die neutrale Form, ***es** Huus*, oder, im Nordosten, die maskuline Form, ***en** Baum*, mit einer eigenen Form hervorgehoben. Im Gebiet um Zürich, zwischen den genannten Grossräumen, werden alle drei Formen kombiniert und damit jedes grammatische Geschlecht eigens bezeichnet: ***en** Baum*, ***e** Frau*, ***es** Huus*. In jedem Fall gilt für das Femininum weithin die Artikelform *e*, teilweise, besonders im Luzernischen, im Anlaut zu *ne* verstärkt: ***ne** Frau*. Davon weicht allerdings ein an Zürich angrenzendes Gebiet im südlichen Aargau ab. Hier hat sich das östliche *en*, entsprechend der Gleichbehandlung von Maskulinum und Femininum im westlichen Gebiet, auf beide Formen ausgebreitet, so dass also ***en** Baum*, ***en** Frau* zu hören ist. Da in Variation damit auch die *e*-Formen gebraucht werden, lässt sich so auch die auffällige Kombination ***e** Baum*, ***en** Frau* wahrnehmen.

In einem kleineren Gebiet im Nordwesten fallen dagegen alle drei Formen in der vokalischen Minimallautung *e* zusammen: ***e** Baum*, ***e** Frau*, ***e** Huus*. Das gilt ebenso im südlichen Kanton St. Gallen und einigen angrenzenden Orten Graubündens.

In den schraffierten Gebieten kann sich statt der Lautform *e* vor bestimmten Konsonanten, vor allem vor *b*, *d*, *g* (so genannte ▶ Leniskonsonanten), auch *en* einstellen. Bei mit *b* beginnenden Wörtern heisst es dann infolge einer weiteren Angleichung (▶ Assimilation) ***em** Baum*, ***em** Beiz*. Im Wallis und den Bündner Walserorten kann die *en*-Form auch vor *p*, *t*, *k* stehen, im östlichen Berner Oberland und den Bündner Walserorten auch vor *h*, z.B. ***en** Hammer*.

Schwankungen zwischen *e* und *en* sind also häufig zu beobachten. Darüber hinaus ist auch zu bedenken, dass auf der Karte die Lautung des Artikels vor einem mit Vokal anlautenden Wort nicht einbezogen ist. Hier wird nämlich im ganzen Schweizerdeutschen automatisch ein so genanntes Binde-*n* eingeschoben, so dass es z.B. (auch im bräunlichen Gebiet) heisst: ***en** Esel*, ***en** Anke* 'Butter' – aber ***e** Baum* – sowie im Nordosten ***en** Ai* 'Ei', aber ***e** Huus*. Bezüglich dieser letztgenannten Formen ist allerdings davon auszugehen, dass sich die bereits auf der Karte erkennbare grossräumige Geltung der neutralen Artikelform *es* mittlerweile weiter nach Nordosten ausgebreitet hat, und ***e** Huus* langsam durch ***es** Huus* verdrängt wird. EG

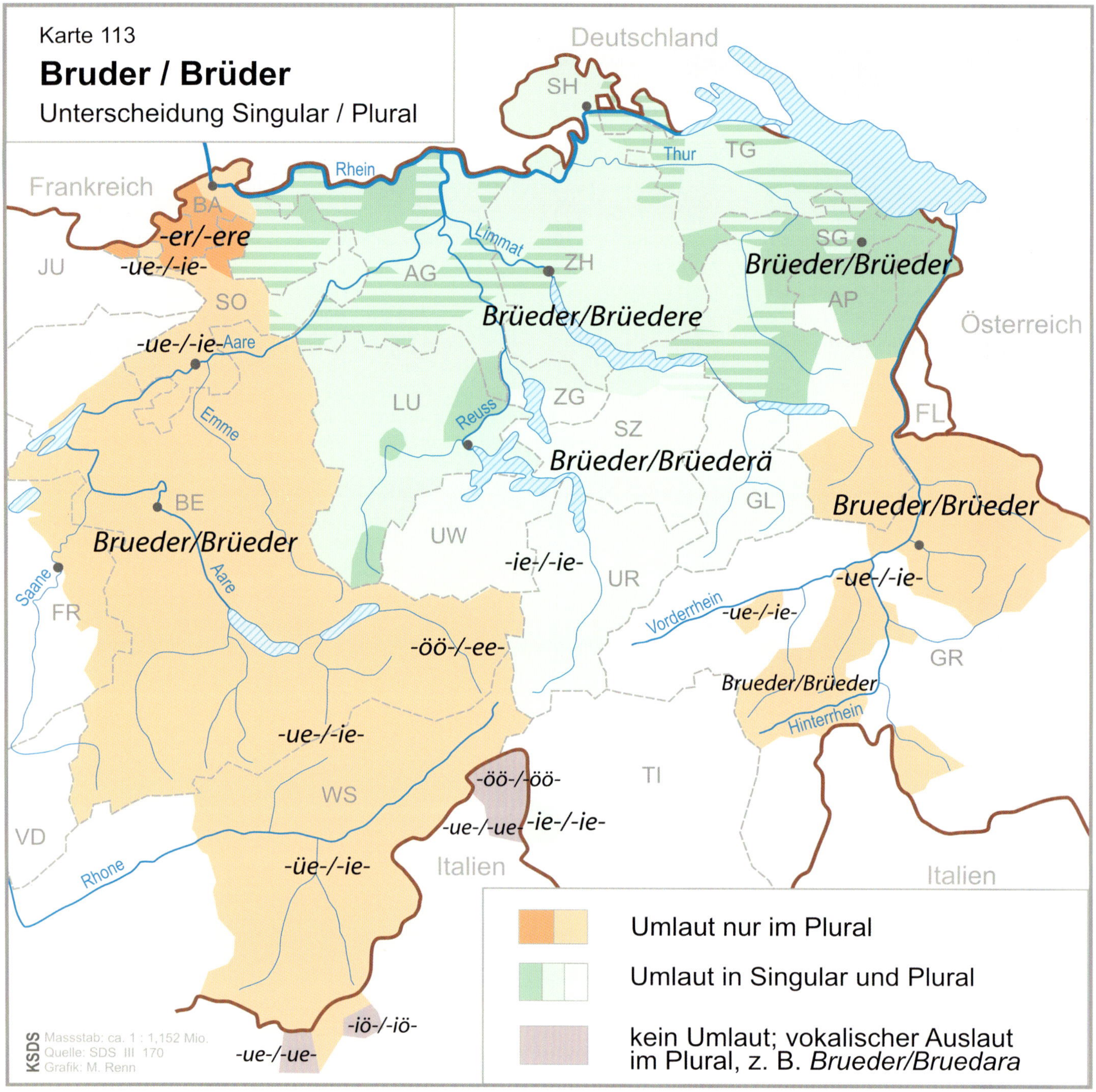

Karte 113

Bruder / Brüder

Unterscheidung Singular / Plural

Zur Unterscheidung einer Pluralform vom Singular bieten sich im Deutschen die Mittel einer angefügten Endung *(Teil/Teile, Kanne/Kannen)* und des Umlauts im Stammvokal *(Nagel/Nägel)* an. Die beiden Mittel kommen auch kombiniert vor, etwa bei *Gast/Gäste, Mann/Männer*. Bei den Mundartwörtern stimmen die Modelle der Pluralbildung oft nicht mit dem Hochdeutschen überein; zudem zeigen sich im Verhalten der einzelnen Mundarten grosse Unterschiede. Wie im Hochdeutschen gibt es auch Fälle, wo Singular und Plural übereinstimmen.

Im Kartenbeispiel *Bruder/Brüder* findet man im Wesentlichen drei Typen des Verhältnisses von Singular/Plural: Der urtümlichste Typus entspricht praktisch noch dem althochdeutschen Sprachstand und findet sich nur in einigen Walserorten Italiens (lila Flächen): *Brueder/Brued(a)**ra***. Hier wird also der Plural allein durch einen Endungsvokal markiert.

Anders in der westlichen Deutschschweiz und in Graubünden: Der Plural wird durch den Umlaut markiert, also *Brueder/Br**üe**der*. Dieser Typus entspricht dem hochdeutschen *Bruder/Brüder* und gilt auch für Gebiete, wo durch ▶ Palatalisierung ▶ Entrundung und ▶ Monophthongierung die Stammvokale in anderer Gestalt daherkommen, etwa als *Br**üe**der/Br**ie**der* im Wallis oder *Br**öö**der/Br**ee**der* im Haslital. Zwischen Jura und Basel kommt zum Umlaut im Plural noch ein Endungsvokal: *Brueder/Br**üe**der**e** (Br**ie**der**e**)*.

Bleiben schliesslich noch die grünlich eingefärbten Gebiete, wo schon der Singular umgelautet ist (*Br**üe**der* bzw. *Br**ie**der*). Wie es dazu kam, kann nicht sicher erklärt werden. Vielleicht hat man die umgelautete Pluralform nachträglich als Singular verstanden (s. Karte 93 *Apfel*, wo *Öpfel*, *Epfel* eigentlich die umgelautete Pluralform von *Apfel* darstellen). Möglich ist auch, dass der Umlaut einen affektischen Hintergrund hat; bei Koseformen von Vornamen kommt solche Umlautung häufig vor (z. B. *der Chläus*, *Köbi*), bei Verwandtschaftsnamen gibt es Fälle wie berndt. *Brüetsch* 'Bruder', *Vättel* 'Vater', allerdings mit einer speziellen Endung. Der Plural zu *Brüeder* hat entweder einen Endungsvokal *(Brüedere)*, oder er deckt sich mit dem Singular. Als geschlossenes Gebiet findet man den einformigen Typus *Br**üe**der/Br**üe**der* in der Ostschweiz sowie im Nordaargau (dunkle Fläche). Einzelne Belege dieses Typus gibt es aber weithin innerhalb der hellgrünen *Brüeder/Brüedere*-Fläche, nämlich im schraffierten Gebiet.

Die Karte *Bruder/Brüder* ist nur ein kleines Beispiel aus einer reichen Welt von schweizerdeutschen Pluralphänomenen. Generell ist zu beobachten, dass im Vergleich mit dem Hochdeutschen der Umlaut häufiger angewendet wird, man denke an *Chüeche* 'Kuchen', *Tääg* 'Tage', *Brünne* 'Brunnen', *Kantöön* 'Kantone'. Teilweise gibt es sogar die Formen *Söck*, *Söcke* 'Socken' und *Tschöp* 'Jobs'. Eine andere Besonderheit ist die Pluralbildung auf *-ne*, die bei weiblichen Substantiven auf *-i* wie *Chettene* 'Ketten' schon alt ist und sich neuerdings auch bei *Tantene* 'Tanten', *Ungglene* 'Onkel', *Kärline* 'Kerle' und in ähnlichen Fällen zeigt. **NB**

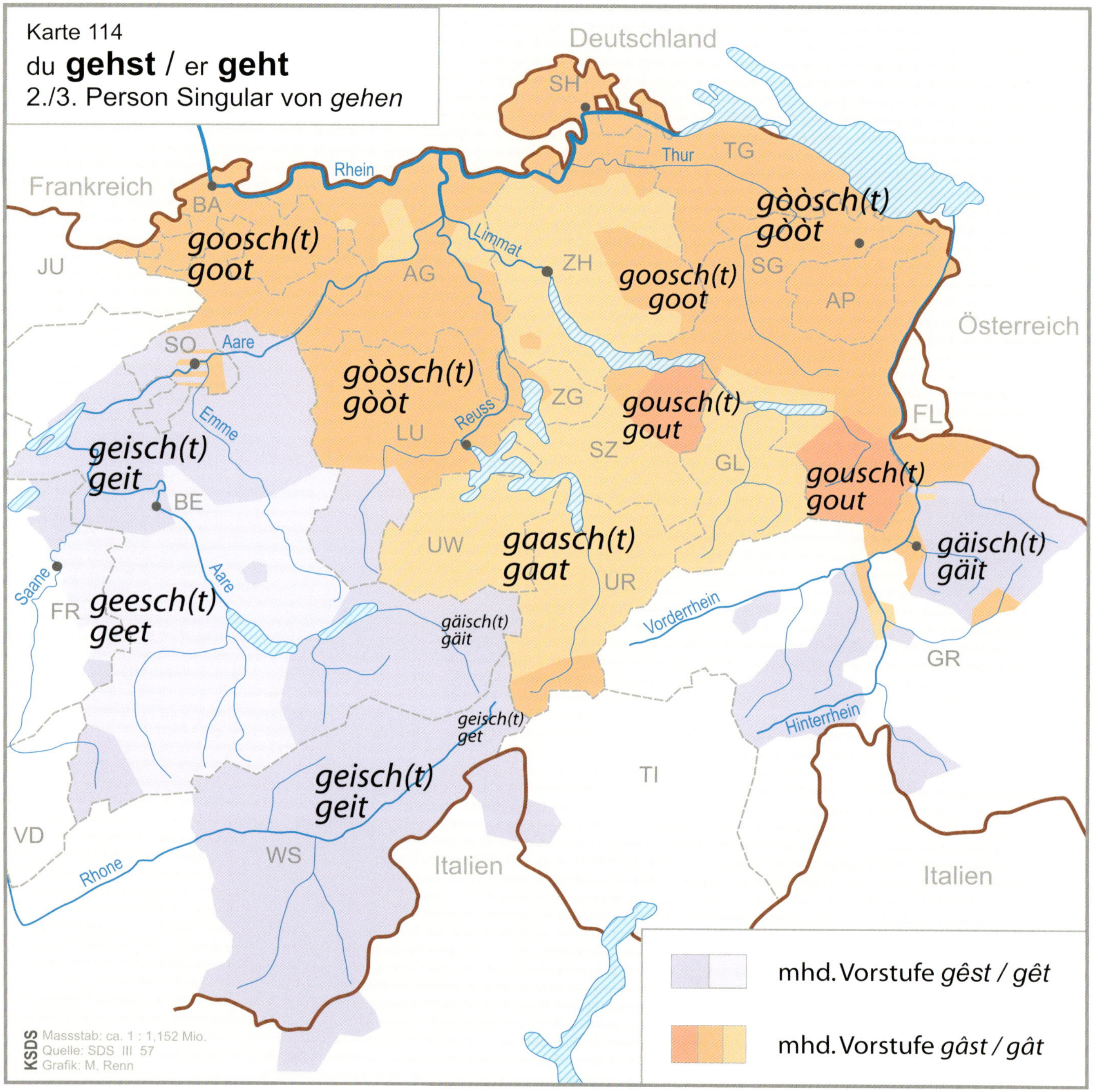

Karte 114
du gehst / er geht
2./3. Person Singular von *gehen*

In früheren Zeiten gab es für die Wörter *gehen* und *stehen* jeweils eine Langform *gangan*, *stantan* und eine Kurzform *gān* bzw. *stān*. Die Langformen sind noch vorhanden in: *ich bin gestanden*, *bin gegangen*. Zu den Kurzformen *gān* und *stān* haben sich schon in althochdeutscher Zeit Nebenformen mit *-ē-* gebildet: *gēn* und *stēn*. Wie es bei häufig vorkommenden Wörtern der Fall ist, haben sich auch bei *gehen* und *stehen* die kürzeren Formen – wenn auch in unterschiedlicher Weise – gehalten und ausgebreitet. Die Karte verzeichnet nur zwei Formen von *gehen*: nämlich *du gehst – er geht*. Dadurch ergibt sich eine scharfe Zweiteilung der Schweizer Sprachlandschaft. Würde man nur schon die Form *ich gehe* dazunehmen, gäbe es für die Reihe *ich gehe*, *du gehst*, *er geht* so viele Varianten, dass man sie kaum auf einer einzigen Karte darstellen könnte: *i(ch) gang*, *du goosch(t)*, *er goot* / *i(ch) gòòne*, *du gòòsch(t)*, *er gòòt* / *i(ch) gaa*, *du gaasch(t)*, *er gaat* / *i guune*, *du gousch(t)*, *er gout* / *i gaa*, *du geisch(t)*, *er geit* / *i gaa*, *du geesch(t)*, *er geet* und noch andere Kombinationen.

Im Westen gelten die Formen mit *-ei* und *-e-*: **geisch(t)** – **geit**, **geesch(t)** – **geet**, **geisch(t)** – **get**. Die Variante **gäisch(t)** – **gäit** gilt auch ganz im Osten in einem Teil von Graubünden, wohin die Walser im 14. Jh. gewandert sind und ihre Walliser Mundart mitgenommen haben. Diese *e/ei*-Formen gehen auf das alte *gēn* zurück. Die gleichen Formen und die gleiche Verbreitung wie *gēn* hat das Verb *stēn* (z. B. *du steisch(t) – er steit*).

Im restlichen Gebiet gelten die *oo/òò/ou*-Formen: **goosch(t)** – **goot**, **gòòsch(t)** – **gòòt**, **gousch(t)** – **gout**. Sie sind durch ► Verdumpfung von *ā* zu *ō* aus den früheren Formen **gaasch(t)** – **gaat** entstanden. Die gleichen Formen und die gleiche Verbreitung wie bei *gān* hat auch das Verb *stān*: *du staasch(t) – er staat* / *du stòòsch(t) – er stòòt* usw.

Wenn man fragt, wie es zu den so unterschiedlichen Formen wie *gaasch(t)*, *gòòsch(t)*, *gousch(t)* und *geisch(t)*, *geesch(t)*, *gäisch(t)* kommen konnte, muss man weit in die Sprachgeschichte zurückschauen. Schon in althochdeutscher Zeit existierten neben den *ā*-Formen *gān* noch *ē*-Formen *gēn* (s. oben). Dabei zeigen die fränkischen (Hessen, Rheinland-Pfalz) und bairischen (Bayern, Österreich) Handschriften mehr das *ē*, die alemannischen (Baden-Württemberg, Schweiz) eher die *ā*-Formen.

Die altfränkischen Texte hatten schon im 9. Jh. neben *du gest*, *er get* noch solche wie *du ge-ist*, *er ge-it* in Anlehnung an die regulären grammatischen Verbindungen: *du gib-is(t)*, *er gib-it*. Im Laufe der Zeit haben sich die fränkischen *ē*-Formen nach Süden über das Elsass bis in die Nordwestschweiz ausgebreitet. Dieses Einfallstor haben auch noch viele andere Sprachformen durchlaufen und die sprachliche Deutschschweiz eben in diese beiden Hälften geteilt.

Die *ā*-Formen in der östlichen Hälfte sind nur in einem Teil *aa* geblieben (wie auch in *Aabet*, *Jaar* oder *Straass*), meistens wurde *ā* zu *oo*, *òò* verdumpft oder gar in einem weiteren Schritt zu *ou* ► diphthongiert (wie auch in *Òòbet*, *Jòòr*, *Stròòs* resp. *Oubet*, *Jour*, *Strouss*, s. Karte 79 *Abend*).

Der ► West-Ost-Gegensatz mit den markanten Unterschieden wird von den Leuten an der Grenze wahrgenommen. Man weiss ziemlich genau, wo man *gaat*, und wo man *geit* sagt: *Wie wiit geit d Biise? Bis zum Sagichrüz, vo dört aa goot si* heisst es in Attiswil an der Grenze zum Kanton Solothurn. HL

Karte 115
Endungen der Verbformen
1./2./3. Person Plural

Besonders markant trägt die Formenbildung der Verben im Plural zu dem immer wieder zu beobachtenden ▶ West-Ost-Gegensatz der Deutschschweizer Sprachlandschaft bei. Einem grossen zusammenhängenden Gebiet in der Osthälfte, das in allen drei Personen der Pluralformen eine Einheitsendung aufweist, steht im Westen ein Gebiet mit zwei Formen, einer für die 1. und 3. Person und einer anderen für die 2. Person Plural, gegenüber. So heisst es zürichdt. *mir/ir/si mached*, während es westlich angrenzend *mir mache*, *ir mached*, *si mache* lautet. Die Grenze zwischen diesen beiden Grossgebieten mit Einheitsplural einerseits und zweiförmigem Plural andererseits verläuft der so genannten Brünig-Napf-Reuss-Linie entlang und durchschneidet dabei im Norden den Aargau. Gleichzeitig lässt sich an der Formenbildung des Verbs aber auch ein ▶ Nord-Süd-Gegensatz erkennen, da der grösste Teil des Wallis zusammen mit einigen der südlichen Walserorte einen dreiförmigen Plural aufweist, wie er im Alt- und Mittelhochdeutschen gegolten hat, also etwa *wir mache*, *ir machet*, *schi machunt*. Teilweise werden wie im Althochdeutschen bei den schwachen Verben sogar verschiedene Endungen unterschieden, wie etwa in der 3. Person: *schi mach**unt***, aber *schi alt**ent***. Es handelt sich hier um ein Reliktgebiet, das die Verhältnisse des Althochdeutschen in dieser Beziehung weitgehend bewahrt hat, während in den übrigen Dialekten mehr oder weniger starke Vereinfachungen stattgefunden haben.

Im Osten lässt sich die Vereinfachung auf eine Form wie folgt nachzeichnen: Schon in althochdeutscher Zeit wurde etwa bei ▶ Notker von St. Gallen das dreiförmige Pluralsystem auf zwei Formen reduziert, indem die 2. Person die Endung der 3. Person annahm. Ein solches System ist interessanterweise noch in der Gegend von Lungern anzutreffen, wo allerdings, wie in weiteren Gebieten, die unbetonten Vokale in *-i-* übergegangen sind. Gegenüber dem Althochdeutschen ist in der Regel auch das *-n* in der Endung geschwunden, was vor dem an gleicher Stelle im Mundraum gebildeten *-d/-t* durch Angleichung (▶ Assimilation) erklärt wird. So ist im östlichen Schweizerdeutschen, wo die Endung der 3. Person (z. B. *-ent*) auf den ganzen Plural ausgeweitet wurde, schliesslich durch *n*-Schwund das einheitliche *-ed*, *-ed*, *-ed* (oder *-id*, *-id*, *-id*) entstanden. Im westlichen Schweizerdeutschen erfolgte dagegen, wie in der neuhochdeutschen Schriftsprache, ein Ausgleich zwischen der 3. und der 1. Person, also *mir (wir)*, *si machen*, wobei schliesslich das *-n* am Wortende meist schwand.

Eine auffällige Sonderentwicklung begegnet uns zwischen dem ▶ Hirschensprung und Thusis (einschliesslich Chur), wo der östliche Einheitsplural in der Form *-en(d)* auftritt. ▶ Rudolf Hotzenköcherle erkennt in diesen kaum lautgesetzlich zu erklärenden Formen Reste eines *-en*-Einheitsplurals kombiniert mit *-ent*-Formen aus dem Churer Kanzleideutsch, ein System, das sich in dem spät germanisierten Gebiet unter südwestdeutschem Einfluss herausgebildet habe. Die Bündner Walsergebiete weisen dagegen grundsätzlich wiederum ein westliches Zweiformen-System auf, wobei im Übergang zu dem genannten auffälligen *-en(d)*-Einheitsplural der in der Schweiz einmalige Typus *-end*, *-ed*, *-end* auftritt. Dieser wird als Mischprodukt einer walserischen Grundlage mit zweiförmigem Plural und nicht-walserischem, rheintalischem Formenmaterial erklärt, was so auch für Obersaxen angenommen werden muss.

Als Sonderfall aus Schweizer Sicht ist schliesslich noch der Einheitsplural *-e*, *-e*, *-e* von Basel Stadt zu nennen, der sich durch *n*-Abfall aus dem erwähnten südwestdeutschen Einheitsplural *-en* entwickelt hat und im Elsass seine Fortsetzung findet.

Die beschriebenen Endungsverhältnisse gelten für den Grossteil der Verben, für die Kurzverben jedoch mit gewissen Abweichungen, wie etwa bei *haben* (s. Karte 117 *haben Plural*). **EG**

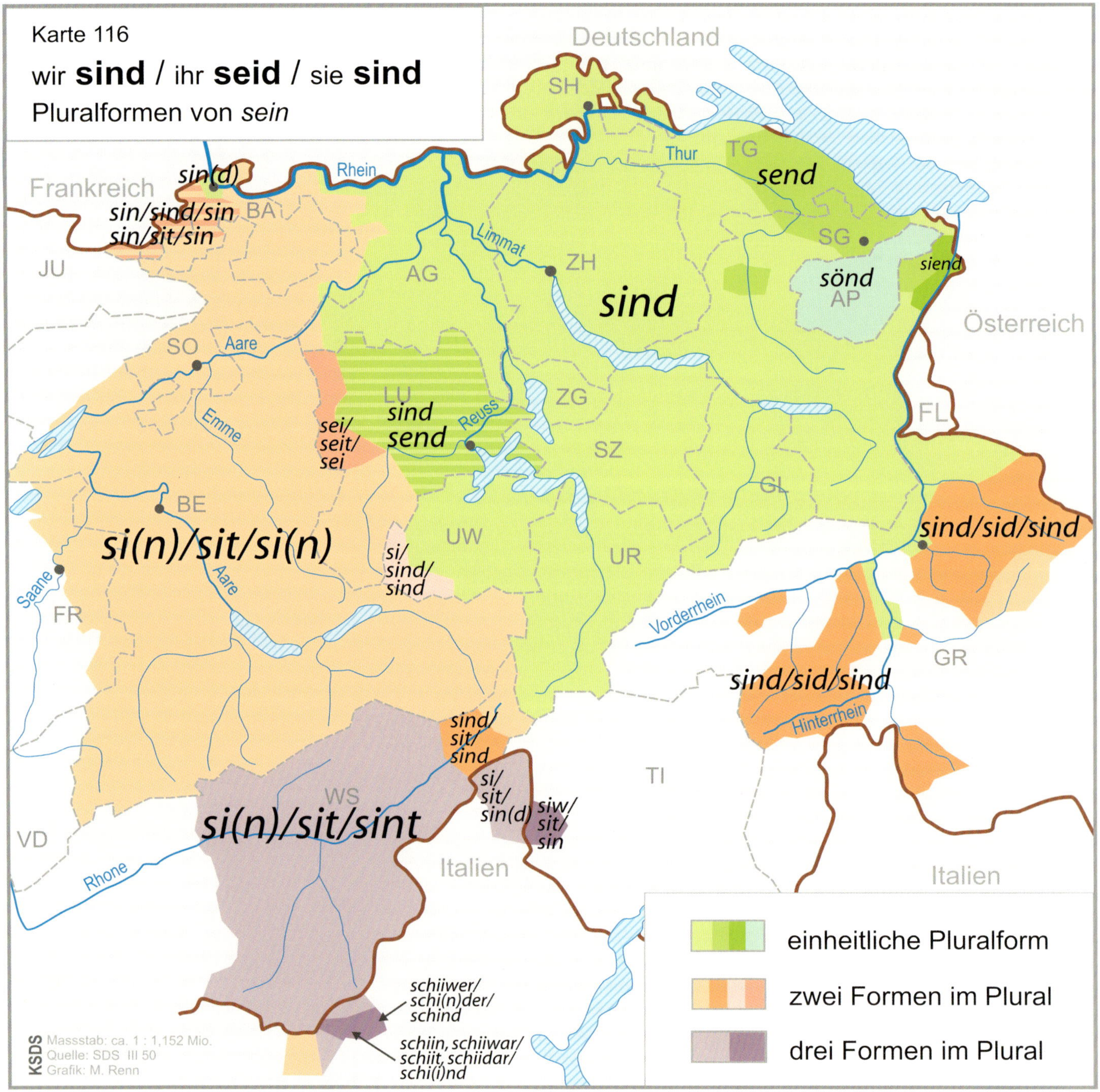
Karte 116
wir **sind** / ihr **seid** / sie **sind**
Pluralformen von *sein*
Deutschland
Frankreich
Österreich
Italien
Italien
SH
TG
SG
AP
ZH
AG
BA
JU
SO
LU
ZG
SZ
GL
FL
BE
UW
UR
GR
FR
VD
WS
TI
Rhein
Thur
Limmat
Aare
Emme
Reuss
Saane
Aare
Vorderrhein
Hinterrhein
Rhone
sin(d)
sin/sind/sin
sin/sit/sin
send
sind
sönd
siend
sind
send
sei/
seit/
sei
si(n)/sit/si(n)
si/
sind/
sind
sind/sid/sind
sind/sid/sind
sind/
sit/
sind
si/
sit/
sin(d)
siw/
sit/
sin
si(n)/sit/sint
schiiwer/
schi(n)der/
schind
schiin, schiiwar/
schiit, schiidar/
schi(i)nd
KSDS
Massstab: ca. 1 : 1,152 Mio.
Quelle: SDS III 50
Grafik: M. Renn
einheitliche Pluralform
zwei Formen im Plural
drei Formen im Plural

Das Besondere am Verb *sein* ist, dass seine Formen sprachgeschichtlich auf drei verschiedene Wurzeln zurückgehen. Die Form *ist* als auch die mit *s* anlautenden Formen des Plurals *(wir sind, ihr seid, sie sind)* gehen auf eine indogermanische Wurzel **es-* ‚(abstraktes) sein' zurück, die mit *b* anlautende Form *(ich bin)* auf eine indogermanische Wurzel **bhu/bheu-*, (konkretes) sein, wohnen'. Andere Formen stehen in Zusammenhang mit dem mittelhochdeutschen Verb *wesen* 'sein', so z.B. die Präteritumsformen des Hochdeutschen *(ich war)* oder die Konjunktiv-II-Formen im Schweizerdeutschen *(ich wäär)*. Das Partizip Perfekt wird in der Deutschschweiz und in den angrenzenden Dialekten Südwestdeutschlands mit einer Form von *sein* gebildet *(gsii)*, im Hochdeutschen und in einer Reihe von Dialekten mit einer Form von *wesen (gewesen)*.

Die nebenstehende Karte weist die Pluralformen des Verbs *sein* aus. Wie bei den so genannten Normalverben (s. Karte 115 *Verbplural*) zeigt sich ein Gegensatz zwischen westlichem Zweiformen- und östlichem Einformen-Plural. Das Territorium des Einheitsplurals beim Verb *sein* ist jedoch geringfügig grösser als jenes bei den Normalverben, d.h. die Grenze zum zweiförmigen *sein*-Plural ist leicht nach Westen verschoben. Ein ▶ Nord-Süd-Gegensatz zeigt sich auch hier: Im Wallis und in den südlichen Walserorten haben die Formen für die 1., 2. und 3. Person Plural eine jeweils unterschiedliche Endung, nämlich – wie im Mittelhochdeutschen – *si(n), sit, sint*. Die Endungen bei den vereinfachten Zwei- und Einformen-Pluralen sind unterschiedlichen Verallgemeinerungen geschuldet: Beim östlichen Einheitsplural ist wahrscheinlich die Form der 3. Person auf die anderen beiden Personen übertragen worden, beim Zweiformenplural ist die Form der 1. und 3. Person vereinheitlicht worden. Eine Ausnahme bildet wie bei den Normalverben die Gegend um Lungern, wo die 2. und 3. Person die gleiche Endung haben (s. Karte 115 *Verbplural*). Der Sachverhalt, dass sich die Endung der 2. nach jener der 3. Person Plural ausrichtet, ist im alemannischen Raum schon für frühere Sprachstufen belegt.

Besondere Pluraltypen sind in der Nordwestschweiz auszumachen, insofern als in Basel ein *d*-loser Einheitsplural *(sin)* vorkommt; die Zweiformenplurale in den angrenzenden basellandschaftlichen und solothurnischen Orten unterscheiden sich dadurch, dass sie in der 2. Person eine *d-/t*-Endung (*sind* oder *sit*) aufweisen.

Interessant sind sprachhistorisch neuere Endungen in den südlichen Walsergebieten: Bei der 1. und 2. Person deuten die *-(w)ar/-(w)er*-Endungen darauf hin, dass die Pronomen *wir* und *ihr*, die dem Verb häufig nachgestellt werden *(gestern sind wir…)* mit diesem zu einer festen Verbindung verschmolzen sind *(wir schiiwer)* und als (neue) Personalendungen aufgefasst werden können.

Was die Vokalqualität der Form *sind* betrifft, so kommen sowohl in der Ostschweiz als auch im Luzernischen ▶ gesenkte *e*-Lautungen vor. Typisch für das Appenzell sind die ▶ gerundeten *sönd*-Formen, für den nördlichen Teil des St. Galler Rheintales die ▶ diphthongierten *siend*-Formen. Die Entstehung der Diphthonge, die im Luzerner Hinterland im Grenzgebiet zwischen ein- und zweiförmigem *sind*-Plural belegt sind *(mir sei, ir seit, si sei)*, ist noch weitgehend ungeklärt. HC

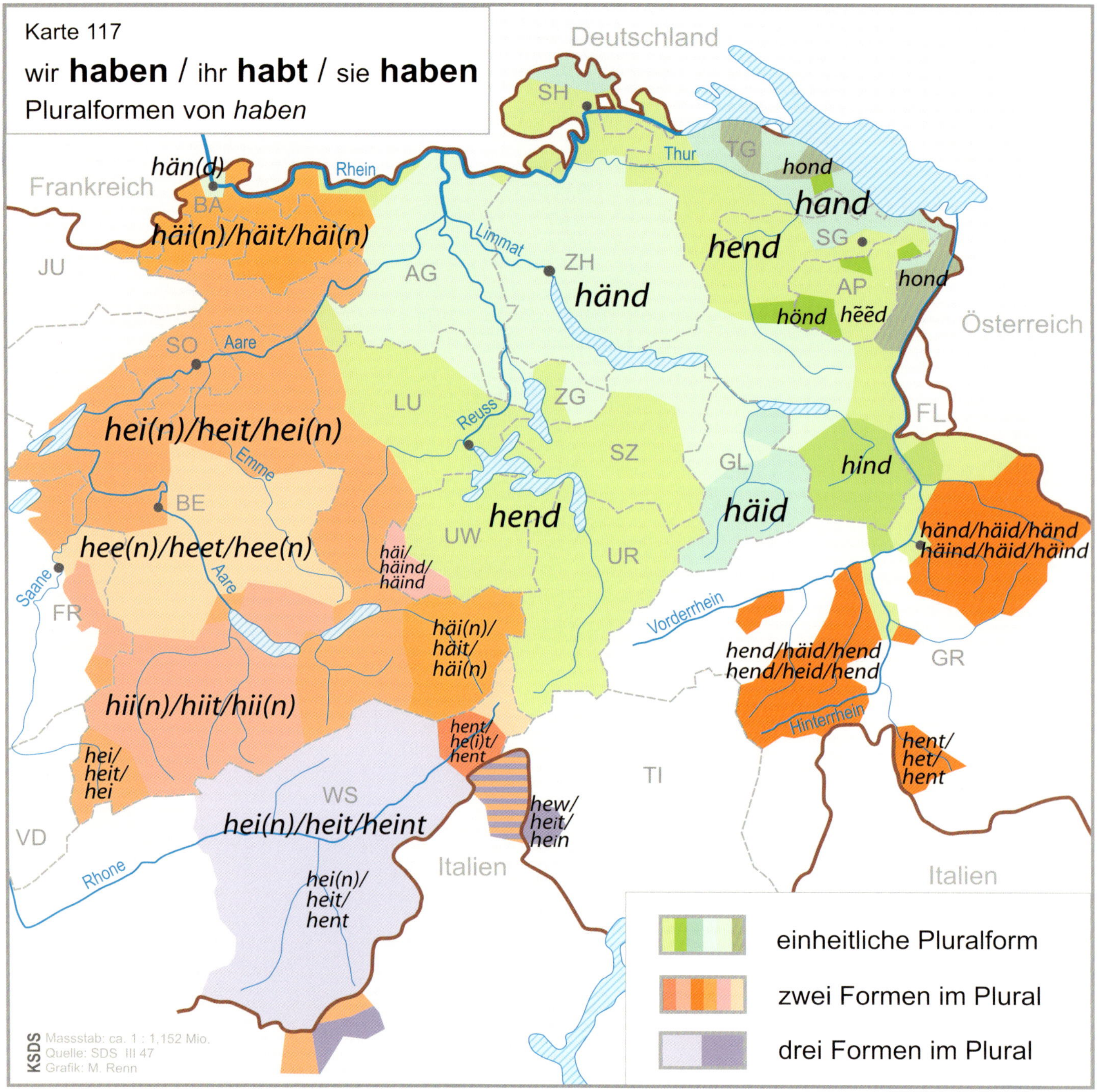
Karte 117
wir **haben** / ihr **habt** / sie **haben**
Pluralformen von *haben*
Deutschland
Frankreich
Österreich
Italien
Italien
SH
TG
SG
AP
ZH
AG
BA
JU
SO
LU
ZG
SZ
GL
FL
BE
UW
UR
FR
GR
TI
WS
VD
Rhein
Thur
Limmat
Aare
Reuss
Emme
Aare
Saane
Vorderrhein
Hinterrhein
Rhone
hän(d)
häi(n)/häit/häi(n)
hond
hand
hend
händ
hond
hönd
hẽẽd
hei(n)/heit/hei(n)
hind
hend
häid
hee(n)/heet/hee(n)
häi/ häind/ häind
händ/häid/händ
häind/häid/häind
häi(n)/ häit/ häi(n)
hend/häid/hend
hend/heid/hend
hii(n)/hiit/hii(n)
hent/ he(i)t/ hent
hent/ het/ hent
hei/ heit/ hei
hew/ heit/ hein
hei(n)/heit/heint
hei(n)/ heit/ hent
einheitliche Pluralform
zwei Formen im Plural
drei Formen im Plural
KSDS
Massstab: ca. 1 : 1,152 Mio.
Quelle: SDS III 47
Grafik: M. Renn

Das Verb *haben* erscheint im Plural durchgehend als Einsilbler, der auf die schon im Mittelhochdeutschen kontrahierte Form *hân* 'haben' zurückgeht. Bei den Endungen der Personalformen gibt es drei unterschiedliche Muster, die eine räumliche ▶ West-Ost-Gliederung einerseits, eine ▶ Nord-Süd-Gliederung andererseits zeigen. Sie unterscheiden sich dadurch, dass die Pluralformen der 1., 2. und 3. Person einheitlich mit einer gleichen Endung oder aber mit zwei oder drei verschiedenen Endungen ausgedrückt werden (s. auch Karte 115 *Verbplural* und Karte 116 *sein Plural*). Der sprachhistorisch älteste Stand ist im Wallis und in den südlichen Walserorten belegt, wo jede der drei Personen eine andere Endung hat. In der westlichen Deutschschweiz und in Teilen des Kantons Graubünden ist der Plural von *haben* mit zwei verschiedenen Formen vertreten, wobei die 1. und die 3. Person Plural gleichlautend sind (z. B. *mir hei, dir heit, si hei*). Allerdings macht hier die Gegend um Lungern im Kanton Obwalden eine Ausnahme, wo die 2. und 3. Person Plural mit der gleichen Endung gebildet werden und die 1. Person davon abweicht. Im Osten hat der Plural nur eine einzige Form: Die *d*-Endung der 2. und 3. Person Plural wird verallgemeinert und auch auf die 1. Person Plural übertragen. In der Stadt Basel gibt es ebenfalls einen Einheitsplural, der zunehmend ohne *-d* als *mir/ir/si hän* gebildet wird.

Bemerkenswerte räumliche Unterschiede zeigen sich bei den Vokalen der Personalformen von *haben*, die sprachgeschichtlich nicht völlig geklärt sind. Auf dem Kartenbild kann ein westliches Gebiet mit ▶ Diphthongen (z. B. *hei*, *häi*) von einem östlichen mit ▶ Monophthongen (z. B. *hend*, *hond*) unterschieden werden. Im Appenzellischen sind nasalierte Formen zu hören *(hẽẽd)*, wie diese dort in der lautlichen Umgebung von (ausgestossenem) *n* überhaupt gerne vorkommen. Das westliche Monophthonggebiet (z. B. *hii*, *hee*) folgt den Lautgesetzen für mhd. *ei*, die teilweise auch für die Formen im Osten geltend gemacht werden können (s. Karte 89 *Geiss*). Es wird erwogen, dass sämtliche aktuelle Formen auf mittelhochdeutsche Diphthonge, also Formen wie *hei* im Westen und *heind* im Osten zurückgehen könnten.

Die unregelmässigen Lautungen, die das Erscheinungsbild der Verbformen von *haben* insgesamt prägen (z. B. Konjunktiv Präsens *si heig*, *si heb* 'sie habe') sind möglicherweise den inhaltlich verwandten Wörtern *heben* und ahd. *eigan* 'haben, halten, besitzen' geschuldet, die nicht immer auseinandergehalten wurden. Im aktuellen Schweizerdeutschen kann das Verb *haa* auch im älteren Sinne von '(fest)halten' verwendet werden (*du muesch daas haa* 'du musst das '(fest) halten') und das mit *haa* verwandte Verb *hebe* '(fest)halten' konkurrenzieren (*du muesch daas hebe* 'du musst das (fest) halten').

Das Verb *haben* gehört zu den meist verwendeten Verben überhaupt, was dem Umstand geschuldet ist, dass es als Hilfsverb zur Bildung des Perfekts benutzt wird (*mir hend gsunge* 'wir haben gesungen'). Typisch für dieses Verb und weitere so genannte Kurzverben wie *gehen*, *stehen*, *wollen* usw. sind lautlich reduzierte Formen, die mit dem nachgestellten unbetonten Personalpronomen verschmelzen (z. B. *hämmer* 'haben wir' resp. *gömmer* 'gehen wir', *stömmer* 'stehen wir', *wemmer* 'wollen wir'). HC

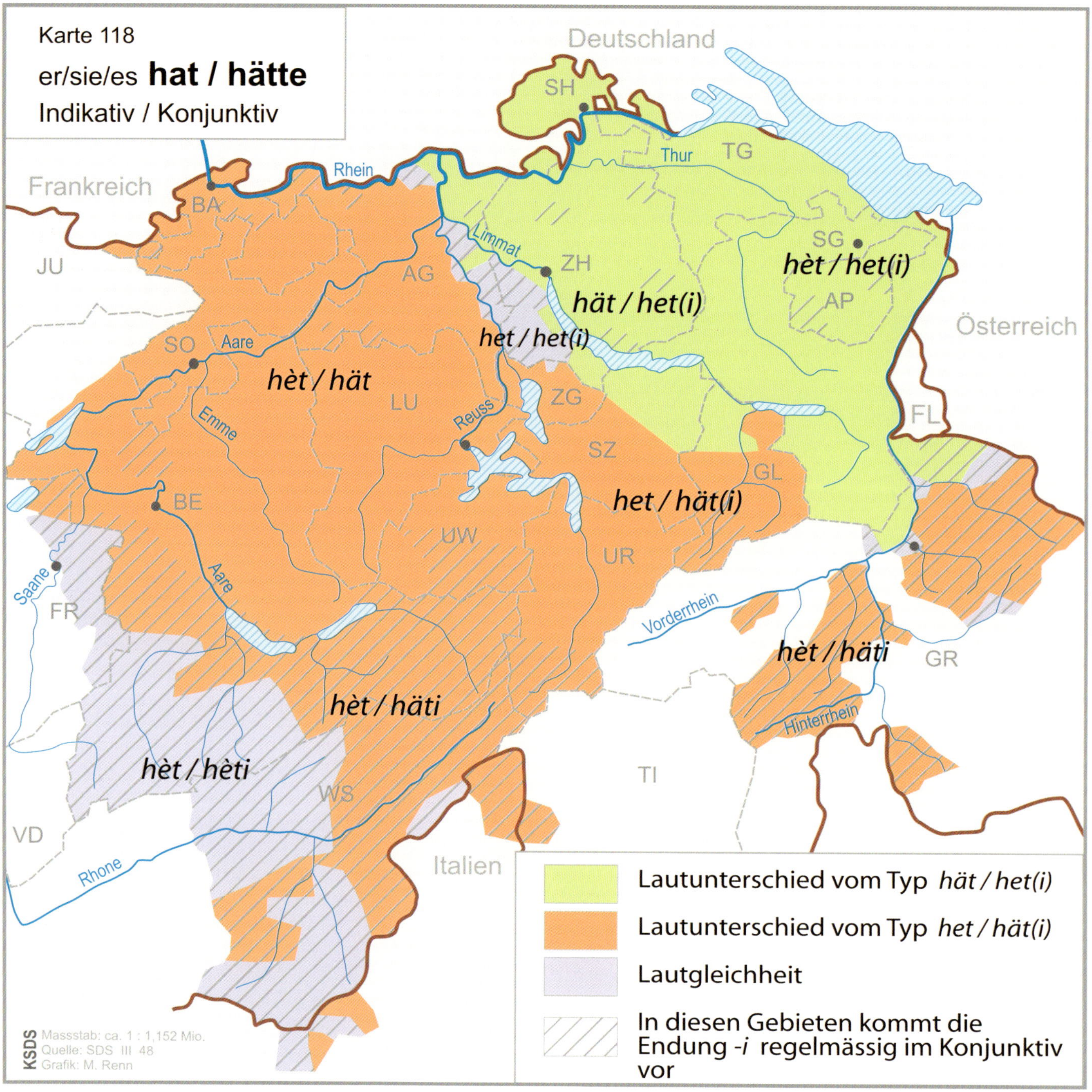
Karte 118
er/sie/es hat / hätte
Indikativ / Konjunktiv
Deutschland
Frankreich
Österreich
Italien
SH
TG
SG
AP
ZH
BA
JU
AG
SO
LU
ZG
SZ
GL
FL
BE
UW
UR
FR
GR
TI
WS
VD
Rhein
Thur
Limmat
Aare
Emme
Reuss
Saane
Vorderrhein
Hinterrhein
Rhone
hèt / het(i)
hät / het(i)
het / het(i)
hèt / hät
het / hät(i)
hèt / häti
hèt / häti
hèt / hèti
Lautunterschied vom Typ hät / het(i)
Lautunterschied vom Typ het / hät(i)
Lautgleichheit
In diesen Gebieten kommt die Endung -i regelmässig im Konjunktiv vor
KSDS
Massstab: ca. 1 : 1,152 Mio.
Quelle: SDS III 48
Grafik: M. Renn

Das Lied vom *Zündhölzli* des berühmten Berner Chansonniers ▶ Mani Matter erzählt von einem, der ein Streichholz anzündete *und das het e Flamme gäh* 'und das hat eine Flamme gegeben', aber das Hölzchen fiel auf den Teppich *und es hätt no fasch es Loch i Teppich gäh dervo* 'und es hätte davon beinahe ein Loch in den Teppich gegeben'. Mit dem Indikativ Präsens *het* wird ein Sachverhalt als wirklich dargestellt, mit dem Konjunktiv II (Konjunktiv Präteritum) *hätt* wird er gerade nicht als Tatsache hingestellt.

Praktisch auf dem gesamten Gebiet unterscheiden die Mundarten klar zwischen Indikativ Präsens und Konjunktiv II; dieser Unterscheidung scheinen die Sprechenden eine grosse Bedeutung beizumessen. Für die Unterscheidung der Verbformen trägt heute der Haupttonvokal die Hauptverantwortung, z. B. *het* gegen *hät*. Seit dem Althochdeutschen wurde der Konjunktiv durch eine Endung auf *-i* (ahd. *-ī*) ausgedrückt, die heute ausser im violetten Gebiet auch weggelassen werden kann. Im Lied vom *Zündhölzli* heisst es: *s'hätt e Brand gäh im Quartier/und s'hätti d'Füürwehr müesse cho* 'es hätte einen Brand im Quartier gegeben / und die Feuerwehr hätte kommen müssen' – die beiden Verbformen *hätt* und *hätti* sind gleichbedeutend und stehen dem Dichter zur korrekten Füllung des Versmasses zur Verfügung.

Die Karte zeigt nun eine eigentümliche Erscheinung. In den westlichen Mundarten (rot eingefärbt) heisst es wie bei Matter: Indikativ Präsens **hèt** (offenes *è*) gegen Konjunktiv II **hät** (überoffenes *ä*), in den östlichen Mundarten (grün) Indikativ Präsens **hät** (überoffenes *ä*) gegen Konjunktiv II **het** (geschlossenes *e*), weiter im Osten Indikativ **hèt** (offenes è) gegen Konjunktiv II **het** (geschlossenes *e*).

Überall werden die Formen unterschieden, sogar mit den gleichen Mitteln (d. h. der Offenheit bzw. Geschlossenheit des Vokals), die aber sozusagen übers Kreuz verwendet werden. Deshalb könnte man in Zürich Matters Verse falsch verstehen: *das het e Flamme gäh* bedeutete in Zürich 'das hätte eine Flamme gegeben' *und es hätt no fasch es Loch gäh dervo* bedeutete 'das hat fast ein Loch gegeben'; beides wäre im Textzusammenhang aber wenig sinnvoll.

Die Wichtigkeit der klaren Unterscheidung von Indikativ Präsens und Konjunktiv II für die Sprechenden zeigt sich deutlich in den violett eingezeichneten Mundarten. Hier sind die Vokale der beiden Verbformen aus unterschiedlichen Gründen in einen mittleren *e*-Laut zusammengefallen. Weil der Vokal es nicht mehr erlaubt, den Unterschied zwischen den Verbformen auszudrücken, darf in diesen Regionen die alte *i*-Endung im Konjunktiv in der Regel nicht weggelassen werden. In den roten und (seltener) grünen Gebieten wird der Gegensatz zwischen Indikativ und Konjunktiv II regelmässig durch zwei Verfahren ausgedrückt, dies deutet darauf hin, dass die heute fakultative Konjunktivbildung mit Endung alt ist.

Die Indikativ-Formen, die dem hochdeutschen *hat* entsprechen, zeigen in den Mundarten unterschiedliche Vokale: *(er, sie) het*, *hèt*, *hät*. Trotzdem ist dem mundartlichen Indikativ gegenüber dem Hochdeutschen etwas gemeinsam, nämlich das Fehlen der *a*-Form *hat*. Die schweizerdeutschen Formen des Indikativs und des Konjunktivs sind kaum durch regelmässige Lautentwicklungen zu erklären. Am wahrscheinlichsten ist die Annahme, dass durch vielfältige Einflüsse, nicht zuletzt anderer Verben wie *heben* und *halten*, eine Vielfalt von unterschiedlichen, konkurrierenden Formen zustande kam, die tatsächlich schon im Althochdeutschen fassbar wird. Die heutigen Verhältnisse sind das Ergebnis von Regulierungsprozessen. Dabei lenkte das Bedürfnis der Sprechenden, zwischen Indikativ und Konjunktiv unterscheiden zu können, die Auswahl der beibehaltenen Formen, nur so sind die eindeutigen inhaltlichen Verhältnisse zu erklären. Die Gebiete, in denen sich eine bestimmte Auswahl durchsetzen konnte, werden zumindest im Mittelland durch den alten kulturellen und politischen Gegensatz zwischen Westen und Osten abgesteckt.

Der Konjunktiv II mit der *i*-Endung kann überall wieder zum Einsatz kommen, auch in den nicht schraffierten Gebieten, wo er in der alltäglichen Rede selten ist, und dies nicht nur aus poetischen Gründen. Wenn beobachtet wird, dass in den Städten Bern und Zürich die Endung häufiger und ohne jede poetische Absicht zu hören sei, dann dürfte dahinter wiederum das Bedürfnis nach deutlicher Unterscheidung von Indikativ und Konjunktiv stehen. Diesmal aber, wie es für moderne, grosse Städte nahe liegt, in einem überregionaleren Rahmen – damit es auch dem Zürcher ganz klar wird, ob es nun ein Loch in den Teppich gegeben *hat* oder bloss gegeben *hätte*.

Auf der Karte nicht dargestellt ist der Konjunktiv I (Konjunktiv Präsens). Er wird im Schweizerdeutschen ebenfalls gepflegt, wie wieder Matters Lied zeigt: *(si) hätte gmeint s'heig eine Füür gleit* 'sie hätten gemeint, es habe einer Feuer gelegt'. Der Konjunktiv II *hätte* signalisiert, dass keine Tatsache berichtet wird, der Konjunktiv I *heig*, dass es nicht um die Meinung des Sprechenden, sondern um die eines andern geht. WH

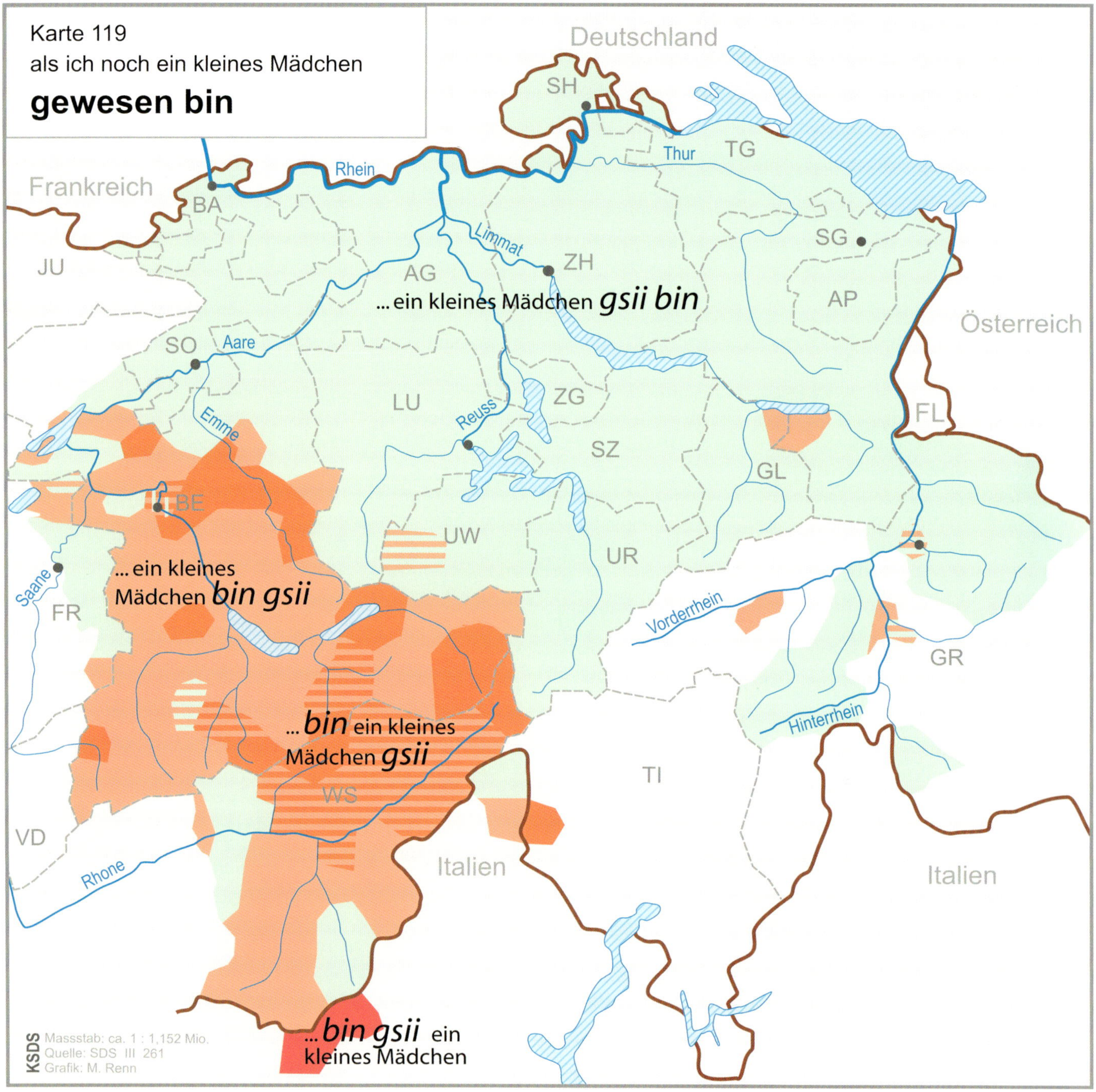

Karte 119
als ich noch ein kleines Mädchen
gewesen bin

Deutsch ist bekannt für spezielle Verbstellungsregeln. Vor allem im Nebensatz stehen Verben generell am Ende des Satzes. Für das Hochdeutsche gilt darüber hinaus, dass innerhalb einer mehrteiligen Verbgruppe das regierende Verb, z. B. das konjugierte Hilfsverb, ganz am Schluss steht: 'weil er zu spät *gekommen ist.*'

Die Karte 119 zeigt am Beispiel der Verbgruppe ... *gewesen bin* im Nebensatz, dass die schweizerdeutschen Dialekte hier unterschiedliche Stellungsregeln haben. Die meisten Dialekte folgen zwar den Regeln des Deutschen, so z. B. das Zürichdeutsche: alle verbalen Elemente am Satzende, das Hilfsverb ganz am Schluss: ..., *won i non es chliises Mäitli* ***gsii bin*** 'als ich noch ein kleines Mädchen gewesen bin' und *das Buech, won er em Vatter gschänkt hät* 'das Buch, das er dem Vater geschenkt hat'.

Im südwestlichen Schweizerdeutschen werden diese Regeln jedoch abgewandelt: Die Stellung am Satzende gilt für die verbalen Elemente zwar grundsätzlich ebenfalls, aber innerhalb der mehrteiligen Verbgruppe wird die Abfolge umgedreht. Das konjugierte Hilfsverb steht vor dem Partizip oder sogar noch weiter vorne, wie im vorliegenden Satz mit einer Prädikativergänzung *ein kleines Mädchen*. Nur das Partizip bleibt am Satzende: ..., *won i no es chliises Meitschi* ***bi gsii*** und *das Buech, won er em Vatter het gschänkt* oder ..., *won i no* ***bin*** *es chliises Meitschi* ***gsii*** und *das Buech, won er het em Vatter gschänkt.*

In den Walser Dialekten Norditaliens wird auch das Partizip vor die übrigen Satzglieder gestellt, so z. B. in Issime: ..., *wen* ***bin*** *noch* ***gsiin*** *as liggs Techterli* 'als ich bin noch gewesen ein kleines Mädchen'.

Man hat das berndeutsche Muster ..., *won i no es chliises Meitschi* ***bi gsii*** als Beeinflussung durch das Französische zu erklären versucht (z. B. *j'ai été*). Das ist möglich, aber schwer beweisbar. Am plausibelsten ist diese Erklärung durch Sprachkontakt für das Walserdeutsche in den italienischen Sprachinseln. Die Reihenfolge in diesen Dialekten entspricht am ehesten den italienischen Satzgliedstellungsregeln. In den übrigen südwestlichen Dialekten bleibt aber die Verbendstellung grundsätzlich erhalten, anders als im Französischen, wo die Verbgruppe an zweiter Stelle nach dem Subjekt steht und alle übrigen Satzglieder der Verbgruppe folgen: *j'ai été un enfant turbulent* 'ich war ein wildes Kind'. Damit wären die französischen Stellungsregeln nur in einem Detail übernommen worden. Die auffälligste Charakteristik des Deutschen und der grösste Unterschied zum Französischen, die generelle Endstellungsregel, wäre aber gerade beibehalten geblieben.

Die Stellungsvarianten erscheinen in einem anderen Licht, wenn wir auch die Abfolgeregeln mit Modalverben einbeziehen. Im Hochdeutschen gilt die Regel, dass das regierende konjugierte Verb im Nebensatz am Satzende steht, auch für Modalverben wie *wollen, können, müssen*: ..., *weil Hans ein Auto kaufen will.*

Im Schweizerdeutschen gehen Modalverben aber in den meisten Dialekten grundsätzlich dem Infinitiv voran (s. dazu auch Karte 120 *gehen lassen*). Sie können je nach Satzbetonung sogar vor dem Objekt stehen: ..., *will de Hans sis Auto nid will verchauffe* oder ..., *will de Hans will es Auto chauffe* und *das Buech, won er sim Vatter will schänke* oder *das Buech, won er will sim Vatter schänke.*

Die südwestliche Abfolge *bin (...) gsii* ist also kein isoliertes Muster, sondern folgt dem schweizerdeutschen Modalverbmuster ,konjugiertes Verb vor dem Infinitiv (unter Umständen auch vor seinen Ergänzungen)'.

Wenn wir die Karte 119 *gewesen bin* mit der Karte 120 *gehen lassen* zusammen betrachten, dann zeigt sich, dass die Tendenz, das regierende Verb dem regierten voranzustellen, umso allgemeiner gilt, je weiter wir in den Südwesten gehen. Die einzelnen Dialekte lösen gewisse grammatische und sprachpsychologische Bedürfnisse jeweils unterschiedlich befriedigend. In einem System mit Verbendstellung ist es am konsequentesten, wenn auch innerhalb der Verbgruppe das regierende konjugierte Verb – wie im Hochdeutschen – ganz am Satzschluss steht. Was grammatisch konsequent ist, schafft allerdings – beim Planen und Aussprechen eines komplexen Satzes – gewisse Probleme: Was man am Anfang schon wissen muss, kommt erst am Schluss. Das Problem kann dadurch gemildert werden, dass semantisch und grammatisch schwerere Verben wie Modalverben vor den zugehörigen Infinitiv gestellt werden. Das wird in den meisten schweizerdeutschen Dialekten praktiziert. Wenn das nur bei Modalverben gemacht wird wie in den Dialekten des Mittellandes, wird aber die Grammatik komplizierter, indem für einfache Hilfsverben und für Modalverben unterschiedliche Stellungsregeln gelten. Im Berndeutschen ist die Grammatik einfacher, da für einfache Hilfsverben und Modalverben die gleichen Stellungsregeln gelten. Dafür passt das Stellungsprinzip ,konjugiertes Verb vor Partizip/Infinitiv' nicht ganz zum allgemeinen Endstellungsprinzip ,regierende Verben an den Schluss'. **AL**

Karte 120
er hat ihn
gehen lassen
Deutschland
Frankreich
Österreich
Italien
Italien
gaa laa
la gaa
la gaa
SH
TG
BA
ZH
SG
AP
AG
JU
SO
LU
ZG
SZ
FL
GL
BE
UW
UR
FR
GR
TI
WS
VD
Rhein
Thur
Limmat
Aare
Emme
Reuss
Saane
Aare
Vorderrhein
Hinterrhein
Rhone
KSDS
Massstab: ca. 1 : 1,152 Mio.
Quelle: SDS III 262
Grafik: M. Renn

Die Karte illustriert die Stellungsmöglichkeiten von *lassen* mit abhängigem Infinitiv, in Satzmustern wie *Er hat ihn gehen lassen*, d.h. wenn *lassen* als zusammengesetzte Verbform im Perfekt vorkommt *(hat lassen)*. Dabei ist *lassen* ein Ersatzinfinitiv, also eine Form, die wie ein Infinitiv aussieht, aber in Wirklichkeit die Funktion eines Partizips hat; *hat ... lassen* hat die gleiche grammatische Struktur wie *hat ... gemacht*. Die schweizerdeutschen Formen *laa/loo* (oder gekürzt *la/lo*) stellen ebenfalls derartige Ersatzinfinitive dar.

Die Konstruktion ‚*lassen* + (erweiterter) Infinitiv' hat im Übrigen manche Ähnlichkeit mit Modalverbkonstruktionen, d.h. Bildungen mit *müssen*, *wollen*, *können* usw.: *D Frida het de Brüeder welle psueche* 'Frida hat den Bruder besuchen wollen'.

Vor allem bildet *lassen* wie die Modalverben zusammen mit dem Infinitiv eine zusammengehörige Verbgruppe. Die Karte *gehen lassen* ist also grundsätzlich auch repräsentativ für die Stellungsregeln und Stellungsvarianten bei Modalverben *(Er hat nicht gehen dürfen/wollen/müssen)*.

In den meisten Dialekten geht *lassen* dem davon abhängigen Infinitiv *gehen* voran *(Är het ne* ***la gaa****)*. Nur in einer nordöstlichen Zone gilt die umgekehrte Reihenfolge *gehen lassen (Er het en* ***goo loo****)*. Diese nordöstliche Abfolge ist diejenige, die im Hochdeutschen und auch in den meisten deutschen Dialekten heute üblich ist. Es ist zu vermuten, dass die Reihenfolge *Er het en lo goo* eigentlich die ältere ist und in diesen Gegenden die hochdeutsche Stellungsregel unter dem Einfluss nördlicher Dialekte üblich geworden ist. Die Abfolge *lassen gehen* im heutigen Schweizerdeutschen ist nämlich historisch ebenso gut begründet. Ursprünglich herrschte bei der Kombination von Modalverb/*lassen* und Normalverb am Satzende nämlich eine gewisse Stellungsfreiheit. Im Mittelhochdeutschen war *lassen gehen* ebenso üblich oder sogar häufiger wie *gehen lassen*. Erst später – ab dem 16. Jh. – wurde die Abfolge *gehen müssen*, *gehen lassen* usw. (also die Abfolge ‚regiertes Verb vor regierendem Verb') in Deutschland immer mehr die allgemein übliche, vor allem in der geschriebenen Sprache. In der Schweiz blieben die älteren Verhältnisse aber zunächst noch erhalten. Mit der Zeit wurde dann in den schweizerdeutschen Dialekten die Abfolge *lassen gehen* bevorzugt und verallgemeinert. Der Unterschied zum Hochdeutschen liegt also eigentlich darin, dass bei der Vereinheitlichung der früher möglichen Stellungsvarianten im Schweizerdeutschen eine andere als im Hochdeutschen bevorzugt wurde. Dass sich die Abfolge *lassen gehen* durchsetzen konnte, lässt sich damit erklären, dass sprachpsychologisch vor allem in der gesprochenen Sprache die Abfolge ‚regierendes Verb vor regiertem Verb' leichter zu bewältigen ist als die hochdeutsche Abfolge ‚regiertes Verb vor regierendem Verb'. Die Abfolge ‚regierendes Verb vor regiertem Verb' gilt im Südwesten ja sogar für Hilfsverbkonstruktionen wie *gewesen bin* (s. dazu auch Karte 119 *gewesen bin*).

Im Übrigen gilt weitherum im Schweizerdeutschen die Reihenfolge ‚Modalverb/*lassen* vor Normalverb' auch in den anderen Fällen, in denen eine derartige Gruppe zusammen am Satzende steht, vor allem bei Nebensätzen: ..., *will si mues häigoo* 'weil sie heimgehen muss'. Das Verb *lassen* wird dabei oft verdoppelt: ..., *will er mi nid loot (lo) goo* 'weil er mich nicht gehen lässt'. Auch in solchen Fällen scheint in der Nordostschweiz eher die hochdeutsche Abfolge verwendet zu werden.

Die soeben angesprochene Verdoppelung, bei welcher das Verb *lassen* durch *lo* verdoppelt wird, stellt eine auffällige Sonderentwicklung im Schweizerdeutschen dar. Sie ist auch typisch für die Verben *gehen (ich goo go iichaufe)*, *kommen (ich chume cho luege)*, *anfangen (es foot afo rägne)*. **AL**

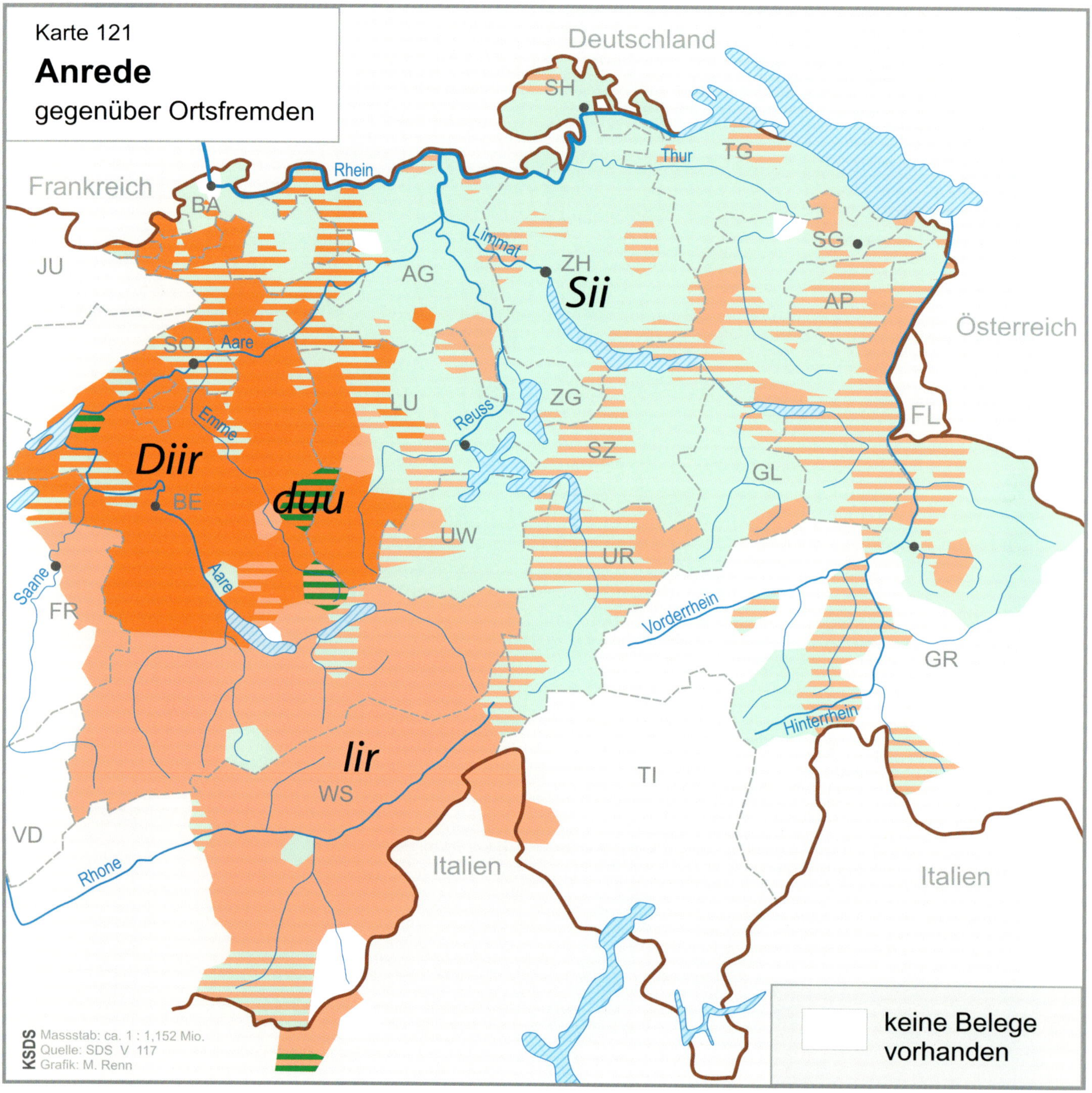
Karte 121
Anrede
gegenüber Ortsfremden
Deutschland
Frankreich
Österreich
Italien
Italien
SH
TG
SG
AP
ZH
AG
BA
JU
SO
LU
ZG
SZ
GL
FL
BE
UW
UR
FR
GR
TI
WS
VD
Rhein
Thur
Limmat
Aare
Emme
Reuss
Saane
Vorderrhein
Hinterrhein
Rhone
Sii
Diir
duu
Iir
keine Belege vorhanden
KSDS
Massstab: ca. 1 : 1,152 Mio.
Quelle: SDS V 117
Grafik: M. Renn

Die Karte zeigt, dass in der Mitte des 20. Jhs. im Westen (rot) als höfliche Anrede **Iir** gegenüber dem vertraulichen **duu** galt. **Diir** ist bloss eine Variante, entstanden aus einer falschen Abtrennung: *chömed Iir > chömedIir > chömed Diir*.

Die östlichen Mundarten (grün) haben die neuere *Sii*-Anrede aufgenommen, die sich in der deutschen Schriftsprache seit etwa 1700 durchsetzte. Doch die rote Farbe mitten im herrschenden Grün zeigt, dass daneben auch hier die *Iir*-Anrede weiter existiert.

Das älteste Deutsch besass nur ein Anredepronomen für eine einzelne Person, nämlich *du*. Höflichkeit wurde mit andern Mitteln ausgedrückt, z.B. mit Titeln wie *herre*, *frowe*. Nach lateinischem Vorbild kam im 10. Jh. die Anrede einer Einzelperson mit der 2. Person Plural *Ihr* auf. Die „falsche" Anwendung eines Pronomens für mehrere Personen auf eine einzige sollte der angesprochenen Person zu verstehen geben, dass man sie erhöhen und damit ehren wollte. Aber nicht alle Leute hatten Anrecht auf sprachliche Höflichkeit, und das Anrecht war nicht gegenseitig: Nur Höhergestellten kam die höfliche Anrede zu. Das Zweiersystem *du – Ihr* und die Regeln seiner Anwendung galten auch in den Dialekten des Deutschen. Mit der Komplizierung der ständischen Gesellschaft im Zeitalter des Absolutismus wurden die Höflichkeitspronomen vermehrt, die Anwendungsregeln verfeinert. Gegen 1600 begann man, Höhergestellte mit dem Personalpronomen der 3. Person Singular *Er, Sie* anzusprechen. Dass die Anrede in der 3. Person erfolgte (wie wenn man über Abwesende sprechen würde), kann ebenfalls als Ausdruck von Höflichkeit gelten: Man will der angesprochenen Person nicht zu nahe treten. Vermutlich weil mit dem Singular-Pronomen der Aspekt der „Erhöhung" zu wenig ausgedrückt schien, kam vor 1700 die 3. Person Plural *Sie* als höfliches Pronomen auf. Das bewirkte einen dramatischen Wechsel der Gebrauchsregeln für *Er, Sie*, die nun nur noch gegenüber Untergeordneten angewandt wurden. Diese Veränderungen wurden auch von der deutschen Schriftsprache der Schweiz mitgemacht, aber in die Mundarten ging nur der höfliche Plural *Sie* ein, und auch er nur im Osten. Die Französische Revolution veränderte die Anwendungsregeln wiederum: Alle erwachsenen Bürgerinnen und Bürger hatten nun theoretisch das Recht, durch Höflichkeit geehrt und durch Distanz respektiert zu werden. Der Ausdruck von Standesunterschieden dagegen war nicht mehr politisch korrekt.

Der Ersatz von *Iir* durch *Sii* wurde in den Mundarten durch zwei Umstände verzögert. Erstens steckte das alte ständische Denken noch immer in den Köpfen, und die konkurrierenden Höflichkeitspronomen *Iir* und *Sii* wurden prompt ständisch funktionalisiert; die Volkspoesie spottete: *Wend Si Wii, wend Er Bier, wotsch Moscht?* Zweitens waren, als in den Stadtmundarten das Höflichkeitspronomen *Sii* nach 1800 aufkam, immobilen ländlichen Sprechern noch nicht einmal alle Anwendungsregeln des höflichen *Iir* vertraut; sie mussten zuerst das Konzept der „pronominalen Höflichkeit" lernen. Die Karte zeigt, dass dies um 1950 erreicht war: Die Anrede *duu* gegenüber Ortsfremden wurde nur noch für wenige Orte v.a. des oberen Emmentals als Alternative zu *Diir* bezeugt, in einer Region, von der schon hundert Jahre früher der allgemeine Gebrauch des *duu* berichtet wurde. Dies wurde zu einer Art Merkzeichen und sogar im Lied verewigt: *Allne seit me nume duu …*

Heute gilt prinzipiell *duu* für die vertrauliche, *Iir* oder *Sii* für die höfliche Anrede, wobei *Iir* (rot) und *Sii* (grün) als gleichwertige geographische Varianten des Höflichkeitspronomens gelten. Die Frage, warum der Westen *Sii* abgelehnt hat, ist nicht geklärt. Der traditionelle Verweis auf das parallele französische System (*tu – vous)* genügt allein nicht.

Indem bei der Befragung für den Sprachatlas nach der Anrede gegenüber Ortsfremden, d.h. Unbekannten, gefragt wurde, wollte man Antworten nach dem Ständemodell ausschliessen, denn im Zweifel verlangt die Höflichkeit die höflichste Form. Auf der Karte nicht dargestellt sind die subtileren Regeln *innerhalb* der örtlichen Gemeinschaft. Auf sie verweist der Sprachatlas im Text. Zur Zeit der Aufnahme um 1950 war auf dem Land unter „gleichgestellten, ungefähr gleichaltrigen Erwachsenen" *duu* die Normalform. Gegenüber wesentlich älteren Leuten war auch im grünen Gebiet oft *Iir* angebracht, als Anpassung an einen älteren Sprachgebrauch. Gegenüber dem Lehrer und dem Pfarrer galten die gleichen Anredepronomen wie gegenüber Ortsfremden. Damit kamen innerhalb der Dorfgemeinschaft Relikte eines ständischen Gebrauchs der Anredepronomen zum Vorschein, der im Falle von Hausierern (deren „Stand" man ja erkannte) auch auf Ortsfremde ausgedehnt werden konnte. Im 21. Jh. dürften sich die Anwendungsregeln wiederum verändert haben. *Duu* dürfte überall häufiger angewandt werden. Bei den Höflichkeitspronomen könnten die Reste von *Iir* im Osten und von *Sii* im Westen eher verschwinden; die beiden Gebiete könnten also im Innern einheitlicher geworden sein. WH

Namen

Orts- und Flurnamen in der Deutschschweizer Sprach(en)landschaft

Einleitendes

Die Sprachgeschichte und die Sprachgeographie einer Region lassen sich nicht nur anhand der ‚normalen' Wörter, der so genannten ► Gattungswörter, illustrieren, sondern auch anhand der Eigennamen. Unter diesen sind es besonders die Namen von Örtlichkeiten, die vielfältigen Einblick in eine historische Sprachlandschaft gestatten. Während Gattungswörter auf allgemeine Anschauungen und Vorstellungen verweisen, beziehen sich Eigennamen auf Einzelnes, Individuelles: Ortsnamen sind damit sehr viel stärker an einzelne Punkte im Raum gekoppelt, als es Gattungswörter sind. Das Wort *Stadt* etwa bezieht sich auf eine allgemeine Vorstellung einer grösseren Siedlung, die es nahezu überall auf der Welt geben kann. Der Name *Luzern* hingegen ist einmalig und verweist allein auf die Kleinstadt am Vierwaldstättersee. Eine Verständigung unter Menschen, die über *Luzern* sprechen, ist daher einfacher, wenn sie den Eigennamen *Luzern* nennen, als wenn sie lediglich *Stadt* sagten. Diese fixe Referenz der Eigennamen ist aber nicht nur eine sprachtheoretisch interessante Eigenschaft von Namen, sondern sie ermöglicht vor allem eine viel stärker raumbezogene Betrachtung von Sprache, als dies bei den Gattungswörtern möglich ist.

Wenn man Eigennamen nun geschichtlich betrachtet und versucht, sie nach ihrer zeitlichen Erscheinung zu sortieren sowie aus ihrer räumlichen Verteilung Schlüsse zu ziehen, ergeben sich Erkenntnisse, die über das Sprachliche hinausweisen und die Namenwelt in einem umfassenderen Sinne erscheinen lassen. Denn der Raum, seine Geschichte und seine Bewohner haben mannigfaltige Spuren in den vielen tausend Namen hinterlassen, die an den vielen tausend Orten im Raum haften.

Zu beachten ist dabei die Grundregel, dass jeder Name in letzter Konsequenz auf einem Gattungswort beruht, das seinerseits eine eigene Geschichte hat. Wenn wir heute einen Namen benutzen, so bedeutet er nämlich nichts mehr, er hängt gewissermassen nur als Etikett an dem durch ihn benannten Ort. Der Name *Luzern* dient heute somit nur noch der Identifikation einer bestimmten Stadt am Vierwaldstättersee. Erst wenn wir die Sprachgeschichte des Namens bis in seine Entstehungszeit hinein zurückverfolgen, erkennen wir seine ursprüngliche Bedeutung als Gattungswort – im Falle von *Luzern*, einer Ableitung des lateinischen Fischnamens *lucius* 'Hecht' mit der Endung *-aria*, vermutlich als 'Stätte, wo es viele Hechte gibt'. Wenn hier also jeweils (implizit) von ‚Bedeutungen' die Rede ist, so dringt man in eine Zeit vor, zu der das ‚Wort' gewissermassen noch nicht ‚Name' war. Insofern ist die Namenforschung auch der verlängerte Arm der Sprachgeschichte. Namen können nämlich in vielen Fällen in Zeiten zurückweisen, aus denen wir sonst keine sprachlichen Hinterlassenschaften besitzen. Sie können in gewissem Sinne versteinern, indem sie zwar ihre ursprüngliche Bedeutung einbüssen, ihren Bezug zur Örtlichkeit jedoch behalten. Der Benennungsgrund, in unserem Beispiel der Reichtum an Hechten, kann mit der Zeit vergessen gehen, die Benennung selbst, *Luzern*, bleibt aus reiner Gewohnheit am Ort haften, jedenfalls solange Menschen an dem Ort ansässig sind. Ja es gilt in der Namenforschung sogar als eine Art Gesetzmässigkeit, dass Eigennamen, wenn sie nicht mehr in ihrem eigentlichen, ursprünglichen oder gattungswörtlichen Sinne verstanden werden, am allgemeinen Sprachwandel nicht mehr oder jedenfalls nicht mehr im selben Ausmass wie die Gattungswörter teilnehmen und daher über Jahrhunderte oder sogar Jahrtausende ‚mitgeschleppt' werden können.

Vorgermanische Namen

Begibt man sich auf die Suche nach den ältesten Namen im Raum der heutigen Deutschschweiz, so wird man bei den Namen der grösseren fliessenden Gewässer (z.B. *Aare*, *Rhein*, *Thur*) fündig. Sie gehören zu einem noch wenig differenzierten Westzweig des Indogermanischen und sind möglicherweise bis zu 4000 Jahre alt. Zu dieser langen Lebensdauer hat ihnen vor allem ihre grossräumige, überregionale Geltung verholfen. Unter den Siedlungsnamen hat besonders der Alpenraum viel Altes und Rätselhaftes zu bieten, denn hier haben sich möglicherweise Spuren von so genannten ► Substratsprachen erhalten, von denen wir häufig nicht viel mehr wissen, als dass sie sogar noch älter als die indogermanischen Gewässernamen sein könnten. Die keltisch, romanisch und später deutsch sprechenden Neusiedler haben diese Siedlungsnamen in der Folge jeweils ihren eigenen Sprachen angepasst, so dass sie heute kaum mehr analysierbar sind (z.B. *Andeer*, *Duvin*, *Falera*, *Peist*, *Urmein*, *Zizers*).

Nach der Ausbildung von indogermanischen Einzelsprachen ist die früheste in unserem Raum fassbare Sprache das Festlandkeltische oder Gallische. Es gelangte mit der aus dem heute süddeutschen Raum erfolgenden Besiedlung insbesondere durch die Helvetier in die Schweiz und schlägt sich in zahlreichen Ortsnamen nieder, die man seit der Römerzeit gut kennt und die auch von den Römern weiterhin gebraucht wurden (z. B. *Thun*, *Solothurn*, *Olten*, *Zürich*, *Winterthur*). Vermutlich ist ihr Überdauern auch überhaupt nur den Römern zu verdanken, die die Orte zu verkehrstechnisch bedeutenden Stätten ausgebaut haben. Mit dem Vorstoss der Römer über die Alpen ab 15 v. Chr. und der daraufhin beginnenden Romanisierung weiter Teile der Schweiz beginnen auch im engeren Sinne römische Namenbildungen das sprachliche Erscheinungsbild der Örtlichkeiten zu prägen. Rein lateinische Namen, die auf die Römerzeit zurückgehen, sind allerdings eher selten, in diese Gruppe gehören z. B. *Augst* (zum Namen des römischen Kaisers *Augustus*) und *Koblenz* (zurückgehend auf lat. *confluentes* 'Zusammenfluss'); in jüngerer Zeit konnten in den romanisch verbliebenen Gebieten des Alpenraums sowie in der West- und Südschweiz noch während Jahrhunderten neue romanische Namen entstehen. Zahlreicher sind die Namen, die eine interessante Integration des Keltischen ins Lateinische zeigen, denn den Haupttypus dieser ‚Namenzeit' bilden die Ortsnamen auf lat. *-(i)acum*, eine aus dem Keltischen entlehnte Endung, die verwendet wurde, um die Zugehörigkeit zu einer Person auszudrücken. Die Namen dieser Personen waren sehr oft römisch-lateinisch. Die entsprechenden Orte sind meist so genannte Latifundien, ausgedehnte Landgüter mit einer *villa rustica* im Zentrum, die einem ausgedienten römischen Soldaten zur Bewirtschaftung überlassen wurden. Der Rufname dieses Soldaten und ersten Besitzers eines solchen Landguts ist im Ortsnamen als Grundwort vor der Endung *-(i)acum* enthalten. Die Namen dieses Typs sind in der Süd- und Westschweiz recht einfach zu identifizieren (Namen auf *-ago* im Tessin, z. B. *Brissago*, *Farnago*, *Cavagnago*, Namen auf *-y*, *-iez* oder *-ier* in der Westschweiz, z. B. *Fully*, *Gilly*, *Lutry*, *Missy*, *Henniez*, *Duillier*), in der Deutschschweiz haben sie die Endung *-ach*. Mit grosser Wahrscheinlichkeit zu den keltolateinischen *-(i)acum*-Namen gehören in der Deutschschweiz zum Beispiel *Alpnach* (zu einem Personennamen *Albinius*), *Bülach* (zu einem Personennamen *Pullius*), *Reinach* (zu einem Personennamen *Rennius*), *Seuzach* (zu einem Personennamen *Sabucius*), *Sirnach* (zu einem Personennamen *Serenius*) und *Zurzach* (zu einem Personennamen *Turcius*). Sie zeigen eine erkennbare räumliche Konzentration, insofern sie kaum aus dem Mittelland heraustreten bzw. teilweise noch an den alten Strassenverbindungen Richtung Süden aufscheinen, so *Alpnach* am Weg über den Brünig oder *Tscherlach* am Walensee an der Route Zürich-Chur-Italien. Diese älteren *-ach*-Namen dürfen allerdings nicht mit den jüngeren *-ach*-Namen verwechselt werden, die auf ahd. *aha* 'Bach' zurückgehen (wie etwa *Goldach* oder *Egnach*).

Germanische Namen

Ungefähr ab dem 6. Jahrhundert beginnen Personengruppen, die zuvor nördlich und östlich des Rheins ansässig waren, das Gebiet der heutigen Deutschschweiz zu besiedeln. Nach landläufiger Ansicht handelt es sich um Angehörige der germanischen Alamannen, einer Gruppe von Personenverbänden, die sich auf-

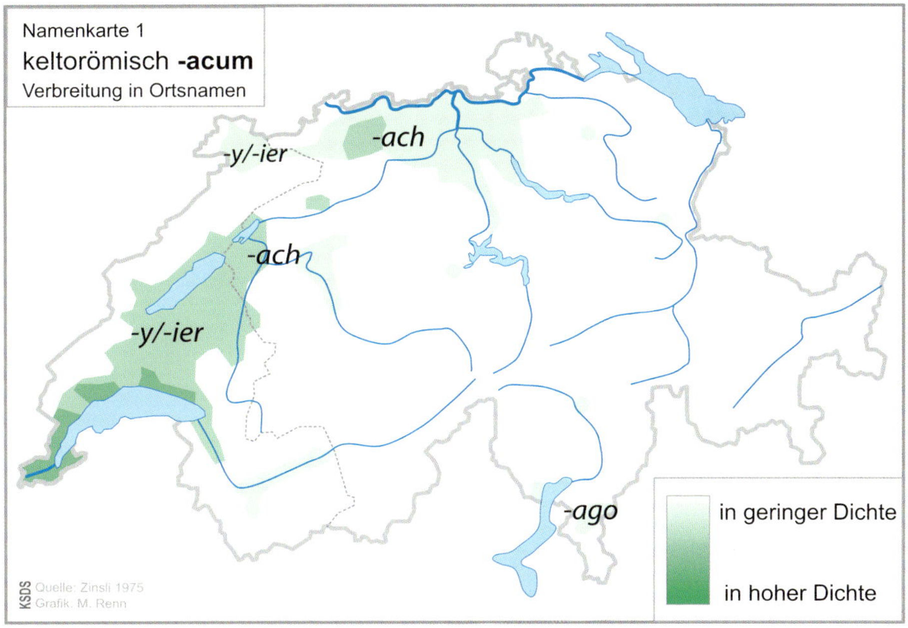

grund gleicher Tradition (Religion, Sprache, Lebensweise usw.) im Vorfeld des obergermanischen Limes zusammengefunden und zu einem mehr und mehr zusammengehörigen ‚Volk' etabliert haben. Auf der Suche nach Siedlungsland und begünstigt durch den Zerfall des römischen Reiches begannen die Alamannen von Norden her in der Schweiz Fuss zu fassen, zunächst in der Gegend von Schaffhausen und am Basler Rheinknie, später entlang der Flussläufe auf den guten, fruchtbaren Böden im Schweizer Mittelland. Es waren teils kriegerische, zumeist aber ganz friedliche Siedlungsvorstösse agrarisch ausgerichteter grösserer Familienverbände. In den Ortsnamen, die diese Verbände hinterliessen, sind noch Züge der altalamannischen Gesellschaftsstruktur erkennbar: Es sind Gruppen, die sich jeweils um eine einflussreiche Persönlichkeit gebildet haben. Der Rufname dieser Person (zum Beispiel *Andulf*), zusammen mit der Endung *-ing(en)*, bildete zunächst die Bezeichnung einer Personengruppe; mit dem Festwerden der Personengruppenbezeichnung entstand im Laufe der Zeit der Ortsname, und zwar in einer Dativ-Pluralform. So wäre also zum Beispiel ahd. **Andulfingun* (eine Vorstufe des heutigen Ortsnamens *Andelfingen* im nördlichen Kanton Zürich) wörtlich etwa aufzufassen als 'bei den Leuten des *Andulf*'. Mit diesen Namen auf *-ingen* liegt der chronologisch älteste alamannische Siedlungsnamentyp vor. Zu ihm gehören Namen wie *Amsoldingen*, *Basadingen*, *Flurlingen*, *Waltalingen* usw. Im westlichen Mittelland lauten sie meist auf *-igen* aus, etwa *Aefligen*, *Ittigen*, *Krattigen* oder *Oppligen* (jeweils ohne auslautendes *-n* ausgesprochen). Aber auch die Namen, die *-ingen* geschrieben werden, z.B. *Aetingen*, *Boningen*, *Nenzlingen* oder *Wettingen*, werden in der Mundart als *-ige* ausgesprochen: *Ätige*, *Bonige*, *Änzlige* (!), *Wettige*. Verweisen diese Namen streng genommen noch nicht auf eine eigentliche Siedlung (sondern nur auf die Personengruppe), so tut dies der nächstjüngere Namentyp umso eindeutiger: An die *-ingen*-Endung wurde in der Folge eine Siedlungsbezeichnung wie *Hof* oder *Haus* angefügt, und zwar fast immer in einer umlautlosen (Dativ-)Pluralform auf *-hofen* oder *-hausen*. Der *-inghofen*-Typ ist dabei der häufigere. Der Endungskomplex der damit oft vielsilbigen Namen ist dann in der Regel zu (geschrieben) *-ikon* im eher östlichen Mittelland (*Adlikon*, *Bubikon*, *Hellikon*, *Oerlikon*, *Rümikon* usw.) bzw. *-iken* im eher westlichen Mittelland (*Dulliken*, *Etziken*, *Kölliken*, *Riniken* usw.) verkürzt worden; beide Typen sind aber im Grunde identisch und werden gleich ausgesprochen. Neben diese kombinierten *-inghausen*- und *-inghofen*-Namen treten in etwas jüngerer Zeit die Ortsnamen, bei denen an ein Grundwort, das ab dieser Zeit auch ein Gattungswort sein kann, direkt *-hausen* (*Bettenhausen*, *Heimenhausen*, *Steinhausen* usw.) oder *-hof(en)*

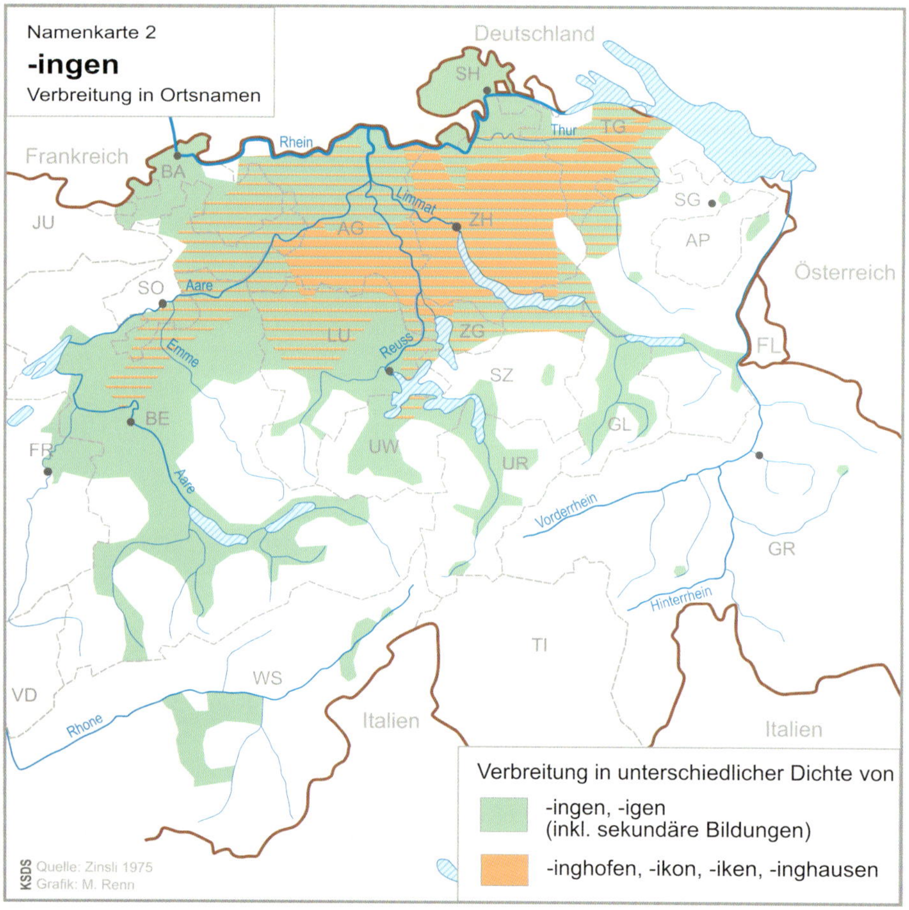

(*Altishofen*, *Diessenhofen*, *Oberhofen*, *Neuenhof*, *Nusshof* usw.) antritt.
Chronologisch etwas jünger oder mit den *-hofen* und *-hausen*-Bildungen überlappend sind die Ortsnamen, die auf *-stetten* (*Altstätten*, *Bonstetten*, *Kriegstetten*, *Wegenstetten* usw.), *-dorf* (*Aadorf*, *Neudorf*, *Urdorf* usw.), *-heim* (*Arlesheim*, *Müllheim*, *Schleitheim*, *Veltheim* usw.) oder *-büren* (*Altbüron*, *Besenbüren* usw.) enden. Sie enthalten, wenn sie älter sind, einen Personennamen im Vorderglied (*Densbüren*), wenn sie jünger sind, ein Gattungswort (*Kirchdorf*), ein Ortsadverb (*Niederbüren*) o. Ä. Sie nehmen nun aber sehr direkt Bezug auf das Wohnen und die Siedlung, auch das nicht mehr unmittelbar durchsichtige *-büren*, das auf ahd. *būr* 'Haus' zurückgeht.
Im 8. und 9. Jahrhundert erscheint im Zuge des stärkeren Siedlungsausbaus ein neuer Namentyp auf der Landkarte: die Namen auf *-wil* und *-wiler* (auch *-wilen*). Auch sie enthalten im Erstglied noch fast immer einen germanischen Personennamen, dessen Träger geschichtlich gesehen jeweils als Dorfvorsteher, Siedlungsgründer o. Ä. anzusehen ist. Die *-wil-* und *-wiler*-Orte sind zumeist im engeren Umkreis der älteren Namen bzw. Orte zu finden, entstanden durch Rodung von Waldgebieten im Umkreis der primären Siedlungszonen und entlang der alten Verkehrswege. Auch bei diesem Namentyp gibt es aber jüngere Formen mit Gattungswort (z. B. *Bannwil*; zu ahd. *ban* 'Gebot unter Strafandrohung, Gerichtsbarkeit') oder geographischer Bestimmung (*Oberwil*, *Niederwil* usw.) im Erstglied. Sie befinden sich dann meist in weniger gut zugänglichen oder weniger fruchtbaren Gegenden. Das Element *-wil(er)*, das ursprünglich aus dem Spätlateinischen stammt (*villaris* 'zu einem Landhaus gehörig'), ist erst als Lehnwort über das Fränkische in unseren Raum gelangt. Nie (oder jedenfalls äusserst selten) haben die *-wil(er)*-Namen also direkt mit den römischen *villae* zu tun.
Dass fruchtbares Land zunehmend rar war, zeigt sich in der Zunahme der Örtlichkeitsnamen, die – besonders ab dem Hochmittelalter – einen Bezug zur Rodungstätigkeit erkennen lassen. Dazu gehören *Rüti* (auch Plural *Rütenen* usw.; zu mhd. *riuten* 'roden, urbar machen'), *Schwand* (auch *Schwendi*, *Schwändi* u. Ä., zu mhd. *swenden* 'durch Absterbenlassen der Bäume roden'), *Sang* (auch *Sangi*, *Sängi* u. Ä., zu mhd. *sengen* 'brennen'), *Stock* (und *Stocken*, *Stocketen* u. Ä., zu mhd. *stoc* 'Stumpf, Baumstrunk', teils Bildungen auf schweizerdt. *-ete* zu mhd. *stocken* 'Wurzelstöcke ausroden', dieses wiederum von mhd. *stoc* abgeleitet) oder auch *Brand*. Dazu gehören auch Namen, die diese Bestandteile enthalten (*Wallrüti*, *Doppleschwand* usw.). Nicht immer wurden aus den gerodeten Gebieten Siedlungen (es konnten einfache Flurnamen bleiben), aber die Namen dokumentieren den Druck, für die wachsende Bevölke-

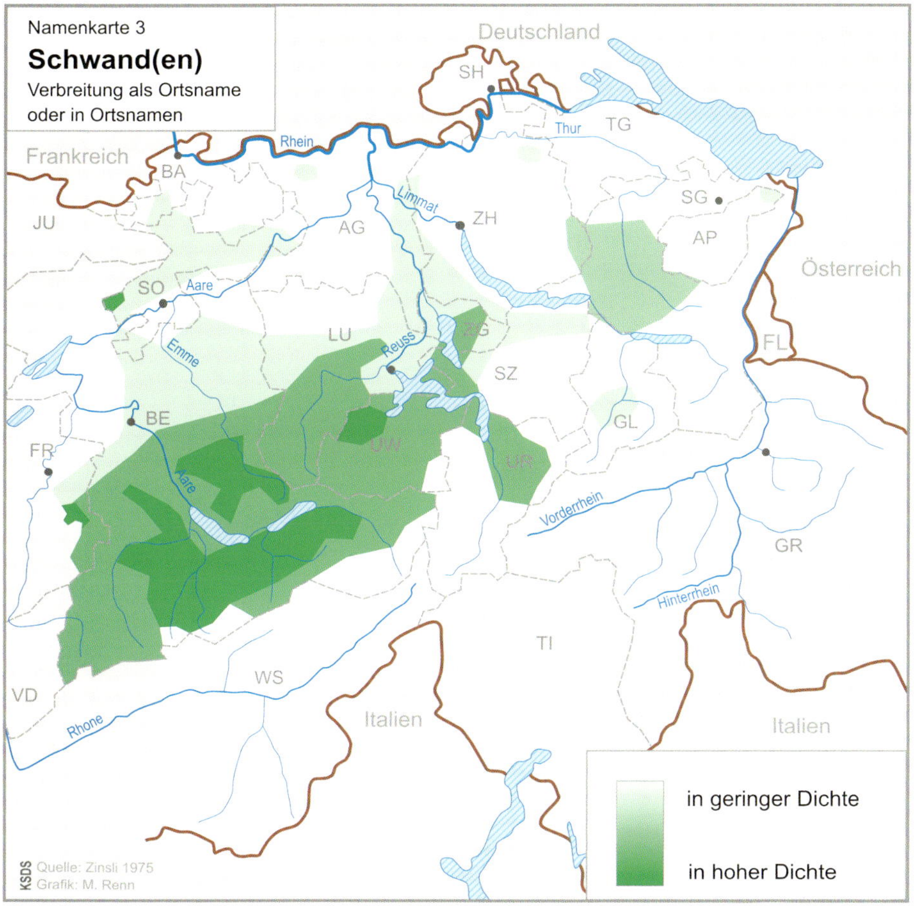

Namenkarte 3
Schwand(en)
Verbreitung als Ortsname oder in Ortsnamen

rung mehr Raum und Wirtschaftsfläche zu schaffen. So erfolgt der Landesausbau weiter zunehmend in noch abgelegenere Gebiete, höhere Lagen, in voralpines und alpines Gebiet.
Wie ein Blick auf die Landeskarte verrät, lassen sich die Namen unzähliger Siedlungen keiner der bisher besprochenen Gruppen zuordnen. Sie lassen sich grob als so genannte „sekundäre Siedlungsnamen" zusammenfassen, also Namen, die erst in einem späteren Stadium ihres Bestehens Siedlungen zu bezeichnen begannen. Oft sind es ursprüngliche Gelände- oder Flurnamen (*Honau*, *Romoos*, *Stadelmatt*, *Egg*, *Hinterbüel*, *Melchtal*; s. zu den Flurnamen unten), Namen von kirchlichen Einrichtungen (*St. Niklausen*, *Müstair*, *Chlösterli*, *Meierskappel*), Gewässernamen (*Dürrbach*, *Töss*, *Seebach*, *Weier*, *Gerzensee*), Verkehrsnamen (*Glattbrugg*, *Strass*, *Steinig Weg*, *Steig*) usw., die in jüngerer Zeit aufgrund nahe gelegener menschlicher Niederlassungen zu Siedlungsnamen wurden. Sie sind von ausserordentlicher Vielfalt und in ganz unterschiedlichen Zeiten entstanden.

Zur Aussprache von Ortsnamen

Bei Eigennamen unterscheiden sich die geschriebene und die gesprochene Form oft markant voneinander. Während letztere eine über Jahrhunderte gewachsene und in der Ortsmundart verankerte Aussprache reflektiert, entstammt erstere meist einer amtlichen Festlegung, die stark der Hochsprache verpflichtet ist und gelegentlich „unorganische", das heisst künstliche Namenbestandteile, aufweist. Vielfach bewahren die Schreibformen aber auch ältere Namentraditionen, während die rezenten mundartlichen Formen die je geltenden jüngeren dialektalen Entwicklungen widerspiegeln. In Fällen wie Degersheim (SG), mundartlich *Tägersche*, Schüpfheim (LU), mundartlich *Schüpfe,* sowie Schöftland (AG), mundartlich *Schöftle*, sind die jeweiligen Grundwörter *-heim* und *-land* künstliche Namenglieder, die nur dem ‚Amtsschimmel' zu verdanken und für die Etymologie wertlos sind. Dies zeigt ein Blick in die historische Überlieferung der Namen, in der die genannten Glieder jeweils erst recht spät auftreten. In den offiziellen Namen Burgdorf (BE), mundartlich *Burtlef,* oder Hochdorf (LU), mundartlich *Hoofdere*, ist hingegen das alte Namenglied *-dorf* in der Schriftform erhalten geblieben. Im Fall von Füllinsdorf (BL), mundartlich *Füllschterf*, transportiert die Mundartlautung eine abgeschliffene Variante des Namenglieds *-dorf.* In den Namen Jens (BE), mundartlich *Jäis*, Sins

Deutschschweizer Ortsnamen, in denen die Mundartlautung markant von der offiziell-amtlichen, schreibsprachlichen Form abweicht (kleine Auswahl).

Aarlese (Arlesheim BL)	Määusike (Mehlsecken LU)
Aaschdef (Arisdorf BL)	Marpa (Marbach SG)
Ammel (Anwil BL)	Mätteb (Mettau AG)
Aperg, Operg (Eichberg SG)	Moslerb (Moosleerau AG)
Äschlismatt (Escholzmatt LU)	Möslig (Mosnang SG)
Bäntlioon (St. Pantaleon SO)	Müendel (Mönthal AG)
Bäuch (Bellach SO)	Müle (Müllheim TG)
Bauschdu (Balsthal SO)	Nüüchilch (Neunkirch SH)
Baustette (Bonstetten ZH)	Nüüfere (Neunforn TG)
Beira (Büren NW)	Nuugle (Nuglar SO)
Biesserech (Büsserach SO)	Oodereff (Aadorf TG)
Blattu (Blatten VS)	Pirret (Birrhard AG)
Bopplisse (Boppelsen ZH)	Räächtobl (Rehetobel AR)
Buchsi (Herzogenbuchsee BE)	Repschte (Rebstein SG)
Buechi (Buchegg SO)	Sammegreete (St. Margrethen SG)
Bueri (Buchrain LU)	Santifaschtus (St. Silvester FR)
Büüli (Bülach ZH)	Schatteref (Schattdorf UR)
Chäsiz (Kehrsatz BE)	Schlaate (Schleitheim SH)
Chommerou (Kulmerau LU)	Schmerke (Schmerikon SG)
Dürte (Dürnten ZH)	Schtaalu (Stalden VS)
Eibu (Inwil LU)	Schtöpfert (Stettfurt TG)
Goochlinge (Gachnang TG)	Simpilu (Simplon-Dorf VS)
Grängelsch (Grengiols VS)	Tägersche (Degersheim SG)
Hirschtu (Hirschthal AG)	Täischpere (Densbüren AG)
Hoobel (Hochwald SO)	Tärbinu (Visperterminen VS)
Hooneri (Hohenrain LU)	Teret (St. Erhard LU)
Hottel (Hottwil AG)	Tippltsou (Diepoldsau SG)
Iiflede (Ifenthal SO)	Töüfetu (Teufenthal AG)
Innu (Inden VS)	Tusslig (Dussnang TG)
Leigg (Leuk VS)	Üezmel (Uezwil AG)
Löpschlet (Leibstadt AG)	Uzne (Uznach SG)
Maartel (Marthalen ZH)	Wislig (Weisslingen ZH)
Maischbrg (Maisprach BL)	Zaniglas (St. Niklaus VS)

(AG), mundartlich *Seis*, hat das ▶ Staubsche Gesetz gewirkt. In den Namen Wädenswil (ZH), mundartlich *Wädischwil*, und Gebenstorf (AG), mundartlich *Gäbischtorf*, zeigt die Lautgruppe *-isch-* den frühen Ausfall eines ursprünglich tatsächlich vorhandenen *n*. Aus Namen wie Beinwil (AG), mundartlich *Böju*, Bannwil (BE), mundartlich *Bau*, Birrwil (AG), mundartlich *Birrbu*, Inwil (LU), mundartlich *Eibu*, ferner Richenthal (LU), mundartlich *Riidu*, Rotbühl (TG), mundartlich *Roopel*, wird ersichtlich, wie stark unbetonte Zweitglieder zerfallen können. Auch die Mundartform *Nüüderef* für amtliches Neudorf (LU) zeigt, wie gross die Diskrepanz zwischen mundartlicher Namenaussprache und amtlicher Schriftform sein kann. Bemerkenswert sind schliesslich die Namen Gelterkinden (BL), mundartlich *Gälterchinge*, und Bätterkinden (BE), mundartlich *Pätterchinge*, wo die Mundartaussprachen uralte *-ingen*-Namen (s. oben) weitertradieren, während die amtlichen Namen aus falsch segmentiertem mundartlichem *-chinge*, das ganz dem westschweizerdeutschen Mundartwort für 'Kinder' entspricht, ein Lautgebilde *-kinden* ersetzt haben, ganz nach dem mechanisch angewandten Grundsatz ‚mundartliches *ng* entspricht hochdeutschem *nd*'. Nach und nach beginnen heute die Schriftformen die Mundartformen zu überlagern, was, wenn man die Namengeschichte kennt, bald einer Annäherung an die „Ursprünge" entspricht, bald einer Entfernung von diesen.

Flurnamen

Unter den landschaftsprägenden Namen spielen neben den Siedlungsnamen die Flurnamen eine bedeutende Rolle, also diejenigen Namen, die sich auf nicht bewohnte Flächen beziehen. Sie sind zu Abertausenden über die bewirtschaftete und unbewirtschaftete Landesfläche verteilt und dokumentieren den Umgang der Menschen mit der bekannten Welt und ihre Sichtweise auf sie. Auch die Flurnamen haben immer einen gattungswörtlichen Hintergrund, und dessen Entschlüsselung trägt ebenso manches zum sprachhistorischen (und sprachgeographischen) Verständnis bei. Unter den einfachen Wörtern, die in oder als Flurnamen häufig vorkommen, sind die folgenden (in einer kleinen Auswahl) in weiten Teilen des Deutschschweizer Mittellandes verbreitet und kommen in beinahe jeder Gemeinde in der einen oder anderen ähnlichen Schreibweise vor, z. B. *Ägerte* (Brachland), *Almend* (der Dorfgemeinschaft gehörendes Weideland), *Au* (Land am Wasser), *Breiti* (ausgedehnter, fruchtbarer Boden, Fluranteil des Herrenhofs), *Brüel* (Dorf-, Wässerwiese), *Büel* (Anhöhe), *Chapf* (aussichtsreicher Ort, Bergkuppe), *Ebnet* (flaches Land), *Egg* (Geländeabsatz), *Geeren* (spitz zulaufendes Landstück), *Halde* (Hang), *Hell* (tief gelegener, auch verborgener Ort), *Hubel* (Anhöhe), *Ifang* (Einfriedung), *Ischlag* (eingezäuntes Gelände), *Moos* (Sumpfgebiet), *Riet* (Ried, mit Schilfgras bewachsenes Gelände), *Stafel* (Geländestufe), *Stich* (abschüssige, steile Stelle), *Strick* (Fels-, Grasband), *Widem* (Kirchengut), *Zelg* (Flurabteilung in der Dreifelderwirtschaft), *Zihl* (Gebiet an der Dorf- oder Gemeindegrenze). Charakteristische und schon als Gattungswörter geläufige Zusammensetzungen sind etwa *Baumgarte* (Obstgarten, s. Karte 65 *Hauswiese*), *Burgstock* (Burgstelle, Ruine), *Egelsee* (Tümpel, See mit Blutegeln), *Himmelriich* (erhöhte, sonnige Lage, eigentlich 'Himmelreich'), *Hochwacht* (Aussichtspunkt, Beobachtungsstelle, Feuerwache), *Langfuri* (langgestrecktes Ackerfeld), *Neubruch* (frisch umgepflügtes Land), *Vogelherd* (Vogelfalle), *Vogelsang* (Aufenthaltsort von Singvögeln). Daneben können die genannten Namenelemente (und tausende weitere) aber auch ganz frei zusammengesetzt und/oder abgeleitet (d. h. mit einer zusätzlichen Endung versehen) werden, so dass sich die Analyse eines Namens, seine Rückführung auf ein so genanntes Namengebungsmotiv, im Einzelfall sehr schwierig gestalten kann.

Sach- oder Sinnbereiche, die in den Flurnamen zum Ausdruck kommen können, sind unter anderem die folgenden:

- Bezugnahme auf Besitz- oder Bewirtschaftungsverhältnisse, indem als Erstglied eines Namens vielfach der Vor- oder Familienname einer Person erscheint, z. B. *Hüppemeiershölzli* (TG), *Schmidacher* (ZH), *Hanselisweid* (AI)
- Bezugnahme auf Tätigkeiten im Bereich von Land- und Forstwirtschaft: *Ochsenweid* (BE), *Heuboden* (GL), *Holzhackerbode* (BE)
- Bezugnahme auf die Topographie, Lage usw. einer Örtlichkeit, z. B. *Norde* (SH), *Hinterschloss* (SO), *Chrummacher* (ZH)
- Bezugnahme auf ein Ereignis, eine nur Eingeweihten bekannte Angelegenheit o. Ä. (vielfach schwer deutbar): *Striitholz* (SH), *Zankacker* (ZH), *Kafigutsch* (ZG)
- Bezugnahme auf Fauna und Flora, z. B. *Hasenacker* (SH), *Dachsenlöcher* (SG), *Buechenmatt* (SO), *Birchel* (AR; 'mit Birken bestandener Ort')
- Bezugnahme auf die Bodenqualität: *Chalchstein* (UR), *Letten* (ZH)
- Bezugnahme auf Religion und Volks-

glaube, Geschichte, Handel usw., z.B. *Pilger* (ZH), *Bildholz* (TG), *Toote Chrieger* (SH), *Häxeplatz* (TG), *Apiteek* (ZH)

Im Gegensatz zu den Siedlungsnamen ist der Entstehungszeitpunkt bei Flurnamen meist sehr schwer zu bestimmen, und obendrein kann man nie ganz sicher sein, wann (und ob überhaupt) aus dem Gattungswort ein Eigenname geworden ist; das ist besonders bei Namen wie *Weid*, *Acker*, *Feld*, *Riet*, *Wald* u.Ä. der Fall, bei denen die so benannte Örtlichkeit vielfach noch genau das ist, was auch in ihrem Namen zum Ausdruck kommt. Wo das namengebende Motiv jedoch verschwunden ist und wo vielleicht auch das zugrundeliegende Wort irgendwann als veraltet empfunden wurde, konnten Flurnamen ein sprachliches Eigenleben entwickeln, das zu Namenformen führen konnte, die heute nicht mehr auf den ersten Blick (und oft auch nicht einmal mehr auf den zweiten oder dritten) durchschaubar sind. Für Namen wie *Schorpel* (ZH), *Ginzen* (GL), *Pirgleren* (UR), *Lummischt* (BE) oder *Mäfi* (BE) bleiben mangels aussagekräftiger historischer Belege oder mangels Kenntnis der örtlichen Mikrogeschichte Erklärungen aussichtslos.

Unter geographischen Gesichtspunkten lassen sich bei den Flurnamen vielfach nur undeutliche Muster in der Verteilung erkennen. Charakteristisch ist etwa, dass für den Sachverhalt 'enger, bewaldeter, unwegsamer Taleinschnitt, der von einem Bach durchflossen wird' in der Osthälfte der Schweiz (bis zur auch in anderen Bereichen prominenten Brünig-Napf-Reuss-Linie) das Wort und der Name *Tobel* gelten, während der Westen kein so prominentes Gegenstück besitzt. Hier tragen die Örtlichkeiten meist Namen wie *Tal* oder *Grabe*, oder sie bleiben unbenannt.

Schon bei der vermeintlich klaren geographischen Verteilung von *Wise* (Wiese, als Ostwort) und *Matte* (als Westwort) ergibt sich aber die Schwierigkeit, dass Dialekt- und Namengeographie stark voneinander abweichen: Ein Blick in die Namenlandschaft zeigt, dass *Matte* in der ganzen Deutschschweiz vorkommt, und dass im Osten zusätzlich noch *Wiesen* zu den *Matten* treten. Erst die historische Interpretation erweist, dass das Gattungswort *Wise* sich seit dem Hochmittelalter Richtung Westen ausbreitet und *Matte* langsam verdrängt. Die *Matte*-Flurnamen im Osten sind damit Zeugnisse älterer dialektaler Gegebenheiten, und sie sind meist als relativ älter zu bestimmen als die *Wise*-Flurnamen. Das Nebeneinander der Namen ist somit das Ergebnis eines historischen Prozesses, der in den Namen noch sichtbar ist. Das scheinbar Gleichzeitige der Eigennamen ist eine Kumulation des geschichtlich Gewachsenen, dessen chronologische Entwirrung den Blick auf sprachgeschichtliche Prozesse freigibt.

Einfacher ist die sprachliche und geographische Interpretation von Flurnamen dort, wo gewisse Charakteristika gleichsam in der Landschaft verankert sind und sich die Bezugnahme von Wort und Sache bzw. von Name und Benanntem von selbst ergeben: *Horn* etwa ist ein typisch alpines Namenelement, das für die Benennung von Berggipfeln verwendet wurde, und zwar mehrheitlich in den zentralen und westlichen Deutschschweizer Alpen. Das mehr oder weniger gleichbedeutende Element *Stock* hingegen kommt häufiger im Osten vor. Über die ganzen Schweizer Alpen gleichmässig verteilt sind die Namen, die ein Element *Flue* 'Felswand, Felsabsturz' enthalten. Allen drei Wörtern bzw. Namen ist gemeinsam, dass sie im nicht-alpinen Mittelland aus sachlichen Gründen natürlich nur sehr selten vorkommen.

Namengeographische Raumbilder ergeben sich auch in Fällen, in denen sich in unterschiedlichen Regionen verschiedene Bezeichnungen für einander ähnliche Geländeformationen ergänzen. So verteilen sich der nord- und ostschweizerische Typus *Brüel* (eigentlich 'sumpfige Wiese, Wässerwiese') und das alpinschweizerdeutsche *Ritz* (eigentlich 'begraster Bergabhang, grünes Grasband') wie sprachgeographische Varianten. MHG

Familiennamen und ihre räumliche Verteilung

Wie sind Familiennamen entstanden?
Ein Mensch trägt in unserem mitteleuropäischen Kulturraum mindestens einen Vor- und einen Familiennamen. Der Familienname ist heute ein wichtiger und auch verbindlicher Teil des Namens. Er hat im Gegensatz zum Vornamen die Funktion, eine Person als Mitglied einer Familie auszuweisen. Er kann nicht frei gewählt werden, da er in der Regel von der Mutter bzw. vom Vater geerbt wird. Der Vorname hingegen soll den Namenträger oder die Namenträgerin von den anderen Familienmitgliedern unterscheiden und individualisieren. Er ist im Gegensatz zum Familiennamen von den Namengebenden relativ frei wählbar.
Die Geschichte der Familiennamen bzw. der Zweinamigkeit beginnt im deutschsprachigen Raum anfangs des 12. Jhs. Bis dahin trugen die Menschen einen so genannten Rufnamen, wie *Moses, Sokrates* oder *Theoderich*. Heute trifft Einnamigkeit beispielsweise noch auf den Papst (*Franziskus*) bzw. auf Regenten (*Elisabeth II.*) zu. Ab dem 12. Jh. erscheinen Rufnamen in Texten dann häufiger mit einem Zusatz, einem so genannten Beinamen. In Zürcher Urkunden etwa werden Personen ab 1170 fast ausschliesslich mit Rufname und Beiname angeführt, wie in den folgenden Beispielen aus dem 12. und 13. Jh.: *Rodolfus filius Martini* 'Rudolf, Sohn des Martin' und *Ruodolfus de Ilnowe* 'Rudolf von Illnau'. Der Beiname wird vielfach als solcher gekennzeichnet, etwa durch den Zusatz *dicto* wie in *Hainrico dicto uolmer* 'Hainrich genannt Ulmer'. Diese Beinamen passen inhaltlich zur Person, die sie benennen. Der Mann namens Rudolf im ersten Beispiel wird als Sohn des Martin bezeichnet, weil sein Vater diesen Namen trug, Rudolf von Illnau wird so bezeichnet, weil er in Illnau lebte oder von dort her stammte. Aus diesen Beinamen entstehen mit der Zeit die Familiennamen. In der Frühphase dieser Entwicklung lassen sich Beinamen oft nur schwer von Familiennamen unterscheiden. Man kann ohne weitere Quellen nicht mit Sicherheit sagen, ob in einer Formulierung wie *Berthold Stehelli* ein Beiname oder bereits ein Familienname vorliegt. Von einem Familiennamen spricht man erst dann, wenn der Name an die Nachkommen vererbt wird und wenn auch Geschwister denselben Namen tragen. Dass ein Familienname und kein Beiname vorliegt, wird dann besonders offenkundig, wenn der Name inhaltlich gar nicht mehr zu seinem Träger passt, etwa wenn ein Mann erwähnt wird, der *Hermann Müller* heisst, aber nicht das Müllerhandwerk ausübt, sondern Lehrer ist.
Das Aufkommen von Familiennamen hat mehrere Gründe: Seit dem Frühmittelalter reduziert sich der Grundbestand an Rufnamen, die vergeben werden. Immer mehr Personen tragen denselben Rufnamen. Dies hat einerseits mit der Abnahme germanischer Rufnamenbildungen zu tun, z.B. solchen mit dem Element *Ber(h)t-*, wie in *Berhtdrut, Erkanberht* usw. Andererseits werden einige wenige Namen immer beliebter; zu diesen beliebten männlichen Rufnamen gehören unter anderen *Heinrich, Hermann, Gerhard, K(u)onrad* oder *Ru(e)dolf*, bei den Frauen sind es *Adelheid, Gertrud* und *Mechthild*. Diese Entwicklung wird durch die aufkommende Mode der Nachbenennung verstärkt, die seit dem ausgehenden Mittelalter beim Adel beliebt wird: Ein Knabe erhält entweder den Namen des Vaters, Grossvaters oder eines Onkels. Eine Folge dieser Konzentration auf wenige Namen war jedenfalls, dass Personen in Urkunden nicht mehr eindeutig voneinander unterschieden werden konnten. Erbangelegenheiten, wie die Vererbung des Wohnsitzes, sowie Geschäftsbeziehungen machten aber die eindeutige Kennzeichnung der Beteiligten nötig.

Im Folgenden wird der Familiennamenbestand der Deutschschweiz, mit Ausblicken auf die Nachbarregionen, anhand von Familiennamen dargestellt, deren Träger in der Schweiz vor 1800 das Bürgerrecht besessen haben. Das Bürgerrecht wurde in der 1798 gebildeten Helvetischen Republik, welche einen Grossteil der heutigen Schweiz umfasste, nach französischem Vorbild neu geordnet. So konnten etwa Zugezogene das Bürgerrecht erst nach 20 Jahren Ortsansässigkeit erwerben. Dieser historische Namenbestand ist im *Familiennamenbuch der Schweiz* verzeichnet, dessen Angaben den folgenden Ausführungen zugrunde liegen. Die beigefügten Karten geben entsprechend nicht das heutige Verbreitungsgebiet an, sondern die Gebiete, wo ein Name alt verbürgt ist, d.h. um 1800 vorkommt (▶ Namenkunde im Internet).
Zunächst steht die Frage im Vordergrund, welcher Art die Beinamen waren, die später zu Familiennamen geworden sind. Die Onomastik, die wissenschaftliche Beschäftigung mit den Namen, spricht hier vom so genannten Benennungsmotiv. Die Beinamen waren ja ursprünglich auf tatsächliche oder zugeschriebene Eigen-

schaften des Namenträgers bezogen. Zudem lässt sich eine räumliche Verteilung der Familiennamen feststellen: Nicht jeder Name kommt überall vor oder er kommt nicht überall in der gleichen Lautung bzw. Schreibung vor.

Müller, Trachsel, Pfister, Weissbrodt: Was bedeuten Familiennamen?

Die deutschsprachigen Familiennamen lassen sich nach den Benennungsmotiven in fünf Gruppen einteilen. Sie sind einerseits aus Berufs-, Herkunfts- oder Wohnstättenbezeichnungen entstanden, andererseits aus Ruf- und Übernamen.

Familiennamen aus Berufsbezeichnungen

Die häufigsten deutschsprachigen Familiennamen gehören zur Gruppe der Berufsbezeichnungen. Der erste Namenträger wurde also nach seinem Beruf benannt: *Ackermann* bezeichnete einen Bauern, *Fessler* einen Hersteller von Fässern, *Käser* einen Käseproduzenten, *Nagel* und *Nägeli* einen Nagelschmied.

In der unten stehenden Tabelle finden sich schweizerische Familiennamen, die aus Berufsbezeichnungen entstanden sind. Es werden die heute fünfzehn häufigsten Namen aufgelistet, wobei die um 1800 zu einer Berufsbezeichnung vorhandenen Formvarianten jeweils zusammengefasst sind.

Diese Namen kommen überall in der Deutschschweiz vor, allerdings gilt das nicht für alle ihre Formvarianten. Zwar sind die Schreibungen *Meier, Meyer* flächendeckend in der ganzen Schweiz alteingesessen belegt, die Namenvarianten *Maier* und *Mayer* finden sich aber fast nur im Osten (SG; TG), und auch dort gegenüber den *ei-/ey*-Formen nur in geringer Zahl. Die *ai-/ay*-Schreibung gehört zu einer schwäbisch-bairischen Schreibtradition und hat so im Süden Deutschlands und im Westen Österreichs ihre Fortsetzung. Ein klares Raumbild für *Meier* und seine Varianten ergibt sich also erst, wenn man den deutschsprachigen Raum als Ganzes ins Blickfeld nimmt.

Anders sieht es bei einem Namen wie *Trachsel* aus, einem Berufsnamen mit den Varianten *Traxler, Trachsler, Drexler, Droxler, Troxler,* dem die heutige Bezeichnung *Drechsler* 'Handwerker, der Möbel(teile), Kunstgegenstände o.Ä. auf der Drechselbank herstellt' entspricht. Der Drechsler bearbeitete früher neben Holz auch Eisen, Bernstein oder Knochen. Die Endungen *-ler* bzw. *-el* werden im Deutschen zur Bildung von Täterbezeichnungen verwendet, zu einem Verb *drechseln* kann also *Drechsler* 'jemand, der drechselt' gebildet werden. Die heutigen Namenformen gehen auf

Namenvarianten in der Schweiz (um 1800)	Bedeutung
Müller	mhd. *mülner, mülnære* 'Müller, Betreiber einer Mühle'
Meier, Meyer, Maier, Mayer, Mayr	mhd. *mei(g)er* 'Gutsverwalter, Landwirt'
Schmid, Schmed, Schmedt, Schmidt, Schmied, Schmit, Schmitt	mhd. *smit* 'Metallarbeiter, Schmied'
Keller	mhd. *kellære, keller* 'Kellermeister, Verwalter der Weinberge und Weinabgaben; auch allgemein Verwalter von Einkünften und Vorräten'
Weber, Waeber, Wäber	mhd. *webære, weber* 'Weber; insbesondere der Wollen-, Leinen- oder Seidenweber'
Huber, Hueber	mhd. *huober* 'Inhaber, Bewirtschafter einer Hube (= Lehengut von bestimmter Grösse; kleiner Hof; kleines Landstück)'
Schneider, Schnyder, Schnider	mhd. *snîdære* 'Schneider, Kleidermacher; Hersteller von Textilien'
Fischer, Fischler, Vischer	mhd. *vischære, vischer* 'Fischer'
Baumann, Bumann	mhd. *bûman* 'Bauer, Pächter eines Bauerngutes, Landarbeiter'
Gerber, Gerwer	mhd. *gerwer* 'Handwerker, der aus rohen Tierhäuten Leder herstellt'
Zimmermann	mhd. *zimberman* 'Zimmermann, Schreiner'
Widmer, Wiedmer, Witmer, Wittmer	mhd. *widemer* 'Landwirt, der als Pächter den zur Kirche gehörenden Hof bewirtschaftet'
Suter, Sutter, Sauter, Sautter	mhd. *sûter* 'Näher, Schneider, Schuster', ► Lehnwort aus lateinisch *sutor*
Kaufmann	mhd. *koufman* 'Verkäufer, aber auch Käufer; Bürger'
Lehmann, Leemann	mhd. *lehenman* 'Lehensmann, Inhaber eines Lehens'

Familiennamen aus Berufsbezeichnungen in abnehmender Häufigkeit

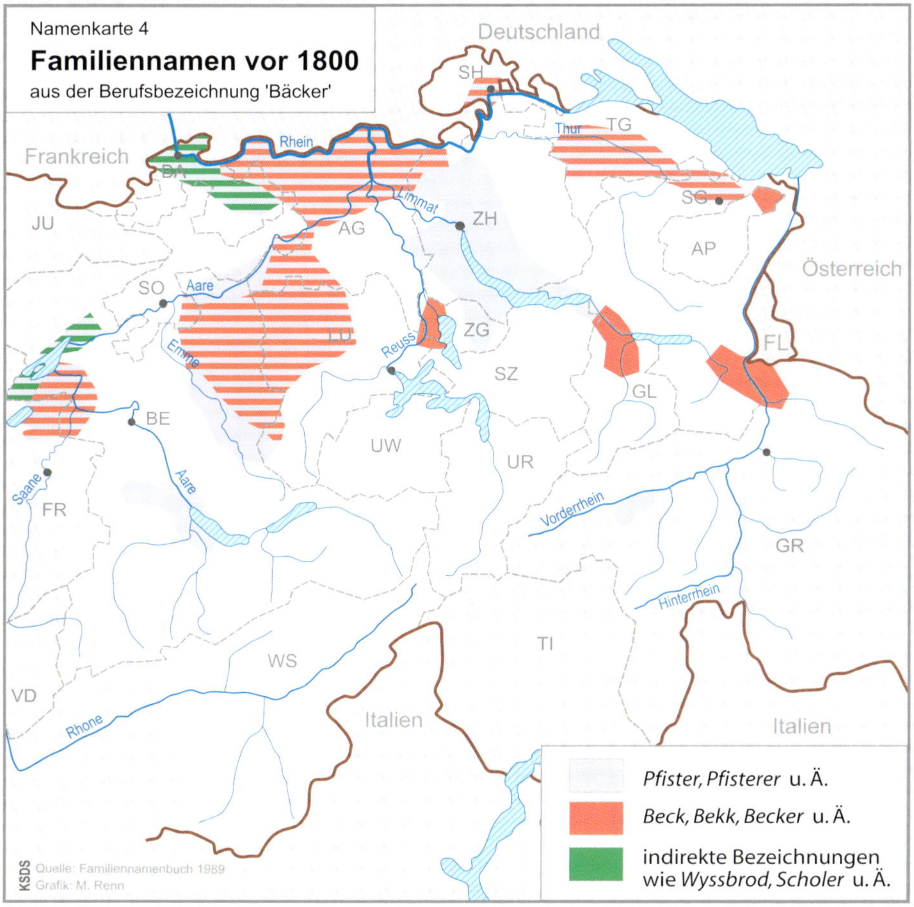

ein Wort mit langem *a*-Laut zurück, das in verschiedenen Gegenden zu *o* verdumpft wurde (s. Karte 79 *Abend*). Im Südwesten und Osten gelten *a*-Formen: *Trachsel* (nur BE), *Traxler* (Stans NW; Balterswil TG), *Trachsler* (v. a. Osten); vom Nordwesten bis an die Reuss hingegen die *o*-Formen: *Troxler* (AG; LU) und *Droxler* (BL). Das anlautende *D*- erscheint mundartlich weiträumig als *T*- (s. Karte 98 *drücken*).

Da Brot in unserem Gebiet ein Grundnahrungsmittel darstellt, ist Bäcker ein sehr wichtiger Beruf. In den Deutschschweizer Familiennamen (s. Namenkarte 4) ist dieser Beruf einerseits durch das deutsche Wort *Beck* mit den Varianten *Bek, Bekk* sowie mit der Endung *-er* in *Becker* erhalten. Häufiger ist aber der Familienname *Pfister, Pfisterer*, in welchem das alte lateinische Wort *pistor* 'Bäcker' weiterlebt. Insofern zeigen die Familiennamen, dass das Wort *Pfister* früher weiter verbreitet und geläufig war. Dass das Wort *pistor* relativ früh ins Deutsche entlehnt wurde, zeigt auch die Verschiebung des anlautenden lat. *p* zu *pf* (s. Einleitung S. 18). Heute ist in der Mundart nur noch die Berufsbezeichnung *Beck/Bäcker* geläufig (s. Karte 69 *Bäcker*). Daneben gab es für diesen Beruf auch indirekte Benennungen, so genannte Berufsübernamen wie *Weissbrodt, Wyssbrod* oder *Warmbrodt*. Solche indirekten Benennungen nehmen Bezug auf das Produkt, das Arbeitsmaterial oder ein Werkzeug. Die Benennungsvielfalt, wie sie sich hier für den Bäcker zeigt, macht die frühere Aufteilung des Handwerks deutlich: *Weissbrodt, Wyssbrod* heisst der Bäcker, der nur helles Weizenbrot bäckt, dies im Gegensatz zum Schwarzbäcker, der Roggenbrot bäckt; als Name kommt *Schwarzbäcker* in der Schweiz allerdings nicht vor. Daneben kann auch im Familiennamen *Scholer, Scholler* das Bäckerhandwerk verewigt sein: Der Name gehört zu mhd. *schâl, schôl* 'Verkaufsstelle des Bäckers oder Metzgers'. Die indirekten Benennungen treten nur im Nordwesten auf. Die Familiennamen aus dem Bäckergewerbe finden sich im Mittelland, nicht aber im alpinen Raum, wo das Backen anders organisiert war (s. Karte 69 *Bäcker*).

Familiennamen aus Herkunftsbezeichnungen

Mit Herkunftsnamen benennt man Zuwanderer, wobei sich der Familienname vom Herkunftsort oder -land eines Zugezogenen ableitet, wie *Berlinger* vom Ortsnamen Berlingen im Kanton Thurgau, *Kölliker* vom Ortsnamen Kölliken im Kanton Aargau oder *Peyer* vom Herrschaftsgebiet Bayern. Anhand solcher Namen kann man die Binnen- und Zuwanderung v. a. in Städte der frühen Neuzeit nachzeichnen. Der Aus- und Einzugsradius ist in der Regel beschränkt und verweist auf Ortschaften in einem Umkreis von bis zu 75 km, wobei der grösste Teil unter 20 km fällt. Der Fami-

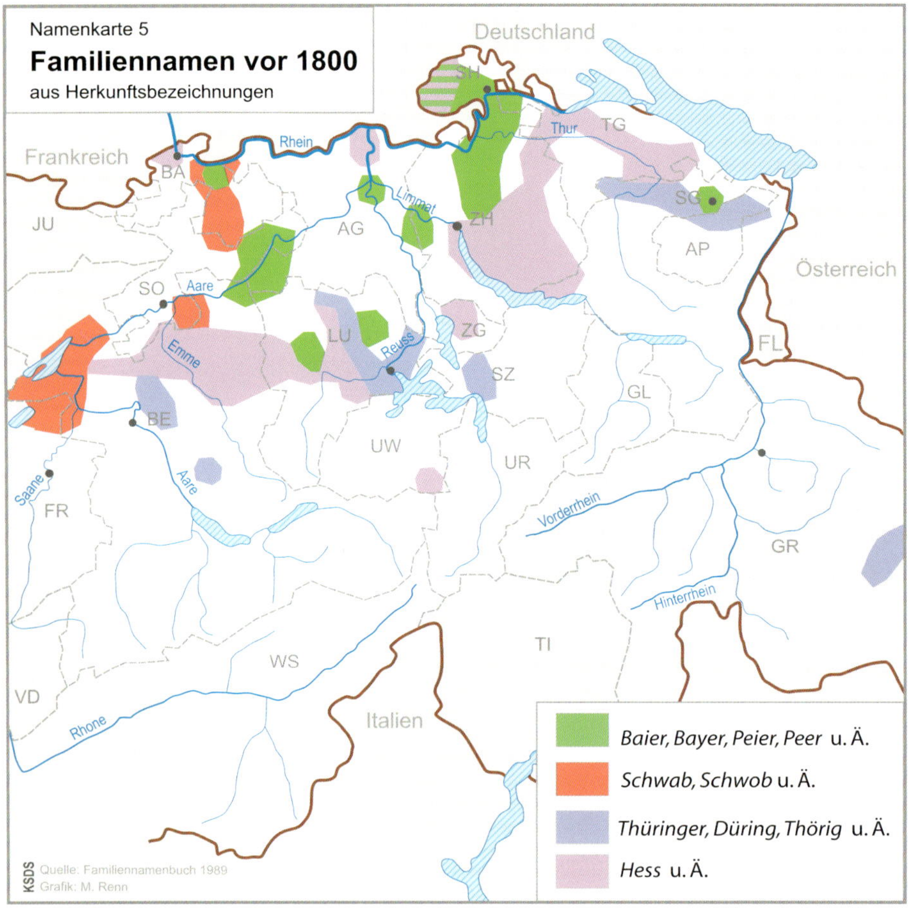

lienname *Kölliker* ist vor 1800 an acht Orten alteingesessen: einmal in Rohrbach BE, an vier Orten im Kanton Solothurn und an drei Orten im Kanton Zürich. Somit kann man für Kölliken einen Auszugsradius von ca. 26 bis 60 km errechnen, was den typischen Wanderbewegungen in vorindustrieller Zeit entspricht. Verglichen mit den Herkunftsnamen zu den beiden anderen grossen Städten der Deutschschweiz – *Basler* und *Berner* – hat der Familienname *Zürcher* am meisten Orte aufzuweisen, an denen er alteingesessen ist. Er findet sich in der Nähe der Stadt Zürich (Horgen, Thalwil; im Kanton Zug und in Neuenhof AG) sowie in drei weiter entfernten Gebieten: im Berner Emmental, im Berner Kandertal und in Appenzell Ausserrhoden. Der Auszugsradius der *Zürcher* beträgt hier bis zu 164 km, was eher ungewöhnlich hoch ist. Ebenso ungewöhnlich ist, dass sie sich in Gebieten niederlassen, die eher Abwanderungs- als Zuwanderungsgebiete sind. So ist immer auch zu bedenken, dass bloss ein Übername für jemanden vorliegen könnte, dem eine wie immer geartete Beziehung zu Zürich zugeschrieben wurde.

Auch die Zuwanderung in die Eidgenossenschaft hinterliess Spuren in den Familiennamen (s. Namenkarte 5). Der Name *Peyer* erscheint in den Varianten *Baier, Bayer, Beier, Peier, Peer*. Benannt wurde damit eine Person, die aus dem bayrischen Raum stammte oder jemand, der (Handels-)Beziehungen nach Bayern pflegte. Ebenfalls auf Zuwanderung gehen die Familiennamen *Hess* zu Hessen, *Thüringer* mit den Varianten *Thürig, Düring, Dürig, Dörig, Thörig* zu Thüringen sowie *Schwab* und *Schwob* zurück. Mit letzteren Namen konnten neben einem Württemberger und Badener auch ein Bayer oder – wie dies bis heute möglich ist – überhaupt jemand aus Deutschland bezeichnet werden.

Familiennamen aus Wohnstättenbezeichnungen

Wohnstättennamen benennen jemanden nach seinem Wohnsitz. In diesen Namen sind verschiedenste Arten von Landschaftsbezeichnungen enthalten wie *Egger* oder *Anderegg* für jemanden, der an einem Geländevorsprung, einer Bergkante (schweizerdt. *Egg)* wohnt, *Berger* oder *Bergmann* für jemanden, der an einem Berg wohnt, oder *Brugger* und *Zurbriggen* für jemanden, der bei einer Brücke wohnt. Typische Wohnstättennamen sind solche, die auf einen Flurnamen oder eine Geländebezeichnung zurückgehen, wie z.B. *Au, Buch(e), Haus, Hof, Matte, Wald*. Häufig sind sie mit der Endung *-er* wie *Auer, Bucher, Hauser, Huser, Hofer, Matter, Walder* abgeleitet. Daneben können sie aber auch mit dem Zweitglied *-mann* zusammengesetzt sein, wie z.B. *Buchmann, Hausmann, Hof(f)mann, Mattmann, Waldmann*. Solche Wohnstättennamen mit *-er* und *-mann* kommen gehäuft in der nördlichen Schweiz vor. Daneben

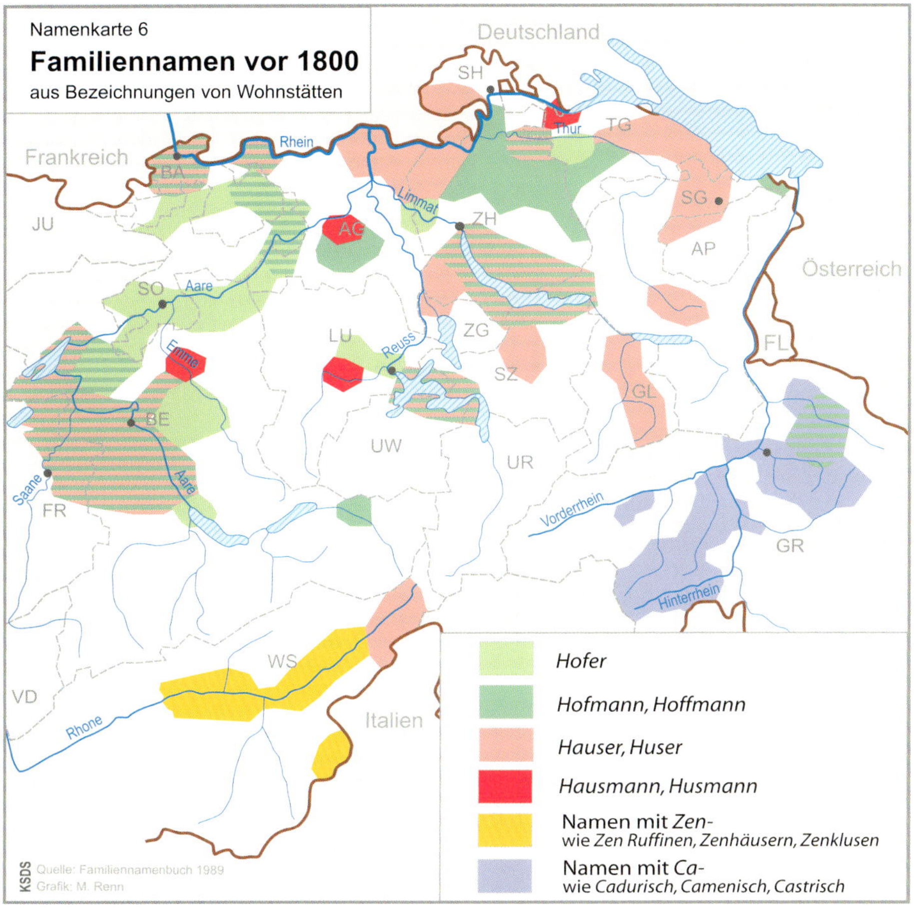

treten – vermehrt gegen Süden hin bzw. in (vor)alpinen Räumen – Namenbildungen mit einer Präposition auf, meist verschmolzen mit einem Artikel (*ab, am, an, im, in, z, zen, zer, zum, zur*), und einer Geländebezeichnung oder einem Flurnamen. Sie werden häufig als ein Wort geschrieben, wie *Abegg (ab+Egg), Amstutz (am+Stutz* 'ansteigende Stelle'*), Andermatt (an+der+Matt* 'Wiese'*), Aufdermau(e)r (auf+der+Mauer), Imboden (im+Boden), Inderbinen (in+der+ Binen* aus *Büne* 'Garten, Weide, Wiese'), *Zobrist (z(u)+Obrist* 'der oberste'), *Zerzuben (ze* 'zu'*+der+Zuben* 'Brunnen, der sein Wasser vom Berg herab erhält'*), Zumthor (zu+dem+Tor)* oder etwa auch *Zurfluh (zu+der+Fluh* 'Felswand, Felsabsturz'). Während der Typ mit *Zen,* wie das getrennt geschriebene *Zen Ruffinen (ze+den+Ruffinen* 'Erdrutsch, Steinlawine, Bergsturz'), nur im Wallis alteingesessen ist, zeigen die meisten anderen Namenbildungen ein grösseres Verbreitungsgebiet.

Wohnstättennamen sind auch ein Charakteristikum der rätoromanischen Namenlandschaft, wo zahlreiche Familiennamen mit dem Element *Ca-* gebildet sind. Es handelt sich dabei um Zusammensetzungen mit dem Bestimmungswort *Ca-* (aus romanisch *casa* 'Haus') und einem Rufnamen als Grundwort, z. B. *Cathomen* aus *Ca- + Thomen* zum Namen *Thomas*. Mit dieser Bildung wird zunächst der Wohnort einer Familie bezeichnet: *Caheinz* war das Haus, wo die Familie des Heinz wohnte. Der Name konnte aber auch alle Bewohner des jeweiligen Hofes bezeichnen. Später verselbständigt sich das *Ca-* und wird zu einer Vorsilbe, mit der noch bis in die Mitte des 18. Jhs. Familiennamen gebildet werden können. *Ca-* wurde einerseits mit biblischen Rufnamen verbunden wie *Cadonau* (zum lat. Rufnamen *Donatus*), *Caflisch* (zum lat. Rufnamen *Felix*), *Cajacob* (zum hebr. Rufnamen *Jacob*), *Cahans* (zum hebr. Rufnamen *Johannes*), andererseits aber auch mit anderen Wörtern, wie in *Canova* ('neues Haus'), *Casura* ('oberes Haus'). Auch germanische Rufnamen wurden mit *Ca-* verbunden, wie das genannte *Caheinz* oder *Cahenzli* (zu schweizerdt. *Henzli, Heinzli*), *Cabernard* (zum germ. Rufnamen *Bernhard*), *Cadieli, Cadurisch* und *Cadisch* (alle drei zum germ. Rufnamen *Uodalrich*), *Caduff* (zu einer alträtorom. Kurzform *Duff* des germ. Rufnamens *Ruodolf*).

Auf der Namenkarte 6 werden die *Ca-*Namen, die Namen mit der Vorsilbe *Zen-* sowie die Namen *Hofer, Hof(f)mann* und *Hauser/Huser, Haus-/Husmann* in ihrer räumlichen Verteilung abgebildet.

Familiennamen aus Rufnamen

Der Rufname des Vaters oder der Mutter kann zum Familiennamen werden. Aufgrund der Entstehungszeit der Familiennamen ab dem 12. Jh. sind in dieser Gruppe sehr viele spätmittelalterliche Rufnamen erhalten. Die Varianten

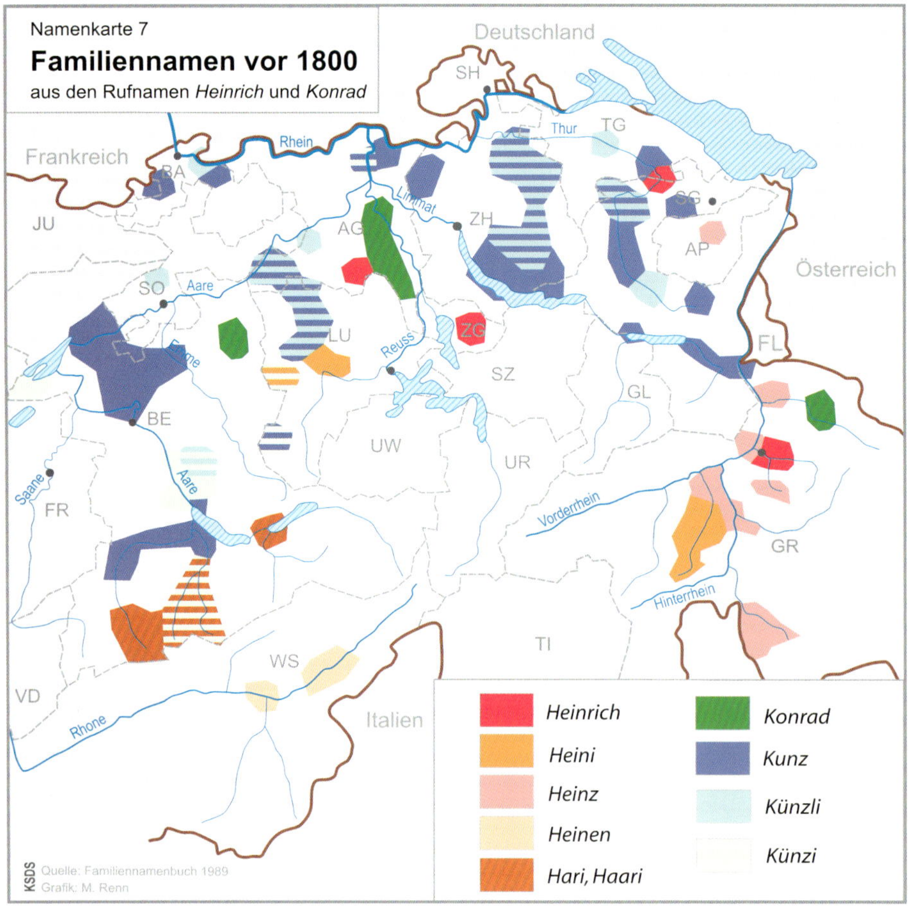

Namenkarte 7
Familiennamen vor 1800
aus den Rufnamen *Heinrich* und *Konrad*

Berchtold, Bächtold, Berthold gehen auf einen germanischen Rufnamen zurück, der aus ahd. *beraht* 'hell, glänzend' und *waltan* 'herrschen, mächtig sein' zusammengesetzt ist; *Burkhard* mit den Varianten *Burkard, Burkart, Burkhart, Burkhardt, Burkardt, Burckhardt* geht auf einen Rufnamen zurück, der aus ahd. *burg* 'Burg, Stadt, Schutz' und *hart* 'hart, stark' gebildet ist; *Lüthi* ist eine Kurzform aus einem Rufnamen wie *Liutbald, Liutbrand* o. Ä. Mit Beinamen (und späteren Familiennamen), die aus Rufnamen entstanden sind, wird die unmittelbare Zugehörigkeit zu einer anderen Person, meist zum Vater, ausgedrückt. Diese so genannten patronymischen Familiennamen kann man in ganz Europa finden. Selten geschieht die Kennzeichnung der Verwandtschaft über die mütterliche Linie wie in den Familiennamen *Anna* (Steinen SZ), *Annen* (BE; SZ), *Annasohn* 'Sohn der Anna' (Uttwil TG), *Iten, Itten* 'Sohn der Ita' (AG; BE; ZG) oder *Nessensohn* 'Sohn der Nese (kurz für Agnes)' (Haag SG).

Im ausgehenden Mittelalter verringerte sich, wie eingangs skizziert, der Bestand der Rufnamen, was bedeutet, dass immer mehr Personen denselben Vornamen trugen. Die Vornamen *Heinrich* und *Konrad* waren so häufig geworden, dass sie ihrerseits gar wieder zu ▶ Gattungswörtern wurden, wie im Ausdruck *Hinz und Kunz* für 'jedermann'. Die Beliebtheit des Vornamens *Heinrich* ist auch an den unzähligen Kurz- und Koseformen abzulesen, die in der deutschsprachigen Schweiz gebildet wurden. Von den vielen Varianten sind folgende in den Familiennamenbestand eingegangen (s. Namenkarte 7): neben der Vollform *Heinrich* die Kurzformen *Heiri, Heiz, Heitz, Henz, Henzi, Heinz, Heinzen, Heini, Henni, Heinen* sowie *Hari, Haari*. Die Kurzformen kann man nach ihrer Lautung und Form gruppieren: Die genannten Namen sind fast alle mit dem Erstglied *Hein* gebildet; das unbetonte Zweitglied *-rich* ist weggelassen worden. In den älteren Sprachstufen des Deutschen konnten mit *-i(n)* und *-z* Koseformen gebildet werden. Beide Möglichkeiten finden wir in den vorliegenden Familiennamen: *Heini, Henni* und *Heinz, Heiz, Henz* sowie kombiniert in *Henzi*. Bei *Heiz, Heitz* ist das *n* geschwunden. Bei *Heiri* sind beide Glieder *Hei(n)ri(ch)* verkürzt. Die Namen *Hari* und *Haari*, die im Berner Oberland alteingesessen sind, sind entlehnt und gehen auf die französische Form *(H)aŋ(e)ri* zurück. Bei *Heinen* handelt es sich um einen schwachen Genitiv zum Rufnamen *Hein*, einer Kurzform zu *Heinrich*. Derartige Namenbildungen, bei denen der Genitiv die Bedeutung 'Nachkomme des Hein(en)' trägt, sind insbesondere im Wallis und Berner Oberland sehr häufig.

Ebenfalls viele Familiennamen-Varianten, die ganz ähnlichen Bildungsmustern folgen, sind aus dem Rufnamen *Konrad*, älter *Kuonrad*, entstanden: Einerseits haben wir die Langformen *Konrad, Conrad*. Andererseits gibt es auch hier Kose-

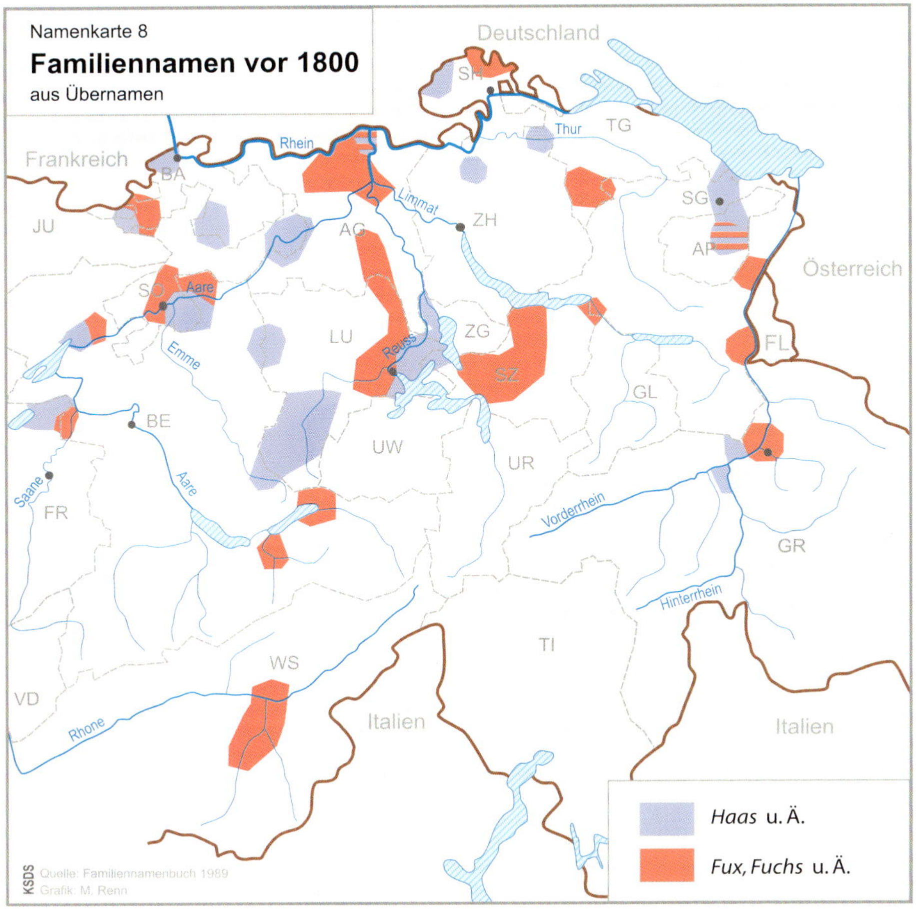

formen auf *-i, -y*: *Kuoni, Cuoni, Kuni, Kuny, Cuony, Cueni, Kuri, Kury*, und auf *-z: Kunz, Kuntz, Kuentz, Cunz, Cuonz*. Es existieren gar Formen mit beiden Endungen: *Kuenzi, Kuenzy, Künzi, Küenzi, Kienz* (mit entrundetem *üe*). Daneben gibt es auch noch jene mit den Verkleinerungsendungen *-lin* in *Kuenlin, Küenzlin* und den daraus entstandenen *-li* und *-le* in *Künzli, Künzle*. Eine Kurzform ohne Endung ist *Kuhn*. Im 15. Jh. war es in italienischen Humanistenkreisen modern, seinen Namen zu latinisieren. Diese Mode verbreitet sich dann auch in den Norden und trägt dazu bei, dass weitere Namenvarianten entstehen. Sowohl Familien- als auch Vornamen werden mit lateinischen Endungen versehen wie *-i* in *Koradi, Coradi*. Auf *Konrad* gehen auch die romanischen Namenformen *Cuorad, Coray, Coretti* zurück.

Familiennamen aus Übernamen

Aus einer körperlichen oder charakterlichen Eigenschaft oder aus einem Ereignis in der jeweiligen Lebensgeschichte leiten sich die so genannten Übernamen ab, wie *Brun* für eine Person mit dunklen, schwarzbraunen Haaren oder dunkler Hautfärbung, *Frey, Frei* für jemanden, der nicht in Leibeigenschaft, sondern ungebunden ist, *Fink* für einen pfiffigen, lustigen oder boshaften Menschen oder *Freitag* für jemanden, der an diesem Wochentag auf die Welt kam oder an diesem Tag eine Dienstleistung, Abgabe oder Ähnliches zu erbringen hatte. Übernamen orientieren sich an einer Auffälligkeit oder Ausserordentlichkeit des ersten Namenträgers. Sie reflektieren somit jene Eigenheiten, die nicht den Normen der namengebenden Gesellschaft entsprachen. Sie enthalten wohl nicht zufällig negative und wenig schmeichelhafte Wertungen wie in *Gröbli, Gröble, Gröbly* für einen Grobian oder *Muff* zu älterem schweizerdt. *muffen* 'undeutlich sprechen', auch 'unanständig essen, schmollen' usw., für eine Person, die durch unangenehme, unanständige oder anderswie negativ auffallende Mundbewegungen auffiel. Häufig dürfte auch Ironie im Spiel gewesen sein, wie etwa in den Namen *Abt/Abbt, Bischof/Bischoff, Graf/Graff, Herzog, Kaiser/Kayser/Keyser, König/Köng/Küng*. Die so benannte Person mag besonders fromm, wichtig, rechthaberisch oder vornehmtuerisch gewesen sein. Mit diesen Namen kann ebenso gut jemand benannt worden sein, der unter der Herrschaft eines Abts, Bischofs, Grafen usw. lebte und diesem dienstbar war. Auch Volksbräuche (z. B. der Schützenkönig) oder Rollen in einem Schauspiel (z. B. die Rolle eines Edlen in einem mittelalterlichen Passionsspiel) können zu einem Übernamen wie *König* geführt haben. Letztlich bleiben die tatsächlichen Benennungsmotive im Dunkeln. Häufig werden auch Tierbezeichnungen zu Familiennamen. Hier liegt wohl eine metaphorische Übertragung zugrunde, bei der eine – oft natürlich nur vermeintliche – Eigenschaft eines Tieres

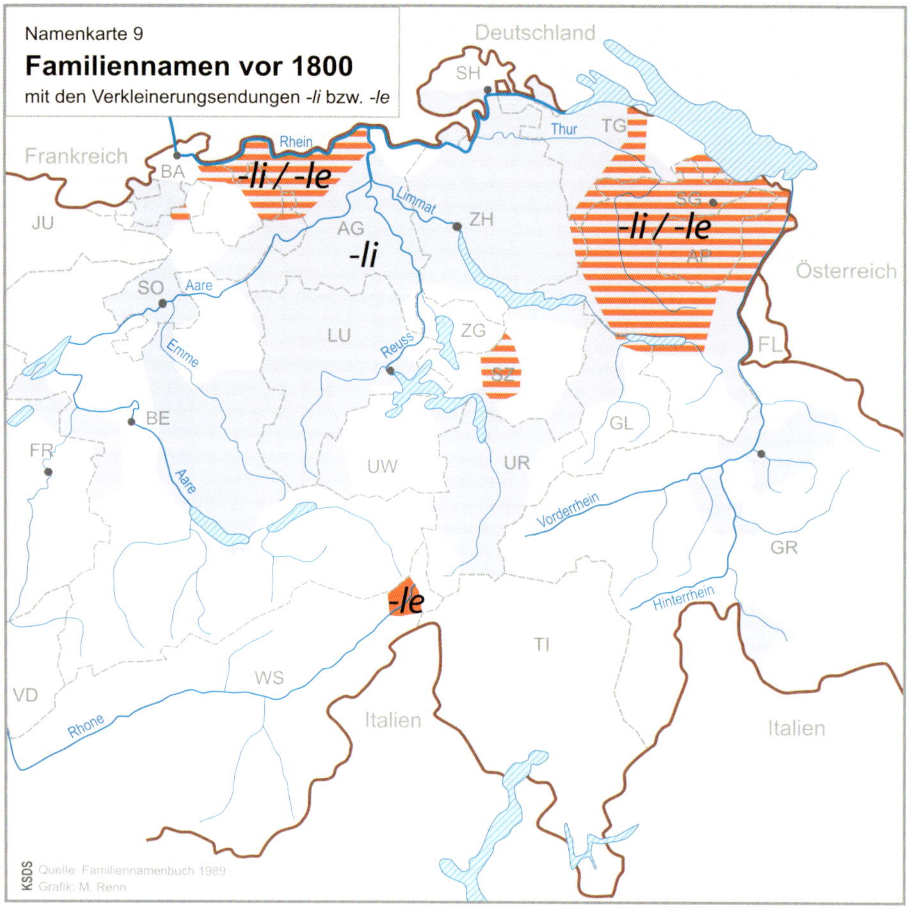

Namenkarte 9
Familiennamen vor 1800
mit den Verkleinerungsendungen *-li* bzw. *-le*

ausschlaggebend ist. So wird *Fuchs, Fux* in unserem Kulturkreis auf die Charaktereigenschaft schlau bezogen und *Haas* auf schnellfüssig, feinhörig, scheu oder auch furchtsam. Das Sprichwort *Wo es viele Hasen gibt, gibt es auch viele Füchse* trifft auf die Familiennamen nicht zu: Die Namenkarte 8 zeigt, dass nur in Leuggern AG und Appenzell AI beide Namen am gleichen Ort alteingesessen sind.

Was die Namendeutung bei *Zürcher* und auch bei *König* gezeigt hat: Es ist im Nachhinein meist nicht mehr zu entscheiden, welches Benennungsmotiv ursprünglich vorlag. Bei *König* könnte dies ein Dienstverhältnis oder das Verhalten gewesen sein. Es ist auch nicht immer eindeutig zu entscheiden, ob jemand *Berger* heisst, weil er aus einem Ort namens *Berg* zugezogen ist, oder ob er so heisst, weil er an einem Berg wohnte. Das Motiv ist anhand der Namenform und der Bedeutung des Gattungswortes nicht eindeutig zu erkennen. Für viele Namen bestehen daher verschiedene Deutungsmöglichkeiten. Wer seinen eigenen Familiennamen also einer der fünf Gruppen von Benennungsmotiven zuordnen will, muss mit einer gewissen Unsicherheit rechnen.

Fuchs, Hartmann, Friedli: Wie werden Familiennamen gebildet?

Neben dieser inhaltlichen Seite haben Namen auch eine formale Seite, welche bei *Heinrich* und *Konrad* schon kurz angeschnitten wurde. Sie können danach eingeteilt werden, ob sie einfach, zusammengesetzt oder abgeleitet sind. Diese Einteilung folgt den Wortbildungsregeln der Gattungswörter.

Einfache Namen wie *Brun*, das der Form des mittelhochdeutschen Adjektivs *brûn* 'braun' entspricht, *Fuchs, Nagel, König* und *Beck,* stimmen in der Regel mit einem aktuellen oder zumindest in einer älteren Sprachstufe vorhandenen Wort überein.

Zusammengesetzte Namen wie *Wyssbrod* aus *Wyss* und *Brod* oder *Bachmann* aus *Bach* und *Mann* bestehen aus zwei Wörtern. Die Namen mit *Mann* als Grundwort sind sehr häufig im deutschsprachigen Raum und auch in der Schweiz: Dies erklärt sich mit den verschiedenen Funktionen, die das Element in der Namen- und Wortbildung erfüllen kann. Es geht zurück auf germanisch **manōn-* mit der Bedeutung 'Mann, Mensch' und ist bereits in der germanischen Rufnamenbildung als Zweitglied üblich, wie in *Hartmann, Hermann*. Diese Endung konnte bereits in althochdeutscher Zeit auch kosende Funktion haben wie in *Friedmann, Hansmann, Heinzmann*, was dann soviel wie 'kleiner Friedrich; kleiner Hans; kleiner Heinz' bedeuten konnte. Vergleichbar ist die Bildung *Sohnemann*, die 'kleiner Sohn, männliches Kind' bedeuten kann. Daneben ist *Mann* auch häufiges Grundwort in Berufsbezeichnungen wie noch immer in *Milchmann, Geschäftsmann,*

Wachmann usw. Aus so gebildeten Berufsbezeichnungen entstanden Familiennamen wie *Acker-*, *Aker-*, *Achermann*, eine differenzierende Benennung innerhalb des Berufsstandes der Bauern für einen 'Bauern, der pflügt und eventuell ärmeren Landbesitzern ihr Feld bestellt', *Fleischmann* 'Metzger', *Geissmann* für einen 'Bauern, der nur Geissen hielt', also ärmer war als einer mit Grossvieh. Schliesslich konnte *Mann* auch mit Orts- oder Wohnstättennamen verbunden werden, wie *Solothurnmann* 'jemand aus Solothurn' oder *Bachmann* 'jemand, der an einem Bach wohnt', *Brühlmann, Brüllmann* 'jemand, der bei einer Flur *Brühl* wohnt', *Flühmann* 'jemand, der bei einer Fluh wohnt'.

Bei Ableitungen werden in der Regel aus bestehenden Wörtern mithilfe von Vor- oder Nachsilben neue Wörter gebildet (aus *Fisch* + *-er* entsteht *Fischer*). Namen, die eine Ableitung erkennen lassen, sind zumeist aus den bereits abgeleiteten Gattungswörtern entstanden, z.B. *Fisch+er, Eich+ler, Haf(e)n+er, Zür(i)ch+er, Dietik+er* oder *Fried+li, Vögel+le, Stöck+lin*. Das Deutsche kennt nämlich – anders als andere Sprachen – kaum Bildungen, mit denen speziell Namen abgeleitet werden können. In skandinavischen Sprachen hat sich die aus dem Gattungswort *son* 'Sohn' entstandene Endung *-son, -sen*, im Polnischen die Endungen *-ska, -ski* zu einem spezifischen Namenbildungsmittel entwickelt.

Die Endung *-er* (oder auch *-ler*) gehört im Deutschen mit zu den häufigsten Elementen in Familiennamen. Dies hat zwei Gründe: Sie wird verwendet, um Täterbezeichnungen zu bilden, wie *Fisch+er* 'jemand, der fischt', *Haf(e)n+er* 'jemand, der Häfen herstellt', und kann deshalb in Berufsbezeichnungen und den daraus entstandenen Familiennamen erwartet werden. Andererseits ist *-er* auch ein Suffix, um Herkunfts- oder Wohnstättenbezeichnungen zu bilden, wie das auch noch heute üblich ist (*Zürcher* 'jemand aus Zürich', *Dietiker* 'jemand aus Dietikon', *Eichler* 'jemand, der bei einer Eiche wohnt').

Die zweite genannte Gruppe von Namen, *Fried+li, Vögel+le, Stöck+lin,* wird mit einer Verkleinerungsendung erweitert. Das *-li* tritt neben den bereits erwähnten Endungen *-i* und *-z* sehr häufig in Namen auf, ist aber auch in der gesprochenen Mundart ein überaus häufiges Suffix. Historisch geht diese Endung auf ahd. *-(i)līn*, mhd. *-(e)lîn* zurück. In den Dialekten entwickeln sich daraus Formen ohne *-n* mit unterschiedlichen Vokalen, vor allem *-(e)l*, *-li* und *-le*. Die alte Variante *-lin* bleibt in manchen Familiennamen erhalten wie in *Friedlin* (zu *Friedrich*) oder *Jecklin* (zu *Jakob*). Manchmal gibt es zu einem Gattungswort wie bei *Vogel* Familiennamen mit allen drei Verkleinerungsendungen: *Vögeli*, *Vögele*, *Vögelin*. Dabei kann es sich um einen Berufsübernamen für den Vogelfänger oder -händler handeln, einen im Mittelalter nicht seltenen Beruf, oder aber um einen Übernamen für einen sorgenfreien, fröhlichen, vielleicht auch etwas flatterhaften Menschen. Auch zum Gattungswort *Hafen* gibt es *Häfeli, Häfele, Häfelin*, die ebenso als Berufsübername für den Topfmacher, den Hafner gelten können. Die räumliche Verteilung der alteingesessenen Namenpaare auf *-li* gegenüber denen auf *-le,* wie *Aepli–Aeple*, *Beerli–Beerle*, *Eberli–Eberle* usw., zeigt, dass der Nordosten in der Schreibung vermehrt Formen aufweist, die dem Schwäbisch-Alemannischen ausserhalb der Schweiz nahestehen (s. Namenkarte 9). Dies kann auf historische Zusammenhänge zurückverweisen. Das aargauische Fricktal gehörte bis 1801 zu Österreich und zeigt vielleicht daher die nordöstliche Form *-le*. Die verschiedenen Verkleinerungsendungen widerspiegeln aber nicht unbedingt eine unterschiedliche Aussprache.

Unterschiede in der Verschriftung zeigen sich auch bei Namen wie *Pfyffer–Pfeiffer*, *Richen–Reichen*, *Schnyder–Schneider*, *Wyss–Weiss*. Bei diesen Namen geht die ursprüngliche Form auf einen mhd. Langvokal *î* zurück. Die Beibehaltung dieses Langvokals ist ein lautliches Kennzeichen der alemannischen Dialekte. Der Wandel von *î* zu *ei* ist in der gesprochenen Sprache nicht eingetreten (s. Einleitung S. 30), er wurde aber in der Schreibung ab dem 16. Jh. in der Schweiz aufgenommen. Vorreiter bei der Aufnahme dieser Neuerung waren Basler Drucke, aber auch in der Zürcher Bibel erscheinen die *ei-/ey*-Schreibungen früh (s. Einleitung S. 21). Familiennamen, die zum gleichen Gattungswort gehören, weisen nun in ihrer geschriebenen Form teils einen Langvokal, teils einen ▶ Diphthong auf. Dasselbe zeigt sich bei Namen mit ursprünglich mhd. Langvokal *û* (*Huser–Hauser*).

Auf der Namenkarte 10 sind jene Namen kartiert, von denen es in der Schweiz eine Variante mit altem Langvokal *î* – geschrieben *y* oder *i* – und eine mit jüngerer Diphthongschreibung *ei* gibt, wie *Pfyffer–Pfeiffer, Richen–Reichen, Schnyder–Schneider, Wyss–Weiss* usw. Schreibformen wie *Weiss* werden traditionell dennoch mit langem *i* ausgesprochen. Auf der Karte zeigt sich eine Häufung von *ei*-Schreibungen

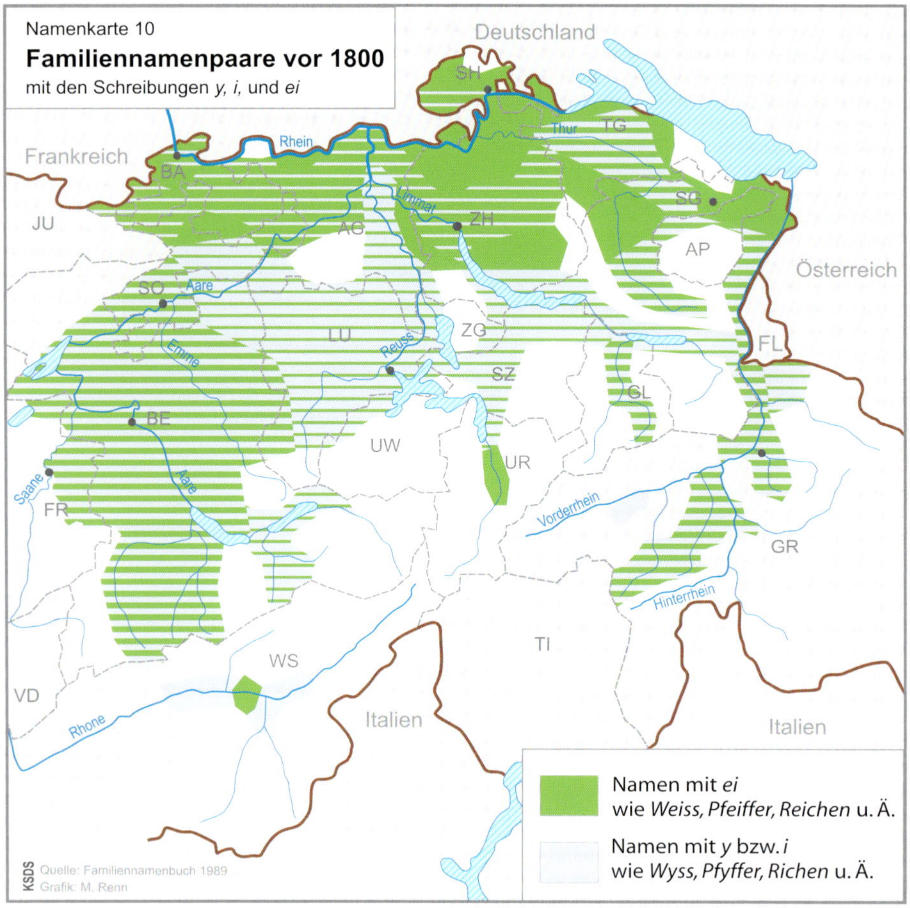

Namenkarte 10
Familiennamenpaare vor 1800
mit den Schreibungen *y*, *i*, und *ei*

im Nordosten. Die *i-/y*-Schreibungen überwiegen in der Innerschweiz sowie den südlichen (WS; GR) und westlichen Kantonen (SO; BE; FR). Die Übernahme der Schreibung *ei* für mhd. *î* in Familiennamen stimmt mit den Beobachtungen zur Schreibung in literarischer Prosa und Fachliteratur in der Nordschweiz überein, die sich bereits im 16. Jh. dem entstehenden Hochdeutschen anschliesst. Im Norden und Osten werden also die neuen Schreibungen früher übernommen als im restlichen Sprachgebiet, wo sie erst ab dem 17. Jh. auftreten. Es ist im Übrigen eine Besonderheit der Familiennamen in der Deutschschweiz, dass deren Schreibung und deren Aussprache auseinanderklaffen können. So wird der Familienname *Bucher* zwar mit *u* geschrieben, aber als *Buecher* ausgesprochen. Der Name geht auf mhd. *buoch* 'Buchengehölz' zurück und in der mundartlichen Aussprache des Familiennamens ist der mittelhochdeutsche Diphthong *uo* erhalten. Häufig können Namen entweder dialektgemäss oder aber schriftnah ausgesprochen werden. Das Gattungswort *Mann* lautet im Dialekt immer *Maa*. Ist *-mann* dagegen Teil eines Namens wie in *Bachmann*, kann man die Aussprachen *Bachmann*, *Bachmaa* oder *Bachme* hören.

Dorfnamen und Vaternamen in neuerer Zeit

Wie die Familiennamen entstanden sein könnten, kann man sich anhand heutiger Namengebungsprozesse vergegenwärtigen, wie sie sich bei den so genannten Dorf- oder Hausnamen zeigen. Diese sind eine Art inoffizielle Familiennamen, die man meist in kleineren Gemeinden finden kann bzw. konnte, wo sehr viele Bewohner denselben Familiennamen trugen oder tragen. Das machte einen zusätzlichen Namen nötig, um die Personen eindeutig zu identifizieren. Wie bei den Benennungsmotiven der Familiennamen kann dabei auf die Vornamen eines Ahnen oder einer ganzen Ahnenreihe Bezug genommen werden, wie bei *d'Godi Noud Erika*, was soviel heisst wie die Erika des Noud (Kurzform von Arnold, hier Name des Vaters) des Godi (Kurzform von Gottfried, hier Name des Grossvaters). Es kann auch auf die Tätigkeit der Familie, wie bei *Schnüerli Ärnscht* (abgeleitet von *Schnur* für einen Bändelmacher, in Kombination mit dem Vornamen Ernst), auf eine Eigenschaft, wie bei *Chifu Noud* (Arnold mit einem markanten Unterkiefer), oder auf die Wohnstätte, wie in *Schmitte Öttu* (Otto von der Schmiede), zurückgegriffen werden. Durch die grössere Mobilität und den Zuzug neuer Familien mit anderen Namen ist diese Konzentration von einigen wenigen Familiennamen an einem Ort heute meist aufgelöst, und die inoffiziellen Familiennamen wurden damit überflüssig.

In einem europäischen Land gibt es bis heute keine erblichen Familiennamen:

Die meisten Isländer haben nach wie vor nur einen Rufnamen, nach denen auch das Telefonbuch geordnet ist. Dem Rufnamen wird (meist) der Vatername nachgestellt, der aber nicht vererbt wird. Traditionell wird dem Rufnamen des Vaters *-son* 'Sohn' bzw. *-dóttir* 'Tochter' angehängt, z. B. *Gunnarson* für den Sohn und *Gunnarsdóttir* für die Tochter eines Gunnar. Heute ist die Nachbenennung nach der Mutter ebenfalls erlaubt und wird auch immer üblicher, wie *Guðrúnardóttir* für die Tochter einer *Guðrun*. Früher war sie stigmatisiert, da so die unehelichen Kinder beibenannt wurden.

Gattungswörter und Namen

Sobald Gattungswörter als Namen verwendet werden, koppeln sich Namen vom Wortschatz ab und machen Entwicklungen des übrigen Wortschatzes nur noch bedingt mit. Dadurch, dass sich die Familiennamen im späten Mittelalter herausgebildet haben, sind sie eine Fundgrube für ältere Sprachformen: Einerseits sind ältere Lautverhältnisse und Schreibgewohnheiten in ihnen konserviert, wie *y* für langes *i*. Andererseits ist auch Wortmaterial in ihnen erhalten, das selbst in den Mundarten nicht mehr vorhanden ist, wie *Pfister, Suter, Widmer*, und deren ursprüngliche Bedeutung damit auch nicht mehr offenkundig ist. Auch Wortbildungselemente sind bewahrt, von denen moderne Dialekte oder die Schriftsprache keinen Gebrauch mehr machen, wie *-lin* oder *-z*. Anders als der Normalwortschatz wurde der Namenschatz kaum vereinheitlicht. Dies fällt vor allem auf, wenn man die Schreibung der Familiennamen betrachtet. So gibt es für Gattungswörter in der Regel genau eine richtige Schreibform, für Namen kann es aber wie bei *Meier, Meyer, Maier, Mayer, Mayr* oder *Schmid, Schmed, Schmedt, Schmidt, Schmied, Schmit, Schmitt* verschiedene Möglichkeiten geben. Familiennamen können wie das entsprechende Wort in der Schriftsprache geschrieben werden, wie *Geiger*, es gibt aber oft auch dialektale Formen wie *Gyger* und *Giger*. Ebenso wenig wurden die verschiedenen Verkleinerungssilben wie *-li, -le, -lin* als *-chen* vereinheitlicht.

Auch wenn jeder Name auf ein Gattungswort zurückgeführt werden kann und insofern eine Bedeutung hat, ist diese Bedeutung heute verblasst und unwichtig. Bei der Verwendung eines Namens geht es vor allem darum, was oder wen er bezeichnet und was die Namenverwender damit verbinden, und nicht mehr, was er (ursprünglich) bedeutet.

Da Eigennamen, wie erläutert, Sprachentwicklungen nur noch bedingt mitmachen und so ältere Formen und Bedeutungen in ihnen konserviert sind, erscheinen Namen als eine Art eigenes System in der Sprache. Oft werden Eigennamen formal auf besondere Art gekennzeichnet und so von den Gattungswörtern abgegrenzt. Im Deutschen geschieht das z. B. bei der Pluralkennzeichnung. Während der Plural von *Müller* als Berufsbezeichnung wiederum *Müller* ist, wird der Plural von Familiennamen mit *-s* gebildet: *Die Müllers* sind dabei aber normalerweise nicht die verschiedenen Familien namens Müller, sondern die Mitglieder einer Familie *Müller*. Dieses *-s* ist wahrscheinlich aus einer Formulierung *des Müllers Familie* entstanden, weshalb es auch die Fügung *s Müllers* gibt. Auch die schriftnahe Aussprache der Deutschschweizer Familiennamen kann als Massnahme betrachtet werden, die Namen (*Koch*) gut von den Gattungswörtern (*Chooch*) unterscheiden zu können. SMB

Neuere Umfragen

Der Satzbau des Schweizerdeutschen

Einleitendes

Der ▶ Sprachatlas der deutschen Schweiz (SDS) bietet eine umfangreiche Darstellung der Laut- und Formenlehre der schweizerdeutschen Dialekte sowie ihres Wortschatzes. Karten, die den Satzbau (die Syntax) betreffen, wie Karte 119 und 120 in diesem Buch, sind im SDS nur ganz wenige enthalten. Die Leiter des Sprachatlas hatten damals aufgrund der Mehrarbeit, die die Abfrage solcher syntaktischer Muster erfordert hätte, auf die umfassende Erhebung dieser dialektalen Besonderheiten verzichtet. Das gilt allerdings nicht nur für den SDS, sondern für die gesamte traditionelle dialektologische Forschung, die sich in der Regel auf die Laut- und Formenlehre sowie den Wortschatz konzentrierte. Viele Forscher gingen auch davon aus, dass die Unterschiede im Satzbau der Dialekte sehr gering seien und es sich daher nicht lohne, sie zu untersuchen. Die Karten 119 und 120 zeigen aber, dass es auch im Bereich des Satzbaus, z.B. in der Wortstellung, sprachgeographische Unterschiede gibt.

Um diese Lücke in der Erforschung des Schweizerdeutschen zu schliessen, wurde im Jahr 2000 an der Universität Zürich (Leitung: Elvira Glaser) mit dem Projekt eines Syntaktischen Atlas der Deutschen Schweiz (SADS) begonnen, der mittlerweile kurz vor seiner Fertigstellung steht (www.ds.uzh.ch/dialektsyntax/). Im Unterschied zum SDS wurden in diesem neuen Projekt die Daten nicht in langwieriger und heute nicht mehr finanzierbarer Feldarbeit mit mündlichen Interviews, sondern mit schriftlichen Fragebogen erhoben. Von 2000 bis 2002 wurden insgesamt vier Fragebogen mit 118 Fragen an Gewährspersonen in 383 Ortschaften der Deutschschweiz verschickt. Die Auswahl der Orte orientierte sich am Ortsnetz des SDS, wobei allerdings ein grobmaschigeres Netz mit etwas mehr als jedem zweiten SDS-Ort erstellt wurde. Dahinter steht die Annahme, Satzbauunterschiede seien nicht so kleinräumig zu beobachten wie etwa Lautunterschiede. Nicht einbezogen in die dialektsyntaktische Untersuchung wurden die Walsergemeinden in italienischsprachiger Umgebung. Hier hätte eine völlig andere Datenerhebung durchgeführt werden müssen, da sich zum einen die heutige sprachliche Situation sehr stark von der Deutschschweiz unterscheidet und es zum anderen auch Anlass zur Annahme gibt, dass gerade der Satzbau dieser Mundarten durch die Einflüsse des Italienischen Sonderentwicklungen durchgemacht hat.

Die Gewährspersonen für die SADS-Untersuchung sollten nach den klassischen Kriterien der Dialektologie möglichst in zweiter Generation ortsfest sein. Bezüglich des Berufs und des Alters wurden aber anders als üblich keine Vorgaben gemacht, da es nicht um die Erhebung bäuerlichen Wortschatzes ging und davon ausgegangen wurde, dass alle Schweizerdeutsch Sprechenden die Regeln des Satzbaus in gleicher Weise beherrschen. Ebenfalls im Unterschied zum klassischen Verfahren wurden nicht Männer der älteren Generation bevorzugt befragt, sondern es wurde ein ausgewogenes Geschlechterverhältnis angestrebt, was allerdings nicht ganz erreicht wurde. Ca. 40% der Gewährspersonen sind Frauen. Insgesamt haben 3187 Personen an der Befragung teilgenommen. Von 2771 Personen liegen alle vier Fragebogen ausgefüllt vor. Die Anzahl der Gewährspersonen an den einzelnen Orten schwankt allerdings von 3 bis 25. An etwa 90% der Orte haben zwischen fünf und zehn Personen mitgearbeitet. Das SADS-Projekt erwartete von diesem Verfahren Hinweise auf die sprachliche Variation am Ort. Die systematische Befragung mehrerer Gewährspersonen pro Ortspunkt bildet einen deutlichen Unterschied zum SDS, wo mehrere Gewährspersonen meist nur ergänzend, z.B. für bestimmte Wortschatzbereiche, wie „Frauenarbeiten“, eingesetzt wurden.

Bei der schriftlichen Befragung wurden verschiedene Fragetypen eingesetzt. Teilweise wurden hochdeutsche Sätze zur Übersetzung in den eigenen Dialekt vorgegeben, in einigen Fällen mussten Sätze ergänzt werden. Bei den meisten Fragen wurden den Gewährspersonen mehrere Ausdrucksmöglichkeiten für einen Satz in Schweizerdeutsch vorgegeben. Diese Sätze mussten dann daraufhin beurteilt werden, ob sie im eigenen Dialekt möglich oder nicht möglich sind. In der Regel mussten die Gewährspersonen dann noch angeben, welche Variante die für sie selbst natürlichste ist. Es gab aber auch die Möglichkeit, eine nicht vorgegebene Konstruktion selbst hinzuschreiben. Die Aufgaben wurden meist mit einem kleinen Rahmentext eingeleitet, der die richtige Interpretation des Satzes, der zu übersetzen oder zu beurteilen war, gewährleisten sollte. Daneben hatte dieser Rahmentext die Funktion, von der grammatischen Aufgabe etwas abzulenken.

Es versteht sich von selbst, dass die hierbei erhobenen Daten nicht unmittelbar

mit jenen des SDS vergleichbar sind, zumal sie 50 Jahre später erhoben wurden. Was die erfragten dialektalen Merkmale angeht, so sollen sich die beiden Atlanten ergänzen. In einigen wenigen Fällen wurden im SADS-Projekt Phänomene aber nochmals erhoben, zu denen der SDS bereits eine Karte liefert, so dass hier dann auch Vergleiche angestellt werden können.
Ein solcher Vergleich ist auch beim folgenden Beispiel möglich, bei dem es um Konstruktionen mit dem Verb *lassen* geht, wie auch in der auf dem SDS basierenden Karte 120. Anschliessend werden zwei weitere syntaktische Besonderheiten bei der Verwendung von Adjektiven und bei den Komparativkonstruktionen besprochen.

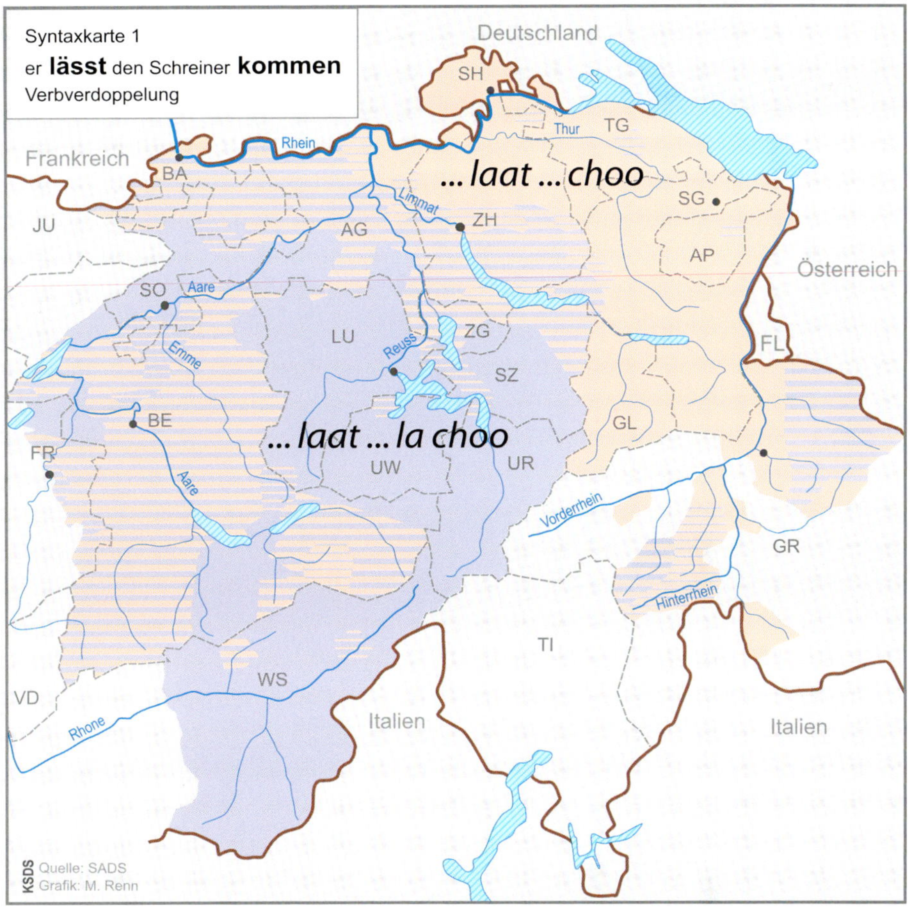

Verbverdoppelung
(*Er lässt den Schreiner kommen*)

Ich gaa ***go*** *tschutte*, *Ich chume* ***cho*** *luege*, *Ich laa di* ***la*** *mache*, *Ich faa* ***afa*** *ässe*. Es ist ein für das Schweizerdeutsche typisches Phänomen, dass bei Konstruktionen mit den Verben *gaa* 'gehen', *choo* 'kommen', *laa* 'lassen' und *aafaa* 'anfangen' und einem abhängigen Infinitiv vor diesem zusätzlich eine verkürzte Form der vier genannten Verben auftreten kann. Die verkürzte Form wird als unveränderliches Wort, als so genannte Partikel, aufgefasst. Das Verb *gehen* wird, wenn ein Infinitiv folgt, in der ganzen Deutschschweiz obligatorisch mit der Partikel *go* verdoppelt. Anders die Verben *lassen* und *anfangen*. Sie weisen vor allem im Westen ein verdoppelndes Element auf. Bei *kommen* tritt im Westen die ‚echte' Verdoppelung *chume cho luege* auf und im Osten eine Kombination mit der Partikel *go*: *chume go luege*. Ausserhalb der Schweiz ist die Verdoppelung mit *kommen*, *lassen* und *anfangen* nicht belegt. Die Verdoppelung mit der Partikel *go* gibt es auch in den umgebenden alemannischen Dialekten, z. B. im Oberelsässischen (*I ge ge bade*) und Südbadischen (*Dann chönnd er go go spiele*).
Die Syntaxkarte 1 zeigt die Verbreitung der Verdoppelung beim Verb *lassen* mit der Partikel *la* (*Er laat de Schriiner la choo* 'Er lässt den Schreiner lassen kommen') und der Konstruktion ohne Verdoppelung (*Er laat de Schriiner choo*). Vor allem in der Zentralschweiz und im Wallis ist weiträumig nur die Konstruktion mit dem Verdoppelungselement *la* möglich. Im Osten tritt dagegen nur die dem Hochdeutschen entsprechende Variante ohne Verdoppelung auf. In allen anderen Gebieten der Deutschschweiz erscheinen beide Varianten.
Ein Vergleich mit Daten aus dem Sprachatlas der deutschen Schweiz zeigt, dass sich die Kernzone der Verdoppelung in der Zentralschweiz und im Wallis nahezu unverändert erhalten, ja sogar ausgebreitet hat. Es ist bemerkenswert, dass die der Schriftsprache unbekannte Verdoppelungsvariante heute in einem grösseren Gebiet vorkommt als noch vor 50 Jahren. Als stabil erweisen sich dagegen die Ver-

hältnisse im Kanton Uri, wo auch in heutiger Zeit nur Verdoppelungen, und im Kanton Glarus, wo ausschliesslich einfache Konstruktionen vorkommen.

Die historische Entwicklung bzw. die Entstehung der schweizerdeutschen Verbverdoppelung mit *lassen* ist schwierig zu fassen. Es finden sich kaum Belege aus früherer Zeit. Die Verdoppelung bei *gehen* hingegen erscheint in beträchtlicher Zahl bereits im 16. Jh.: *Ich gan weder gan bredign noch gan toufen* 'Ich gehe weder gehen predigen noch gehen taufen'. Bei der Entwicklung der Verbverdoppelung wird denn auch von einer Verdoppelung bei *gaa* als erstem Entwicklungsschritt ausgegangen, die später auf die drei anderen Verben *choo*, *laa* und *aafaa* übergegriffen hat. Die verkürzte Form *go* wird heute oft als Partikel aufgefasst, die auf das Verb *gehen* zurückgeht. Es gibt aber historische Anhaltspunkte aus dem 15. und 16. Jh., dass *go* aus der alten Präposition *gen* 'gegen' hervorgegangen ist (*So du gen schlafen gon wilt* 'Wenn du gegen Schlafen gehen willst') und nicht aus dem Verb *gehen*. Aufgrund der lautlichen Ähnlichkeit wurde es aber später mit dem Verb *gehen* identifiziert und als eine Kurzform davon aufgefasst.

Gar eine Verdreifachung von *lassen* findet sich im ▶ Schweizerischen Idiotikon in einem Nachsprechscherz des Bündner Rechtsanwaltes Valentin Bühler (1835–1912): *La-mi la gaa la* 'Lass mich lassen gehen lassen'.

Die Verdoppelung von *lassen* mit abhängigem Infinitiv *Er laat de Schriiner la choo* ist eine Sonderentwicklung des Schweizerdeutschen. Vergleicht man die Syntaxkarte 1 mit der Wortstellung in Sätzen wie *Er het en gaa la / la gaa* 'Er hat ihn gehen lassen / lassen gehen' (s. Karte 120 *gehen lassen*), zeigt sich, dass die Verdoppelung dort vorkommt, wo die Abfolge *la gaa* auftritt. Auf diesem Gebiet ist die Verdoppelung von *lassen* im Wallis und der Zentralschweiz obligatorisch, sonst erscheint sie neben der einfachen Konstruktion. GB

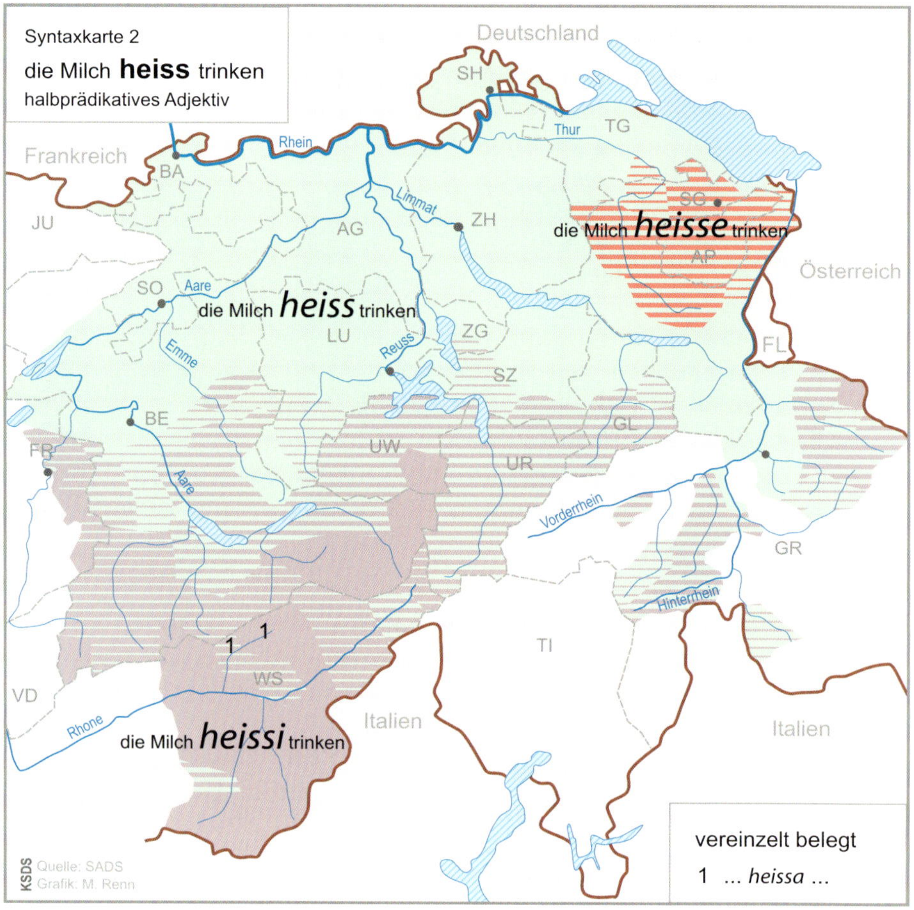

Halbprädikatives Adjektiv (*Die Milch heiss trinken*)

Anders als etwa in den romanischen Sprachen ist es für die deutsche Schriftsprache charakteristisch, dass in Sätzen wie *die Milch ist heiss* das Adjektiv immer in der gleichen unveränderlichen Form auftritt. Das grammatische Geschlecht des Substantivs spielt also keine Rolle für die Form des Adjektivs, anders als in der (attributiven) Position vor einem Substantiv, wo das Adjektiv angepasst wird: So heisst es zwar *heiss**er** Tag* und *heiss**es** Wasser*, aber unveränderlich *das Wasser ist heiss*, *die Milch ist heiss* und genauso auch *die Milch heiss machen* sowie *die Milch heiss trinken*.

In den südlichen schweizerdeutschen Dialekten wird dagegen ein Adjektiv, wenn es in der Satzaussage, dem so genannten Prädikat, steht, an das grammatische Geschlecht des Substantivs, auf das es bezogen ist, im Singular und Plural angepasst. So muss das Adjektiv *heiss* in der Form *heissi, heisse* oder *heisses* erscheinen, je nachdem, ob es sich auf ein weibliches, männliches oder sächliches Substantiv bezieht, also *d Milch isch heissi*, *der Kafi heisse*, *s Wasser heisses* und im Plural z.B. *d Eier sind heissi.* Diese Anpassungen kennt man aus dem Französischen: *l'eau est chaude, le café est chaud, les assiettes sont chaudes.*

Die Syntaxkarte 2 zeigt, dass diese Angleichung (Kongruenz) auch gilt, wenn das Adjektiv in der so genannten halbprädikativen Funktion (auch prädikatives Attribut genannt) auftritt. Hiermit ist gemeint, dass das Adjektiv zusammen mit einem Verb die Satzaussage bildet, dass es aber eigentlich nicht das Verb näher bestimmt, wie in *er trinkt die Milch schnell*, sondern etwas über den Zustand des Objekts (oder Subjekts) aussagt. *Er trinkt die Milch heiss* gibt an, dass die Milch *heiss* ist, nicht dass auf heisse Art und Weise getrunken wird. Auch in solchen Sätzen wird in den alpinen Gebieten das Adjektiv grammatisch an das Substantiv angepasst. So heisst es etwa im Berner Oberland *Du moescht d'Milch aber heissi triichä* oder ... *heissi triichu* in den Walliser Südtälern, während im Lötschental vorwiegend *heissa trichn* zu hören ist. Je weiter man nach Norden kommt, ist der Gebrauch der angeglichenen Formen zugunsten der unveränderlichen Form des Schweizer Mittellandes rückläufig. Auch in den Bündner Walserorten wird die angeglichene Form nicht mehr konsequent gebraucht.

Bemerkenswert ist, dass die Karte in der Nordostschweiz noch eine weitere Möglichkeit aufzeigt, um das Adjektiv in der speziellen halbprädikativen Funktion zu kennzeichnen. Auch in diesem Gebiet kann das Adjektiv mit einer Endung versehen werden. Diese passt sich aber nicht im grammatischen Geschlecht dem Bezugswort an, sondern bleibt immer gleich, also etwa *heisse,* auch wenn es sich sprachgeschichtlich wohl um die männliche Endung handelt. Diese versteinerte Endung wird aber nicht gebraucht, wenn es sich um eine einfache Verwendung im Prädikat handelt. Es stehen sich hier also z.B. im Appenzellischen *d'Mölch waame trinke* und *d'Mölch esch waam* gegenüber, eine Unterscheidung, die in den Sprachen der Welt eine Rarität darstellt, die sich aber auch in älteren Sprachstufen des Deutschen bereits nachweisen lässt.

Im Althochdeutschen war die Anpassung (Kongruenz) der Adjektive in all den genannten Funktionen weit verbreitet. Im Laufe des Mittelhochdeutschen verschwand der Gebrauch der kongruierenden Formen allmählich, abgesehen von einigen konservativen Gebieten im Südwesten, wo sie bis heute erhalten sind. In anderen Regionen, vornehmlich im Süden des deutschen Sprachgebiets blieben versteinerte Formen bei den prädikativen Attributen zurück. Sie wurden häufig mit einer Partikel, mhd. *alse*, *als*, verstärkt, die ebenfalls noch in unseren Dialekten weiterlebt. So lautet der Beispielsatz häufig *Du muesch d Milch aber* ***ase*** *heisse trinke!* o.Ä. Dieses *ase* taucht in wechselnder Lautgestalt aber manchmal auch dann auf, wenn das Adjektiv ohne Endung erscheint, zumindest in der östlichen Deutschschweiz, etwa östlich einer Linie Zug-Schaffhausen. Dort kann man also z.B. auch hören: *Du muasch d Milch aber asa heiss tringga!*

Sowohl der Gebrauch der versteinerten Endung als auch die Partikel *ase/asa/asä* finden ihre räumliche Fortsetzung in den angrenzenden Vorarlberger und bairischen Dialekten. EG

Vergleichskonstruktionen (*Sie ist schöner als ich*)

„Spieglein, Spieglein an der Wand, wer ist die Schönste im ganzen Land?", fragt die böse Königin im Märchen von Schneewittchen. Hätte der Spiegel seine Antwort auf Schweizerdeutsch gegeben, so wäre Schneewittchen schöner *als*, *weder*, *wie* oder *wan* die Königin gewesen. Denn anders als in der Schriftsprache, wo Vergleichskonstruktionen mit Komparativ durch die Vergleichspartikel *als* eingeleitet werden (*Schneewittchen ist tausendmal schöner als Ihr*), existieren im Schweizerdeutschen verschiedene Anschlussmöglichkeiten, die regional gebunden sind.

Die Syntaxkarte 3 zeigt, dass die Vergleichspartikel ***als*** zum Ausdruck der Ungleichheit in der ganzen Deutschschweiz vorkommt. In den nicht schraffierten Gebieten ist sie das einzige sprachliche Mittel, um Komparativkonstruktionen einzuleiten. Die Vergleichspartikel *als* wird in der Deutschschweiz unterschiedlich ausgesprochen: Vor allem im Nordwesten und Südosten hört man die geschwächte Form *as*, zum Teil mit aufgehelltem Vokal *äs*. Im Gebiet mit *l*-Vokalisierung (s. Karte 102 *folgen*) lautet sie *aus*. Im Untergoms findet sich *auz*, im Saanental *alz*. Nicht in der ganzen Deutschschweiz, aber ebenfalls weit verbreitet ist die Vergleichspartikel ***weder***. In einem südlichen Gebiet ist die Vergleichspartikel ***wan*** üblich, die im Berner Oberland und im Lötschental ohne auslautendes *-n* als *wa* auftritt und im Simmental mit zusätzlich verdumpftem Vokal als *wo*. Als weniger häufig

belegte Variante ist im Norden und Nordosten ***wie*** verzeichnet. Eine lautlich abgeschwächte Variante davon ist *we*.
Während die Vergleichspartikel *wan* eine Eigenheit des Schweizerdeutschen ist, finden sich die anderen Varianten auch jenseits der Schweizer Grenze. Die Vergleichspartikel *a(l)s* ist bis in den niederdeutschen Sprachraum verbreitet. Die Variante *weder* setzt sich im alemannisch-schwäbischen Raum fort. Die Vergleichspartikel *wie* ist besonders im Bairischen und Fränkischen verbreitet und gilt auch als allgemein umgangssprachlich.
In den deutschen Dialekten gibt es weitere Varianten, die z. T. in kleinen Gebieten verwendet werden. So kann Schneewittchen schöner sein *alswie*, *dass*, *denn*, *oder*, *of* oder *was* die Königin. Auffällig ist, dass vor allem im südlichen Teil des deutschen Sprachraums oft mehrere Varianten nebeneinander existieren, wie dies in einem Grossteil der Deutschschweiz der Fall ist.
Ein Blick in die Sprachgeschichte zeigt, dass die Funktion der Komparativpartikel von unterschiedlichen Wörtern übernommen wurde, mit unterschiedlicher regionaler Bevorzugung. In althochdeutscher Zeit war *danne* die einzige Vergleichspartikel bei Ungleichheit. In mittelhochdeutscher Zeit kam *wan* dazu, im 15. Jahrhundert *weder*. Im 17. Jahrhundert war *wan* verschwunden, dafür tauchte die Anschlussmöglichkeit *als* auf.
Das im älteren Deutschen übliche *danne* findet sich auch noch im heutigen Deutschen in Ausdrücken wie *schöner denn je*. Die Varianten *wan* und *weder* dagegen bestehen einzig in den Dialekten fort. Die im 18. Jahrhundert aufkommende Vergleichspartikel *wie* wurde im Zuge der Durchsetzung der hochdeutschen Schriftsprache aktiv bekämpft. Ab dem 19. Jahrhundert gilt die heutige Regel, die *als* nach Komparativ vorsieht.
Mit dieser normierenden Regelung wollte man mit Hilfe der beiden Vergleichspartikeln *als* und *wie* zwei Arten von Vergleichen eindeutig unterscheidbar machen: *Als* sollte bei Vergleichssätzen verwendet werden, die eine Ungleichheit ausdrücken (*Schneewittchen ist tausendmal schöner als Ihr*), *wie* bei Vergleichssätzen, die eine Gleichheit ausdrücken (*Schneewittchen ist ebenso schön wie Ihr*). Ein Blick in die Geschichte der deutschen Sprache zeigt, dass in beiden Konstruktionen im Laufe der Zeit unterschiedliche Vergleichspartikeln verwendet wurden und es immer wieder zu Überschneidungen zwischen beiden Konstruktionen gekommen ist. Es lässt sich gar ein Sprachwandelzyklus feststellen: Die Vergleichspartikel der Gleichheit hat systematisch und wiederholt die Vergleichspartikel bei Ungleichheit verdrängt. Während im älteren Deutschen *ebenso schön* ***als*** und *schöner* ***denn*** galt, drängte in der neueren deutschen Schriftsprache *als* in den Vergleich bei Ungleichheit und räumte seinen Platz für *wie*, so dass es dann *ebenso schön* ***wie***

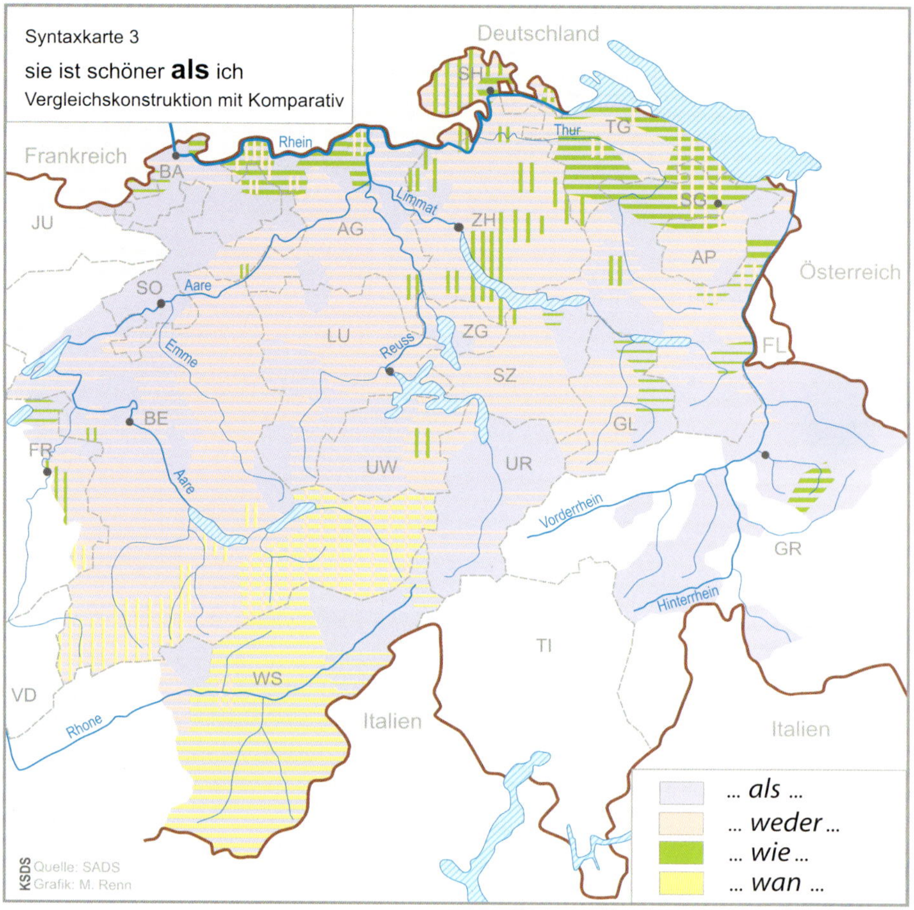

und *schöner* ***als*** hiess. In der heutigen Umgangssprache – und teilweise auch in gewissen Dialekten – drängt *wie* in den Vergleich bei Ungleichheit. So steht *ebenso schön* ***wie*** neben *schöner* ***wie***. Es ist also nicht auszuschliessen, dass sich eine einzige Vergleichspartikel durchsetzt und damit langfristig die unterschiedlichen Vergleichstypen nicht mehr auseinandergehalten werden.

Die sprachhistorischen Erkenntnisse lassen sich mit der sprachgeographischen Verbreitung der schweizerdeutschen Komparativpartikeln in Verbindung setzen: So ist es nicht erstaunlich, dass die Vergleichspartikel *wan* gerade in den südlichen alpinen Mundarten vorkommt. Diese Dialekte sind für ihre älteren Sprachformen bekannt. Im Gegensatz dazu tritt die Vergleichspartikel *wie* vorwiegend im nördlichen, eher neuerungsfreudigen Teil der Deutschschweiz auf. Diese Vergleichspartikel lässt sich im Schweizerdeutschen erst seit dem 20. Jahrhundert nachweisen und scheint sich auszubreiten. Im Gegensatz dazu dokumentieren neuere Studien das allmähliche Schwinden der Vergleichspartikel *weder*, während *wan* von den Veränderungen nicht betroffen zu sein scheint.

Die Syntaxkarte 3 illustriert die Verbreitung der Vergleichspartikeln bei einem Vergleichssatz wie *Sie ist schöner als ich*. Bei anderen Vergleichssätzen der Ungleichheit würde sich ein anderes Kartenbild ergeben, da sich je nach Konstruktion unterschiedliche Vorlieben zeigen: So ist beispielsweise beim Vergleichssatz *Schneewittchen geht lieber Beeren sammeln als Wäsche waschen* die Vergleichspartikel *wie* viel weniger verbreitet. Deutlich anders sind die Verhältnisse, wenn ein ganzer Nebensatz in den Vergleich involviert ist, wie im Beispiel

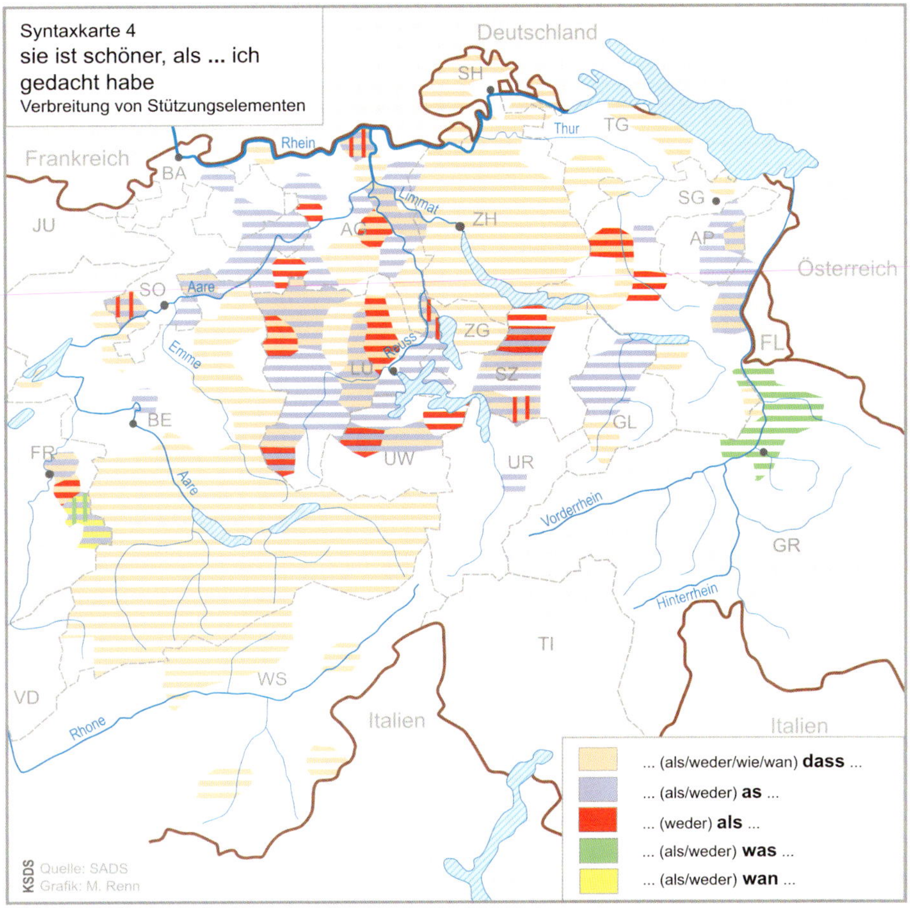

Schneewittchen ist schöner, als ich gedacht habe. In diesen Fällen kann nach der Vergleichspartikel ein weiteres Wort stehen (*dass*, *as*, *als*, *was*, *wan*). Dieses Wort hat einzig die Funktion anzuzeigen, dass ein ganzer Nebensatz folgt (z. B. *Si isch schöner,* ***weder dass*** *i dänkt ha.*). Die Syntaxkarte 4 verzeichnet das regionale Vorkommen dieser so genannten Stützungselemente.

Das Stützungselement *dass*, welches die grösste Verbreitung aufweist, kann regional zu *as* abgeschwächt werden. Weil in denselben Gebieten auch die Vergleichspartikel *als* zu *as* abgeschwächt wird, wurde dort der Anschlusstyp *weder as* als *weder als* neu interpretiert. Die Beleglage im Kanton Freiburg zeigt zudem, dass es Regionen mit vielen verschiedenen Anschlussmöglichkeiten gibt. Dass Vergleichspartikeln gestützt werden können, ist keine Eigenheit des Schweizerdeutschen. Dieses Phänomen lässt sich auch in anderen deutschen Dialekten und in anderen Sprachen beobachten: So kann unser Satz auf Bairisch lauten *Sie iis schenna* ***wia wos*** *i denkt han* und auf Schwedisch *Hon är vackrarer* ***än vad*** *jag trott*. MF

Online-Befragung: Schweizerdeutsch heute

Einleitendes

Die Hauptkarten des Kleinen Sprachatlas der deutschen Schweiz basieren, wie einleitend erwähnt, auf den Karten des ▸ Sprachatlas der deutschen Schweiz (SDS). Diese beruhen ihrerseits auf Spracherhebungen in den vierziger bis sechziger Jahren des letzten Jahrhunderts. Die sprachlichen Verhältnisse haben sich seither, so zumindest in der Wahrnehmung vieler, gewandelt. Auch Leserinnen und Leser der ersten Auflagen des Kleinen Sprachatlas der deutschen Schweiz konnten die Erfahrung machen, dass ihr persönlicher Sprachgebrauch zum Teil nicht mit den Atlaskarten übereinstimmt. Solche Beobachtungen sind es, die einen zu der Überzeugung bringen, dass sich die Dialekte verändert haben. Oder man hört veraltete Wörter oder eine ungewohnte Aussprache bei älteren Personen, während man selbst eine allgemeiner verbreitete Lautung oder ein allgemein bekanntes Wort zu verwenden glaubt. Oder man wundert sich über den Sprachgebrauch Jüngerer, die Wörter gebrauchen, die man bis anhin vielleicht für Hochdeutsch oder Zürichdeutsch gehalten hat. Allerdings gibt es bislang keine umfassende neuere Untersuchung zu den Deutschschweizer Dialekten, die diesen Wandel auch wissenschaftlich belegen würde. Verschiedene Studien zu den Sprachverhältnissen an einzelnen Orten oder zu bestimmten lautlichen Erscheinungen, wie etwa zu der so genannten *l*-Vokalisierung (z. B. in *folgen,* vgl. Karte 102), haben aber – meist im Vergleich mit den Daten des SDS – punktuell zeigen können, wie sich die Dialekte in den letzten Jahrzehnten verändert haben. In den neunziger Jahren hat eine Untersuchung der Sprache der jüngeren Generation ergeben, dass diese gegenüber den im SDS dokumentierten Lauten und Formen Veränderungen in Richtung auf grossräumiger geltende Dialekte aufweist. Eine Entwicklung hin zu einem Einheitsschweizerdeutschen konnte damals aber nicht festgestellt werden.

Um die heute gesprochenen Dialekte zu dokumentieren, wäre eine umfassende Erhebung des aktuellen Sprachgebrauchs vonnöten. Wenn man allerdings bedenkt, dass die Daten des SDS in mehr als zwanzigjähriger Feldforschung gesammelt wurden und wie viel Zeit danach noch die Auswertung erfordert hat, wird schnell klar, wie aufwändig eine erneute Datenerhebung wäre. Solche Grossprojekte sind heutzutage kaum mehr durchführbar und vor allem nicht mehr finanzierbar. Dazu kommt, dass die zunehmende Mobilität der Bevölkerung sich als methodische Herausforderung erweisen würde. Die Befragung alteingesessener alter Bauern und Handwerker würde nur schon deshalb verunmöglicht, weil es Menschen mit diesem Sozialprofil kaum mehr gibt. Welchen Gewährsleuten hätte man sich denn zuzuwenden, um jenen Dialekt zu erfassen, der als Ortsmundart gelten könnte und sich von demjenigen zugezogener oder einpendelnder Personen abheben lässt? Auch heutzutage würde eine Dialekterhebung wohl vornehmlich auf die am Ort geborenen und aufgewachsenen Personen zurückgreifen und allenfalls zusätzlich die Sprache nicht-ortsfester Gewährspersonen erheben. Eine flächendeckende Erfassung der schweizerdeutschen Ortsdialekte, die gar verschiedene demographische Kriterien wie Geschlecht, Alter, Beruf, Mobilität etc. mitberücksichtigte, wäre allein schon in finanzieller Hinsicht kaum umzusetzen.

Da aber heute angesichts der bestehenden digitalen Medien die Erhebung von grossen Datenmengen kein Problem mehr darstellt und das Internet eine schnelle Kontaktaufnahme ermöglicht, scheint die Nutzung der modernen Medien für die Dialektforschung eine grosse Chance zu bieten. Um diese Möglichkeiten zu testen, wurde im Frühjahr 2008 in Zusammenarbeit zwischen dem Deutschen Seminar der Universität Zürich und dem Schweizerdeutschen Wörterbuch eine Online-Umfrage lanciert, die darauf abzielte, Veränderungen im Gebrauch bestimmter Wörter zu erfassen.

Die Online-Dialekterhebung war folgendermassen konzipiert: Es wurden achtzehn Begriffe ausgewählt, die im SDS belegt sind und damit einen Vergleich zwischen den früheren und den heutigen Verhältnissen ermöglichen. In der Online-Erhebung wurden die Begriffe durch Umschreibung erfragt oder durch ein Bild dargestellt, dem eine Liste dialektaler Wortvarianten aus dem SDS beigefügt war. Die Personen, die sich an der Umfrage beteiligten, sollten die Wortformen ankreuzen, die ihrem Sprachgebrauch entsprechen. Es bestand aber auch die Möglichkeit, eigene, nicht vorgegebene Bezeichnungen einzutragen. Alle Teilnehmerinnen und Teilnehmer wurden gebeten, einige persönliche Daten, wie etwa Geburtsjahr, Herkunft der Eltern, eventuelle Ortswechsel etc., anzugeben. Das sollte gewährleisten, dass die Daten im Hinblick auf die Ortsfestigkeit der Sprecherinnen und Sprecher

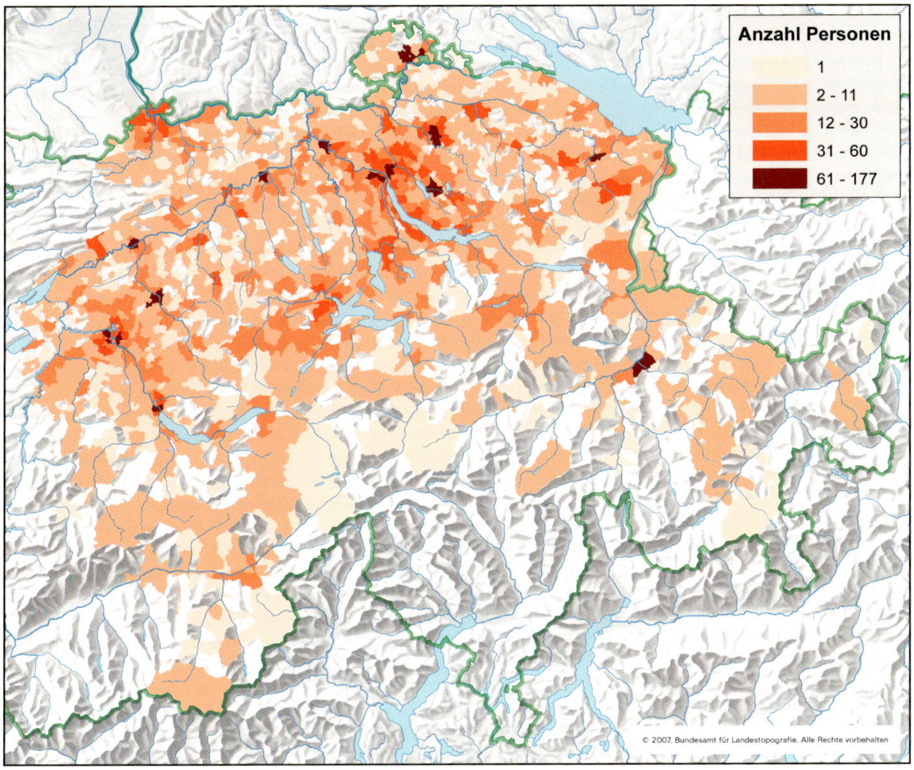

Anzahl Personen je Postleitzahlgebiet

ausgewertet werden konnten. Ein Nachteil solcher Umfragen ist, dass man als Forscher keinen Einfluss auf die Qualität der Antworten hat. Falsche Angaben können sowohl bei den persönlichen Daten als auch bei den Dialektantworten vorliegen. Allerdings dürfte die grosse Zahl an Teilnehmenden, die mit dieser Methode erreicht werden können, die zweifellos vorkommenden falschen Antworten ausgleichen.

An der Online-Umfrage von 2008 nahmen über 13 500 Personen teil. Wie auf der Überblickskarte (Anzahl Personen je Postleitzahlgebiet) zu sehen ist, sind diese Personen aber nicht, wie in der SDS-Erhebung, gleichmässig über das Gebiet der Deutschschweiz verteilt. Insgesamt liegen Antworten aus 1573 Postleitzahlgebieten vor. Besonders viele Teilnehmerinnen und Teilnehmer kamen aus den Ballungsräumen, umgekehrt nahm in vielen Gemeinden (334 Postleitzahlgebieten) nur eine Person an der Umfrage teil. Es gab auch vereinzelte Meldungen aus den traditionell romanischsprachigen Gebieten Graubündens. Diese Antworten, obwohl durchaus von Interesse, werden auf den folgenden Karten nicht berücksichtigt.

Insgesamt ist beinahe das gesamte Gebiet der Deutschschweiz in der Online-Umfrage erfasst worden. Grundsätzlich haben sich wie zu erwarten mehr jüngere als ältere Teilnehmer beteiligt. Etwa 60 % waren zum Zeitpunkt der Umfrage 30 Jahre alt oder jünger. Für die folgenden Karten sind nur relativ ortsfeste Teilnehmerinnen und Teilnehmer, d. h. solche, bei denen mindestens ein Elternteil vom selben Ort ist, berücksichtigt. Das entspricht einer Zahl von gut 9000 Personen. Würde man Karten erstellen mit allen Personen, die sich beteiligt haben, so sähen die Kartenbilder allerdings nicht viel anders aus. Das ist eine Konsequenz der bei der grossen Menge von Daten üblicherweise angewandten Kartierungsverfahren, die kleine Unterschiede zum Verschwinden bringen.

Im Folgenden finden sich zwei verschiedene Kartenvarianten: Die Dominanzkarten basieren auf der Ermittlung der pro Postleitzahlgebiet vorherrschenden Bezeichnung. Die flächige Einfärbung wird durch eine Hochrechnung der Vorkommenswahrscheinlichkeit für eine Wortvariante erreicht. Einfarbige Flächen bedeuten hier also nicht, dass nicht auch noch andere Wortformen in der Region vorkommen, sondern nur, dass überall die mit der jeweiligen Farbe symbolisierte Variante dominiert. Schraffierte Flächen bedeuten auf diesen Karten, dass in einem Gebiet, von Ort zu Ort unterschiedlich, verschiedene dominante Varianten vorkommen. Die Verbreitungskarten zeigen dagegen auf, welche tatsächliche Verbreitung eine einzelne Bezeichnung hat, wo sie also bei der Online-Umfrage überall angekreuzt wurde. Unterschiedlich dicke Striche deuten auf diesen Karten an, dass die jeweilige Wortvariante in den betroffenen Regionen unterschiedlich häufig genannt wurde.

Auch wenn diese Online-Karten keine genauen Aussagen über die Geltung einer bestimmten Variante an einem bestimmten Ort erlauben, so können diese Karten doch aufgrund der grossen Materialmenge einen Eindruck von der heutigen Verteilung der überwiegend gültigen Wortvarianten geben. Im Folgenden werden die Ergebnisse der Umfrage anhand einiger ausgewählter Beispiele, nämlich den Bezeichnungen für Butter, Kuss, zu wenig gesalzen und Rösti, vorgestellt. Die Resultate werden jeweils mit der entsprechenden älteren SDS-Karte, die sich vorne im Atlas findet, verglichen.

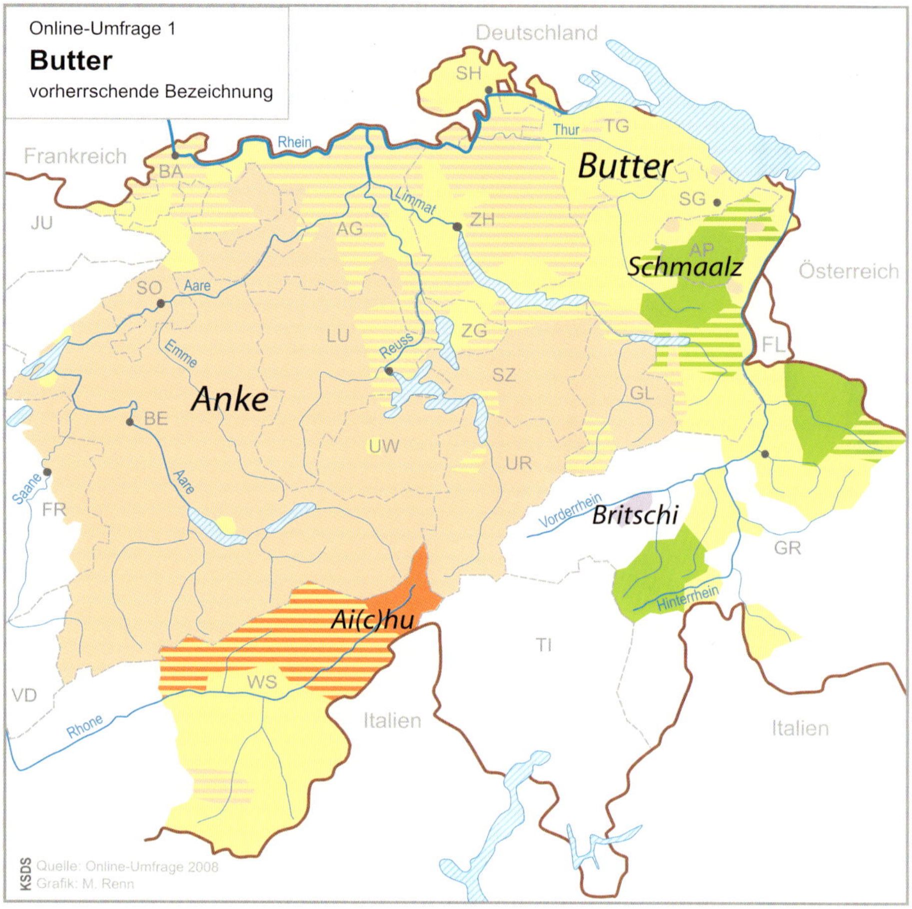

Butter

Die auf den Antworten aus der aktuellen Online-Umfrage basierende Karte 1 zeigt gegenüber der Karte 28 insbesondere die deutliche Zunahme der Wortvariante *Butter*, die nun v. a. in Teilen des Wallis und in der nördlichen und östlichen Deutschschweiz genannt wurde. Teilweise war *Butter* dort schon zu SDS-Zeiten als Variante genannt worden, teilweise hat sich das Wort aber nun auch in Gegenden verbreitet, in denen es auf Karte 28 überhaupt noch nicht erscheint, wie etwa in Basel. Dagegen dominiert ansonsten in der Westhälfte weiterhin die Wortform *Anke* in der jeweiligen Lautung. Eine Vorkommenskarte für die Wortform *Butter* würde zeigen, dass diese vornehmlich in den Kantonen Bern und Freiburg noch kaum Fuss gefasst hat. Während im nördlichen Wallis die ältere Lautform *Ai(c)hu* noch an vielen Orten vorherrschend genannt wurde, ist die Aussprachevariante *Aache* im Berner Oberland nirgends mehr dominant und nur noch vereinzelt genannt worden. Im Sensegebiet wurde das ältere *Ou(c)he* in der Online-Umfrage gar nicht mehr genannt. Interessant ist, dass einige östliche Gebiete weiterhin als dominierende Variante *Schmalz* aufweisen, wobei sich das Gesamtgeltungsgebiet aber stark verkleinert hat. Während die isolierten Nennungen von *Schmutz* auf Karte 28 bei der Online-Umfrage nicht mehr aufgetreten sind, wurde die lokaltypische Form *Britschi* noch als gültige Form für Obersaxen genannt. Dass sich die Bezeichnung *Butter* in den vergangenen Jahrzehnten derart stark verbreiten konnte, dürfte damit zusammenhängen, dass dieses Grundnahrungsmittel heutzutage abgepackt im Geschäft mit einer entsprechenden Aufschrift gekauft wird und man so alltäglich diesem Wort begegnet. Umso erstaunlicher ist es, dass die westlichen Gebiete weiterhin so stark an dem *Anke* hängen. Immerhin ist auch dort, wo sich *Butter* durchgesetzt hat, in der Verwendung des Artikels *der* statt dem hochdeutschen *die* noch ein Rest *Anke* im Butter erhalten geblieben.

Zu wenig gesalzen

Im Vergleich mit Karte 33, die einen bunten Flickenteppich deutlich unterschiedlicher Bezeichnungen aufweist, ergibt die Online-Umfrage als weiträumig dominierende Bezeichnung das Wort *faad*, das durch die Schriftsprache gestützt ist (s. Karte Online-Umfrage 2). Zu Zeiten der SDS-Erhebung war dieses Wort noch eine auf die westliche Deutschschweiz beschränkte Variante, wobei auffällt, dass es bereits damals eine eher überregionale und nicht eng begrenzte Verbreitung aufwies. Bei aller heutigen Dominanz von *faad* ist es umso erstaunlicher, dass die Online-Umfrage für bestimmte Regionen genau jene Wörter als vorherrschend ausweist, die schon der SDS dokumentiert. Das gilt – übereinstimmend mit Karte 33 – insbesondere für das Walliser Wort *fatt,* aber auch für *lees* und *liis*, die vornehmlich noch in einigen Ostschweizer Regionen dominieren. Andere Bezeichnungen, wie z.B. *ööd*, *blööd*, *tuchtloos* und *lääi*, die die Online-Karte in begrenzten Räumen als vorherrschend ausweist, finden sich nicht dort, wo man sie nach der Karte 33 vermuten würde. Das Gebiet von *lugg* scheint sich – auf der Dominanzkarte – etwas verlagert zu haben. Wirft man nun einen Blick auf die Verbreitungskarte (s. Online-Umfrage 3), sieht man, dass *lugg* durchaus noch immer in der Innerschweiz gebräuchlich ist und auch an vielen anderen Orten genannt wurde. Auch bei *lees* erkennt man sehr deutlich die Nordostschweizer Basis. Die Karte Online-Umfrage 4 zeigt ein gegenüber der Dominanzkarte viel weiträumigeres Vorkommen von *lääi*, wiederum grundsätzlich entsprechend den SDS-Werten auf Karte 33 in der westlichen Deutschschweiz. Die Bezeichnung *blööd* zeigt sich ebenfalls ganz den Erwartungen entsprechend besonders stark im Zürcher Grossraum und von Schaffhausen bis Glarus. Dass das Wort auf der Dominanzkarte ausgerechnet im Emmental erscheint und nicht in Zürich, hängt damit zusammen, dass im Zürcher Raum *faad* den Ausdruck *blööd* noch übertrifft. In all diesen Fällen zeigen die Verbreitungskarten die unter der vereinheitlichten Oberfläche von *faad* auch heute noch geltende Regionalspezifik vieler Bezeichnungen.

Selbst Bezeichnungen wie *mätt*, *lööter*, *söüft* (Karte 33), die auf der Dominanzkarte gar nicht erst erscheinen, wurden regional begrenzt in geringer Prozentzahl auch in der Online-Umfrage genannt. Auch wenn sie also aufgrund ihres geringen Vorkommens nicht kartiert wurden, sind sie doch (noch) nicht verschwunden und zumindest als sprachliches Wissen abrufbar.

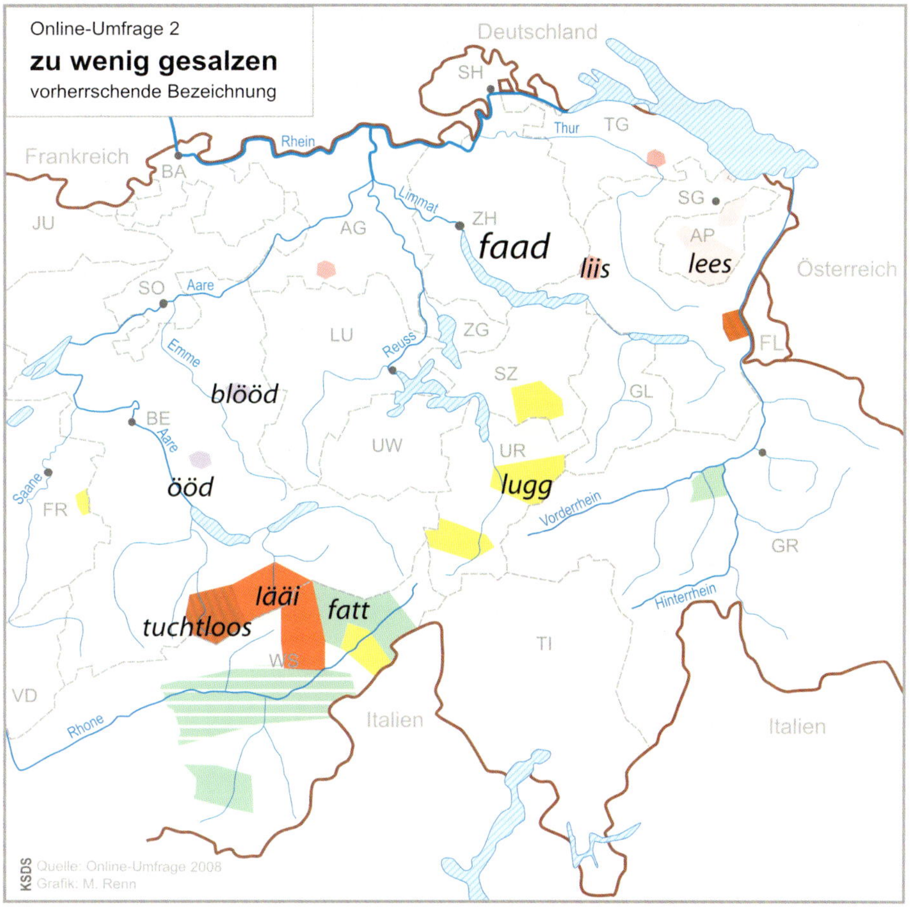

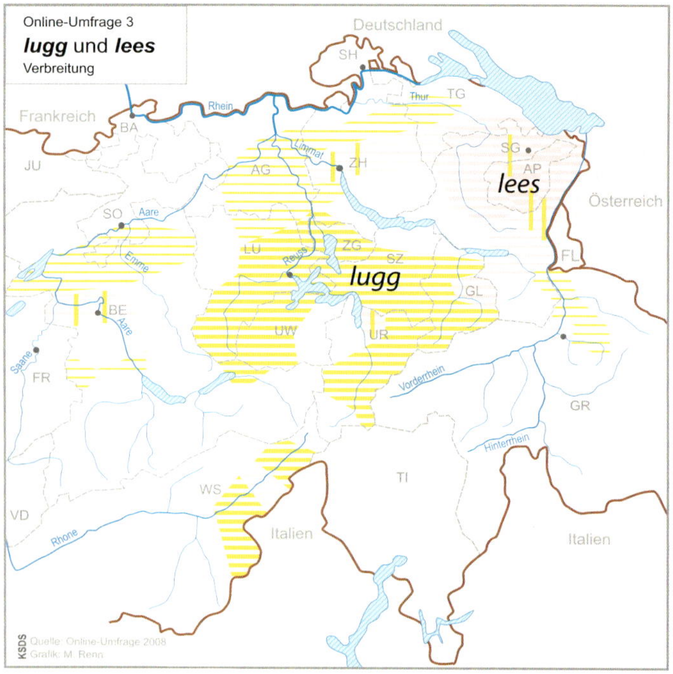

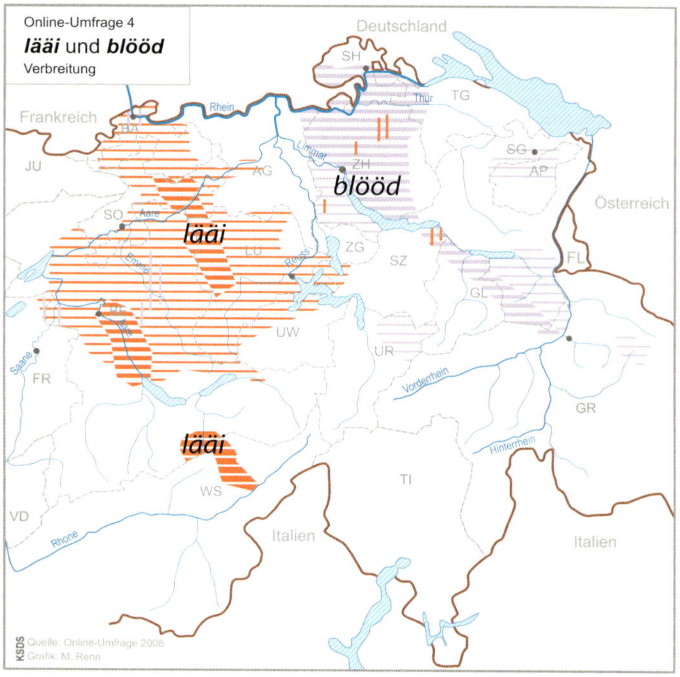

Kuss

Das auf der Basis der Online-Umfrage erstellte Verbreitungsbild der vorherrschenden Bezeichnungen für Kuss (s. Karte Online-Umfrage 5) ähnelt vorerst noch stark dem Raumbild von Karte 8. Im Wesentlichen ist die Dreiteilung in ein nordöstliches *Kuss-/Chuss*-Gebiet, eine westliche Gruppe mit Ableitungen zu *Mund* (*Müntschi*, *Muntsi* etc.) und eine mittlere Zone mit der Bezeichnung *Schmutz* immer noch gültig. Die genauere Betrachtung zeigt aber, dass sich das Geltungsgebiet von *Schmutz* (mitsamt *Schmützli*) zugunsten von *Kuss/Chuss* (oder *Küssli, Chüssli)* reduziert hat und dass dieser Worttyp nun bis in den Berner Raum hinein als vorherrschende Variante vorkommt. Auch im Wallis hat *Kuss* an Geltung gewonnen. Die Verbreitungskarten (Online-Umfrage 6 und 7) zeigen den weiträumigen Gebrauch dieses Worttyps noch deutlicher. Hinter der Variante *Kuss* kann sich der kehlige Schweizer *kch*-Laut oder der einfache behauchte Verschlusslaut verbergen. Beide Aussprachen hat der SDS seinerzeit verzeichnet. *Chuss* dürfte sicher die Aussprache mit Reibelaut widerspiegeln, die schon traditionell im Osten, insbesondere in den südlichen Berggebieten, nachweisbar ist. Die Form *Kuss* taucht dagegen insbesondere da auf, wo das Wort als neuer Worttyp zu gelten hat, dann wohl meist mit *kch*-Aussprache. Klar ist, dass der vom Hochdeutschen gestützte Worttyp sich massiv ausgebreitet hat und beispielsweise das appenzellische *Trüütli* aus der SDS-Umfrage verdrängt zu haben scheint. Natürlich ist bei der Beurteilung dieses Faktums wieder die geringere Beteiligung der älteren Generation bei der Online-Umfrage mit zu berücksichtigen. Dagegen scheint der Ausdruck *Schmatz* nicht nur im Raum Zürich seine Vorherrschaft ausgedehnt zu haben (s. Karte Online-Umfrage 8). Die Verbreitungskarte zeigt einen grossräumigen mittelländischen Gebrauch. Man kann spekulieren, ob sich hier eine jugendsprachliche Mode zeigt. Bei den *Mund*-Varianten lässt sich eine interessante Entwicklung feststellen, indem neben den auf *-i* endenden umlautlosen Formen *Muntsi, Muntschi* – v. a. von Jüngeren – neue Formen ohne *-i* genannt wurden (*Munts* und *Muntsch*), die allerdings für eine Kartierung zu wenig zahlreich sind. Es ist also nicht nur so, dass Worttypen verschwinden, es entstehen auch wiederum neue. Gerade bei diesem Begriff tauchten bei der Online-Umfrage auch vereinzelte andere Modewörter (*Bussi, Kiss*) und vermutliche Spontanbildungen (*Mütsi*, *Schmatzer*) auf.

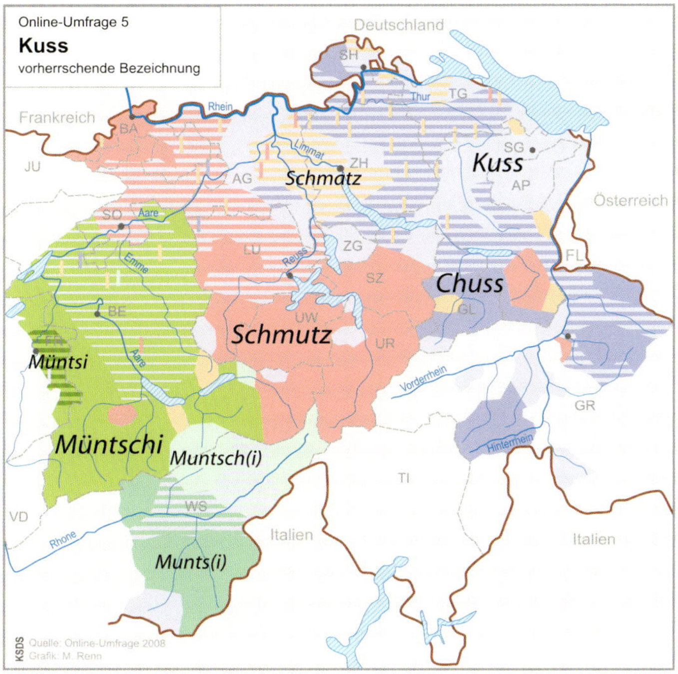
Online-Umfrage 5
Kuss
vorherrschende Bezeichnung
Deutschland
Frankreich
Österreich
Italien
Rhein
Thur
Limmat
Aare
Reuss
Emme
Vorderrhein
Hinterrhein
Rhone
SH
TG
BA
JU
AG
ZH
SG
AP
SO
LU
ZG
SZ
FL
GL
BE
UW
UR
GR
WS
TI
VD
Kuss
Schmatz
Chuss
Schmutz
Müntsi
Müntschi
Muntsch(i)
Munts(i)
KSDS
Quelle: Online-Umfrage 2008
Grafik: M. Renn

Online-Umfrage 6
Kuss
Verbreitung
Deutschland
Frankreich
Österreich
Italien
Kuss
KSDS
Quelle: Online-Umfrage 2008
Grafik: M. Renn

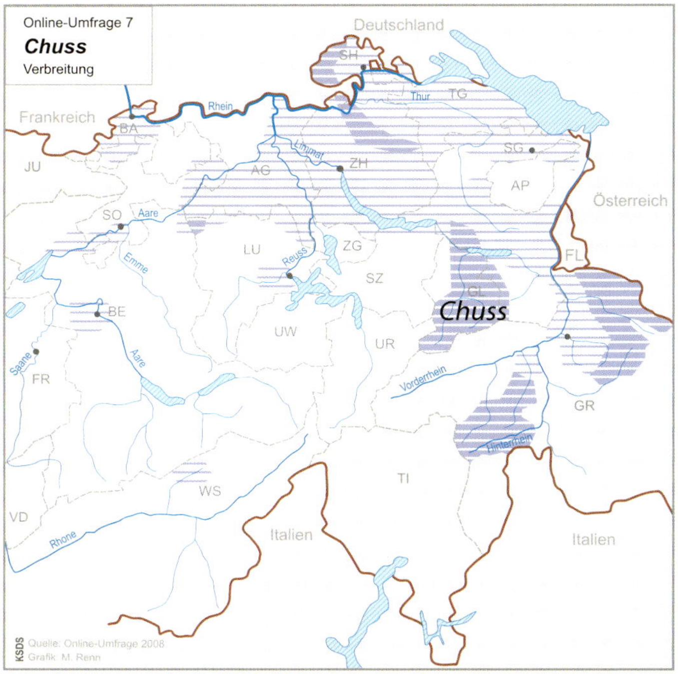
Online-Umfrage 7
Chuss
Verbreitung
Deutschland
Frankreich
Österreich
Italien
Chuss
KSDS
Quelle: Online-Umfrage 2008
Grafik: M. Renn

Online-Umfrage 8
Schmatz
Verbreitung
Deutschland
Frankreich
Österreich
Italien
Schmatz
KSDS
Quelle: Online-Umfrage 2008
Grafik: M. Renn

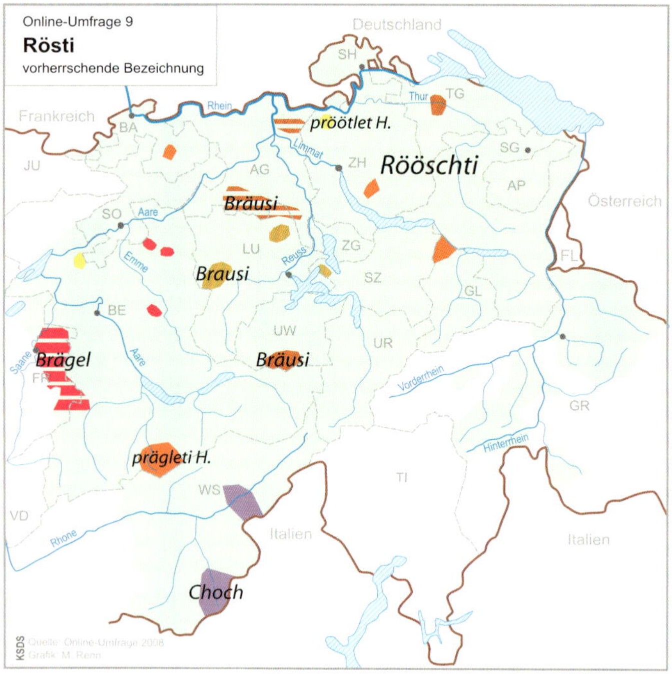

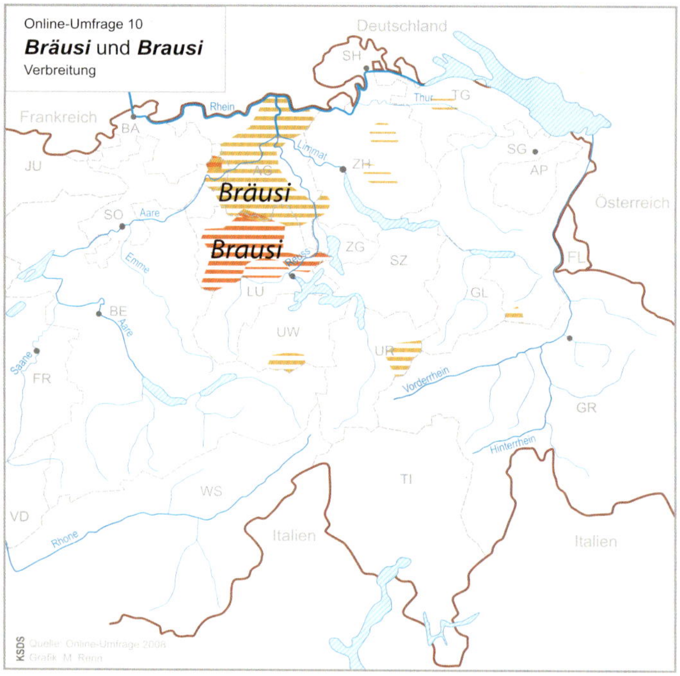

Rösti

Die Karte Online-Umfrage 9 zu den vorherrschenden Bezeichnungen für das heute bekannteste Schweizer Gericht zeigt ähnliche Verhältnisse wie beim Begriff ‚zu wenig gesalzen'. Gegenüber Karte 31, die noch eine Vielzahl von Bezeichnungen nachweist, auf der aber auch schon das Vordringen des neueren Worttyps *Rööschti* vermerkt wird, ist nun die allgemeine Vorherrschaft von *Rööschti* festzustellen. Einige regionalspezifische Ausdrücke können allerdings kleinräumig noch ihre Dominanz bewahren, wie der Freiburger *Brägu/Brägel*. Im Wallis dominiert vereinzelt noch *Choch*, und auch die Zürcher *pröötlet Härdöpfel* treten weiterhin in Erscheinung. An mehreren Orten dominiert der zu SDS-Zeiten vom nördlichen Aargau bis Luzern gebräuchliche Typ *Brausi/Bräusi*. Auch hier zeigt die Verbreitungskarte (s. Online-Umfrage 10) den gesamten früheren Geltungsbereich noch deutlich. Die regionale Variante ist nicht verschwunden, sie ist nur von der dominanten *Rööschti* überlagert. Das gilt insbesondere auch für die auf Karte 31 noch vielfach nachgewiesenen zusammengesetzten Ausdrücke, wie *praatni, prääglet*i oder *gchocheti (H)ärdöpfel* u.Ä., die zwar auch nach der Online-Umfrage weiterhin als Bezeichnungen möglich sind, aber kaum mehr irgendwo regional vorherrschen. Die auch schriftlich von Speisekarten und Lebensmittelgrossverteilern geläufige Form *Rösti* hat als einfache und spezifische Bezeichnung die Oberhand gewonnen.

Fazit

Die Mundarten sind alles in allem immer noch sehr reichhaltig in ihrem Wortschatz. Das kommt in mehreren Karten zum Ausdruck, wo sich tradierte mundartliche Wörter weiterhin als vorherrschende Varianten behaupten und sich nach wie vor kleinere oder grössere Wortlandschaften klar gegeneinander abgrenzen, wie z.B. *Müntschi* etc. oder *Schmutz* auf der Karte Online-Umfrage 5. Die Lebendigkeit der einzelnen Varianten zeigt sich auf den Verbreitungskarten noch deutlicher. So sieht man beispielsweise auf der Karte Online-Umfrage 3, dass die Varianten *lees* und *lugg* viel weiter herum genannt werden, als dies auf der Dominanzkarte aufscheint. Auch andere Bezeichnungen, die auf den SDS-Karten noch vorzufinden sind, wurden bei der Online-Umfrage genannt. Sie sind hier aufgrund ihres geringen Vorkommens nicht eigens auf Karten wiedergegeben. Nur wenige Bezeichnungen wurden effektiv von niemandem mehr angegeben. Das trifft etwa für *Trüütli*

'Küsschen' zu, das in Appenzell Innerrhoden ausgestorben zu sein scheint. Allerdings ist hier zu bedenken, dass die Online-Umfrage bestimmte Bevölkerungsschichten wohl nicht erreicht hat. Wenn sich allerdings anderenorts kleinräumig geltende Wörter auch heute noch nachweisen lassen, wie etwa *Britschi* auf der Karte Online-Umfrage 1, sagt es aber wohl doch etwas aus, wenn ein Wort in der Online-Umfrage gar nicht mehr angegeben wurde. Ohnehin zeigt sich bei einer Umfrage, in der Wörter zur Beurteilung vorgeschlagen werden, nicht, ob die angegebenen Varianten häufig oder selten gebraucht werden. Es ist damit zu rechnen, dass auch Erinnerungsformen angekreuzt wurden, die nicht mehr aktiv verwendet werden, aber noch als ortstypisch im Gedächtnis sind. Für eine Unterscheidung zwischen abrufbarem sprachlichem Wissen und dem tatsächlichen Gebrauch eines Wortes sind die Ergebnisse der Online-Umfrage nicht ausreichend. Es zeigt sich also, dass auch solche Umfragen, an denen eine grosse Menge von Leuten beteiligt ist, sorgfältig hinsichtlich ihrer Aussagekraft interpretiert werden müssen.

Neben der Lebendigkeit der Mundart dokumentiert die Online-Umfrage aber auch gewisse Veränderungen: Im Vergleich zum SDS lässt sich mehrfach beobachten, dass sich ein Mundartausdruck zu einer gesamtschweizerdeutschen Variante entwickelt, ohne dabei die (klein)-regionalen Ausdrücke zu verdrängen, so z. B. *faad*, *Kuss* und *Rööschti* auf den obigen Karten. Hätten wir Begriffe aus dem traditionellen bäuerlichen Bereich abgefragt, wäre der Wortschwund sicher deutlicher ausgefallen. Das hat dann allerdings weniger mit einer Veränderung des Dialekts zu tun, als mit dem allgemeinen gesellschaftlichen und technischen Wandel. Die Bezeichnungen der Einzelteile landwirtschaftlicher Werkzeuge und Geräte gehen mit den Sachen selbst unter. Sammlungen solcher spezifischer Wörter stellen dann so etwas wie sprachliche Museen dar. Was Veränderungen innerhalb des Alltagswortschatzes angeht, so scheinen v. a. Varianten, die durch die Schriftsprache gestützt werden, geeignet, um sich als gesamtschweizerdeutsche Variante zu etablieren. EG

Anhang

Aare-Reuss-Linie	s. West-Ost(-Gegensatz)
Ablaut	Von ▶ Jacob Grimm eingeführte Bezeichnung für den geregelten Vokalwechsel in etymologisch verwandten Wörtern und Wortformen, wie z. B. in *ziehen*, *Zug*, *gezogen*. Der Ablaut ist aus dem Urindogermanischen ererbt und ist im Germanischen für die Bildung der Vergangenheitsformen der starken Verben mittels verschiedener Ablautstufen (z. B. *trinken*, *trank*, *getrunken*) charakteristisch. Auch in der Wortbildung kommen verschiedene Ablautstufen zum Einsatz, z. B. in *ziehen*, *Zug* oder *binden*, *Band*, *Bund*. Ablautvarianten liegen vor, wenn bei einer Wortbildung verschiedene Ablautstufen in gleicher Funktion belegt sind. Ehemalige Ablautvarianten können zu dialektalen Varianten werden, wie bei den gleichbedeutenden Formen *Rinde* und *Runde*.
Abrogans	Ein lateinisch-althochdeutsches Wörterbuch, dessen in der Stiftsbibliothek St. Gallen aufbewahrte Abschrift als das älteste erhaltene Buch in deutscher Sprache gilt (s. Kästchen Seite 16).
Affrikate	Konsonant, der aus einem ▶ Verschlusslaut (Plosiv) und einem ▶ Reibelaut (Frikativ) besteht. Affrikaten sind *ts*, *tsch*, *pf*, *kch*.
Agglutination	Anfügung ursprünglich selbständiger Elemente am Wortanfang. In den Mundarten findet oft Agglutination des Artikels an das Substantiv statt, z. B. *Drätti* 'Vater' aus *dr Ätti*. Als Terminus der Sprachtypologie bezeichnet A. das in Sprachen wie dem Türkischen übliche Verfahren, grammatische Formen eine nach der anderen an ein Wort anzuhängen: *ev-ler-in-den* Haus-Plural-dein-aus 'aus deinen Häusern'.
Althochdeutsche Lautverschiebung	Lautliche Veränderung, bei welcher die alten germanischen Verschlusslaute *p*, *t*, *k* je nach Position im Wort unterschiedlich verändert wurden. Im Wortinnern wurden *p*, *t*, *k* nach einem Vokal zu den Reibelauten *f*, *s*, *ch* verschoben, so dass es heute *offen* (engl. *open*), *Wasser* (engl. *water*) und *machen* (engl. *make*) heisst. Im Wortanlaut dagegen wurden die Konsonanten *p* und *t* zu so genannten Affrikaten *pf* und *ts* (geschrieben *z*) verschoben, bei denen dem Verschlusslaut unmittelbar ein Reibelaut folgt: *Pfeffer* (engl. *pepper*), *zehn* (engl. *ten*). Dieser Lautwandel fand zwischen dem 5. und 8. Jh. n. Chr. statt und trat in der südlichen Hälfte des heute deutschsprachigen Raumes ein. In den übrigen germanischen Sprachen, also etwa im Englischen, im Niederländischen, in den skandinavischen Sprachen, aber auch in den niederdeutschen Dialekten wurden die Konsonanten im alten Zustand bewahrt. Die entsprechende Verschiebung von *k* zur Affrikate *kch* wurde nur im äussersten Süden, im so genannten Hochalemannischen, durchgeführt (s. Karte 96 *Kind*).
Apokope	Vokalschwund im Auslaut. Viele im heutigen Hochdeutsch vorkommende Endungs-*e* werden im Schweizerdeutschen nicht (mehr) gesprochen, sie sind weggefallen, wurden ‚apokopiert'. Diese Apokope wurde letztlich ausgelöst durch die Festlegung der Betonung auf die jeweils erste Silbe in germanischer Zeit, was in mehr als zweitausendjähriger Entwicklung zur Abschleifung und zum Verschwinden der gesamten in damaliger Zeit noch reichlich vorhandenen Endsilben führte. So hiess der Bäcker ahd. *becko*, mhd. *becke*, heute schweizerdt. *Beck*.

Assimilation	Lautliche Veränderung, bei der sich Laute angleichen, z. B. mhd. *zimber* wird zu nhd. *Zimmer*; *fünf* wird ausgesprochen als *fümf*. Auch bei folgenden lautlichen Veränderungen handelt es sich um assimilatorische Prozesse: ▶ Primärumlaut, ▶ Sekundärumlaut und ▶ Rundung.
Diglossie	Bezeichnung für eine besondere Form von Zweisprachigkeit einer Gesellschaft, in der zwei verwandte Sprachformen nebeneinander existieren und sich auf verschiedene kommunikative Bereiche verteilen, wie dies in der Deutschschweiz der Fall ist: Schweizerdeutsch wird gesprochen, Hochdeutsch wird geschrieben.
Diphthong	Zwievokal, z. B. *ei, au, oi.* Es handelt sich dabei um Vokale, bei denen sich während der Lautbildung die Artikulationsorgane merklich bewegen, so dass sich zwei Phasen unterscheiden lassen. Von Diphthong wird nur gesprochen, wenn beide unmittelbar aufeinander folgenden Bestandteile derselben Silbe angehören *(Haus, Geiss).* Folgen zwei Vokale unmittelbar aufeinander, gehören aber unterschiedlichen Silben an, so handelt es sich um einen so genannten ▶ Hiat(us) *(Cha-os)*.
Diphthongierung	Lautliche Veränderung, bei der aus einem einfachen Vokal ein Zwievokal entsteht (z. B. *Schlette* 'Schlitten' wird zu *Schleatte*). Im 12. Jh. gibt es erste Anzeichen für die *Frühneuhochdeutsche Diphthongierung* im Südosten des deutschen Sprachgebiets, bei der sich die Langvokale *î, iu (als üü* gesprochen), *û* zu den Diphthongen *ei, eu, au* verändern: *mîn niuwes hûs* wird zu *mein neues Haus*. Das Alemannische, zu dem die schweizerdeutschen Mundarten zählen, wie auch das Niederdeutsche machen diesen Lautwandel nicht mit (s. aber ▶ Hiatusdiphthongierung). Da diese Diphthongierung Kennzeichen der neuhochdeutschen Schriftsprache ist, wird sie auch *Neuhochdeutsche Diphthongierung* genannt.
Dissimilation	Lautliche Veränderung, bei der zwei gleiche Laute differenziert werden: mhd. *samenen* wird zu nhd. *sammeln*, franz. *armoire* wird zu schweizerdt. *Almääri* 'Küchenschrank'.
Entrundung	Lautliche Veränderung, bei welcher die Lippenrundung eines gerundeten Vorderzungenvokals wegfällt; *ö* wird zu *e* (zürichdt. *schöön* vs. baseldt. *scheen*), *ü* wird zu *i* (zürichdt. *Lüüt* vs. baseldt. *Liit* 'Leute', s. Karte 88 *Mäuse*), *üe* wird zu *ie* (zürichdt. *grüen* vs. baseldt. *grien*).
Etymologie	Lehre von der Herkunft und Geschichte der Wörter und ihrer Bedeutungen. In der etymologischen Forschung werden Wörter und Endungen verschiedener verwandter Sprachen (oder auch einer Einzelsprache) unter Anwendung der Prinzipien der Rekonstruktion, wie sie von der historisch-vergleichenden Sprachwissenschaft im 19. Jh. aufgestellt wurden, auf eine Ausgangsform und Grundbedeutung zurückgeführt, z. B. *drei*, franz. *trois*, russ. *tri* und altind. *tráyas* auf idg. **trejes* 'drei'. Umgekehrt kann die etymologische Forschung sprachliche Verwandtschaft beweisen, wie man das beispielsweise für das Deutsche, das Französische, das Russische und das Persische, die alle dem Urindogermanischen entstammen, getan hat.

Fortiskonsonant	Konsonant, der mit starker artikulatorischer Energie gebildet wird, im Gegensatz zum Leniskonsonant. Zwischen Fortis- und Leniskonsonant wird vor allem bei den ▶ Verschlusslauten unterschieden: harte Fortes *p, t, k* vs. schwache Lenes *b, d, g*.
Gattungswort	auch Appellativum. Das Gattungswort bezeichnet eine Menge gleichartiger Gegenstände/Sachverhalte resp. ihre einzelnen Vertreter, z. B. *Stadt, Auto, Mensch, Tier*. Im Gegensatz dazu bezeichnet der Eigenname etwas Individuelles und dient so zur unmittelbaren Identifikation bestimmter einzelner Objekte, z. B. *Luzern, Hogerrüti, Nina, Stalder*. Aus dem Bedürfnis, Individuelles aus verschiedenen Erfahrungsbereichen herauszuheben und identifizierbar zu machen, erwachsen Ortsnamen, Flurnamen, Vornamen, Familiennamen, aber auch Namen für Sterne *(Venus),* für Kunstwerke *(Mona Lisa)* usw.
Geminate	Verdoppelter Konsonant, Langkonsonant. Aufgrund eines Lautwandels in alter Zeit finden sich systematische Verdoppelungen in den westgermanischen Sprachen, zu denen Deutsch, Englisch, Niederländisch und Friesisch zählen. Bei dieser *Westgermanischen Konsonantengemination* wurden Konsonanten verdoppelt, wenn sie vor *j* standen, seltener vor *w*, *l*, *r*, z. B. germ. **bidjan* wird zu ahd. *bitten*, germ. **bitra* wird zu ahd. *bittar* (s. Karte 104 *Tanne(n)*). Eine weitere Ursache für eine Geminate kann auch die Angleichung (▶ Assimilation) eines Lautes an einen anderen sein (ahd. *stimna* wird zu *Stimme*).
Hauchlaut	Bezeichnung für den stimmlosen, glottalen (an der Stimmritze gebildeten) Reibelaut *h*, der in Wörtern wie *hallo*, *Ahorn* vorkommt.
Hebung	Lautliche Veränderung, bei welcher der Artikulationsort eines Vokals mit geringer Zungenhebung an einen höher liegenden Artikulationsort im Mundraum verschoben wird, z. B. Hebung von *e* zu *i* (*Schnee* zu *Schnii*), von *o* zu *u* (*Torta* zu *Turta*). Auch beim ▶ Primärumlaut findet eine Hebung statt (s. Kästchen Seite 218).
Hiat(us)	Folgen zwei Vokale unmittelbar aufeinander, gehören aber verschiedenen Silben an, so handelt es sich um einen so genannten Hiat: *Cha-os*. Dies im Unterschied zu einem Diphthong, wo die beiden Vokale derselben Silbe angehören: Baum. Um das Zusammenstossen von zwei Vokalen an einer Silbengrenze zu verhindern, werden teilweise Hiatustilger eingesetzt: z. B. *rue-j-e* 'ruhen' oder in Wortfolgen *wo-n-i* 'als ich'.
Hiatusdiphthongierung	Lautliche Veränderung, bei welcher die Langvokale *î*, *iu* (als *üü* gesprochen), *û* zu *ei*, *eu*, *au* wurden, sofern sie in Hiatus-Stellung vor einem weiteren Vokal standen, wie etwa in der mittelhochdeutschen Form *snî-en* 'schneien'. Die nördlichen Mundarten der Deutschschweiz haben an dieser Lautveränderung teilgenommen, deshalb heisst es im Norden der Schweiz *schnei-e*, *nöi-s*, *bau-e*, im Süden *schnii-e*, *nüü-s*, *buu-e*.
Hirschensprung	Durch einen bis knapp an den Rhein reichenden Bergvorsprung gebildete Klus im St. Galler Rheintal zwischen Rüthi und Oberriet. Die dialektologische Forschung ist immer wieder auf eine Grenze im Umkreis des Hirschensprungs gestossen, wie etwa zwischen *Grabe* und *Graabe* 'Graben' (s. Kästchen Seite 261).

Intensivbildung	Wortbildungsverfahren, mit dem die Intensivierung des im Grundverb ausgedrückten Vorgangs bezeichnet wird, z. B. durch Konsonantenverstärkung, wie sie *schnupfen* 'intensiv schnaufen' vs. *schnaufen* oder *schwanken* 'fest wanken' vs. *wanken* zugrunde liegt. Zur Intensivierung können auch bestimmte Endungen angefügt werden, wie in schweizerdt. *schletze* 'heftig schlagen' aus mhd. *slegezen* vs. *schlagen*.
Intensivierung	s. Intensivbildung
Instrumentalbildung	Wortbildungsverfahren, bei dem durch Endungen wie *-er* und *-el* Instrumentbezeichnungen entstehen. So wird mit dem *Bohr-er* gebohrt, mit dem *Schlüss-el* etwas geschlossen.
intransitiv	Intransitive Verben binden im Gegensatz zu den transitiven Verben kein direktes Objekt. *Gehen* ist ein intransitives Verb, man kann nicht etwas oder jemanden gehen, im Gegensatz zu *trinken* (z. B. *einen Kaffee trinken*). Weitere intransitive Verben sind: *schlafen*, *sterben*.
iterativ	Durch eine Endung kann bei einem Grundverb eine zusätzliche Bedeutungskomponente der Wiederholung ausgedrückt werden, z. B. *stechen* vs. *sticheln* oder schweizerdt. *striiche* vs. *striichle*.
Jenisch	Das Wort *Jenisch* bezeichnet heute Fahrende, die nicht zu den Roma gehören, und Sesshafte, die sich von ihrer Herkunft her zur Gruppe zählen. Die Jenischen bilden kein besonderes Volk, sondern vertreten eine Kultur mit eigenen Wertvorstellungen und Sozialstrukturen. Teil dieser Kultur ist ein Sonderwortschatz (s. Kästchen Seite 45).
Keltoromanisch	auch Galloromanisch. Mischsprache aus Keltisch und Lateinisch zur Römerzeit. Man nimmt an, dass das Lateinische, das die Kelten sprachen, stark von der keltischen ► Substratsprache, die sie schliesslich aufgegeben haben, beeinflusst war.
Klitikon	Ein Klitikon (Plural Klitika) ist ein Wort, das sich an ein benachbartes (betontes) Wort anlehnt und seine Betonung und meistens auch an lautlicher Substanz verloren hat. Das ist vor allem bei Pronomen und Artikeln der Fall: *'s Fenster*, *kommste*, schweizerdt. *hani* 'habe ich', *heimer* 'haben wir'.
Labial	Konsonant, bei welchem die Hemmung des Luftstroms an den Lippen (lat. *labium*) erfolgt. Labiale sind *b, p, m, f, w*.
Lehnwort	Aus einer fremden Sprache (Gebersprache) in eine andere Sprache (Nehmersprache) entlehntes Wort, bei dem im Unterschied zum Fremdwort die Lautung, das Schriftbild und die Flexion der Nehmersprache angepasst ist, z. B. *Pfütze* von lat. *puteus*, *Schule* von lat. *schola*.
Leniskonsonant	Konsonant, der mit schwacher artikulatorischer Energie gebildet wird, im Gegensatz zum Fortiskonsonant. Zwischen Lenis- und Fortiskonsonant wird vor allem bei den ► Verschlusslauten unterschieden: schwache Lenes *b, d, g* vs. harte Fortes *p, t, k*.

Lenisierung	Lautliche Veränderung, bei der die artikulatorische Stärke des Konsonanten durch Reduktion des Atemdrucks abgeschwächt wird. Die harten, stimmlosen Laute *p, t, k* werden infolge der Lenisierung als schwache, stimmlose Laute *b, d, g* ausgesprochen. In der Schweiz ist dies vor allem im Nordwesten der Fall, wo eine Anlautlenisierung herrscht: baseldt. *Baar, Daig, Gnopf* vs. *Paar, Teig, Chnopf.*
Liquid	Konsonant, bei dessen Lautbildung die beteiligten Organe den Luftstrom teilweise behindern, aber nicht auf eine solche Art, dass dabei ein Geräusch der Reibung entsteht. Liquide sind *l, r.*
Metathese	Lautliche Veränderung, bei der Laute innerhalb von Wörtern vertauscht werden, z. B. *Glufe* vs. *Gulfe* 'Stecknadel' oder *stolpre* vs. *störple* 'stolpern'.
Monophthong	Einfacher Vokal: *a, e, i, o, u*. Vokal, bei dessen Lautbildung keine Änderung der artikulatorischen Qualität zu bemerken ist (im Gegensatz zu Diphthongen, wie *au, ou, ei*).
Monophthongierung	Lautliche Veränderung, bei der aus einem Zwievokal ein einfacher Langvokal entsteht (mhd. *suochen* wird zu nhd. *suchen*). Etwa im 12. Jh. beginnt im Gebiet des Mitteldeutschen eine Monophthongierung, bei der sich die Diphthonge *ie*, *uo*, *üe* zu den Langvokalen *î*, *û*, *ǖ verändern (Mitteldeutsche Monophthongierung)*: *liebe guote brüeder* wird zu *liebe gute Brüder*. Das Alemannische, zu dem die schweizerdeutschen Mundarten zählen, macht zusammen mit weiteren oberdeutschen Mundarten diesen für die Schriftsprache typischen Lautwandel nicht mit. Im Südwesten und Nordosten der Schweiz werden *ei*, *ou*, *öi* monophthongiert, es finden sich also Lautungen wie *Geess*, *Gaass* (s. Karte 89 *Geiss*), *Boom*, *Bòmm* (s. Karte 90 *Baum*) und *Rööm*, *Böòmm* 'Bäume'. Im Haslital werden die fallenden Diphthonge *ie*, *ue*, *üe* monophthongiert, es heisst also *feer* für *fier* 'vier', *Brööder* für *Brueder* und *breele* für *brüele* 'weinen, laut schreien'.
Nasal(laut)	Konsonant, bei welchem der Luftstrom durch die Nase und nicht durch den Mund austritt. Nasallaute sind *m, n, ng*.
Neuhochdeutsche Diphthongierung	s. Diphthongierung
Nord-Süd(-Gegensatz)	Einige sprachliche Unterschiede im Schweizerdeutschen zeigen eine Nord-Süd-Verteilung: Im Norden heisst es *schneie*, im Süden *schniie*, im Norden sagt man *Joor*, im Süden *Jaar* (s. Karte Einleitung Seite 32). Durch diese Unterschiede wird das Schweizerdeutsche in Hochalemannisch und Höchstalemannisch unterteilt. Die südlichen (also höchstalemannischen) Varianten gelten meist als die älteren, als so genannte Relikte. Die Altertümlichkeit des Höchstalemannischen ist weitgehend auf die Verkehrsabgeschiedenheit dieses Sprachgebiets zurückzuführen.
Ostschweizer Vokalspaltung	Lautliche Veränderung in Ostschweizer Dialekten, bei der sich aus dem mhd. *o*-Laut und dem mhd. *ö*-Laut je zwei Varianten entwickelten: sowohl eine geschlossene als auch eine offene Variante. Durch diese Aufspaltung wurde in den betroffenen Dialekten eine Symmetrie der vorderen und hinteren Vokale hergestellt, insofern jeder vordere Vokal eine hintere Entsprechung fand (s. Vokalviereck Seite 217).

Palatalisierung	Lautliche Veränderung, bei welcher der Artikulationsort von Konsonanten und Vokalen in Richtung des vorderen harten Gaumens (Palatum) verschoben wird, z. B. *Bitschgi* (vs. *Bitzgi*) 'Apfelbutzen', urnerisch *lüege* (vs. *luege*) 'schauen', *Hüüs* (vs. *Huus*) 'Haus'. Die Palatalisierung macht aus hinteren Vokalen vordere und bewirkt so eine Aufhellung des Klanges (s. Kästchen Seite 218).
Phonogrammarchiv	Forschungsstelle der Philosophischen Fakultät der Universität Zürich mit der Aufgabe, Dialekte und andere Varietäten der vier Landessprachen der Schweiz in Tonaufnahmen festzuhalten und die Aufnahmen für Forschungszwecke zu publizieren (s. Kästchen Seite 223).
Primärumlaut	Lautliche Veränderung vom Germanischen zum Althochdeutschen, bei der sich die Aussprache von *a* zu *e* entwickelte, wenn ein *i, j* oder ein *ī* in der Folgesilbe stand. Diese Veränderung entspricht hinsichtlich der Lautbildung einer Angleichung von *a* an die Aussprache des *i: gast – gesti, blat – bletir, lang – lengir* (s. Karte 80 *Bett*). Der Lautwandel ist seit dem 8. Jh. durch *e*-Schreibung graphisch belegt. Erst in einem späteren Schritt haben sich auch die anderen Vokale gleichermassen verändert (▶ Sekundärumlaut).
Reduplikationsform	Als Reduplikation wird die Verdoppelung einer Silbe mit oder ohne Lautänderung bezeichnet. Damit können in einzelnen Sprachen unterschiedliche Zeitformen gebildet werden, z. B. lat. *tango – te-tigi* 'ich berühre – ich habe berührt'. In der Wortbildung dient die Wiederholung von Silben oft der Ausdrucksverstärkung: *tag-täglich* oder schweizerdt. *gi-gampfe* zu *gampfe* 'schaukeln', wobei durch *giga-* die alternierende Bewegung zum Ausdruck gebracht wird.
Reibelaut	auch Frikativ. Konsonant, bei dessen Lautbildung der Luftstrom durch eine Engstelle gepresst wird, so dass ein Reibegeräusch entsteht. Reibelaute sind *v, s, f, ch, sch*.
Rückentlehnung	Besondere Form des Lehnworts. Man spricht von Rückentlehnung, wenn ein Wort in eine andere Sprache übernommen wird und dort seine Bedeutung, seine Lautung oder seine Schreibung ändert und zu einem späteren Zeitpunkt wieder in die Ursprungssprache zurückentlehnt wird. So wurde bündnerisch *schguffe* ‚stupfen' aus dem Rätoromanischen entlehnt, das Rätoromanische seinerseits hatte das Wort aber aus dem Deutschen übernommen und lautlich verändert. Zugrunde liegt das deutsche Wort *schupfen* (oder *stupfen*).
Rundung	Lautliche Veränderung, bei der Vokale mit vorgestülpten, das heisst gerundeten Lippen ausgesprochen werden. Verursacht wird diese Rundung meist durch umgebende Konsonanten, bei deren Lautbildung die Lippen beteiligt sind, wie bei den Labialen *w* und *p*. So wird *e* gerundet zu *ö* (*Schweschter* vs. *Schwöschter*, s. Karte 93 *Apfel*) oder *i* zu *ü* (*Schipfe* vs. *Schüpfe* 'Holzsplitter').
Schweizerisches Idiotikon	Grösstes regionales Wörterbuch des Deutschen. Das Schweizerische Idiotikon dokumentiert die Deutschschweizer Dialekte vom Spätmittelalter bis ins 21. Jh. (s. Kästchen Seite 265).

Sekundärumlaut	Lautliche Veränderung im Althochdeutschen, bei der sich die Aussprache der Vokale *ā, u, ū, o, ō, ou, uo* veränderte, wenn ein *i, j* oder ein *ī* in der Folgesilbe stand. Die Veränderung besteht in der Angleichung der Vokale an die Aussprache des vorderen, hohen *i*, z. B. ahd. *māri* – mhd. *mære* 'Nachricht, Kunde', ahd. *wurfil* – mhd. *würfel* oder ahd. *skōni* – mhd. *schœne*. Der Lautwandel ist erst im Mittelhochdeutschen im Schriftbild nachweisbar, dies im Gegensatz zum ▶ Primärumlaut, der bereits ab dem 8. Jh. belegt ist.
Senkung	Lautliche Veränderung, bei welcher der Artikulationsort eines Vokals mit hoher Zungenhebung an einen tiefer liegenden Artikulationsort im Mundraum verschoben wird, z. B. wird *Chirche* zu *Cherche* oder *Tuurscht* zu *Toorscht* 'Durst'. Die gegenläufige Bewegung wird als ▶ Hebung bezeichnet (s. Kästchen Seite 218).
Sonant	Oberbegriff für die ▶ Nasallaute *m*, *n*, *ng* und die ▶ Liquide *l*, *r*. Wie der Begriff sagt, können diese Laute 'klingen' (lat. *sonare* 'klingen'), ohne dass ein zusätzlicher Vokal herbeizuziehen ist, wie dies z. B. bei *b* (ausgesprochen *be*) der Fall ist.
Sprachatlas der deutschen Schweiz (SDS)	Der Sprachatlas der deutschen Schweiz dokumentiert auf 1548 Karten die schweizerdeutschen Mundarten in ihrer räumlichen Vielfalt. Er liefert die Grundlagen für die Karten dieses Atlas (s. Kästchen Seite 235).
Sprossvokal	Eingefügter Vokal. Im Schweizerdeutschen kommt das insbesondere zwischen den Sonanten *r, l, m, n* vor, wobei eine zusätzliche Silbe entsteht, z. B. *morn* (eine Silbe) wird mit Sprossvokal zu *mooren* (zwei Silben, meist mit späterem Ausfall des Auslaut-*n*).
Staubsches Gesetz	Lautgesetz, benannt nach dessen Entdecker ▶ Friedrich Staub. Es besagt, dass der Konsonant *n*, der vor einem ▶ Reibelaut wie *ch*, *f*, *s* oder *sch* steht, ausfallen und der vorangehende Vokal entweder gedehnt oder ▶ diphthongiert werden kann (s. Kästchen Seite 259).
Substrat	Wechselt eine Sprechergemeinschaft ihre Sprache, so kann die ursprüngliche Sprache als so genanntes Substrat Einfluss auf die neue Sprache ausüben, indem vor allem Aussprachegewohnheiten und Besonderheiten in der Grammatik beibehalten werden. Ein solcher Einfluss wird z. B. dem Keltischen auf das Lateinische zugeschrieben. Ortsnamen bezeugen oft ansonsten verschwundene Substratsprachen. Wird eine Sprache durch eine andere beeinflusst, ohne dass die Sprache gewechselt wird, zeigt sich der Einfluss besonders in Wortentlehnungen.
Surbtaler Jiddisch	Westjiddischer Dialekt der ländlichen Judengemeinde in Endingen und Lengnau (Kanton Aargau). Das Surbtaler Jiddisch ist Mitte des 20. Jhs. ausgestorben (s. Kästchen Seite 243).
Synkope	Wegfall eines unbetonten Vokals im Wortinnern, z. B. mhd. *gemeinede* wird zu nhd. *Gemeinde*, schweizerdt. *Gmeind* (mit zusätzlicher ▶ Apokope). Im grössten Teil des Schweizerdeutschen werden systematisch die Vorsilben *ge-* und *be-* synkopiert, z. B. *gmacht* 'gemacht', *bsoffe* 'besoffen'.

transitiv	Transitive Verben binden im Gegensatz zu den intransitiven Verben ein direktes Objekt: *Ich besuche einen Freund/ein Museum* (jemanden oder etwas besuchen). Im Gegensatz dazu ist *gehen* ein intransitives Verb, man kann nicht etwas oder jemanden gehen. Weitere transitive Verben sind: *essen*, *trinken*, *lesen*.
Umlaut	Von ▶ Jacob Grimm geprägter Begriff zur Bezeichnung eines Lautwandels in der Sprachgeschichte des Deutschen, bei dem sich hintere oder tiefe Vokale, wie *u*, *o*, *a*, an ein *i* oder *j* der Folgesilbe, also einen vorderen hohen Laut, so angleichen, dass sie selbst weiter vorne oder höher gesprochen werden. Aus hinterem *u* wird so vorderes *ü* (s. Karte 84 *Rücken*), aus tiefem *a* wird mittelhohes *e* usw. Der Lautwandel wird bereits im Althochdeutschen angesetzt, es gab aber zunächst ausser für *e* keine Wiedergabemöglichkeit im lateinischen Alphabet. Das Trema (¨) als Umlautzeichen kam erst später auf. Nach dem Zeitpunkt der Wiedergabe in der Schreibung unterscheidet man in der deutschen Sprachgeschichte zwischen ▶ Primärumlaut und ▶ Sekundärumlaut.
Velar	Konsonant, der im Bereich des hinteren weichen Gaumens (Velums) gebildet wird. Velare sind *k*, *g*, *ch*, *ng*.
Velarisierung	Lautliche Veränderung, bei welcher der Artikulationsort von Konsonanten und Vokalen in Richtung des hinteren weichen Gaumens verschoben wird, z. B. *Ching* (vs. *Chind*), *hinge* (vs. *hinde*), *olt* (vs. *alt*). Die Verschiebung nach hinten bewirkt bei den Vokalen eine Verdunkelung und Verdumpfung des Klanges (s. Kästchen Seite 218, zur Velarisierung von Konsonanten s. Karte 101 *Hund*).
Verdumpfung	Lautliche Veränderung, bei welcher die Aussprache von *a*, *ā* unter ▶ Hebung der tiefen Zungenstellung sowie gleichzeitiger ▶ Rundung zu *o*, *ō* wird, z. B. *är gaat* wird zu *är goot* 'er geht'.
Verschlusslaut	auch Plosiv. Konsonant, der dadurch entsteht, dass der austretende Luftstrom für einen kurzen Moment gestoppt wird. Verschlusslaute sind *b*, *d*, *g*, *p*, *t*, *k*.
Vokalisierung	Lautliche Veränderung, bei welcher ein Konsonant (Laut mit zentraler Blockade) in einen Vokal (Laut, bei dem die Luft ungehindert fliesst) umgewandelt wird. In der Schweiz in gewissen Gebieten regelhaft bei der Realisierung von *l* in bestimmten Positionen: *Waud* für *Wald*, *Michu* für *Michel* (s. Karte 102 *folgen*).
Volksetymologie	Inhaltliche Umdeutung und ev. formale Umformung eines nicht mehr richtig verstandenen archaischen oder fremdsprachlichen Wortes nach dem Vorbild eines ähnlich klingenden vertrauten Wortes (s. Kästchen Seite 41).
Walser	Bezeichnung der im Hochmittelalter aus dem Wallis nach Süden und Osten weitergezogenen alemannischen Siedler (s. Kästchen Seite 20).
West-Ost(-Gegensatz)	Entlang einer Linie vom Grimsel im Süden über den Brünig und den Napf zur unteren Aare und Reuss (so genannte *Brünig-Napf-Reuss-Linie*) treffen vielfach westliche und östliche Merkmale aufeinander: Zweiförmiger Plural *(mir mache*, *ir mached*, *si mache)* vs. einförmiger Plural *(mir*, *ir*, *si mached)*, *buuche* vs. *seechte* 'mit Aschenlauge waschen'. Etwas östlich davon liegt die *Bränte-Tause-Scheide*, benannt

nach der Verteilung der Benennungen des Rückentraggefässes für den Milchtransport. Die beiden Linien umschliessen ein Gebiet, in dem zahlreiche West-Ost-Gegensätze aufeinandertreffen (s. Karte Einleitung Seite 33). Neben den sprachlichen Unterschieden finden sich auch kulturelle Verschiedenheiten an diesen Grenzen: französische Jasskarten im Westen, deutsche im Osten, Viehkummet im Westen, Halsjoch im Osten. Dass sich in diesem Gebiet verschiedene Sprachvarianten gestaut haben, wird von manchen damit in Zusammenhang gebracht, dass hier seit der Teilung des Fränkischen Reiches immer wieder politische Grenzen verlaufen sind.

Bachmann, Albert (*Hüttwilen 1863 – †Zürich 1934). Dialektologe. Als Professor an der Universität Zürich begründete Bachmann die Dissertationsreihe „Beiträge zur schweizerdeutschen Grammatik“ (ab 1910), die als gebietsabdeckende Darstellung der lautlichen und formalen Verhältnisse der schweizerdeutschen Dialekte geplant waren. Als Chefredaktor des ▸ Schweizerischen Idiotikons baute er das Wörterbuch zu einem umfassenden Thesaurus des Schweizerdeutschen aus.

Baechtold, Jakob (*Schleitheim 1848 – †Zürich 1897). Literaturwissenschafter. Baechtold war Nachlassverwalter von Gottfried Keller und Herausgeber bis dahin wenig beachteter Autoren vor allem des 16. Jhs. Er erwarb sich Anerkennung durch seine umfangreiche „Geschichte der deutschen Literatur in der Schweiz“ (1887–1892), die das Fundament legte für eine Literaturwissenschaft der Deutschschweiz.

Baumgartner, Heinrich (*Biel 1889 – †Bern 1944). Volkskundler und Sprachwissenschafter. Baumgartner begründete zusammen mit Hotzenköcherle den ▸ Sprachatlas der deutschen Schweiz. In seiner Schrift „Stadtmundart Landmundart“ (1940) verband Baumgartner als einer der ersten sprachgeographische mit sozialen Daten.

Bodmer, Johann Jacob (*Greifensee 1698 – †Zürich 1783). Literaturtheoretiker und Schriftsteller. Während seine eigenen Werke erfolglos blieben, wurde er zu einem einflussreichen Übersetzer etwa von Miltons „Paradise lost“. Zusammen mit Breitinger wandte sich Bodmer gegen die rationalistische Sprachauffassung des deutschen Literaturtheoretikers Gottsched. Ganz in Gegensatz zu diesem forderte Bodmer erfolgreich die Bereicherung der Sprache durch mundartliche sowie ältere Sprachformen. Im Kampf für eine den mittelhochdeutschen Lautverhältnissen nahestehende, alemannisch geprägte Hochsprache war ihm dagegen kein Erfolg beschieden.

Brandstetter, Renward (*Beromünster 1860 – †Lugano 1942). Sprachforscher und Mundartautor. Bevor sich Brandstetter der Untersuchung von austronesischen Sprachen zuwandte, schrieb er Abhandlungen vor allem über das Luzerndeutsche und formulierte das nach ihm benannte Brandstettersche Gesetz, wonach in Wortzusammensetzungen das erste Wort regelmässige Veränderungen dadurch erfährt, dass die Vokale gekürzt und die Konsonanten geschwächt werden (*Schue* vs. *Schumacher*; *Bròòte* vs. *Bròdwurscht*).

Breitinger, Johann Jacob (*Zürich 1701 – †Zürich 1776). Literaturtheoretiker, Theologe und Schriftsteller. Breitinger schrieb theologische und philosophische Studien, denen aber weniger Erfolg beschieden war als den literaturtheoretischen Schriften, die er zusammen mit seinem Freund Bodmer verfasste. Diese wandten sich gegen die rationalistische Sprach- und Dichtungsauffassung Gottscheds und halfen mit, die Erlebnisdichtung zu begründen.

Dalcher, Peter (*Pessac, Frankreich 1926 – †Zug 2010). Dialektologe. Als langjähriger Mitarbeiter und späterer Chefredaktor des ▸ Schweizerischen Idiotikons befasste sich Dalcher sowohl mit dem Dialekt seiner Zuger Heimat als auch besonders eingehend und enthusiastisch mit den Anglizismen im Schweizerdeutschen, wovon unter anderem seine einzigartige und äusserst umfangreiche Belegsammlung zeugt, die er dem Wörterbuch zu Forschungszwecken hinterliess. An der Universität Freiburg i. Ü., wo Dalcher über viele Jahre unterrichtete, schätzte man seine profunden Sprachkenntnisse ebenso wie seinen volkskundlichen Sachverstand und seine Affinität zur Literatur.

Dieth, Eugen (*Neukirch 1893 – †Zürich 1956). Anglist und Dialektologe. Dieth gründete das erste phonetische Labor an der Universität Zürich. Als Leiter des ▶ Phonogrammarchivs an derselben Universität zeichnete Dieth verantwortlich für verschiedene Schallplattenaufnahmen, mit denen die Mundarten aller Landesteile dokumentiert wurden. Dieth verfasste eine gebrauchsorientierte Mundartorthographie, heute als *Dieth-Schrift* bezeichnet, die es erlauben sollte, die Dialekte mit einfachen Regeln und mit den herkömmlichen lateinischen Buchstaben lautnah zu verschriften. Die *Dieth-Schrift* wird von Mundartautoren bis heute gerne genutzt.

Ferguson, Charles A. (*Philadelphia 1921 – †Stanford 1998). Soziolinguist. Zu den bahnbrechenden Arbeiten Fergusons gehört sein Aufsatz „Diglossia" (1959), in dem er den funktionalen Gebrauch von zwei verwandten Sprachformen, wie er in der ersten Hälfte des 20. Jhs. in Haiti, Griechenland, in den arabischen Ländern und in der Deutschschweiz praktiziert wurde, beschrieb und dafür den seither etablierten Fachterminus ▶ *Diglossie* prägte.

Friedli, Emanuel (*Waldhaus BE 1846 – †Saanen 1939). Dialektologe und Volkskundler. Als Volontär am ▶ Schweizerischen Idiotikon fasst Friedli den Plan für eine umfassende Darstellung des Berndeutschen („Bärndütsch als Spiegel bernischen Volkstums"), wovon er sieben Bände realisieren konnte. Friedli stellt den Dialekt dabei von seiner Gebrauchsweise, den sozialen Verhältnissen und der Vorstellungswelt seiner Sprecherinnen und Sprecher her dar und verbindet auf diese Weise Dialektologie und Volkskunde.

Fries, Johannes (*Zürich 1505 – †Zürich 1564 oder 1565) (latinisiert Frisius). Philologe, Lexikograph und Musikwissenschafter. Unter seinen Publikationen findet sich das zusammen mit Petrus Cholinus herausgegebene lateinisch-deutsche Wörterbuch „Dictionarium latinogermanicum", dessen Stichwortbestand sich am „Dictionarium latinogermanicum" des Franzosen Robertus Stephanus orientierte. Aus diesem Wörterbuch zog er das kleinere „Dictionariolum" aus. Im so genannten „Grossen Lexikon" erklärte Fries lateinische Redensarten auf Deutsch.

Froschauer, Christoph (*Kastl bei Altötting, Bayern 1490 – Zürich †1564). Buchdrucker und Verleger. Froschauer gründete in Zürich eine Druckerei, bei der unter anderem die naturwissenschaftlichen Bücher K. Gessners und die Schriften des Reformators Zwingli herauskamen. Die Ausgabe der Zürcher Bibel von 1531 – auch als

Froschauer-Bibel bezeichnet – wurde aufgrund ihrer textlichen und gestalterischen Qualitäten berühmt.

Geiger, Paul (*Basel 1887 – †Basel 1952). Volkskundler. Geiger, der mit einer Arbeit über Volksliedinteresse und Volksliedforschung doktorierte, erhielt an der Universität Basel zuerst einen Lehrauftrag für Volkskunde, später wurde er für dieses Fach, das sich erst zu Beginn des 20. Jahrhunderts von einem Randbereich der Germanistik zu einer eigenständigen Disziplin entwickelte, zum Professor berufen. Zusammen mit Weiss begründete er den „Atlas der schweizerischen Volkskunde", das massgebliche Quellenwerk für die Verbreitung und die Entwicklungstendenzen der traditionellen Volkskultur.

Gessner, Konrad (*Zürich 1516 – †Zürich 1565). Arzt, Naturforscher und Altphilologe. Der Universalgelehrte, der sich vor allem als Zoologe und Botaniker einen Namen machte, veröffentlichte 1537 ein griechisches Wörterbuch, dem weitere sprachwissenschaftliche Arbeiten folgten, so etwa der so genannte „Mithridates" (1555), der als Vorläufer der vergleichenden Sprachwissenschaft gilt.

Gessner, Salomon (*Zürich 1730 – †Zürich 1788). Dichter, Maler und Verleger. Gessner war befreundet mit Kleist und Wieland und schaffte seinen literarischen Durchbruch mit seinen „Idyllen" (1756). Gessner wurde durch Einheirat Teilhaber am Verlag „Orell, Gessner und Füssli & Co.", der sich zu einem erfolgreichen Unternehmen entwickelte. Ausserdem war Gessner Mitbegründer der überkonfessionellen und einem aufklärerischen Gedankengut verpflichteten „Helvetischen Gesellschaft". Im Jahre 1780 begründete Gessner die „Zürcher Zeitung", aus der 1821 die „Neue Zürcher Zeitung" wurde.

Greyerz, Otto von (*Bern 1863 – †Bern 1940). Literatur- und Sprachwissenschafter. Greyerz setzte sich sowohl für die Pflege des Hochdeutschen als auch des Dialekts ein („Mundart und Hochdeutsch – jedes an seinem Ort"). Einem konservativen Kunst- und Sprachverständnis verpflichtet, gab er die sechsbändige Volksliedersammlung „Im Röseligarten" heraus und schrieb die Literaturgeschichte „Die Mundartdichtung der deutschen Schweiz" (1924). Ausserdem legte er eine Materialsammlung zur Begründung eines berndeutschen Wörterbuchs an, das erst nach seinem Tode von Ruth Bietenhard im Jahre 1976 herausgegeben wurde.

Grimm, Jacob (*Hanau 1785 – †Berlin 1863). Sprach- und Literaturwissenschafter. Grimm gilt als Begründer der germanistischen Sprachwissenschaft. Er erweiterte die Kenntnisse über die Verwandtschaftsverhältnisse der indogermanischen Sprachen und formulierte in der zweiten Auflage seiner „Deutschen Grammatik" (1819) die zwei systematischen Veränderungsvorgänge bei Konsonanten, welche die germanischen Sprachen von den übrigen indogermanischen Sprachen (Erste oder Germanische Lautverschiebung, engl. *Grimm's Law*) und welche die hochdeutschen Sprachformen von den übrigen germanischen Sprachen (Zweite oder ► Althochdeutsche

Lautverschiebung) unterscheiden. Ab 1854 entstanden die ersten Bände des „Deutschen Wörterbuchs“, des bis heute umfassendsten Wörterbuchs der deutschen Sprache. Mit seinem Bruder Wilhelm gab er die Sammlungen der Kinder- und Hausmärchen heraus.

Guggenheim-Grünberg, Florence (*Bern 1898 – †Zürich 1989). Sprachwissenschafterin, Historikerin, Jiddistin. Ursprünglich zur Apothekerin ausgebildet, betrieb Guggenheim-Grünberg ab den 1930er-Jahren neben historischen Forschungen zum Judentum in der Schweiz bedeutsame linguistische Studien zum ▶ Surbtaler Jiddischen, welches sie – angeregt und unterstützt durch das Zürcher ▶ Phonogrammarchiv – auch mit Tonaufnahmen seiner letzten Sprecher für die Nachwelt dokumentierte. Guggenheim-Grünberg verfasste unter anderem das „Wörterbuch zu Surbtaler Jiddisch“ und den Sprachatlas „Jiddisch auf alemannischem Sprachgebiet“.

Henzen, Walter (*Brig 1895 – †Bern 1967). Germanist und Dialektologe. Seinen herausragenden Ruf als Dialektologe begründete Henzen mit seiner Dissertation „Die deutsche Freiburger Mundart im Sense- und südöstlichen Seebezirk“, der er zahlreiche weitere Arbeiten vor allem zu den Walliser Dialekten folgen liess. Als Professor in Freiburg, später in Bern, erwarb er sich ein internationales Renomée mit seinen Werken „Schriftsprache und Mundarten“ sowie „Deutsche Wortbildung“, die in ihrer geglückten Verbindung von historischer und gegenwartssprachlicher Ausrichtung bis heute als Standardwerke gelten.

Hotzenköcherle, Rudolf (*Chur 1903 – †Zürich 1976). Dialektologe. Hotzenköcherle begründete zusammen mit Baumgartner den ▶ Sprachatlas der deutschen Schweiz, der als monumentale Bestandesaufnahme der schweizerdeutschen Dialekte gilt. In der Aufnahmemethode folgte Hotzenköcherle seinen Lehrern Jud und Jaberg, den Begründern des „Sprach- und Sachatlas Italiens und der Südschweiz“. Mit seiner besonderen Kartiermethode mit Hilfe von Symbolen etablierte er allerdings ein eigenes Darstellungsverfahren dialektaler Verschiedenheiten.

Luther, Martin (*Eisleben 1483 – †Eisleben 1546). Reformator. Luther begann 1521 mit der Übersetzung des Neuen Testaments, die im September 1522 (so genanntes Septembertestament) in erster Fassung erschien. 1534 lag die ganze Bibel in neuer Übersetzung vor („Biblia, das ist die gantze Heilige Schrifft“). Diese Übersetzung gilt als eines der wichtigsten Denkmäler der deutschen Sprachgeschichte. Luthers Einfluss auf die entstehende neuhochdeutsche Schriftsprache ist vor allem im stilistischen Bereich zu suchen. Mit der Popularität seiner Schriften und unterstützt durch den technischen Fortschritt des Buchdrucks verhalf er einer Schreibform, die sich bereits früher im ostmitteldeutschen Raum herausgebildet hatte, zu weiter Verbreitung.

Maaler, Josua (*Zürich 1529 – †Glattfelden 1599) (latinisiert Pictorius). Lexikograph. Durch K. Gessner angeregt, verfasst Maaler mit „Die Teütsch Spraach“ (1561)

das erste ausführliche deutsche Wörterbuch, das vom Deutschen ausging. Auf dem Wörterbuch von Fries aufbauend, stellte er dessen deutsche Ausdrücke den lateinischen voran und ordnete sie alphabetisch an.

Manesse, Rüdiger II. (erstmals erwähnt Zürich 1252 – †Zürich 1304). Zürcher Patrizier und ritterliches Ratsmitglied. Zusammen mit seinem Sohn Johannes machte sich Manesse – nach Zeugnis des bürgerlichen Zürcher Minnesängers Johannes Hadlaub – verdient um die Erhaltung höfischer Liedkunst, die ihre Blütezeit gegen Ende des 13. Jhs. bereits hinter sich hatte. Manesse gilt als Initiant einer Minneliedersammlung, aus welcher der als „Manessische Handschrift" benannte Prachtcodex mit seinen bekannten 137 gotischen Miniaturen hervorging, welche die Dichter bei höfischen Aktivitäten darstellen. Diese umfangreichste Sammlung deutscher Minnelieder, die von über 110 Autoren – aus dem alemannischen Raum unter anderem von Hartmann von Aue, Konrad von Altstetten, Werner von Teufen, Jakob von Warte und Kraft von Toggenburg – stammen, wird heute in der Universitätsbibliothek Heidelberg aufbewahrt und deshalb auch als „Grosse Heidelberger Liederhandschrift" bezeichnet.

Matter, Mani (*Herzogenbuchsee 1936 – †Kilchberg ZH 1972) (eigentlich Hans Peter). Jurist und Liedermacher. Nach dem Vorbild des französischen Chansons verfasste und komponierte Matter berndeutsche Chansons und gehörte ab Mitte der 1960er-Jahre zu den populären Berner Troubadours. Seine Lieder, vordergründig heiter und verspielt, sind voller Abgründigkeit und haben bisweilen einen ernsten, wenn nicht gar melancholischen Grundton. Matters Lieder sind Volksgut geworden und haben den Weg bereitet sowohl für eine neue Dialektliteratur, die sich am Alltag und der Alltagssprache orientiert, als auch für den Mundartpop und -rock.

Moulton, William Gamwell (*Providence 1914 – †Exeter 2000). Phonologe, Dialektologe. Moulton untersuchte in seiner Dissertation (*Swiss German dialect and Romance patois*, 1941) die Lautstruktur der Deutschwalliser Dialekte und erklärte diese durch frühen germanisch-romanischen Sprachkontakt. Von ihm, der zeitlebens der Erforschung der Schweizer Dialekte sehr zugetan war, stammt die Aussage, die Dialekte seien das beste Laboratorium der Linguistik. Als Musterbeispiel für die Erklärungskraft strukturalistischer Sprachauffassung, der Moulton als Schüler von Leonard Bloomfield verpflichtet war, gilt sein 1961 erschienener Aufsatz *Lautwandel durch innere Kausalität: die ostschweizerische Vokalspaltung*.

Notker III. von St. Gallen (*um 950 – †St. Gallen 1022) (auch: Notker Labeo 'der Breitlippige' oder Notker Teutonicus 'der Deutsche'). Bedeutendster Autor althochdeutscher Prosa. Als Benediktinermönch und Leiter der Schule im Kloster St. Gallen übersetzte Notker einzelne Werke der antiken lateinischen Literatur, der Philosophie und der Musik in die althochdeutsche Sprache, wobei er durchgeformten Satzbau verwendete und auch eine auf feinster lautlicher Beobachtung basierende Schreibung des Althochdeutschen entwickelt hat.

Petri, Adam (*Langendorf, Franken 1454 – †Basel 1525). Buchdrucker. Petri bringt im Dezember 1522 den ersten Nachdruck von Luthers Septembertestament in Basel heraus. Bekanntheit erwarb sich Petri mit seinem Glossar zu Luthers Übersetzung des Neuen Testaments mit dem Titel „Die ausslendigen wörtter auff vunser teutsch angezeygt", das 199 Luther-Wörtern oberdeutsche Entsprechungen gegenüberstellte. Das Glossar dokumentiert die Wortschatz-Unterschiede in den regionalen Schreibsprachen des 16. Jhs.

Schläpfer, Robert (*Zürich 1923 – †Liestal 2001). Dialektologe. Schläpfer arbeitete unter Hotzenköcherle als Explorator, später als Mitarbeiter am ▸ Sprachatlas der deutschen Schweiz, für dessen Fertigstellung er sich nach Hotzenköcherles Tod engagierte. Als Extraordinarius an der Universität Basel widmete er sich vornehmlich der Dialektologie und begründete die wissenschaftliche Reihe „Sprachlandschaft", die mit ihren 25 Bänden zu einer Plattform für dialektsoziologische, dialektpragmatische, aber auch didaktische Fragen werden sollte. Die schulischen Belange blieben dem ehemaligen Direktor des Lehrerseminars Liestal auch als Universitätsprofessor ein Anliegen.

Stalder, Franz Joseph (*Luzern 1757 – †Beromünster 1833). Katholischer Priester und Dialektologe. Er veröffentlichte 1806 und 1812 in zwei Bänden den „Versuch eines schweizerischen Idiotikon". 1817 verfasste er eine Dialektologie der schweizerischen Mundarten, in der er das Gleichnis des verlorenen Sohnes in insgesamt 74 Varianten versammelte, wobei er sowohl deutsche als auch italienische, französische und rätoromanische Dialekte dokumentierte („Die Landessprachen der Schweiz, oder schweizerische Dialektologie").

Staub, Friedrich (*Männedorf 1826 – †Zürich 1896). Dialektologe. Als 1862 die Zürcher Antiquarische Gesellschaft beschloss, ein schweizerdeutsches Wörterbuch als Ersatz für Stalders Idiotikon herauszugeben, widmete sich Staub dieser Aufgabe und veröffentlichte die drei ersten Bände des Wörterbuchs. Staub formulierte in einer seiner dialektologischen Abhandlungen das nach ihm benannte Lautgesetz (▸ Staubsches Gesetz).

Streiff, Catharina (*Glarus 1887 – †Epalinges 1968). Dialektologin. Als eine der ersten Frauen doktorierte Streiff 1909 bei Bachmann („Die Laute der Glarner Mundarten"). Ausserdem kann Streiff für sich in Anspruch nehmen, 1909 Sprecherin der ersten an der Universität Zürich entstandenen Tonaufnahme für das ▸ Phonogrammarchiv gewesen zu sein. Unter Anleitung von Bachmann sprach sie eine glarnerdeutsche Erzählung in einen speziellen Aufnahmetrichter.

Totemügerli (*„Theater am Zielemp", Olten 1967). Als Gespenst inszenierte Erzählfigur(en), welche dem *Schöppelimunggi* und dem *Houderebäseler* auf ihrem abendlichen Nachhauseweg einen gehörigen Schrecken einjagen. Die genannten Figuren sind die Protagonisten des „Bärndütsche Gschichtli", einer Kurzgeschichte des Kabarettisten und Schriftstellers Franz Hohler (*1943). Deren Besonderheit besteht darin, dass die meisten sinntragenden Substantive, Adjektive und Verben zwar den berndeutschen Gesetzmässigkeiten der Lautung und Formenbildung gehorchen, jedoch als Ganzes inexistente Phantasiewörter sind. Da die häufig lautmalenden Wörter ausserdem in eine berndeutsche Syntax eingefügt sind und Hohler beim Vortragen einen typischen Erzählduktus anschlägt, ist die Geschichte intuitiv zugänglich. Das „Bärndütsche Gschichtli" erfreut sich grösster Popularität, und einigen Phantasiewörtern ist es gelungen, sich als ‚richtige' Wörter im Schweizerdeutschen zu etablieren (z. B. *aaschnäggele* 'anöden, langweilen').

Trüb, Rudolf (*Ennenda 1922 – †Zollikon 2010). Dialektologe. Trüb arbeitete unter Hotzenköcherle zuerst als Explorator, dann als Mitarbeiter und schliesslich als Mitherausgeber am ▶ Sprachatlas der deutschen Schweiz, dessen Fertigstellung er nach dem Tode Hotzenköcherles vorantrieb und 2003 mit einem Abschlussband krönte. Dieser zusammen mit seiner Ehefrau Lily Trüb herausgegebene Band enthält die Werkgeschichte, die Publikationsmethode und das Gesamtregister des Sprachatlas.

Trümpy, Hans (*Ennenda 1917 – †Kassel 1989). Volkskundler. Trümpy verfasste Beiträge zu Sitten und Bräuchen im Alltag und zum schweizerischen Vereinswesen. Als Hauptwerk von Trümpy, der Professor für Volkskunde an der Universität Basel war, gilt „Schweizerdeutsche Sprache und Literatur im 17. und 18. Jahrhundert", in dem er nach eigenen Worten „vor allem untersucht, was sich nach dem Einbruch der neuhochdeutschen Schriftsprache in die Literatur und die Kanzleien für die Mundarten noch gewinnen lässt".

Weiss, Richard (*Stuttgart 1907 – †Russo TI 1962). Volkskundler. Im Jahre 1945 erhielt Weiss in Zürich die erste vollamtliche Professur für Volkskunde an einer Schweizer Universität und erwarb sich unter anderem mit seiner „Volkskunde der Schweiz", welche die zeitliche und regionale Differenzierung des Schweizer Kulturgutes aufzeigt, hohes Ansehen. In enger Arbeitsgemeinschaft mit Geiger begründete Weiss den „Atlas der schweizerischen Volkskunde". Die Arbeiten von Weiss bildeten das Fundament für die Interpretation gewisser Raumstrukturen des Schweizerdeutschen, die unter anderen Hotzenköcherle mit Weiss' Kulturgrenzen in einen erklärenden Zusammenhang zu bringen vermochte.

Winteler, Jost (*Filzbach 1846 – †Hochsteig 1929). Sprachwissenschafter. In seiner Dissertation „Die Kerenzer Mundart des Kantons Glarus in ihren Grundzügen dargestellt" (1876) beschrieb Winteler als einer der ersten eine lebende Sprache nach der Theorie und den Methoden der artikulatorischen Phonetik. Seine viel zitierte Arbeit, die von der naturwissenschaftlichen Sprachsicht der so genannten Leipziger Schule geprägt ist, hat bis in jüngste Zeit nichts von ihrem massgeblichen Einfluss auf die Theoriebildung der Phonetik eingebüsst.

Wipf, Elise (*Männedorf 1882 – †Zürich 1929). Dialektologin. Wipf promovierte bei Bachmann („Die Mundart von Visperterminen“). Nachdem es auf der Redaktion des ▶ Schweizerischen Idiotikons zwar schon einige *Bureaugehülfinnen* gegeben hatte, wurde Wipf 1908 dessen erste Redaktorin. Wie aus der Einleitung zu ihrer Dissertation zu lesen ist, hatte sie sich schon zuvor um das Wörterbuch verdient gemacht: „Im Sommer 1907 durchstreifte ich im Auftrage des Leitenden Ausschusses für das Schweizerische Idiotikon in mehrwöchentlichen Wanderungen einen grossen Teil des deutschsprachigen Wallis.“ Warum Wipf ihre Redaktionsarbeit bereits 1910 überraschend wieder aufgab und eine Lehrerinnenstelle in den USA annahm, ist nicht bekannt.

Zinsli, Paul (*Chur 1906 – †Bern 2001). Dialektologe und Volkskundler. Zinsli war Mitherausgeber des ▶ Sprachatlas der deutschen Schweiz und begründete die Orts- und Flurnamensammlung des Kantons Bern. Ausserdem erwarb er sich grosse Verdienste als Walserforscher und als Herausgeber des Werkes von Niklaus Manuel, dem Berner Maler, Dichter und Staatsmann.

Zwingli, Huldrych (*Wildhaus 1484 – †Kappel am Albis 1531). Reformator. Zwischen 1524 und 1529 übersetzte Zwingli zusammen mit dem Theologen Jud die Bibel, heute als „Zürcher Bibel“ bezeichnet, aus dem Griechischen und Hebräischen. Zwingli fühlte sich gegenüber Luther sprachlich isoliert und er schlug vor, dass beim „Marburger Religionsgespräch“, das zwischen den Reformatoren Luther, Melanchthon und Zwingli 1529 im Marburger Schloss stattfand, statt Deutsch Lateinisch gesprochen werden sollte. Dies erscheint umso verständlicher, nimmt man Luthers berühmt gewordenes Urteil über Zwinglis Sprache zur Kenntnis: „Ein filzicht, zotticht Deutsch, welches mir wahrlich schwer ist, möcht einer schwitzen, eh er’s versteht!“

Allgemeines

Ammon, Ulrich et al. (2004): Variantenwörterbuch des Deutschen. Die Standardsprache in Österreich, der Schweiz und Deutschland sowie in Liechtenstein, Luxemburg, Ostbelgien und Südtirol. Berlin etc.

Christen, Helen (1998): Dialekt im Alltag. Eine empirische Untersuchung zur lokalen Komponente heutiger schweizerdeutscher Varietäten. Tübingen.

Fleischer, Jürg (2005): Surbtaler und Hegauer Jiddisch. Tonaufnahmen und Texte zum Westjiddischen in der Schweiz und Südwestdeutschland. Tübingen.

Henzen, Walter (³1965): Deutsche Wortbildung. Tübingen.

Hilty, Gerold (2001): Gallus und die Sprachgeschichte der Nordostschweiz. St. Gallen.

Historisches Lexikon der Schweiz (2002–2014). Basel. [www.hls-dhs-dss.ch]

Hofer, Lorenz (1997): Sprachwandel im städtischen Dialektrepertoire. Eine variationslinguistische Untersuchung am Beispiel des Baseldeutschen. Tübingen.

Hotzenköcherle, Rudolf (1984): Die Sprachlandschaften der deutschen Schweiz. Aarau etc.

Hotzenköcherle, Rudolf (1986): Dialektstrukturen im Wandel. Aarau etc.

König, Werner (¹⁷2011): dtv-Atlas Deutsche Sprache. München.

Lötscher, Andreas (1983): Schweizerdeutsch. Geschichte, Dialekt, Gebrauch. Frauenfeld.

Lüdi, Georges/Werlen, Iwar (2005): Die Sprachenlandschaft in der Schweiz. Hrsg. Bundesamt für Statistik. Bern.

Schläpfer, Robert/Bickel, Hans (Hrsg.) (²2000): Die viersprachige Schweiz. Aarau etc.

Schwarzenbach, Rudolf (1969): Die Stellung der Mundart in der deutschsprachigen Schweiz. Frauenfeld.

Schweizer Lexikon in 6 Bänden (1993). Luzern.

Seebold, Elmar (1981): Etymologie. München.

Siebenhaar, Beat (2000): Sprachvariation, Sprachwandel und Einstellung. Der Dialekt der Stadt Aarau in der Labilitätszone zwischen Zürcher und Berner Mundartraum. Stuttgart.

Siebenhaar, Beat (2004): Die deutschen Sprachinseln auf den Jurahöhen der französischsprachigen Schweiz. In: Zeitschrift für Dialektologie und Linguistik 71. S. 180–212.

Sonderegger, Stefan (1999): Althochdeutsch in St. Gallen. In: Peter Ochsenbein (Hrsg.): Das Kloster St. Gallen im Mittelalter: die kulturelle Blüte im 8. bis 12. Jahrhundert. Darmstadt. S. 205–222.

Sonderegger, Stefan (2003): Aspekte einer Sprachgeschichte der deutschen Schweiz. In: Werner Besch et al. (Hrsg): Sprachgeschichte. 3. Teilband. Berlin etc. S. 2825–2888.

Trümpy, Hans (1955): Schweizerdeutsche Sprache und Literatur im 17. und 18. Jahrhundert. Basel.

Zürrer, Peter (1999): Sprachinseldialekte. Walserdeutsch im Aostatal (Italien). Aarau etc.

Wörterbücher zu historischen Stufen des Deutschen und zur Etymologie

Grimm, Jacob und Wilhelm (1854–1960): Deutsches Wörterbuch. Leipzig. Neubearbeitung 1983ff. [www.dwb.uni-trier.de/]

Kluge, Friedrich (25 2011): Etymologisches Wörterbuch der deutschen Sprache. Berlin etc.

Köbler, Gerhard (1994): Taschenwörterbuch des althochdeutschen Sprachschatzes. Paderborn.

Lexer, Matthias (38 1992): Mittelhochdeutsches Taschenwörterbuch. Leipzig. [woerterbuchnetz.de/Lexer/]

Paul, Hermann (10 2006): Deutsches Wörterbuch. Bedeutungsgeschichte und Aufbau unseres Wortschatzes. Tübingen.

Pfeifer, Wolfgang (8 2005): Etymologisches Wörterbuch des Deutschen. München.

Schützeichel, Rudolf (7 2012): Althochdeutsches Wörterbuch. Tübingen.

Volkskunde

Bächtold-Stäubli, Hans / Hoffmann-Krayer, Eduard (Hrsg.) (1927–1942): Handwörterbuch des deutschen Aberglaubens. Berlin etc.

Geiger, Paul / Weiss, Richard (Hrsg.) (1950–1995): Atlas der schweizerischen Volkskunde = Atlas de folklore suisse. Basel etc.

Hoffmann-Krayer, Eduard (1992): Feste und Bräuche des Schweizervolkes. Neubearbeitung durch Paul Geiger. Zürich.

Hugger, Paul (Hrsg.) (1992): Handbuch der schweizerischen Volkskultur. Zürich.

Weiss, Richard (1946): Volkskunde der Schweiz. Zürich.

Zinsli, Paul (7 2002): Walser Volkstum in der Schweiz, in Vorarlberg, Liechtenstein und Piemont. Erbe, Dasein, Wesen. Frauenfeld etc.

Züricher, Gertrud (1926): Kinderlieder der Deutschen Schweiz. Nach mündlicher Überlieferung gesammelt. Basel.

Sprachatlanten

Sprachatlas der deutschen Schweiz (1962–1997): begründet von Baumgartner, Heinrich / Hotzenköcherle, Rudolf in Zusammenarbeit mit Lobeck, Konrad / Schläpfer, Robert / Trüb, Rudolf unter Mitwirkung von Zinsli, Paul, herausgegeben von Hotzenköcherle, Rudolf, fortgeführt und abgeschlossen von Schläpfer, Robert / Trüb, Rudolf / Zinsli, Paul. Bern. Band I: Lautgeographie I: Vokalqualität. 1962. Band II: Lautgeographie II: Vokalquantität, Konsonantismus. 1965. Band III: Formengeographie. 1975. Band IV: Wortgeographie I: Der Mensch – Kleinwörter. 1969. Band V: Wortgeographie II: Menschliche Gemeinschaft – Kleidung – Nahrung. 1983. Band VI: Wortgeographie III: Umwelt. 1988. Band VII: Wortgeographie IV: Haus und Hof. 1993. Band VIII: Wortgeographie V: Haustiere – Wald

und Landwirtschaft. 1997. Abschlussband: Werkgeschichte, Publikationsmethode, Gesamtregister, von Rudolf Trüb. Tübingen etc. 2003.
Beyer, Ernest/Matzen, Raymond (Hrsg.) (1969–): Atlas linguistique et ethnographique de l'Alsace. Paris.
Eichhoff, Jürgen (1977–2000): Wortatlas der deutschen Umgangssprachen. Bern etc.
Elspaß, Stephan/Möller, Robert (2003–): Atlas zur deutschen Alltagssprache. [www.atlas-alltagssprache.de/]
Gabriel, Eugen/Klausmann, Hubert (1985–2006): Vorarlberger Sprachatlas: mit Einschluss des Fürstentums Liechtenstein, Westtirols und des Allgäus. Bregenz.
Hotzenköcherle, Rudolf (1962): Einführung in den Sprachatlas der deutschen Schweiz. A: Zur Methodologie der Kleinraumatlanten. B: Fragebuch, Transkriptionsschlüssel, Aufnahmeprotokolle. Bern.
Klausmann, Hubert et al. (³1997): Kleiner Dialektatlas. Alemannisch und Schwäbisch in Baden-Württemberg. Bühl/Baden.
Klausmann, Hubert (2012): Kleiner Sprachatlas von Vorarlberg und Liechtenstein. Innsbruck.
König, Werner (Hrsg.) (1996–2009): Sprachatlas von Bayerisch-Schwaben. Heidelberg.
König, Werner/Renn, Manfred (²2006): Kleiner Bayerischer Sprachatlas. München.
König, Werner/Renn, Manfred (²2007): Kleiner Sprachatlas von Bayerisch-Schwaben. Augsburg.
Schmidt, Jürgen Erich/Herrgen, Joachim (Hrsg.) (2001–2009): Digitaler Wenker-Atlas (DiWA). Marburg. [www.diwa.info]
Steger, Hugo et al. (Hrsg.) (1989–2012): Südwestdeutscher Sprachatlas. Marburg.

Mundartwörterbücher und -sammlungen (www.idiotikon.ch)
(Die nachfolgende Zusammenstellung hat keinen Anspruch auf Vollständigkeit.)

Schweizerisches Idiotikon (1881–): Wörterbuch der schweizerdeutschen Sprache/Gesammelt auf Veranstaltung der Antiquarischen Gesellschaft in Zürich unter Beihülfe aus allen Kreisen des Schweizervolkes. Hrsg. mit Unterstützung des Bundes und der Kantone von Staub, Friedrich/Tobler, Ludwig/Bachmann, Albert/Gröger, Otto/Wanner, Hans/Dalcher, Peter/Ott, Peter/Schifferle, Hans-Peter. Frauenfeld.

Aellig, Jakob/Bärtschi, Christian (³2006): Adelbodetütsch. Frutigen.
Aschwanden, Felix (2013): Neues Urner Mundart Wörterbuch. Altdorf.
Bossard, Hans/Dalcher, Peter (1962): Zuger Mundartbuch. Zürich.
Bratschi, Armin/Trüb, Rudolf (1991): Simmentaler Wortschatz. Thun.
Brunner, Röbi, (2007): Hoo, aseweg!! Wörter, Ausdrücke, Redensarten im Obertoggenburg. Neu St. Johann.
D'Éischemtöitschu (Vocabolario Italiano – Töitschu/Töitschu – Italiano) (1988/1998). Hrsg. Walser Kulturzentrum. Gressoney-St.-Jean.

Dialektwörter aus Montlingen, Eichenwies und Umgebung. – Familien-Übernamen aus Montlingen und Eichenwies (²1993). Hrsg. Verkehrsverein Montlingen-Eichenwies. Montlingen.
Eggenberger, Hans / Schäpper, Ruedi (²2004): Grabser Brögge. Ausdrücke in Mundart. Buchs.
Ettlin-Janka, Maria (1995): Inschi Sprààch. Obersaxer Wörtersammlung. Stans.
Gallmann, Heinz (³2015): Zürichdeutsches Wörterbuch. Zürich.
Greschòneytitsch (Vocabolario Italiano – Titsch/Titsch, Deutsch – Italiano) (1988/1998). Hrsg. Walser Kulturzentrum. Gressoney-St.-Jean.
Greyerz, Otto von / Bietenhard, Ruth (⁹2008): Berndeutsches Wörterbuch. Bern.
Grichting, Alois (⁵2011): Wallissertitschi Weerter, Walliser Wörterbuch. Band I. Visp.
Gwerder, Alois (³2011): flätt – hüntsch – sauft. Mundart-Wörterbuch Muotathal und Illgau. Schwyz.
Hössli, Erika (2007): Äs Ääli. Lexikon der sterbenden Wörter. Chur.
Hunziker, Jakob (Neudruck 1989): Aargauer Wörterbuch in der Lautform der Leerauer Mundart. Aarau.
Hüppi, Claudio (²2000): Soorser Wöörterbüechli. Hitzkirch.
Husy, Markus (2009): As nüüt eso. Es Wörterbuech für d Mundart vom soledurnische Gäu. Olten.
Idiotikon (Mundartwörterbuch): Seveler Mundart (²1997). Hrsg. Kulturkommission der Gemeinde Sevelen. Sevelen.
Imfeld, Karl (²2001): Obwaldner Mundartwörterbuch. Kriens.
Julen, Georg (²1989): Wörterbuch der Zermatter Mundart. Brig.
Kälin, Walter R. (²2013): Einsiedler Wörterbuch. Einsiedeln.
Langenegger, Wendel (2001): Im Rintl dahoam. Rheintaler Wörterbuch. Au.
Lauber, Maria (1984): Frutigdeutsche Wörter und Redensarten. Frutigen.
Lorez-Brunold, Christian und Tilly (1987): Rheinwalder Mundartwörterbuch. Chur.
Manser, Joe (⁴2008): Innerrhoder Dialekt. Mundartwörterbuch und Redewendungen aus Appenzell Innerrhoden. Appenzell.
Matter, Ernst (1998): Mundart. Schproochmümpfeli us eusere Gäget. Von der Mundart des Suhrentals. Schöftland.
Meng, Heinrich (1986): Mundartwörterbuch der Landschaft Baden im Aargau, nach Sachgruppen. Baden.
Meister, Ernst (2009): Baaseldytsch-Deutsch Wörterbuch. Basel.
Mühlemann-Messmer, Emmi (²1999): Was du nüd sääscht. Eine Sammlung von Wörtern, Ausdrücken und Redensarten aus der Sprache des Appenzeller Hinterlandes. Herisau.
Muster, Hans Peter / Bürkli Flaig, Beatrice (2001): Baselbieter Wörterbuch. Basel.
Neues Baseldeutsch-Wörterbuch (2010). Hrsg. Christoph Merian Stiftung. Basel.
Niederberger, Ernst (³2007): Nidwaldner Mundartwörterbuch. Dallenwil.
Patt, Christian (1986): Schanfigger Wörter. Eine Ergänzung zum Davoser Wörterbuch. Malix.
Peter, Arnold (2008): Mundart im Stammertal. Eine Sammlung alter, oft bereits verschwundener Wörter und Redensarten. Belp.

Prättigauer Mundartwörterbuch (²1996). Hrsg. Pro Prättigau (Arbeitsgruppe). Schiers.
Ritschard, Gustav (1983): Bödellitüütsch. Unterseen.
Röösli-Balmer, Josef (2001): Wimmer so redt. Entlebucher Mundart. In: Blätter für Heimatkunde aus dem Entlebuch, 66. Jahrgang. Schüpfheim. S. 5–94.
Schaffhauser Mundartwörterbuch (²2009). Hrsg. Verein zur Herausgabe des Schaffhauser Mundartwörterbuchs. Schaffhausen.
Schild-Michel, Helene / Boos, Walter (2006): Brienzerdeutsches Wörterbuch. Brienz.
Schmid, Martin et al. (1982): Davoserdeutsches Wörterbuch. Chur.
Schmid, Volmar (2003): Kleines Walliser Wörterbuch. Gebäude. Brig.
Schmutz, Christian / Haas, Walter (³2013): Senslerdeutsches Wörterbuch. Freiburg.
Schobinger, Viktor (2010): Züritüütsche Grundwortschatz. Di nöötigschte Wörter. Zürich.
Sciligo, Pio (1993): Pumattertietsch Werterbuech. Roma.
Sonderegger, Stefan / Gadmer, Thomas (1999): Appenzeller Sprachbuch: der Appenzeller Dialekt in seiner Vielfalt. Erarbeitet von Stefan Sonderegger und Thomas Gadmer. Appenzell etc.
Suter, Rudolf (³2006): Baseldeutsch-Wörterbuch. Basel.
Ts Remmaljertittschu (Vocabolario Italiano – Tittschu/Tittschu – Italiano) (1995/2005). Hrsg. Centro Studi Walser – Rimella. Turin etc.
Vieli, Ruedi (2009): Valserdeutsch. Chur.
Weber, Albert / Bächtold, Jacques M. (³1983): Zürichdeutsches Wörterbuch. Zürich.
Zürrer, Peter (1982): Wörterbuch der Mundart von Gressoney. Frauenfeld.

Nationale Wörterbücher

Dicziunari Rumantsch Grischun (1939–). Cuoira.
Glossaire des patois de la Suisse romande (1924–). Genève.
Schweizerisches Idiotikon (1881–). Wörterbuch der schweizerdeutschen Sprache. Frauenfeld.
Vocabolario dei dialetti della Svizzera italiana (1952–). Bellinzona.

Namenkunde

Baumgartner, Xaver (1983): Namengebung im mittelalterlichen Zürich. Die alt- und mittelhochdeutschen Personennamen der Zürcher Überlieferung vom Jahr 1000 bis zum Jahr 1254. Arbon.
Brechenmacher, Josef Karlmann (1957–1960): Etymologisches Wörterbuch der deutschen Familiennamen. Limburg a. d. Lahn.
Christen, Helen (2007): Familiennamen: Lokale Identitätsmarker oder besondere Wörter? In: Beiträge zur Namenforschung 42/4, S. 419–439.
Duden Familiennamen. Herkunft und Bedeutung (²2005). Bearbeitet von Rosa Kohlheim und Volker Kohlheim. Mannheim etc.

Fähndrich, Thomas (2000): Zuger Familiennamen. Entstehungsprozesse, Verfestigung, Bedeutungen. Zug.

Familiennamenbuch der Schweiz ([3]1989). Bearbeitet im Auftrag der Schweizerischen Gesellschaft für Familienforschung von der Arbeitsgemeinschaft Schweizer Familiennamen. Zürich.

Huber, Konrad (1986): Rätisches Namenbuch, Band III: Die Personennamen Graubündens. Mit Ausblicken auf Nachbargebiete, Teile I und II. Bern.

Kully, Rolf Max (2009): Form und Inhalt der Deutschschweizer Familiennamen. In: Karlheinz Hengst, Dietlind Krüger (Hrsg.): Familiennamen im Deutschen. Erforschung und Nachschlagewerke. Jürgen Udolph zum 65. Geburtstag zugeeignet. Leipzig. S. 365–392.

Kunze, Konrad ([5]2004): dtv-Atlas Namenkunde: Vor- und Familiennamen im deutschen Sprachgebiet. München.

Schobinger, Viktor et al. (1994): Zürcher Familiennamen. Entstehung, Verbreitung und Bedeutung der Namen alteingesessener Zürcher Familien. Zürich.

Sonderegger, Stefan (2004): Namengeschichte als Bestandteil der deutschen Sprachgeschichte. In: Werner Besch et al. (Hrsg.): Sprachgeschichte. 4. Teilband. Berlin etc. S. 3405–3436.

Zinsli, Paul ([2]1975): Ortsnamen. Strukturen und Schichten in den Siedlungs- und Flurnamen der deutschen Schweiz. Frauenfeld.